Colloquia historica et theologica

3

750 Jahre Augustinerkloster und Evangelisches Stift in Tübingen

herausgegeben von

Volker Henning Drecoll

unter Mitarbeit von

Vanessa Bayha

Mohr Siebeck

Volker Henning Drecoll, geboren 1968, seit 2004 Professor für Kirchengeschichte mit dem Schwerpunkt Alte Kirche an der Eberhard Karls Universität Tübingen, seit 2005 Ephorus des Evangelischen Stifts ebd.
orcid.org/0000-0001-7641-4662

Vanessa Bayha, geboren 1985, Studium der evangelischen Theologie in Tübingen, Rom und Heidelberg; 2006–2011 Stipendiatin des Evangelischen Stifts, seit 2012 wissenschaftliche Mitarbeiterin am Lehrstuhl für Kirchengeschichte mit dem Schwerpunkt Alte Kirche in Tübingen.

ISBN 978-3-16-155646-3 / eISBN 978-3-16-156147-4
DOI 10.1628/978-3-16-156147-4

ISSN 2195-7053 / eISSN 2569-3905 (Colloquia historica et theologica)

Die Deutsche Nationalbibliothek verzeichnet diese Publikation in der Deutschen Nationalbibliographie; detaillierte bibliographische Daten sind im Internet über *http://dnb.dnb.de* abrufbar.

Das Buch wurde von Gulde Druck in Tübingen aus der Garamond Antiqua gesetzt und auf alterungsbeständiges Werkdruckpapier gedruckt und von der Buchbinderei Spinner in Ottersweier gebunden.

Printed in Germany.

Vorwort

Als die Stadt Tübingen in der Woche nach Epiphanias im Jahr 1262 den Augustinereremiten ein Grundstück zuwies[1], handelte es sich um eine minderwertige Randlage am südlichen Stadtrand. Damit begann die Geschichte des Augustinerklosters, in dem nach der Reformation ab 1547 das herzogliche Stipendium untergebracht wurde, das heutige Stift. Damit war dem reformatorischen Anliegen, Klöster für Unterrichtszwecke zu benutzen, in besonderer Weise Rechnung getragen worden. Der monastische Charakter des Hauses blieb – auch in dem radikalen Umbau Ende des 18. Jahrhunderts – unverkennbar bis auf den heutigen Tag erhalten. 2012 jährte sich das Gründungsdatum zum 750. Mal. Zu diesem Anlass fand im Tübinger Stift eine Fachtagung statt, deren Beiträge in dem vorliegenden Band dokumentiert sind. Schon 1962 hatte man der Gründung des Augustinerklosters gedacht[2], doch besteht nach wie vor zu vielen Aspekten der Stiftsgeschichte dringender Forschungsbedarf. Die Tagung von 2012 hat hier wesentliche neue Einsichten hervorgebracht und Bekanntes in neue Perspektiven und Zusammenhänge gerückt.

Die Gründung des Augustinerkonvents in Tübingen nur wenige Jahre nach der Etablierung des Ordens und die Bedeutung des Klosters für die Frühzeit der Universität kommen in den Beiträgen von Michael Wernicke und Ulrich Köpf zur Sprache. Für die Beziehungen zur sächsischen Ordensprovinz und Wittenberg ist Johann von Staupitz ein zentraler Name, auch wenn er bereits um 1500 Tübingen verließ. Auf sein Wirken in Tübingen geht der Beitrag von Lothar Vogel ein. Hermann Ehmer bespricht die Umwidmung zum herzoglichen Stipendium, für das das bisherige Klostervermögen in keiner Weise zureichend war. Die heutige Perspektive auf die Konfessionalisierungsprozesse im späten 16. Jahrhundert führt Volker Leppin anhand von Jakob Heerbrand vor Augen. Wie das Stift den Dreißigjährigen Krieg überstanden hat und was das auch in wirtschaftlicher Hinsicht bedeutete, zeigt der Beitrag von Sabine Holtz. Götz Homoki gibt einen Einblick in seine umfangreicheren Forschungen zu den Reiseberichten der Stiftler im 17. Jahrhundert und damit in einen bisher wenig erforschten Bereich der Stiftsgeschichte. Dass es sich lohnt, die wirtschaftlichen und sozialen Fragen neu aufzugreifen, zeigt der Beitrag von Johannes

---

[1] Vgl. Landesarchiv Baden-Württemberg, Württembergisches Urkundenbuch, Bd. VI, Nr. 1645.

[2] Vgl. Pressel, 700-Jahr-Gedenken.

Michael Wischnath, der das Stift als Institution innerhalb der Stadt um 1800 untersucht. Soziale Netzwerke spielen auch in der Untersuchung der Heiratspolitik im Umfeld Hölderlins durch Priscilla Hayden-Roy eine wichtige Rolle. Dem frühen Idealismus und den dafür wesentlichen Bezügen zum Platonismus gehen in ihren Beiträgen Christian Danz und Jens Halfwassen nach. Dass Schelling noch in seiner Münchener Zeit seinen zweiten Sohn ins Stiftsstipendium gab, zeigt der bisher nicht edierte Geleitbrief an Ephorus Jäger. Weitere Beiträge ergänzen das Bild der Stiftsgeschichte im 19. Jahrhundert: Martin Bauspieß geht der Deutung der Geschichte aus der Perspektive Hegel'scher Philosophie durch Ferdinand Christian Baur nach. Die Bedeutung für die Literaturgeschichte umreißt Barbara Potthast, die Konstruktion antiker Mythologie bei Gustav Schwab stellt Irmgard Männlein-Robert dar. Dass und wie stark die Netzwerke der Stiftler auch durch die Verbindungen hergestellt werden, zeigt Wolfgang Schöllkopf. Wie es dazu kam, dass sich am Stiftler Christoph Schrempf der Streit um das Apostolicum entzündete, zeichnet Juliane Baur nach. Schließlich gehen drei Beiträge der wechselhaften Geschichte des Stifts im 20. Jahrhundert nach: Jürgen Kampmann analysiert aufgrund der Archivalien, wie die Übertragung des Stifts an die Landeskirche nach 1918 vorbereitet und vollzogen wurde. Siegfried Hermle geht auf den Stiftsephorus in der Zeit des Nationalsozialismus, Karl Fezer, ein, indem er ihn insbesondere zusammen mit dem Wirken Theophil Wurms betrachtet. Der Entstehung der Stiftsordnung von 1974, besonders den Diskussionen der sechziger Jahre und der Einführung der provisorischen Stiftsordnung 1969, geht Hans-Dieter Wille nach.

Allen Beiträgern sei nicht nur für die Teilnahme an der Tagung und ihren Beitrag sehr herzlich gedankt, sondern besonders auch für die besonders große Geduld, die sie aufgebracht haben. Die Publikation des Bandes hat sich mehrfach erheblich verzögert. Umso dankbarer bin ich meiner Assistentin, Frau Vanessa Bayha, die nach Vorarbeiten von Maximilian Schiek den Band sehr gründlich redigiert und eine große Zahl von Detaillösungen in Fußnoten, Bibliographien und laufendem Text entwickelt hat. Ohne ihre kontinuierliche und tatkräftige Unterstützung wäre die Veröffentlichung des Bandes womöglich gar nicht zustande gekommen. Bei einem solchen epochenübergreifenden Werk war das keine einfache Aufgabe. Herrn Raphael Zager sei für die Erstellung des Registers sehr herzlich gedankt.

Der Dank gilt darüber hinaus der Stiftung Evangelisches Stift, namentlich ihrem Vorsitzenden, Dr. h.c. Georg Siebeck, für die Unterstützung der Tagung im Jahr 2012 und der Redaktion des Bandes. Der Berthold Leibinger Stiftung GmbH, besonders Herrn Prof. Dr.-Ing. Berthold Leibinger und Herrn Dr.-Ing. Peter Leibinger, danke ich sehr für das Interesse an dem Band und eine namhafte Druckkostenbeihilfe. Der Verein für Württembergische Kirchengeschichte hat sich freundlicherweise bereit erklärt, die Veröffentlichung des Bandes finanziell zu unterstützen. Dafür bin ich namentlich dem Vorsitzenden, Herrn

Dr. Norbert Haag, besonders dankbar. Der Evangelische Oberkirchenrat, besonders Herr Dr. Walter Zeeb, hat das Projekt ebenfalls unterstützt, wofür ich ebenfalls sehr danke. Nicht zuletzt danke ich Herrn Dr. Henning Ziebritzki, der den Plan, diesen Band im Mohr Siebeck Verlag zu veröffentlichen, sofort aufgegriffen hat. Dass der Band in der neuen Reihe „Colloquia historica et theologica" erscheint, die besonders auch epochenübergreifende Untersuchungen und Tagungsbände bietet, erfüllt mich mit besonderer Freude.

Tübingen, 31. Oktober 2017 Volker Henning Drecoll

Bibliographie

Landesarchiv Baden-Württemberg: Württembergisches Urkundenbuch, Bd. VI, Nr. 1645, Seite 45
[https://www.wubonline.de/wubpdf.php?fs=true&id=2365; letztes Zugriffsdatum: 31. Oktober 2017]

Wilhelm Pressel, 700-Jahr-Gedenken im Tübinger Stift, Evangelisches Gemeindeblatt für Württemberg. Stuttgarter Ausgabe 57, Nr. 7 (11. Februar 1962), 5f.

Evangelisches Stift Tübingen (Hg.): Mittelalterliches Erbe – Evangelische Verantwortung. Vorträge und Ansprachen zum Gedenken der Gründung des Tübinger Augustinerklosters 1262. Mit Beiträgen von Hanns Rückert, Ernst Wolf und anderen, Tübingen: Mohr Siebeck, 1962.

Inhaltsverzeichnis

Ursprünge des Augustiner-Eremitenordens und die Niederlassung in Tübingen

Michael Klaus Wernicke OSA †

In einer Fußnote zu einem Vortrag, der vor 50 Jahren zum Gedenken an die 1262 erfolgte Gründung des Tübinger Augustinerklosters gehalten worden ist, klagte Ernst Wolf: „Eine zusammenfassende wissenschaftliche Darstellung" der Geschichte der „Augustiner-Eremiten in Deutschland bis zur Reformation fehlt"[1]. Das hat sich in den vergangenen 50 Jahren geändert. Mein Ordensbruder Pater Adalbero Kunzelmann hat mit sieben Bänden Wolfs Desiderat weitgehend erfüllt.[2] Der zweite, 1970 erschienene Teil, behandelt die rheinisch-schwäbische Provinz bis zum Ende des Mittelalters und enthält auch ein Kapitel über das Tübinger Augustinerkloster, in dem das für das Jubiläum 1962 erarbeitete Referat Martin Brechts[3] ausgiebig zitiert und gelegentlich aus intimerer Kenntnis der Ordensgebräuche geringfügig korrigiert wird.[4] Pater David Gutiérrez hat eine Geschichte des Gesamtordens im Mittelalter verfasst.[5] Von den zahlreichen Einzeluntersuchungen sei nur Kaspar Elms langer Artikel über die Bulle *Ea quae iudicio* Clemens' IV. genannt,[6] der ein Ereignis beschreibt, das die Tübinger Augustiner unmittelbar betraf, und der, da er erst in den Jahren 1964 bis 1966 erschien, den Rednern des Jahres 1962 nicht bekannt sein konnte. Merkwürdig ist allerdings, dass weder Ernst Wolf noch Martin Brecht die Arbeit des deutsch-amerikanischen Augustiners Francis Roth über den Kardinal Richard Annibaldi[7] benutzt zu haben scheinen.

Anders als Ernst Wolf, der die Geschichte des Ordens mit der Bulle *Licet Ecclesiae Catholicae* vom 9. April 1256 beginnen lässt, sehen wir Augustiner unsere Wurzeln ein gutes Stück tiefer reichen, wenn auch nicht bis zum Kirchenvater Augustinus selbst, was von den mittelalterlichen Brüdern Heinrich

---

1 Wolf, Augustiner-Eremiten, 25.

2 Vgl. Kunzelmann, Geschichte, Erster bis siebter Teil.

3 Vgl. Brecht, Augustiner-Eremiten-Kloster zu Tübingen, 45–89.

4 Vgl. Kunzelmann, Geschichte, Zweiter Teil, 131–149. Brecht wird korrigiert ebd., 137 Anm. 135.

5 Vgl. Gutiérrez, Geschichte des Augustinerordens, Bd. 1, Teil 1: Die Augustiner im Mittelalter.

6 Vgl. Elm, Bulle „Ea quae iudicio".

7 Vgl. Roth, Cardinal Richard Annibaldi.

von Friemar[8] dem Älteren und Jordan von Sachsen[9] bis zu neuzeitlichen wie dem berühmten Prediger Abraham a Sancta Clara[10] und dem Ordenshistoriker des 19. Jahrhunderts Giuseppe Lanteri[11] mit mehr oder minder glücklichen Argumenten verteidigt oder stillschweigend vorausgesetzt wurde. Das Interesse moderner Forscher richtete sich häufig auf die Eremitenklöster der Toskana, die in den Wäldern südwestlich von Siena lagen. Die Oberen zweier dieser Einsiedeleien, die Prioren von Montespecchio und Lecceto, baten vor dem Jahre 1231 den Bischof von Siena, man möge ihnen eine der gebilligten Regeln geben. Sie befolgten damit die Forderung, die das Vierte Laterankonzil in der *Constitutio* 13 erhoben hatte, dass nämlich keinem eine neue religiöse Gemeinschaft zu gründen erlaubt sei, sondern dass ein jeder, der sich zum klösterlichen Leben entschlösse, eine der approbierten Regeln zu übernehmen habe.[12] Papst Gregor IX., der über die Anfrage benachrichtigt wurde, überließ es mit einer Bulle vom 3. Januar 1231 dem Bischof, für die beiden Eremitengemeinschaften eine Regel zu wählen,[13] und der unterwarf sie der Augustinus-Regel.

Am 16. Dezember 1243 richtete Papst Innozenz IV. die Bulle *Incumbit Nobis* an alle Eremiten in der Toskana. Ausdrücklich ausgenommen sind die Brüder des heiligen Wilhelm. Es sei seine Pflicht, so schrieb der Pontifex, alle und jeden Einzelnen in ihrem frommen Vorsatz zu bestärken, damit sie es nicht, wenn ihnen die Apostolische Gunst fehlte, unterließen, im begonnenen guten Werk voranzuschreiten, sondern wohlmöglich davon abfielen oder erlahmten. Da nun der Bruder Stephan, der Bruder Hugo, der Bruder Guido und der Bruder Petrus, alle vier Eremiten, sorgfältig ihr Propositum dem Papst erklärt hätten, der sich zu dieser Zeit in Lyon aufhielt,[14] wollte er sie nicht wie irrende Schafe ohne Hirten lassen, vielmehr trage er ihnen auf, dass sie sich alle in einem *regulare propositum* zusammenfänden. Sie sollten deshalb Regel und Ordo des heiligen Augustin annehmen. Man werde sie durch kanonische Wahl mit einem Generaloberen versehen, dem sie Gehorsam und Ehrfurcht zu erweisen hätten. Wenn Schwierigkeiten auftauchen sollten, mögen sie sich an den Kardinaldiakon von Sant'Angelo Richard wenden, den ihnen Innozenz als *Corrector* und *Provisor* vorsetzte.[15] Hier also taucht zum ersten Mal der Name des Richard Annibaldi auf, der von nun an mit Energie und Umsicht die Eremiteneinigung betrieb. Er war Kardinaldiakon der Kirche Sant'Angelo in Pescheria, einer klei-

---

8 Vgl. Henricus de Frimaria, Tractatus.

9 Vgl. Jordani de Saxonia Liber Vitasfratrum, 2: Durch dieses Werk kann der Augustiner-Eremit herausfinden, „[*an*] *sit verus filius Patris nostri sanctissimi Augustini ac per hoc verus frater Ordinis sui* […].“

10 Vgl. Bertsche, Abraham a Sancta Clara, Bd. 1, 112.

11 Vgl. Lanteri, Eremi Sacrae Augustinianae, 5.

12 Vgl. Alberigo/Dossetti, Conciliorum oecumenicorum decreta, 242.

13 Vgl. van Luijk, Bullarium, Nr. 16, 17 f.

14 Vgl. Roth, Cardinal Richard Annibaldi, Augustiniana 2 (1952), 114.

15 Vgl. van Luijk, Bullarium, Nr. 32, 32 f.

nen Kirche, die, wie der Name sagt, am Fischmarkt lag, unmittelbar am Porticus der Octavia, am Rand des römischen Ghettos, nach welcher auch das Stadtviertel Rione Sant'Angelo benannt ist.

Dieser Richard Annibaldi sollte nach dem Willen des Papstes, den er am selben 16. Dezember 1243 kundtat, einen Termin bestimmen, an dem ein oder zwei Brüder aus einem jeden Haus zum Apostolischen Stuhl gesandt werden sollten, um die Befehle des Papstes die Reformation des Ordens betreffend gehorsam zu empfangen. Wiederum sind die Eremiten der Toskana als Adressaten genannt; erneut sind die Wilhelmiten ausdrücklich ausgenommen.[16] Das befohlene Treffen der Einsiedler fand im März 1244 in der römischen Kirche Santa Maria del Popolo unter der Leitung Kardinal Annibaldis statt, dem die Zisterzienseräbte von Fossanuova und Fallera assistierten.[17] Ein solcher Beistand durch mit weiträumiger Organisation vertraute Zisterzienser war ebenfalls vom Vierten Laterankonzil in der *Constitutio* 12 vorgeschrieben.[18] Der Kardinal sorgte dafür, dass Kirche und Kloster Santa Maria del Popolo zwischen 1248 und 1250 den Eremiten der Toskana überlassen wurden. Vorher hatten die Franziskaner dort einen Konvent. Sie wurden für den Verlust mit der Kirche *Ara Coeli* auf dem kapitolinischen Hügel entschädigt.[19]

Es erging nun eine ganze Reihe von Bullen an die Einsiedler, die fortan *fratres eremitae in Tuscia Ordinis Sancti Augustini* genannt werden. So wurde ihnen am 23. März 1243 erlaubt zu predigen und die Beichte der Gläubigen zu hören,[20] die Übernahme der Augustinus-Regel und die von Kardinal Richard gewährte Lösung vom *Ordo Sancti Benedicti* bestätigte der Papst am 28. März;[21] dass die Eremiten des Ordens des heiligen Augustin sich entschlossen hatten, das *divinum Officium* nach dem Brauch der römischen Kirche zu feiern, wurde am 31. März wohlwollend bestätigt,[22] am 22. April adressierte Innozenz IV. ein Schreiben an den Prior und die Brüder des Augustinerordens in der Toskana,[23] ebenso am 26. April.[24] In einer Bulle vom 25. September 1245 bestimmte der Papst, dass alle Privilegien und Ablässe, Freiheiten und Immunitäten, die den in der Toskana weilenden Eremiten zugestanden worden waren, ausgedehnt würden auf alle Brüder *ubilibet constituti*.[25] Ein bereits 1244 ausgegangenes Schreiben, das Mare Magnum der den Eremiten in der Toskana zugestandenen Privilegien, wurde am 31. Mai 1253 noch einmal an die *fratres eremitae de Tuscia in*

16 Vgl. van Luijk, Bullarium, Nr. 33, 33.
17 Vgl. Roth, Cardinal Richard Annibaldi, Augustiniana 2 (1952), 115.
18 Vgl. Alberigo/Dossetti, Conciliorum oecumenicorum decreta, 240f.
19 Vgl. Roth, Cardinal Richard Annibaldi, Augustiniana 2 (1952), 118.
20 Vgl. van Luijk, Bullarium, Nr. 34, 33.
21 Vgl. van Luijk, Bullarium, Nr. 36 und Nr. 37, 34f.
22 Vgl. van Luijk, Bullarium, Nr. 39, 36.
23 Vgl. van Luijk, Bullarium, Nr. 44, 39.
24 Vgl. van Luijk, Bullarium, Nr. 46, 40f.
25 Vgl. van Luijk, Bullarium, Nr. 54, 48.

ultramontanis partibus constituti verschickt[26] und schließlich erließ Papst Alexander IV. eben dieselbe Bulle am 9. Dezember 1255 für die *fratres eremitae in Alemania constituti.*[27] Es dürfte sich um die Klöster in Freiburg in der Schweiz, Alsfeld in Hessen, Himmelpforten im Harz, Wien, Marienthal am Niederrhein und einige Häuser in Belgien handeln.[28]

Ob Papst oder Kardinal die Absicht erwogen, die Union von 1244 noch weiter auszudehnen, ist nicht bekannt. Wahrscheinlich konnten sie sich nicht mit Plänen dieser Art befassen, denn die Zeiten waren turbulent. Die Kämpfe zwischen Papst und Kaiser nahmen furchtbar blutige Formen an, und Kardinal Richard war als Rektor der Campagna und Maritima und als einer der drei Kardinäle, die in Rom ausharrten, als Papst Innozenz IV. nach Lyon geflohen war, unmittelbar involviert. Die Furcht der Kurie vor der Umklammerung durch die Staufer war groß und erzeugte einen Hass, der, wie Hans Kühner sagt,[29] bei Kardinal Rainer von Viterbo geradezu apokalyptische Ausmaße annahm.

Papst Alexander IV. aber erließ am 15. Juli 1255 eine Bulle,[30] die er an alle Prioren des Ordens der Eremiten des heiligen Augustin und an die Oberen der Wilhelmiten richtete, die bisher von allen Einigungsbemühungen ausgenommen waren. Die beiden Gemeinschaften wurden aufgefordert, aus jedem ihrer Häuser bevollmächtigte Vertreter nach Rom zu schicken, wo der Papst Heilsames, was zur Gemeinschaft der Liebe und zur Gleichförmigkeit der Observanz gehörte, anordnen würde. Ort und Termin sollte Kardinal Richard bestimmen, der mit Alexander IV., wie auch mit Innozenz III. und Gregor IX., verwandt war.[31]

Das Motiv, das Alexander IV. zu diesem Schritt bewegte, war nach Heinrich von Friemar eine Vision[32]: Der Papst habe, wie er selbst bezeugte, den heiligen Augustin gesehen mit einem großen Kopf und kleinen Gliedern. Durch diese Vision wie durch göttliche Weisung („*divino oraculo*") gemahnt, habe er mit den Eremiten des heiligen Augustin mehrere andere Orden geeint, die in ähnlicher Weise in der Einsamkeit lebten. Und Heinrich schließt seine Darstellung mit der Versicherung, dass Augustinus so ganz offensichtlich gezeigt habe, dass er das wahre Haupt und der wahre Vater dieses Ordens sei und dass „*per consequens*" die Brüder seine wahren Söhne und seine wahren Glieder seien. Dieselbe Geschichte erzählt auch Jordan von Sachsen in seinem *Liber Vitasfratrum.*[33] Der Ursprung dieser Legende möge in den Worten der *Constitutio Oblata nobis*

---

26 Vgl. van Luijk, Bullarium, Nr. 104, 85.

27 Vgl. van Luijk, Bullarium, Nr. 157, 123. Vgl. auch Kunzelmann, Geschichte, Erster Teil, 75 Anm. 213.

28 Vgl. Kunzelmann, Geschichte, Erster Teil, 75–95.

29 Vgl. Kühner, Lexikon, 72.

30 Vgl. van Luijk, Bullarium, Nr. 142, 109f; Kunzelmann, Geschichte, Erster Teil, 25.

31 Vgl. Roth, Cardinal Richard Annibaldi, Augustiniana 2 (1952), 31 Anm. 18.

32 Vgl. Henricus de Frimaria, Tractatus, 103.

33 Vgl. Jordani de Saxonia Liber Vitasfratrum, 47.

Alexanders IV. vom 20. April 1257 zu suchen sein, dass nämlich die Augustiner-Eremiten durch göttliche und des Papstes Anordnung in einer Observanz vereinigt worden seien.[34] Zu dieser wunderbaren Vision fügt Heinrich von Friemar noch eine Prophezeiung des Joachim von Fiore hinzu:

Surget ordo, qui videtur novus et non est. Induti nigris vestibus et accincti desuper zona, hoc est cingulo, hi crescent et fama eorum divulgabitur. Et praedicabunt fidem, quam etiam defendent usque ad finem mundi in spiritu Eliae: qui erit ordo eremitarum aemulantium vitam angelorum; quorum vita erit quasi ignis ardens in amore et zelo dei ad comburendum tribulos et spinas, hoc est ad extinguendum et consumendum perniciosam vitam pravorum, ne mali amplius abutantur patientia dei.

Es wird ein Orden sich erheben, der neu zu sein scheint und es doch nicht ist. Sie sind mit schwarzem Gewand bekleidet und mit einem Gürtel gegürtet. Sie werden wachsen und ihr Ruf wird sich ausbreiten. Sie werden den Glauben verkünden und ihn auch verteidigen bis zum Ende der Welt im Geiste des Elias. Es wird ein Orden der Eremiten sein, die dem Leben der Engel nacheifern. Ihr Leben wird sein wie ein in der Liebe und im Eifer für Gott brennendes Feuer, um die Dornen und Disteln zu verbrennen, das ist: um auszulöschen und zu verzehren das verderbliche Leben der Schlechten, damit die Bösen nicht noch mehr Gottes Geduld mißbrauchen.[35]

Die Erzählung von des Papstes Vision und die apokalyptische Prophezeiung des Abtes Joachim, die Heinrich im Augustiner-Eremitenorden erfüllt sieht, mögen das Selbstbewusstsein des Ordens ausdrücken, das er im Jahre 1334 entwickelt hatte, dem Jahr, in dem Heinrich seinen zitierten Traktat schrieb über Ursprung und Fortschritt des Ordens der Brüder Eremiten und über ihren der Wahrheit entsprechenden Titel. Nach Ernst Wolf hatte der Orden zu dieser Zeit in 22 Provinzen mit rund 2000 Klöstern 30 000 Professen.[36] Der spanische Augustiner David Gutiérrez nennt diese Zahl eine Fiktion, die von dem Augustiner Battista degli Aloysi und vom Humanisten Marcus Antonius Sabéllico erfunden worden sei, indem sie die Zahl der Augustiner ihrer Zeit, das heißt, für die Jahre 1490 bis 1510, verdreifachten. Eine echte Statistik lässt sich nach Gutiérrez überhaupt nicht aufstellen, man könne nur vorsichtig schätzen. Sicher überstieg, so meint er, im Jahre 1356 die Zahl der Klöster 500. In ihnen mögen etwa 6000 Mönche gehaust haben.[37]

Vielleicht aber sollten die erbaulichen Geschichten Selbstbewusstsein und Zusammengehörigkeitsgefühl der Augustiner-Eremiten stärken; denn aus der

---

[34] Vgl. Bullarium Ordinis Eremitarum S. Augustini, 25. Diskussion der Legende in Jordani de Saxonia Liber Vitasfratrum, 450 Anm. 9. Vgl. Roth, Cardinal Richard Annibaldi, Augustiniana 2 (1952), 231 Anm. 296.

[35] Henricus de Frimaria, Tractatus, 108f (zitiert Joachim de Fiore, Expositio in apocalypsim 14, 14–20). Siehe Henricus de Frimaria, Tractatus, 135 Anm. zu Caput quartum, Z. 84–93.

[36] Vgl. Wolf, Augustiner-Eremiten, 33.

[37] Vgl. Gutiérrez, Geschichte des Augustinerordens, Bd. 1, Teil 1, 53f; ders., Geschichte des Augustinerordens, Bd. 1, Teil 2, 111.

Bulle *Licet Ecclesiae Catholicae* vom 9. April 1256, die Verlauf und Ergebnis des Vereinigungskapitels in Santa Maria del Popolo schildert, ist zu erfahren, dass neben den in der Einladung genannten Augustiner-Eremiten der Toskana und Wilhelmiten noch die Vertreter mehrerer anderer Gemeinschaften erschienen waren: Die der Johannboniten, der Eremiten von Monte Favale und der Eremiten von Brettino.[38] Das waren durchaus heterogene Gruppen und nicht nur, wie die Bulle suggeriert, in Kleinigkeiten unterschiedene Gemeinschaften.[39] Die Mönche von Monte Favale hatte man zwar eingeladen, jedoch waren sie schon 1255 dem Zisterzienserorden eingegliedert worden und schlossen sich der Union von vornherein nicht an. Die Wilhelmiten, die eher der benediktinischen Tradition verpflichtet waren, stritten zehn Jahre lang um ihre Selbständigkeit, die ihnen 1266 gewährt wurde. Nur einige Klöster im deutschsprachigen Raum und in Ungarn blieben im neuen Orden und das dürfte Verdienst des Guido Salanus bzw. von Staggia gewesen sein.

Papst Alexander IV. hatte für dieses erste und einzige Mal dem Kardinal Richard Annibaldi die Vollmacht verliehen, den Generalprior des neuen Ordens zu bestimmen. Er wählte Lanfranc Septala von Mailand, den Heinrich von Friemar noch dort gesehen hat, als er zum Studium nach Bologna wanderte.[40] Er entstammte der Kongregation der Johannboniten, hatte schon deren Provinz der Lombardei als Provinzial gedient und war seit 1251 deren Generalprior,[41] war mithin erfahren in Leitung und Verwaltung.

Der Ordenshistoriker Nikolaus Crusenius behauptet in seinem *Monasticon Augustinianum*, das 1623 in München erschienen ist und im 19. Jahrhundert von Giuseppe Lanteri ergänzt wurde,[42] dass sogleich nach der Union italienische Brüder in die anderen Nationen gesandt wurden, welche die dort errichteten Klöster leiten und neue erwerben sollten. So wurde Guido Salanus nach Deutschland abgeordnet, dem Andreas von Siena folgte. Nach Frankreich ging Marcus Ventonus und nach ihm Petrus von Gubbio, nach Spanien Johannes Lombardus und Paschasius Dareta und nach England William Sengham. Der kritische David Gutiérrez hält lediglich die Tätigkeit des Guido von Staggia in Deutschland für gesichert sowie die des Johannes von Gubbio als Vertreter des Generalpriors Lanfranc in den „Königreichen von Frankreich, England und Schottland und in den Diözesen von Lausanne, Verdun und Cambrai“[43].

Guido, der vor der Union Mitglied der Eremiten des heiligen Augustin in der Toskana gewesen war, hinterließ in Deutschland sichtbare Spuren, so dass sich

---

[38] Vgl. Bulle Licet Ecclesiae Catholicae 11, 8. Ausführliche Beschreibung dieser Gruppen bei Gutiérrez, Geschichte des Augustinerordens, Bd. 1, Teil 1, 27–47.

[39] Vgl. Bulle Licet Ecclesiae Catholicae, 11, 6.

[40] Vgl. Henricus de Frimaria, Tractatus, 113, Z. 68.

[41] Vgl. Roth, Augustiner-Generale, 115.

[42] Vgl. Crusenius, Monasticon Augustinianum, 8.

[43] Gutiérrez, Geschichte des Augustinerordens, Bd. 1, Teil 1, 5.

ein sehr lückenhaftes Itinerar zusammenstellen lässt: Das Weihnachtsfest des Jahres 1262 feierte der Provinzial Guido, wie eine Urkunde des Bischofs Iringus vom 17. März 1263 beweist, in Würzburg.[44] Am 2. Februar 1263 stellten sich Guido auf der einen Seite und die Brüder der Wilhelmitenklöster Schöntal und Seemannshausen, beide im Bistum Regensburg gelegen, auf der anderen dem Schiedsspruch des Bischofs Leo Thundorfer. Es ging um die Frage, ob sich die genannten Wilhelmitenklöster der Union anschließen müssten. Thundorfer prüfte sorgfältig die von beiden Parteien vorgelegten Papiere und urteilte, dass die Wilhelmiten sich der Eremiteneinung zu fügen hätten.[45] Am 28. September 1263 schloss Guido einen Vertrag in Mecheln,[46] am 4. März 1264 nahm er die Benediktinerabtei Sankt Jakob zu Mainz in die Gemeinschaft der guten Werke des Augustiner-Eremitenordens auf.[47] Am 27. Mai 1264 wurde in Seemannshausen in Anwesenheit des Provinzials Guido das erste Kapitel der deutschen Augustiner-Eremiten-Provinz gefeiert.[48] Hinzuzufügen ist noch, dass Bischof Hartmann von Augsburg sich *per litteras Apostolicas* im August 1262 davon überzeugen ließ, das Wilhelmitenkloster Bedernau sei den Augustiner-Eremiten einzugliedern und die nunmehr augustinische Gemeinschaft dürfte sich in Mindelheim niederlassen.[49]

Zwar wird in keiner Urkunde Hartmanns der Provinzial Guido genannt, wohl aber die *Litterae Apostolicae*, die – so vermute ich – eine Kopie der Bulle *Licet Ecclesiae Catholicae* waren. Diese Kopie, die das Datum 4. Mai 1256 trägt, während das Original im römischen Ordensarchiv am 9. April ausgestellt ist, ist eine Originalausfertigung der päpstlichen Kanzlei und mit dem Bleisiegel Alexanders IV. versehen. Sie wird aufbewahrt im Archiv der deutschen Augustinerprovinz in Würzburg.[50]

Wenn dem so sein sollte, dann wird Guido den kostbaren Schatz nicht aus den Händen gegeben haben. Er wäre dann im August 1262 in Augsburg gewesen, um den Verbleib des Wilhelmitenklosters Bedernau im neuen Orden sicherzustellen und war sicher zu Weihnachten 1262 in Würzburg. Im Februar 1263 hielt er sich in Regensburg auf, wiederum um zwei Wilhelmitenklöster an die Augustiner zu binden. Es ist nicht unwahrscheinlich, dass dieses Bemühen

[44] Vgl. die Urkunde Nr. 9 im Provinzarchiv Würzburg. Gedruckt bei Höhn, Chronologia, 24f und bei Zumkeller, Urkunden zur Geschichte der Augustinerklöster Würzburg und Münnerstadt. Erster Teilband, Nr. 16, 52f.

[45] Vgl. Kunzelmann, Geschichte, Erster Teil, 50 Anm. 122.

[46] Vgl. Kunzelmann, Geschichte, Erster Teil, 110.

[47] Vgl. Kunzelmann, Geschichte, Erster Teil, 100 Anm. 300.

[48] Vgl. Kunzelmann, Geschichte, Erster Teil, 51 Anm. 123, ebd., 112.

[49] Vgl. Kunzelmann, Geschichte, Erster Teil, 55, 56 Anm. 148.

[50] Vgl. die Urkunde Nr. 3 im Provinzarchiv der deutschen Augustiner, in: Zumkeller, Das Historische Archiv, Fotographie zwischen Seiten 538 und 539, vgl. 539 Anm. 3, sowie ebd., 556 (zwischen Seiten 556 und 557 ein Bild des Siegels mit der Aufschrift. Alexander PP IIII) und 601.

Guidos um die deutschen Wilhelmitenklöster sich auch auf Tübingen erstreckte, so dass er bei der Gründung in der Epiphanie-Oktav 1262 persönlich anwesend war. Denn auch in, oder besser, bei Tübingen befand sich ein Wilhelmitenkloster, das in der Bulle *Ea quae iudicio* Clemens' IV. vom 30. August 1266 genannt wird, in der Bulle also, die den zehnjährigen Streit zwischen Wilhelmiten und Augustinern entschied, in dem die Wilhelmiten um ihre Selbständigkeit rangen, die Augustiner aber auf ihre Besitzrechte an ehemaligen Wilhelmitenklöstern beharrten. Die Wilhelmiten blieben selbständig, die Augustiner behielten zehn im deutschen Reich gelegene ehemalige Wilhelmitenklöster. Dass Tübingen dazugehörte, kann nach dem Wortlaut der Bulle *Ea quae iudicio* nicht bezweifelt werden. Jedoch fehlen lokale Quellen, die die Existenz einer solchen Niederlassung beweisen könnten, und auch die Überlieferung des Wilhelmitenordens gibt keine Auskunft. Vermutungen über Dasein und Lage des Klosters stützen sich auf Flurnamen wie „Bruderhaus im hinteren Himbachtal".[51]

Wie dem auch sei: Rat und Gemeinde der Stadt Tübingen nahmen die Brüder des Ordens des heiligen Augustin in ihren Mauern auf „mit der Zustimmung unseres Herren, auf dass die Verehrung des göttlichen Namens vermehrt werde und das Heil unserer Seelen, auf dass sie nach Brauch ihres Ordens ein Oratorium errichten und die notwendigen klösterlichen Räume."[52]

Ein Haus der Studien war das Tübinger Augustinerkloster bis zur Gründung der Universität nicht. Das Generalstudium der rheinisch-schwäbischen Provinz, zu welcher der Konvent seit 1299 gehörte, war in Straßburg. Aber die Augustiner dürften das erfüllt haben, was Stadtrat und Gemeinde von ihnen erwarteten, dass sie nämlich zum Heil der Seelen die Verehrung des göttlichen Namens mehrten. In der Bulle *Licet Ecclesiae Catholicae* ist zwar nicht von Predigt und Beichthören die Rede, sondern von der geistlichen Bosheit, gegen die die nunmehr vereinigten Heereskeile eine geschlossene Front formieren sollten: gegen die mittelalterlichen Ketzereien also war die Eremiteneinung gerichtet und auch gegen die gefährlichen politischen Gegner des Papsttums, die Ghibellinen. Doch schon Heinrich von Friemar interpretierte den Willen des Papstes anders: Die Augustiner sollten das göttliche Wort verkündigen, wozu sie aus ihren Einsiedeleien in die Städte zu ziehen und dort die Menschen durch ihr vorbildliches Leben zur Verehrung Gottes und zum Guten anzueifern hatten.[53] Die gleiche Absicht schreibt einige Jahre später, nämlich 1357, Jordan von Sachsen in seinem *Liber Vitasfratrum* dem Papst zu: In die Städte sollten die

[51] Vgl. Elm, Bulle „Ea quae iudicio", 28–38. Ebd., 32, wird Tübingen („TuWigenne") genannt als Wilhelmitenkloster, das in der Union bleiben soll. Über die Lage des Klosters vgl. ebd., 55f.

[52] Kunzelmann, Geschichte, Zweiter Teil, 132 Anm. 449.

[53] Vgl. Henricus de Frimaria, Tractatus, 103, Z. 125–128.

Brüder gehen, durch Predigt, durch das Vorbild eines heiligen Lebens und das Anhören der Beichte dem Volke Gottes Früchte zeitigen.[54]

Stiftungen und auch der Eintritt von Söhnen der Ehrbarkeit in das Tübinger Kloster zeigen, dass die Augustiner in der Mitte der Bürgerschaft angekommen waren. Die vorbildliche Lebensweise, die Heinrich von Friemar und Jordan von Sachsen schilderten oder postulierten, ist freilich nicht immer durchgehalten worden. Es gab ein Auf und Ab, wie bei allen geistlichen Gemeinschaften.

Bibliographie

Quellen

Bullarium Ordinis Eremitarum S. Augustini in qvo plvres Constitvtiones Apostolicae ab Originalibus, & Transumptis authenticis ab Innocentio Tertio vsque ad Vrbanum Octauum ad eundem Ordinem spectantes collectae sunt a Rev. P. Magistro Fr. Laurentio Empoli, Rom 1628.

Bulle Licet Ecclesiae Catholicae, Lateran, 9. April 1256. Original im Generalarchiv des Augustinerordens, Rom. Eine an der päpstlichen Kanzlei gefertigte authentische Kopie der Bulle, die das Datum 4. Mai 1256 trägt, befindet sich im Provinzarchiv der deutschen Augustiner, Würzburg. Druck besorgt von Albéric de Meijer, Licet Ecclesiae Catholicae, 1: The text, in: Augustiniana 6 (1956), 9–13.

Giuseppe Alberigo/Giuseppe L. Dossetti u.a. (Hgg.), Conciliorum oecumenicorum decreta, Bd. 2: Konzilien des Mittelalters. Vom ersten Laterankonzil (1123) bis zum fünften Laterankonzil (1512–1517), ins Deutsche übertr. und hg. unter Mitarb. v. Gabriel Sunnus und Johannes Uphus v. Josef Wohlmuth, Paderborn/München u.a.: Schöningh, 2000.

Henricus de Frimaria, Tractatus de origine et progressu ordinis fratrum eremitarum Sancti Augustini et vero ac proprio titulo eiusdem, hg. v. Rudolph Arbesmann, Henry of Friemar's „Treatise on the origin and development of the Order of the Hermit Friars“ and its true and real title, in: Augustiniana 6 (1956), 37–145.

Joachim de Fiore, Expositio in apocalypsim, unveränd. Nachdr. der Ausg. Venedig 1527, Frankfurt a.M.: Minerva, 1964.

Jordani de Saxonia Ordinis Eremitarum S. Augustini Liber Vitasfratrum, hg. v. Rudolph Arbesmann/Winfried Hümpfner, Cassiciacum. American series 1, New York: Cosmopolitan Science and Art Service, 1943.

Benignus van Luijk (Hg.), Bullarium Ordinis Eremitarum S. Augustini. Periodus formationis 1187–1256, Cassiciacum 18, Würzburg: Augustinus-Verlag, 1964.

Adolar Zumkeller (Bearb.), Urkunden und Regesten zur Geschichte der Augustinerklöster Würzburg und Münnerstadt. Von den Anfängen bis zur Mitte des 17. Jahrhunderts, Regesta herbipolensia 5, Quellen und Forschungen zur Geschichte des Bistums und Hochstifts Würzburg, Würzburg: Schöningh, 1966.

54 Vgl. Jordani de Saxonia Liber Vitasfratrum, 56f.

Sekundärliteratur

Karl Bertsche (Bearb.), Werke von Abraham a Sancta Clara, hg. v. der Akademie der Wissenschaften in Wien, Bd. 1, Wien: Holzhausen, 1943.

Martin Brecht, Das Augustiner-Eremiten-Kloster zu Tübingen, in: Mittelalterliches Erbe – Evangelische Verantwortung. Vorträge und Ansprachen zum Gedenken der Gründung des Tübinger Augustinerklosters 1262, hg. v. Evang. Stift Tübingen, Tübingen: Mohr Siebeck, 1962, 45–89.

Nicolai Crusenii Or. S. Augustini pars tertia Monastici Augustiniani, completens epitomen historicam FF. Augustinensium a magna ordinis unione usque ad annum 1620 cum additamentis Revmi. P. M. Fr. Josephi Lanteri ejusdem ordinis, Valladolid: De Gaviria, 1890.

Kaspar Elm, Die Bulle „Ea quae iudicio" Clemens' IV., 30.VIII.1266. Vorgeschichte, Überlieferung, Text und Bedeutung, in: Augustiniana 14 (1964), fasc. 3–4; 15 (1965), fasc. 1–4; 16 (1966), fasc. 1–2, Heverlee-Louvain: Institut Historique Augustinien, 1966.

David Gutiérrez, Geschichte des Augustinerordens, veröff. von der Generalkurie des Ordens, Bd. 1, Teil 2: Die Augustiner im Spätmittelalter 1357–1517, Würzburg: Augustinus-Verlag, 1981.

Ders., Geschichte des Augustinerordens, veröff. von der Generalkurie des Ordens, Bd. 1, Teil 1: Die Augustiner im Mittelalter 1256–1356, Würzburg: Augustinus-Verlag, 1985.

Antoninus Höhn, Chronologia Provinciae Rheno-Svevicae Ordinis FF. Eremitarum P. Augustini, Würzburg 1744.

Hans Kühner, Lexikon der Päpste. Von Petrus bis Johannes XXIII., Frankfurt a. M. u. a.: Fischer, 1960.

Adalbero Kunzelmann, Geschichte der deutschen Augustiner-Eremiten, Erster bis siebter Teil, Cassiciacum 26, Würzburg: Augustinus-Verlag, 1969–1976.

– Erster Teil: Das dreizehnte Jahrhundert, Cassiciacum 26, Würzburg: Augustinus-Verlag, 1969.

– Zweiter Teil: Die rheinisch-schwäbische Provinz bis zum Ende des Mittelalters, Cassiciacum 26, Würzburg: Augustinus-Verlag, 1970.

Giuseppe Lanteri, Eremi Sacrae Augustinianae, in qua agitur de omnibus Augustinianis episcopis Italis deque exteris qui intra Italiam episcopatum gesserunt post magnam ordinis unionem peractam ab Alexandro IV anno MCCLVI, pars prima, Rom: Typis B. Morini, 1874.

Francis Roth, Die Augustiner-Generale des 13. Jahrhunderts, in: Cor Unum. Mitteilungen an die deutsche Augustinerfamilie 8 (1950), 112–118.

Ders., Cardinal Richard Annibaldi, First Protector of the Augustinian Order, 1243–1276. A Study of the Order Before and After Its Great Union in 1256, in: Augustiniana 2 (1952), 26–60, 108–149 und 230–247; 3 (1953), 21–34 und 283–313; 4 (1954), 5–24.

Ernst Wolf, Die Augustiner-Eremiten in Deutschland bis zur Reformation, in: Mittelalterliches Erbe – Evangelische Verantwortung. Vorträge und Ansprachen zum Gedenken der Gründung des Tübinger Augustinerklosters 1262, hg. v. Evang. Stift Tübingen, Tübingen: Mohr Siebeck, 1962, 25–44.

Adolar Zumkeller, Das Historische Archiv der Deutschen Augustinerprovinz, in: Augustiniana 6 (1956), 537–601.

Das Tübinger Augustinereremitenkloster und die Anfänge der Universität Tübingen

Ulrich Köpf

Die Universität Tübingen gehört zu einem Kreis von neun Universitäten, die in der zweiten Hälfte des 15. Jahrhunderts als landesherrliche oder städtische Gründungen – gleichsam in einer zweiten Gründungswelle – entstanden sind.[1] Die Reihe beginnt mit Greifswald 1456 und endet mit Wittenberg 1502 und Frankfurt an der Oder 1506. Die 1477 eröffnete Universität Tübingen steht ungefähr in ihrer Mitte.[2]

Ihr Gründer[3] war Graf Eberhard V. (auch: der Ältere), „Eberhard im Bart" (weil er sich im Alter einen langen Bart wachsen ließ[4]), in der seit 1442 endgültig zweigeteilten und erst nach 40 Jahren wieder vereinten Grafschaft Wirtemberg Herr über den „Uracher Teil", der nach dem bevorzugten Aufenthaltsort dieser Linie benannt wurde. Wenn man Urach vor seiner modernen Entwicklung zum Kurort gekannt hat – ein reizvolles Städtchen, das in einem engen Talkessel am Oberlauf des Flüsschen Erms eingeschlossen lag –, dann kann man ahnen, weshalb Eberhard seine Universität nicht dort errichtet hat, sondern in Tübingen, dessen liebliche Lage, fruchtbaren Boden und gesunde Luft der Graf in seiner Bekanntmachung vom 3. Juli 1477 über die Eröffnung der Universität ausdrücklich hervorhebt.[5] Hier teilt er auch den Grund für diese Unternehmung

---

1 Vgl. Lorenz, Attempto.

2 Noch immer grundlegend, wenn auch in manchen Einzelheiten überholt: Haller, Die Anfänge der Universität Tübingen; neuerdings Teufel, Die Gründung der Universität Tübingen; ders., Universitas Studii Tuwingensis, 12–52; Neidiger, Dominikanerkloster; Lorenz, Eberhard im Bart und seine Universität.

3 Vgl. Mertens, Eberhard im Bart.

4 In seinem Bildnis im Chorfenster der Tübinger Stiftskirche (1478) ist er – wohl idealisierend – bartlos dargestellt (abgebildet z.B. in: Decker-Hauff/Setzler, Universität Tübingen, 12; Becksmann, Glasmalereien, Farbtafel IX; Tafel 106; dazu ebd., 279 mit Anm. 72); dagegen mit Bart in einem Aquarell um 1492 (in: Decker-Hauff/Setzler, Universität Tübingen, 26) und in seinem Gebetbuch von 1492/95 (ebd., 21). Die erstmals 1596 von Martin Crusius behauptete Verbindung des Barts mit der Pilgerfahrt ins Heilige Land (1468) lässt sich aus den zeitgenössischen Quellen nicht belegen. Vgl. Faix, Traditionen, 92–99: „Eberhards Bart".

5 Urkunden zur Geschichte der Universität Tübingen aus den Jahren 1476 bis 1550 [Abk. UT], 29: „*Ad cuius quidem fundationem satis oportune se locus insignis opidi nostri Tuwingen offerebat cuius amenitatem agrique fertilitatem atque aeris salubritatem plus oculis contemplari quam a nobismet ipsis commendari placuit*". Vgl. auch Thümmel, Universität und Stadt Tübingen, besonders 33f.

mit: Sie solle seine Dankbarkeit gegen den Schöpfer ausdrücken. Während in seinem Land viele Kirchen und Pfründen gestiftet worden seien, bilde doch das Menschenherz den einzigen Gott angenehmen Tempel, und die Pracht der Kirchen trage wenig zur Seligkeit bei, sondern Gott freue sich über einen reinen Sinn, der auf keine Weise besser erlangt werden könne als durch den Unterricht in den Wissenschaften.[6] Auch wenn manche Formulierung einer humanistischen Rhetorik verdankt wird, kann kein Zweifel daran sein, dass Eberhard seine Gründung vor einem religiösen Hintergrund als Beitrag zu der Kirchen- und Bildungsreform in seinem Land verstand, die ihm so sehr am Herzen lag. Im deutschen Freiheitsbrief vom 9. Oktober 1477 gebrauchte er dann auch die bekannte Formulierung, er habe seine Universität gestiftet „in der guten meynung [Absicht, U.K.]) helffen zůgraben den brunen des lebens darüs von allen enden der weltt vnersihlich [unversieglich, U.K.] geschöpfft mag [kann, U.K.] werden trostlich und hailsam wyßheit [...]“[7]. Andererseits gehört die Universitätsgründung Eberhards in den Zusammenhang „seiner gesamtwirtembergisch orientierten Politik“[8], durch die er seinen Onkel Graf Ulrich „den Vielgeliebten“, den Herrn des universitätslosen Stuttgarter Landesteils, übertreffen und für den Fall der angestrebten Wiedervereinigung des Landes einen gewichtigen Vorteil in seiner Hand haben wollte.

Eine Universität war nicht nur ein frommes Werk ihres Stifters; diese Institution stand seit ihren Anfängen um 1200 auch in enger Verbindung zur Kirche. Damit setzte ihre erfolgreiche Gründung Privilegien vor allem von Seiten der Römischen Kurie voraus. Seit seiner Heirat mit Barbara Gonzaga, der Tochter des Markgrafen Lodovico von Mantua, im Jahr 1474 konnte Eberhard auf Unterstützung durch seinen Schwager, Kardinal Francesco Gonzaga, rechnen. Die Bulle Papst Sixtus IV. ist auf den 13. November 1476 datiert; am 11. März des folgenden Jahres wurde sie in Urach durch Abt Heinrich Fabri von Blaubeuren veröffentlicht,[9] der am 9. Oktober der Universität auch die ersten Statuten übergab.[10] Die kaiserliche Bestätigung Friedrichs III. kam erst hinterher (1484)[11] und hatte keinen Einfluss auf die Geschicke der Universität.[12] Bereits die päpstliche Bulle hatte Tübingen zur Volluniversität mit vier Fakultäten erklärt: einer theologischen, einer juristischen mit kirchlichem und weltlichem Recht, einer medizinischen und einer Artistenfakultät. Die Eröffnung der Universität war vom Gründer auf 1. Oktober festgesetzt worden.[13] Tatsächlich begann ihr Be-

[6] Vgl. Thümmel, Universität und Stadt Tübingen, 28f.
[7] Thümmel, Universität und Stadt Tübingen, 31.
[8] Mertens, Eberhard im Bart, 165.
[9] Vgl. UT, 11–27.
[10] Vgl. UT, 39–66.
[11] Vgl. UT, 76–78.
[12] Vgl. Teufel, Universitas Studii Tuwingensis, 45–51.
[13] Vgl. UT, 30 (Nr. 6).

trieb bereits am 15. September 1477, als der Gründungsrektor Johannes Vergenhans die Namen der ersten Mitglieder der Universität in ihre Matrikel eintrug.[14]

Zur Gründung einer Universität gehörte aber mehr als Privilegien, die nur Geld kosteten und keines einbrachten. Damit Studenten nach Tübingen kommen konnten, mussten zuvor Professoren vorhanden sein, dazu Wohnräume und Hörsäle. All dies verursachte Kosten. Doch wie andere landesherrliche Universitätsgründer dieser Zeit dachte Eberhard nicht daran, für die Errichtung einer Universität sein Privatvermögen in größerem Umfang einzusetzen.[15] Der kirchliche Charakter der Universitäten legte es nahe, vor allem für die Personalkosten auf vorhandene kirchliche Pfründen zurückzugreifen und sie auf Professoren umzuwidmen.

Am günstigsten war es, wenn in einer Stadt bereits ein weltliches Chorherrenstift (ein Säkularkanonikerstift, Kollegiatstift) bestand. Dessen Stellen waren gewöhnlich so gut dotiert, dass sie für den Unterhalt von Professoren und auch der zu ihrer Vertretung benötigten Vikare ausreichten. So bestand zum Beispiel in Wittenberg spätestens seit 1346 an der Schlosskapelle ein Kollegiatstift, auf das der Universitätsgründer später zurückgreifen konnte.[16] Wenn aber ein solches Stift nicht bereits vorhanden war, dann ließ es sich schaffen. Als Herzog Ludwig IX. („der Reiche") von Bayern 1472 in Ingolstadt eine Landesuniversität gründen wollte, wandelte er mit Zustimmung Papst Pauls II. von 1465 die dortige Marienkirche in ein Kollegiatstift um, dem er eine Reihe weiterer kirchlicher Stiftungen und Einrichtungen zuwandte.[17] Damit konnte er schließlich seine neue Universität unterhalten.

Auch in Tübingen gab es bisher kein Chorherrenstift. Die Tübinger Pfarrkirche St. Georg war 1325 dem Zisterzienserkloster Bebenhausen inkorporiert worden, freilich ohne dass die Pfarrei und ihre Pfründen aus dem Diözesanverband des Bistums Konstanz herausgelöst worden wären.[18] Damals erhielt die Kirche als zweite Patronin Maria. Seit 1343 besaßen die Grafen von Wirtemberg die Vogtei über das Kloster.[19] Deshalb konnte auch Eberhard im Bart während seiner Regierungszeit wachsenden Einfluss auf die Pfarrei gewinnen. Wir wis-

---

[14] Vgl. Die Matrikeln der Universität Tübingen [Abk. MUT], 2.

[15] Vgl. Haller, Die Anfänge der Universität Tübingen, Bd. 1, 79: „Auffallen kann nur, wie wenig der Graf gegenüber den Rechten, die er sich nahm, aus eigenen Mitteln für seine Stiftung getan hat. Daß er für sie irgendwelche nennenswerte Opfer gebracht, sie mit Schenkungen bedacht oder ihr bedeutende Zuwendungen an Geld gemacht hätte, läßt sich nirgends erkennen. Das einzige, was sich belegen läßt – wenn die Aktennotiz buchstäblich richtig ist – sind die 150 Gulden für den päpstlichen Stiftungsbrief, die ‚aus den Geldern des Grafen' bezahlt wurden." Die Quittung über diese Zahlung in: UT, 10f. Dazu Teufel, Universitas Studii Tuwingensis, 123.

[16] Vgl. Wentz, Kollegiatstift, 83.

[17] Vgl. Müller, Ludwig IX. der Reiche, 138f.

[18] Vgl. Sydow, Geschichte der Stadt Tübingen, 194f; ders., Zisterzienserabtei Bebenhausen, 218f; Jantzen, Stiftskirche in Tübingen, 27.

[19] Vgl. Sydow, Zisterzienserabtei Bebenhausen, 114.

sen nicht, zu welchem Zeitpunkt der Graf den Plan einer Universitätsgründung fasste. Sicher ist aber, dass er seit 1470[20] den Chor der Pfarrkirche in derartigen Dimensionen erweitern ließ, dass er damit offenbar den ersten Schritt zur Errichtung eines Chorherrenstifts tat. Ein solches Stift hätte die Bedeutung seiner Tübinger Residenz so oder so – mit oder ohne Universität – wesentlich erhöht, zumal Stuttgart, die Residenz des anderen Landesteils, durch Verlegung des Beutelsbacher Stifts hierher bereits seit 1321 ein eigenes Säkularkanonikerstift besaß.[21] Wie immer die ersten, uns unbekannten Anfänge seines Plans auch gewesen sein mögen – bereits mit dem neuen, um 1476 fertiggestellten Chor[22] hatte Eberhard den ersten Schritt zur Errichtung eines Stifts getan, auf das er in einem zweiten Schritt bei der Universitätsgründung zurückgreifen konnte. Es fehlten aber noch die Pfründen für die Chorherren. Diese holte sich der Graf aus dem Säkularkanonikerstift St. Martin in Sindelfingen,[23] dessen Patronat seine Mutter Mechthild innehatte.[24] Gräfin Mechthild hatte nach dem frühen Tod ihres Ehemannes Ludwig I. von Wirtemberg Erzherzog Albrecht von Österreich geheiratet, der von Freiburg aus die vorderösterreichischen Gebiete regierte. Nach dessen Tod lebte sie seit 1458, von Humanisten umgeben, an ihrem Hof in Rottenburg am Neckar. Stift Sindelfingen gehörte zu dem Witwengut, das sie nach dem Tod ihres ersten Mannes erhalten hatte. Zweifellos hat sich Eberhard mit seiner hochgebildeten Mutter über seine Pläne beraten. Indem Mechthild auf ihr Patronatsrecht verzichtete, gab sie ihrem Sohn die Möglichkeit, das Sindelfinger Stift in seinem Interesse zu verwenden. Die Lösung des Dotierungsproblems bestand darin, dass mit päpstlicher Genehmigung[25] von den zehn Sindelfinger Kanonikaten acht sowie die Propstei mit den zugehörigen Pfründen und zwei Dritteln der Präsenzgelder dem neuen Tübinger Chorherrenstift St. Georg inkorporiert wurden, das dadurch übrigens als dritten Patron den heiligen Martin erhielt.[26] Das Sindelfinger Stift wurde mit seiner restlichen Ausstattung reguliert, d.h. in ein Augustiner-Chorherrenstift umgewandelt, das nun mit Kanonikern der Windesheimer Observanz besetzt wurde.

Die Übertragung nach Tübingen sah konkret so aus, dass die Inhaber der Kanonikate persönlich von Sindelfingen an das St. Georgen-Stift in Tübingen versetzt wurden. Der Gründungsplan der Universität ging davon aus, dass sechs von ihnen als Professoren an der theologischen und an der juristischen Fakultät – je drei als Theologen und als Kanonisten – lehren sollten, während zwei Stellen halbiert und mit vier Artisten besetzt werden sollten. Für die Besoldung der

[20] Die drei Bauinschriften von 1470, 1478 und 1483 bei Jantzen, Stiftskirche in Tübingen, 32.

[21] Vgl. Auge, Stiftsbiographien.

[22] Vgl. Jantzen, Stiftskirche in Tübingen, 35.

[23] Vgl. Auge, Stift und Herrschaft.

[24] Vgl. Maurer, Eberhard und Mechthild.

[25] Bulle vom 11. Mai 1476 (UT, 1–6).

[26] Vgl. Sproll, Verfassung des Sankt Georgen-Stifts.

restlichen Lehrer – zwei Legisten und zwei Mediziner – fügte der Graf fünf Pfarrkirchen im Land, die seinem Patronat unterstanden, und andere Einkünfte hinzu. Der schöne Plan hatte aber einen „Geburtsfehler“:[27] Er setzte voraus, dass die Sindelfinger Chorherren, die nach Tübingen kamen, geeignet und willens wären, als Professoren zu lehren. Die päpstliche Bulle hatte ausdrücklich Fähigkeit und Bereitschaft als Voraussetzung für die Übernahme einer Lehrtätigkeit betont.[28] Doch nur ein kleiner Teil der aus Sindelfingen gekommenen Chorherren lehrte tatsächlich an der Universität. Das waren die beiden Doktoren des Kirchenrechts Johannes Vergenhans, auch Nauclerus genannt,[29] und Johannes Schelz alias Heckbach.[30] Der Propst des Sindelfinger Stifts Johannes Tegen (Degen) behielt sein Amt auch in Tübingen und wurde gemäß der Gründungsbulle[31] erster Kanzler der Universität, ohne freilich eine Lehrtätigkeit auszuüben.[32] Die übrigen Inhaber eines aus Sindelfingen nach Tübingen übertragenen Kanonikats verrichteten zwar im Chor der Stiftskirche ihre gottesdienstlichen Pflichten, schrieben sich teilweise auch in die Matrikel ein, beteiligten sich aber nicht nachweisbar an der Lehre der Universität.[33] Keiner der Sindelfinger Chorherren war fähig oder bereit, an der theologischen Fakultät zu lesen, so dass deren Lehrstühle im ersten Halbjahr überhaupt nicht besetzt werden konnten.[34] Während dieser Zeit war der *Magister artium* Johannes Hann aus Horrheim, der sich als zweiter in die Matrikel der Artistenfakultät inskribiert hatte,[35] der einzige theologische Lehrer. Als *Baccalaureus formatus* der Universität Wien war er in der Lage, eine Sentenzenvorlesung zu halten.[36] Man konnte die Chorherren, die sich nicht an der Lehre beteiligten, auch nicht aus ihrer Stellung entfernen, um ihre Pfründen nach Wunsch zu verwenden, sondern musste auf ihren natürlichen Abgang warten. Dieser Fall trat erstmals bereits 1478 ein und machte es möglich, Christian Wolman aus Giengen an der Brenz, der in Heidelberg studiert hatte, auf das freigewordene Kanonikat zu

[27] Vgl. Mertens, Eberhard im Bart, 169.

[28] Bulle vom 13. November 1476 (UT, 16): „*Quodque si ex modernis Canonicis huiusmodi aliqui reperirentur ad legendum et regendum ibidem sufficientes et ydonei, et onus huiusmodi assumere voluerint, ad illud deputentur, prelibata auctoritate statuatis et ordinetis.*“

[29] Vgl. Finke, Juristenfakultät, 322–343.

[30] Vgl. Finke, Juristenfakultät, 293–297. Für seine Lehrtätigkeit gibt es allerdings keine Belege, sondern nur Wahrscheinlichkeitsgründe.

[31] Vgl. UT, 18.

[32] Vgl. Auge, Kleriker im Dienst, 11; auch ders., Stift und Herrschaft, 138–156.

[33] Vgl. Sproll, Verfassung des Sankt Georgen-Stifts (1902), 150. Die einzige Ausnahme bildete Mangold Widmann (MUT, 1, 5 [Nr. 1,36]), der aber erst 1483 als Rektor erscheint (MUT, 1, 44) und später Mitglied der Juristenfakultät war (vgl. Finke, Juristenfakultät, 380–383).

[34] Vgl. Hermelink, Theologische Fakultät, 10.

[35] Vgl. Matrikel der Magister der Artistenfakultät [Abk. MFAM], 51 (Nr. 2).

[36] MUT, 1, 3 (Nr. 1,4): „*M. Johannes Hann de Hörhen s. theologie Bacc. formatus dicte nostre universitatis sindicus et procurator primevus, librorum sententiarum lector*“; vgl. Hermelink, Theologische Fakultät, 209.

setzen und vom Sommersemester an zum Ordinarius der Theologie zu machen.[37] Kurz vorher, im März 1478, hatte schon Johannes Heynlin von Stein (oder: de Lapide), neben Vergenhans einer der geistigen Väter der Universität, seine Professur angetreten.[38] Da damals noch keines der Kanonikate zur Verfügung stand, übernahm er die Pfarrstelle an der Stiftskirche, was für ihn als großen Prediger durchaus attraktiv war; aber er verließ Tübingen bereits wieder im Sommer 1479 und hinterließ eine große Lücke in der theologischen Fakultät.

Besserung in der Besetzung der Professuren brachte erst eine Verfassungsänderung. Allen Verantwortlichen war nämlich rasch klar geworden, dass sich die bloße Übertragung der Kanonikate aus Sindelfingen als Grundlage für die Anstellung von Professoren in Tübingen nicht so bewährte wie an manchen anderen Universitäten. Deshalb reiste Eberhard 1482 eigens an die Römische Kurie, um sich dort eine geänderte Art der Finanzierung bestätigen zu lassen. Aus den Pfründen der Kanonikate wurde so, wie sie frei wurden, zusammen mit den anderen Einkünften eine Vermögensmasse gebildet, aus der die Professoren von nun an Gehälter erhielten. Wie diese neue Lösung im Einzelnen aussah und wie sie sich bewährte, braucht hier nicht mehr ausgeführt zu werden.[39]

Wie war die Stellung der Universität während ihrer ersten Jahre in der Topographie von Tübingen?[40] Nach verbreiteter Sitte diente der bei Eröffnung der Universität vorhandene Chor der Stiftskirche als festlicher Raum bei feierlichen Disputationen, Promotionen und Amtseinführungen. In einem der Glasfenster konnten die Chorherren sich selbst beim Gebet sehen.[41] Als erstes neues Gebäude erhielt die Universität vom Kloster Bebenhausen auf der Südseite der Straße, die schon damals Münzgasse hieß und auf das Westportal der Stiftskirche hinführt, ein Steinhaus (Nr. 22): das sog. *Collegium* mit Wohnungen für mehrere Professoren und mit Hörsälen. Für die Artisten wurde am südlich davon gelegenen Hang, mit Blick auf Stadtmauer und Neckar, die langgestreckte *Bursa* mit Wohn- und Unterrichtsräumen neu gebaut, den beiden in Tübingen gelehrten Wegen entsprechend durch eine Innenwand geteilt, aber unter einem Dach. Dieses Gebäude wurde rasch errichtet und stand bereits 1480. Östlich neben der Bursa wurde ein *Lectorium* mit Hörsälen für die oberen Fakultäten errichtet, das allerdings im Januar 1534 zusammen mit der erst kurz zuvor im Anschluss daran gebauten *Domus sapientiae* (der „Alten Sapienz") vollständig abbrannte.

---

[37] MUT, 1, 21 (Nr. 2,73): „*M. Cristannus Wolman s. theol. professus et in fac. theol. ordinarius*"; vgl. Hermelink, Theologische Fakultät, 192 f.

[38] MUT, 1, 21 (Nr. 2,70): „*M. Johannes de Lapide s. theol. professor plebanus huius loci Tüwingen*"; vgl. Hermelink, Theologische Fakultät, 191 f.

[39] Vgl. Sproll, Verfassung des Sankt Georgen-Stifts (1902), 158–192; (1903), 141–179; Text der Bulle vom 13. April 1482 (inseriert in Urkunde des Propsts Vergenhans) ebd. (1902), 117–121.

[40] Vgl. den Plan des Universitätsviertels bei Haller, Die Anfänge der Universität Tübingen, Bd. 1, 40 f.

[41] Abgebildet z. B. in: Decker-Hauff/Setzler, Universität Tübingen, 30.

Von ihm wissen wir daher kaum etwas. Der Brand von 1534 hat mit dem Gebäude zugleich die Bibliothek und das Archiv der Universität vernichtet, so dass die Quellen für die Frühzeit der Universität leider sehr lückenhaft sind. Der Bau des *Lectorium* dauerte so lange, dass Juristen und Theologen nach Alternativen suchen mussten. Damit nähern wir uns endlich dem Augustinerkloster.

Dabei handelt es sich um den räumlichen Vorgänger des Evangelischen Stifts, das trotz des gleichlautenden Namens nichts mit dem Chorherren- oder Kanonikerstift und der Stiftskirche zu tun hat. Hier mag eine terminologische Erläuterung angebracht sein. Bei dem bisher von mir gebrauchten Wort „Stift"[42] handelt es sich in unserem Zusammenhang um die schon im Mittelalter geläufige Bezeichnung für eine ohne oder mit Regel lebende Gemeinschaft von Geistlichen, deren Daseinszweck der gemeinsame Gottesdienst – ein regelmäßiges feierliches Chorgebet – an einer zugehörigen Kirche („Stiftskirche") sowie ein apostolisches Wirken durch Predigt und Seelsorge ist. Im Lateinischen gibt es für diese Institution nur das Wort *monasterium*, das genauso das Mönchs- oder Nonnenkloster bezeichnet. Die Bezeichnung „Stift" für das heutige Evangelische Stift ist dagegen eine erst im 18. Jahrhundert aufgekommene, durch Herzog Carl Eugen offiziell übernommene Eindeutschung des ursprünglichen, in der Großen Württembergischen Kirchenordnung von 1559 verankerten Begriffs „(herzogliches) Stipendium"[43]. In der Instruktion und den neuen Statuten von 1793 wurde der längst geläufige Begriff „Stift" in der Formulierung „(Herzogliches) theologisches Stift"[44] in den amtlichen Gebrauch übernommen. Seit 1806 war in amtlichen Dokumenten vom „K[öniglichen] theologischen Seminar" die Rede[45], und nach Errichtung einer Katholisch-theologischen Fakultät 1817 redete man vom „evangelisch-theologischen Seminar", während daneben weiterhin auch der Begriff „Stift" gebraucht wurde.[46] Seit 1928 lautet die amtliche Bezeichnung „Evangelisches Stift"[47].

Doch kehren wir nach diesem terminologischen Exkurs ins ausgehende 15. Jahrhundert zurück. Wer die 1502 gegründete Universität Wittenberg kennt, der weiß, dass ihr Gründer Friedrich der Weise schon früh eine kombinierte Finanzierung der Professuren im Auge hatte. Seine Absicht, auf kirchliche

---

[42] Vgl. auch den Art. ²STIFT, in: Grimm, Deutsches Wörterbuch, Bd. 10 II,2, 2869–2873.

[43] In der Ordnung des Tübinger Stipendiums innerhalb der Großen Kirchenordnung von 1559 einfach „Stipendium"; der lateinische Begriff wird als „Stifftung" erläutert (f. CLXI^{v}f.); abgedruckt in: Die evangelischen Kirchenordnungen, Bd. 17, 555.

[44] Sammlung der württembergischen Schulgesetze. 2. Abtheilung, 295–333.

[45] Reskript vom 22. Juni 1806; Sammlung der württembergischen Schulgesetze. 2. Abtheilung, 340, Nr. 38.

[46] Z. B. Klüpfel, Universität Tübingen, 428–438: „Evangelisch-theologisches Seminar"; ebd., 430: „Stiftler"; ebd., 431 u. ö.: „Stift". So auch z. B. 1851 Strauß, Christian Märklin, 29: „Stift" neben „Seminar"; vgl. Zeller, Erinnerungen, 69: „Tübinger evangelisch-theologisches Seminar" neben „Tübinger Stift".

[47] Leube, Das Tübinger Stift, 3.

Pfründen zurückzugreifen, führte nach manchen Verhandlungen 1507 zur Inkorporation des Wittenberger Allerheiligenstifts in die Universität.[48] Daneben hat der Kurfürst auch die beiden Wittenberger Mendikantenkonvente in seine Planung einbezogen: Während bereits seit 1261 ein Franziskanerkloster bestand, holte der Kurfürst erst im Zusammenhang mit der Universitätsgründung 1502 Augustinereremiten nach Wittenberg.[49] Die Franziskaner hatten eine theologische Professur zu besetzen, die Augustinereremiten eine artistische und eine theologische.[50] Das waren übrigens jene beiden Professuren, auf denen der Augustinereremit Martin Luther 1508/1509 über die Nikomachische Ethik las und seit Herbst 1512 als Theologieprofessor wirkte.

In Tübingen gab es zur Zeit der Universitätsgründung zwei Männerkonvente: die Franziskaner in einem Kloster, das hundert Meter nördlich der Stiftskirche lag, nach seiner Zerstörung durch einen Brand im Jahr 1540 zum *Collegium illustre* (einer Ritterakademie) umgewandelt wurde und heute das katholische Wilhelmsstift beherbergt,[51] sowie das Augustinereremitenkloster, in dem sich seit 1547 das Evangelische Stift befindet.[52] Dass Eberhard von beiden Gemeinschaften keinen Beitrag zu seiner Universität erwartete, ist für ihren damaligen Zustand bezeichnend. Im Franziskanerkloster, das wohl in der zweiten Hälfte des 13. Jahrhunderts gegründet worden war (das genaue Datum ist unbekannt; vermutlich 1272), wurde auf Betreiben des Grafen Ludwig von Wirtemberg 1446 die Observanz eingeführt, was mit dem Verzicht auf den gesamten Grundbesitz des Klosters verbunden war, aber zunächst nicht zur Hebung des geistigen Niveaus führte. Das Augustinerkloster hatte trotz mancher Besserungsversuche im Laufe des 15. Jahrhunderts in jeder Hinsicht einen Niedergang erlebt. In den dreißiger Jahren waren dreimal Prioren aus anderen Konventen[53] eingesetzt worden. Durch mehrere Stiftungen wurden die wirtschaftlichen Verhältnisse gebessert, aber nicht auf Dauer. Die Bauten waren so hinfällig, dass seit 1458 Stiftungen und Äußerungen über einen Neubau begegnen, der 1464 begonnen wurde[54] und sich über mehrere Jahrzehnte hinzog. Aber das sittliche und religiöse Niveau des Konvents ließ weiterhin zu wünschen übrig. Ein Au-

---

[48] Vgl. Friedensburg, Universität Wittenberg, 22f; Urkundenbuch der Universität Wittenberg [Abk. UBW], 17 (Nr. 19); Stievermann, Friedrich der Weise.

[49] Vgl. Wentz, Augustinereremitenkloster; Kunzelmann, Geschichte, 5. Teil, 494–503.

[50] Für die Augustinereremiten vgl. die Urkunde vom 11. November 1504 (UBW, 13 [Nr. 14]): „Und nachdem s[eine] f[ürstliche] g[naden] ein universitet zu Wittenberg aufgericht, wollen wir vorfuegen, das albeg von unseren brudern die des gnug gelert und vorstendig sein, ordinaria in biblia und ein lection in morali philosophia an erinnerung und abgang versehen sollen".

[51] Vgl. Tüchle, Franziskanerkloster; Setzler, Tübingen. Franziskanerkloster.

[52] Vgl. Schmoller, Urkundliches; Brecht, Augustiner-Eremiten-Kloster; Kunzelmann, Geschichte, 2. Teil, 131–149; Setzler, Tübingen. Augustiner-Eremiten.

[53] Schwäbisch Gmünd, Lauingen und Oberndorf (vgl. Kunzelmann, Geschichte, 2. Teil, 148).

[54] Vgl. Schmoller, Urkundliches, 82a, Nr. 34, nach einer Inschrift im Kreuzgang.

gustiner, Conrad Holzinger[55] aus Weil der Stadt, Doktor der Theologie, verließ wohl im Zusammenhang mit der Einführung der Observanz sein Kloster und schloss sich Eberhards im Bart Vetter Eberhard dem Jüngeren an, der zwei Jahre Regent des Stuttgarter Teils und nach Eberhards im Bart Tod 1496 zwei Jahre als Herzog Eberhard II. Herrscher über das wiedervereinigte Land war, das noch kurz vor Eberhards im Bart Tod im Jahre 1495 zum Herzogtum erhoben worden war. Holzinger wurde Ratgeber und Kanzler dieses geistesschwachen Wirtembergers noch vor dem Tod seines Vaters Ulrich und stiftete auch später viel Unheil an bis zur Belagerung des Kirchheimer Dominikanerinnenklosters 1487/1488. Er wurde wiederholt von seinem Orden gemaßregelt, doch ohne dauerhaften Erfolg. Auch von seinem Verhalten dürfte Schatten auf das Tübinger Augustinerkloster gefallen sein.

Sicher ist, dass Eberhard bei seiner Universitätsplanung den Einsatz der Augustinereremiten so wenig wie den der Franziskaner überhaupt in Betracht zog. Für 1478 sind erstmals Überlegungen des Grafen bezeugt, eine Reform des Tübinger Augustinerklosters durchzuführen. Doch wie wenig Hoffnung er auf einen Erfolg solcher Reformbemühungen hatte, zeigt sich daran, dass er gleichzeitig den Plan fasste, das Kloster aus Tübingen auf den Böselsberg bei Horrheim (nördlich Vaihingen/Enz) zu verlegen.[56] Dort stand seit 1304 ein Priorat der Augustinerinnen.[57] Der Provinzial der rheinisch-schwäbischen Provinz stimmte im August 1478 bereits der Verlegung zu.[58] Nach Martin Crusius wollte der Graf an Stelle der unbrauchbaren Augustinereremiten Dominikaner nach Tübingen holen, die er wegen ihrer bekannten Gelehrsamkeit für geeigneter hielt, an der Lehre mitzuwirken.[59] Die Tübinger Augustiner sollten ihr Kloster räumen und stattdessen in das seit 1258 bestehende Dominikanerinnenkloster Gnadenzell in Offenhausen auf der Münsinger Alb (Gemeinde Gomadingen) überwechseln, dessen selbstbewusste, vielfach aus dem Adel stammende Bewohnerinnen sich den Bemühungen Eberhards um Einführung der Observanz widersetzten.[60] Die Dominikanerinnen sollten auf verschiedene Klöster verteilt werden. Die Verlegung der Augustiner in das abgelegene Gnadenzell („*in eremum Gnadencellanam*") sei deshalb angemessen, da sie ja „Eremiten des hl. Augustinus" hießen.[61] Die unterschiedlichen Überlieferungen über geplante

55 Vgl. Stievermann, Conrad Holzinger.

56 13. August 1478: Vgl. Schmoller, Urkundliches, 82a, Nr. 36. Schmoller erwähnt auch die „2 Jahre nachher geplante [Verlegung] nach Offenhausen", freilich ohne Beleg; vgl. Kunzelmann, Geschichte, 2. Teil, 139f.

57 Vgl. Beschreibung des Oberamts Vaihingen, 181f.

58 Neidiger, Dominikanerkloster, 70 mit Anm. 458: am 11. August 1478 nach Hauptstaatsarchiv Stuttgart [Abk. HStAS], A 602 (Württ. Regesten) 13537; „erwähnt auch lange, vergebliche Versuche zu Reform; Kloster baufällig und verschuldet".

59 Vgl. Crusius, Annales Svevici, p. III, l. VIII, 452.

60 Vgl. Stievermann, Frauenkloster zu Offenhausen.

61 Crusius, Annales Svevici, p. III, l. VIII, 452.

Verlegungen müssen einander nicht ausschließen; sie zeigen vielmehr, dass Graf Eberhard intensive Überlegungen darüber anstellte, wie sich die reformunwilligen und wissenschaftlich unqualifizierten Bewohner des Augustinerklosters durch eine besser geeignete Gemeinschaft ersetzen ließen.

Doch seine Absicht blieb unausgeführt; warum, ist nicht bekannt.[62] Vielleicht hing der Verzicht auf seine ursprünglichen Pläne damit zusammen, dass Eberhard inzwischen eine andere Gruppe von Personen im Auge hatte, die seinen Vorstellungen besser entsprach: die Brüder vom gemeinsamen Leben. Das waren Regularkanoniker, die eine relativ freie *via media* zwischen der Lebensform von Religiosen und der Ungebundenheit von Weltmenschen befolgten. Eberhard holte sie in sein Land, damit sie hier zugleich an der Hebung der Bildung und an der Reform des kirchlichen Lebens mitwirkten. Wie er selbst formulierte, versprach er sich von ihnen eine besonders gute Messfeier, Predigt, Beichte und Verwaltung der übrigen Sakramente.[63] Deshalb begünstigte er an verschiedenen Orten im Land die Ansiedlung der Brüder. Im Jahr der Eröffnung der Tübinger Universität erreichte er bei Papst Sixtus IV. die Umwandlung der Uracher Amanduskirche in eine Stiftskirche, und noch im selben Jahr errichteten die Brüder hier ein Kollegiatstift. Erster Propst wurde Benedikt von Helmstädt aus dem hessischen Brüderstift Marienthal. Weitere Niederlassungen im Land folgten. 1479 wurde Gabriel Biel Propst des Uracher Stifts. Zwei Jahre später erlaubte der Papst auf Antrag Graf Eberhards, dass die Kapelle auf Schloss Hohentübingen, die ins 12. Jahrhundert zurückging, durch Abt Heinrich Fabri von Blaubeuren in eine zweite Tübinger Pfarrkirche umgewandelt und 1482 dem Patronat des Uracher Amandusstifts unterstellt wurde.[64] Dadurch entstand auf dem Schloss ein weiteres Stift der Brüder vom gemeinsamen Leben, das sich in den folgenden Jahren zu einem richtiggehenden Universitätsstift entwickelte. Eberhard hatte in Rom als Begründung seines Wunsches angegeben, der Weg zwischen Schloss und Stiftskirche sei zu beschwerlich und gefährlich. Wer die Topographie Tübingens kennt, der weiß, dass das ein vorgeschobener Grund war. Offenbar wünschte der Graf, auf diese Weise die Brüder vom gemeinsamen Leben in den Dienst seiner Universität zu nehmen.[65]

Als erster trat Gabriel Biel[66] in diesen Dienst ein. Er hatte in Heidelberg und Erfurt studiert und war dort Lizentiat der Theologie geworden, hatte also die volle Erlaubnis, zu lesen, verzichtete aber auf den Titel eines Doktors der Theologie. Bekannt geworden war er vor seiner Zeit in Württemberg vor allem durch

[62] Crusius behauptet, die Augustiner hätten sich nicht vertreiben lassen, vgl. ders., Annales Svevici, p. III, l. VIII, 452.

[63] In den Privilegien für Stift Urach: Vgl. Leesch/Persoons/Weiler, Monasticon, Teil 2, 242.

[64] Vgl. Leesch/Persoons/Weiler, Monasticon, Teil 2, 230.

[65] Vgl. Köpf, Aus den Anfängen der Tübinger Theologischen Fakultät, 226f.

[66] Vgl. Köpf/Lorenz, Gabriel Biel.

seine achtjährige Tätigkeit als Mainzer Domprediger.[67] Durch sein Predigen hatte er Eberhard für sich gewonnen. 1482 begleitete er den Grafen auf seiner Reise nach Rom, auf der die neue Finanzierung der Universität geregelt werden sollte. 1484 erhielt Biel als schon Siebzigjähriger einen der drei theologischen Lehrstühle und las teils im Brüderkolleg und teils, was ganz ungewöhnlich war, an der Universität über die Sentenzen und über die Auslegung des Messkanons.[68] Er wirkte bis 1492, drei Jahre vor seinem Tod, als theologischer Lehrer. Sein Nachfolger auf dem Lehrstuhl wurde sein Mitbruder und Schüler Wendelin Steinbach, der schon 1481, noch vor Übertragung der Schlosspfarrei an das Amandusstift, als „*plebanus in castro Tüwingensi*" in der Universitätsmatrikel erscheint.[69] Nach langem Studium wurde er 1489 zum Doktor der Theologie promoviert, erhielt 1492 Biels Lehrstuhl und wirkte hier vermutlich bis zur Aufhebung der Gemeinschaft 1517.[70] Als dritter Bruder vom gemeinsamen Leben erwarb Peter Brun, Kanoniker und später Propst im Stift Sankt Peter auf dem Einsiedel, 1504 die theologische Doktorwürde. Bereits im Jahr zuvor hatte er einen theologischen Lehrstuhl erhalten; er blieb bis zur Reformation in seinem Amt.[71] Wie groß die Bedeutung der Gemeinschaft für die Frühzeit der theologischen Fakultät war, zeigt sich allein schon daran, dass an der nicht immer vollzähligen theologischen Fakultät seit 1482 eine von drei, zwischen 1503 und 1517 sogar zwei von damals nominell vier Professuren durch ihre Mitglieder besetzt waren. Daneben war eine ganze Reihe weiterer Brüder vom gemeinsamen Leben an der Universität immatrikuliert, die es an der theologischen Fakultät teilweise bis zum *Baccalaureus biblicus* oder gar zum *Sententiarius* brachten. Allein am 14. November 1481 schrieben sich nicht weniger als acht „*presbyteri et canonici* in Urach" in die Universitätsmatrikel ein.[72] Wir können wohl davon ausgehen, dass sie, wie das damals üblich war, neben ihrem Studium an der theologischen Fakultät wenigstens einige Zeit hindurch als *Magistri* an der Artistenfakultät lehrten. Da jedoch die konkrete Lehrtätigkeit der vielen *Magistri artium*, die keinen Lehrstuhl innehatten, nur sehr selten quellenmäßig bezeugt ist, wissen wir nichts von ihrer Mitwirkung an der Lehre.

Bedenken wir die Aktivitäten der Brüder vom gemeinsamen Leben in Tübingen, dann wird verständlich, dass der Graf den Ausfall der Mendikanten im theologischen Lehrbetrieb der Universität verschmerzen konnte. Doch damit

---

[67] Vgl. Köpf, Gabriel Biel als Mainzer Domprediger.

[68] Dies behauptet der Herausgeber seiner beiden Hauptwerke, sein Schüler Wendelin Steinbach. Vgl. Köpf, Aus den Anfängen der Tübinger Theologischen Fakultät, 237f.

[69] MUT, 1, 37 (Nr. 9,15).

[70] Hermelink, Theologische Fakultät, 195–197; Feld, Steinbach, Wendelin, in: Die deutsche Literatur des Mittelalters; ders., Steinbach, Wendelin, in: Biographisch-bibliographisches Kirchenlexikon.

[71] MUT, 1, 75 (Nr. 22,38); Matrikel der Bakkalare der Artistenfakultät [Abk. MFAB], 157 (Nr. 537); MFAM, 67 (Nr. 196); Hermelink, Theologische Fakultät, 200f.

[72] MUT, 1, 37 (Nr. 9,15–22).

ist das Kapitel über die Augustinereremiten noch nicht abgeschlossen. Wenn ihr Zustand und der ihres Klosters zur Zeit der Universitätsgründung so desolat waren, dass Graf Eberhard sie am liebsten aus Tübingen entfernt hätte, dann musste dies nicht dauerhaft so bleiben. Und während die Mendikanten zwar nichts zum Aufbau der Universität beitragen konnten, haben sie doch umgekehrt, vor allem die Augustinereremiten, wesentliche Impulse von der neu gegründeten Universität empfangen.

Zunächst zu ihrem Kloster. Seit den sechziger Jahren gab es Bemühungen, die maroden Bauten mit Hilfe von Stiftungen zu sanieren.[73] Diese Bemühungen zogen sich über Jahrzehnte hin und waren nicht abgeschlossen, als Herzog Ulrich 1534 die Reformation einführte. Immer wieder erhielt das Kloster Zuschüsse, einmal auch von der Universität. Wir erinnern uns an die Bemerkung über den langwierigen Bau des *Lectoriums* neben der *Bursa*. 1490 sahen sich die Theologen und die Juristen schließlich nach einer Alternative um. Die Universität und die Augustinereremiten schlossen noch am 9. September des Jahres einen Vertrag. Danach empfing das Augustinerkloster für seine vom Verfall bedrohten Gebäude 40 Gulden von der Universität und sicherte dafür den Theologen auf Dauer einen Hörsaal im Geschoss zwischen Keller und Dormitorium auf der östlichen Neckarseite zu, also im Ostteil des heutigen Speisesaals.[74] Auch die Schaffung eines Hörsaals für die Juristen in einem Raum des Klosters, ebenfalls für 40 Gulden, wurde erwogen, aber wegen mangelnder Eignung des Raums wieder verworfen.[75] Die Juristen erhielten ein eigenes Gebäude westlich neben dem *Collegium*: das *Neue Collegium*, in dem noch heute der Universitätskarzer zu besichtigen ist.

Ebenso wichtig wie die Erneuerung der Gebäude war die innere Reform des Konvents, die auch vom Studium an der neu errichteten Universität gefördert werden konnte. Eine solche Reform ging jedoch nicht vom Konvent selbst aus, obwohl bereits für das erste Studienhalbjahr Wintersemester 1477/1478 unter dem Rektorat des Johannes Vergenhans der Prior Ulrich Pfäulin aus Schwäbisch Gmünd immatrikuliert wurde.[76] Allerdings wissen wir nicht, an welcher Fakultät sich der Prior einschrieb, da die Matrikel der Artisten seinen Namen nicht aufweist und die der Theologen erst seit 1480 geführt wurde; Jurist war er

---

[73] Vgl. Brecht, Augustiner-Eremiten-Kloster, 62–70.

[74] UT, 80–82, hier 82: „*visus fuit locus inibi ad orientalem plagam ambitui circa portam principalem super nouo cellari versus Neccarum contiguus, infra tamen dormitorium,* pro lectorio theologorum *satis accomodus.*“

[75] UT, 81: „*Et quamuis spopondimus nos dicto priori et conuentui in aliis quadraginta florenis pro assignatione loci* pro lectorio Juristarum *subuenturos, quia tamen locus talis singulis ponderatis pro huiusmodi lectorio disproportionatus et minus aptus visus fuit, res illa tam de nostro quam ipsorum fratrum prioris et conuentus libero consensu et voluntate suo fine et effectu frustrata est*“.

[76] MUT, 1, 6 (Nr. 1,41): „*Frater Ůdalricus Pfŏwlin de Gamundia, prior domus fratrum heremitarum ord*[*inis*] *s[ancti] Augustini in Túwingen*“.

mit Sicherheit nicht und hat auch keine weiteren Spuren in den Quellen hinterlassen. Zwar erteilte der Ordensgeneral Ambrosius von Cori bereits am 8. April 1479 dem Provinzial die Ermächtigung, im Tübinger Konvent die Reform einzuführen und ein Ordensstudium zu errichten.[77] Doch gab es zunächst Rückschläge. So enthob noch am 13. November 1480 der Ordensgeneral den Tübinger Prior Frater Stephanus seines Amtes.[78] Die tatsächliche Reform des Konvents wurde erst einige Jahre später auf Betreiben des Grafen verwirklicht, der inzwischen seine Verlegungspläne aufgegeben hatte. Er gewann die Ordensoberen für die Übernahme der Observanz des Andreas Proles, der die Reform mit großem Nachdruck durchsetzte und über seine sächsische Kongregation hinaus ausdehnte.[79]

Die Reform des Tübinger Konvents wird von Martin Crusius auf den 24. Oktober 1483 datiert.[80] Sie bildete die Grundlage für ein wachsendes Interesse der Augustinereremiten an einem Studium an der Universität. Der erste Konventuale seit 1477 erscheint 1483 in der Matrikel. Es ist Johannes Nathin, der am 18. November als „*art*[*ium*] *M*[*agister*] *lector et frater ord*[*inis*] *s*[*ancti*] *Augustini*“ eingetragen wurde.[81] Nach einem Studium in Erfurt kam er nach Tübingen, offenbar, um hier tatkräftig an der Reform des Augustinerklosters mitzuwirken und ein Ordensstudium aufzubauen, das allerdings nicht in die Universität inkorporiert wurde. Umgekehrt aber wirkte jetzt der Einfluss der Universität auf den Konvent zurück, indem einzelne seiner Mitglieder an ihr studierten und lehrten. Nathin begann seine Lehrtätigkeit 1484 mit der Vorlesung als *Baccalaureus biblicus* und setzte sie 1486 als *Sententiarius* fort.[82] Doch schon im Juli 1488 verließ er Tübingen wieder und kehrte über Heidelberg nach Erfurt zurück, wo er später einer der Lehrer Martin Luthers wurde.

Auch nach dem Eintritt Nathins dauerte es noch einige Jahre, bis Augustinereremiten in größerer Zahl an der Universität mitwirkten. Erst 1486 erscheinen wieder zwei von ihnen in der Universitätsmatrikel: Nicolaus Ottonis de Steindal,[83] über den wir weiter nichts wissen, und Dionysius Bickel de Wila,[84] der 1487 zum *Baccalaureus*[85] und 1489 zum *Magister artium* promoviert wurde[86].

---

[77] Vgl. Kunzelmann, Geschichte, 2. Teil, 140 mit Anm. 477.

[78] Vgl. Kunzelmann, Geschichte, 2. Teil, 127 mit Anm. 428.

[79] Über Proles vgl. Kunzelmann, Geschichte, 5. Teil, 407–411, 416–433.

[80] Crusius, Annales Suevici p. III, l. VIII, 466 zu 1483: „*Eodem anno reformati sunt Augustiniani Monachi Tubingae, postridie S. Crispini*“.

[81] MUT, 1, 48 (Nr. 12,19).

[82] Vgl. Die vorreformatorischen Matrikeln der theologischen Fakultät (1480–1534) und der medizinischen Fakultät (1497–1535) der Universität Tübingen [Abk. MFT], 272 (Nr. 4).

[83] Vgl. MUT, 1, 60 (Nr. 16,23).

[84] Vgl. MUT, 1, 60 (Nr. 16,24). Gegen Hermelink, Theologische Fakultät, 201, betont Brecht, Augustiner-Eremiten-Kloster, 77 Anm. 189, mit Recht, dass Dionysius Bickel aus Weil der Stadt Augustiner-Eremit war. Erst später trat er ins Benediktinerkloster Hirsau ein.

[85] MFAB, 152 (Nr. 474): „*Dyonisius de Böblingen*“.

[86] MFAM, 63 (Nr. 143): „*Dyonisius Bikel de Böblingen*“.

Wohl Anfang der neunziger Jahre begann er als *Biblicus* zu lesen, ging aber zum Wintersemester 1502/1503 nach Wittenberg und las dort über die Sentenzen.[87] 1504 empfing er in Tübingen die theologische Lizenz.[88] Zwei Jahre nach ihm, 1488, kam Johannes Brühem von Gotha aus Erfurt an das Tübinger Kloster, wurde dort Prior und Lektor,[89] las seit 1489 als *Biblicus*, seit 1491 als *Sententiarius*, wurde 1494 Lizentiat und Magister der Theologie,[90] ging aber bereits im folgenden Jahr als erster Prior[91] an das neugegründete observante Augustinerkloster Mülheim bei Ehrenbreitstein.[92] Erneut vergingen drei Jahre, bis sich im Dezember 1491 der *Magister artium* Hertwig Themmen aus dem Kloster Himmelspforte bei Wernigerode in Tübingen inskribierte.[93] Er trat im März 1492 als *Biblicus* an und wurde schon im September desselben Jahres *Sententiarius*. „Nicht ohne vernünftigen Grund" habe ihm die Fakultät für diese Verkürzung der üblichen zwei Jahre Dispens erteilt, sagt die Matrikel.[94] 1494 empfing er zusammen mit Johannes Brühem und dem in vielfacher Hinsicht wichtigen Weltgeistlichen Martin Plantsch (Plansch), dem späteren Stifter des Martinianums, Lizenz und Doktorat.[95] Nach zwei weiteren Jahren kamen 1493 zwei neue *fratres* an die Universität. Einer von ihnen war Sigismund Epp aus Bönnigheim.[96] Er erscheint in der Matrikel der Artistenfakultät als Heidelberger *Baccalar*, der sogleich in das *consortium* der Tübinger *Baccalare* aufgenommen und vor allen anderen loziert wurde.[97] Bereits im Januar 1494 wurde er *Magister artium*[98] und lehrte dann einige Jahre hindurch allein bei den Artisten, bevor er das Theologiestudium aufnahm. Erst im November 1499 wurde er zum *Biblicus* promoviert.[99] Danach wechselte er zum Wintersemester 1502/1503 nach Wit-

---

[87] Matrikel der Universität Wittenberg [Abk. MUW], 1b: „*Dyonisius Bickel de wila arcium magister et Sacre theologie Baccalaureus tuwingensis.*"

[88] Vgl. MFT, 279f (Nr. 26; 30).

[89] Vgl. MUT, 1, 71 (Nr. 21,22).

[90] Vgl. MFT, 275 (Nr. 14).

[91] Vgl. Kunzelmann, Geschichte, 5. Teil, 436.

[92] Vgl. Kunzelmann, Geschichte, 5. Teil, 483f.

[93] MUT, 1, 88 (Nr. 28,20): „*Fr. Hertwicus ord. s. Augustini de Goslaria M. a. dedit 1 β* (18. Dez.)".

[94] MFT, 276 (Nr. 19): „*Magister Herdewicus Themmen de Porta Celi, professus de ordine fratrum heremitarum sancti Augustini, anno domini 1492 in die sancti Benedicti principiavit in bibliam una cum magistro Symone [Leonis] et magistro Andrea [Rempis], de quibus supra. Et in die beati Dionisii martiris in sententias (accedente dispensatione) eodem anno solus principiavit. Non sine rationabili causa facultas pro tanto tempore secum dispensavit.*"

[95] MFT, 276: „*Licentiam autem ac insignia recepit cum magistro Martino [Plantsch], vide supra*", d.h. unter Nr. 11 (ebd., 274): „*Cuius concathedrales fuerunt predicti, scilicet frater Iohannes [Brühem] de Gotha et magister Herdewicus [Themmen]. Et habuit magister Martinus [Plantsch] primatum in cathedra.*" Nach Eintrag Nr. 14 (ebd., 275) hatte Brühem den zweiten Rang inne.

[96] Vgl. MUT, 1, 98 (Nr. 31,44), hier fälschlich „*Stephanus Epp*".

[97] Vgl. MFAB, 172 (Nr. 763).

[98] Vgl. MFAM, 70 (Nr. 236).

[99] Vgl. MFT, 279 (Nr. 26).

tenberg, wo er der erste Dekan der Artisten wurde.[100] Er las hier als *Sententiar*, kehrte aber wie Dionysius Bickel bald wieder nach Tübingen zurück, erhielt zusammen mit jenem im Februar 1504 die theologische Lizenz und wurde im November Magister der Theologie.[101] Schon vorher war er für das Wintersemester zum Rektor gewählt worden. Bis 1506 erscheint er in den Quellen.[102] Über den zweiten Augustinereremiten, der 1493 immatrikuliert wurde, Laurentius Gutbier,[103] ist weiter nichts bekannt.

Nach einer erneuten kurzen Unterbrechung begann 1495 ein stärkerer Zustrom von Augustinereremiten nach Tübingen. Im Laufe dieses Jahres kamen allein acht,[104] unter ihnen Johannes Mantel aus Nürnberg,[105] der im Frühjahr als *Baccalaureus artium* von Ingolstadt in die Tübinger Matrikel der *Baccalare* als erster eingetragen wurde.[106] 1496 erscheint er unter den *Magistri artium*,[107] findet sich aber nicht in der Matrikel der theologischen Fakultät. Dagegen wurde er nach dreijähriger Wirksamkeit als Prior in Nürnberg zum Sommer 1503 – im zweiten Semester der neu gegründeten Universität – in Wittenberg immatrikuliert.[108] Hier erlangte er 1506 die theologische Lizenz[109] und findet sich in Christoph Scheurls Verzeichnis der Lehrer vom 1. Mai 1507 als Magister der Theologie.[110]

Am 30. Mai 1497 erscheint unter den Immatrikulierten der Universität endlich der bekannteste Tübinger Augustinereremit Johannes von Staupitz als *Magister artium* und Lektor der Theologie am Hausstudium im Kloster,[111] dessen Prior er ebenfalls 1498–1500 war. An der theologischen Fakultät begann Staupitz im Oktober 1498 als *Biblicus* zu lesen, bereits im Januar 1499 aber schon als *Sententiar*. Die Lizenz und die Insignien des theologischen Magisters empfing er im Juli 1500.[112] Aus seiner Tübinger Zeit sind von ihm eine umfangreiche

---

[100] MUW, 1b, unmittelbar vor Dionysius Bickel: „*Frater Sigismundus Epp de Buninckhen ordinis fratrum heremitarum reformate congregacionis S. Augustini. arcium magister et Sacre theologie baccalaureus tuwingensis, artistice facultatis huius studij primus decanus.*"

[101] Vgl. MFT, 279 (Nr. 26).

[102] Vgl. die Erwähnung bei Haller, Die Anfänge der Universität Tübingen, Bd. 2, 82* (dadurch wird Hermelink, Theologische Fakultät, 202, korrigiert).

[103] MUT, 1, 99 (Nr. 32,11): „*Frater Laurentius Gůtbier de Merenberg ord. s. Augustini*".

[104] Vgl. MUT, 1, 102f (Nr. 34,17–19 und 45–46); 104f (Nr. 35,4 und 25).

[105] Vgl. MUT, 1, 102 (Nr. 34,18).

[106] Vgl. MFAB, 178f (Nr. 839 und 845a).

[107] Vgl. MFAM, 74 (Nr. 278).

[108] Vgl. MUW, 9a.

[109] Liber decanorum facultatis theologicae, 3: „*Item penultima aprilis* [1506] *Magister* iohannes mantel *Augustinianus et magister* iohannes prebis *Marianus ad licentiam sunt admissi.*"

[110] UBW, 15 (Nr. 17): „*D. Joannes Mantel, sacre pagine magister, ordinis heremitarum.*"

[111] Vgl. MUT, 1, 116 (Nr. 39,20). Über ihn vgl. Hamm, Staupitz.

[112] MFT, 278 (Nr. 24): „*Magister Iohannes Stúpitz, ordinis heremitarum sancti Augustini conventus Tuwingensis prior, principiavit in cursum biblie die antepenultima octobris anni 1498. In sententias vero principiavit decima die mensis ianuarii anni 1499. Et huic conkathe-*

Sammlung von 34 lateinischen Predigten über Hiob und eine Abhandlung über die Teilnahme an der Messe erhalten.[113] Nachdem er seit 1500 Prior des Münchener Konvents gewesen war, holte ihn Friedrich der Weise 1502 zur Gründung seiner Universität nach Wittenberg, wo er die erste Professur der Theologie übernahm. Doch schon 1503 wurde er als Nachfolger von Andreas Proles zum Generalvikar der observanten Augustinereremiten Deutschlands gewählt und konnte daher seine Wittenberger Lehrtätigkeit nur noch mit langen Unterbrechungen ausüben.[114] Im Herbst 1512 übergab er den Lehrstuhl, der von seinem Orden besetzt werden musste, an seinen Mitbruder Martin Luther.[115]

Unmittelbar nach Staupitz steht in der Universitätsmatrikel der einen Tag nach ihm inskribierte Frater Gregorius Mayer aus dem Münchener Konvent.[116] Er wurde am 11. März 1501 zum *Baccalaureus artium* promoviert[117] und bei der Gründung der Universität Wittenberg sogleich dorthin versetzt, wo er 1503 *Magister artium* und 1504 Prior des Augustinerklosters wurde. Ebenfalls schon zum Winter 1502 holte Staupitz den am 5. Januar 1501 in Tübingen immatrikulierten Wolfgang Ostermayer aus München[118] an die neugegründete Universität Wittenberg, wo er seine gesamte akademische Laufbahn bis zur Promotion zum Dr. theol. am 21. August 1509 absolvierte. Er war Luthers Vorgänger auf der Professur für Moralphilosophie, die sein Orden zu besetzen hatte, bekleidete im Wintersemester 1510/1511 das Dekanat der theologischen Fakultät und starb 1531 in seinem Münchener Konvent. Erst zum Sommersemester 1503 kam der am 16. November 1497 in Tübingen immatrikulierte Christoph Fladenstain (Fladensteyn)[119] zusammen mit Johannes Mantel nach Wittenberg.[120] Neben den bisher namentlich angeführten wäre noch eine ganze Reihe weiterer Augustinereremiten zu nennen, die in die Tübinger Universitätsmatrikel eingetragen sind und von denen sich einige auch durch eine Lehrtätigkeit, den Erwerb des theologischen Doktorgrads und die Bekleidung des Rektorats hervorgetan haben. In den ersten 30 Jahren seit Reform des Augustinerklosters, also bis 1512, finden sich nicht weniger als 51 Konventualen in der Matrikel der Universität. Dann lässt der Universitätsbesuch rasch nach; bis 1525 gibt es nur noch sechs Eintragungen in die Universitätsmatrikel.[121]

---

dralem magistrum Reinhardum Gaisser. Recepit licentiam 6 iulii. Et insignia magistralia die sequenti cum magistris Iacobo Lemp et Andrea Rempis anno 1500." Vgl. dazu ebd., 276f (Nr. 18, 21) und 278f (Nr. 25).

113 Vgl. dazu den Beitrag von Lothar Vogel in diesem Band.

114 Vgl. Kunzelmann, Geschichte, 2. Teil, 434–482.

115 Vgl. Köpf, Luthers theologischer Lehrstuhl.

116 Vgl. MUT, 1, 116 (Nr. 39,21).

117 Vgl. MFAB, 198 (Nr. 1119).

118 MUT, 1, 130 (N 46,16): „*Fr. Wolffgangus Ausermayer de Monaco*".

119 Vgl. MUT, 1, 118 (Nr. 40,12).

120 Vgl. MUW, 9a.

121 Vgl. die Liste bei Kunzelmann, Geschichte, 2. Teil, 142–145.

Die Augustinereremiten hatten allerdings in der Frühzeit der Universität Tübingen neben ihrem eigenen Ordensstudium im Kloster und dem Studium an der Universität zeitweise noch einen dritten Ort, an dem sie sich ohne förmliche Mitgliedschaft fortbilden konnten: das Tübinger Franziskanerkloster. Nach der Eröffnung der Universität richteten die Franziskaner in ihrem Kloster ein Partikularstudium ein,[122] hielten sich aber anders als die Augustinereremiten von der Universität fern. Das ist auffällig, da in die verschiedenen Matrikeln immer wieder Religiosen eingetragen sind: Benediktiner, Zisterzienser und Prämonstratenser, von Mendikanten auch Karmeliten, allerdings keine Dominikaner. Ein Angehöriger des Franziskanerkonvents gewann jedoch eine Bedeutung, die weit über sein Kloster hinausreichte. Das war Paul Scriptoris aus Weil der Stadt,[123] der erstmals 1486 in Tübingen bezeugt ist. Nachdem er in Paris bei dem Scotisten Stephan Brulefer studiert hatte, lehrte er zunächst seit 1489 in Mainz und seit 1493 als Lektor wieder in Tübingen, wo er zuletzt bis 1501 auch Guardian war. Durch seinen Schweizer Mitbruder Konrad Pellikan, der seit 1496 bei ihm studierte, wissen wir, dass er unter anderem über Duns Scotus und über die Kosmographie des Ptolemaeus las und die Bebenhäuser Mönche mit dem Astrolab bekannt machte. Pellikan berichtet, Scriptoris habe täglich nicht nur viele weltgeistliche *Magistri*, sondern auch alle gelehrten *fratres* des Augustinerklosters zu Hörern gehabt, unter denen er Staupitz besonders hervorhebt.[124] Die 1498 erschienene Auslegung des Kommentars des *Doctor subtilis* Johannes Duns Scotus zum ersten Sentenzenbuch,[125] die Pellikan nach dem Diktat des Verfassers niedergeschrieben hatte,[126] ist das erste Buch, das in Tübingen gedruckt wurde.[127] Das *Explicit* behauptet, der Verfasser habe es als „reguläre Vorlesung im Konvent der Minderbrüder an der Universität Tübingen" vorge-

---

[122] Vgl. Tüchle, Franziskanerkloster, 22.

[123] Vgl. Wegerich, Franziskanerlehrer, 182–187; Feld, Scriptoris.

[124] Pellikan, Chronikon, 11f: „*[provincialis Vicarius] anno 1496 mense Martio misit me Tubingam, studiorum gratia, guardiano et lectori viro doctissimo probissimoque Paulo Scriptoris, e Wila Suevorum et ipse natus, qui proprio marte didicerat artes liberales omnes, ut eas quoque praelegerit doctoribus de universitate, quibus erat miraculo ob ingenium. erat acutissimus Scotista, auditor dudum Stephani Prulifer, Parisiensis Doctoris, habebat quotidie auditores non solum ex secularibus Magistris multos* [...], *quin et totius monasterii Augustiani fratres docti quotidie veniebant Tubingae ad audiendum Scotum a Paulo; quibus praeerat Prior Joannes Stupicius, postea Doctor et maecenas, provincialis Lutheri. Sed et Cosmographiam Ptolemaei praelegens Paulus hic omnes Doctores fere et ceteros Magistros habuit auditores et fratres doctos multos* [...]. *Docuit quoque monachos in Bebenhusen compositionem astrolabii* [...]."

[125] *Lectura fratris pauli/scriptoris ordinis minorum de obseruan/tia quam edidit declarando subtillissimas/doctoris subtilis sententias circa Ma/gistrum in primo libro.*

[126] Pellikan, Chronikon, 12f: „*Scripsit tunc quoque explicationem Scoti in primum Sententiarum, et non tantum complevit, sed et impressioni permisit, quo agente, prima impressionis librorum officina illuc (Tubingam scilicet) translata est ex Rütlingen. Exemplar impressum manu mea scripsi, ipso mihi dictante, quia non erat manu aptus scribendo. Finitus est liber impressus anno 1498, 24. Marcii.*"

[127] Vgl. Steiff, Buchdruck, 4f, 49f.

tragen.[128] Diese Formulierung würde auf eine sonst nicht bekannte Inkorporation des franziskanischen Ordensstudiums in die Universität hinweisen.[129]

Es hat sich gezeigt, dass die Tübinger Augustinereremiten zwar keinen Anteil an der Entstehung der Universität hatten, dass sie aber – nachdem sie reformiert worden waren – abgesehen von der Überlassung eines in ihrem Kloster neu erbauten Hörsaals an die Theologen auch durch ihre Lehrtätigkeit bei den Artisten wie bei den Theologen gewisse Beiträge zur Aufrechterhaltung des Lehrbetriebs geleistet haben, deren Ergebnisse freilich nicht überliefert sind. Allerdings fällt auf, dass viele von ihnen nur relativ kurz in Tübingen waren, um anschließend als Prioren an andere Klöster versetzt zu werden oder anderswo ihre Lehrtätigkeit fortzusetzen. Das hing natürlich mit der Instabilität und Verfügbarkeit der Mendikanten zusammen. Eine beachtliche Reihe von ihnen – an der Spitze Johann von Staupitz – wechselte 1502 oder wenig später an die neu gegründete Universität Wittenberg und spielte dort eine weit gewichtigere Rolle als in Tübingen. Wittenberg war nach dem Vorbild von Tübingen gegründet worden. Die Wittenberger Ordnungen stammten teilweise aus Tübingen. Sicher nachweisbar ist das zumindest bei den Statuten der Artisten von 1504,[130] während die frühesten Statuten der Wittenberger theologischen Fakultät fehlen. Wenn man bedenkt, dass neben Martin Polich von Mellerstadt der Tübinger Augustinereremit Johann von Staupitz den größten Anteil an der Planung der neuen Universität hatte,[131] dass die Gründungsdekane der theologischen Fakultät (Johann von Staupitz) und der Artistenfakultät (Sigismund Epp) zuvor kürzer oder länger an der Universität Tübingen gewirkt hatten (während übrigens die juristischen Professuren gleich mit drei Tübingern – Ambrosius Volland, Wolfgang Stehelin und Hieronymus Schurff [Schurpff, Schürpff] – besetzt wurden[132]), und wenn man an die ausgedehnte Lehrtätigkeit von Augustinereremiten denkt, darunter eine Reihe ehemaliger Mitglieder des Tübinger Konvents, dann wird deutlich, dass die Tübinger Augustinereremiten, von denen allerdings zwei rasch wieder nach Tübingen zurückkehrten,[133] für die Anfänge Wittenbergs, der „Tochter der württembergischen Landesuniversität“[134], we-

---

[128] *Explicit exacta expositio et subtilis subtilissimarum sententiarum quas doctor subtilis in primum librum suum circa magistrum Petrum Lumbardum in vnum congessit. ordinaria lectura ordinarie facta in conuentu fratrum minorum in alma vniuersitate Tuivingensi. vbi et impressa est per huius artis gnarum Magistrum Johannem Ottmar. Anno salutis M.CCCC. XCVIII. XXIIII. die Martii.*

[129] Der Franziskaner Paul Scriptoris findet sich nicht in den Matrikeln der Universität Tübingen.

[130] Vgl. Muther, Statuten, mit der Quelle in: UT, 322–375.

[131] Vgl. Friedensburg, Universität Wittenberg, 14f.

[132] Vgl. Finke, Juristenfakultät, 355f; MUW, 1.

[133] Dionysius Bickel, Sigismund Epp.

[134] Finke, Juristenfakultät, 356.

sentlich größere und besser fassbare Bedeutung hatten als für die Frühzeit der Mutter Tübingen.

Bibliographie

Quellen

a) Urkundeneditionen mit Abkürzungen

MFAB Matrikel der Bakkalare der Artistenfakultät, in: Die Matrikel der Magister und Bakkalare der Artistenfakultät (1477–1535), bearb. v. Miriam Eberlein/Stefan Lang, Tübinger Professorenkatalog, hg. v. Sönke Lorenz, Bd. 1,1, Ostfildern: Thorbecke, 2006, 121–293.

MFAM Matrikel der Magister der Artistenfakultät, in: Die Matrikel der Magister und Bakkalare der Artistenfakultät (1477–1535), bearb. v. Miriam Eberlein/Stefan Lang, Tübinger Professorenkatalog, hg. v. Sönke Lorenz, Bd. 1,1, Ostfildern: Thorbecke, 2006, 51–120.

MFT Stefan Kötz, Die vorreformatorischen Matrikeln der Theologischen Fakultät (1480–1534) und der Medizinischen Fakultät (1497–1535) der Universität Tübingen, in: Tübingen in Lehre und Forschung um 1500. Zur Geschichte der Eberhard Karls Universität Tübingen. Festgabe für Ulrich Köpf, hg. v. Sönke Lorenz u. a., Tübinger Bausteine zur Landesgeschichte 9, Ostfildern: Thorbecke, 2008, 255–294.

MUT Die Matrikeln der Universität Tübingen, hg. v. Heinrich Hermelink. Bd. 1: Die Matrikeln von 1477–1600, Bd. 2: Register, Stuttgart: Kohlhammer, 1906/1931.

MUW Matrikel der Universität Wittenberg, in: Album Academiae Vitebergensis ab a. Ch. MDII usque ad a. MDLX, hg. v. Carl Eduard Förstemann, Leipzig: Tauchniz, 1841.

UBW Urkundenbuch der Universität Wittenberg. Teil 1 (1502–1611), bearb. v. Walter Friedensburg, Geschichtsquellen der Provinz Sachsen und des Freistaates Anhalt Neue Reihe 3, Magdeburg: Historische Kommission, 1926.

UT Urkunden zur Geschichte der Universität Tübingen aus den Jahren 1476 bis 1550 [hg. v. Rudolph von Roth], Tübingen: Laupp, 1877 [Nachdruck Aalen: Scientia, 1973].

b) Andere Quellen

Martin Crusius, Annales Svevici siue Chronica rerum gestarum antiquissimae et inclytae Svevicae gentis, Frankfurt: Nicolai Bassaei, 1595/1596.

Die evangelischen Kirchenordnungen des XVI. Jahrhunderts, begr. v. Emil Sehling. Bd. 17: Baden-Württemberg III, bearb. v. Sabine Arend, Tübingen: Mohr Siebeck, 2007.

Liber decanorum facultatis theologicae academiae Vitebergensis, hg. v. C[arl] E[duard] Förstemann, Leipzig: Tauchniz, 1838.

Theodor Muther, Die ersten Statuten der Wittenberger Artistenfacultät v. J. 1504, in: Neue Mitteilungen aus dem Gebiet historisch-antiquarischer Forschungen 11 (1874), 177–208.

Konrad Pellikan, Das Chronikon. Zur vierten Säkularfeier der Universität Tübingen, hg. v. Bernhard Riggenbach, Basel: Bahnmaier, 1877.

Sammlung der württembergischen Schulgesetze. 2. Abtheilung, hg. v. Carl Hirzel (Sammlung der württembergischen Gesetze, hg. v. August Ludwig Reyscher, Bd. 11, 2. Abtheilung), Tübingen: Fues, 1847.

Sekundärliteratur

Oliver Auge, Stift und Herrschaft. Eine Studie über die Instrumentalisierung von Weltklerus und Kirchengut für die Interessen der Herrschaft Württemberg anhand der Biographien Sindelfinger Pröpste, Veröffentlichungen des Stadtarchivs Sindelfingen 4, Sindelfingen 1996.

Ders., Kleriker im Dienst der Herrschaft Württemberg. Der erste Tübinger Universitätskanzler Johannes Tegen, in: Bausteine zur Tübinger Universitätsgeschichte 8, Tübingen: Attempto, 1997, 5–12.

Ders., Stiftsbiographien. Die Kleriker des Stuttgarter Heilig-Kreuz-Stifts (1250–1552), Schriften zur südwestdeutschen Landeskunde 38, Leinfelden-Echterdingen: Thorbecke, 2002.

Rüdiger Becksmann, Die mittelalterlichen Glasmalereien in Schwaben von 1350 bis 1530 ohne Ulm, Corpus Vitrearum Medii Aevi. Deutschland 1: Schwaben 2, Berlin: Deutscher Verlag für Kunstwissenschaft, 1986.

Beschreibung des Oberamts Vaihingen, hg. v. dem Königlichen statistisch-topographischen Bureau, Beschreibung des Königreichs Württemberg 37, Stuttgart: Hallberger, 1856.

Martin Brecht, Das Augustiner-Eremiten-Kloster zu Tübingen, in: Mittelalterliches Erbe – Evangelische Verantwortung, hg. vom Evangelischen Stift Tübingen, Tübingen: Mohr Siebeck, 1962, 45–91.

Hansmartin Decker-Hauff/Wilfried Setzler (Hgg.), Die Universität Tübingen von 1477 bis 1977 in Bildern und Dokumenten, 500 Jahre Eberhard-Karls-Universität Tübingen, Tübingen: Attempto, 1977.

Gerhard Faix, Traditionen und Legenden. Anmerkungen zur Rezeptionsgeschichte der Pilgerfahrt Eberhards, in: Eberhard im Bart und die Wallfahrt nach Jerusalem im späten Mittelalter, hg. v. dems./Folker Reichert, Lebendige Vergangenheit 20, Stuttgart: Kohlhammer, 1998, 85–135.

Helmut Feld, Art. Steinbach, Wendelin, in: Die deutsche Literatur des Mittelalters. Verfasserlexikon, Bd. 9, 2. Aufl., Berlin u. a.: De Gruyter, 1995, 249–255.

Ders., Art. Scriptoris, Paul, in: Biographisch-bibliographisches Kirchenlexikon 9, Nordhausen u. a.: Bautz, 1995, 1258–1261.

Ders., Art. Steinbach, Wendelin, in: Biographisch-bibliographisches Kirchenlexikon 10, Nordhausen u. a.: Bautz, 1995, 1289–1292.

Karl Konrad Finke, Die Professoren der Tübinger Juristenfakultät (1477–1525), Tübinger Professorenkatalog, hg. v. Sönke Lorenz, Bd. 1,2, Ostfildern: Thorbecke, 2011.

Walter Friedensburg, Geschichte der Universität Wittenberg, Halle a.S.: Niemeyer, 1917.

Jacob Grimm/Wilhelm Grimm, Deutsches Wörterbuch, begr. v. dens., Leipzig: Hirzel, 1854–1954 [Nachdruck München: dtv, 1984].

Johannes Haller, Die Anfänge der Universität Tübingen 1477–1537. Zur Feier des 450jährigen Bestehens der Universität im Auftrag ihres Großen Senats dargestellt, 2 Bde., Stuttgart: Kohlhammer, 1927/1929.

Berndt Hamm, Art. Staupitz, Johann[es] von, in: Theologische Realenzyklopädie 32, Berlin u. a.: De Gruyter, 2001, 119–127.

Heinrich Hermelink, Die theologische Fakultät in Tübingen vor der Reformation 1477–1534, Tübingen: Mohr, 1906.

Hermann Jantzen, Stiftskirche in Tübingen, Beiträge zur Tübinger Geschichte 5, Tübingen: Kulturamt, 1993.

Karl Klüpfel, Geschichte und Beschreibung der Universität Tübingen (ders./Max Eifert, Geschichte und Beschreibung der Stadt und Universität Tübingen, Abteilung 2), Tübingen 1849.

Ulrich Köpf, Martin Luthers theologischer Lehrstuhl, in: Die Theologische Fakultät Wittenberg 1502 bis 1602. Beiträge zur 500. Wiederkehr des Gründungsjahres der Leucorea, hg. v. Irene Dingel/Günther Wartenberg, Leucorea-Studien zur Geschichte der Reformation und der Lutherischen Orthodoxie 5, Leipzig: Evang. Verl.-Anst., 2002, 71–86.

Ders., Gabriel Biel als Mainzer Domprediger, in: Zwischen Konflikt und Kooperation. Religiöse Gemeinschaften in Stadt und Erzstift Mainz in Spätmittelalter und Neuzeit, hg. v. Irene Dingel/Wolf-Friedrich Schäufele, Veröffentlichungen des Instituts für Europäische Geschichte Mainz, Beiheft 70, Mainz: von Zabern, 2006, 17–33.

Ders., Aus den Anfängen der Tübinger Theologischen Fakultät, in: Tübingen in Lehre und Forschung um 1500. Zur Geschichte der Eberhard Karls Universität Tübingen. Festgabe für Ulrich Köpf, hg. v. Sönke Lorenz u. a., Tübinger Bausteine zur Landesgeschichte 9, Ostfildern: Thorbecke, 2008, 219–239.

Ders./Sönke Lorenz (Hgg.), Gabriel Biel und die Brüder vom gemeinsamen Leben. Beiträge aus Anlaß des 500. Todestages des Tübinger Theologen, Contubernium 47, Stuttgart: Steiner, 1998.

Adalbero Kunzelmann, Geschichte der deutschen Augustiner-Eremiten. Zweiter Teil: Die rheinisch-schwäbische Provinz bis zum Ende des Mittelalters, Cassiciacum 26,2, Würzburg: Augustinus, 1970.

Ders., Geschichte der deutschen Augustiner-Eremiten. Fünfter Teil: Die sächsisch-thüringische Provinz und die sächsische Reformkongregation bis zum Untergang der beiden, Cassiciacum 26,5, Würzburg: Augustinus, 1974.

Wolfgang Leesch/Ernest Persoons/Anton G. Weiler (Hgg.), Monasticon Fratrum Vitae Communis. Teil 2: Deutschland, bearb. v. W.J. Alberts, Archives et bibliothèques de Belgique. Numéro spécial 19, Brüssel 1979.

Martin Leube, Das Tübinger Stift 1770–1950. Geschichte des Tübinger Stifts, Stuttgart: Steinkopf, 1954.

Sönke Lorenz (Hg.), Attempto – oder wie stiftet man eine Universität? Die Universitätsgründungen der sogenannten zweiten Gründungswelle im Vergleich, Contubernium 50, Stuttgart: Steiner, 1999.

Ders., Eberhard im Bart und seine Universität. Eine Einführung, in: Tübingen in Lehre und Forschung um 1500. Zur Geschichte der Eberhard Karls Universität Tübingen. Festgabe für Ulrich Köpf, hg. v. dems. u. a., Tübinger Bausteine zur Landesgeschichte 9, Ostfildern: Thorbecke, 2008, 1–59.

Hans-Martin Maurer (Hg.), Eberhard und Mechthild. Untersuchungen zu Politik und Kultur im ausgehenden Mittelalter, Lebendige Vergangenheit 17, Stuttgart: Kohlhammer, 1994.

Dieter Mertens, Eberhard im Bart als Stifter der Universität Tübingen, in: Attempto – oder wie stiftet man eine Universität? Die Universitätsgründungen der sogenannten zweiten Gründungswelle im Vergleich, hg. v. Sönke Lorenz, Contubernium 50, Stuttgart: Steiner, 1999, 157–173.

Rainer A. Müller, Ludwig IX. der Reiche, Herzog von Bayern-Landshut (1450–1479) und die Gründung der Universität Ingolstadt 1472, in: Attempto – oder wie stiftet man eine Universität? Die Universitätsgründungen der sogenannten zweiten Gründungswelle im Vergleich, hg. v. Sönke Lorenz, Contubernium 50, Stuttgart: Steiner, 1999, 129–145.

Bernhard Neidiger, Das Dominikanerkloster Stuttgart, die Kanoniker vom gemeinsamen Leben in Urach und die Gründung der Universität Tübingen. Konkurrierende Reformansätze in der württembergischen Kirchenpolitik am Ausgang des Mittelalters, Veröffentlichungen des Archivs der Stadt Stuttgart 58, Stuttgart: Klett-Cotta, 1993.

Gustav Schmoller, Urkundliches betr. das ehemalige Augustinereremitenkloster in Tübingen, in: Reutlinger Geschichtsblätter 4 (1893), 54–56, 69f, 81–83, 102f.

Wilfried Setzler, Art. Tübingen. Augustiner-Eremiten, in: Württembergisches Klosterbuch. Klöster, Stifte und Ordensgemeinschaften von den Anfängen bis in die Gegenwart, hg. v. Wolfgang Zimmermann/Nicole Priesching im Auftrag des Geschichtsvereins der Diözese Rottenburg-Stuttgart, Ostfildern: Thorbecke, 2003, 472f.

Ders., Art. Tübingen. Franziskanerkloster, in: Württembergisches Klosterbuch. Klöster, Stifte und Ordensgemeinschaften von den Anfängen bis in die Gegenwart, hg. v. Wolfgang Zimmermann/Nicole Priesching im Auftrag des Geschichtsvereins der Diözese Rottenburg-Stuttgart, Ostfildern: Thorbecke, 2003, 473f.

Johannes Baptista Sproll, Verfassung des Sankt Georgen-Stifts zu Tübingen und sein Verhältnis zur Universität in dem Zeitraum von 1476–1534, in: Freiburger Diözesan-Archiv 30 (1902), 107–192; 31 (1903), 141–197.

Karl Steiff, Der erste Buchdruck in Tübingen (1498–1534). Ein Beitrag zur Geschichte der Universität, Tübingen: Laupp, 1881 [Nachdruck Nieuwkoop: De Graaf, 1963].

Dieter Stievermann, Der Augustinermönch Dr. Conrad Holzinger. Kaplan, Rat und Kanzler des Grafen bzw. Herzogs Eberhard d. J. von Württemberg am Ende des 15. Jahrhunderts, in: Mittel und Wege früher Verfassungspolitik. Kleine Schriften 1, hg. v. Josef Engel, Spätmittelalter und Frühe Neuzeit 9, Tübingen: Klett-Cotta, 1979, 356–405.

Ders., Gründung, Reform und Reformation des Frauenklosters zu Offenhausen. Der Dominikanerinnenkonvent Gnadenzell im Spannungsfeld zwischen Stifterfamilie und Landesherrschaft, in: Zeitschrift für Württembergische Landesgeschichte 47 (1988), 149–202.

Ders., Friedrich der Weise und seine Universität Wittenberg, in: Attempto – oder wie stiftet man eine Universität? Die Universitätsgründungen der sogenannten zweiten Gründungswelle im Vergleich, hg. v. Sönke Lorenz, Contubernium 50, Stuttgart: Steiner, 1999, 175–207.

David Friedrich Strauß, Christian Märklin. Ein Lebens- und Charakterbild aus der Gegenwart, Mannheim: Bassermann, 1851.

Jürgen Sydow, Geschichte der Stadt Tübingen. Teil 1: Von den Anfängen bis zum Übergang an Württemberg 1342, Tübingen: Laupp, 1974.

Ders., Das Bistum Konstanz. Teil 2: Die Zisterzienserabtei Bebenhausen, Germania Sacra NF 16, 2, Berlin u.a.: De Gruyter, 1984.

Waldemar Teufel, Universitas Studii Tuwingensis. Die Tübinger Universitätsverfassung in vorreformatorischer Zeit (1477–1534), Contubernium 12, Tübingen: Mohr Siebeck, 1977.

Ders., Die Gründung der Universität Tübingen. Wagnis und Gelingen – Anstöße und Vorbilder, in: Beiträge zur Geschichte der Universität Tübingen 1477–1977, hg. v. Hansmartin Decker-Hauff/Gerhard Fichtner/Klaus Schreiner, 500 Jahre Eberhard-Karls-Universität Tübingen, Tübingen: Attempto, 1977, 3–32.

Hans-Wolf Thümmel, Universität und Stadt Tübingen, in: Beiträge zur Geschichte der Universität Tübingen 1477–1977, hg. v. Hansmartin Decker-Hauff/Gerhard Fichtner/Klaus Schreiner, 500 Jahre Eberhard-Karls-Universität Tübingen, Tübingen: Attempto, 1977, 33–84.

Hermann Tüchle, Das Tübinger Franziskanerkloster und seine Insassen, in: Tübinger Blätter 40 (1953), 20–24.

Erich Wegerich, Bio-bibliographische Notizen über Franziskanerlehrer des 15. Jahrhunderts, in: Franziskanische Studien 29 (1942), 150–197.

Gottfried Wentz, Das Kollegiatstift Allerheiligen in Wittenberg, in: Das Bistum Brandenburg, Germania Sacra Abt. 1, Bd. 3,2, bearb. v. dems./Fritz Bünger, Berlin: De Gruyter, 1941, 75–164.

Ders., Das Augustinereremitenkloster in Wittenberg, in: Das Bistum Brandenburg, Germania Sacra Abt. 1, Bd. 3,2, bearb. v. dems./Fritz Bünger, Berlin: De Gruyter, 1941, 440–499.

Eduard Zeller, Erinnerungen eines Neunzigjährigen, Stuttgart: Uhland, 1908.

Das Gutachten des Johann von Staupitz zur sonntäglichen Messpflicht

Ein theologisches Zeugnis seiner Tübinger Lebensphase

Lothar Vogel

Der Augustinereremit Johann von Staupitz, der als Förderer und Seelsorger Martin Luthers besondere historische Bedeutung erwarb, hat von 1497 bis 1500 in Tübingen Theologie studiert und gehörte während dieser Zeit zum hiesigen Konvent seines Ordens, d.h. er lebte und wirkte in dem wenige Jahrzehnte danach zum Evangelischen Stift umfunktionierten Gebäude, in dessen Geschichte er damit zumindest ideell eine Schlüsselposition einnimmt.

Geboren auf dem seiner Familie gehörenden Gut Motterwitz in der Gegend von Leisnig,[1] hinterließ Johannes von Staupitz erstmals Spuren in Schriftquellen, als er im Mai 1483 an der Universität Köln immatrikuliert wurde. Entsprechend den Gepflogenheiten der Zeit lässt dies vermuten, dass er um 1467/68 geboren sein dürfte. Seine philosophischen Studien absolvierte Staupitz in Köln, wo er nach einem Jahr das Bakkalaureat sowie 1489 den Titel eines *magister artium* erwarb, und an der sächsischen Landesuniversität Leipzig, in deren Matrikel er schon 1485 verzeichnet wurde und wo er nach Erwerb des Magistertitels lehrte. Die nächste Schriftquelle, die von Staupitz berichtet, ist erst acht Jahre später festzumachen, nämlich als er, nunmehr Angehöriger des Augustinerordens, in Tübingen immatrikuliert wurde. Die „Bekehrung" eines Magisters zum Klosterleben samt anschließendem Theologiestudium entspricht einem um 1500 besonders bei den Augustinereremiten wiederholt zu beobachtenden Schema (Johannes von Paltz, Bartholomäus Arnoldi von Usingen, auch Luther). Im Laufe von gut drei Jahren, d.h. sehr schnell, erwarb Staupitz in Tübingen die Titel eines *baccalaureus sententiarius* und dann, im Sommer 1500, eines Doktors der Theologie. Zugleich war er, nachdem er die Profess nach alter Überlieferung in München geleistet hatte, nun Prior des Tübinger Konvents. Sein Lebensweg führte ihn jedoch bereits im Jahre 1500 als Prior nach München und dann, als Theologiedozent, an die im Jahre 1502 gegründete Wittenberger Universität. Daneben engagierte er sich als Generalvikar der Reformkongrega-

[1] Zu Staupitzens Biographie vgl. Hamm, Johann von Staupitz, 6–42 (mit Quellennachweisen).

tion für die Durchsetzung der Observanz in der sächsischen Ordensprovinz. Im Jahre 1512 gab er jedoch nicht nur seine Reformpläne auf, sondern brachte auch seinen Schüler Martin Luther dazu, sich zum Doktor der Theologie promovieren zu lassen, was ihm erlaubte, sich aus dem Wittenberger Lehrbetrieb zurückzuziehen. Im August 1520 gab er das Amt des Generalvikars ab und trat knapp zwei Jahre später in das Benediktinerkloster St. Peter in Salzburg ein, wo er – durch Fürsprache des Erzbischofs – zum Abt gewählt wurde, allerdings bereits Ende 1524 verstarb.[2]

Was die von Staupitz erhaltenen Werke betrifft, so fällt auf, dass sie in ihrer zeitlichen Ansetzung das Jahrzehnt seines Engagements für die Ordensreform und die Wittenberger Universität (1502–1512) gleichsam umrahmen, aus denen wir lediglich die durch ihn maßgeblich beeinflussten Konstitutionen der augustinischen Reformkongregation[3], aber keine unter seinem Namen erschienenen theologischen Schriften besitzen. Aus den vorausgegangenen Tübinger Jahren ist handschriftlich eine Serie von 34 Predigten über das Buch Hiob erhalten, die im Jahre 1990 durch Manfred Schulze inhaltlich analysiert worden ist.[4] Hinzu kommt eine im März 1500 bei Johannes Otmar in Tübingen gedruckte *Decisio quaestionis de audientia missae* („Entscheidung in der Frage nach dem Messehören“), die seit der von Wolfgang Günter im Jahre 2001 herausgegebenen kritischen Edition[5] keine eingehendere Behandlung mehr erfahren hat. Erst von 1512 an sind dann jene anderen Predigten und Schriften entstanden, die Staupitz' Ruf als theologisch gehaltvollen Erbauungsprediger und -schriftsteller begründet haben.[6] Der Schwerpunkt der nachstehenden Untersuchungen liegt auf dem Werk der Tübinger Phase, und zwar auf der bisher weniger beachteten Druckschrift zur Frage der Messpflicht.

1. Staupitzens Gutachten zur Sonntagspflicht – inhaltliche Charakterisierung

1.1. Die Rahmenbedingungen

Diese Schrift nimmt in Staupitzens Œuvre eine Sonderstellung ein. Äußerlich ist festzuhalten, dass er erst viel später, von 1515 an, unter seinem Namen weitere Druckschriften publiziert hat. Inhaltlich behandelt der zu diesem Zeitpunkt

[2] Zu Staupitz' Reforminitiative und zu seinem Ordenswechsel s. Schneider, Contentio Staupitiana, 2–44; ders., Neue Quellen, 9–37; ders., Johannes von Staupitz' Amtsverzicht, 185–231.

[3] Constitutiones OESA, 103–319.

[4] Edition hg. v. Richard Wetzel, in: Johann von Staupitz, Sämtliche Schriften. Bd. 1: Tübinger Predigten; dazu Schulze, Hiob-Prediger, 60–88.

[5] In: Staupitz, Sämtliche Schriften, Bd. 5, 1–41.

[6] Vgl. den Überblick in Hamm, Johann von Staupitz, 19–25.

kurz vor der Promotion zum Doktor stehende Theologe die Frage, ob die Glieder einer Pfarrei durch ein kirchliches Gebot dazu verpflichtet seien, die Sonntagsmesse in ihrer Pfarrkirche (und nicht anderswo) zu besuchen. Die Antwort wird durch eine scholastische Erörterung verschiedener Autoritäten ermittelt, was stilistisch in keiner Weise den anderen überlieferten Staupitz-Schriften entspricht. Hinzu kommt, dass die Messe und die Sakramentenlehre in Staupitz' Predigten und späteren Schriften generell eine ausgesprochen marginale Rolle spielten.[7] Da aber kein Zweifel besteht an der Authentizität des Drucks (dem fünf weitere von Johannes Weißenburger besorgte Auflagen folgten) und zudem nach 1502 der Münchener Franziskaner Kaspar Schatzgeyer ihm unter Namensnennung entgegnete, ist Staupitzens Verfasserschaft als gesichert zu betrachten.[8] Diese Schrift ist also ein wichtiges Zeugnis für seine Tätigkeit in Tübingen.

Als Student in Köln hatte Staupitz Grundlagen erworben, die sich in den Spuren der thomistischen *via antiqua* bewegten.[9] In Tübingen hingegen befand er sich in einem theologisch-spirituell anders geprägten Kontext. Theologisch war die Tübinger Fakultät damals von moderaten humanistischen Einflüssen, vor allem aber durch den „Wegestreit" zwischen der *via antiqua* und der ockhamistischen *via moderna* bestimmt, die beide an der im Jahre 1477 gegründeten Universität institutionell verankert waren. Seit 1484 – d.h. zehn Jahre nach der Pariser Verurteilung des Ockhamismus – hatte in der theologischen Fakultät neben dem Realisten Heynlin von Stein der erklärte Ockhamist Gabriel Biel gelehrt, ein ehemaliger Mainzer Domprediger, der sich in fortgeschrittenem Alter den Brüdern vom gemeinsamen Leben angeschlossen hatte und damit eine Art Synthese von *via moderna* und *devotio moderna* verkörperte. Nach 1489 zog Biel sich in das Brüderhaus auf dem Einsiedel zurück, wo er 1495, also zwei Jahre vor Staupitzens Immatrikulation, verstarb. Es war ihm aber gelungen, durch seine Schüler Wendelin Steinbach und Peter Braun, die ebenfalls den Brüdern vom gemeinsamen Leben angehörten, eine Schule zu bilden, die bis zur Einführung der Reformation in Württemberg durchtrug. Die Konfrontation zwischen beiden „Wegen" verlor allerdings dadurch an Schärfe, dass Vertreter beider Richtungen in ethischen Fragen durch den gemeinsamen Rückgriff auf Duns Scotus beträchtliche Konvergenzen aufwiesen.[10]

Was den Augustinerkonvent betraf, so hatte dieser also in Tübingen, anders als später in Wittenberg,[11] keine für die Universität strategische Bedeutung.

---

[7] Vgl. Hamm, Frömmigkeitstheologie, 235.

[8] S. dazu Günter, Einleitung, in: Staupitz, Decisio, 11f.

[9] Vgl. dazu Oberman, Werden und Wertung, 98f.

[10] Dazu Oberman, Werden und Wertung; ders., Via moderna – Devotio moderna, 1–64; zu Biel und seiner Schule ist noch immer grundlegend Oberman, Spätscholastik und Reformation.

[11] Dazu Schneider, Martin Luthers Reise nach Rom, 98f.

Dennoch war er, wie Martin Brecht anlässlich des Jubiläums vor 50 Jahren herausgearbeitet hat, der Universität eng verbunden, was nicht nur aus der Benutzung des Ordenshauses für universitäre Lehrveranstaltungen hervorgeht, sondern auch aus der Immatrikulation zahlreicher Ordensbrüder an der Tübinger Hohen Schule. Nicht zu vergessen ist dabei, dass eine ansehnliche Reihe Tübinger Augustiner-Studenten anschließend an der jungen Wittenberger Universität Lehraufgaben übernommen hat.[12] Die Bedeutung Tübingens für den Orden geht zudem aus dem hier bestehenden Ordensstudium hervor, sowie daraus, dass ein Lektor dieses Studiums, wie Staupitz es war, an der Universität den Doktorgrad erwarb.[13] Gleichsam in einem Brennspiegel zusammengefasst wird dies in der Erinnerung des Konrad Pellikan, dass der Augustinerkonvent unter Staupitzens Führung geschlossen die Vorlesungen des Scotus-Interpreten Paulus Scriptoris hörte.[14]

1.2. Die Vorrede: Sonntagspflicht als heilsrelevante Frage

In diesem intellektuellen Kontext stellte der vor der Promotion zum Doktor stehende Augustiner Staupitz also seine *Decisio* zur Sonntagspflicht vor. Eingeleitet ist diese Erörterung, die ein für die Bettelorden in ihrem Verhältnis zum Pfarrklerus zentrale Frage behandelt,[15] durch eine Widmung, die Staupitz an seinen Buchdrucker Johannes Otmar richtete. In ihr wird die zu behandelnde Frage sogleich auf die Ebene eines soteriologisch relevanten Scheidewegs gehoben:

> Wenn auf dem Wege der Ethik und des Heils die Lehrer einander widersprechen, werden im Geist der Untergebenen unvermeidlich Zweifel und Verwirrung erzeugt. Denn wer ungewiss ist, weil er aus der Vernunft nicht zu ermitteln vermag, wessen Aussage er trauen soll, schließt sich unter Missachtung der Wahrheit und angezogen von Gefälligkeiten und Gerede meist umso fester jener Behauptung an, die weniger Wahrheit enthält.[16]

Dem „Diener der Wahrheit" („*veritatis ministro*") ist es verwehrt, solchen Tendenzen nachzugeben. Er muss vielmehr gegen sie eine Art Schutzdamm errichten, „denn der von ihm gepflegte Strom der Wahrheit, fließt, solange es kein Hindernis gibt, in einem einzigen und einfachen Lauf dahin; wenn er aber verbaut wird, läuft er an sieben Stellen über"[17]. Derartige Unordnung findet nach

---

[12] Dazu Brecht, Augustiner-Eremiten-Kloster, 74–76.

[13] Vgl. dazu den Beitrag von Ulrich Köpf in diesem Band.

[14] Vgl. Das Chronikon des Konrad Pellikan, 12.

[15] Vgl. dazu Browe, Kommunion, 477–516; Congar, Aspects ecclésiologiques, 35–151; Ertl, Religion und Disziplin, 182f.

[16] Staupitz, Decisio, 27: „*In via* [...] *morum aut salutis, contradicentibus sibi praeceptoribus, nil in subiectorum animis nisi dubietas confusioque generetur oportet. Ancipites enim, cuius dictis fidem habeant ex ratione non invenientes, neglecta veritate, allecti favore clamoribusve plerumque assertioni quae minus veritatis continet firmius haerent.*" Die Interpunktion ist gegenüber der Edition nach syntaktischen Kriterien revidiert worden.

[17] Staupitz, Decisio, 27: „*Quod etsi amarum sit veritatis ministro, non tamen eapropter*

Staupitz ihren Ausdruck in der von ihm bekämpften Auffassung, die er nicht nur als irrig, sondern als häretisch charakterisiert und die Auseinandersetzung mit ihr durch einen konventionellen Rückgriff auf Genesis 3,14f (der Mensch soll der verführerischen Schlange auf den Kopf treten) biblisch legitimiert.[18] Von vornherein signalisiert Staupitz also, dass es sich nicht um eine nachrangige Ordnungsfrage, sondern um ein Problem handelt, bei dem das Seelenheil der Gläubigen auf dem Spiel steht. Aufmerksamkeit verdient auch, dass Staupitz hier eine Verhältnisbestimmung zwischen akademischer Theologie und Lebensgestaltung der Gläubigen vornimmt. Aufgabe des „*veritatis minister*" (also des Theologen) ist es, das Urteil der Gläubigen zu orientieren, nicht es zu ersetzen. Dieses Element wird innerhalb der Schrift wiederkehren. Ihm entspricht die Veröffentlichung des Gutachtens als käufliche Druckschrift.

Die präzise Frage, welche Staupitz erörtert, ist folgende: „Sind die Gläubigen einer Pfarrei durch ein kirchliches Gebot verpflichtet, an Sonn- und kirchlich bestimmten Feiertagen in ihren Pfarrkirchen die Messe zu hören?"[19]. Wie im Vorwort angelegt, setzt Staupitz das Problem also nicht auf der Ebene des Ratsamen, sondern des Gebotenen an, dessen Missachtung Sünde und damit heilsgefährdend ist. Inhaltlich ist sogleich zu bemerken, dass Staupitz sein Gutachten dem Hören der Messe und nicht der Kommunion widmet, deren mindestens jährlicher Empfang aus der Hand des Inhabers der Pfarrei oder eines von ihm beauftragten ordentlichen Vertreters[20] damit vorausgesetzt und nicht in die Diskussion einbezogen wird. Was nun das regelmäßige Hören der Messe an Sonn- und Feiertagen betrifft, so kann der Gedanke, dass die andächtige Anwesenheit bei der eucharistischen Zelebration in einer geistlichen Weise am Leibe Christi Anteil gewinnen lasse, die der sakramentalen Gemeinschaft durch die Kommunion durchaus gleichwertig sei, als theologischer Grundkonsens jener Zeit betrachtet werden. Es fällt aber dennoch auf, dass beispielsweise Staupitzens damals in Erfurt lehrender Ordensbruder Johannes von Paltz sich für eine möglichst häufige Kommunion aussprach,[21] während andererseits Gabriel Biel betont hatte, dass die geistliche, nicht die äußerliche Gemeinschaft mit dem

tepiditate frangi, saeptulum excrescere potius debet, quemadmodum veritatis flumen (quod colit), sine adversario unico ac simplici calle contentum, obstructum septem exitus parat." Das Zitat folgt dem Erstdruck von 1500 sowie den Nachdrucken des 16. Jahrhunderts. In der verwendeten Edition nimmt Günter am Ende des Satzes folgende Emendation vor: „*‹per› obstructum saeptum exitus parat*" (der Fluss „schafft durch einen verbauten/schadhaften Deich Ausgänge"). Einerseits erscheint die Siebenzahl in der Tat unmotiviert, andererseits ist auch die Emendation nicht frei von sprachlichen Härten.

18 Vgl. Staupitz, Decisio, 27.

19 Staupitz, Decisio, 28: „*Utrum fideles parochiani teneantur ex praecepto ecclesiae dominicis et festivis diebus ab ecclesia statutis audire missam in suis propriis parochiis*".

20 Vgl. Browe, Kommunion, 330; Decretal. Gregor. IX., lib. V, tit. 38, cap. 12, in: Corpus iuris canonici, Bd. 2, 887f (es handelt sich um die einschlägige, auf dem vierten Laterankonzil approbierte Bestimmung).

21 Vgl. von Paltz, Coelifodina, 288–290.

Leibe Christi im Sakramentsempfang als heilsnotwendig zu betrachten sei.[22] Allein die von Staupitz formulierte Fragestellung liefert damit ein erstes Indiz dafür, dass sein Denken in diesem Themenbereich stärker als durch eine eventuelle Ordenstradition[23] durch Biels Schule geprägt sein könnte. Zugleich bewahrt der im Vorwort enthaltene Gedanke einer im Sinne der Emanation selbsttätigen Wahrheit Elemente der *via antiqua*.

1.3. Der Aufbau der Decisio

Der Aufbau der Erörterung entspricht ganz der üblichen Form der *quaestio determinata* bzw. *decisio*.[24] Einleitend stellt Staupitz die Auffassung derer dar, welche kein kirchliches Gebot der sonntäglichen Messpflicht in der Pfarrkirche anerkennen; gemäß den Gepflogenheiten des von ihm gewählten literarischen Genus wird diese Position damit von vornherein als die unzutreffende eingeführt. Als Argumente zugunsten dieser Auffassung führt er an: das Nichtvorhandensein einer entsprechenden „*lex*"; die Tatsache, dass alle Priester (nicht nur der Pfarrklerus) an Sonn- und Feiertagen die Messe halten dürfen – dies unter Verweis auf das *Decretum Gratiani*, welches die Maßgabe enthält, dass die Messe nicht ohne Hörer gefeiert werden darf;[25] die Berufung auf eine uralte Gewohnheit und Tradition; schließlich die These, dass das Ziel des Messehörens die Erhebung der Herzen durch die Andacht („*per devotionem*") sei – diese aber sei oft in einer anderen als der Pfarrkirche stärker. Als Gegenargument hingegen führt Staupitz – unter Verwendung thomistischer Terminologie[26] – das „*statutum ecclesiae*" an, das er in der weiteren Erörterung zu verteidigen gedenkt. Seine Ausführungen gliedert er in vier Artikel: im ersten stellt er die als haltlos beurteilten Auffassungen („*propositiones*") der Gegenseite dar; im zweiten kündigt er die Einführung einiger zur Entscheidung der Frage zentraler Argumente an; aus ihnen sollen im dritten Artikel die Schlussfolgerungen gezogen werden; an vierter und letzter Stelle folgt die Widerlegung der eingangs von der Gegenseite angeführten Argumente.

---

[22] Vgl. Biel, Collectorium, Libri quarti pars prima, dist. 9, qu. 1, art. 1–2, 321f, 325.

[23] Zur Diskussion um einen ordensspezifischen und für die Reformation bedeutsamen Augustinismus mit Gregor von Rimini und Staupitz als Kronzeugen vgl. Oberman, Werden und Wertung, 90f; Schulze, „Via Gregorii", 1–126; Wriedt, „Via Guilelmi – Via Gregorii", 111–131; ders., Gnade und Erwählung, bes. 217–223. Zu bedenken ist auch, dass Paltz für die Konstruktion einer augustinisch-antipelagianischen Ordenstheologie ohnehin nicht in Anspruch genommen werden konnte.

[24] Vgl. dazu Günter, Einleitung, in: Staupitz, Decisio, 20.

[25] Vgl. Decretum Gratiani, Tertia pars de consecratione dist. 1, cap. 61, in: Corpus iuris canonici, Bd. 1, 1311.

[26] Vgl. Thomas von Aquin, Summa Theologiae 2/II, qu. 147, art. 4, *sed contra* und *respondeo dicendum*, 1653; dazu Useros Carretero, „Statuta Ecclesiae".

1.4. Der erste Artikel: Die Auffassung der Gegenseite

Der erste Artikel entwickelt also die fünf Argumentationen derer, die sich gegen die sonn- und feiertägliche Messpflicht in der Pfarrkirche wenden.[27] Von ihnen unterscheidet die erste zwischen Regeln, die im Sinne der Notwendigkeit gelten und deren Übertretung als sündhaft zu betrachten sei und solchen, die lediglich im Sinne der Angemessenheit („*tentione congruitatis*") zu beachten seien und deren Missachtung allenfalls eine lässliche Sünde darstelle. Im Sinne dieser Unterscheidung werden sowohl die Pflicht des Pfarrers, seine Herde zu hüten, als auch jene seiner Pfarreiglieder, sich ihm zu unterwerfen und ihn materiell durch Abgaben abzusichern, als Elemente des göttlichen Gesetzes bewertet. Nur auf der Ebene der Angemessenheit kann daraus jedoch die Regel abgeleitet werden, dass ein Pfarreiangehöriger seine Kirche regelmäßig zum Messehören besuchen sollte, „so wie er es zum Empfang der Sakramente zu tun pflegt"[28]. Während damit also die (jährlich oder jedenfalls nur ausnahmsweise vollzogene) Kommunion ebenfalls, wenn auch mit einer kanonistisch unscharfen Formulierung, an die Pfarrkirche gebunden bleibt, erscheint der allsonntägliche Besuch der Pfarrkirche nicht als Ausdruck einer unbedingten göttlich gesetzten Ordnung, sondern lediglich als eine Regel im Sinne der Angemessenheit, bei deren Anwendung man sich auf das Äquivalenzprinzip berufen kann. Ihm zufolge ist beispielsweise zu berücksichtigen, ob die Pfarrkirche ebenso leicht erreichbar ist wie eine andere oder ob sich in ihr das gleiche Maß an Andacht wie andernorts einstellt („*si aeque devote afficitur*"). Es folgt als zweite Argumentationsreihe die Einschränkung, dass, wer sich aus unbegründeter Verachtung seines Pfarrers („*ex contemptu proprii sacerdotis absque iusta causa*") fernhalte, auf jeden Fall sündige – eine durch die Dekretalien belegte[29] und deshalb auch für die Gegenseite unbestreitbare Auffassung. Existiert für diese Verachtung aber – dritte Argumentation – eine gerechte Ursache, so ist es nicht sündhaft, eine andere Kirche aufzusuchen.

Interessant ist hier die Erläuterung, dass nach Ansicht der von Staupitz beschriebenen Gegenposition als gerechte Ursachen verschiedene Verfehlungen des Pfarrers gelten können (Unzucht, kirchenrechtliche Suspension, andere Verbrechen). Ihrer Auffassung zufolge haben sich in dieser Hinsicht die Konzilien von Konstanz und Basel einer Aufweichung der „alten Kanones" schuldig gemacht. Gemeint ist damit wohl, wie Günter im Apparat seiner Edition angibt, das im Jahre 1418 von Papst Martin V. erlassene und 1435 vom Basler Konzil bestätigte Dekret *Ad vitanda*, welches das kanonische Umgangsverbot mit Ex-

---

[27] Vgl. Staupitz, Decisio, 28–31.

[28] Staupitz, Decisio, 29: „*congruum est – ut parochia est –, ‹ut› suam ecclesiam pro divinorum auditione visitet, sicut pro sacramentorum perceptione facere solet.*" Vgl. den in Anm. 19 angegebenen Beleg aus dem Corpus iuris canonici.

[29] Vgl. Decretal. Gregor. IX., lib. III, tit. 29, cap. 2, in: Corpus iuris canonici, Bd. 2, 554.

kommunizierten, auch mit suspendierten Klerikern, auf jene Fälle beschränkte, in denen die (große) Exkommunikation *ad personam* ausgesprochen war, und damit Fälle genereller kirchlicher Verurteilung und von Exkommunikation *lata sententia* ausnahm – eine Maßregel, welche die Reformmaßnahmen zur Hebung der Moral im Klerus gleichsam konterkarierte, aber zu einer konkordatsmäßigen Vereinbarung zwischen dem Papst und dem Reich gehörte.[30] Durch diesen Bezug verbindet die Gegenseite – zumindest in Staupitz' Darstellung – Toleranz gegenüber den Vorlieben der Laienfrömmigkeit mit einer Neigung zur Klerus- und Hierarchiekritik und zur Delegitimierung moralisch angreifbarer Amtsträger, allerdings ohne für den Konziliarismus Partei zu ergreifen. Die vierte und fünfte Argumentation des ersten Artikels erkennen als legitime Entschuldigungen für das Fernbleiben von der Messe in der Pfarrkirche sowohl außer- als auch innerliturgische Argumente an, so vor allem die anderswo stärker empfundene geistliche Erhebung[31] – ein Thema, das von Staupitz hier schon zum dritten Mal angeführt und nun breit entwickelt wird. In diesem Sinne mahnt die Gegenseite abschließend die Pfarrer, „dass sie nicht, indem sie dem entgegen handeln", also das Streben nach intensiverer Erhebung nicht akzeptieren, „den Eindruck erwecken, als kümmerten sie sich mehr um die zeitlichen als um die geistlichen Dinge und suchten mehr die Wolle als die Seele"[32].

1.5. Der zweite Artikel: Grundlagen der eigenen Argumentation

Im zweiten Artikel unternimmt es Staupitz nun, die Grundlagen seiner eigenen Gegenargumentation zu entwickeln. Auch dieser gliedert sich in fünf Argumente; quellenkritisch betrachtet handelt es sich allerdings lediglich um zwei Abschnitte, die beide einen von Gabriel Biel entwickelten Gedankengang reproduzieren. Hat die Gegenseite erklärt, dass es für die Messpflicht überhaupt keine „*lex*" gebe, so setzt Staupitz einleitend den Gegenschlag so hoch wie möglich an, nämlich beim Ersten Gebot und der Deutung, die ihm Duns Scotus gegeben und die Biel in seinen Messkommentar aufgenommen hat. Demnach verbietet das Erste Gebot nicht nur die Anbetung der Götzen, sondern gebietet auch die aktive Anbetung des wahren Gottes, und dieses Gebot wiederum ist durch die Kirche auch im Blick auf die Kategorien von Raum und Zeit konkretisiert worden. Ein Gebot des Naturgesetzes wird auf diese Weise in der

---

[30] Vgl. Sacrorum Conciliorum nova et amplissima collectio, hg. v. Mansi, Bd. 27, 1192f; s. dazu May, Bann, 180f.

[31] Staupitz, Decisio, 31: „*quia videlicet maiorem habet devotionem ad alium locum, maiorem percipit divinam visitationem, uberiorem sentit gratiam et recollectionem*".

[32] Staupitz, Decisio, 31: „*Unde non debent indignari domini curati et parochiales presbyteri, si* oves *eorum uberiora quaerunt* pascua [vgl. Joh 10,2.9], *ubi melius spiritualiter reficiantur, ubi cumulatius spiritualibus divitiis ditentur, ubi uberius saginentur et interna devotione impinguentur; quin potius benigne annuere, ne secus faciendo videantur magis curam gerere de temporalibus quam de spiritualibus, magis quaerere lanam quam animam.*"

menschlichen, hier der kirchlichen Gesetzgebung umgesetzt.[33] In diesem Sinne erscheint die kirchliche Rechtssetzung in Staupitz' Augen als menschliches Werk, das allerdings übermenschliche Kategorien konkretisiert. Bemerkt sei auch, dass die hier vorausgesetzte Identifikation des göttlich offenbarten Gesetzes mit dem Naturgesetz ebenfalls einer Aussage aus Biels Messkommentar entspricht.[34]

In den folgenden vier Argumentationen hingegen orientiert sich Staupitz im Kern wörtlich an einer *quaestio* des Sentenzenkommentars von Gabriel Biel, in dem eine Verhältnisbestimmung von gebotenen und lediglich angeratenen Fastenregeln vorgenommen wird.[35] Da Biels *Collectorium* erst im Jahre 1501, also nach der Staupitz-Schrift, im Druck erschien, stellt sich die Frage, auf welchem Wege der Augustinerprior zu diesem Text Zugang erhalten hat. Abgesehen davon, dass dies auf inneruniversitärem Wege geschehen sein könnte, ist auch zu bedenken, dass die *quaestio* mit einem Gutachten abschließt, in dem Biel zur Frage Stellung bezieht, ob Gastgeber und Wirtsleute eine Todsünde auf sich laden, wenn sie an Fastentagen allen Familienmitgliedern und ihren Gästen „*indifferenter*" wie an anderen Tagen auftischen.[36] Dieses Stück könnte ihm, gemeinsam mit der gesamten *quaestio*, über seinen Ordensoberen Andreas Proles zugegangen sein, der damals neben anderen zur Beurteilung des Gutachtens hinzugezogen worden war.[37] Anders als Duns Scotus im Rahmen der Auslegung des Ersten Gebots wird Biel freilich namentlich nicht angeführt.

Argumentativ dient Staupitz der Rückgriff auf Biel dazu, eine Unterscheidung in der Wertigkeit verschiedener Gebote einzuführen, ohne dabei die gesamte kirchliche Ordnungssetzung auf der Ebene des lediglich Ratsamen enden zu lassen. Nach Biel gibt es „Gebote der Natur und Gottes" (Staupitz übergeht allerdings den zweiten Bezug)[38], welche in sich heilsnotwendig und unter allen Umständen gültig sind, da sie als solche zu „*actus virtutum*" auffordern und „*actus vitiorum*" verbieten. Davon unterschieden sind die „positiven Gebote der Kirche", welche zur Tugend hinordnen und Dinge befehlen, die nicht in sich

---

[33] Vgl. Staupitz, Decisio, 31f; Biel, Canonis Missae expositio, Pars prima, lect. 29B, 290. Aus Günters Kommentierung geht nicht klar hervor, dass die Bezüge auf Duns Scotus und Thomas von Aquin, mit denen Staupitz an dieser Stelle arbeitet, als Sekundärzitate zu betrachten sind, die Biel entnommen wurden.

[34] Vgl. Biel, Canonis Missae expositio, Pars tertia, lect. 69AB, 137f.

[35] Vgl. Biel, Collectorium, Libri quarti pars secunda, dist. 16, qu. 3, 382–431.

[36] Vgl. Biel, Collectorium, dubium 6, 412–431.

[37] Vgl. Biel, Collectorium, 426; s. Günter, Einleitung, in: Staupitz, Decisio, 21.

[38] Staupitz, Decisio, 32: „*quod non eodem modo obligant praecepta ecclesiae positiva sicut praecepta naturae*" [bei Biel folgt: „*vel divina*"]. Bemerkt sei, dass gerade in jenem Artikel, in dem Thomas von Aquin in exemplarischer Weise Staupitzens Rede vom „*statutum ecclesiae*" präformiert, ebenfalls definiert wird, dass die „*praecepta Dei*" als „*praecepta iuris naturalis*" zu betrachten sind (wie Anm. 25, *ad primum*). Einen gewissen thomistischen Geschmack hat auch, dass Staupitz Biels Rede von den Geboten, die „*secundum se* [...] *de necessitate salutis*" sind (Biel, Collectorium, *notabile* 3, 386), durch die Formel „*secundum se* [...] *bona*" ersetzt.

und unter allen Umständen gut sind. Aus diesem Grunde muss jedes positive Gesetz vernunftgemäße Ausnahmen zulassen, wie es auch der Absicht des Gesetzgebers entspricht, der ja das Handeln der Menschen auf die Tugend hinordnen will.[39] All dies bedeutet, dass die Anwendung eines jeden positiven Gesetzes die „*ratio*" des Gesetzgebers berücksichtigen muss[40] – ein Gedanke, der später wiederaufgenommen wird. Jedoch betont Biel, und Staupitz mit ihm, auch, dass bei einem gerechten positiven Gesetz jede Übertretung nach dem Maßstab der Intention des Gesetzgebers auch vor dem Tribunal des eigenen Gewissens bindet und in diesem Sinne Todsünde ist, und zwar nicht nur, wenn sie aus Verachtung geschieht (wie in der Argumentation der Gegenseite angelegt), sondern auch aus Nachlässigkeit, Lust und anderen Motivationen, d. h. mit einer Verachtung, welche das Verhalten nicht begründet, aber doch begleitet.[41]

Wie Staupitz in einem ebenfalls von Biel übernommenen Zitat darlegt, unterscheiden sich Gebote und angeratene Ordnungen genau darin, dass die Nicht-Beachtung der ersteren nicht nur „*ex contemptu*", sondern auch aus nachrangigen Motivationen bereits als Todsünde zu betrachten ist; letztere hingegen binden das Gewissen allein in dem Falle, dass sie aus Verachtung heraus begangen werden.[42] Genau hierin besteht also der materielle Unterschied zwischen der von Staupitz verteidigten Auffassung und jener der Gegenseite. Beide sind sich einig darin, dass die kirchliche Ordnungssetzung nicht in unbedingtem Sinne als göttlich (wie etwa das Erste Gebot) bewertet werden kann und dass ihre Gültigkeit daher nicht absolut ist. Ferner stimmen sie auch darin überein, dass es kirchliche „*statuta*" gibt, welche nicht als Gebote, sondern lediglich als angeraten zu deuten sind und deren Nicht-Beachtung nur in dem Falle als sündhaft zu betrachten ist, dass dies aus „*contemptus*" der kirchlichen Autorität heraus geschieht. Mit Duns Scotus und vor allem Biel betont Staupitz aber, dass daneben auch kirchliche Ordnungen anzutreffen sind, die – ohne absolut zu gelten wie das Erste Gebot – doch Gebotsfunktion haben. Unterscheidungskriterien sind in dieser Hinsicht die „*verba statuti*" (so signalisiert z. B. die Androhung des Anathema den Gebotscharakter), das Urteil der Kanonisten und schließlich und vornehmlich die Entscheidung des Papstes, welcher, so Staupitz, „alle

[39] Vgl. Staupitz, Decisio, 32; Biel, Collectorium, *notabile* 3, 387. Bemerkt sei, dass Biel die Betonung der *intentio* des Gesetzgebers aus dem Sentenzenkommentar des Thomas von Aquin aufnimmt.

[40] Vgl. Staupitz, Decisio, 32 (dritte Argumentation).

[41] Vgl. Staupitz, Decisio, 33 (vierte und fünfte Argumentation). Zum *contemptus*-Begriff bietet Staupitz hier eine über Biel hinausgehende, seit Jean Gerson aber bekannte Vertiefung. Aus der Kommentierung Günters geht nicht eindeutig hervor, dass auch der von Staupitz in diesem Zusammenhang gebotene Katalog an Bibelworten und kanonistischen Autoritäten ganz, teilweise mit Kürzungen, von der *quaestio* Biels abhängig ist, vgl. Biel, Collectorium, 394.

[42] Vgl. Staupitz, Decisio, 34.

Rechtssätze in seinem Herzen trägt“[43]. Der Rückgriff auf Biel dient Staupitz also dazu, die Möglichkeit zu eröffnen, dass ein „*statutum positivum ecclesiae*“ (wie eben die Messpflicht) nicht als Ratschlag, sondern als ein aus dem göttlichen Recht abgeleitetes kirchliches Gebot zu verstehen ist. Zugleich ist hervorzuheben, dass Staupitzens Konzentration der kirchlichen Rechtsgewalt auf den Papst bei Biel so nicht vorbereitet ist.

1.6. Der dritte Artikel: die Schlussfolgerungen

Der dritte Artikel hat nun die Funktion, aus alledem fünf Schlussfolgerungen zu ziehen. Die erste, welche mehr als die Hälfte des Artikels umfasst, ist, dass die Angehörigen einer Pfarrei gehalten sind, an Sonn- und Feiertagen die Messe von Anfang bis Ende (ein ebenfalls bereits von Biel betonter Aspekt)[44] in ihrer Pfarrkirche zu hören, sofern keine vernünftigen Ursachen entgegenstehen. Somit ist die Messpflicht im Sinne eines positiven kirchlichen Gebotes beschrieben. Da Staupitz die Existenz bindender kirchlicher Gebote bereits zuvor nachgewiesen hat, bleibt an dieser Stelle allein die Aufgabe, die Messpflicht nachweislich auf dieser Ebene einzuordnen. An dieser Stelle nun greift Staupitz erneut auf Biel zurück, nämlich auf seine Interpretation des Messkanons, und diesmal sogar unter ausdrücklicher Nennung seines Namens. Während allerdings seine Vorlage die Messe ausführlich als Brennspiegel verschiedenster Elemente christlicher Theologie und Frömmigkeit entwickelt, beschränkt sich Staupitz auf dürre Rückverweise auf die 14. und 29. Lektion der Biel'schen *Expositio* und die in ihnen enthaltenen Zitate des im *Decretum Gratiani* enthaltenen Abschnitts *De consecratione*.[45] Hervorgehoben wird, dass das Hören der Messe eine Pflicht darstellt und die Versammlung der Pfarrei zur Sonn- und Feiertagsmesse der einzige „*legitimus conventus*“ ist, der zu diesem Zweck besteht. Eine darüber hinausgehende Hervorhebung der an dieser Stelle von Biel von Ockham übernommenen kongregationalen Ekklesiologie[46] sucht man bei Staupitz vergeblich.

Dem Einwand, dass gerade in *De consecratione* die Pfarreiglieder nur in recht unspezifischer Weise aufgefordert werden, die Messe „in den Pfarreien oder Städten“[47] zu hören, entgegnet Staupitz mit dem Verweis, dass die angeführten

---

[43] Staupitz, Decisio, 34f; zur Autorität des Papstes: „*is enim in pectore suo omnia iura quaeque portat*“. Vgl. Sexti Decretal., lib. I, tit. 2, cap. 1, in: Corpus iuris canonici, Bd. 2, 937.

[44] Vgl. Biel, Canonis Missae expositio, Pars prima, lect. 29A, 289: „*ante finem non recedant*“; vgl. Decretum Gratiani, Tertia pars de consecratione, dist. 1, cap. 62, in: Corpus iuris canonici, Bd. 1, 1311.

[45] Vgl. Staupitz, Decisio, 35f.

[46] Vgl. dazu Oberman, Via moderna, 12, mit Verweis auf Biel, Canonis Missae expositio, lect. 26 I, 246.

[47] Decretum Gratiani, Tertia pars de consecratione dist. 1, cap. 35, in: Corpus iuris canonici, Bd. 1, 1303.

Stellen schon immer und von den führenden Kanonisten in dem von ihm behaupteten Sinne gedeutet worden seien. Als Autoritäten nennt er Innozenz IV., Heinrich von Susa, den Panormitanus, Gottfried von Trani und Johannes Andreae – all dies ohne selbst in eine detailliertere kanonistische Interpretation des fraglichen Textes einzusteigen.[48] Als zweiten möglichen Einwand lässt er folgen, dass die von den Kanonisten ja bezeugte Messpflicht vielleicht nicht im Sinne eines Gebotes, sondern einer auf Ebene der Angemessenheit zu bewertenden Ordnung zu betrachten sein könnte. Hierauf entgegnet Staupitz mit der Feststellung, dass die behandelte Frage unter den Kanonisten umstritten ist – die Angemessenheit des sonntäglichen Messbesuchs in der eigenen Pfarrei sei aber (wie von der Gegenseite im Grunde zugestanden) nie umstritten gewesen. Folglich müsse es in der laufenden Diskussion um den Gebotscharakter der Messpflicht gehen. An dritter und letzter Stelle folgt der Einwand, dass in diesem Falle, wie bei jedem positiven Gesetz, die Intention des Gesetzgebers ermittelt werden müsse. Dies gibt Staupitz die Gelegenheit, mit einiger Emphase und unter Aufnahme der in der Vorrede verwendeten Wahrheits-Metaphorik („*ne etiam ista via effugiat veritas*") auf die einschlägigen Bullen der Päpste Kalixt III. (*Illius licet immeriti*, 1456) und Sixtus IV. (*Vices illius*, 1478) zu verweisen, welche nach seiner Lesart die sonn- und feiertägliche Messpflicht hervorgehoben haben[49]. Die Zuspitzung der Frage nach der Intention des kirchlichen Gesetzgebers auf die Autorität des Papstes hatte Staupitz ja – ebenfalls unter Rückgriff auf Biel – bereits am Ende des zweiten Artikels vorbereitet. Wie der zweite Artikel der *Decisio*, so schließt damit auch der zentrale Argumentationsgang der gesamten Schrift mit einem Verweis auf die päpstliche Autorität. Darin freilich fügt sich Staupitz in der Tat in eine gewisse Traditionslinie seines Ordens ein, dessen Theologen wiederholt zu den Vertretern sehr weitgehender Definitionen der Vollmacht des Papstes gehört haben.[50]

Erst an diesem fortgeschrittenen Punkt der Argumentation erscheint zudem ausdrücklich der konkrete Gegenspieler, mit dem sich Staupitz auseinandersetzt: die Bettelorden.[51] Es ist insofern nicht zufällig, dass Staupitz schließlich mit Schatzgeyer ein Franziskaner entgegentrat. Freilich ist Staupitzens Deutung der beiden Bullen keineswegs unparteiisch. In *Illius licet immeriti* bekräftigte Kalixt III. die einschlägige, ursprünglich auf Dominikaner und Franziskaner bezogene Rechtssetzung Bonifatius' VIII. (Dekretale *Super cathedram*), die durch Klemens V. bestätigt[52] und durch Johannes XXII. auf die Karmeliter und Augustiner-Eremiten ausgedehnt worden war. Sie gewährte den Mendikanten

---

[48] Vgl. Staupitz, Decisio, 36.

[49] Staupitz, Decisio, 37f.

[50] Vgl. Decot, Entstehung des Papsttums, 134.

[51] Staupitz, Decisio, 38: „*Reprobant enim in dictis bullis summi pontifices assertiones fratrum mendicantium*".

[52] Vgl. Clementinae, lib. III, tit. 7, cap. 2, in: Corpus iuris canonici, Bd. 2, 1161–1164.

die Freiheit zur öffentlichen Predigt und zum Beichtehören; erstere wurde lediglich insofern eingeschränkt, als sie nicht zu dem Zeitpunkt predigen durften, an dem die „Prälaten der Orte" („*locorum praelati*") dies taten. Zudem durften sie nur auf Einladung hin die Pfarrkirchen zur Predigt nutzen.[53] Während des Pontifikats Kalixts III. waren es Beschwerden des Pfarrklerus über die Dominikaner gewesen, die dazu Anlass geboten hatten, sich dem Thema der Sonntagspflicht zu widmen. Zeitlich und geographisch näher lag Staupitz hingegen jener Konflikt, der mit der Bulle *Vices illius* geschlichtet werden sollte. Sie reagierte auf eine Auseinandersetzung zwischen den Bettelorden und dem Pfarrklerus in der unweit von Tübingen gelegenen Reichsstadt Esslingen.[54] In der Tat wurde dort bestimmt, dass die Bettelorden nicht erklären durften, die Pfarreiangehörigen seien „nicht gehalten" („*non teneri*"), an Sonn- und Feiertagen die Messe in ihrer Pfarrkirche aufzusuchen, sofern sie nicht ein „ehrenwerter Grund" („*honesta causa*") davon abhalte.[55] Bemerkt sei, dass die – von Staupitz aufgenommene – Formel „*non teneri*" bereits seit dem einschlägigen Dekretale Bonifatius' VIII. verwendet wurde, um die Infragestellung der Sonntagspflicht auszudrücken. Zugleich allerdings erweisen sich die juristischen Formulierungen beider Bullen als weniger weitgehend als von Staupitz beansprucht. In *Illius licet immeriti* geht es allein um das Recht zu predigen, nicht um die Pflicht der Laien, eine bestimmte Kirche aufzusuchen; in *Vices illius* wiederum erzwingt das Motiv des „ehrenwerten Grundes" schwerlich Staupitzens gebotsartige Zuspitzung der Sonntagspflicht auf die Pfarrkirche. Ferner verbot dieselbe Bulle dem Pfarrklerus die Behauptung, dass von den Bettelorden Häresien ausgegangen seien – eine Sicht der Dinge, die in Esslingen folglich wohl öffentlich geäußert wurde.[56] Auch wenn Staupitz selbst nicht zum Pfarrklerus zählte und in dieser Hinsicht von dem Verbot nicht direkt betroffen war, so tendiert seine Schrift, wie gezeigt, doch stark dazu, die Haltung der Gegenseite als häretisch zu qualifizieren und damit zumindest dem Geist der Bulle zu widersprechen.

Die folgenden vier Argumentationen des dritten Artikels leiten sich aus der ersten ab. Erstens stellt Staupitz mit wörtlichem Rückgriff auf *Vices illius* heraus, dass sich die Mendikanten, welche die Messpflicht in Frage stellen, als Irrlehrer der Exkommunikation aussetzen. Er bleibt also dabei, das Niveau der Auseinandersetzung so hoch wie möglich anzusetzen. Zweitens jedoch soll der

53 Vgl. Bullarium Franciscanum, Bd. 2, 108–110 (Nr. 194).

54 Dazu vgl. Uhland, Esslingen/Wttbg. Franziskaner-Konventualen, 329–333; Günter, Einleitung, in: Staupitz, Decisio, 13 f.

55 Extravag. commun., lib. I, tit. 9, cap. 2, in: Corpus iuris canonici, Bd. 2, 1250: „*Quodque fratres Mendicantes non praedicent, populos parochianos non teneri audire missam in eorum parochiis diebus festivis et dominicis, quum iure sit cautum, illis diebus parochianos teneri audire missam in eorum parochiali ecclesia, nisi forsan ex honesta causa ab ipsa ecclesia se absentarent.*"

56 Extravag. commun., lib. I, tit. 9, cap. 2, in: Corpus iuris canonici, Bd. 2, 1250: „*quod ipsi parochiani sacerdotes de cetero non dicant, a Mendicantibus haereses processisse*".

Pfarrklerus die abwesenden Pfarrkinder nicht leichthin verurteilen, da es auch nach diesem Denkmodell vernünftige Gründe gibt, die das Fernbleiben von der Messe rechtfertigen. Drittens allerdings handelt leichtsinnig, wer den Menschen einfache Begründungen liefert, um sich in diesem Sinne von der Messe fernzuhalten. An dieser Stelle fügt Staupitz drei nähere Begründungen ein, die nochmals erhöhte Aufmerksamkeit verdienen.[57] Erstens kennt, wer solches tut, kaum zureichend die für die Ermittlung von Ausnahmen wesentliche Intention des Gesetzgebers, d.h. des Papstes. Nach diesem ersten, durch den Gedankengang hinreichend vorbereiteten Argument, folgen zwei weitere, welche die theologiegeschichtliche Bedeutung des Textes erkennen lassen. Im zweiten Begründungsgang greift Staupitz auf die skotistisch-ockhamistische Akzeptationslehre zurück: Ein äußerliches Ratschlagen wird seines Erachtens zusätzlich dadurch erschwert, dass die Verdienste stärker nach Gottes Akzeptation als aus der menschlichen Handlung als solcher zu bewerten sind.[58] Konkret bedeutet dies, dass nach Staupitz der Ratgeber nicht weiß, „ob Gott der Gehorsam dessen, der sich demütigt, oder die Andacht dessen, der sich zu Gott erhebt, besser gefällt"[59]. Damit kehrt das eingangs wiederholt verwendete Argument der gesteigerten Andacht wieder. Nur wird es hier mit dem Leitbild einer im Gehorsam gelebten Demut kontrastiert und nimmt dadurch noch deutlicher Züge der Hybris an.

Staupitzens drittes Argument dafür, den Menschen nicht leichtfertig das Fernbleiben von der Messe in der Pfarrkirche anzuraten, ist noch grundsätzlicher. Da ein Ratgeber von außen ohnehin nicht beurteilen kann, von welchem Geist der andere beseelt ist, handelt man am besten, „wenn die Menschen, nachdem sie von beiden Seiten gut unterrichtet worden sind, ihrem eigenen Gewissen überlassen werden, zumal wenn sie ihre private Andacht bequem zu anderer Zeit ausüben können, ohne Furcht vor einer Übertretung haben zu müssen"[60]. Die Ermahnung zum Ernstnehmen kirchlicher Normen wird somit in einen Aufruf zur persönlichen Gewissensentscheidung (für den regelmäßigen Messbesuch in der Pfarrkirche) integriert. In diesem Bereich ist Staupitzens Text am unabhängigsten von präzisen Vorlagen und entwickelt sein spezifisches Profil. Man könnte sagen, dass in seinen Augen die religiöse Autonomie der Laien in einer solchen theologischen Urteilsfähigkeit und eben nicht in spiritueller Exaltation bestehen sollte. Abschließend führt Staupitz noch die fünfte Schlussfolgerung an, die es als irrtümlich brandmarkt, wenn man meint, aus ganz nachrangigen und von der Gottesverehrung unabhängigen Gründen (genannt wer-

---

[57] Vgl. Staupitz, Decisio, 38f.

[58] Zum theologiegeschichtlichen Hintergrund vgl. die Hinweise von Günter, in: Staupitz, Decisio, 39 Anm. 93, sowie Wriedt, Gnade und Erwählung, 125 und 218f.

[59] Staupitz, Decisio, 39: „*nesciunt enim, an deo plus placeat oboedientia sese humiliantis vel devotio se sursum in deum elevantis*".

[60] Staupitz, Decisio, 39: „*Idcirco multo consultius agitur, dum propriis suis conscientiis homines, de utraque parte bene informati, relinquuntur, maxime ubi devotiones privatae alia hora sine timore transgressionis exerceri commode possunt.*"

den leichtere Erreichbarkeit einer anderen Kirche und persönliche Bindung an ein anderes Gotteshaus) nicht zum Messbesuch in der Pfarrkirche verpflichtet zu sein.[61] Es fällt auf, dass ein Argument der Gegenseite keine Antwort findet, nämlich die mit der Kleruskritik verbundene negative Bewertung der Konzilien von Konstanz und Basel. Angesichts seiner Betonung der päpstlichen Autorität erweist sich jedenfalls auch Staupitz nicht als Anhänger des Konziliarismus.

1.7. Der vierte Artikel: Zurückweisung der Argumente der Gegenseite

Auf dieser Grundlage birgt die im vierten Artikel vollzogene Widerlegung der eingangs entwickelten Argumente der Gegenseite keine größeren Überraschungen mehr. Die Behauptung, dass es keine kirchliche *lex* der sonntäglichen Messpflicht in der Pfarrkirche gebe, kann als widerlegt *ad acta* gelegt werden. Der Rückschluss aus der Legitimität gleichzeitiger sonntäglicher Zelebrationen in verschiedenen Kirchen auf die Möglichkeit, zwischen ihnen zu wählen, wird dadurch destruiert, dass Alexander von Hales die in *De consecratione* enthaltene Maßregel von der Anwesenheit einer Gemeinde bei der Messfeier als abrogiert erklärt hat – ein Argument, das Staupitz wiederum Biels *Expositio* des Messkanons entnehmen konnte.[62] Dem dritten Argument, wonach das Recht zum Besuch der Sonntagsmesse außerhalb der Pfarrei als uralte Gewohnheit legitimiert sei, wird trocken widersprochen. Gegen das vierte Argument, demzufolge der Messbesuch zuerst dem Ziel geistlicher Erhebung dienen muss, bringt Staupitz schließlich vor, dass die Erhebung nicht die „Gesamtintention des Gesetzes" („*tota ratio legis*") sei[63]. Die Schrift endet dadurch mit einer Negation, welche die Frage unbeantwortet lässt, was nun eigentlich nach Staupitz die Zielsetzung der kirchlichen Gesetzgebung zum Messbesuch sei. Textimmanent ist zuerst an die demütige Unterwerfung unter die geltenden Regeln zu denken. Insofern schließt das Gutachten mit jener Warnung vor einer von der regulären kirchlichen Gemeinschaft isolierenden religiösen Exaltation, die auch innerhalb der Schrift wiederholt worden ist.

2. Die *Decisio* als Quelle für das Verhältnis der Augustiner-Eremiten zu den Bettelorden

Staupitzens Gutachten erweist sich damit als Beitrag zur Diskussion um die Kompetenzabgrenzung zwischen den Bettelorden und dem ordentlichen Pfarrklerus im späten und ausgehenden Mittelalter.[64] Geht man von kirchenge-

---

[61] Vgl. Staupitz, Decisio, 39.
[62] Vgl. Staupitz, Decisio, 40; Biel, Canonis Missae expositio, Pars prima, lect. 14D, 115.
[63] Staupitz, Decisio, 40.
[64] Dazu grundlegend: Pfleger, Untersuchungen, 124–160 (zur Messpflicht). Im Jahre 1374

schichtlichem Handbuchwissen aus, so überrascht es, dass in der *Decisio* die Bettelorden als Gegenüber des Augustinerpriors Staupitz figurieren, von dem er sich abgrenzt. Um die in dieser Quelle enthaltene Stellungnahme zu den Mendikanten historisch einordnen zu können, mag es hilfreich sein zu bedenken, dass gerade von 1500 bis 1503 der mit Staupitz persönlich verbundene Ordensbruder Nikolaus Besler Prior in Esslingen war, d.h. in jener Stadt, die keine 15 Jahre zuvor den Anlass für *Vices illius* geboten hatte – eine Bulle, in der in der Tat die Dominikaner, Franziskaner und Karmeliten, nicht aber die Augustinereremiten als Mendikanten aufgelistet werden.[65] Es scheint also, als sei es zu jenem Zeitpunkt den Esslinger Augustinern gelungen, sich dieser Auseinandersetzung zu entziehen. Gerade in den Tübinger Hiob-Predigten erlaubte sich Staupitz zudem eine heftige Polemik gegen die beiden Zweige des Franziskaner-Ordens. Er berichtete von den Thesen eines Franziskaner-Konventualen und Doktors der Theologie, der erklärt habe, dass gebildete, aber sündhaft lebende Geistliche, wie eben die Konventualen, der Kirche nützlicher seien als die Observanten, die sich zwar durch eine bessere Moral auszeichneten, dafür aber ungebildet seien. Staupitz nimmt dies zum Anlass für einen Aufschrei der Entrüstung darüber, lehren zu wollen, ohne „die Lehrart Christi" nachzuahmen[66]. Anschließend allerdings wendet sich der Augustinerprior auch gegen die Idealisierung der frommen Einfalt, die sich nicht um theologische Bildung bemüht, es zugleich verschmäht, Predigten zu hören, und darüber hinaus andere noch davon abhält, dies zu tun.[67] Im ersten Teil lässt dieser Satz eher an Laien denken; der Abschluss hingegen fügt sich als Motiv nahtlos in die Auseinandersetzungen zwischen Bettelorden und Pfarrklerus um die Sonntagspflicht in der Pfarrkirche ein und zielt daher im beschriebenen Kontext vor allem auf die Franziskaner-Observanten. Unverkennbar ist auf jeden Fall, das Staupitz – mit ausdrücklichem Bezug auf die Franziskaner und negativem Urteil über beide Ordenszweige – dasselbe Thema aufnimmt, dem auch seine *Decisio* gewidmet

---

erinnerte Papst Gregor XI. auf Bitte der Minoriten und unter Berufung auf Johannes XXII. die für Südwestdeutschland zuständigen Bischöfe (Mainz, Straßburg, Konstanz) daran, dass man Personen, die ihre Beichte bei den Minoriten abgelegt haben, keine Wiederholung des Aktes beim zuständigen Pfarrklerus auferlegen dürfe: Regesta episcoporum Constantiensium, Bd. 2, 404 (Nr. 6275). Ich danke Hans Schneider, Marburg, herzlich für diese Informationen.

[65] Siehe die Neuedition der Autobiographie Beslers: Schneider, Aufzeichnungen, 131; der Aufsatz enthält auch eine den gegenwärtigen Forschungsstand repräsentierende Darstellung der Biographie Beslers. Zu den Esslinger Augustinern vgl. Zimmermann/Priesching (Hgg.), Württembergisches Klosterbuch, 237f (Literatur).

[66] Staupitz, Tübinger Predigten, sermo 11, 211f: „*sed revera numquam fructuose docet qui Christi docendi modum non imitatur*"; zu diesem Stück vgl. Schulze, Hiob-Prediger, 63f. Die von Staupitz angeführten Thesen sind nicht nachgewiesen, Schulze gibt jedoch eine zeitnahe spanische Parallele zu dieser Polemik an.

[67] Staupitz, Tübinger Predigten, sermo 11, 212: „*qui sanctas litteras non didicerunt, praedicationem tamen audire contemnunt et alios ne audiant impediunt*".

ist. Angesichts Staupitzens persönlichen Engagements für die universitäre Theologie wird deutlich, wie schwer der Vorwurf theologischer Umbildung seinerseits wog. Es ist in dieser Hinsicht also nicht einmal eine Solidarität zwischen Angehörigen von observanten Reformkongregationen der beiden Orden erkennbar. Auch Staupitzens Opponent Schatzgeyer war ein Franziskaner-Observant. In seinen Tischreden erinnerte sich Luther sogar daran, dass sein Mentor den Franziskanern generell „sehr feindt" gewesen sei[68]. Angesichts dessen hat es doch eine gewisse Wahrscheinlichkeit, Staupitzens Motivation zur Abfassung der *Decisio* nicht allein, wie es Günter getan hat, mit seinem „Interesse an pastoraler Weisung für drängende Moralprobleme"[69] zu begründen, sondern darüber hinaus die konkrete Positionierung der Augustiner-Observanten im Feld der vornehmlich in der Stadt angesiedelten Bettelorden an der Wende zum 16. Jahrhundert mit zu bedenken.

Betrachtet man zudem die wirtschaftliche Situation des Tübinger Augustiner-Konvents, dann ist es wenig überraschend, dass dieser Immobilien besaß und durch den württembergischen Herzog gefördert wurde (dies geschah auch bei anderen Bettelorden);[70] wohl aber fällt auf, dass Ende des 15. Jahrhunderts wiederholt Weltpriester dem Konvent Stiftungen zukommen ließen, in einem Falle, und zwar gerade in den Jahren 1486–87, d.h. in der Phase des Esslinger Konflikts, sogar ein Dechant.[71] Es scheint also, dass die Tübinger Augustiner gerade in kritischer Zeit zum Weltklerus ein geregeltes, eher positives Verhältnis hatten. In dieser Hinsicht könnte ein Blick in die von Staupitz 1504, d.h. nach seinem Weggang aus Tübingen, mit einer Vorrede versehenen Konstitutionen der Reformkongregation ein weiteres Mosaikstück zum Verständnis seines Verhältnisses zu den Mendikanten beisteuern. Die klassische Version der Ordenskonstitutionen von 1290 enthält ein Kapitel, das den Zutritt von Frauen in den Chor und die Klausur reglementierte. Der von Ignazio Aramburu Cendoya herausgegebenen kritischen Edition zufolge ist es in den zuverlässigsten Handschriften und dem im Jahre 1508 erschienenen Druck ohne inhaltlich relevante Varianten überliefert. Ihm zufolge war den Frauen Einlass nur gestattet beim örtlichen Kirchenfest (*„in proprio festo loci"*), bei Bestattungen innerhalb dieses Bereichs und zum Hören der Predigt am Karfreitag, ferner bei der Ablegung von Gelübden, bei der Primiz eines Ordensbruders und beim Heiligenfest des Patrons einer in der Klausur gelegenen Kapelle[72]. All diese Bestimmungen kehren in der von Staupitz approbierten Version wieder. Die Begründung des Pre-

[68] Tischreden aus dem cod. Besoldi und aus anderen Handschriften, in: Martin Luther, Werke, Bd. 48, 692 (Nr. 7128).

[69] Günter, Einleitung, in: Staupitz, Decisio, 14 (wo ein Einfluss der Esslinger Auseinandersetzungen auf die Schrift explizit ausgeschlossen wird).

[70] Vgl. Brecht, Augustiner-Eremiten-Kloster, 58–69.

[71] Vgl. Brecht, Augustiner-Eremiten-Kloster, 78.

[72] Aramburu Cendoya, Las primitivas constituciones de los Agustinos, cap. 12, 50f, sowie Regula beati Augustini, 20v.

digthörens wird jedoch von ihrer Bindung an den Karfreitag gelöst und damit verallgemeinert; mit *„atque"* schließt sich in der von Staupitz veranlassten Version als weitere Ausnahme für die Zulassung von Frauen der Zeitraum von Gründonnerstag bis Karsamstag an. Bemerkenswert ist jedoch auch, dass in ihr anschließend der folgende in den Konstitutionen von 1290 enthaltene Satz fehlt: „Während des Chorgebets (*„divinum Officium"*) steht der Chor den Männern offen, und die äußere Kirche [d.h. das Schiff, LV] ist dann den Frauen geöffnet."[73] Gerade für die regelmäßigen liturgischen Vollzüge, zu denen auch die tägliche Messfeier gehört,[74] reduziert die von Staupitz inspirierte Ordensverfassung also die Zugänglichkeit für nicht zum Konvent gehörige Personen. Aus den von Wolfgang Günter in der kritischen Edition der Konstitutionen von 1504 beigefügten Angaben geht im Übrigen nicht hervor, dass diese Abweichungen von der ursprünglichen Version in den Verfassungen der Lombardischen Reformkongregation oder der Kongregation von Lecceto, die beide kollationiert wurden, präformiert gewesen wären.[75]

Es ist schwer einzuschätzen, in welchen Details sich bei den Tübinger Augustinern und in der Reformkongregation insgesamt die Zulassung Externer zur Messe wirklich von der anderer Bettelorden unterschieden hat. Immerhin ist deutlich, dass Staupitz in dieser Hinsicht auf normativer Ebene einen restriktiveren Kurs verfolgt hat. Zumindest vermutet werden kann angesichts der für Tübingen belegten vorausgegangenen Schenkungen von Weltgeistlichen, dass diese Haltung im Orden eine längere Vorgeschichte hatte bzw. dass die Augustiner jedenfalls zu vermeiden suchten, mit dem Pfarrklerus in Auseinandersetzungen zu geraten, wie sie hinsichtlich anderer Mendikantenorden in Esslingen geschehen waren. Gleichsam als Kontrast dazu bietet sich die allerdings erst Jahrzehnte später von Dionysius Dreytwein in Knittelversen überlieferte Erinnerung an die Zugänglichkeit der Messe gerade bei den (observanten) Esslinger Franziskanern an. Dreytwein hielt fest, dass zur Frühmesse Frauen und Männer herbeiströmten und dass an den Kartagen und an Ostern der Gesang der Brüder die Esslinger, Jung und Alt, zu Hunderten anzog.[76] In gewisser Hinsicht

---

[73] Constitutiones OESA, cap. 12, 181: *„Dum vero divinum Officium agitur, chorus pateat viris, et exterior Ecclesia tunc mulieribus sit aperta"*.

[74] Vgl. Constitutiones OESA, cap. 6, 168f; die tägliche Pflicht bezog sich auf das Hören der Messe. Zudem wurde ein Katalog von 17 Kirchenfesten definiert, an denen die *fratres* zur Kommunion verpflichtet waren: ebd., cap. 10. 177f. Unberührt davon blieben natürlich die spezifischen Pflichten, denen Kleriker aufgrund ihrer Weihe unterlagen.

[75] Vgl. Constitutiones OESA, cap. 10, 127–130. Zu beachten ist allerdings, dass Günters Edition auch die Abweichungen der Konstitutionen von 1504 von der ursprünglichen Version nicht in jedem Detail aufweist.

[76] Zitiert in Schild, Franziskaner, 49f: „Frumess hielt man zu alen zeiten/weils finster war, ttett man da leuten,/Da lieffen zu frawen und man,/Habens in guter meinung than./Auch alwegen auff den carfreitag,/Vill groser andaht man da pflag./Sang ein brüder den pasion,/ Hies her Jacob, der es hat thon./Sein stym so gwalltig da erklang,/Manch cristen mensch durch sein hertz drang./Wan dises alles da verging/Und sich die östern ane fing,/Die auffer-

illustriert dieses Zeugnis Staupitzens Abgrenzung von der Suche nach besonderer religiöser Erhebung. Um hinsichtlich der praktischen Umsetzung der von Staupitz eingenommenen Position zu einem gesicherten Urteil zu kommen, wäre es nötig, das Verhältnis weiterer Augustiner-Konvente zum Weltklerus und anderen Bettelordenskonventen sowie, sofern vorhanden, die Zeugnisse über ihre liturgische Praxis zu analysieren – ein Projekt, das weit über den Rahmen dieses Beitrags hinausginge.

Das zwischen 1502 und 1508 zu datierende Gegengutachten Schatzgeyers, das in einer einzigen Handschrift überliefert und bis heute unediert ist, verteidigte hingegen dezidiert die Sicht, wonach das Aufsuchen der Pfarrkirche zur Erfüllung der Sonntagspflicht lediglich *„tencione congruitatis"* und nicht im Sinne eines Gebotes gefordert werde.[77] Neben der Zugänglichkeit der Pfarrkirche wird als Kriterium angeführt, ob in dieser der gottesdienstliche Vollzug „ebenso fromm und würdig" (*„eque religiose et honeste"*) vollzogen und ob der Gläubige „ebenso zur Andacht bewegt" (*„eque devote afficitur"*) werde wie anderswo[78]. In scharfem Widerspruch zu Staupitz verteidigt Schatzgeyer also das Argument der persönlichen religiösen Erhebung. Im Übrigen widmet er sich breit der Frage nach der zulässigen oder unzulässigen „Verachtung" des Ortspfarrers und bietet abschließend eine Staupitz entgegengesetzte Deutung der Bulle *Vices illius*.[79] Einer im Manuskript enthaltenen Notiz zufolge wurde dieses Gutachten mündlich durch die Professoren der bayerischen Landesuniversität Ingolstadt approbiert.[80] Im November 1517 schließlich veröffentlichte Papst Leo X. ein Breve, das im Sinne Schatzgeyers das Hören der Messe in einer Bettelordenskirche als Erfüllung der Sonntagspflicht voll anerkannte.[81] Staupitzens Position konnte sich also nicht durchsetzen.

---

stechung was vorhanden,/Sang man all naht: Crist ist erstanden./Die feyerttag nah dem nahtesen,/Sind gar offt bey ein ander gsesen/400 kinder jung und alt,/Die singen all mitt herem gwalt/Zu lob und er der gottheit clar/Wie der heilland erstanden wär." Kurz darauf heißt es: „Die kyrch last nemand auss schließen,/Ein sinder kan sein sind woll biesen." Zu den Esslinger Franziskanern vgl. auch Zimmermann/Priesching (Hgg.), Wurttembergisches Klosterbuch, 235 f.

[77] Schatzgeyer, Tractatulus, 197v-206v; die Kernthese des ebenfalls als *Decisio* aufgebauten Textes befindet sich auf f. 200v (dort auch das Zitat). Zu diesem Traktat vgl. Paulus, Schatzgeyer, 22. Zur Datierung vgl. Günter, Einleitung, in: Staupitz, Decisio, 12 Anm. 6. Eine Edition des insgesamt eng an den Formulierungen von Staupitz orientierten Textes ist in Vorbereitung.

[78] Schatzgeyer, Tractatulus, 201r.

[79] Vgl. Schatzgeyer, Tractatulus, 205rv.

[80] Schatzgeyer, Tractatulus, 206v: *„Hoc consilium vel tractatulus te* [?] *precedens omnium huius doctorum Gymnasii Auripolensis alias Ingoldstattensis vocali approbacione roboratur. Laus deo."*

[81] Vgl. Breve apostolicum. Das Breve ist datiert auf den 22. November 1517; zu ihm vgl. Hinschius, System, Bd. 4, 217.

3. Die Stellung der *Decisio* in Staupitzens Theologie

Theologiegeschichtlich stellt sich die Frage, welche Stellung diese *Decisio* im Denken von Staupitz hat. Mit Recht ist darauf verwiesen worden, dass sie aus kanonistischer Sicht verschiedene Schwächen aufweist und vor allem auf die reichhaltige Kommentarliteratur zum *Decretum Gratiani* verzichtet;[82] gerade dadurch treten die Dekretalisten und die päpstliche Autorität in den Vordergrund, was zumindest im Rückblick in einem eigenartigen Verhältnis zum Ruf nach der gut informierten Gewissensentscheidung des einzelnen Gläubigen zu stehen scheint. Nicht zu vergessen ist dabei aber, dass gerade Luther noch im Ablassstreit die päpstliche Grundlage seiner Vollmacht als Doktor der Theologie hervorhob.[83] Eine solche Legitimationsstrategie war offenbar darauf angelegt, die Geltung anderer, ihn angreifender, Instanzen zu schwächen. Im Falle Staupitzens legt sich der Eindruck nahe, dass an dieser Stelle wirklich so etwas wie eine papalistische Ordenstradition eine Rolle gespielt haben könnte.

Offensichtlich und bestimmend ist in Staupitzens Schrift der Einfluss von Gabriel Biel, auch wenn der „Geist" der Erörterung der Bielschen *Expositio* geradezu diametral entgegensteht: hier der große Versuch einer theologisch-spirituellen Synthese anhand eines Kommentars zum Messkanon, dort die programmatische Beschränkung auf die Frage nach der Geltung eines Elements kirchlicher Ordnung. Staupitzens Betonung des Gewissens als ethisch-religiöser Entscheidungsinstanz steht allerdings in argumentativem Zusammenhang mit seinem emphatischen Begriff der sich als Emanation selbsttätig ausbreitenden Wahrheit und somit mit einem bleibenden Element seiner Grundbildung in den Geleisen der *via antiqua*. Insofern erscheint seine Biel-Rezeption nicht unkonditioniert, sondern vom Interesse bestimmt, für das positive kirchliche Recht eine korrekte Verhältnisbestimmung von Verbindlichkeit und Flexibilität zu formulieren. Als konkretes Vorbild dienen ihm dazu die Ausführungen Biels zur Fastenpraxis. Auf diese Weise belegt diese Schrift auch die Komplexität der Verhältnisbestimmung von *via antiqua* und *via moderna* zu Beginn des 16. Jahrhunderts.

Vergleicht man die *Decisio* mit anderen Aussagen Staupitzens zur Messe und zum eucharistischen Sakrament, so bleibt der Eindruck einer Diastase bestehen. In den etwa gleichzeitigen Hiob-Predigten hatte Staupitz den alttestamentlichen Weisen als Beispiel für die Vollkommenheit eines Heiden in tugendhafter Lebensweise gedeutet, was nur durch die vorausgegangene Einwirkung der göttlichen Gnade auf ihn – parallel zur Offenbarung des Gesetzes an Israel –

---

[82] Vgl. Günter, Einleitung, in: Staupitz, Decisio, 22.

[83] Darauf spielt schon das „*Doctor S Theologie vocatus*" an, mit dem sich Luther in seinem Schreiben an Erzbischof Albrecht vom 31. Oktober 1517 betitelte: Martin Luther, Werke. Briefwechsel, Bd. 1, 112 (Nr. 48); zu Luthers Doktorat vgl. Scheurl, Luthers Doktoreid, 46–52.

erklärt werden könne. Ohne zu vertiefen, dass Hiob damit gleichsam unabhängig von der institutionellen Heilsvermittlung in diesen Zustand gekommen ist, wird er anschließend den ebenfalls als Heiden (d.h. nicht als Juden) definierten Hörern als Modell dafür angeboten, dass durch die Stiftung der Sakramente Gottes Barmherzigkeit allen menschlichen Werken vorausgeht.[84] Die Rede vom Gastmahl der Söhne Hiobs veranlasst Staupitz dann, auf das letzte Abendmahl Jesu zu sprechen zu kommen – um es als Inbild eines Gastmahls zu beschreiben, ohne aber einen Bogen zur eucharistischen Messfeier zu ziehen.[85] Man kann daher nicht sagen, dass Fragen der Eucharistie ansonsten in seiner Tübinger Zeit Staupitzens besonderes Interesse gefunden hätten.

Dasselbe gilt für seine zweite literarische Schaffensperiode. Die Predigten zum Passionszyklus, die er im Jahre 1512 in Salzburg vortrug, setzen erst am Berg Getsemane ein und lassen das Abendmahl außer Betracht.[86] Ohne dass Staupitz sich jemals polemisch zum Themenkomplex der Messe geäußert hätte, fällt doch auf, dass seine im Jahre 1515 gedruckte *ars moriendi* („Ein buchlein von der nachfolgung des willigen sterbens Christi") entgegen allen Konventionen das *viaticum* und die Krankenölung nicht einmal erwähnt.[87] Zu bedenken ist, dass gerade sein (ebenfalls zur Reformkongregation gehörender) Ordensbruder Johannes von Paltz die Eucharistie insgesamt am Ort der Kommunion auf dem Sterbebett behandelte und diese damit in besonderer Weise hervorhob.[88] Generell war Paltz im Gegensatz zu Biel ein Anhänger des Attritionismus, der die Transformation der unvollkommenen Reue – *attritio* – in vollkommene Reue – *contritio* – im Zuge der sakramentalen Feier lehrte.[89] Diesen Ansatz spitzte er noch zu, indem er gerade im selben Zusammenhang der geistlichen Begleitung am Sterbebett lehrte, dass bei der Beichte eines Sterbenden selbst ein ganz geringer Ansatz zur Reue für eine gültige Buße und das Erreichen der Seligkeit genüge: „Je schwächer er ist, desto geringer ist auch die erforderliche *attritio*, denn Gott der Herr fordert von einem Kranken nicht dieselbe Vorbereitung wie von einem Gesunden, und er fordert nicht von einem Schwerkranken ebensoviel Vorbereitung wie von einem mäßig Kranken."[90] Bedenkt man, dass Paltz zudem im Unterschied zu Biel, wie bereits erwähnt, generell die Kommunion gegenüber dem Messehören herausstellte,[91] wirkt Staupitz' Ansatz gerade-

---

[84] Vgl. Staupitz, Tübinger Predigten, sermo 1, 48 f.

[85] Vgl. Staupitz, Tübinger Predigten, sermo 15, 63–65.

[86] Vgl. Staupitz, Salzburger Predigten.

[87] Vgl. Staupitz, Ein buchlein von der nachfolgung des willigen sterbens Christi.

[88] Vgl. Paltz, Coelifodina, 265–291. Zur seiner Theologie vgl. Hamm, Frömmigkeitstheologie.

[89] Dazu Dietz, Begriff der Furcht, 355.

[90] Paltz, Coelifodina, 290: „*Et de quanto infirmior, de tanto minor requiritur attritio, quia dominus deus non requirit tantam praeparationem ab infirmo sicut a sano, et non requirit tantam praeparationem a multum infirmo sicut a modicum infirmo.*"

[91] S.o. Anm. 20.

zu wie eine Antithese dazu. Auf jeden Fall belegt der Vergleich zwischen Paltz und Staupitz nochmals von einer anderen Seite her, wie schwierig es wäre, im Falle der Augustinereremiten von einer Ordenstheologie zu sprechen.

Positive Aussagen Staupitz' zum Themenbereich der Messe sind schwieriger aufzufinden. An zahlreichen Stellen verwendet er traditionell eucharistische Terminologie, um außerhalb sakramentaler Vollzüge über die geistliche Vereinigung der Seele mit Gott und die Teilhabe am Leibe Christi zu sprechen.[92] In gewisser Hinsicht nimmt dies Biels Hervorhebung der geistlichen eucharistischen Gemeinschaft und den Ansatz der Hiob-Predigten auf. Noch 1523, in einem Gutachten über den Ex-Ordensbruder Stefan Agricola, der in Rattenberg (Tirol) reformatorische Lehre verbreitet hatte und dann festgenommen worden war, geht er mit keinem Wort auf die in den Prozessakten belegte Tatsache ein, dass Agricola die Messe abzuschaffen versucht hatte.[93] Die einzige Stelle, in der Staupitz nochmals mit einigem Gewicht auf die Sakramentstheologie im Allgemeinen zu sprechen kommt, ist ein Absatz seines im Jahre 1517 gedruckten *Libellus de exsecutione aeternae praedestinationis.* Einleitend wird dort die Heilsgewissheit grundgelegt in der durch Gott selbst aufgrund der Einrede Christi erfolgten Gerechtsprechung, die sich existentiell durch beständige Liebe und lebendige Hoffnung ausdrückt. Unter Berufung auf Prediger 9,1 schränkt Staupitz jedoch ein, dass der Mensch nicht zur Gewissheit über seine Rettung oder Verwerfung zu gelangen vermag – was sich offenbar auf einen Rückschluss aus den eigenen religiösen Tugenden bezieht. Stattdessen gebe es die Möglichkeit, durch „unfehlbare Zeichen, die dazu eingerichtet sind" (*„infallibilia signa ad hoc instituta"*), die Hoffnung zu vergewissern und die Verzweiflung hinsichtlich der göttlichen Gnadenwahl zu beseitigen. Diese Zeichen nun sind nach Staupitz die sieben Sakramente; in der Eucharistie stille die Hoffnung (die bei fünf der sieben Sakramente als handelndes Subjekt erscheint) „den Hunger nach ewiger Speise" (vgl. Johannes 6,59).[94] Ähnlich wie schon Jean Gerson reagiert Staupitz also auf die Gefahr einer überzogenen *scrupolositas* der Selbstprüfung mit dem Verweis auf äußerliche Gnadenmittel,[95] was in gewisser Hinsicht das *extra nos* Luthers präformiert. Inhaltlich stimmt Staupitzens Gedankengang mit Gabriel Biel überein, der ihn allerdings scholastisch ausführte. Er zog Prediger 9,1 als

[92] Genannt seien: Staupitz, Tübinger Predigten, sermo 12, 224f; ders., Salzburger Predigten, 26; ders., Libellus, cap. 18 (*„De convivio Christi et christiani"*), Z. 158–160, 224/226; vgl. *e negativo* ders., Von der Liebe gottes, 27: Judas als Inbild dafür, dass ohne Liebe alle Gaben nutzlos sind, selbst wenn er mit Jesus „die süß speiß über ainem tisch" gegessen hat; ders., Tübinger Predigten, sermo 3, 71, wonach die Einheit Christi mit der Seele *„per voluntatis conformationem, non substantiae identitate"* eintritt; zu letzterer Stelle vgl. Steinmetz, Misericordia Dei, 90.

[93] Staupitz, Consultatio, 59–90; der hier hervorgehobene Sachverhalt wird vom Bearbeiter in der Einleitung auf S. 78 benannt.

[94] Staupitz, Libellus, 286.

[95] Dazu Wriedt, Gnade und Erwählung, 138, bes. Anm. 210 und 212.

Beleg dafür heran, dass der Mensch durch das Bemühen um innerliche Vorbereitung (*dispositio*) auf das Heil den Zweifel daran, ob er das erforderliche *meritum de congruo* erwerbe, nicht überwinden könne. Deshalb sei es „angemessen" („*congruum*"), dass es die Sakramente als „sinnliche, gewisse und wirksame Zeichen" der Gnade gebe.[96] Was die Beziehung des Eucharistie-Zitats im *Libellus* zur *Decisio* von 1500 betrifft, so könnte man sagen, dass Staupitz an der Wichtigkeit äußerlicher zeichenhafter Vollzüge festhält – ein Element, das freilich in den dazwischenliegenden Werken allerdings gerade kein Gewicht hat.

Insofern behält die *Decisio* in Staupitzens Œuvre eine gewisse Außenseiterstellung. Was sie mit den zeitnahen Tübinger Hiob-Predigten verbindet, ist eine im Vergleich zu seinen späteren Schriften pedantisch wirkende Rückbindung an die autoritativen Quellen und vor allem eine Akzentuierung der von einem Christen geforderten Demut.[97] Nicht zu vergessen ist in dieser Hinsicht, dass die für die *Decisio* ganz entscheidende Warnung vor religiöser Exaltation im *Libellus* über die Prädestination von 1517 in der Gestalt wiederholter Mahnungen zu einem in der Nachfolge Christi gelebten Gehorsam wiederkehrt.[98] Eben die gehorsam-demütige Anerkennung der bestehenden kirchlichen Ordnung könnte damit von der *Decisio* an als Anliegen seiner Lehre betrachtet werden. Die Bedeutung der äußerlichen Kirchlichkeit bestünde dann darin, „*signum*" dafür zu sein, dass das Heil nicht in der eigenen religiösen Erhebung oder Sittlichkeit, sondern in einem kategorial außerhalb des Menschen liegenden Handlungssubjekt begründet ist. Dem entspricht, dass in der *Decisio* und im *Libellus* die die Kirche als Ort persönlichen Gehorsams und Darstellerin heilsamer Zeichen für den Gläubigen, nicht aber als Kongregation in den Blick kommt.[99] Insofern kann doch eine Konzentration auf das religiöse Individuum als *cantus firmus* von Staupitzens Theologie festgehalten werden.

4. Die *Decisio* und Luther

Zuletzt ist festzuhalten, dass ein Entwicklungsstrang von der *Decisio* zum Staupitz-Schüler Martin Luther führt. Die zwischen Staupitz und Schatzgeyer strittige Frage nach der Bindung der Sonntagspflicht an die Pfarrkirche kehrte, wenn

[96] Biel, Collectorium, Libri quarti pars prima, dist. 1, qu. 2, conclusio 2, 41: „*signa sensibilia certa et efficacia*". Oberman, Werden und Wertung, 106f, hat Staupitzens Auslegung von Prediger 9,1 als bedeutenden Bruch mit der mittelalterlichen Tradition gedeutet; mit Wriedt, Gnade und Erwählung, 138f, ist dieses Urteil zu revidieren. Zu Luthers Auslegung des Verses vgl. Bayer, Promissio, 215f.

[97] Vgl. Staupitz, Tübinger Predigten, sermo 24, 361 und 365 (die „*elevatio*" wird einem demütigen Geist zuteil).

[98] Vgl. Staupitz, Libellus, cap. 21, Z. 207, 264: Staupitz spricht hier vom gehorsamen „*conformari*" an Christi Vorbild; vgl. Wriedt, Gnade und Erwählung, 166.

[99] Dazu vgl. Wriedt, Gnade und Erwählung, 164–170.

auch abgewandelt, am 31. Oktober 1517 in Luthers Ablassthesen wieder. In der 25. These heißt es, dass die gleiche Gewalt („*potestas*"), die der Papst universal über das Fegfeuer hat, in der Diözese dem Bischof und in der Parochie dem Pfarrer zukommt.[100] Die Autorität des ordentlichen Seelsorgers tritt zudem in der 69. und 70. These hervor, in denen die örtlichen Bischöfe und Pfarrer ermahnt werden, die mit päpstlicher Autorisierung erscheinenden Ablassprediger mit Ehrerbietung aufzunehmen, sogleich aber darüber zu wachen, dass sie nicht anstelle des ihnen vom Papst Aufgetragenen „ihre eigenen Träume" vortragen.[101] Aus Sicht dieser Thesen ist an den Ablasskampagnen jener Zeit also zu kritisieren, dass sie in die Zuständigkeiten des Pfarrklerus eingreifen. Bedenkt man, dass die Kampagnen des späten 15. und frühen 16. Jahrhunderts maßgeblich durch Dominikaner und Franziskaner betrieben wurden (freilich war auch Paltz als Ablasskommissar tätig),[102] so werden die Parallelen zur Debatte um die Sonntagspflicht noch deutlicher. Bemerkt sei auch, dass der an Allerheiligen in Wittenberg an der Schlosskapelle erteilte Plenarablass ein Portiuncula-Ablass war,[103] was den franziskanischen Bezugsrahmen nochmals hervortreten lässt. Wie sein Mentor Staupitz, so gerierte sich also auch Luther im Ablassstreit als Verteidiger des ordentlichen Pfarrklerus gegen überbordende Bettelordenseinflüsse.

Das Gewicht dieses Aspekts kann daran abgelesen werden, dass Luther in den *Resolutiones* von 1518, in denen er seine Ablassthesen erläuterte, gerade die Ausführungen zur siebten These zu einer vertieften Darstellung der Rechtfertigungslehre nutzte. In dieser siebten These hatte er erklärt, dass Gott niemandem seine Schuld erlasse, der sich nicht (in der Beichte) einem Priester als seinem Vertreter unterwerfe.[104] In der Tat ist dieser Satz als solcher nicht auf den Pfarrklerus zugespitzt, jedoch war kirchenrechtlich festgelegt, dass man sich für die jährliche Pflichtbeichte und -kommunion an den Pfarrer bzw. seinen ordentlichen Vertreter zu wenden hatte, und sei es, um das Dimissoriale zu erhalten, damit man für Beichte und Kommunion eine andere Kirche aufsuchen konnte.[105] Insofern ist die siebte These an die Frage der pfarrerlichen Autorität gebunden. In den *Resolutiones* zur siebten These nun betont Luther, dass die gottgewirkte „wahre Herzensreue und geistliche Demütigung" („*vera contricio cordis et humiliatio spiritus*") das gottgefällige Opfer seien, das zur Vergebung führe und es dem Priester erlaube, die Lossprechung vorzunehmen.[106] Exemplarisch macht dieser Text deutlich, wie stark Luthers Soteriologie an den „Sitz

---

[100] Vgl. Luther, Disputatio, 234.

[101] Luther, Disputatio, 236.

[102] Dazu vgl. Paulus, Geschichte des Ablasses, Bd. 1–3; Hamm, Frömmigkeitstheologie, 84–91, 124–128.

[103] Vgl. Cárdenas, Friedrich der Weise, 44.

[104] Vgl. Luther, Disputatio, 233.

[105] S.o. Anm. 19. Die Bestimmung des vierten Laterankonzils operiert mit der Entgegensetzung von „*proprius sacerdos*" (im Sinne des zuständigen Pfarrers) und „*alienus sacerdos*".

[106] Luther, Resolutiones, 540.

im Leben" im Bußsakrament gebunden ist, auch wenn sie nicht einseitig aus ihm abgeleitet werden darf.[107] Auf der Ebene der religiösen Erfahrung und Praxis tritt hier wieder – wie in Staupitzens Stellungnahme zur Sonntagspflicht – das Element der Demut hervor, ferner ein Vorbehalt gegenüber der „event-mäßigen" und auf religiöse Affekte zielenden Zurücksetzung der ordentlichen Wort- und Sakramentsverwaltung. All dies lässt Grundlinien von Luthers späterer Auseinandersetzung mit den „Schwärmern"[108] vorausahnen. Schließlich sei wenigstens bemerkt, dass die Auseinandersetzung über die Ablassthesen zu dem Zeitpunkt beginnt, an dem Leo X. Staupitzens mit emphatischem Verweis auf die päpstliche Autorität vertretene Sicht der Sonntagspflicht zurückweist.

Festzuhalten ist allerdings auch, dass Luther sich schon in den *Resolutiones* zur 25. These (von der geistlichen *„potestas"* des Pfarrers über das Fegfeuer) von einem juristischen Verständnis dieser Vollmacht absetzte. Es gehe nicht um eine richterliche Autorität, eventuell nicht abgeleistete Sündenstrafen zu erlassen, sondern um eine Fürbitte vor Gott für die Verstorbenen (und nicht nur für diese, wenn man mitbedenkt, dass die Thesen 15–16 den Todeskampf als innerweltliches Fegfeuer deuten).[109] Interessanterweise ersetzt Luther nun auch den in der These selbst enthaltenen Verweis auf den Ortspfarrer durch den auf die Möglichkeit individueller Fürbitte, die einem jeden Christen zukomme – was einen wichtigen Ansatz zu seiner Lehre vom allgemeinen Priestertum darstellt und die vorausgegangene Konfliktlage weit hinter sich lässt.[110] Gerade Schatzgeyer profilierte sich dann in den 20er-Jahren des 16. Jahrhunderts als Verteidiger der katholischen Lehre gegenüber der Reformation und setzte dabei einen starken Akzent auf die Lehre von der Eucharistie. In der Polemik, in die er mit Luther aus diesen Gründen eintrat, wird aber keinerlei Rückbezug auf die Auseinandersetzung um die Sonntagspflicht erkennbar.[111] Interessant ist allerdings, dass auch in diesen Schriften die Argumente der gesteigerten *„devotio"* und der geistlichen Erhebung ein erkennbares Gewicht behalten.[112]

Was das Verhältnis von Staupitz und Luther betrifft, so sei abschließend festgehalten, dass sie vom äußerlichen Vorgehen her ein Typ öffentlich und anhand von Druckschriften geführter theologischer Diskussion verbindet, welche auf die Urteilsfähigkeit der Laien setzt und inhaltlich zugleich Vorbehalte gegen-

[107] Vgl. Vogel, Universität und Seelsorge, 187–212.

[108] Vgl. Vogel, Schwärmer, 968–974.

[109] Dazu vgl. Vogel, Luthers Purgatoriums-Vorstellung, 611–626.

[110] Vgl. Luther, Resolutiones, 574.

[111] Vgl. Schatzgeyer, Scrutinium, bes. 86–96; ders., Schriften zur Verteidigung der Messe; Luther, Ad Gasparis Schatzgeyri Minoritae plicas responsio, 282–291. Auf diese Lebensphase konzentriert sich Iserloh, Kaspar Schatzgeyer, 56–63.

[112] Schatzgeyer, Tractatus de Missa, 191: *„quis fidelium non excitabitur ad latriae cultum plena devotione sibi impendendum?"* und 243: im von Jesus gestifteten Gedächtnis *„perfectius [...] exercetur fides, sublimius elevatur spes et ardentius inflammatur charitas, quam per solum esum"*.

über einer Spiritualität hegt, die allzu sehr nach individueller Erhebung strebt. Solchen Tendenzen setzen sie die dauerhafte Bußdimension christlicher Existenz entgegen, Luther mittels der Formel des *simul iustus et peccator*.[113] Gerade um dieses Aspektes willen zeichnen sich sowohl der Staupitz der *Decisio* als auch Luther durch das Bemühen aus, bei aller Wertschätzung des persönlichen Urteils der Gläubigen Referenzpunkte einer äußerlichen gelebten Kirchlichkeit zu verteidigen. Unübersehbar ist freilich auch, dass verschiedene andere Werke von Staupitz sich nur mühsam in diesen Deutungsrahmen einfügen lassen. So liegt es in den Charakteristiken seines Werkes begründet, dass er einerseits Luthers Festhalten an äußerlich wahrnehmbaren und verbindlichen kirchlichen Vollzügen vorbereitet hat und andererseits von den Spiritualisten als Kronzeuge gegen ihn herangezogen worden ist.[114]

Bibliographie

Quellen

Ignazio Aramburu Cendoya, Las primitivas constituciones de los Agustinos (Ratisbonenses del año 1290). Introduccion, texto y adaption romanceada para las religiosas, Valladolid: Archivo Agustiniano, 1966.

Gabriel Biel, Canonis Missae expositio, hg. v. Heiko A. Oberman/William J. Courtenay, Pars prima/tertia, Veröffentlichungen des Instituts für Europäische Geschichte Mainz 31/33, Wiesbaden: Steiner, 1963/66.

Ders., Collectorium circa quattuor libros Sententiarum, hg. v. Wilfrid Werbeck/Udo Hofmann, Libri quarti pars prima/secunda, Tübingen: Mohr Siebeck, 1975/77.

Breve apostolicum Sanctissimi domini nostri pape Leonis decimi de audientia misse In ecclesiis fratrum mendicancium [1517] (Bayer. Staatsbibliothek München, 2° Inc. c.a. 4001).

Bullarium Franciscanum, N.S. Bd. 2: Calixti III, Pii II et Pauli II, ad tres ordines S.P.N. Francisci spectantia: 1455–1471, hg. v. José M. Pou y Martí, Grottaferrata: Quaracchi, 1939.

Das Chronikon des Konrad Pellikan, zur vierten Säkularfeier der Universität Tübingen hg. v. Bernhard Riggenbach, Basel: Bahnmaier, 1877.

Constitutiones OESA pro reformatione Alemanniae, bearb. von Wolfgang Günter, in: Johann von Staupitz, Sämtliche Schriften, Bd. 5: Gutachten und Satzungen, hg. v. Lothar Graf zu Dohna/Richard Wetzel, Spätmittelalter und Reformation 17, Berlin/New York: De Gruyter, 2001, 103–319.

Corpus iuris canonici, hg. v. Emil Friedberg, Bd. 1–2, Leipzig: Tauchnitz, 1879/1881.

Martin Luther, Ad Gasparis Schatzgeyri Minoritae plicas responsio [...], in: ders., Werke. Kritische Gesamtausgabe, Bd. 11, Weimar: Böhlaus Nachfolger, 1900, 282–291.

Ders., Disputatio pro declaratione virtutis indulgentiarum, in: ders., Werke. Kritische Gesamtausgabe, Bd. 1, Weimar: Böhlau, 1883, 229–238.

---

[113] Vgl. Ebeling, Luther, 210, sowie als neuere Beiträge Peura, Iustitia christiana, 196–198; Christe, Gerechte Sünder.

[114] Dazu Dohna/Wetzel, Vorwort, in: Staupitz, Libellus, 10f.

Ders., Resolutiones disputationum de indulgentiarum virtute, in: ders., Werke. Kritische Gesamtausgabe, Bd. 1, Weimar: Böhlau, 1883, 522–628.

Ders., Tischreden aus dem cod. Besoldi und aus anderen Handschriften, in: ders., Werke. Kritische Gesamtausgabe, Bd. 48, Weimar: Böhlaus Nachfolger, 1927, 365–719.

Ders., Werke. Kritische Gesamtausgabe. Briefwechsel, Bd. 1, Weimar: Böhlaus Nachfolger, 1930.

Johannes von Paltz, Werke. Bd. 1: Coelifodina, hg. v. Christoph Burger/Friedhelm Stasch, Spätmittelalter und Reformation 2, Berlin/New York: De Gruyter, 1983.

Regesta episcoporum Constantiensium. Regesten zur Geschichte der Bischöfe von Konstanz, Bd. 2: 1293–1383, hg. v. Alexander Cartellieri, Innsbruck: Wagner, 1905.

Regula beati Augustini una cum expositione Hugonis de Sancto Victore. Constitutiones fratrum heremitarum S. Augustini [...], [Venedig:] Gregorius de Gregoriis, 1508 (verwendet wurde das auf google.books verfügbare Digitalisat; letzter Zugriff am 6.8.2015).

Sacrorum Conciliorum nova et amplissima collectio, hg. v. Gian Domenico Mansi, Bd. 27, Paris: Welter, 1903.

Kaspar Schatzgeyer, Schriften zur Verteidigung der Messe, hg. v. Erwin Iserloh/Peter Fabisch, Corpus Catholicorum 37, Münster: Aschendorff, 1984.

Ders., Scrutinium divinae scripturae pro conciliatione dissidentium dogmatum (1522), hg. v. Ulrich Schmidt, Corpus Catholicorum 5, Münster: Aschendorff, 1922.

Ders., Tractatulus de audienda missa diebus festivis editus per Venerandum presbyterum f[ratrem] Casparum Schatzgeyer Guardianum conventus ordinis fratrum minorum Monacensis contra p[resbyterum] f[ratrem] Johannem Staubitz ordinis heremitarum S. Augustini sacre theologie professorem: Universitätsbibliothek München, 8° Cod. Ms. 34, 197v-206v.

Johann von Staupitz, Ein buchlein von der nachfolgung des willigen sterbens Christi, Leipzig: Lotter, 1515 (verwendet wurde das über VD 16 zugängliche Digitalisat der Bayer. Staatsbibliothek München; letzter Zugriff am 6.8.2015. Die Edition in J. K. F. Knaake, Johannis Staupitii opera quae reperiri poterunt omnia. Deutsche Schriften, Bd. 1, Potsdam: Krausnick, 1867, stand nicht zur Verfügung).

Ders., Consultatio super confessione fratris Stephani Agricolae, bearb. von Lothar Graf zu Dohna, in: Johann von Staupitz, Sämtliche Schriften, Bd. 5: Gutachten und Satzungen, hg. v. Lothar Graf zu Dohna/Richard Wetzel, Spätmittelalter und Reformation 17, Berlin/New York: De Gruyter, 2001, 59–90.

Ders., Decisio quaestionis de audientia missae, bearb. von Wolfgang Günter, in: Johann von Staupitz, Sämtliche Schriften, Bd. 5. Gutachten und Satzungen, hg. v. Lothar Graf zu Dohna/Richard Wetzel, Spätmittelalter und Reformation 17, Berlin/New York: De Gruyter, 2001, 1–41.

Ders., Libellus de exsecutione aeternae praedestinationis, bearb. von Lothar Graf zu Dohna/Richard Wetzel, Johann von Staupitz, Sämtliche Schriften, Bd. 2, Spätmittelalter und Reformation 14, Berlin/New York: De Gruyter, 1979.

Ders., Von der Liebe gottes Ain Wunder Hüpsch Underrichtung, [Augsburg 1518?] (verwendet wurde das über VD 16 zugängliche Digitalisat der Bayer. Staatsbibliothek München; letzter Zugriff am 6.8.2015. Die Edition in Knaake – s.o. bei Staupitz, Ein buchlein von der nachfolgung – stand nicht zur Verfügung).

Ders., Tübinger Predigten, bearb. von Richard Wetzel, Johann von Staupitz, Sämtliche Schriften, Bd. 1, Spätmittelalter und Reformation 13, Berlin/New York: De Gruyter, 1987.

Ders., Salzburger Predigten 1512. Eine textkritische Edition, hg. v. Wolfram Schneider-Lastin, Tübingen, Diss., 1990.
Thomas von Aquin, Summa Theologiae, Alba/Roma: Paoline, o.J.

Sekundärliteratur

Oswald Bayer, Promissio. Geschichte der reformatorischen Wende in Luthers Theologie, Forschungen zur Kirchen- und Dogmengeschichte 24, Göttingen: Vandenhoeck & Ruprecht, 1971.
Martin Brecht, Das Augustiner-Eremiten-Kloster zu Tübingen, in: Mittelalterliches Erbe – evangelische Verantwortung. Vorträge und Ansprachen zum Gedenken der Gründung des Tübinger Augustinerklosters 1262, hg. v. Hanns Rückert/Ernst Wolf, Tübingen: Mohr Siebeck, 1962, 45–89.
Peter Browe, Die Kommunion in der Pfarrkirche, in: Zeitschrift für katholische Theologie 53 (1929), 477–516; verwendet wurde der Nachdruck in: ders., Die Eucharistie im Mittelalter. Liturgiehistorische Forschungen in kulturwissenschaftlicher Absicht, hg. v. Hubertus Lutterbach/Thomas Flammer, 6. Aufl., Berlin: LIT, 2011, 325–350.
Livia Cárdenas, Friedrich der Weise und das Wittenberger Heiltumsbuch. Mediale Repräsentation zwischen Mittelalter und Neuzeit, Berlin: Kukas, 2002.
Wilhelm Christe, Gerechte Sünder. Eine Untersuchung zu Martin Luthers „simul iustus et peccator“, Arbeiten zur Systematischen Theologie 6, Leipzig: EVA, 2014.
Yves Congar, Aspects ecclésiologiques de la querelle entre mendiants et séculiers dans la seconde moitié du XIIIe siècle et le debut du XIVe, in: Archives d'histoire doctrinale et littéraire du Moyen Age 36 (1961), 35–151.
Rolf Decot, Die Entstehung des Papsttums. Martin Luthers historische Sicht in seiner Schrift „Wider das Papsttum zu Rom, vom Teufel gestiftet“ (1545), in: Deutschland und Europa in der Neuzeit. Festschrift für Karl Otmar Freiherr von Aretin zum 65. Geburtstag, hg. v. Ralph Melville, Teilband 1, Veröffentlichungen des Instituts für Europäische Geschichte Mainz 134/1, Stuttgart: Steiner, 1988, 133–154.
Thorsten Dietz, Der Begriff der Furcht bei Luther, Beiträge zur Historischen Theologie 147, Tübingen: Mohr Siebeck, 2009.
Gerhard Ebeling, Luther. Einführung in sein Denken, 4. Aufl., Tübingen: Mohr Siebeck, 1981.
Thomas Ertl, Religion und Disziplin. Selbstdeutung und Weltordnung im frühen deutschen Franziskanertum, Arbeiten zur Kirchengeschichte 96, Berlin/New York: De Gruyter, 2006.
Berndt Hamm, Frömmigkeitstheologie am Anfang des 16. Jahrhunderts. Studien zu Johannes von Paltz und seinem Umkreis, Beiträge zur Historischen Theologie 65, Tübingen: Mohr Siebeck, 1982.
Ders., Johann von Staupitz (ca. 1468–1524) – spätmittelalterlicher Reformer und ‚Vater' der Reformation, in: Archiv für Reformationsgeschichte 92 (2001), 6–42.
Paul Hinschius, System des katholischen Kirchenrechts mit besonderer Rücksicht auf Deutschland, Bd. 4, Berlin: Guttentag, 1888.
Erwin Iserloh, Kaspar Schatzgeyer, in: Katholische Theologen der Reformationszeit, Bd. 1, hg. v. Erwin Iserloh, Katholisches Leben und Kirchenreform im Zeitalter der Glaubensspaltung 44, Münster, Aschendorff, 1984, 56–63.
Georg May, Art. Bann. IV. Alte Kirche und Mittelalter, in: Theologische Realenzyklopädie 5, Berlin/New York: De Gruyter, 1980, 170–182.

Heiko A. Oberman, Spätscholastik und Reformation, Bd. 1: Der Herbst der mittelalterlichen Theologie, Zürich: EVZ, 1965.

Ders., Via moderna – Devotio moderna: Tendenzen im Tübinger Geistesleben 1477–1516. Ecclesiastici atque catholici gymnasii fundamenta, in: Theologen und Theologie an der Universität Tübingen. Beiträge zur Geschichte der Evangelisch-Theologischen Fakultät, hg. v. Martin Brecht, Tübingen: Mohr Siebeck, 1977, 1–64.

Ders., Werden und Wertung der Reformation. Vom Wegestreit zum Glaubenskampf, Tübingen: Mohr Siebeck, 1977.

Nikolaus Paulus, Kaspar Schatzgeyer, ein Vorkämpfer der katholischen Kirche gegen Luther in Süddeutschland, Freiburg: Herder, 1898.

Ders., Geschichte des Ablasses im Mittelalter, Bd. 1–3 (1922/23), Nachdruck, Darmstadt: Wissenschaftliche Buchgesellschaft, 2000.

Simo Peura, Iustitia christiana in Luthers später Auslegung des Galaterbriefs (1531/1535), in: Luther-Jahrbuch 71 (2004), 179–210.

Lucian Pfleger, Untersuchungen zur Geschichte des Pfarrei-Instituts im Elsass. I. Pfarrecht und Pfarrzwang. Kloster und Seelsorge. Der Kampf um die Pfarrechte, in: Archiv für elsässische Kirchengeschichte 5 (1930), 89–160.

Siegfried Freiherr von Scheurl, Martin Luthers Doktoreid, in: Zeitschrift für Bayerische Kirchengeschichte 32 (1963), 46–52.

Thomas Schild, Die Franziskaner in Esslingen, Esslingen: Bechtle, 2000.

Hans Schneider, Contentio Staupitiana. Der „Staupitz-Streit“ in der Observanz der deutschen Augustinereremiten 1507–1512, in: Zeitschrift für Kirchengeschichte 117 (2007), 2–44.

Ders., Neue Quellen zum Konflikt in der deutschen Reformkongregation der Augustinereremiten zu Beginn des 16. Jahrhunderts, in: Analecta Augustiniana 71 (2008), 9–37.

Ders., Martin Luthers Reise nach Rom – neu datiert und neu gedeutet, in: Studien zur Wissenschafts- und zur Religionsgeschichte, Abhandlungen der Akademie der Wissenschaften zu Göttingen Neue Folge 10, Berlin/New York: De Gruyter, 2011, 1–157.

Ders., Die autobiographischen Aufzeichnungen des Nürnberger Augustinereremiten Nikolaus Besler, in: Augustiniana 62 (2012), 119–152.

Ders., Johannes von Staupitz' Amtsverzicht und Ordenswechsel, in: Augustiniana 66 (2016), 185–231.

Manfred Schulze, „Via Gregorii“ in Forschung und Quellen, in: Gregor von Rimini. Werk und Wirkung bis zur Reformation, hg. v. Heiko A. Oberman, Spätmittelalter und Reformation 20, Berlin/New York: De Gruyter, 1981, 1–126.

Ders., Der Hiob-Prediger. Johannes von Staupitz auf der Kanzel der Tübinger Augustinerkirche, in: Augustine, the Harvest, and Theology. Essays Dedicated to Heiko Augustinus Oberman in Honor of His Sixtieth Birthday, hg. v. Kenneth Hagen, Leiden: Brill, 1990, 60–88.

David Curtis Steinmetz, Misericordia Dei. The Theology of Johann von Staupitz in its Late Medieval Setting, Studies in Medieval and Reformation Thought 4, Leiden: Brill, 1968.

Robert Uhland, Esslingen/Wttbg. Franziskaner-Konventualen, in: Alemania Franciscana Antiqua 18 (1973), 304–348.

Manuel Useros Carretero, „Statuta Ecclesiae“ y „Sacramenta Ecclesiae“ en la eclesiología de St. Tomás de Aquino, Analecta Gregoriana 119, Rom: Gregoriana, 1962.

Lothar Vogel, Zwischen Universität und Seelsorge. Martin Luthers Beweggründe im Ablassstreit, in: Zeitschrift für Kirchengeschichte 117 (2008), 187–212.

Ders., Art. Schwärmer, in: Enzyklopädie der Neuzeit 11, Stuttgart: Metzler, 2010, 968–974.

Ders., Luthers Purgatoriums-Vorstellung in den Ablassthesen, in: Ablasskampagnen des Spätmittelalters. Luthers Thesen von 1517 im Kontext, hg. v. Andreas Rehberg, Bibliothek des Deutschen Historischen Instituts in Rom 132, Berlin/Boston: De Gruyter, 2017, 611–626.

Markus Wriedt, „Via Guilelmi – Via Gregorii". Zur Frage einer Augustinerschule im Gefolge Gregors von Rimini unter besonderer Berücksichtigung Johannes von Staupitz, in: Deutschland und Europa in der Neuzeit. Festschrift für Karl Otmar Freiherr von Aretin zum 65. Geburtstag, hg. v. Ralph Melville, Teilband 1, Veröffentlichungen des Instituts für Europäische Geschichte Mainz 134/1, Stuttgart: Steiner, 1988, 111–131.

Ders., Gnade und Erwählung. Eine Untersuchung zu Johann von Staupitz und Martin Luther, Veröffentlichungen des Instituts für Europäische Geschichte Mainz 141, Mainz: von Zabern, 1991.

Wolfgang Zimmermann/Nicole Priesching (Hgg.), Württembergisches Klosterbuch. Klöster, Stifte und Ordensgemeinschaften von den Anfängen bis in die Gegenwart, Ostfildern: Thorbecke, 2003.

Vom Augustinerkloster zum herzoglichen Stipendium

Das Stift als Modellfall der Klosterreformation?[1]

Hermann Ehmer

Beim letzten Jubiläum vor einem halben Jahrhundert handelte Martin Brecht über das Augustinerkloster, für das er eine Gesamtgeschichte von der Gründung bis zum Ende durch die Reformation bot.[2] Grundlage dafür waren die Vorarbeiten von Dekan Otto Schmoller in Derendingen,[3] die vor allem in Regesten und einzelnen Abdrucken der zur Verfügung stehenden Quellen bestehen.[4] Es soll deshalb hier keine Neuauflage der Brecht'schen Arbeit geboten werden, vielmehr eine Fortführung, indem die Gelenkstelle zwischen Augustinerkloster und Stift genauer untersucht und auch danach gefragt wird, welche materiellen Voraussetzungen das Kloster dem Stift geboten hat.

Nach Brecht[5] waren die letzten Jahrzehnte des Klosters gekennzeichnet durch zwei wichtige Vorgänge. Zum einen durch den Neubau des Klosters, der in die zweite Hälfte des 15. Jahrhunderts fällt, mit einem besonderen Schwerpunkt in dessen letzten Jahrzehnt. Einen Schlusspunkt setzte der Bau der Kirche, wie die Inschrift von 1513 am Strebepfeiler des Chors zeigt.[6] Zum anderen war es die Klosterreform, die durch die Universitätsgründung 1477 befördert wurde, die ja die Lage in Tübingen für die Augustiner völlig veränderte. Graf Eberhard im Bart wollte 1478 das Augustinerkloster verlegen, weil er es offenbar als für die Universität ohne Nutzen ansah. Als neuer Ort für die Tübinger

[1] Referat bei der Tagung „750 Jahre Augustinerkloster – Evangelisches Stift" am 8.–11. Oktober 2012. Für den Druck wurde der Text erweitert und mit Nachweisungen versehen.

[2] Vgl. Brecht, Augustiner-Eremiten-Kloster.

[3] Otto Schmoller (1826–1894) war 1872–1881 Dekan in Weinsberg. Da damals eine Pensionierung von Pfarrern erst mit dem 70. Lebensjahr möglich war, gingen nicht wenige Dekane als letzte Stelle auf ein weniger geschäftsreiches Pfarramt, so Schmoller nach Derendingen, durften aber den Titel eines Dekans weiter führen. Der vielseitige Theologe hat neben seinen Arbeiten zur Geschichte des Stifts – geplant war offensichtlich eine umfassende Geschichte des Stifts, von der jedoch nur Band 1 über die Anfänge erschienen ist – auch Kommentare zu verschiedenen biblischen Büchern verfasst, außerdem ist ihm die 1869 erstmals erschienene und immer wieder aufgelegte Handkonkordanz zum griechischen Neuen Testament zu verdanken.

[4] Vgl. Schmoller, Urkundliches.

[5] Vgl. Brecht, Augustiner-Eremiten-Kloster, 62–85.

[6] Die richtige Lesung der Bauinschrift bei Brecht, Augustiner-Eremiten-Kloster, 65.

Augustiner war der Baiselsberg bei Horrheim ins Auge gefasst worden, wo bereits Augustinereremitinnen ansässig waren.[7] Der Plan wurde aber nicht verwirklicht, nicht zuletzt wohl deswegen, weil die Klosterreform das Augustinerkloster zum Partner der Universität machte. Die Reform der Augustinerklöster[8] wurde seit 1460 durch Andreas Proles durchgeführt, den Vikar der sächsischen Observanz, der bei dieser Aufgabe im schwäbischen Raum von den jeweiligen Obrigkeiten unterstützt wurde, so von den Magistraten der Reichsstädte Weil der Stadt und Esslingen, in Tübingen durch den Landesherrn Graf Eberhard im Bart.

Das Tübinger Augustinerkloster wurde aufgewertet durch gelehrte Mönche, wie den von Proles gesandten Johannes Nathin, der 1483 an der Universität immatrikuliert wurde und bis 1488 hier weilte. Mit Johannes Staupitz wurde 1497 ein weiterer gelehrter Augustiner in Tübingen immatrikuliert, der 1498–1500 Prior des Tübinger Klosters war. Nathin war der theologische Lehrer Luthers im Kloster, Staupitz dessen Beichtvater. Somit ist das Tübinger Kloster mit der Geschichte des Reformators verbunden. Ein weiterer Tübinger Augustiner, Johannes Mantel von Nürnberg, war – noch vor der offiziellen Durchführung der Reformation – der erste reformatorische Prediger in Stuttgart.[9]

1490 wurde das theologische Lektorium der Universität im Augustinerkloster eingerichtet. Mit diesem Hörsaal gelang die Verknüpfung der beiden für das Kloster in dieser Zeit anstehenden Aufgaben des Baus und der Reform. Die dadurch geschaffene Verbindung mit der Universität verbesserte auch das Verhältnis zum Landesherrn. Das Kloster erhielt neue Stiftungen, wodurch eine Besserung der wirtschaftlichen Lage eintrat. Die laufenden Einkünfte des Klosters wurden 1505 durch den Prior Bernhard Gebhard in einem neu angelegten Lagerbuch mit dem Titel „Erneuerung der Zinsen und Gülten" festgehalten.[10] Eine solche Renovation,[11] wie die Anfertigung eines Lagerbuchs auch genannt wird, ist stets das Zeichen einer Verbesserung der Verwaltung, eine solche Bestandsaufnahme lässt auf eine wirtschaftliche Konsolidierung der betreffenden Institution schließen.

Das Lagerbuch bietet ein genaues Bild der regelmäßigen Einkünfte des Tübinger Augustinerklosters. Es handelt sich zum einen um Geldeinkünfte, unter denen einige wenige größere Posten hervorstechen. Zu nennen ist eine Gült von 5 fl jährlich, die die Erben des Junkers Konrad von Fürst und seiner Ehefrau

---

7 Vgl. Deetjen, Studien, 366.

8 Zum Folgenden vgl. Brecht, Augustiner-Eremiten-Kloster, 73–78.

9 Vgl. Bossert, Geschichte Stuttgarts, 146f, 153–158.

10 Hauptstaatsarchiv Stuttgart (Abk. HStAS), H 102 Nr. 177a. Druck: Schmoller, Urkundliches (1894), Nr. 41–45. Sehr wahrscheinlich gab es ein älteres Lagerbuch oder zumindest Aufzeichnungen über die laufenden Einkünfte, doch sind solche nicht erhalten.

11 Auf dem Einband des Lagerbuchs, einem Bogen aus einer Handschrift des 14. Jahrhunderts, steht von einer Hand des 16. Jahrhunderts: *Renovatio der gefäll deß Augustiner closters zu Tüwingen.*

Ursula Swellerin bezahlten. Diese bescheidene Kapitalanlage wurde einer Randbemerkung zufolge nach 1505 abgelöst und das Kapital in Eltingen bei Leonberg angelegt, wo die 300 fl einen jährlichen Zins von 15 fl ertrugen. Eine weitere Gült bestand in 5 lb 1 ß 6 h, die jährlich von der Kellerei Tübingen gereicht wurden und die auf eine Stiftung der Gräfin Mechthild, der Mutter des Grafen Eberhard im Bart zurückging. Ein zweites adliges Ehepaar, Diepold von Habsberg und seine Frau Margarete von Hartenstein, hatten dem Kloster für einen Jahrtag eine Gült von 7½ fl verschrieben. Ferner erhielten die Tübinger Augustiner jährlich 15 lb 12 ß Zins vom Neckarbad, der beim Kloster gelegenen Badstube. Dann zählt das Lagerbuch noch rund 60 kleinere Posten auf, vorwiegend Zinsen aus Häusern und Grundstücken in Tübingen, deren Summe sich ungefähr auf 29 fl beläuft.[12] Insgesamt betrugen die Geldeinkünfte des Klosters 69 lb 3 ß, also ungefähr 80 fl.

Die Naturaleinkünfte der Tübinger Augustiner waren ebenso bescheiden. Es handelt sich um zwei Malter Dinkel, ferner zwei weitere ertragsabhängige, also nicht zu beziffernde Abgaben. Dann erhielt das Kloster noch 75 Malter Vesen (eine Sorte Dinkel) und schließlich noch 1½ Eimer, also 450 Liter Wein. Hinzu kamen noch drei ertragsabhängige Weinabgaben. Weitere Naturalabgaben waren zwölf Hühner und 70 Eier.

Das Lagerbuch führt auch den Besitz des Augustinerklosters auf, da aus diesen Gütern von den Bauern, die sie bewirtschafteten, Abgaben gereicht wurden, die in der oben genannten Summe bereits eingerechnet sind. So besaß das Kloster in Derendingen einen Hof und zwei Lehen, wovon bestimmte Abgaben zu reichen waren. Gleiches gilt für die drei Lehen in Weilheim, während von dem Hof daselbst dem Kloster ein Viertel des Ertrags zustand. In Entringen besaß das Kloster ein Lehen, von dem ebenfalls bestimmte Abgaben zu reichen waren.

Im Ergebnis ist also festzustellen, dass die genannten Einkünfte einem Bettelordenskloster angemessen waren und keinen Vergleich mit denen eines Benediktiner- oder Zisterzienserklosters wie Bebenhausen oder Maulbronn aushielten. Den gewaltigen Unterschied vermag allein der Anblick des stattlichen Fruchtkastens des Klosters Maulbronn zu verdeutlichen. Für die Getreidegefälle des Tübinger Augustinerklosters reichten dessen Dachböden allemal aus. Jedenfalls macht die Einkommensituation des Klosters klar, weshalb die oben erwähnten Baumaßnahmen längere Zeit in Anspruch nahmen, denn nicht nur in dieser Beziehung war das Kloster tatsächlich auf den Bettel angewiesen. Das Lagerbuch erwähnt auch die Terminierer, die auf den Bettel ausgeschickten Mönche, die in Nufringen belohnt werden, wenn sie dort für einen daselbst

[12] Als Rechnungseinheit wird im Lagerbuch nach dem üblichen Gebrauch die Pfundwährung (lb h) angegeben, während im alltäglichen Gebrauch die Guldenwährung (fl) üblich war. Zum Zweck der Vergleichbarkeit wurde hier die Pfundwährung umgerechnet, wobei 1 lb ungefähr 42 Kreuzer (kr) entspricht und 60 kr einen Gulden (fl) ausmachen. Schilling wird angegeben als (ß).

gestifteten Jahrtag erscheinen und diesen in Konzelebration mit dem Pfarrer begehen. Der Bettel erscheint auch in der Inschrift des vor wenigen Jahren identifizierten Messkelchs des Tübinger Augustinerklosters aus dem Jahre 1515, der sich jetzt in der Kirche in Straßberg bei Ebingen befindet. Die Anfertigung dieses Kelchs wurde durch Spenden aus Basel finanziert,[13] zugleich ein Beleg für die weitreichenden Verbindungen des Tübinger Augustinerklosters. 1532 heißt es, dass die Brüder auf dem Land ihre Nahrung, ihren täglichen Unterhalt finden sollen.[14] Möglicherweise gab es einen Terminierbezirk für das Tübinger Augustinerkloster, der von dem anderer Bettelordensklöster abgegrenzt war.

Prior Bernhard Gebhard, der 1505 das Lagerbuch anlegte, verstarb 1520.[15] In der Folgezeit kam das Kloster – wohl nicht nur wirtschaftlich – herunter. Die Stuttgarter Regierung des Königs Ferdinand sandte deshalb Anfang 1532 einen Doktor Johann Fauth nach Tübingen, um mit dem Magistrat wegen Behebung der Missstände im Augustinerkloster zu verhandeln. Demnach kamen die Augustiner ihren gottesdienstlichen Verpflichtungen nicht mehr in der rechten Weise nach. Es handelte sich hierbei um gestiftete Jahrtage, die vernachlässigt wurden, was Unmut verursachte. Auch sonst scheinen die Augustiner Grund zur Beschwerde gegeben zu haben. Die Mönche hatten beim Terminieren kaum mehr Erfolg, weshalb sie auch keine neuen Brüder bekamen.

Diese Lage ist typisch für die Jahre, in denen Luthers Kritik am Mönchtum und den Messstiftungen in breiten Kreisen bekannt geworden war und diskutiert wurde. Es lag deshalb nicht an den Tübinger Augustinern allein, vielmehr kennzeichnet es die allgemeine Stimmung, wenn Stifter, wie die Witwe des Juristen Doktor Kaspar Forstmeister, der bei den Augustinern verschiedene Gottesdienste gestiftet hatte, 1531 Vorkehrungen für den Fall trifft, dass bei den Augustinern und in Tübingen überhaupt keine Messe mehr gelesen wird.[16] In diesem Fall, der vor allem durch die Lutherischen herbeigeführt werden könnte, sollten die Stiftungserträge armen Studenten zugute kommen. Zuletzt wird sogar der Fall bedacht, dass auch Universität und Burse abgingen. Dann sollten diese Erträgnisse armen Spitalleuten zukommen. Obwohl Württemberg fest in der Hand des Habsburger Königs Ferdinand war, scheint sich durch die reformatorische Kritik an der Messe auch in Tübingen eine Stimmung breit gemacht zu haben, die mit einer bevorstehenden Umwälzung der kirchlichen Verhältnisse rechnete.

---

[13] Die Inschrift des Kelchs, das Werk eines bisher nicht identifizierten Goldschmieds, lautet nach Fritz, Kelch, 29: *SIC CALICEM F[RAT]RES PATER AVGVSTINE FIDELES CEV BONA FORMICAE CARPERE GRANA SOLENT SED MODO CONGESTV TENET ALMA TUBINGAQ[UE] FACTV[M] MVLTA STIPE DEDIT QVEM BASILEA PROBA.*

[14] Vgl. HStAS, A 531 Bü 2.

[15] Schmoller, Urkundliches, erwähnt unter Nr. 70 Gebhards Grabstein im Stift, wonach dieser am 28. Juli 1520 verstarb.

[16] Vgl. Schmoller, Urkundliches, Nr. 74.

Der Tübinger Magistrat wusste darauf keinen anderen Rat, als dass man die Augustiner seitens der Regierung zur Besserung ermahnte. Sie versprachen, das Ihre dazu zu tun. Gegenüber dem von Abt Johann Schultes von Hirsau geäußerten Projekt einer Neubesiedlung des Klosters durch die vertriebenen Benediktiner aus Schönrain bei Lohr in Unterfranken äußerte der Tübinger Magistrat Ablehnung. Gewiss war dieser Plan für den Hirsauer Abt naheliegend, weil Schönrain ein Priorat seines Klosters war. Dieses war im Bauernkrieg zerstört und der Besitz 1526 an die Grafen von Rieneck verkauft worden.[17] Offenbar war es also notwendig, eine Unterkunft für einige Benediktiner zu finden. Der Tübinger Magistrat sah hier aber die Absicht des Hirsauer Prälaten, sich in Tübingen einzudrängen, wo man ohnehin schon durch die Universität genügend belastet war. Die Tübinger äußerten sich deshalb zuversichtlich, „so denn die Luterey und das ellend Wesen im hailligen Glauben, als wir hoffen, zu besserung gebracht", würde es auch mit dem Augustinerkloster wieder besser werden.[18]

In diesen Zusammenhang gehören die undatierten Gravamina der Tübinger Augustiner, die sie in sechs Punkten zusammenfassten.[19] Demnach waren Einkünfte des Klosters uneinbringlich, auf dem Lande – offenbar beim Terminieren – gab man ihnen nichts mehr. Seit dem Tod des Grafen Eberhard (wohl Eberhard im Bart), der ihnen einmal 600 fl für ihr Bauwesen gab, mussten sie von ihrem Besitz verkaufen. Sie leiden Mangel an Nahrung, Kleidung und anderen Bedürfnissen, so dass sie wohl das Kloster verlassen müssen. Dieses hat bauliche Probleme, für deren Behebung wenigstens 400 fl nötig seien. Darüber hinaus führten die Augustiner Klage gegen den Tübinger Magistrat, der das Kloster als sein Eigentum betrachtete und dessen Gültbriefe in seine Hand gebracht hatte.

Der Tübinger Magistrat hatte sich in seinem Schreiben an die Stuttgarter Regierung noch unzweifelhaft altgläubig gegen die „Luterey" geäußert; seine Vorstellungen, wie die Angelegenheiten der Augustiner wieder in Ordnung zu bringen wären, entsprechen deshalb denen der Klosterreform des 15. Jahrhunderts. Gleichwohl stand man nun unmittelbar vor der Reformation im Herzogtum Württemberg, die seit 1534 durch Visitationen durchgeführt wurde. Dieses zeitraubende Verfahren zog sich über Jahre hin, da neben der Lösung der personellen Fragen auch eine Regelung der finanziellen Angelegenheiten unternommen werden musste.

Tübingen wurde im August und September 1536 visitiert. Zuvor war eine Inventur der Kirchenkleinodien vorgenommen worden. Im Augustinerkloster[20] hatte man sechs silbervergoldete Kelche mit ebensolchen Patenen vorge-

---

[17] Vgl. Lorenz, Hirsaus Prioriate, 363.

[18] Bürgermeister und Gericht zu Tübingen an Statthalter und Regenten zu Württemberg, 8. April 1532; HStAS, A 531 Bü 2 = Schmoller, Urkundliches, Nr. 76.

[19] Vgl. HStAS, A 531 Bü 9 = Schmoller, Urkundliches, zu Nr. 76.

[20] Vgl. Rauscher, Visitationsakten, 207.

funden. Des Weiteren „ain hoch silberin onvergülte monstranz" und eine weitere kupferne vergoldete Monstranz, ferner „ain silberin cäpslin, darin sie das sacrament bewart." Zwei silbervergoldete Kelche, „frylich nit die geringsten", waren zwei Jahre zuvor dem Propst des Ulmer Wengenklosters[21] „sampt etlichen den besten meßgewänder und menteln" um 70 fl versetzt worden. Man wird diese Verpfändung als weiteren Beleg für die Geldnöte des Tübinger Klosters ansehen müssen. Im Übrigen wird einer der versetzten Kelche derjenige sein, der sich jetzt in der Kirche in Straßberg befindet,[22] denn die vorgefundenen Edelmetallgegenstände, die künftig nicht mehr dem gottesdienstlichen Gebrauch dienen sollten, wurden eingezogen und in der herzoglichen Münze eingeschmolzen.

Das Tübinger Augustinerkloster wurde durch die Reformation kurzerhand aufgelöst. Auch hier erhob sich die Frage, was mit den Einkünften des Klosters geschehen sollte. Zunächst war aber eine Bestandsaufnahme der Einkünfte, eine Renovation oder Erneuerung erforderlich.[23] Diese erfolgte am 29. August 1536 in Gegenwart des herzoglichen Rentkammerbeamten Martin Nüttel, des Bürgermeisters zu Stuttgart Matthias Wellenburger, und zweier Tübinger Gerichtsverwandten, Zeir Gerber und Jörg Hutmacher, sowie des Bruders Balthasar Pfadler von Kellmünz, eines Angehörigen des Klosters.[24] Damit waren nicht nur Personen mit der notwendigen Sachkenntnis beieinander, vielmehr war damit auch die Maßnahme gegenüber allen möglichen Einsprüchen abgesichert. Der Stuttgarter Bürgermeister muss hierbei als Beauftragter der Landschaft angesehen werden.

Die Renovation von 1536 ist bisher von der Forschung nicht beachtet worden, ist aber deswegen wichtig, weil sie den Verbleib der Einkünfte des Klosters nachweist. Das Verfahren der Renovation gestaltete sich so, dass anhand der vorliegenden Urkunden, die die Rechtsgrundlage der Einkünfte darstellten, die einzelnen Posten zusammengestellt und aufgeteilt wurden.[25] Einen ersten Teil der Einkünfte sollte künftig Ludwig Riepp[26] einziehen. Dieser war als Keller zugleich wohl Geistlicher Verwalter. Somit war dieser Teil der Einkünfte, die in Geld, Getreide und Wein bestanden, der Geistlichen Verwaltung zugesprochen

[21] Es handelt sich um das 1183 gegründete Augustinerchorherrenstift zu den Wengen in Ulm. Der Propst Ambrosius Kaut (1521–1552) hatte sich eine Zeit lang bei den Augustinereremiten in Tübingen aufgehalten. Mit Beginn der reformatorischen Maßnahmen in Ulm 1531 floh er unter Mitnahme des Barvermögens, des Silbergeräts und wichtiger Urkunden, worauf die Chorherren das Stift dem Rat übergaben; vgl. Specker, Ulm, 122f.

[22] Vgl. Fritz, Kelch, 27f.

[23] Diese Renovation liegt in zwei verschiedenen Fassungen vor, wobei die in HStAS, A 274 Bü 84 liegende wohl als erste, die unter HStAS, H 121 Nr. 177b als zweite, bearbeitete Fassung zu betrachten ist.

[24] Datum und Namen erscheinen nur in HStAS, A 274 Bü 84.

[25] Diese Zuweisung geht ebenfalls nur aus der Fassung in HStAS, A 274 Bü 84 hervor.

[26] Riepp versah gleichzeitig oder nacheinander die Ämter eines Untervogts, Kellers und Geistlichen Verwalters; vgl. Pfeilsticker, Dienerbuch, § 2899.

worden. Ein zweiter Teil wurde für das Spital bestimmt, darunter der Zins vom Neckarbad. Ein dritter Teil bestand in Zinsen, die für die Pfarrei bestimmt wurden. Es handelte sich hier also um eine Besoldungsaufbesserung für den Tübinger Pfarrer, wobei die Einsammlung der Zinsen zweifellos von der Geistlichen Verwaltung vorgenommen wurde. Ein vierter Teil der Einkünfte des Augustinerklosters wurde für die Schule bestimmt, womit sehr wahrscheinlich die Tübinger deutsche Schule gemeint ist.[27] Der Vorgang zeigt mit aller wünschenswerten Deutlichkeit, dass die Einkünfte des Klosters somit 1536 restlos verteilt worden sind.

Übrig blieben die Einkünfte, die nicht verbrieft, sondern nur in einem Register, wohl in einem nicht mehr vorliegenden Heberegister oder Heischbuch verzeichnet waren. Diese mussten noch hinsichtlich ihrer Rechtsgrundlage überprüft werden. Andererseits lagen noch weitere Urkunden vor, die im Inventar[28] nicht genannt wurden. Es war also notwendig, dem noch weiter nachzugehen.

Der Stadt Tübingen wurde am 24. September 1536 über die mit der Reformation einhergehenden finanziellen Regelungen, ebenso wie in Stuttgart und anderen Städten, ein Begnadigungsbrief ausgestellt,[29] gewissermaßen als Abschlussdokument der reformatorischen Visitation. Über das Augustinerkloster sagt der Begnadigungsbrief, dass Hausrat und Fahrhabe im Wert von 37 fl 1 ß 1 h an das Spital übergehen sollten. Hierüber wurde ein Verzeichnis angefertigt, das leider nicht erhalten ist. Die Einkünfte des Augustinerklosters verteilt der Begnadigungsbrief so, wie oben dargestellt. Hinsichtlich des Zinses aus dem Neckarbad trifft er die nähere Bestimmung, dass dieser für die Unterhaltung der beiden Augustinermönche und des Bruders im Spital zu verwenden sei. Der Begnadigungsbrief bestätigt somit, dass alles restlos verteilt wurde und von den Einkünften des Augustinerklosters außer den noch fraglichen Posten nichts mehr übrig blieb.

Darüber hinaus gibt der Begnadigungsbrief damit auch Auskunft über den Verbleib der Angehörigen des Augustinerklosters, nämlich zweier Mönche und eines Bruders, die ins Spital eingewiesen worden waren. Näheres über sie wird aus einer Bittschrift bekannt, die die drei Augustiner im Tübinger Spital, nämlich Bruder Balthus, Her Tiebolt und Bruder Conrad, am 9. August 1537 verfassten.[30] Demnach war ihnen im Spital eine gemeinsame Stube zugewiesen worden, in der sie für sich bleiben wollten, auch wenn einer von ihnen sterben würde. Des Weiteren ging es ihnen um die Sicherstellung ihrer Versorgung mit

[27] Bürgermeister und Gericht zu Tübingen baten am 7. Januar 1550 um Aushändigung der betreffenden Zinsbriefe, da die Zahlung teilweise verweigert werde. Die Einkünfte werden aber benötigt, um den Schulmeister zu besolden. Insgesamt werden 34 Posten aufgezählt, HStAS, A 531 Bü 11.

[28] Damit ist wohl das in HStAS, A 531 Bü 11 befindliche Urkundenregister gemeint.

[29] Wiedergabe bei Rauscher, Visitationsakten, 210–220, ferner der von der Stadt dem Herzog unter demselben Datum ausgestellte Revers; ebd., 221–225.

[30] Vgl. HStAS, A 274 Bü 84 = Schmoller, Urkundliches, Nr. 79.

Wohnung, Kleidung und Nahrung. In Bezug auf ihre Ernährung baten sie darum, dass ihnen am Freitag oder Samstag entweder Fisch oder Gebackenes gereicht werde, desgleichen einmal wöchentlich Braten. Ferner baten sie darum, an Kleidern und Schuhen das zu erhalten, was sie benötigten. Da sie wöchentlich von den Zinsen des Neckarbades sechs Schilling erhielten, baten sie darum, dass auch einer von ihnen, wenn zwei verstorben sein sollten, diese Summe erhielte. Falls einer von ihnen krank würde, solle er so gehalten werden, wie es sich gebührt. Zuletzt verlangten sie, dass sie zu keiner Arbeit verpflichtet würden, es sei denn, dass sie es aus freien Stücken täten. Schließlich suchten sie darum nach, ihnen über ihre Ansprüche eine Verschreibung auszustellen. Ob dies erfolgte, ist nicht bekannt.

Die Bittschrift steht wahrscheinlich im Zusammenhang mit der Ausweisung der sich der Reformation verweigernden Mönche aus den Klöstern im Herzogtum Württemberg im Jahre 1536.[31] Offensichtlich hatten die Tübinger Augustiner, wie ihre Betonung des Fastengebots zeigt, sich ebenfalls der Reformation verweigert und befürchteten wohl, ebenfalls des Landes verwiesen zu werden. Im Januar 1537 wandte sich der Tübinger Prior Basilius Lauer[32] aus Speyer an den Kaiser und bat, ihm und seinen Brüdern die Gefälle des Klosters in der habsburgischen Grafschaft Hohenberg zukommen zu lassen.[33] Lauer gehörte also nicht zu den Tübinger Augustinern, die in das dortige Spital eingewiesen worden waren. Möglicherweise hielt er sich in Speyer auf, um einen Prozess am Reichskammergericht anzustrengen, wie dies auch andere Mönche taten.[34] Auf Lauers Bittschrift ist wohl kaum etwas erfolgt. Nach der Renovation von 1536 hatte das Kloster in der Grafschaft Hohenberg lediglich Einkünfte in Horb, Hirschau und Rottenburg.

Festzuhalten ist immerhin, dass das Augustinerkloster jetzt leer stand. Die Tatsache, dass Ambrosius Blarer während seiner Wirksamkeit in Württemberg im Augustinerkloster wohnte,[35] änderte nichts an der Frage nach einer künftigen Verwendung des Gebäudes. Das Tübinger Franziskanerkloster brannte 1540 ab, soweit es nicht von Stein war,[36] wodurch die Gefährdung eines leerstehenden Gebäudes deutlich wurde.

Im Nachhinein mag daher die Umwidmung des Klosters in ein Studienhaus für evangelische Theologiestudenten als Modellfall der Klosterreformation gelten, doch erwies es sich zunächst als Problemfall. Die Verwandlung von 13 württembergischen Männerklöstern in Schulen 1556 gehört ja der zweiten Pha-

---

[31] Vgl. z.B. Ehmer, Vom Kloster zur Klosterschule, 64.

[32] Dieser wird 1531 als Tübinger Prior erwähnt; vgl. Schmoller, Urkundliches, Nr. 75.

[33] Vgl. HStAS, A 531 Bü 4 = Schmoller, Urkundliches, Nr. 78. (Das Schriftstück ist aus dem Wiener Staatsarchiv nach Stuttgart extradiert worden).

[34] So der Abt von Maulbronn, dem ja der Hof des Klosters als Wohnsitz zur Verfügung stand; vgl. Ehmer, Vom Kloster zur Klosterschule, 61.

[35] Vgl. Bossert, Wo wohnte Blarer.

[36] Vgl. Beschreibung des Oberamts Tübingen, 275.

se der württembergischen Reformation an.[37] Freilich war dieser Gedanke schon früh geäußert worden. Er findet sich schon 1520 in Luthers Adelsschrift, näher ausgeführt wurde er 1529 durch Brenz in seinem Gutachten für Markgraf Georg von Brandenburg. Nach einer Übergangszeit sollten zwei bis drei Klöster im Land zu Schulen, eigentlich zu Universitäten, umgebildet werden. Luther war freilich gegen diesen Plan und betonte, dass eine Universität nicht in die Einsamkeit eines Benediktiner- oder Zisterzienserklosters gehöre. Gleichwohl wurde Brenz' Vorschlag in der Markgrafschaft umgesetzt. Es kam auf dieser Grundlage zu Schulgründungen, in Ansbach gar zu einer Hochschule, doch war alles nicht von langer Dauer. Immerhin bleibt zu betonen, dass der Mediziner Leonhard Fuchs, der später in Tübingen zu Geltung kam, eine Zeit lang in Ansbach gelehrt hat.

Die 1543 gegründeten sächsischen Fürstenschulen Pforta, Grimma und Meißen[38] gehen den 1556 in Württemberg gegründeten 13 Klosterschulen zwar vorauf, doch haben letztere die Fürstenschulen nicht zum Vorbild, wie man schon geglaubt hat. Vielmehr hatte Brenz jetzt endlich die Möglichkeit, seinen 1529 dargelegten Plan durchzuführen. Auf der Grundlage von sieben Klöstern der Benediktiner, vier der Zisterzienser, eines Prämonstratenserklosters und eines Stifts des Ordens vom Heiligen Grab entstanden die württembergischen Klosterschulen. Diese Klöster und Stifte hatten genügend Einkünfte, um auch eine Schule zu unterhalten. Nach Ausweis der vorhandenen Rechnungen beliefen sich die Kosten für die Schule in Maulbronn im Rechnungsjahr 1560/61 mit 295 lb auf etwa 1,5%, im Rechnungsjahr 1610/11 mit 931 lb auf rund 2,8% der Geldausgaben des Klosters.[39] Hierbei sind – da es hier lediglich um Größenordnungen gehen soll – die Naturalien weder auf der Einnahmenseite noch auf der Ausgabenseite berücksichtigt. Doch angesichts der oben für das Tübinger Augustinerkloster dargestellten finanziellen Lage ist ohne Weiteres klar, warum kein Bettelordenskloster als Klosterschule eingerichtet wurde.

Ohnedies waren die Bettelorden eine städtische Erscheinung. Hier konnte es nach dem Ende des monastischen Lebens nur um die Nutzung des Gebäudes gehen. So wurde in Schwäbisch Hall das Franziskanerkloster nach 1524 zur Lateinschule eingerichtet.[40] Auch in Ulm wurde das Franziskanerkloster Lateinschule,[41] später Gymnasium. In Esslingen stand das Franziskanerkloster offenbar längere Zeit leer, so dass es 1566 und 1571 die Universität Tübingen aufnehmen konnte, als diese wegen der Pest einen gesünderen Ort aufsuchen musste. Das Esslinger Franziskanerkloster wurde ab 1668 abgerissen, wobei der Chor der Kirche stehen blieb, um in das 1929 neu errichtete Evangelische Ge-

[37] Dazu zuletzt Ehmer/Klumpp/Ott, Klosterschulen.
[38] Vgl. zu diesen neuerdings Flöter/Wartenberg, Fürsten- und Landesschulen.
[39] Vgl. Ehmer, Vom Kloster zur Klosterschule, 80.
[40] Vgl. Ehmer, Johannes Brenz, 248f.
[41] Vgl. Specker, Ulm, 155.

meindehaus integriert zu werden.[42] Das Dominikanerkloster in Esslingen wurde nach der Reformation Waisen- und Zuchthaus und nahm auch eine deutsche Schule auf. Die Klosterkirche wurde 1861/64 katholische Pfarrkirche.[43] Die Beispiele ließen sich fortsetzen. In Tübingen wurde aber Ähnliches vorerst nicht verwirklicht.

Unabhängig von der Frage der Nutzung des Tübinger Augustinerklosters erfolgte 1536 die Errichtung des Stipendiums, und zwar zunächst ohne erkennbare Überlegungen hinsichtlich der Unterbringung dieser neuen Einrichtung. Eine Stipendiatenordnung wurde am 14. Februar 1536[44] erlassen, wonach von jeder Stadt und jedem Amt des Herzogtums Stipendiaten in Tübingen unterhalten werden sollten. Dies war das Finanzierungsmodell für das Stift. So heißt es im Begnadigungsbrief für Tübingen, dass Stadt und Amt „zu öwigen zeiten" vier Stipendiaten unterhalten sollten, und zwar „derselben stat burgerskinder, so nit aigens oder so statlichs vermögens, das sie mit dem studiern fürfarn mögen, sondern alain armer fromer leut kinder und ains vleissigen cristenlichen gotsförchtigen wesens und anfangs, und zu studiern geschickt seien."[45] Für jeden der vier Stipendiaten sollten 25 fl im Jahr aufgewendet werden. In gleicher Weise wurde der Vogt zu Stuttgart, Rudolf Strowlin, am 31. März 1537 davon unterrichtet, dass von allen Städten und Ämtern Stipendiaten in Tübingen erhalten werden sollten, so auch stets einer von Stuttgart. Der Vogt hatte dies in den Amtsflecken bekannt zu machen, damit ein Knabe gestellt und examiniert werde. Laut eines beigefügten Verzeichnisses sollte der Beitrag je zur Hälfte auf Martini und Georgii eingezogen werden.[46]

Eine zweite Stipendiatenordnung erschien 1541,[47] in der die Ordnung von 1536 erweitert und bestätigt wurde. Demnach sollten in Tübingen Rektor, Obervogt und etliche von der Landschaft für das Stipendium verantwortlich sein. Die Beteiligung von Vertretern der Landstände erschien deswegen notwendig, weil es sich ja um Stipendienbeiträge der Städte und Ämter handelte, also um eine Umlage, für deren Erhebung nach dem Tübinger Vertrag von 1514 die Landschaft beigezogen werden musste.

Auf die Anfrage des Rektors Paul Constantin Phrygio zusammen mit dem Obervogt Fritz Jakob von Anweil und der ihnen von der Landschaft in Stipendienangelegenheiten Zugeordneten vom 24. Oktober 1537, wo das Stipendium untergebracht werden sollte, wurde in Stuttgart bestimmt, dass den Stipendiaten die Bursa einzuräumen sei. In der Realistenburse sollten ihnen nebst den bisherigen Präzeptoren noch einige Magister zugeordnet werden. Speis und

[42] Vgl. Fast/Halbekann, Zwischen Himmel und Erde, 272–280.
[43] Vgl. Fast/Halbekann, Zwischen Himmel und Erde, 259–267.
[44] Vgl. Reyscher, Bd. 11,2: Schulgesetze, 8–11.
[45] Vgl. Reyscher, Bd. 11,2: Schulgesetze, 8.
[46] Vgl. HStAS, A 274 Bü 86.
[47] Vgl. Reyscher, Bd. 11,2: Schulgesetze, 11–20.

Trank für sie waren von den Stipendiatengeldern anzuschaffen.[48] Es sollten ferner zwei Superattendenten aufgestellt werden, desgleichen ein Propst oder Hausvater, ein Magister domus, ein Praeceptor, ferner ein Koch oder eine Köchin, dazu zwei Wasserträger, die auch zu Tisch dienen sollten. Die Besoldung dieses Personals war auch aus den Stipendiatengeldern zu leisten.

Durch die Erhebung der Stipendienbeiträge im ganzen Land wurde die neue Einrichtung sofort bekannt.[49] Eine Anzahl von Stipendiengesuchen ist noch vorhanden.[50] Den Zugang zum Stipendium eröffnete ein Examen, das von den leitenden Theologen in Stuttgart abgenommen wurde. Das bekannteste Beispiel dafür ist ein gewisser Jacobus Schmid von Waiblingen, der sich später Jakob Andreae (1528–1590) nannte. Er wurde am 1. Juni 1541 in das Stipendium aufgenommen.[51] In einer ersten Prüfung, die Erhard Schnepf abgenommen hatte, bestand Andreae nicht. Schnepf hatte aber die Begabung des Jungen erkannt und ließ ihn weiter die Lateinschule besuchen. Ein zweites Examen, das Valentin Vannius abnahm, bestand Andreae, der daraufhin zum Studium nach Tübingen geschickt wurde.[52]

Die Stipendiaten hatten zu versprechen, „in kainer andern universitet, dann daselbs zu Tuwingen zu studieren“, was wegen ihrer Minderjährigkeit auch die Eltern zu bestätigen hatten. Ferner durften sie „sich zu kainer andern frembden herrschaft dienst on unser […] wissen, willen und vergönden zu begeben, […] sonder warzu wir ine als zu predicanten, rat, dienern oder anderm dergleichen […] verordnen wurden, sich alsdan zu unserm fürstentumb gebruchen zu lassen.“[53] Diese Formulierung zeigt also, dass es sich zunächst nicht um ein ausgesprochen theologisches Stipendium handelte. Gleichwohl waren die Theologen aber von Anfang an in der Mehrzahl.

Trotz der Zuweisung der Bursa schien die Frage der Unterbringung in Tübingen nicht zufriedenstellend gelöst. Paul Constantin Phrygio als derzeitiger Rektor der Universität und der Keller Sebastian Waibel richteten am 13. Mai 1541 deshalb ein Gesuch nach Stuttgart, in dem sie vorschlugen, den Stipendiaten das leere Augustinerkloster einzuräumen. Aus ihrem Schreiben geht hervor, dass insgesamt 42 Stipendiaten vorhanden waren, wovon drei, weil sie verheiratet waren, außerhalb der Bursa wohnten.[54]

---

48 Vgl. HStAS, A 274 Bü 86.

49 Vgl. etwa den Befehl vom 25. Dezember 1537 an Vogt, Bürgermeister und Gericht zu Blaubeuren, einen Stipendiaten in Tübingen zu erhalten und das Geld laut Verzeichnis von Stadt und Amt einzuziehen und jährlich auf Martini nach Tübingen an Bürgermeister Michael Böll als den Beauftragten der Landschaft einzuliefern; HStAS, A 274 Bü 84.

50 Vgl. HStAS, A 274 Bü 84 und 86.

51 Vgl. Schmoller, Anfänge, 63.

52 Vgl. Ehmer, Leben des Jakob Andreae, 20–25.

53 Vgl. Reyscher, Bd. 11,2: Schulgesetze, 11–20.

54 Vgl. HStAS, A 274 Bü 86.

Der Beschluss, dem Stipendium das Augustinerkloster einzuräumen, wurde jedoch erst 1547 gefasst. Der erste Hinweis auf die nun endlich gefällte Entscheidung war, dass am 6. August 1547 der herzogliche Werkmeister Jörg Grauer nach Tübingen geschickt wurde, um einen Voranschlag für die notwendigen baulichen Verbesserungen zu erarbeiten. Vor allem musste das Dachwerk ausgebessert werden. Der Baumeister ermittelte laut Bericht vom 8. August Kosten in Höhe von 313 fl minus 1 h. Ein herzoglicher Befehl an die Rentkammer wegen Vornahme der Bauarbeiten erging am 18. August.[55]

Bereits am 25. September 1547 konnte Keller Ludwig Riepp zu Tübingen berichten, dass die Bauarbeiten fast fertig seien. Mit dieser Meldung verband der Keller die Klage, dass er für die Bauarbeiten nur 100 fl von den aufgrund des Voranschlags schließlich festgesetzten 200 fl bekommen und deswegen die Handwerksleute noch nicht bezahlt habe. Er bat deshalb um die restlichen 100 fl. Demnach hatte man nur die allernotwendigsten Reparaturen erledigt, wodurch sich auch die rasche Fertigstellung erklärt. Der Geldmangel ging aber so weit, dass Getreide und Wein für die Versorgung der Stipendiaten noch nicht bezahlt werden konnten und man dafür 236 fl 11½ b hatte schuldig bleiben müssen.[56] Der Grund dafür war, dass die Stipendiatengelder nur schleppend eingingen.

Überhaupt war es eine ausgesprochen schlechte Zeit, ein solches Stipendium in Gang zu bringen. Seit der Jahreswende 1546/47 war als Folge des verlorenen Schmalkaldischen Krieges spanische Besatzung im Land, die sich vor allem in den Landesfestungen Asperg, Kirchheim und Schorndorf konzentrierte. Für die Unterhaltung dieser Truppen waren laufend Besatzungskosten aufzubringen, die im Wesentlichen in Naturalien bestanden. Daneben war aber auch die vom Kaiser verlangte hohe Kriegsentschädigung zusammen zu bringen.[57] Alles Gründe für die Ämter, mit der Ablieferung der Stipendiatengelder zu zögern.[58] In Stuttgart hatte man immerhin Verständnis dafür, denn eine Liste von Georgii [23. April] 1548 zählt 26 Ämter auf, die im Rückstand waren, doch sollten diejenigen, die „kriegsleut" hatten, erst gemahnt werden, wenn diese abgezogen wären.[59]

Andererseits hatte man es aber als notwendig angesehen, eine Nutzung des leerstehenden Augustinerklosters sicherzustellen, um wegen einer Rückforderung durch den Orden eine einleuchtende Entschuldigung zu haben. Freilich betrafen diese Forderungen auf Rückerstattung in erster Linie die großen Klös-

[55] Vgl. HStAS, A 274 Bü 86.
[56] Vgl. HStAS, A 274 Bü 86.
[57] Vgl. Ehmer, Reformation in Schwaben, 119–122.
[58] Vgl. den Entwurf einer Mahnung vom 11. Oktober 1549 an Vogt, Bürgermeister und Gericht einer ungenannten Stadt, wegen des auf Georgii fälligen Stipendiatengeldes zur Lieferung an die dazu ernannten Superintendenten; HStAS, A 274 Bü 84.
[59] Vgl. HStAS, A 274 Bü 86.

ter, mit denen ja beträchtlicher Besitz und entsprechende Einkünfte verbunden waren. Doch waren dies nicht nur die Klöster der Benediktiner und Zisterzienser im Land, sondern etwa auch das Klarissenkloster Pfullingen, das immerhin das reichste Frauenkloster in Württemberg war.[60]

Auf Befehl Herzog Christophs, der nach dem Tod seines Vaters im November 1550 die Regierung angetreten hatte, sollte 1551 das Einkommen des Augustinerklosters festgestellt werden. Dieses belief sich ungefähr auf dieselbe Höhe wie 1505, doch wurde, anders als damals, keine Einzelaufstellung angefertigt. Statt ein Lagerbuch anzufertigen, wurde lediglich ein summarischer Bericht[61] erstattet. Erstmals erwähnt wird in diesem Bericht der „weingart unden am closter am Necker gelegen“[62], der heutige Stiftsgarten, dessen Wert mit 300 fl angeschlagen wurde. Dieser erbrachte einen jährlichen Zins von 21 lb. Außer den Einkünften des Augustinerklosters hatte man auch das Einkommen des Nonnenhauses, also der Tübinger Beginen, erhoben und insgesamt 61 fl ermittelt, wofür drei Stipendiaten zu unterhalten wären. Es scheint also, dass nicht nur die Einkünfte des Augustinerklosters, sondern auch die des Nonnenhauses für das Stipendium bestimmt worden waren, wenn auch eine entsprechende Anordnung nicht mehr festzustellen ist. Gleichwohl ist festzuhalten, dass diese Einkünfte für das Stipendium bei Weitem nicht ausreichten.[63] Es waren also weiterhin die Beiträge der Ämter für die Unterhaltung der Stipendiaten notwendig.[64]

Zu Recht wurde gegen dieses Beitragssystem eingewendet,[65] dass hierbei zwei Grundsätze vermischt wurden. Zum einen wollte man den Aufwand für das Stipendium nach der Leistungsfähigkeit der durchaus unterschiedlich großen Ämter verteilen, andererseits sollten Städte und Ämter für ihre jeweiligen Stipendiaten aufkommen. Diese Unklarheit barg daher für die Zukunft einiges Konfliktpotential.

Eine Erleichterung für die Finanzierung des Stipendiums fand man darin, dass die großen Männerklöster zur Lieferung von Getreide und Wein verpflichtet wurden, und zwar zu einem festgesetzten Preis, nicht zum Marktpreis. Als Protest gegen diese Zwangsabgabe stellte der altgläubige Abt Ludwig Werner († 1565) des Prämonstratenserklosters Adelberg 1554 die Lieferung ein, wie der Keller zu Kirchheim, Silvester Eck, am 23. Oktober 1554 berichtete. Der Abt hatte seinen Pfleger zu Weilheim angewiesen, die Lieferung von Wein und

60 Vgl. Deetjen, Studien, 250; Ehmer, Kloster Pfullingen, 80–84.

61 Gleichwohl wurde der Bericht im Archiv bei den Lagerbüchern einsortiert: HStAS, H 121 Nr. 177c.

62 HStAS, H 121 Nr. 177c.

63 Hiernach ist die Angabe bei Ehmer, Reformation in Schwaben, 148, wonach das Stift nun nicht mehr auf die Beiträge der Ämter angewiesen wäre, die sich auf Grube, Landtag, 317, gründet, zu berichtigen.

64 Zum Problem der Dotation des Stifts insgesamt vgl. Leube, Geschichte, 133–139.

65 Vgl. Leube, Geschichte, 133.

Früchten für das Stipendium abzustellen. Zur Verantwortung aufgefordert, schrieb der Abt am 16. Februar 1555, dass er, als er die Lieferung für das Stipendium zusagte, die großen Beschwerden nicht vorausgesehen habe, mit denen sein Kloster belastet wurde. So sei ihm auf vergangenem Landtag[66] auferlegt worden, 3000 fl abzuführen und vieles andere mehr.[67] Doch machte diese Klage bei der herzoglichen Verwaltung offenbar keinen Eindruck, der Bezug der für das Stipendium benötigten Naturalien aus den Klöstern war weiterhin üblich.

Die Klosterordnung von 1556[68] schuf mit der Gründung der Klosterschulen den schulischen Unterbau für das Stipendium, so dass ein laufender Zustrom von Studenten gesichert war. Die Klosterschulen wurden von den einzelnen Klöstern finanziert. Es kam deshalb der naheliegende Gedanke auf, das Tübinger Stipendium ähnlich zu fundieren. Ein entsprechender Antrag wurde auf dem Landtag 1565 vorgebracht. Da die Landtage vor allem zur Berichtigung der herzoglichen Schulden einberufen wurden, musste der Herzog für deren Übernahme durch die Landschaft gemäß dem Tübinger Vertrag von 1514 jeweils einen politischen Preis zahlen. 1565 ging es der Landschaft um die formelle Anerkennung der Ergebnisse der Reformation durch den Herzog, und zwar nicht nur für seine eigene Person, sondern für alle seine Nachfolger. Es ist wohl kein Zweifel daran, dass der Konfessionswechsel in der Kurpfalz seit Erscheinen des Heidelberger Katechismus 1563 die Wortführer der Landschaft, insbesondere die Prälaten, dazu gebracht hatte, dem Herzog diese Bedingung zu stellen. Der Herzog weigerte sich freilich, auf diesen Antrag einzugehen. Dies hätte nicht nur die Abgabe des im Augsburger Religionsfrieden dem Landesherrn verbrieften *ius reformandi* bedeutet, vielmehr wäre dadurch der Landschaft auch ein Widerstandsrecht zugesichert worden. Gegen diese Bedingung legte also Herzog Christoph entschiedenen Widerspruch ein, während der Landtag auf seiner Forderung beharrte. In dieser Pattsituation fand Johannes Brenz die Lösung durch eine von ihm vorgeschlagene Vermittlungsformel, die dann auch wörtlich in den Landtagsabschied vom 19. Juni 1565 einging. Demnach anerkannte der Herzog für sich und seine Nachfolger nicht nur den Bekenntnisstand des Landes, sondern auch die eingerichtete kirchliche Organisation, wie den Prälatenstand, die Unterhaltung von 150 Stipendiaten im Stift und von 200 in den Klosterschulen.[69] Zur Finanzierung des Stifts sagt der Landtagsabschied:

Souil dann die gebettne Dotation vnsers Stipendii zu Tuwingen belangt, haben wir nach zeitlichem, daruber gehabtem Rats nicht kinden befinden, wie semlichs bas dotirt moge werden, dann das vber die jerliche geordnete gefell, vnd einkhomen, an gelt, so hieuor in unsere Ambter ausgetheilt, Desgleichen die verordnete hilff von den Prelaturen an

[66] Gemeint ist der Stuttgarter Landtag 1553/54, auf dem jährliche feste Abgaben zur Schuldentilgung beschlossen wurden; vgl. Grube, Landtag, 212f.

[67] Vgl. HStAS, A 284/95 Bü 58.

[68] Vgl. Sehling, Bd. 16, Nr. 36b, 296–303.

[69] Vgl. Grube, Landtag, 224–231; Ehmer, Vannius, 236–247.

früchten und wein bestendiglichen dahin, vnnd was weitter (welches dann Auch ein Ansehenlichs ist,) vffgewent, ausser dem KirchenCassten, und desselbigen gefellen dahin gefolgt, vnd also das Stipendium darauff bestendiglichen fundiert verwisen, vnnd versichert sein sollen etc. Wann es sich aber mit der Zeit befinden, das Inen fürtraglicher sein möchte dasselbige mit vnderschidlichen benanten gefellen, Irem begeren nach dotirt solte werden, wollen wir darzu auch gnedige hilff vnd befürderung thun.[70]

Das Stift blieb somit fundiert auf die Beiträge der Ämter, die immerhin durch den verbilligten Bezug der Grundnahrungsmittel aus den Prälatenklöstern etwas erleichtert wurden. Ansonsten hatte die Finanzierung aus dem allgemeinen Kirchengut, dem Kirchenkasten, zu erfolgen. Immerhin war der Bestand des Stifts durch den Landtagsabschied gesichert. Der Abschied von 1565 zählte künftig zu den Landeskompaktaten, die insbesondere in der Ära der katholischen Herzöge seit Karl Alexander 1733 betont wurden. Da diese von jedem neu antretenden Herzog beschworen werden mussten, besaß das Stift im alten Württemberg somit grundgesetzlichen Rang.

Auch nach 1565 wurde seitens des Landtags weiterhin der Versuch gemacht, die Anweisung des Stifts auf bestimmte kirchliche Einkünfte zu erreichen. So auf dem Landtag 1583,[71] als der Antrag gestellt wurde, das Stift auf das nächstgelegene Frauenkloster zu verweisen. Nach Lage der Dinge konnte damit nur das reiche Klarissenkloster Pfullingen gemeint sein. Aber auch dies gelang nicht. Im Abschied dieses Landtags vom 17. März 1583 heißt es:

Alsdann vilberuerte vnnsere Praelaten vnnd Lanndtschafft, vnnder annderm, Sonnderlich auch gehorsamlich begert, Das zu Tuwingen, von vnnserm geliebten Herrn vnnd Vattern milltseliger gedechtnus, wolbedechtlich angerichtes Stipendium, zu vnnderhalltung, vnnd bestenndiger hinbringung desselben, Inn seinem ganntzen Corpore, mit sonnderbaren gewißen Wein vnnd frucht gefellen, Von dem nechstgelegenen Frawen-Closter, zu dotieren, Dasselbige auch darauff ohnfelbar zuuersichern, Da wir dann desselben Wolfahrt vnnd vffnemen, (Alls eines rechten Seminarii vnnd Jungen Bomsatz, der Kirchen Gottes, Welchem auch darumben billich zu dannckhen) nicht weniger zum bessten gern befurdert sehen, Vnnd biß an der Wellt ennde, wol vnnderbawen, vnnd bestetigt haben wöllten, Vnnd aber nach daruber gehabter vleißiger berathschlagung vilerhandt bewegender vrsachen willen, nicht ermeßen kunden, Das beruerttem Stipendio, mit determinierung vnnd verweißung, gewisser gefelle, sonnderer Clöster, oder verwaltungen, Beßer gerathen oder geholffen, Dann da dasselbige, hergebrachter gestallt, vff das ganntze Corpus, des Kirchencastens, gewidmadt, Alls haben wir es darumben auch bey der disposition, des Jungsten Inn Anno etc. Sechzig Funffe, erganngenen Abschidts, nochmalen also wennden lassen, Mit disem noch verrnerm Anhanng, Das wir denselbigen dißfahls, fur vnns, vnnd vnnd vnnsere Nachkommen, zu noch merer versicherung, vff ein newes, ratificieren, Confirmieren, Auch gedachtes Stipendium, darauff ewiglichen, zuerlangung Jederzeut aller erheischennder Notturfft verweisen, Versichern, Vnnd es damit also wider alle erdennckliche einrede perpetuiert haben wöllen.[72]

[70] Reyscher, Bd. 2: Staats-Grundgesetze, 121–136, hier 126.
[71] Vgl. Grube, Landtag, 240–243.
[72] Reyscher, Bd. 2: Staats-Grundgesetze, 180.

Auf dem Landtag 1599[73] kam nichts dergleichen zur Sprache. Es wurde lediglich der Antrag gestellt, die auf vier verminderten Klosterschulen wieder um drei weitere zu ergänzen. Herzog Friedrich ließ die Bereitschaft erkennen, in Königsbronn eine neue zu errichten. Die dortige Klosterschule war erst 1595 geschlossen worden, zu einer Neueröffnung kam es indessen nicht.

Als Ergebnis ist hier festzuhalten, dass die Fundierung des Stifts auf ein bestimmtes Kloster nicht gelang. Dies hatte aber zur Folge, dass das Stift im Dreißigjährigen Krieg auch nach 1634 bestehen konnte, als das Restitutionsedikt Kaiser Ferdinands durchgesetzt und die Klöster im Land, so auch Pfullingen, von den Orden neu besetzt worden waren.[74] Während des gesamten Kriegs war das Stift nie leer, vielmehr wurde es, besonders in der schlimmsten Zeit zwischen 1634 und 1638, unter großen Mühen des Konsistoriums und der Stiftsinspektoren erhalten. Zeitweise mussten die Stiftler, beziehungsweise deren Eltern, das Stift, nicht das Stift die Stipendiaten erhalten.[75] Ein Neuanfang konnte mit der Rückkunft Herzog Eberhards III. aus dem Exil 1639 gemacht werden. Ein Generalreskript vom 2. April 1641 verlangte, dass „die hinterstelligen Stipendiaten-gellter nach möglichkeit entrichtet" werden sollten.[76] Abschließend kann daher festgestellt werden, dass das Stift seinen Fortbestand der Opferwilligkeit des Landes durch Spenden und anderen Beiträgen verdankte, sowie der Entrichtung der Stipendiatengelder,[77] soweit sie unter den Umständen des Krieges überhaupt erhoben werden konnten.

Bibliographie

Quellen

Archivalien

Hauptstaatsarchiv Stuttgart (HStAS)

A 274: Universität Tübingen mit Collegium illustre und Stift
A 284: Kirchenrat
 95. Tübingen Prokuratur
A 531: Klöster in Tübingen
 1. Augustinereremitenkloster – Evang. Stift
H 102: Geistliche Lagerbücher
 Nr. 177 a-c Augustinerkloster Tübingen
H 121: Kirchengüter
 Nr. 177 b-c

[73] Vgl. Grube, Landtag, 261–263.
[74] Vgl. dazu Kolb, Stift (1914), 28–30; Ehmer, Kloster Pfullingen, 93f.
[75] Vgl. Kolb, Stift (1914), 36f.
[76] Reyscher, Bd. 11,2: Schulgesetze, 134–136.
[77] Einzelne Nachrichten über die Beitreibung der Stipendiatengelder der einzelnen Ämter nach 1634 bei Kolb, Stift (1914), 34f, 38, 46, 105, 133, 137.

Gedruckte Quellen

Hermann Ehmer (Hg.), Leben des Jakob Andreae, Doktor der Theologie, von ihm selbst mit großer Treue und Aufrichtigkeit beschrieben, bis auf das Jahr Christi 1562, Quellen und Forschungen zur württembergischen Kirchengeschichte 10, Stuttgart: Calwer, 1991.

Julius Rauscher (Bearb.), Württembergische Visitationsakten I (1534) 1536–1540, Württembergische Geschichtsquellen 22, Stuttgart: Kohlhammer, 1932.

August Ludwig Reyscher (Hg.), Vollständige, historisch und kritisch bearbeitete Sammlung der württembergischen Gesetze, Bd. 1–19, Tübingen: Fues, 1828–1851.

Sehling = Die evangelischen Kirchenordnungen des XVI. Jahrhunderts, begr. von Emil Sehling, Bd. 16: Herzogtum Württemberg, bearb. von Sabine Arend, Tübingen: Mohr Siebeck, 2004.

Otto Schmoller, Urkundliches betr. das ehemalige Augustinereremitenkloster in Tübingen, in: Reutlinger Geschichtsblätter 4 (1893), 54–56, 69f, 81–83, 102f; 5 (1894), 9–12, 28–30, 41–45.

Sekundärliteratur

Beschreibung des Oberamts Tübingen, Hg. Königliches statistisch-topographisches Bureau, Stuttgart: Lindemann, 1867.

Gustav Bossert, Wo wohnte Blarer in Tübingen?, in: Blätter für württembergische Kirchengeschichte 10 (1895), 32.

Ders., Zur Geschichte Stuttgarts in der ersten Hälfte des sechzehnten Jahrhunderts, in: Württembergische Jahrbücher für Statistik und Landeskunde (1914), 138–243.

Martin Brecht, Das Augustiner-Eremiten-Kloster zu Tübingen, in: Mittelalterliches Erbe – evangelische Verantwortung. Vorträge und Ansprachen zum Gedenken der Gründung des Tübinger Augustinerklosters 1262, Hg. Evangelisches Stift Tübingen, Tübingen: Mohr, 1962, 45–89.

Werner-Ulrich Deetjen, Studien zur Württembergischen Kirchenordnung Herzog Ulrichs 1534–1550. Das Herzogtum Württemberg im Zeitalter Herzog Ulrichs (1498–1550), die Neuordnung des Kirchengutes und der Klöster (1534–1547), Quellen und Forschungen zur württembergischen Kirchengeschichte 7, Stuttgart: Calwer, 1981.

Hermann Ehmer, Valentin Vannius und die Reformation in Württemberg, Veröffentlichungen der Kommission für geschichtliche Landeskunde in Baden-Württemberg B 81, Stuttgart: Kohlhammer, 1976.

Ders., Vom Kloster zur Klosterschule. Die Reformation in Maulbronn, in: Maulbronn. Zur 850-jährigen Geschichte des Zisterzienserklosters, hg. v. Landesdenkmalamt Baden-Württemberg, Forschungen und Berichte der Bau- und Kunstdenkmalpflege in Baden-Württemberg 7, Stuttgart: Theiss, 1997, 59–82.

Ders., Johannes Brenz als Reformator der Schule, in: Blätter für württembergische Kirchengeschichte 100 (2000), 241–264.

Ders., Das Kloster Pfullingen in der Reformation. Vom Klarissenkloster zur herzoglich württembergischen Klosterhofmeisterei, in: Beiträge zur Pfullinger Geschichte 13 (2003), 62–95.

Ders., Die Reformation in Schwaben, Bibliothek schwäbischer Geschichte 2, Leinfelden-Echterdingen: DRW, 2010.

Ders./Martin Klumpp/Ulrich Ott (Hgg.), Evangelische Klosterschulen und Seminare in Württemberg 1556–2006. Lernen – Wachsen – Leben, Stuttgart: Theiss, 2006.

Kirsten Fast/Joachim J. Halbekann (Hgg.), Zwischen Himmel und Erde. Klöster und Pfleghöfe in Esslingen [Begleitpublikation zur Ausstellung], Petersberg: Imhof, 2009.

Jonas Flöter/Günther Wartenberg (Hgg.), Die sächsischen Fürsten- und Landesschulen. Interaktion von lutherisch-humanistischem Erziehungsideal und Elitenbildung, Schriften zur sächsischen Geschichte und Volkskunde 9, Leipzig: Universitätsverlag, 2004.

Johann Michael Fritz, Ein spätgotischer Kelch von 1515 aus dem Tübinger Kloster der Augustiner-Eremiten, in: Blätter für württembergische Kirchengeschichte 103 (2003), 27–35.

Walter Grube, Der Stuttgarter Landtag 1457–1957. Von den Landständen zum demokratischen Parlament, Stuttgart: Klett, 1957.

Christoph Kolb, Das Stift im Dreißigjährigen Krieg, in: Blätter für württembergische Kirchengeschichte 18 (1914), 1–53, 105–141; 19 (1915), 1–27.

Martin Leube, Die Geschichte des Tübinger Stifts im 16. und 17. Jahrhundert, Blätter für württembergische Kirchengeschichte. Sonderheft 1, Stuttgart: Scheufele, 1921.

Sönke Lorenz, Hirsaus Prioriate im Hochmittelalter, in: Hirsau. St. Peter und Paul 1091–1991, hg. v. Landesdenkmalamt Baden-Württemberg, Forschungen und Berichte der Archäologie des Mittelalters in Baden-Württemberg 10,2, Stuttgart: Theiss, 1991, 335–393.

Walther Pfeilsticker (Bearb.), Neues Württembergisches Dienerbuch, Bd. 1–3, Stuttgart: Cotta, 1957–1976.

Otto Schmoller, Die Anfänge des Theologischen Stipendiums (‚Stifts') in Tübingen unter Herzog Ulrich 1536 bis 1550, Stuttgart: Kohlhammer, 1893.

Hans Eugen Specker, Ulm. Stadtgeschichte, Ulm: Süddeutsche Verlagsgesellschaft, 1977.

Jakob Heerbrand

Ein Superattendent in den Diskursen seiner Zeit

Volker Leppin

Das Jahr 1561 brachte der Universität Tübingen die Klärung eines untragbar gewordenen Zustands und in der Folge dem Herzoglichen Stipendium eine gewisse Stabilisierung: Am 10. August des Jahres verstarb Ambrosius Widmann, der bis zu diesem Zeitpunkt noch das Amt des Kanzlers innegehabt hatte.[1] In diese Funktion war er 1550, nachdem er sich fünfzehn Jahre zuvor aufgrund der 1534 erfolgten Einführung der Reformation in Württemberg nach Rottenburg abgesetzt hatte, unter dem Druck des 1548 erlassenen Interims wieder eingesetzt worden, das in Württemberg aufgrund der Nähe der kaiserlichen Truppen mit besonderem Nachdruck durchgeführt wurde.[2] Die Konstellation war freilich heikel, erst recht nach dem Augsburger Religionsfrieden von 1555[3], in dessen Folge Widmann dulden musste, dass ein Vizekanzler installiert wurde, der weitgehend an seiner Statt agierte. Diese Aufgabe übernahm ein Professor der Theologischen Fakultät: Jakob Beurlin.[4] Dennoch blieb die Lage angespannt. Erst mit Widmanns Tod war der Weg für eine umfassende Reorganisation der Universität frei, die vor allem die Theologische Fakultät betraf.

Am 16. September 1561 wurde eine neue Universitätsordnung erlassen.[5] Sie fasste die Regelungen zusammen, welche Herzog Christoph bereits 1557 erlassen und 1559 in die Große Kirchenordnung aufgenommen hatte.[6] Hierdurch wurde zum einen das Kanzleramt verstetigt. Zunächst hatte dies Beurlin inne, der sich aber gerade wegen des Religionsgesprächs in Poissy[7] auf Reisen befand und das Amt wegen seines Todes in Paris am 28. September 1561 nicht antreten

---

[1] Die folgenden Angaben zur Kanzlerschaft von Ambrosius Widmann nach Hofmann, Artistenfakultät, 183f.

[2] Vgl. Ehmer, Württemberg, 177; ders., Reformation, 122–126.

[3] Zu diesem jetzt grundlegend: Gotthard, Augsburger Religionsfrieden; zur Bedeutung für Württemberg s. Kohnle, Folgen; Rudersdorf, Augsburger Religionsfrieden, 286–292.

[4] Zu ihm s. Palmer, Beurlin; Stupperich, Reformatorenlexikon, 35f.

[5] S. hierzu und zu den folgenden inhaltlichen Bestimmungen Holzu, „… für eine Reform", 72.

[6] Vgl. Brecht, Konzeptionen, 30.

[7] S. hierzu Dingel, Katharina von Medici, 232–235.

konnte.[8] So übernahm es im folgenden Jahr sein Nachfolger auf der Theologischen Professur Jakob Andreae.[9] Gemäß der neuen Ordnung war seine Professur mit dem Propstamt verbunden.[10] Auch den anderen ordentlichen Theologieprofessoren, Dietrich Schnepf und Jakob Heerbrand, kamen qua Amt kirchliche Aufgaben zu: Schnepf war Stadtpfarrer und Heerbrand Stiftsdekan.[11]

Als solcher war er auch einer der beiden Superattendenten des Herzoglichen Stipendiums. Der andere war der neue Extraordinarius[12] der Fakultät Johannes Brenz (der Jüngere).[13] Damit war eine Konstellation geschaffen, die der Tübinger Theologischen Fakultät auf einige Zeit personelle und damit auch inhaltliche Stabilität sicherte – eine Gegebenheit, die enorm zur Stärkung der Universität im deutschen Luthertum beitrug, zumal gleichzeitig in den sächsischen Ländern die Auseinandersetzungen um das rechte Verständnis des Luthertums tobten.[14]

Mit der Neustrukturierung[15] verschoben sich die Aufgaben im Amt des Superattendenten, das es schon unter Herzog Ulrich gegeben hatte: Zur Kontrolle der wirtschaftlichen Belange kamen nun vor allem pädagogische Aufgaben und eine Aufsicht über die Lebensführung der Studenten.[16] Jakob Heerbrand war, als er das Amt übernahm, seit vier Jahren Professor in Tübingen.[17] 1521 aus Giengen gebürtig, hatte er sein Studium in Wittenberg verbracht. Bereits 1547 war er als Diakon nach Tübingen gekommen und hier auch geblieben, obwohl er infolge des Interims entlassen wurde. 1551 ernannte ihn Herzog Christoph zum Superintendenten in Herrenberg. Zwischenzeitlich war er gemeinsam mit Jakob Andreae für die Reformation in Baden tätig gewesen. Als er mit vierzig Jahren das Amt des Superattendenten einnehmen konnte, war er also ein schon recht erfahrener Reformator und Theologe. In seinen Ämtern verband er Funktionen an der Gesamtuniversität, der Theologischen Fakultät und eben im Herzoglichen Stipendium. Dass Letzteres in besonderer Weise im Fokus seiner Sicht der Dinge lag, zeigt eine Predigt, die er am 20. Februar 1577 zum hundert-

[8] Vgl. Hofmann, Artistenfakultät, 84.

[9] Zu ihm s. Brecht, Andreae; Weismann, Auf Kanzeln; Leppin, Andreae.

[10] S. Köpf, Verfassung, 30.

[11] Vgl. Holtz, Theologische Fakultät, 73.

[12] Vgl. Holtz, Theologische Fakultät, 73.

[13] Vgl. Mayer, „... cum patria", 21.

[14] Auf diese günstigen Umstände weist zu Recht Rudersdorf, Augsburger Religionsfrieden, 291, hin. Zu den Auseinandersetzungen in Sachsen s. jetzt insbesondere Gehrt, Konfessionspolitik; zum Einfluss Württembergs in diesem Zusammenhang: Ludwig, Philippismus.

[15] S. hierzu und zu den personellen Wandlungen im Überblick: Köpf, Tübinger Theologische Fakultät, 108f.

[16] Vgl. Mayer, „... cum patria", 21f; vgl. zum Amt des Superattendenten, Leube, Geschichte, 51–54.

[17] Zu seiner Biographie s. Bossert, Heerbrand; Raeder, Heerbrand (1985); ders., Heerbrand (1986), 81; vgl. auch den Kurzabriss und einige wichtige bibliographische Angaben bei Holtz, Theologie und Alltag, 402–405.

jährigen Jubiläum der Universität hielt und die im folgenden Jahr im Druck erschien.[18] In Gegenwart Herzog Ludwigs ließ Heerbrand die Geschichte der Universität Revue passieren und entwickelte dabei unter anderem ein spannungsvolles Bild von Kontinuität und Diskontinuität. So schmähte er einerseits die mittelalterliche Kultur: Man habe früher vor allem Wert darauf gelegt, Klöster zu gründen und solche Stiftungen als Gottesdienst und Opfer betrachtet, obwohl hieraus für die Kirche kein Nutzen entstanden sei, sondern die Mönche nur die Menschen ausgesaugt hätten.[19] Der mangelnde Nutzen der Klöster im Verhältnis zu den Schulen hatte schon in Martin Luthers berühmter Frage in der Adelsschrift mitgeklungen: „Dan was sein stifft und kloster anders geweszen, den Christliche schulenn, darynnen man leret schrifft unnd zucht nach Christlicher weisze, unnd leut auff ertzog, zu regieren unnd predigen?“[20] Diese Sicht gewann nun in Tübingen besondere Konkretion, seit das Augustinerkloster 1547[21] für die Herzoglichen Stipendiaten geöffnet worden war. Grobschnittig stellte Heerbrand nun dem ganz auf Eigennutz ausgerichteten Klosterleben den allgemeinen Nutzen entgegen, der aus Schulen erwachse. Sie seien nicht nur Ausbildungsstätten, sondern zivilisatorische Zentren, die es allererst möglich machten, Barbarei und, ganz konkret, das Faustrecht zu überwinden.[22]

Trotz des schroffen Gegenübers der Schulen und Hohen Schulen zu mittelalterlichen Gegebenheiten, konnte Heerbrand im Rahmen seiner Darstellung der Geschichte der Universität allerdings nicht umhin zu würdigen, dass auch Eberhard im Barte bereits den Nutzen von Schulen erkannt[23] und damit die Hauptaufgabe eines Herrschers erfüllt habe:

> Daß ist der hőchste Gottesdienst/den Fürsten/Herren/auch alle Oberkeiten Gott dem Allmechtigen leisten kőnden/wann sie sich der Schůlen vnnd Studien annemen/die selbigen nach jhrem eussersten vermőgen helffen/mit raht vnd that befirderen[24].

Die Würdigung des Universitätsgründers ist aber offenkundig eher der Unausweichlichkeit des Genres Jubiläumspredigt geschuldet als einer tiefgreifenden Hochachtung gegenüber den Leistungen des spätmittelalterlichen Herzogs für die Universität. Der Beginn der eigentlichen Erfolgsgeschichte der Universität liegt nämlich in Heerbrands Augen erst etwa eine Generation zurück. So lobt er

---

[18] Heerbrand, Predig von der hohen Schul; vgl. zu dieser Predigt auch Raeder, Heerbrand (1986), 94f. In dieser Predigt reflektiert Heerbrand auch den Begriff des Jubeljahrs in Abgrenzung von den ablasstheologischen Jubeljahren der römisch-katholischen Kirche; vgl. auch Heerbrand, Disputatio de anno iubileo; vgl. hierzu Kaufmann, Konfession und Kultur, 442–453.

[19] Vgl. Heerbrand, Predig von der hohen Schul.

[20] Martin Luther Werke Gesamtausgabe 6 (Abk. WA = Weimarer Ausgabe, Weimar u.a. 1883–2007), 439,37–39.

[21] Vgl. Hahn, Baugeschichtlicher Abriß, 230.

[22] Vgl. Heerbrand, Predig von der hohen Schul, 17.

[23] Vgl. Heerbrand, Predig von der hohen Schul, 17.

[24] Heerbrand, Predig von der hohen Schul, 7.

daß innerhalb 30. Jaren so vil herrlicher vnnd gelerter Leut/zu hȏchsten ehren vnnd Emptern/nicht allein dises Lands/sonder auch jm gantzen Reich/Kirchen vnd Schůlen kommen sein.[25]

Die Zeitangabe ist, geht man vom Jahre 1577 aus, irritierend. Genau genommen käme man so in die Zeit unmittelbar vor dem Interim, also in genau jene Phase, in der etwa Erhard Schnepf[26], der Vater von Heerbrands Kollegen Dietrich Schnepf[27], die Universität verlassen musste[28], um in Jena eine neue Bleibe zu finden, und in der Widmann wieder als katholischer Kanzler eingesetzt wurde. Sinnvoll sind die 30 Jahre als grobe Rechnung jedoch, wenn man sie auf den Regierungsantritt Christophs im Jahre 1550 bezieht. Ihm verdankte ja Heerbrand seine eigene Etablierung in Herrenberg. Implizit machte ihn Heerbrand so zum zweiten Universitätsgründer, allerdings nicht ohne auch die Leistungen Ulrichs zu würdigen. Diese liegen nun in besonderer Weise in der Dotierung des Stipendiums, dessen Ausstattung mit 70 Plätzen Heerbrand ebenso hervorhebt[29] wie die Aufstockung um 84 weitere Stipendien durch Herzog Christoph[30] – hiermit bezieht er sich wohl auf den Landtagsabschied von 1565, der 150 Stipendienplätze vorsah.[31] Für die Zentralstellung, die das Stipendium in Heerbrands Sicht auf die Universität einnimmt, spricht aber nicht nur dieses Fürstenlob, sondern auch der gleitende Übergang der Bezeichnung als „*seminarium*“, die er zunächst auf die Universität insgesamt anwendet[32], dann aber auf das Stipendium überträgt.[33]

In der Predigt zeichnet sich so eine Bildungskonzeption ab, welche in idealer Weise die Transformation und Zuspitzung der spätmittelalterlichen Bildungskultur durch den frühneuzeitlichen Staat zusammenfasst. Das Ineinanderrücken von Stipendium und Universität und die Betonung der Heranziehung von Elitennachwuchs geben wieder, was in Württemberg, aber auch in anderen reformatorischen Ländern – insbesondere Hessen[34] und dem albertinischen Sachsen[35] – erreicht wurde. Bemerkenswert ist dabei allerdings, dass Heerbrand den Wirkungskreis der Hohen Schule Tübingen ganz offenkundig nicht allein auf

---

[25] Heerbrand, Predig von der hohen Schul, 8.
[26] Vgl. Hartmann, Schnepff; Ehmer, Schnepf (1987); ders., Schnepf (2007); Leppin, Schnepf.
[27] S. zu ihm Hartmann, Stift, 22; Ehmer, Schnepf (2007), 320.
[28] Vgl. Kohnle, Folgen, 89.
[29] Vgl. Heerbrand, Predig von der hohen Schul, 20.
[30] Vgl. Heerbrand, Predig von der hohen Schul, 21.
[31] Der Abschied ist zitiert in: Leube, Geschichte, 135f; vgl. Köpf, Verfassung, 29. Die Zahl von 350 bei Brecht, Konzeptionen, 30, ergibt sich aus der Zusammenzählung von Herzoglichem Stipendium und Klosterschulen, die sich ebenfalls in dem genannten Abschied findet.
[32] Vgl. Heerbrand, Predig von der hohen Schul, 21.
[33] Vgl. Heerbrand, Predig von der hohen Schul, 20.
[34] Vgl. Heinemeyer, Studium; Schneider-Ludorff, Reformator, 87–90.
[35] Vgl. Wartenberg, Visitation, 159–174; Thomas, Neuordnung, 125–127; Junghans, Kirchen- und Schulordnung, 220–222; zur weiteren Geschichte s. Kupke, Kirchen- und Schulvisitationen; zu den Klosterschulen in Württemberg s. Lang, Geschichte.

das eigene Herzogtum begrenzt sehen will: Der Hinweis auf überregionale Karrieren der in Tübingen Ausgebildeten verweist darauf, dass in der Zeit der entstehenden Konkordie[36] im Luthertum auch die Bildungserfolge zu synergetischen Effekten führten und führen sollten. Möglicherweise spielt hier auch das Bewusstsein eine Rolle, dass Württemberg gerade im Zusammenhang der vorkonkordistischen Streitigkeiten eine zentrale Rolle zur Einigung zugekommen ist, denn auch dieser Gedanke war für die Ausbildung in Heerbrands Augen bedeutsam: Aufgabe der universitären Theologie sei es, „einhelligkeit der Kirchendiener“[37] zu erreichen. Mit großer Prägnanz drückt Heerbrand hier das Verständnis der werdenden Orthodoxie aus: Nicht die offene, freie Diskussion ist theologisches Ideal, sondern in dem Jubiläumsjahr 1577, in dem gerade auch die Konkordienformel abgeschlossen wurde, ist das Hauptanliegen die Normierung im lutherischen Sinne.

Ihr hat sich Heerbrand auch in seinem akademischen Œuvre gewidmet. Bekannt ist hier vor allem sein *Compendium Theologiae, Quaestionibus methodi tractatum.*[38] Mit ihm hat er ein Lehrwerk der Dogmatik geschaffen, das im ausgehenden 16. Jahrhundert den Lehrbetrieb in Tübingen dominieren sollte und auch zu jenen Schriften gehörte, die im Zusammenhang des Austausches mit dem Patriarchen von Konstantinopel an den Bosporus geschickt wurden.[39] Ulrich Köpf hat es kürzlich einer eingehenden Untersuchung unterzogen[40] und dabei die, jedenfalls methodische, Orientierung Heerbrands und anderer an Philipp Melanchthon und seinen Loci aufgezeigt. Tatsächlich blieb Heerbrand seinem einstigen Wittenberger Lehrer stets treu verbunden und hat sich auch nicht gescheut, ihn in den Auseinandersetzungen, die das werdende Luthertum prägten, in Schutz zu nehmen. Nach dem Tod des *Praeceptor Germaniae* am 19. April 1560 hielt er eine Gedächtnisrede auf ihn. Während die meisten Schriften Heerbrands in Tübingen gedruckt wurden, erschien diese Predigt bei Johann Kraft (dem Älteren) in Wittenberg.[41] Allein schon der Druckort im albertinischen Sachsen und an der melanchthonisch geprägten Universität signalisierte in der von den innerlutherischen Streitigkeiten aufgeheizten Atmosphäre der fünfziger und sechziger Jahre des 16. Jahrhunderts[42] eine klare Parteinahme, die Heerbrand auch inhaltlich unterstrich. Im Wesentlichen waren die Auseinandersetzungen, die tobten, wie Robert Kolb und Irene Dingel gezeigt haben, ein

36 Zu Heerbrands Rolle in diesem Zusammenhang: Schäfer, Unterschriften, 60.
37 Heerbrand, Predig von der hohen Schul, 21.
38 Vgl. Heerbrand, Compendium.
39 Vgl. Raeder, Heerbrand (1986), 90; vgl. zu diesem Briefwechsel Wendebourg, Reformation und Orthodoxie.
40 Vgl. Köpf, Anfänge, 207–217; s. auch Holtz, Theologie und Alltag, 32f.
41 Vgl. Heerbrand, Oratio funebris; vgl. hierzu Peters, Glanz und Elend.
42 S. hierzu Leppin, Beziehungen; Gehrt, Ernestinische Konfessionspolitik; Dingel, Streitkultur.

Kampf um die rechte Beanspruchung der Autorität Luthers.[43] Die vereinfachend[44] als „Gnesiolutheraner" bezeichnete Gruppe um Matthias Flacius in Jena diffamierte Theologen, die im Sinne des melanchthonisch orientierten Humanismus schrieben und dachten, als Abgefallene. Ein wirkliches Gruppenbewusstsein haben diese sogenannten „Philippisten" wohl nie entwickelt. Auch Heerbrand wäre trotz seiner Prägung durch Melanchthon kaum einer solchen definiten Gruppe zuzurechnen. Gleichwohl hat er sich für Melanchthon gegen Anfeindungen stark gemacht, insbesondere, indem er an Luthers Lob für seinen Kollegen, vor allem auch für dessen Loci erinnerte[45] und so den Gegnern Melanchthons deutlich machte, dass sie mit ihren Attacken auch von Luther selbst abwichen. In diesem Zusammenhang hob er sogar die strittigen Punkte aus Melanchthons Loci hervor und betonte, dass dieser in Fragen des Abendmahls und des freien Willens[46] unanstößig gelehrt habe.[47]

Die folgenden Überlegungen gehen nun nicht von dieser umfassenden Dogmatik aus, sondern von Heerbrands in der Forschung bislang noch weniger beachtetem Kleinschrifttum: Predigten und vor allem Disputationen. An ihnen soll gezeigt werden, in welcher Weise sich Heerbrand am Diskurs seiner Zeit beteiligte. Die Auswahl hat dabei angesichts der überbordenden Fülle von Schriften Heerbrands bei gleichzeitig sehr dünner Forschungslage[48] derzeit nur exemplarischen Charakter[49] und kann lediglich einen ersten Versuch darstellen, sich den inhaltlichen Schwerpunkten und der Argumentationsweise Heerbrands anzunähern. Doch zeichnen sich auch in diesem Stadium der Untersuchung bereits zwei Schwerpunkte von Heerbrands Engagement ab: die Herausbildung der Konfessionen im agonalen Gegeneinander und die Abgrenzung der christlichen Lehre von abergläubischen Vorstellungen. In gewisser Weise betrifft vor allem der erste Gesichtspunkt das, was man klassischerweise als „Streittheologie" der Orthodoxie versteht. Die jüngere Orthodoxieforschung[50] hat deutlich gemacht, wie wenig eine solche Klassifizierung dem Selbstverständnis wie auch dem historischen Ort der Orthodoxie gerecht wird: Tatsächlich geht es um die Suche nach einer lutherischen Identität, die gar nicht ohne negative Abgrenzung erfolgen kann, darin aber die nach außen gekehrte Seite

[43] Vgl. Dingel, Ablehnung; Kolb, Umgestaltung.

[44] Kritisch zu den Gruppenbezeichnungen bereits: Barton, Erbe, 10f; Leppin, Antichrist, 48–50; vgl. auch die Differenzierungen bei Gehrt, Ernestinische Konfessionspolitik, 317–322, 388–394, 471–476.

[45] Vgl. Heerbrand, Oratio funebris, B3^{v}; C2^{r}.

[46] S. hierzu Wengert, Freedom; Matz, Mensch.

[47] Vgl. Heerbrand, Oratio funebris, D1^{v}.

[48] Vgl. hierzu die Bemerkungen von Köpf, Anfänge, 208 Anm. 79.

[49] Zu den wenigen bearbeiteten Aspekten gehört seine Kritik an der gregorianischen Kalenderreform (s. Methuen, Time, 42–46), die ich daher hier übergehe.

[50] S. z.B. Axmacher, Praxis Evangeliorum; Sträter, Meditation; Steiger, Gerhard; Koch, Studien.

einer Besinnung im Innern zeigt. Dass sie gelegentlich auch durch persönliche Schärfe gekennzeichnet ist, ist zum einen den Diskursformen des 16. Jahrhunderts zuzurechnen, hat aber zum anderen auch den Hintergrund bitterer persönlicher Erfahrungen. Dies gilt auch und besonders für Jakob Heerbrand.

Heerbrand gehörte zu jener Gruppe württembergischer Theologen, die unter dem Druck der politischen Lage nach dem geharnischten Reichstag von Augsburg 1547/48[51] am Konzil von Trient teilnahmen. Johannes Brenz hatte im Vorfeld die *Confessio Virtembergica* verfasst,[52] die zu diesem Zweck vorgelegt werden sollte. Der Konzilsbesuch, zu dem Kurfürst Moritz auch Melanchthon vorgesehen hatte, welcher aber nicht in Trient ankam,[53] war von vorneherein hochproblematisch, da das Konzil gewiss nicht nach jenen Bedingungen stattfand, die die reformatorische Seite hierfür fordern musste.[54] Vor Ort gestalteten sich die Verhältnisse erst recht dramatisch: Die Evangelischen kamen lediglich am Rande in einer Kongregation, also nicht in einer offiziellen *Sessio* zu Gehör,[55] wobei die feine Symbolik der Konzilsgestalter sogar die eher zaghaften Württemberger noch schmählicher behandelte als die Sachsen – während letztere immerhin auf *silla grandes* hatten Platz nehmen dürfen, waren für die Württemberger nur harte *banquillas* zur Verfügung gestellt worden.[56] Die damit verbundene Demütigung fasste Johannes Brenz in seinem Bericht an den Herzog in seiner Definition der Kongregation zusammen. Dies sei eine Versammlung,

> so die våtter zůsamen kommen/von wegen deren geschefft so von jnen gering geacht/ vnd die nit werdt sein/dz sie offentlich/in der heiligsten session gehandelt werden.[57]

Die Hoffnung, dass die eigens verfasste Bekenntnisschrift besprochen werde, zerstob, wenn sie denn je wirklich bestanden haben sollte.[58] Fast zwei Jahrzehnte später berichtete Heerbrand hierüber:

> De his parati eramus in ipso Concilio, qui tum eò mißi eramus, anno à Christi natiuitate 1552, publice disserere, errores eorum et decreta, ex verbo Dei refutare, nostramq́ue Confeßionem exhibitam defendere[59],

---

[51] S. zu diesem und seinen Folgen Dingel/Wartenberg, Politik; Schorn-Schütte, Interim.

[52] Vgl. Confessio Virtembergica (Ed. Brecht/Ehmer), 8–10; die weitere Rezeption im Südwesten findet sich breit dargestellt bei Confessio Virtembergica (Ed. Bizer), 9–32; zur Beteiligung Heerbrands an den Auseinandersetzungen um die *Confessio* s. Deuschle, Brenz, 104f.

[53] Vgl. Scheible, Melanchthon (1997), 215; vgl. hierzu Jedin, Geschichte 3, 379–386.

[54] S. hierzu jetzt Spehr, Luther.

[55] Vgl. Ordentliche Beschreibung XXVI^{r}; vgl. hierzu Confessio Virtembergica (Ed. Bizer), 50–52; Confessio Virtembergica (Ed. Brecht/Ehmer), 11.

[56] Vgl. Jedin, Geschichte 3, 374f.

[57] Ordentliche Beschreibung, XXVII^{v}.

[58] Vgl. Confessio Virtembergica, 12.

[59] Heerbrand, Disputatio de nova religione (unpaginiert), These 43.

musste aber in einer gewissen Bitternis hinzusetzen, dass er und seine Mitstreiter nicht einmal angehört worden seien.

Diese Bemerkung steht in Heerbrands Schrift *De nova religione* von 1568, einer fünf Jahre nach Konzilsabschluss vorgelegten Darlegung darüber, dass sich in Trient die römisch-katholische Kirche, im Unterschied zur beim Alten gebliebenen lutherischen als neue Religion konstituiert habe. Sie ist eines der vielen Zeugnisse, die das Urteil Gustav Bosserts über Heerbrand bestätigen: „Als Polemiker hat der Schüler Luthers und Melanchthons lange Jahre bis ins höchste Alter in der vordersten Reihe der Kämpfer wider den neu aufgelebten Romanismus gestanden."[60]

Eine neue Religion sei, so Heerbrands Begründung, eine solche, die gegen die Heilige Schrift vorgehe.[61] Diese Argumentationsstrategie hatte schon Luther in *Wider Hans Worst* verwendet, worin er den altgläubigen Gebrauch von „neu" und „falsch" in dem Sinne umwertete, dass er die reformatorische Kirche als die im eigentlichen Sinne alte darstellte.[62] Bedeutsam für den aktuellen Streitkontext war die Konsequenz, mit welcher Heerbrand dies auf die Beschlüsse von Trient anwandte. Er ging die Dekrete durch und markierte die Differenz zum biblischen Glauben aus lutherischer Sicht. Die Darlegung ist dabei, einmal abgesehen von der Bezeichnung des Konzils als *„conciliabulum"*[63], in der Regel sehr sachlich – wohl letztlich weil die Fronten mittlerweile so klar schienen, dass Heerbrand allein die Argumente für sich sprechen lassen konnte, zumal er natürlich mit dem biblischen Kriterium für Neuheit schon in den Grundlagen Strittiges annahm; dies benannte er auch klar, indem er der katholischen Seite vorwarf, mit den Apokryphen aus eigenem Recht kanonische Bücher zu konstituieren.[64]

Angesichts der vorhandenen Differenzen ist es erwartbar, dass Heerbrand die Rechtfertigungslehre Trients ablehnt, wobei er freilich betont, dass auch für die lutherische Seite durchaus die Heiligung zum Gesamtvorgang der Rechtfertigung gehört. Es ist vor allem der Gedanke habitueller Gnadenwirkungen, den er ablehnt,[65] so wie er auch auf der lutherischen Sündenlehre beharrt: Die Vorstellung, dass die *concupiscentia* keine Sünde im eigentlichen Sinne sei,[66] sei nach dem von ihm proklamierten Maßstab eine neue Lehre.[67] Gleiches gelte

---

[60] Bossert, Heerbrand, 522f.

[61] Vgl. Heerbrand, De nova religione (unpaginiert), zu These 21.

[62] WA 51, 478,34–479,19; vgl. hierzu Seeger, Luthers Kampf.

[63] Heerbrand, De nova religione (unpaginiert), zu These 2.

[64] Vgl. Heerbrand, De nova religione (unpaginiert), zu These 10.

[65] Vgl. Heerbrand, De nova religione (unpaginiert), zu These 18.

[66] Vgl. Heinrich Denzinger, Kompendium der Glaubensbekenntnisse und kirchlichen Lehrentscheidungen (Abk. DH) 1515: *„Manere autem in baptizatis concupiscentiam vel fomitem, haec sancta Synodus datetur et sentit"*.

[67] Vgl. Heerbrand, De nova religione (unpaginiert), zu These 16.

auch vom Fegefeuer[68] und selbstverständlich von der Heiligenanrufung.[69] Einen besonderen Schwerpunkt bildet bei Heerbrand auch die Lehre von den Sakramenten, die er ausführlich darlegt und die auch zu einem polemischen Seitenschlag führt: Katholiken sprächen dem Papst, so Heerbrand, die Macht zu, seinem Belieben nach die göttlich eingesetzten Sakramente zu verändern.[70] Vor allem wendet Heerbrand sich dabei gegen die Siebenzahl der Sakramente,[71] aber auch gegen Ausführungen im Einzelnen, besonders in der Abendmahlslehre.[72]

Naheliegender Weise blieb dieses Thema auch in den weiteren Veröffentlichungen Heerbrands virulent, in der konfessionellen Abgrenzung gegen Katholiken wie auch Calvinisten. Einen intensiveren Schriftenstreit lieferte er sich mit dem Ingolstädter Jesuiten Gregor von Valencia,[73] einem der versiertesten Kontroverstheologen der Zeit, auf der anderen Seite wandte er sich 1585 gegen die Calvinisierungstendenzen in Bremen.[74] In beiden Fällen diente die konkrete Polemik zum Abendmahl aber nicht allein dem Austausch der schon bekannten Sachargumente. Am Abendmahl wurde vielmehr grundlegend deutlich, worin Heerbrand die konfessionellen Differenzen sah. So erklärte er in seiner 1578 gedruckten *Disputatio de idololatria*, dass die „*missa theatrica*" nicht zum *cultus divinus* gehöre.[75] Damit war zum einen das Argument der neuen und alten Religion wieder aufgegriffen und der katholischen Konfession wiederum die Position derer zugewiesen, die göttliche Bestimmungen durch eigene Erfindungen ergänzten. Vor allem aber zeigte es, worin in der gewachsenen kulturellen Verankerung konfessioneller Religiosität zunehmend der Anstoß lag. So sehr Heerbrand in der Disputation genreangemessen theologisch argumentierte, so sehr war es doch der praktische äußere Vollzug, den er attackierte. Der Begriff der *missa theatrica* stammt zwar nicht von ihm selbst, sondern begegnet schon bei seinem theologischen Lehrer Philipp Melanchthon.[76] Bei Heerbrand aber hatte er einen sehr konkreten Bezug, der über den üblichen eucharistischen Gottesdienst hinausging: Das Fronleichnamsfest werde, so hatte er schon in *De nova religione* gesagt, „*quasi in theatro*" begangen.[77] Wie schon in früheren

---

[68] Vgl. Heerbrand, De nova religione (unpaginiert), zu These 24.
[69] Vgl. Heerbrand, De nova religione (unpaginiert), zu These 28.
[70] Vgl. Heerbrand, De nova religione (unpaginiert), zu These 9.
[71] Vgl. Heerbrand, De nova religione (unpaginiert), zu These 29.
[72] Vgl. Heerbrand, De nova religione (unpaginiert), zu These 40.
[73] S. Kausch, Geschichte, 44–50 u. ö.; zur Auseinandersetzung mit Heerbrand ebd., 96–98; vgl. auch Dominquez, Valencia.
[74] Vgl. Gründlicher Bericht; s. hierzu Rieger, Streitigkeiten, 151, sowie immer noch Moltmann, Pezel; zu der durch Moltmann angestoßenen Diskussion um eine „Zweite Reformation" s. Schilling, Konfessionalisierung.
[75] Vgl. Heerbrand, Disputatio de idololatria, 7; vgl. zu diesem Streit auch Heerbrand, Refutatio.
[76] Vgl. Corpus Reformatorum 23, 717–721; vgl. Lexutt, Rechtfertigung, 133.
[77] Heerbrand, De nova religione (unpaginiert), zu These 28. Wie sehr ihn diese Thematik

Phasen der württembergischen Reformation[78] spielte hier offenbar die identitätsbildende Kraft von Riten, insbesondere in ihrer differenzbildenden Funktion, eine besondere Rolle – möglicherweise verschärft durch die Nähe Tübingens zum katholischen Vorderösterreich. Allerdings ging es Heerbrand nicht allein um rituelle Fragen, und gelegentlich trieb der konfessionelle Streit auch dazu, eigene Argumente nicht nur zu wiederholen, sondern auch zu differenzieren. Die jesuitischen Fragen konnten in ihrer Spitzfindigkeit gelegentlich hierzu anleiten. So hatte der Jesuit Georg Scherer[79] anhand verschiedener Aussagen Luthers und der *Confessio Augustana* versucht, einen Widerspruch zwischen diesen begründenden Texten des Luthertums und den Lutheranern seiner Zeit zu konstruieren. Dabei hatte er auf den Gebrauch des Begriffs „Gestalt" im 10. Artikel der *Confessio Augustana* verwiesen, um zu begründen, dass auch die lutherische Lehre den Gedanken einer wesenhaften Wandlung im Herrenmahl unterstütze.[80] Offenkundig stand dahinter der Anklang an die Lehrdefinition des IV. Lateranums, wonach Christi Leib *„sub speciebus panis et vini"*[81] gegenwärtig sei. Diese Nähe zum Konzilstext war in der *Confessio Augustana* wohl durchaus beabsichtigt gewesen, die Sachdifferenz in der Aussage freilich auch, auf der Heerbrand nun abwehrend insistieren musste.[82]

Gegenüber Gregor von Valencia aber, der auch von Jakob Andreae heftig angegriffen wurde,[83] ging es Heerbrand mehr ums Allgemeine, oder man kann auch sagen: ums Grundsätzliche. Das zeigt sich an einem weiteren Begriff, den er in dieser Disputation sogar titelgebend aus seiner Schrift gegen das Konzil von Trient aufnahm: *„idololatria"*. In *De nova religione* hatte er die Heiligenanrufung als *idolomania* bezeichnet.[84] Nun wurde ihm dies, also der Verstoß gegen das erste Gebot, zum Universalschlüssel zur Beschreibung der katholischen Glaubenswelt: Nicht nur die Eucharistie, sondern auch Marienverehrung[85] und ganz generell jede Form von Werkgerechtigkeit fielen unter dieses Verdikt.[86]

---

beschäftigte, sieht man an einer ihr eigens gewidmeten Disputation: Heerbrand, Disputatio de festo corporis Christi.

[78] S. hierzu Leppin, Theologischer Streit.

[79] Zu ihm: Zinnhobler, Scherer; Sommervogel, Bibliothèque 7, 746–767; zur o.g. Schrift s. Sommervogel, Bibliothèque 7, 754 (Nr. 16). Offenbar war Scherer durch die Auseinandersetzung um den Kontakt mit dem Patriarchen von Konstantinopel in das Blickfeld der Württemberger geraten (vgl. Sommervogel, Bibliothèque 7, 747f [Nr. 1, mit Verweis auf Heerbrands Gegenschrift gegen Scherer], 750 [Nr. 4], 751 [Nr. 6], 752 [Nr. 12]); zu Heerbrands Auseinandersetzung mit Scherer s. auch 756 (Nr. 20).

[80] Vgl. Scherer, Fragstücke, 1; vgl. hierauf Heerbrands Reaktion: Heerbrand, Antwort und Abfertigung, 9.

[81] DH 802.

[82] Vgl. Heerbrand, Antwort und Abfertigung, 10.

[83] Vgl. Andreae, Confutatio.

[84] Vgl. Heerbrand, De nova religione (unpaginiert), zu These 28.

[85] Vgl. Heerbrand, Disputatio de idololatria, 12f.

[86] Vgl. Heerbrand, Disputatio de idololatria, 8.

Mit Ingolstadt hatte Heerbrand das werdende Zentrum der jesuitischen Theologie in Angriff genommen. In seinem akademischen Œuvre schlug sich aber zugleich auch die bemerkenswerte Verdichtung konfessioneller Kontroversen im Neckarraum nieder. So war eine eigene Disputation an der Theologischen Fakultät Tübingen den Auseinandersetzungen mit dem Prediger Melchior Zanger[87] aus dem heutigen Rottenburger Stadtteil Ehingen gewidmet, der im Jahre 1580 eine *collatio* katholischer Lehre vorgelegt hatte, in deren Widmungsschreiben er unverkennbar gegen Heerbrand polemisiert hatte.[88] Der grundlegende Charakter dieser lokal ausgelösten Debatte wurde nicht allein dadurch aufgezeigt, dass der Disputant, der aus Braunschweig gebürtige Andreas Pouchen (der Jüngere)[89], in Lübeck aufgewachsen war, wo sein Vater desselben Namens als Superintendent wirkte; der ältere Pouchen war den Tübingern als Vertrauter von Chemnitz und Mitwirkender am Konkordienwerk bekannt.[90] Vor allem aber lag die übergreifende Bedeutung am Thema: Nach Thesen, die Heerbrand aufgestellt hatte, disputierte Pouchen 1583 *De ecclesia sancta catholica*.[91] Zanger hatte dargelegt, dass die *notae ecclesiae* des Glaubensbekenntnisses allein in der römisch-katholischen Kirche verwirklicht seien. Dem setzte Heerbrand nicht allein das schon nahezu zum lutherischen Gemeingut gewordene Bekenntnis entgegen, dass der Papst der Antichrist sei[92] – eine Überzeugung, der er schon vier Jahre zuvor eine eigene Disputation gewidmet hatte: *De Antichristo* aus dem Jahre 1579[93], in welcher er in einer für eine Disputation auffällig feierlichen Sprache festhielt: „*Nos nulla vsicircuitione, Romanum Pontificem illum esse Antichrstum & regnum Pontificium, Antichristianismum esse asserimus, & pronunciamus, ac probamus*"[94]. In der Auseinandersetzung mit Zanger in *De ecclesia sancta catholica* kam vielmehr noch ein anderes Argument hinzu, nämlich eine ebenso gewitzte wie polemische Kritik an der traditionellen Definition von Katholizität durch Vinzenz von Lerinum[95]:

> Quando igitur Catholicum definiunt, quod semper vbique & ab omnibus creditum, quod vetus est Lyrinensis Catholici descriptio. Quòd si generaliter hoc accipiatur, nihil magis Catholicum erit, quàm errare, mentiri, vim facere, Idololatriam, & omnis generis

---

[87] Zu ihm: Lauchert, Zanger.

[88] Vgl. Zanger, Collatio, 2r/v.

[89] S. zu ihm Zedler, Universallexicon 28, 1924f.

[90] Vgl. Hauschild, Kirchengeschichte Lübecks, 270f.

[91] Heerbrand, Disputatio de ecclesia.

[92] Vgl. Heerbrand, Disputatio de ecclesia, A2r; zum Antichristverständnis im werdenden Luthertum s. Leppin, Antichrist, 206–243.

[93] Heerbrand, Disputatio de Antichristo. Zwei Jahre später folgte eine weitere Disputation zum Thema: Heerbrand, Disputatio altera de Antichristo.

[94] Heerbrand, Disputatio de Antichristo, 3f.

[95] S. Vinzenz, Commonitorium II, 5 (149,24–26): „*In ipsa item catholica ecclesia magnopere curandum est, ut id teneamus quod ubique, quod semper, quod ab omnibus creditum est*".

scelera exercere & perpetrare. Quia semper hæc, vbique, & apud omnes populos & homines vsitata.[96]

Positiv lief die Aussage auf die sich seit der Auseinandersetzung mit Trient ritornellhaft wiederholende These hinaus, dass die wahre Katholizität allein in der lutherischen Kirche erhalten sei, nämlich in derjenigen, die den Aposteln und der Heiligen Schrift folge.[97] Ebenso verhielt es sich übrigens nach einer weiteren in Auseinandersetzung mit Zanger verfassten Disputation mit der Apostolizität: Diese sei nicht, wie Zanger voraussetzte, an die Amtssukzession gebunden,[98] sondern allein an die Apostolizität der Lehre.[99]

Eine interessante Komponente aber kam in der *Disputatio de ecclesia Sancta* durch den Verweis auf den Konsens der Verwandten des Augsburger Bekenntnisses hinzu: Römisch-katholische Kirche seien die,

quos nos nostrosque[100] appellant PRINCIPES ET CIVITATES PROTESTANTIVM; ECCLESIAM SEMICHRISTIANAM; SAMARITANAM; ADEOQVE DIABOLI SYNAGOGAM; ET INDVBIVM NON MODO ANTICHRISTI ANTEAMBVLONEM; SED IPSOMET ANTICHRISTOS.[101]

Nicht die Schärfe dieser Aussage ist frappierend – sie passt in den theologischen Ton der Zeit –, wohl aber der Rekurs auf die Reichsstände. In aller Deutlichkeit markierte Heerbrand hiermit, dass der allgemeine theologische Wahrheitsdiskurs in der Grenzregion zwischen Württemberg und Reutlingen auf der einen und Vorderösterreich auf der anderen Seite, auch ein machtpolitischer Diskurs war: Der Tübinger Theologe hatte, zumal sechs Jahre nach Unterzeichnung der Konkordienformel, die ganze Gemeinschaft derer hinter sich, die sich reichsrechtlich auf die Verwandtschaft mit der *Confessio Augustana* berufen konnten.

Ist hierin vorwiegend eine schroffe Grenzziehung im wahrsten Sinne des Wortes zu hören, so gibt es gelegentlich auch Versuche, sich auf das Denken des anderen einzulassen und es entweder von innen heraus zu widerlegen oder doch bis zu dem Punkt argumentativ zu bearbeiten, an dem die evangelische Kritik einsetzen kann. Besondere Bedeutung hatte hierfür naheliegender Weise gerade auch im Blick auf Heerbrands Definition der alten oder neuen Religion die Frage nach dem Verhältnis von Schrift und Tradition, welche Heerbrand in seiner *Disputatio de traditionibus* von 1571 mit überspitzter Darstellung der römisch-katholischen Position eröffnete: Die Päpste fügten, so meinte er, der Schrift nicht allein Traditionen hinzu, sondern zögen sie dieser sogar vor, ja, sie

96 Heerbrand, Disputatio de ecclesia, B3r.

97 Vgl. Heerbrand, Disputatio de ecclesia, B4r.

98 Vgl. Heerbrand, Disputatio de apostolica ecclesia, 1f.

99 Vgl. Heerbrand, Disputatio de apostolica ecclesia, 3.

100 Der doppelte Akkusativ scheint an dieser Stelle irrig. „*nostrosque*" dürfte daher zu „*nostrique*" zu emendieren sein, da mit den „*illos*" im einleitenden *Accusativus cum Infinitivo* nach dem Kontext der vorangehenden 83. These die Katholiken gemeint sind.

101 Heerbrand, Disputatio de ecclesia, C2v.

behaupteten, dass die Traditionen dem Glauben ein gewisseres Fundament gäben als die Schrift.[102] Das war offenkundig nicht die Lehre von Trient. Dort hatte man sich bekanntlich dafür entschieden, Schrift und *traditiones* einander beizuordnen, ohne das Beiordnungsverhältnis genauer zu bestimmen.[103] Heerbrand dürfte dies aufgrund seiner recht guten Kenntnisse des Konzils und seiner Beschlüsse bewusst gewesen sein. Wenn er dies nun dennoch unzutreffend darstellt, wird man aber nicht allein böswillige Polemik vermuten dürfen, sondern diese Disputation ist möglicherweise stärker als die anderen von einer Gattungsschwierigkeit geprägt, die grundsätzlich für alle diese Texte in Rechnung zu stellen ist: Disputationsthesen waren eben für die Diskussion und Herausarbeitung von Auffassungen bestimmt. Sie konnten daher auch überspitzen, ja, im extremen Fall sogar dazu da sein, widerlegt zu werden.

Diese Ambivalenz der Aussagen zeigt sich insbesondere in dem mehrschichtigen Versuch Heerbrands, die Legitimität von Traditionen zu bestreiten. Einerseits behandelt er diese schlicht, gegen den römisch-katholischen Anspruch, als menschliche Traditionen, wenn er der Berufung auf 2. Thessalonicher 2,15 entgegenhält, hier gehe es nicht um menschliche Anweisungen, sondern um solche, die durch das Wort Gottes begründet und bestätigt sind.[104] Dass eben dies nach dem römisch-katholischen Selbstverständnis genau für die apostolischen Traditionen gilt, stellt Heerbrand andererseits in Rechnung, wenn er die päpstliche Seite auffordert, sie müsse, wenn sie behaupte, dass die Traditionen aus dem Wort Gottes kommen, genau dies beweisen.[105] Es ist also Vorsicht beim Verlangen nach Konsistenz einer solchen Thesenreihe geboten, und dem Autor muss zugestanden werden, dass er sich nicht immer auf der Höhe der eigenen Kenntnis bewegt, sondern unterschiedliche Argumentationsmuster bedient. Das gilt besonders auch in diesem Falle: Einerseits kann Heerbrand die Nachweispflicht der Gegner so zuspitzen, dass er scheinbar strikt historisch die Darlegung verlangt, dass die *traditiones* auf die Apostel zurückzuführen seien,[106] andererseits aber kann er der römisch-katholischen Position schlicht und schroff die eigene dogmatische Auffassung entgegenhalten: „*Scriptura enim sacra ipsa nobis sufficit, perfectum faciens hominem, ad omne opus bonum instructum*“[107].

---

[102] Vgl. Heerbrand, Disputatio de traditionibus, 1^{r}.

[103] DH 1501: „*perspiciensque, hanc veritatem et disciplinam contineri in libris scriptis et sine scripto traditionibus*“; vgl. zu der Entscheidung von Trient die These, dass die Formulierung nicht zwingend additiv zu verstehen sei, da sie ein auch erwogenes „*partim ... partim*“ ersetzt habe (s. Kasper, Verhältnis, 349f).

[104] Vgl. Heerbrand, Disputatio de traditionibus, 2^{r}.

[105] Vgl. Heerbrand, Disputatio de traditionibus, 11^{r+v}.

[106] Vgl. Heerbrand, Disputatio de traditionibus, 8^{r}.

[107] Heerbrand, Disputatio de traditionibus, 12^{r}. Angesichts der frühen eigenständigen Auseinandersetzung Heerbrands mit römisch-katholischer Schriftlehre wird man wohl mit Deuschle, Brenz, 300–303, eine gewisse Beeinflussung Heerbrands durch Brenz veranschlagen können, diese aber auch nicht zu stark betonen.

Beides steht in einer gewissen Spannung zueinander, lässt sich gleichwohl nicht gegeneinander ausspielen. Vielmehr handelt es sich offenbar um einander komplementär zugeordnete Gedankengänge, bei denen Heerbrand im einen Fall gewiss ist, dass der historische Nachweis gar nicht erbracht werden könne, und gerade deswegen den zweiten, dogmatischen Satz von der Suffizienz der Schrift als den einzig angemessenen unterstreicht. Noch aussagekräftiger für die innerevangelischen Selbstdefinitionsprozesse sind aber Heerbrands Aussagen über Adiaphora. Dieser Begriff hatte im Zusammenhang der Streitigkeiten um das Interim eine herausragende Rolle gespielt.[108] Während die kursächsischen Theologen, allen voran Philipp Melanchthon, die Möglichkeit gesehen hatten, die oktroyierten Bestimmungen des kaiserlichen Gesetzes über die Übernahme altgläubiger Riten auch in evangelischen Ländern zu übernehmen, weil es sich hier um Adiaphora handelte, also um Mitteldinge, die man in unterschiedlicher Weise handhaben könne, hatten Flacius und seine Gefährten in Magdeburg jegliches Zugeständnis verweigert – nicht aufgrund einer grundsätzlichen Ablehnung des Gedankens der Adiaphora, sondern mit dem Argument, dass in einer Situation von Bekenntnis und Ärgernis nichts ein Adiaphoron sein könne.[109] Melanchthon hatte diesen „kirchenpolitischen Irrtum(s)“[110] eingestanden und mit seinem berühmten Satz: *„fateor etiam hac in re a me peccatum esse, et a Deo veniam peto, quod non procul fugi insidiosas illas deliberationes“*[111] mitten in den längst angegangenen Folgestreitigkeiten die frühere Haltung revidiert. So konnte nun auch Heerbrand ohne größere Bedenken erklären, dass es jedenfalls *„extra casum scandali“* durchaus Adiaphora gebe[112] und diese allgemeine Überzeugung nun in interessanter Weise durch die Kirchenlehre von Artikel VII der *Confessio Augustana* füllen: Glaubenslehren nämlich seien fest und dauerhaft, Zeremonien hingegen seien Adiaphora.[113] Das war eine vereinfachende Deutung dieser beiden Aspekte, die für die Auseinandersetzung mit der katholischen Glaubenslehre aber gerade deswegen besonders wirksam war.

Wie eng solche Versuche der dogmatischen Abgrenzung und Auseinandersetzung mit der Binnenverständigung und der Seelsorge im Luthertum verbunden sein konnten, zeigt eine eher am Rande liegende Fragestellung, deren grundsätzlichen Charakter Heerbrand freilich wiederum hervorgehoben hat: 1569 debattierte er über die Lehre vom Fegefeuer[114] – mit dem wenig überra-

---

[108] Vgl. hierzu jetzt: Dingel (Hg.), Controversia et Confessio 2.

[109] Vgl. Flacius, nulla mutatio facienda, A7^{v}: *„Contra verissimum est, nihil esse Αδιάφορον in casu confessionis & scandali“*; vgl. hierzu Gehrt, Ernestinische Konfessionspolitik, 54.

[110] Scheible, Melanchthon (1992), 383.

[111] Corpus Reformatorum 8, 842 (Nr. 6067; Melanchthons Briefwechsel. Regesten 7, 478f [Nr. 7945]).

[112] Heerbrand, Disputatio de traditionibus, 3^{r}.

[113] Vgl. Heerbrand, Disputatio de traditionibus, 3^{v}.

[114] Vgl. Heerbrand, Disputatio contra purgatorium.

schenden Ergebnis, dass es ein solches nicht gebe. Sein Hauptargument entstammt freilich weniger der Eschatologie als der theologischen Anthropologie. Hiernach gebe es nämlich zwei Gattungen von Menschen: die Glaubenden und die, die nicht glauben[115] – einen Zwischenstand, wie ihn die Lehre vom Fegefeuer voraussetze, könne es nicht geben. Schon die Struktur dieses Arguments macht deutlich, dass es hier ebenso um Predigt und Seelsorge wie um Dogmatik geht, und genau dies wird durch den unmittelbaren publizistischen Zusammenhang deutlich: Im selben Jahr ging Heerbrands Leichenpredigt auf den am 28. Dezember 1568 verstorbenen Herzog Christoph in den Druck, in welcher Heerbrand die eschatologische Hoffnung ebenfalls mit einer rechtfertigungstheologisch begründeten Bestreitung des Fegefeuers ausmalte: „Dann von sollichem erdichten Fegfewer weißt die H. Schrifft sauber vnnd lautter nichts/were auch wider den verdienst Christi“[116].

Konfessionelle Stabilisierung erfolgte allerdings nicht nur im kirchlichen Raum und in der Abgrenzung von den anderen werdenden Konfessionen, sondern in einzelnen Äußerungen Heerbrands zeigt sich auch das Bemühen, den christlichen Glauben gegenüber alternativen Formen von Wunder- und Magieglauben abzugrenzen. In wiederholten Anläufen fragt er nach übernatürlichen Wirkungen und ihrem Verhältnis zum wahren Gottesglauben.[117] Das Charakteristische an Heerbrands Position ist dabei, dass er Wunderglauben im Grundsatz kritisiert, aber nicht etwa aus einer naturwissenschaftlich orientierten Sicht heraus, sondern aufgrund einer theomonistischen Sicht. Diese wird besonders deutlich in seiner *Disputatio de miraculis* von 1571: Als Definition erscheint hier in These 2:

Sunt autem Miracula opera vel actiones, quae fiunt divinitus pręter & supra naturae ordinem, cursum, viam ac rationem vsitatam à Deo institutam: ad declarandam maiorem potentiam, & potestatem, quàm sit humana[118].

Spätestens mit der Finalbestimmung „*ad declarandam maiorem potentiam et potestatem quam sit humana*“ wird deutlich, dass Heerbrand schon die Definition des *miraculum* auf göttliche Wirksamkeit hinführt, auch wenn er die Möglichkeit teuflischer Wunder in seine Erwägungen einbezieht.[119] Das wirkliche Wunder aber hat Gott zum Urheber: Er ist es, der den Naturlauf durchbricht, wenn er etwa – wie in der Geschichte Josua 10,12–15, auf die Heerbrand hier offenkundig anspielt – der Sonne befiehlt, stille zu stehen.[120] Das Argument ist

---

[115] Vgl. Heerbrand, Disputatio contra purgatorium, 2.
[116] Drei Predigten, 10 [eigene Zählung der dritten Predigt].
[117] Vgl. hierzu auch die Darlegung von Meyer, Theologie, der neben den Disputationen auch das *Compendium* einbezieht.
[118] Heerbrand, Disputatio de miraculis (1571), 2 (vgl. auch, auf derselben Bibelstelle beruhend: Heerbrand, Disputatio de magia).
[119] Heerbrand, Disputatio de miraculis (1571), 2.
[120] Vgl. Heerbrand, Disputatio de miraculis (1571), 13.

aus den spätmittelalterlichen *potentia*-Spekulationen der *Via moderna* bekannt,[121] wurde aber durch die frühlutherischen Naturvorstellungen transformiert. Die Debatten der fünfziger und sechziger Jahre des 16. Jahrhunderts sind von der Orientierung an göttlicher Durchbrechung der Regularität einerseits und Betonung eben dieser Regularität andererseits bestimmt. Grob gesagt, lässt sich die erste Auffassung eher im Kreis der Gnesiolutheraner nachvollziehen, die zweite eher unter humanistisch gesonnenen Theologen und Philosophen im Umfeld Melanchthons.[122] Der Unterschied zwischen beiden äußerte sich in der Deutung von Zeichen, *signa*, in der Natur: Einerseits, hierzu neigten Gnesiolutheraner, konnte man Gottes Zeichen im Sinne der synoptischen Apokalypse als besondere Erscheinungen an den Gestirnen deuten, andererseits aber humanistisch im Sinne von Genesis 1 gerade die normalen Bewegungen der Himmelskörper als Zeichen Gottes verstehen, die man dann unter Umständen astronomisch berechnen und astrologisch deuten konnte. Heerbrand verband nun beide Zugangsweisen: Neben dem Verweis auf Wunder, die den üblichen Ablauf durchbrechen, verwies er darauf, dass eigentlich schon die regelmäßigen Gestirnsbewegungen „*miranda Dei opera*" seien, auch wenn sie von den meisten Menschen nicht als solche erkannt würden.[123] Diesen Zugang bestätigte er, als er neunzehn Jahre später erneut „*De miraculis*" disputieren ließ, und hier die These aufstellte, dass Gott einige Wunder unmittelbar wirke, einige hingegen mittelbar durch seine Engel. Zu ersteren aber zählten die Bewegungen der Himmelskörper, der Sonnenlauf und dergleichen.[124]

Der doppelte Wunderbegriff des Irregulären und des Regulären hatte dabei nicht nur naturphilosophischen Sinn, sondern diente auch der Abwehr eines konfessionellen Einwandes, dass es nämlich für die Lutheraner keine Wunder gebe. Diese, im Sinne plötzlicher Durchbrechungen verstanden, haben die Lutheraner nach Heerbrand auch gar nicht nötig, da sie auf dem alten Evangelium der Apostel aufbauen,[125] sich die Wunderhaftigkeit also, wie man sich ergänzen muss, schon aus den Anfängen und ihrer weiteren Entwicklung ergibt und nicht aus besonderen Ereignissen. Auch dieser konfessionelle Gedanke läuft also darauf hinaus, die Macht Gottes über alles, Abnormes wie scheinbar Normales, zu betonen. In gewisser Weise vollzieht sich hier, was Max Weber klassischer Weise als „Entzauberung der Welt" beschrieben hat[126], aber eben doch in einer Weise, die dem Weber'schen, ganz auf Rationalisierung ausgerichteten Gebrauch dieses Begriffs entgegenläuft, insofern diese Entzauberung zwar den

[121] S. hierzu Leppin, Ockham's Concept; ders., Ockham; kritisch zu meiner Deutung: Schröcker, Verhältnis.

[122] Vgl. zum Folgenden mit Belegen Leppin, Antichrist, 182–188.

[123] Heerbrand, Disputatio de miraculis (1571), 3.

[124] Vgl. Heerbrand, Disputatio de miraculis (1590), A2^{r+v}.

[125] Vgl. Heerbrand, Disputatio de miraculis (1590), 19.

[126] Weber, Wissenschaft als Beruf, 109.

Verzicht auf allerlei numinose Mächte bedeutet, aber gerade nicht den auf eine übernatürliche Lenkung der Welt. Im Gegenteil ist es gerade diese, die Heerbrands Denken bestimmt und für die er argumentiert: Gott bestimmt diese Wirklichkeit auch dort, wo Menschen meinen, sich dem entziehen zu können.

Was hier mit bestimmten naturwissenschaftlichen Argumentationen konform geht, kann in anderen Zusammenhängen auch gegen naturwissenschaftliche Denkmuster ins Spiel gebracht werden. Dies war der Fall, als im Jahre 1577 ein Komet am Himmel[127] erschien. Kometen gehörten auch nach dem naturwissenschaftlichen Denken des 16. Jahrhunderts zu den grundsätzlich nicht beherrsch-, ja nicht einmal berechenbaren Himmelsereignissen.[128] Während man mittlerweile Sonnen- und Mondfinsternisse recht gut prognostizieren konnte,[129] blieben die Kometen überraschende Erscheinungen, für die es nur mühsam Erklärungen gab.

Auf solche ging Heerbrand in der Predigt, die er über den Kometen von 1577 hielt, auch ein: Die Gelehrten meinten, so führte er aus, Kometen entstünden aus Dampf, der von der Erde aufsteige und sich sammele. Dem aber hielt er, ohne die Legitimität der physikalischen Erklärung zu bestreiten, seine eigene theologische Deutung entgegen: Auch die Sünden der Menschen seien ein Dampf, der aufsteige und aus dem sich Kometen bildeten.[130] In diesem Sinne sehe man nun den Kometen als „ein andern prediger", den Gott „auff ein sehr hohe Cantzel/an den Himmel/auffgestellet" habe[131]. Im aktuellen Fall also konnte Heerbrand auch eben jene Wunderzeichen betonen, die die üblichen Regularitäten durchbrachen, und gerade in ihnen sah er dann eine besondere Botschaft, nämlich den Aufruf zur Buße[132], dem die Menschen folgen sollten wie einst die Niniviten, um Gott wieder gnädig zu stimmen.[133]

Mit dieser Argumentation reihte Heerbrand sich in eine Fülle von Autoren ein, die die Drohung mit Gottes Strafe oder gar dem nahen Weltende nutzten, um die Glaubenden zu einem rechten Verhalten zu bringen. Solche Predigten gingen zumindest konform mit den frühneuzeitlichen Bemühungen um Sozialdisziplinierung.[134] Der übliche Weg hierzu war der der Kirchenzucht – im Unterschied zu anderen lutherischen Territorien war diese auch in Württemberg relativ weit entwickelt.[135] Dennoch sah Heerbrand offenbar die Notwendigkeit, die innere Motivation durch die drohende Predigt zu stärken.

---

127 Vgl. zu diesem Leppin, Antichrist, 89 Anm. 170; zu den astronomischen und astrologischen Vorstellungen der Zeit s. grundlegend Weichenhan, „Ergo perit coelum...".

128 Vgl. Leppin, Antichrist, 89–92, mit Belegen.

129 Vgl. Leppin, Antichrist, 88f, mit Belegen.

130 Vgl. Heerbrand, Predig vom Wunderzeichen, 4.

131 Heerbrand, Predig vom Wunderzeichen, 2.

132 Vgl. Heerbrand, Predig vom Wunderzeichen, 3.

133 Vgl. Heerbrand, Predig vom Wunderzeichen, 14f.

134 Vgl. Leppin, Stabilisierende Prophetie.

135 Grundlegend hierzu: Brecht, Kirchenordnung.

Damit schließt sich auch wieder der Kreis zu den anfänglichen Ausführungen zu seinem Engagement für die Bildungspflege im Herzogtum Württemberg. Als Theologe und Kirchenmann war er auch ein Diener des werdenden Staates. So wie auch im Streit um die konfessionelle Wahrheit die Grenzziehung zur politischen Konkurrenz mindestens mitschwang und das politische Bündnis der Verwandten der *Confessio Augustana* eine argumentative Rolle spielte, war auch für andere Ausführungen die sich vollziehende Konfessionalisierung der entscheidende Rahmen. In diesen aber zeichnete er sein individuelles Bemühen um die lutherische Wahrheit ein. Er war in diesem Sinne ein Streittheologe – und konnte es gar nicht anders sein, weil die bestehenden Konkurrenzen Wahrheit nur noch als strittig erscheinen ließen.

Bibliographie

Quellen

[Andreae, Confutatio:] Confutatio | DISPVTATIONIS | GREGORII DE VALENTIA,| SVB TITVLO DE VERA PRÆSENTIA | CHRISTI, in cœlis tantùm, & in sanctissimo Sacramento, | INgolstadij propositæ.| QVA DEMONSTRATVR, CHRI-| STVM TOTVM, Deum & hominem, Ecclesia sua, VBIQVE, OMNI TEMPORE, | & loco adesse. (…) PER| Jacobum Andreæ D., Tübingen: Georg Gruppenbach, 1583.

[Confessio Virtembergica (Ed. Bizer):] Confessio Virtembergica. Das württembergische Bekenntnis von 1551, hg. v. Ernst Bizer, Blätter für Württembergische Kirchengeschichte. Sonderheft 7, Stuttgart: Quell-Verlag, 1952.

[Confessio Virtembergica (Ed. Brecht/Ehmer):] Das Württembergische Bekenntnis 1552, hg. v. Martin Brecht/Hermann Ehmer, Holzgerlingen: Hänssler, 1999.

[Controversia et Confessio 2:] Irene Dingel (Hg.), Controversia et Confessio. Bd. 2: Der Adiaphoristische Streit (1548–1560), Göttingen: Vandenhoeck & Ruprecht, 2012.

[CR:] Corpus Reformatorum, Berlin u.a. 1834ff.

[DH:] Heinrich Denzinger, Kompendium der Glaubensbekenntnisse und kirchlichen Lehrentscheidungen, hg. v. Peter Hünermann, 41. Auflage, Freiburg: Herder, 2007.

[Drei Predigten:] Drey Christliche/ trőstliche | Predigen/| Vber der Leich/ wei-| land des Durchleuchtigen (…) | Herrn Christoffen/| Hertzogen zů Württemberg vnd Teck/ Gra-| uen zů Mümpelgart/ etc. lőblicher | vnd seliger Gedechtnus/| wie sie nach ein-|ander/| Die ein/ als die Fürstlich Leich den letsten | Decembris/ Anno 68. von Stůttgarten gefůhrt/ daselbsten in der | Stifftskirchen/| Die ander zů Bebenhausen/ nachdem die | Leich alda ankommen/ vnd über Nacht gestanden/ den ersten Ja-| nuarij/ Anno 69.| Die dritt/ da die Leich zů Tübingen den | andern Januarij/ zur Erden bestehtiget worden/ gehalten, Tübingen: Ulrich Morhart d.Ä., 1569.

[Flacius, nulla mutatio facienda:] QVOD HOC || TEMPORE NVLLA PE=||NITVS MVTATIO IN RE/||ligione sit in gratiam impio/||rum facienda. Per Matth.|| Flacium Illiric.|| CONTRA QVODDAM || SCRIPTVM INCERTI AV/||toris, in quo suadetur mutatio || piarum caeremoniarum in || Papisticas, Per Hermã/||num Primatem.|| … ||, Magdeburg: Hans Walther, 1549.

[Gründlicher Bericht:] Grůndtlicher Bericht/|Von zweien Schrifft-| ten der Caluinischen Predicanten/ zu | Bremen/ vnder den Titteln: Abfertigung der ge-| rhůmbten

Widerlegung Iacobi Andreae, &c. Jtem: Antwort | auff Iacobi Andreae (...) | vermeinte Widerlegung/ etc.| Anno, &c. 83. außgangen.| I. Von der Person vnd beiden Naturen in Christo.| Vnd | II. Von dem heiligen Abendtmal.| ... Durch | Die Wůrtembergische Theolo-|gen verfertigt, Tübingen: Georg Gruppenbach, 1585.

[Heerbrand, Antwort und Abfertigung:] Antwort vnd | Abfertigung | Der Fragstuck vnnd Ant-| wort von dreien strittigen | Artickeln/ nåmlich/| 1. Vom Hochwůrdigen Sacrament des Altars.| 2. Vom Fegfewr/ vnd Todtenhůlff.| 3. Von der Abgestorbnen Heiligen Fůrbitt/ vnnd | Anrůffung.| So von Georg Scherern Jesui-| ten/ auß Doctor Martin Luthers/ vnd | anderer Schrifften zusamen gezogen.| D. Jacob Heerbrand, Tübingen: Georg Gruppenbach, 1588.

[Heerbrand, Compendium:] Compendium | Theologiae,| QVAESTIONI=|BVS METHODI | TRACTATVM.| A | IACOBO HEERBRANDO | Doctore, et Professore Theologiae in Aca=|demia Tubingensi., Tübingen: Georg Gruppenbach, 1573.

[Heerbrand, Disputatio altera de Antichristo:] DE ANTICHRISTO| Disputatio altera.| QVA RESPONDETUR PROLI-| xo Hageri Friburgensis tractatui (...) AVTHORE ET PRÆSIDE| IACOBO HEERBRANDO (...) Præceptore suo | perpetua obseruantia colendo, | M. PHILIPPVS VVOLFFGAN-| gus Berre, Auracensis, Tübingen: Georg Gruppenbach, 1581.

[Heerbrand, Disputatio contra purgatorium:] DISPVTATIO CON-| TRA PVRGATO-| RIVM.| (...) PRAESIDE (...) | IACOBO HEERBRAN-| DO, SACROSANCTAE THEOLOGIAE DO-| ctore, ac Professore in Academia Tubingensi celeberrimo (...) | M. ERHARDVS | SCHVVEICKHARDVS Stutgardianus, ad subiectas | propositiones, 16. die Septembris, in Aula noua hora | sexta antemeridiana, pro ingenij viri-| bus, exercitij causa, respondere | conabitur, Tübingen: Ulrich Morhart d.Ä., 1569.

[Heerbrand, Disputatio de anno iubileo:] DISPVTATIO DE | ANNO IVBILEO. | (...) PRAESIDE | REVERENDO VIRO IACO-| BO HEERBRANDO (...), Praeceptore suo (...) M. MARTINVS GRIENINGER Vvi-| nendensis (...) erxercitij | gratia, pro virili parte sustinere | conabitur., Tübingen 1575.

[Heerbrand, Disputatio de Antichristo:] DE ANTICHRISTO | DISPUTATIO. | (...) AVTHORE ET| PRÆSIDE IACOBO HEERBRAN-|do (...), in| inclyta Academia Tubingensi, Præceptore suo, perpe-| tua fide observando, M. Stephanus Gerlach| Knittlingensis (...) | respondebit., Tübingen: Alexander Hock, 1579.

[Heerbrand, Disputatio de apostolica ecclesia:] Disputatio | de apostolica ecclesia. | QVAM | Sacra fauente Triade, | AVTHORE ET | PRAESIDE IACOBO HEER-| BRANDO (...) | in celeberrima Tubingensi | Academia, Præceptore suo (...) exercitij causa (...) defendere co-| nabitur | M. CHRISTOPHORVS MO-| roldus, Neoburgensis, Tübingen: Georg Gruppenbach, 1583.

[Heerbrand, Disputatio de ecclesia:] Disputatio | DE ECCLESIA | SANCTA CATHOLICA:| AD QVAM | AVTHORE ET | PRAESIDE (...) | IACOBO HEERBRAN-| do, SS. Theologiae Doctore, & Professore in Academia Tubingensi (...) | Praeceptore suo omni observantiæ cultu colendo, XI.| Kalend. Aprileis (...) | exercitij et discendi gratia, re-| spondere conabitur | M. ANDREAS POVCHENIVS F.| BRVNOVICENSIS, Tübingen: Georg Gruppenbach, 1583.

[Heerbrand, Disputatio de festo corporis Christi:] Disputatio| DE FESTO CORPORIS CHRISTI.| IN QUA, | (...) AVTHORE ET | PRAESIDE, IACOBO HEERBRAN-| DO (...), Præcepto-|re suo (...) pro virili re_| spondebit| M. CONRADVS KIRCHERVS | Augustanus, Tübingen: Georg Gruppenbach, 1584.

[Heerbrand, Disputatio de idololatria:] Disputatio | DE MVLTIPLICI, ET | horrenda Pontificiorum Docto-| rum Idololatria.| Aduersus virulenta conuitia Gregorij de | Ualentia, turpißimi Jdololatrae, Hi-| spani, Jesuitae, Jngol-|stadij:| AVTHORE | ET PRAESIDE IA-|COBO HEERBRANDO, DO-|CTORE ET PROFESSORE THEOLOGO,| in (...) Academia Tu-|bingensi 19.et 22.Decembris | discutienda.| RESPONDENTE | CASPARO KRAZERO VL-| MENSI, OLIM IESVITA, REGENTE COLLE-| gij noui Pragensis, & humaniorum literarum Pragae & | Viennae Austriae, Professore, iam in Col-|legio Martiniano Tubingae, Tübingen: Georg Gruppenbach, 1578.

[Heerbrand, Disputatio de magia:] De Magia | DISPVTATIO | EX CAP.7. EXO.| (...) PRAESIDE (...) | IACOBO HEERBRANDO, SACRAE THEO-| logiae Doctore eximio, ac eiusdem in Academia Tubingensi Pro-|fessore publico (...) | NICOLAVS FALCO Salueldensis, ad subiectas cum | Quaestione Theses, XV. die Decembris, loco consueto, hora | septima antemeridiana, pro ingenij sui viri-|bus, exercitij causa, respondere | conabitur, Tübingen: Ulrich Morhart d.Ä., 1570.

[Heerbrand, Disputatio de miraculis (1571):] De Miraculis | DISPVTATIO | EX CAP.7.EXO.| (...) PRAESIDE (...) | IACOBO HEERBRANDO, SACRAE THEO-| logiae Doctore eximio, ac eiusdem in Academia Tubingensi Pro-|fessore publico (...) | M. CASPARVS ARCVLARIVS Hessus, ad subie-|ctas cum Quaestione Theses, XXIII. die Februarij, loco | consueto, hora septima antemeridiana, pro | ingenij sui viribus, exercitij cau-|sa, respondere conabi-|tur, Tübingen: Ulrich Morhart d.Ä., 1571.

[Heerbrand, Disputatio de miraculis (1590):] Dispvtatio| DE MIRACVLIS, | Quam | Divinâ affulgente Gratiâ,| AVTORE ET| PRÆSIDE (..) IACOBO HEER-| brando (...) Domino Præceptore & patro-| no suo (...) exercitij gratia, de| fendere conabitur,| M. ABEL VINARIVS| Herrenbergensis, Tübingen: Alexander Hock, 1590.

[Heerbrand, Disputatio de nova religione:] De noua Religione | seu Fide | DISPUTATIO.| IN qua praecipui errores horrendi, & palpabiles, ac Decreta | Concilij Tridentini plena impietatis & blasphemiarum,| copiosius (...) | refutantur.| (...) AVTHORE ET PRAE-|SIDE (...) | IACOBO HEERBRANDO SACRO-|sanctae Theologiae Doctore et Professore in Academia Tubingensi (...) | M.FRANCISCVS PE-|LETERIVS Montpelgardensis, ad subsequentem Quaestionem, et | Propositiones 28. priores die Nouembris Et M.CHRISTO-|PHORVS SPINDLERVS Goeppingensis, propter ma-|teriarum copiam, et uarietatem, eiusdem mensis die ad poste-|riores subsequentes, in Auditorio Theologorum, hora | 7. pro ingenij sui uiribus exercitij cau-|sa respondere cona-|buntur, Tübingen: Ulrich Morhart d.Ä., 1568.

[Heerbrand, Disputatio de traditionibus:] DE TRADITIONIBVS | Disputatio.| (...) PRAESIDE (...) | IACOBO HEERBRANDO (...) | Theologiae Doctore, eiusdemque in Academia Tubin-|gensi Professore ordinario, Praeceptore suo omni obseruantia | colendo, M. IOANNES FESENBECCIVS Zei-|senhausensis, XXII Septembris (...) in aede | D. Virgini sacra ESSLINGAE, quo Schola Tubin-|gensis (...) trans-|lata, ad subsequentes Propositiones | exercitij causa respon-| debit, Tübingen: Oswald und Georg Gruppenbach, 1571.

[Heerbrand, Oratio funebris:] ORATIO | FVNEBRIS IN OBI-| TVM INCOMPARABILIS VI-| RI DOMINI PHILIPPI MELANTHONIS,| habita in Academia Tubingensi, die decima-| quinta Maij.| A | IACOBO HEERBRANDO | Theologiae Doctore et Professore in eadem, Wittenberg: Johann Krafft d.Ä., 1560.

[Heerbrand, Predig von der hohen Schul:] Ein Predig/| Von der hohen Schůl | zů Tübingen/ Christlichem Jubel | Jar/ den 20.tag Hornungs | gehalten.| Jn gegenwertigkeit des Durchleuchtigen hoch-| gebornen Fürsten vnnd Herren /Herren Ludwigs | Hertzogen zu Wirtemberg vnnd Teck/ Graffen zu | Mümpelgart etc. Sampt seiner ... | Gemåhelin ... | Durch | Jacob Heerbrand/ der heiligen Schrifft | Doctorn vnd Professorn daselbsten., Tübingen: Alexander Hock, 1578.

[Heerbrand, Predig vom Wunderzeichen:] Ein Predig/| Von dem erschrocken-| lichen Wunderzeichen am Himmel/| dem newen Cometen/ oder Pfaw-| enschwantz/| Gehalten zu Tübingen den 24. Sontag | nach Trinitatis/ wölcher ist der 17.| Wintermonats/| Durch | Jacob Heerbrand/ der heiligen | Schrifft Doctorn vnd Professorn | daselbsten, Tübingen: Georg Gruppenbach, 1577.

[Heerbrand, Refutatio:] Refutatio | TRACTATVS GRE-|GORII DE VALENTIA HISPANI, IE-|suitae Ingolstad. impij, de prophana, abominanda & | execrata, verboque Dei damnata Missa | Pontificia.| AVTHORE | IACOBO HEERBRANDO S.S. THEO-|logiae Doctore, et Professore, in inclyta Tubingensi | Academia, Catholica et Apo-|stolica.|, Tübingen: Alexander Hock, 1581.

[MBW.R:] Melanchthons Briefwechsel. Regesten, hg. v. Heinz Scheible, Stuttgart-Bad Cannstatt: Frommann-Holzboog, 1977 ff.

[Ordentliche Beschreibung:] Ordenliche b-|schreibung deren ding /| so in namen des Durchleüchtigen | Fürsten vnd Herrn/Herrn Chri-| stoffen Hertzog zů Wirtemberg [(...) auff dem Concilio zů | Triendt/durch seine ge-| sandten gehan-| delt seind, Tübingen 1553.

[Scherer, Fragstücke:] Christliche Fragstuck/ | Sampt jhren Ant- | worten/ von dreyen strittigen Articuln/| (...) Auß Martin Luthers vnnd anderer | Lutherischen Scribenten/ Schrifften | vnd Bůchern/ ja auch gar auß der vnuer-| fålschten Augspurgischen Confeßion vnd | Apologia, trewlich zusammen | gezogen/| Durch Georgium Scherer Societatis | IESV Theologum, Ingolstadt: Sartorius, 1587.

[Vinzenz, Commonitorium:] Vinzenz, Commonitorium, hg. v. Roland Demeulenaere, Corpus Christianorum. Series Latina 64, Turnhout: Brepols, 1985.

[WA:] Martin Luther, Gesammelte Werke, Weimar u.a. 1883–2007.

[Zanger, Collatio:] SIMPLICIS | ATQVE | ADEO PRVDENTIS | CATHOLICORVM ORTHO-|DOXIAE, CVM NOVATORVM, SE-|ctariorumque nostri exulcerati | seculi idolomania,| COLLATIO CATHOLICA.| PER MELCH. ZANGE-|RVM, THEOLOGVM, PRAEPOSI-|tum, & Ecclesiasten Ehingae ad Nicrum,| magno Catholicae veritatis ze-|lo conscripta, Köln: Maternus Cholinus, 1580.

Sekundärliteratur

Elke Axmacher, Praxis Evangeliorum. Theologie und Frömmigkeit bei Martin Moller (1547–1606), Forschungen zur Kirchen- und Dogmengeschichte 43, Göttingen: Vandenhoeck & Ruprecht, 1989.

Peter F. Barton, Um Luthers Erbe. Studien und Texte zur Spätreformation. Tilemann Heshusius (1527–1559), Untersuchungen zur Kirchengeschichte 6, Witten: Luther-Verlag, 1972.

Gustav Bossert, Art. Heerbrand, Jakob, in: Realencyklopädie für protestantische Theologie und Kirche 7, Leipzig: Hinrichs, 1899, 519–524.

Martin Brecht, Kirchenordnung und Kirchenzucht in Württemberg vom 16. bis zum 18. Jahrhundert, Quellen und Forschungen zur württembergischen Kirchengeschichte 1, Stuttgart: Calwer, 1967.
Ders., Art. Andreae, Jakob, in: Theologische Realenzyklopädie 2, Berlin/New York: De Gruyter, 1978, 672–680.
Ders., Konzeptionen der Theologenausbildung, in: In Wahrheit und Freiheit. 450 Jahre Evangelisches Stift in Tübingen, hg. v. Friedrich Hertel, Quellen und Forschungen zur württembergischen Kirchengeschichte 8, Stuttgart: Calwer, 1986, 29–46.
Matthias A. Deuschle, Brenz als Kontroverstheologe. Die Apologie der Confessio Virtembergica und die Auseinandersetzungen zwischen Johannes Brenz und Pedro de Soto, Beiträge zur historischen Theologie 138, Tübingen: Mohr Siebeck, 2006.
Irene Dingel, Ablehnung und Aneignung. Die Bewertung der Autorität Martin Luthers in den Auseinandersetzungen um die Konkordienformel, in: Zeitschrift für Kirchengeschichte 105 (1994), 35–57.
Dies., Katharina von Medici im Spannungsfeld von Religion und Politik, Recht und Macht, in: Reformation und Recht. Festschrift für Gottfried Seebaß, hg. v. Irene Dingel u. a., Gütersloh: Gütersloher Verlagshaus, 2002, 224–242.
Dies., Streitkultur und Kontroversschrifttum im späten 16. Jahrhundert. Versuch einer methodischen Standortbestimmung, in: Kommunikation und Transfer im Christentum der Frühen Neuzeit, hg. v. Irene Dingel/Wolf-Friedrich Schäufele, Veröffentlichungen des Instituts für Europäische Geschichte. Beihefte 74, Mainz: Zabern, 2007, 95–111.
Dies./Günther Wartenberg (Hgg.), Politik und Bekenntnis. Die Reaktionen auf das Interim von 1548, Leucorea-Studien 8, Leipzig: Evangelische Verlagsanstalt, 2006.
Fernando Dominquez, Art. Valencia, Gregorio de, in: Lexikon für Theologie und Kirche 10, 3. Aufl., Freiburg u. a.: Herder, 2001, 516.
Hermann Ehmer, Erhard Schnepf, in: Blätter für württembergische Kirchengeschichte 87 (1987), 72–126.
Ders., Württemberg, in: Die Territorien des Reichs im Zeitalter der Reformation und Konfessionalisierung. Land und Konfession 1500–1650. Bd. 5: Der Südwesten, hg. v. Anton Schindling/Walter Ziegler, Katholisches Leben und Kirchenreform im Zeitalter der Glaubensspaltung 53, Münster: Aschendorff, 1993, 168–192.
Ders., Art. Schnepf, Erhard, in: Neue Deutsche Biographie 23, Berlin: Duncker & Humblot, 2007, 320–321.
Ders., Die Reformation in Schwaben, Bibliothek Schwäbischer Geschichte 2, Leinfelden-Echterdingen: DRW-Verlag Weinbrenner, 2010.
Daniel Gehrt, Ernestinische Konfessionspolitik. Bekenntnisbildung, Herrschaftskonsolidierung und dynastische Identitätsstiftung vom Augsburger Interim 1548 bis zur Konkordienformel 1577, Arbeiten zur Kirchen- und Theologiegeschichte 34, Leipzig: Evangelische Verlagsanstalt, 2011.
Josef Rupert Geiselmann, Das Konzil von Trient über das Verhältnis der heiligen Schrift und der nicht geschriebenen Traditionen, in: Die mündliche Überlieferung, hg. v. Michael Schmaus, München: Hueber, 1957, 123–206.
Ders., Schrift – Tradition – Kirche, ein ökumenisches Problem, in: Begegnung der Christen. Studien evangelischer und katholischer Theologen, hg. v. Maximilian Roesle/Oscar Cullmann, Stuttgart/Frankfurt: Evangelisches Verlagswerk/Knecht, 1959, 131–159.

Axel Gotthard, Der Augsburger Religionsfrieden, Reformationsgeschichtliche Studien und Texte 148, Münster: Aschendorff, 2004.

Grosses vollståndiges | UNIVERSAL-| LEXICON | Aller Wissenschafften und Kůnste (...), Bd. 28, Leipzig/Halle: Zedler, 1741.

Joachim Hahn, Baugeschichtlicher Abriß, in: Joachim Hahn/Hans Mayer, Das Evangelische Stift in Tübingen. Geschichte und Gegenwart – Zwischen Weltgeist und Frömmigkeit, Stuttgart: Theiss, 1985, 226–275.

Reinhold Julius Hartmann, Erhard Schnepff, der Reformator in Schwaben, Nassau, Hessen und Thüringen, Tübingen: Osiander, 1870.

Ders., Das Tübinger Stift. Ein Beitrag zur Geschichte des deutschen Geisteslebens, Stuttgart: Strecker und Schröder, 1918.

Wolf-Dieter Hauschild, Kirchengeschichte Lübecks. Christentum und Bürgertum in neun Jahrhunderten, Lübeck: Schmidt-Römhild, 1981.

Walter Heinemeyer (Hg.), Studium und Stipendium. Untersuchungen zur Geschichte des hessischen Stipendienwesens, Marburg: Elwert, 1977.

Norbert Hofmann, Die Artistenfakultät an der Universität Tübingen 1534–1601, Contubernium 28, Tübingen: Mohr Siebeck, 1982.

Sabine Holtz, Theologie und Alltag. Lehre und Leben in den Predigten der Tübinger Theologen 1550–1750, Spätmittelalter und Reformation 3, Tübingen: Mohr Siebeck, 1993.

Dies., „[...] für eine conciliare katholische Reform der Kirche“. Die Tübinger theologische Fakultät und die Einführung der Reformation, in: Tübingen in Lehre und Forschung um 1500, hg. v. Sönke Lorenz u. a., Tübinger Bausteine zur Landesgeschichte 9, Ostfildern: Thorbecke, 2008, 61–74.

Hubert Jedin, Geschichte des Konzils von Trient. Bd. 3: Bologneser Tagung (1547/48) – Zweite Trienter Tagungsperiode (1551/52), Freiburg u. a.: Herder, 1970.

Helmar Junghans, Die kursächsische Kirchen- und Schulordnung von 1580 – Instrument der „lutherischen“ Konfessionalisierung?, in: Die sächsischen Kurfürsten während des Religionsfriedens von 1555 bis 1618. Symposium anläßlich des Abschlusses der Edition „Politische Korrespondenz des Herzogs und Kurfürsten Moritz von Sachsen“ vom 15. bis 18. September 2005 in Leipzig, hg. v. Helmar Junghans, Quellen und Forschungen zur sächsischen Geschichte 31, Stuttgart/Leipzig: Verlag der Sächsischen Akademie, 2007, 209–238.

Walter Kasper, Das Verhältnis von Schrift und Tradition. Eine pneumatologische Perspektive, in: Verbindliches Zeugnis. Bd. 1: Kanon – Schrift – Tradition, hg. v. Wolfhart Pannenberg/Theodor Schneider, Dialog der Kirchen 7, Freiburg/Göttingen: Herder/Vandenhoeck & Ruprecht, 1992, 335–370.

Thomas Kaufmann, Konfession und Kultur. Lutherischer Protestantismus in der zweiten Hälfte des Reformationsjahrhunderts, Spätmittelalter und Reformation. Neue Reihe 29, Tübingen: Mohr Siebeck, 2006.

Winfried Kausch, Geschichte der Theologischen Fakultät Ingolstadt im 15. und 16. Jahrhundert (1472–1605), Ludovico Maximilianea 9, Berlin: Duncker & Humblot, 1977.

Ernst Koch, Studien zur Theologie- und Frömmigkeitsgeschichte des Luthertums im 16. bis 18. Jahrhundert, Texte und Studien zum Protestantismus des 16. bis 18. Jahrhunderts 3, Waltrop: Spenner, 2005.

Ulrich Köpf, Die Tübinger Theologische Fakultät zwischen Reformation und Dreißigjährigem Krieg, in: Die Universität Tübingen zwischen Reformation und Dreißigjährigem Krieg. Festschrift für Dieter Mertens, hg. v. Ulrich Köpf u. a., Tübinger Bausteine zur Landesgeschichte 14, Ostfildern: Thorbecke, 2010, 101–118.

Ders., Die Verfassung der Universität Tübingen zwischen Reformation und Dreißigjährigem Krieg, ebd., 23–39.

Ders., Die Anfänge einer evangelischen Dogmatik in Tübingen. Zugleich ein Beitrag zur Wirkungsgeschichte der theologischen *Loci* Philipp Melanchthons, in: Die Universität Tübingen zwischen Scholastik und Humanismus, hg. v. Sönke Lorenz u. a., Ostfildern: Thorbecke, 2012, 191–219.

Robert Kolb, Die Umgestaltung und theologische Bedeutung des Lutherbildes im späten 16. Jahrhundert, in: Die lutherische Konfessionalisierung in Deutschland, hg. v. Hans-Christoph Rublack, Schriften des Vereins für Reformationsgeschichte 197, Gütersloh: Gütersloher Verlagshaus, 1992, 202–234.

Armin Kohnle, Die Folgen des Interims am Beispiel Württembergs, in: Politik und Bekenntnis. Die Reaktionen auf das Interim von 1548, hg. v. Irene Dingel/Günther Wartenberg, Leucorea-Studien 8, Leipzig: Evangelische Verlagsanstalt, 2007, 83–96.

Anne-Kristin Kupke, Die Kirchen- und Schulvisitationen im 17. Jahrhundert auf dem Gebiet der Evangelisch-Lutherischen Landeskirche Sachsens. Mit einem Repertorium der Visitationsakten, Arbeiten zur Kirchen- und Theologiegeschichte 30, Leipzig: Evangelische Verlagsanstalt, 2010.

Gustav Lang, Geschichte der württembergischen Klosterschulen von ihrer Stiftung bis zu ihrer endgültigen Verwandlung in Evangelisch-theologische Seminare, Stuttgart: Kohlhammer, 1938.

Jakob Lauchert, Art. Zanger, Melchior, in: Allgemeine Deutsche Biographie 44, Leipzig: Duncker & Humblot, 1898, 685–686.

Volker Leppin, Does Ockham's Concept of Divine Power Threaten Man's Certainty in His Knowledge of the World?, in: Franciscan Studies 55 (1998), 169–180.

Ders., Antichrist und Jüngster Tag. Das Profil apokalyptischer Flugschriftenpublizistik im deutschen Luthertum 1548–1618, Quellen und Forschungen zur Reformationsgeschichte 69, Gütersloh: Gütersloher Verlagshaus, 1999.

Ders., Art. Schnepf, Erhard, in: Theologische Realenzyklopädie 30, Berlin/New York: De Gruyter, 1999, 233–235.

Ders., Stabilisierende Prophetie. Endzeitverkündigung im Dienste der Konfessionalisierung, in: Jahrbuch für Biblische Theologie 14 (1999), 197–212.

Ders., Theologischer Streit und politische Symbolik. Zu den Anfängen der württembergischen Reformation 1534–1538, in: Archiv für Reformationsgeschichte 90 (1999), 159–187.

Ders., Die ernestinischen Beziehungen zu Kursachsen – um das Erbe der Reformation, in: Die sächsischen Kurfürsten während des Religionsfriedens von 1555 bis 1618, hg. v. Helmar Junghans, Quellen und Forschungen zur sächsischen Geschichte 31, Stuttgart/Leipzig: Verlag der Sächsischen Akademie, 2007, 67–80.

Ders., Jakob Andreae, in: Stiftsköpfe, hg. v. Volker Henning Drecoll u. a., Tübingen: Mohr Siebeck, 2012, 1–5.

Ders., Wilhelm von Ockham. Gelehrter, Streiter, Bettelmönch, 2. Aufl., Darmstadt: Wissenschaftliche Buchgesellschaft, 2012.

Martin Leube, Geschichte des Tübinger Stifts. Erster Teil: 16. und 17. Jahrhundert, Stuttgart: Scheufele, 1921.

Athina Lexutt, Rechtfertigung im Gespräch. Das Rechtfertigungsverständnis in den Religionsgesprächen von Hagenau, Worms und Regensburg 1540/41, Forschungen zur Kirchen- und Dogmengeschichte 64, Göttingen: Vandenhoeck & Ruprecht, 1996.

Ulrike Ludwig, Philippismus und orthodoxes Luthertum an der Universität Wittenberg. Die Rolle Jakob Andreäs im lutherischen Konfessionalisierungsprozess Kursachsens (1576–1580), Reformationsgeschichtliche Studien und Texte 153, Münster: Aschendorff, 2009.

Wolfgang Matz, Der befreite Mensch. Die Willenslehre in der Theologie Philipp Melanchthons, Forschungen zur Kirchen- und Dogmengeschichte 81, Göttingen: Vandenhoeck & Ruprecht, 2001.

Hans Mayer, „... cum patria statque caditque sua" – Das Evangelische Stift als württembergisch-kirchliche Bildungseinrichtung, in: Joachim Hahn/Hans Mayer, Das Evangelische Stift in Tübingen. Geschichte und Gegenwart – Zwischen Weltgeist und Frömmigkeit, Stuttgart: Theiss, 1985, 11–102.

Charlotte Methuen, Time Human or Time Divine? Theological aspects in the opposition to Gregorian Calendar Reform, in: Reformation & Renaissance Review 3 (2001), 36–50.

Thomas Hilarius Meyer, Systematische Theologie, katechetische Strenge und pädagogisches Augenmaß. Die Tübinger Theologen und die Hexenverfolgungen am Beispiel Jakob Heerbrands, in: Die Universität Tübingen zwischen Reformation und Dreißigjährigem Krieg. Festschrift für Dieter Mertens, hg. v. Ulrich Köpf u. a., Tübinger Bausteine zur Landesgeschichte 14, Ostfildern: Thorbecke, 2010, 165–180.

Jürgen Moltmann, Christoph Pezel (1539–1604) und der Calvinismus in Bremen, Hospitium ecclesiae 2, Bremen: Verl. Einkehr, 1959.

Christian Palmer, Art. Beurlin, Jakob, in: Allgemeine Deutsche Biographie 2, Leipzig: Duncker & Humblot, 1875, 585–586.

Christian Peters, Glanz und Elend des Philippismus. Beobachtungen an und im Ausgang von Jakob Heerbrands (1521–1600) Gedächtnisrede auf Philipp Melanchthon, in: Philipp Melanchthon. Lehrer Deutschlands, Reformator Europas, hg. v. Irene Dingel/ Armin Kohnle, Leucorea-Studien 13, Leipzig: Evangelische Verlagsanstalt, 2011, 81–98.

Siegfried Raeder, Art. Heerbrand, Jakob, in: Theologische Realenzyklopädie 14, Berlin/ New York: De Gruyter, 1985, 524–526.

Ders., Jakob Heerbrand, in: In Wahrheit und Freiheit. 450 Jahre Evangelisches Stift in Tübingen, hg. v. Friedrich Hertel, Quellen und Forschungen zur württembergischen Kirchengeschichte 8, Stuttgart: Calwer, 1986, 81–98.

Reinhold Rieger, Streitigkeiten der Tübinger Theologen mit auswärtigen Theologen im 16. und frühen 17. Jahrhundert, in: Die Universität Tübingen zwischen Reformation und Dreißigjährigem Krieg. Festschrift für Dieter Mertens, hg. v. Ulrich Köpf u. a., Tübinger Bausteine zur Landesgeschichte 14, Ostfildern: Thorbecke, 2010, 141–164.

Manfred Rudersdorf, Der Augsburger Religionsfrieden und die Reichsstände Hessen, Württemberg, Brandenburg-Ansbach und Brandenburg-Kulmbach/ Bayreuth, in: Der Augsburger Religionsfrieden 1555, hg. v. Heinz Schilling/Heribert Smolinsky, Schriften des Vereins für Reformationsgeschichte 206, Gütersloh: Gütersloher Verlagshaus, 2007, 269–295.

Volker Schäfer, Die Unterschriften unter das Konkordienbuch an der Universität Tübingen (1582–1781), in: Die Universität Tübingen zwischen Reformation und Dreißigjährigem Krieg. Festschrift für Dieter Mertens, hg. v. Ulrich Köpf u. a., Tübinger Bausteine zur Landesgeschichte 14, Ostfildern: Thorbecke, 2010, 50–99.

Heinz Scheible, Art. Melanchthon, Philipp, in: Theologische Realenzyklopädie 22, Berlin/New York: De Gruyter, 1992, 371–410.

Ders., Melanchthon. Eine Biographie, 2. Aufl., München: Beck, 2017.

Heinz Schilling (Hg.), Die reformierte Konfessionalisierung in Deutschland. Das Problem der „Zweiten Reformation", Schriften des Vereins für Reformationsgeschichte 195, Gütersloh: Gütersloher Verlagshaus, 1986.

Gury Schneider-Ludorff, Der fürstliche Reformator. Theologische Aspekte im Wirken Philipps von Hessen von der Homberger Synode bis zum Interim, Arbeiten zur Kirchen- und Theologiegeschichte 20, Leipzig: Evangelische Verlagsanstalt, 2006.

Luise Schorn-Schütte (Hg.), Das Interim 1548/50. Herrschaftskrise und Glaubenskonflikt, Schriften des Vereins für Reformationsgeschichte 203, Gütersloh: Gütersloher Verlagshaus, 2004.

Hubert Schröcker, Das Verhältnis der Allmacht Gottes zum Kontradiktionsprinzip nach Wilhelm von Ockham, Veröffentlichungen des Grabmann-Institutes 49, Berlin: Akademie, 2003.

Ulrich Seeger, Luthers Kampf für die wahre Kirche Christi in seiner Schrift „Wider Hans Worst", in: Luther 27 (1956), 106–121.

Carlos Sommervogel (Hg.), Bibliothèque de la Compagnie de Jésus. Première partie: Bibliographie, Bd. 7, Brüssel/Paris: Schepens/Picard, 1896.

Christopher Spehr, Luther und das Konzil. Zur Entwicklung eines zentralen Themas in der Reformationszeit, Beiträge zur historischen Theologie 153, Tübingen: Mohr Siebeck, 2010.

Johann Anselm Steiger, Johann Gerhard (1582–1637). Studien zu Theologie und Frömmigkeit des Kirchenvaters der lutherischen Orthodoxie, Doctrina et pietas 1,1, Stuttgart-Bad Cannstatt: Frommann-Holzboog, 1997.

Udo Sträter, Meditation und Kirchenreform in der lutherischen Kirche des 17. Jahrhunderts, Beiträge zur historischen Theologie 91, Tübingen: Mohr Siebeck, 1995.

Robert Stupperich, Reformatorenlexikon, Gütersloh: Gütersloher Verlagshaus, 1984.

Ralf Thomas, Die Neuordnung der Schulen und der Universität Leipzig, in: Das Jahrhundert der Reformation in Sachsen, hg. v. Helmar Junghans, 2. Aufl., Leipzig: Evangelische Verlagsanstalt, 2005, 115–132.

Günther Wartenberg, Visitation des Schulwesens im albertinischen Sachsen zwischen 1540 und 1580, in: Ders., Wittenberger Reformation und territoriale Politik. Ausgewählte Aufsätze, hg. v. Jonas Flöter/Markus Hein, Arbeiten zur Kirchen- und Theologiegeschichte 11, Leipzig: Evangelische Verlagsanstalt, 2003, 159–174.

Max Weber, Wissenschaft als Beruf, in: Ders., Gesamtausgabe, hg. v. Horst Baier u. a., Bd. 17, Tübingen: Mohr Siebeck, 1992, 49–111.

Michael Weichenhan, „Ergo perit coelum…". Die Supernova des Jahres 1572 und die Überwindung der aristotelischen Kosmologie, Boethius 49, Stuttgart: Steiner, 2004.

Christoph Weismann, Auf Kanzeln, Kathedern und in Kutschen. Jakob Andreae als Universitäts- und Kirchenpolitiker, in: Die Universität Tübingen zwischen Reformation und Dreißigjährigem Krieg. Festschrift für Dieter Mertens, hg. v. Ulrich Köpf u. a., Tübinger Bausteine zur Landesgeschichte 14, Ostfildern: Thorbecke, 2010, 119–140.

Dorothea Wendebourg, Reformation und Orthodoxie. Der ökumenische Briefwechsel zwischen der Leitung der Württembergischen Kirche und Patriarch Jeremias II. von

Konstantinopel in den Jahren 1573–1581, Forschungen zur Kirchen- und Dogmengeschichte 37, Göttingen: Vandenhoeck & Ruprecht, 1986.

Timothy Wengert, Human Freedom, Christian Righteousness. Philipp Melanchthon's exegetical dispute with Erasmus of Rotterdam, New York u. a.: Oxford University Press, 1998.

Rudolf Zinnhobler, Art. Scherer, Georg, in: Lexikon für Theologie und Kirche 9, 3. Aufl., Freiburg u. a.: Herder, 2000, 131.

Studieren im Krieg

Die Auswirkungen des 30jährigen Krieges auf das Fürstliche Stipendium in Tübingen

Sabine Holtz

Der ferne Krieg

Als am 23. Mai 1618 eine radikale Minderheit in Böhmen den offenen Aufstand gegen die habsburgische Herrschaft wagte, sah zunächst alles nach einem innerhabsburgischen Konflikt aus. Der Aufstand der böhmischen Opposition, in dessen Verlauf es zum Prager Fenstersturz kam, richtete sich ausschließlich gegen die Vertreter einer kaisertreuen, katholischen Politik. Der Prager Fenstersturz war somit eigentlich ein böhmisches Ereignis. Er gilt darüber hinaus aber auch als Auslöser des 30jährigen Krieges. Die 13 Einzelkriege und zehn Friedensschlüsse lassen in ihren Koalitionen leicht erkennen, dass es nicht nur um einen Religionskrieg ging.[1] Spätestens mit dem offenen Eintritt des katholischen Frankreichs auf der Seite des protestantischen Schwedens entwickelte sich der Krieg 1635 zu einem europäischen Krieg um die Macht in Europa.

In der ersten Kriegsphase, dem sogenannten Böhmisch-Pfälzischen Krieg (1618–1623), kam es am 6. Mai 1622 mit der Schlacht bei Wimpfen zur ersten militärischen Konfrontation in Süddeutschland.[2] In deren Folge besetzte die siegreiche katholische Liga das evangelische Herzogtum Württemberg. Als sich der Krieg 1625 in den Norden Deutschlands verlagerte, wurden die Truppen zunächst abgezogen. Doch bereits 1627 verlegte Wallenstein Truppen in den Schwäbischen Kreis[3]. Ab Januar 1628 standen Wallensteins Truppen auch in Württemberg, das von nun an, mehr oder weniger dauerhaft, unter der Kontrolle fremder Truppen blieb.[4] Trotz erklärter Neutralität kam es zu Brandschatzungen und Plünderungen. Die Bevölkerung des Herzogtums befand sich schon vor den direkten kriegerischen Einwirkungen in einer wirtschaftlich und

[1] Vgl. Burkhardt, Der Dreißigjährige Krieg, 17; Schmidt, Der Dreißigjährige Krieg, 8.

[2] Vgl. Mertens, Württemberg, 125.

[3] Zum Schwäbischen Kreis vgl. Bader, Der Schwäbische Kreis, 9–24; Laufs, Der Schwäbische Kreis; Vann, The Swabian Kreis.

[4] Zu den Truppenbewegungen vgl. Niklaus, Dreißigjähriger Krieg.

sozial bedrohlichen Situation.[5] Auch Tübingen war betroffen. Die Truppen waren es auch, die die Umsetzung des Restitutionsedikts nach 1629 durchsetzten.

… und seine Auswirkungen auf Stadt und Stift

Lange bevor die kriegerischen Auseinandersetzungen die Universitätsstadt erreichten, waren deren Vorboten bereits in Tübingen zu spüren. Die militärische Auseinandersetzung, die 1618 in Böhmen begonnen hatte, ging gerade in ihr viertes Jahr. Die Rüstungsausgaben stiegen, sie verschlangen vor allem wegen des Einsatzes von Söldnern Unsummen. Und die fürstlichen Kassen waren notorisch klamm. Die Zeit des organisierten Kippens und Wippens begann. Auch der württembergische Herzog verdiente durch die Münzverschlechterung.[6] Mit Hilfe einer Waage (Wippe) wurden die guten Münzen ausgesondert (gekippt). Als Rohmaterial für die neuen Münzen dienten die noch im Umlauf befindlichen wertvollen Exemplare. Da das Metall einer Münze, zumeist Silber, ihre Kaufkraft bestimmte, brauchte nur heimlich weniger davon beim Prägen verwendet zu werden als bisher. Die Differenz war Reingewinn. Infolge des erhöhten Geldumlaufs belebte sich der Handel. Die wirtschaftliche Produktion stieg an. Aber auch die Preise der einzelnen Produkte erhöhten sich rapide. Wer die Möglichkeit hatte, die gestiegenen Preise auf seine Kunden abzuwälzen, tat dies. Andere Händler und Handwerker kehrten zum Tauschgeschäft zurück oder erhöhten die Preise drastisch. Es kam zur Inflation, die auch das Tübinger Stift erreichte: Kostete der Eimer Wein (rund 300 Liter) 1621 knapp über zwölf Gulden, mussten dafür 1622 56 Gulden bezahlt werden.[7] Auch wenn man in Rechnung stellen muss, dass die Kosten wegen schlechter Ernte angestiegen waren, schlägt doch die Inflation voll durch. Aufgrund der hohen Kosten für Kerzen durften die Stipendiaten morgens eine Stunde später aufstehen und frühstücken (erst um 6 Uhr statt um 5 Uhr) und konnten ihre Studien abends eine Stunde früher beenden – und ins Bett gehen (um 20 Uhr statt 21 Uhr). Professor Theodor Thumm, der Superattendent des Stifts, organisierte den Kauf von Schlachtochsen, um das Hungerleiden im Stift zu beenden.[8]

Eine weitere Bedrohung trat 1626 auf. In diesem Jahr kam es zum ersten Ausbruch der Pest während des 30jährigen Krieges. Zwei weitere Pestwellen sollten 1627 und 1635 folgen. Das Stift versuchte sich zu schützen, indem es jenen Stipendiaten, die aus verseuchten Orten ans Stift zurückkehrten, den Einlass ver-

[5] Vgl. von Hippel, Bevölkerung und Wirtschaft, 413–448; ders., Problem der wirtschaftlichen Auswirkungen, 111–125; Press, Soziale Folgen, 239–268.
[6] Vgl. Bütterlin, Geldpolitik, 64–70.
[7] Zum Folgenden vgl. Fritz, Theodor Thumm.
[8] Vgl. Fritz, Theodor Thumm, 206.

wehrte. Bei der ersten Pestwelle starben in ganz Württemberg rund 26.000 Menschen.

Die Organisation des Stifts

Die Organisation des Stifts, grundgelegt in der zweiten Ordination Herzog Christophs vom 15. September 1561,[9] blieb zunächst unverändert. Seit 1628 stand Theodor Thumm († 1630) der zweite Superattendent Johann Ulrich Pregizer zur Seite, der diese Funktion bis zu seinem Tod 1651 innehatte. Zusammen mit dem Magister Domus bildeten die beiden Superattendenten die Leitung des Stipendiums. Anders als der Magister Domus, der Professor an der philosophischen Fakultät war, waren die beiden Superattendenten zugleich Mitglieder der theologischen Fakultät.[10] Seit Ende des 16. Jahrhunderts nahmen die Superattentenden wohl, anders als in den Kirchenordnungen 1582 und 1660 benannt, lediglich noch am theologischen Locus teil, der nun von den Repetenten veranstaltet wurde und Heerbrands Compendium zum Gegenstand hatte. Des Weiteren mussten die Repetenten alle *publicae lectiones in artibus* in Übungen am Stift anbieten und den universitären Lehrstoff wiederholen. Die Repetenten hatten bereits den Magistergrad erworben und widmeten sich einem Studium der Theologie. Sie wurden beispielsweise 1613 ermahnt, „zu gutem Exempel die Lectiones fleißig [zu] visitieren [...], um hernach desto besser mit den anderen Stipendiaten eine Repetition daraus [...] anzustellen."[11] Erst in der zweiten Hälfte des 17. Jahrhunderts bildete sich eine Sonderstellung der Repetenten heraus. Das Privileg des sogenannten Repetentenschmauses, einer Festmahlzeit nach den vierteljährlichen Examen, wurde 1618 durch eine jährliche Zahlung von vier Gulden abgelöst. Als Entlohnung für die Durchführung der stiftsinternen Lehrveranstaltungen erhielten sie zehn Gulden jährlich. Die Stipendiaten besuchten die regulären Vorlesungen der Universität und nahmen darüber hinaus an den hauseigenen Repetitionen, den Loci teil, die sowohl für die artistischen Fächer als auch für die theologischen Disziplinen angeboten wurden. Abgesehen von den besonderen Umständen 1634 und 1635 nach der Schlacht bei Nördlingen blieb auch während des 30jährigen Krieges die enge Verbindung zwischen Stift und Universität erhalten. Der Genuss des Stipendiums blieb an die Tübinger Universität gebunden. Erst gegen Ende des 17. Jahrhunderts wurde es üblich, zum Studium der Theologie auch andere (europäische) Universitäten aufzusuchen.[12]

---

9 Vgl. Reyscher, Württembergische Gesetze 11,3, Nr. 25.
10 Vgl. Leube, Geschichte des Tübinger Stifts 1, 67–74.
11 Leube, Geschichte des Tübinger Stifts 1, 70.
12 Vgl. Homoki, Grenzüberschreitung, in diesem Band.

Die Tübinger Scharfmacher

Professor Theodor Thumm musste bald mit Problemen kämpfen. Sie sollen stellvertretend für die auch in Tübingen aufgeheizte konfessionelle Situation stehen. Je militärisch erfolgreicher der Heerführer der katholischen Liga, Tilly, war, einen desto entschiedener gegenreformatorischen Kurs steuerte Kaiser Ferdinand II. Bereits 1617 hatte Theodor Thumm eine Schrift verfasst, in der er die Päpste des Bruchs des sechsten Gebots bezichtigte.[13] Sie taten dies nach Auffassung Thumms, indem sie für inzestös geschlossene Ehen den päpstlichen Dispens erteilten. Sein Exempel: Erzherzog Karl von Österreich, der Maria, die Tochter seiner Schwester, geheiratet habe. Die besondere Brisanz des von Thumm gewählten Beispiels erschließt sich rasch: Karl und Maria waren die Eltern des regierenden Kaisers Ferdinand II. Es brauchte allerdings einige Zeit, bis die Schrift des Lutheraners Thumm im fernen Wien gelesen wurde. 1625 war es soweit. Über den in Vorderösterreich und Tirol, also auch über das Tübingen benachbarte Rottenburg, regierenden Erzherzog Leopold[14], einen Bruder Ferdinands, wurde die Schrift in Wien bekannt. 1627 erhielt der württembergische Herzog Johann Friedrich die kaiserliche Anordnung, Thumm verhaften zu lassen, seine Schriften zu konfiszieren und ihn nach Wien zu überstellen. Letztlich gelang es dem Herzog, auch weil Thumm zu einer schriftlichen Entschuldigung bereit war, auszuhandeln, dass Thumm in Württemberg verbleiben durfte und seine Haft auf Hohentübingen antreten konnte. Nach nur fünfmonatiger Haft wurde Thumm entlassen – und 1628 von der Universität zu ihrem Rektor gewählt († 1630).

Auch Thumms Nachfolger im Amt des Superattendenten und auf der Professur, Melchior Nicolai (ab 1650 Stiftspropst in Stuttgart), war für die katholische Seite eine Provokation. Nicolais Predigten gegen die jesuitische Propaganda machten ihn bei der bayerischen Besatzung unbeliebt. Ein Besatzungssoldat drohte: „es thut nicht gut/ wir schießen denn einen oder zween von der Cantzel herunter."[15] Und ein bayerischer Offizier, der Nicolai nach dem Leben trachtete, bedrohte diesen sogar in seinem Studierzimmer.[16]

Für einige Jahre, von 1622 bis zu seinem Tod 1628, wirkte Jakob Reihing[17] als zweiter Superattendent im Stift sowie zunächst als außerplanmäßiger, ab 1625 dann als ordentlicher Professor an der theologischen Fakultät.[18] Der ehemalige

---

[13] Vgl. Baur, Glanz und Elend, 100–101.

[14] Nach dem Tod seines Vetters, Erzherzog Maximilian, 1618, wurde er 1619 Statthalter von Tirol und Vorderösterreich, 1619 berief ihn sein Bruder, Kaiser Ferdinand II., außerdem als Statthalter nach Wien.

[15] Baur, Glanz und Elend, 100–101.

[16] Vgl. Kolb, Stift (1914), 18.

[17] Vgl. Schott, Reihing, Jacob.

[18] Vgl. Schwindel, Reihing, 78–79; Schäfer, Die Universität Tübingen, 103; Häcker, Universität und Krieg, 104–105.

Jesuit und engagierte Verfechter des Katholizismus war 1621 zum Luthertum übergetreten. Der Universitätskanzler Lukas Osiander und der Theologieprofessor Theodor Thumm kamen nach viertägiger Prüfung zu dem Schluss, Reihing, der zuvor an den Jesuitenkollegien in Innsbruck und München sowie an der Universität in Ingolstadt gelehrt habe, sei aus Überzeugung zum Luthertum konvertiert. Die Konversion wurde am 23. November 1621 in der Stiftskirche öffentlich zelebriert, zuvor hatte Reihing einige Zeit im Stift hospitiert. Herzog Johann Friedrich sowie weitere fürstliche Personen und die ganze Universität nahmen an den Feierlichkeiten teil. Der Herzog berief ihn 1622 auf die eigens für ihn geschaffene außerordentliche Professur für Kontroverstheologie. Selbstverständlich musste er, wie alle Professoren, die Konkordienformel unterzeichnen. Dass ihm von katholischer Seite vorgeworfen wurde, diesen Schritt nur aus Angst vor Strafe vollzogen zu haben, weil er Unzucht mit einer ledigen Frau getrieben habe, passt in die konfessionell aufgeladene Zeit. Reihing selbst gab als Begründung für seine Konversion an, die Autorität der Heiligen Schrift erkannt zu haben.

Der nahe Krieg

Nach dem Sieg der katholischen Truppen erließ Kaiser Ferdinand aus kaiserlicher Vollmacht 1629 das Restitutionsedikt. Mit ihm wurden unter anderem die Klöster restituiert. Da Württemberg damit rund ein Drittel seines Territoriums einbüßen würde, widersetzte sich der württembergische Herzogadministrator Julius Friedrich dieser Anordnung und rief das Landesaufgebot ein. Als jedoch eine 24.000 Mann starke kaiserliche Truppe von Italien kommend ins Herzogtum vorrückte, löste der Herzog das Aufgebot auf, noch bevor es zu einem Aufeinandertreffen kam. Der sogenannte Kirschenkrieg endete unblutig, während der zweiwöchigen Dauer der Unternehmung wurden jedoch etliche Dörfer und Städte Opfer von Plünderungen, unter anderem Tübingen, aber auch Belsen und Mössingen.[19]

1633 wurde Eberhard III. von Kaiser Ferdinand II. für volljährig erklärt und übernahm nach fünf Jahren der Vormundschaftsregierungen die Regentschaft in Württemberg. Außenpolitisch trat Herzog Eberhard III. dem von Schweden initiierten Heilbronner Bund bei. Württembergische Truppen waren deshalb von der Niederlage in der Schlacht bei Nördlingen betroffen.[20] In Nördlingen standen sich eine rund 40.000 Mann starke kaiserliche Armee (zusammengesetzt aus spanisch-kaiserlichen und Ligatruppen) und eine wohl nur halb so

[19] Vgl. Gmelin, Kriegszug, 104–123.
[20] Vgl. Schreiner, Katastrophe, 39–90.

große protestantische Armee gegenüber. Die Kaiserlichen siegten.[21] Der Heilbronner Bund fiel auseinander. Nach der Nördlinger Schlacht floh Herzog Eberhard III. mit der herzoglich-württembergischen Familie ins Exil nach Straßburg. Das Herzogtum wurde geplündert und gebrandschatzt, die Bevölkerung misshandelt.[22] Truppendurchzüge führten zu weiteren Plünderungen und Misshandlungen wie beispielsweise beim Durchzug der bayerischen Hauptarmee im Mai 1636. Die Klöster in Württemberg gingen, auch wenn ein Konfessionswechsel nicht gefordert war, wiederum in den Besitz der Orden über.[23] Im Gefolge der Söldner hielt die Pest zum zweiten Mal während des Krieges in Württemberg Einzug, besonders verheerend wütete sie 1635.

Erst im Oktober 1638 konnte Herzog Eberhard III. nach langen Verhandlungen mit Kaiser Ferdinand III., der 1637 die Nachfolge seines Vaters Ferdinand II. angetreten hatte, nach Württemberg zurückkehren. Bedingung war, dass er die Restitution der Klöster anerkannte. Die Anerkennung der Restitution bedeutete den Verzicht auf weite Teile seines Landes und die Einnahmen aus diesen Gebieten, die das Herzogtum angesichts leerer Staatskassen und in Anbetracht der vorausgegangenen Plünderungen, Brandschatzungen, Beschlagnahmungen und Einquartierungen so dringend benötigt hätte. Kaum zurück, versuchte der württembergische Herzog deshalb, die Klöster mit Gewalt und Repressalien unter seine Herrschaft zu bekommen. Die restituierten Klöster baten den Kaiser um Schutz. Erst 1648 wurde die Frage zugunsten Württembergs entschieden, dank der Fürsprache Schwedens, Frankreichs und der protestantischen Reichsstände.

… und seine Auswirkungen auf Tübingen

Nach der Schlacht bei Nördlingen, die am 6. September 1634 mit einem Sieg der kaiserlich-habsburgischen Truppen über Schweden und seine protestantischen deutschen Verbündeten endete, war Süddeutschland ungeschützt. Schon eine Woche nach der Schlacht stand eine katholische Armee vor den Toren Tübingens.[24] Am 14. September übergab der Tübinger Schlosskommandant das – mehr symbolisch – von 70 Bürgern besetzte Schloss kampflos an die kaiserlichen Truppen. Obwohl ein Schirmbrief des kaiserlichen Oberbefehlshabers, Karl von Lothringen, erwirkt werden konnte, der immerhin die Stadt vor Plünderung und Kontributionen schützte, kam es zur Plünderung des Schlosses und der dortigen Bibliothek; auch die Bibliothek des Collegium Illustre wurde als

[21] Vgl. Mertens, Württemberg, 127: Allein die Schweden verloren 16.000 Mann, 12.000 von ihnen starben, 4000 wurden gefangen genommen.
[22] Vgl. Ernst, Verwüstet und entvölkert.
[23] Vgl. Mertens, Württemberg, 128.
[24] Vgl. Decker-Hauff/Setzler, Die Universität Tübingen, 126–137.

Kriegsbeute nach München gebracht und die Universitätsbibliothek dezimiert.[25] Kontributionszahlungen in exorbitanter Höhe wurden gefordert. Auch die Universität musste sich, entgegen aller Privilegien, an Einquartierungen und Kontributionsleistungen beteiligen.[26] In ganz Württemberg blieben von den nicht abgebrannten Städten nur Tübingen, Stuttgart und Marbach von den Plünderungen verschont, wie ein Bericht von 1635 zeigt.[27]

In der Folge war Tübingen meist von bayerischen Truppen besetzt. Nicht verhindert werden konnte der Ausbruch der Pest. Die Erreger waren mit den Truppen in die Universitätsstadt gelangt. In den Jahren 1635 und 1636 starben, nach Auskunft des Tübinger Totenbuchs, 1485 Menschen an der Pest.[28] Sie machte auch vor der Universität nicht Halt: Zwischen 1634 und 1638 verstarben 14 der 25 Universitätsprofessoren.[29] Die Zahl der Immatrikulationen erreichte einen Tiefpunkt.[30]

1637 erreichten schwedische Truppen die Stadt. Auch sie bedeuteten eine schwere Belastung für Tübingen. In der Endphase des Krieges wurde Württemberg nochmals Schauplatz kriegerischer Auseinandersetzungen. Schwedische und französische Truppen rückten auf das besetzte Herzogtum vor. Tübingen erbat vorsorglich vom französischen General Turenne einen Schutzbrief. Im Februar 1647 erreichten die französischen Truppen von Trochtelfingen herkommend Tübingen und belagerten das Schloss. Rund 200 bayerische Söldner hielten dort die Stellung und beschossen die französischen Truppen in der Stadt, die Franzosen beschossen aus der Stadt die Festung.[31] Im März 1647 gelang den Franzosen die Sprengung des Südostturms des Schlosses (an seiner Stelle steht heute der 1667 errichtete Fünfeckturm). Infolgedessen zog die bayerische Besatzung ab. Nun errichtete General Turenne auf dem Schloss sein Hauptquartier; drei französische Regimenter lagen in der Stadt und mussten versorgt werden. Auch die Universität musste zu den Quartierkosten beitragen, lediglich die Professoren, die seit Monaten weder Besoldung noch Naturalabgaben erhalten hatten, waren ausgenommen. Am 27. November ließ General Turenne seine Truppen abrücken.

---

25 Vgl. Schreiner, Beutegut, 77–130; ders., Gefleddert und konfisziert, 113–122.
26 Vgl. Asche, Der Dreißigjährige Krieg, 157–161.
27 Vgl. Mehring, Wirtschaftliche Schäden, 79.
28 Vgl. Jantzen, Stadt und Land, 129; Eifert/Klüpfel, Geschichte, 156.
29 Vgl. Wiedmann, Auswirkungen, 33.
30 Vgl. Häcker, Universität und Krieg, 122.
31 Vgl. Decker-Hauff/Setzler, Die Universität Tübingen, 131–132.

… und seine Auswirkungen auf das Stipendium

Im Anschluss an das Restitutionsedikt kamen Konsistorium und Kirchenrat am 12. Oktober 1630 überein, der Herzog müsse die Zahl der Stipendiaten reduzieren.[32] Zuvor waren schon die Ferien verlängert worden. In einem ersten Schritt wurde den Stipendiaten freigestellt, ohne Kostenerstattung aus dem Stift auszutreten. Der Plan schlug fehl, nur wenige wollten verzichten, obwohl schriftlich zugesichert wurde, dass der Rücktritt vom Stipendium nicht den späteren Verzicht auf eine Anstellung bedeutete.

Das Ziel, 1700 Gulden einzusparen, musste nun anderweitig angestrebt werden.[33] Neben einer Kürzung der Verpflegung 1631 hatten der Superattendent (ihm wurde lediglich noch eine freie Wohnung gewährt) und der Repetent (es gab nur noch Nicolai) auf ihre Besoldung verzichtet, der Magister Domus (Ephorus) musste Einkommenseinbußen hinnehmen. Die Bediensteten (unter anderem Köche und Bäcker) verloren, mit Ausnahme des Torwächters, ihre Arbeit. Alle Kranken mussten Arzt- und Apothekerkosten künftig aus eigener Tasche bezahlen, Proteste seitens der Stipendiaten wurden zurückgewiesen.

Mit dem Vorrücken der Schweden, die am 6. Juli 1630 auf Usedom gelandet waren, in den folgenden Monaten immer tiefer nach Süden ausgriffen und Ende 1631 schon auf der Höhe Heilbronns standen, verbesserte sich die Situation am Stift, die Mönche flohen aus den 1629 restituierten Klöstern und schließlich rückte die kaiserliche Armee im Februar 1632 aus Württemberg ab. Nun zogen schwedische und württembergische Truppen plündernd durch benachbarte katholische Gebiete.[34]

Im Sommer 1632 reiste Thumm persönlich zum Konsistorium nach Stuttgart, um auf die schlechte Versorgungslage am Stipendium aufmerksam zu machen.[35] Nach Thumms Schilderung hatte das Konsistorium ein Einsehen und schrieb vor, drei Mal wöchentlich Fleisch zu servieren. Die Versorgungslage muss sich infolgedessen verbessert haben. Im Juni 1634 beklagte sich Professor Nicolai beim Konsistorium darüber, dass lediglich rund 40 Hörer seine Vorlesung besuchten – bei einer Gesamtzahl von 130 Studenten – und überdies hätten ihm die Hörer Pech ans Katheder geschmiert. Dies gab dem Konsistorium Anlass, darüber zu spekulieren, ob dieses Verhalten auf den wieder eingeführten Weinausschank und die verbesserte Verpflegungssituation zurückzuführen sei.

Noch Ende des Sommersemesters 1634 (Maria Magdalena, 22. Juli) scheint das Stift voll funktionsfähig gewesen zu sein. Der Quartalsbericht nennt neun Repetenten, 101 Magister (davon 35 auf Vikariaten beziehungsweise Feldpredigerstellen, die also abwesend waren), 59 Bakkalaurei, drei Studiosi vulgares,

[32] Vgl. Kolb, Stift (1914), 12–13.
[33] Vgl. Kolb, Stift (1914), 12.
[34] Vgl. Mertens, Württemberg, 127.
[35] Vgl. zum Folgenden Kolb, Stift (1914), 6.

drei novitii und einen Gast. Damit war das Stift im Sommer 1634 der Stiftungssatzung gemäß belegt (mit 150 Stipendiaten).

Am 10. September 1634, vier Tage nach der Nördlinger Schlacht (06.09.1634), baten die Stiftler durch einen Boten das Konsistorium, sich nach Hause in Sicherheit bringen zu dürfen.[36] Da jedoch noch kein offizieller Bericht der Stiftsleitung vorlag, vertagte das Konsistorium die Entscheidung. Längst nicht alle Stipendiaten wollten das Votum der Kirchenleitung abwarten. 46 Stiftler flohen, wie der Herzog, nach Straßburg.[37] Das dortige Collegium Praedicatorum nahm die Flüchtlinge im Oktober 1634 auf; den Unterhalt finanzierten die württembergische Landschaft (100 Gulden) und die Herrschaft (200 Gulden). Später erhielten sie, wiederum von Landschaft und Herrschaft, Zuschüsse zur Winterkleidung sowie Brennholz. Im Oktober des folgenden Jahres waren noch 14 Stipendiaten im Straßburger Collegium. Beim verschobenen Examenstermin, regulär an Lucae angesetzt, aber erst am 20. November 1634 durchgeführt, waren nur noch 45 Stiftler und drei Repetenten in Tübingen.

Trotz der widrigen Umstände lebten im ersten Halbjahr 1635 wieder zwischen 50 und 60 Stipendiaten im Stift, es gab sogar einige Neuaufnahmen. Zwischenzeitlich diente das Stift vertriebenen oder flüchtenden Pfarrern als Asyl.

Ab 1635 waren viele württembergische Ämter nicht mehr in der Lage, die Stipendiatengelder zu zahlen (insgesamt 4830 Gulden). Hinzu kam, dass das Herzogtum durch das Restitutionsedikt ein Drittel des Landes, die ehemaligen Klostergebiete, verloren hatte, die dazugehörenden Verwaltungseinheiten kamen nicht mehr für die Zahlungen ans Stift auf.

Die Lage wurde immer prekärer. Zu Jahresbeginn 1636 griff das Konsistorium die zunächst verworfene Idee auf und appellierte an die Eltern der Stipendiaten, das Stift zu unterstützen. Wenn sie nicht zahlen konnten, sollten die jeweiligen Städte gebeten werden.[38] Der Appell informierte darüber, dass fast 300 Geistliche und ungefähr 100 Stipendiaten, Präzeptoren, Provisoren etc. bereits den Tod gefunden hätten. Etliche Eltern waren bereit, das Stift mit Beträgen zwischen 30 und 60 Gulden zu unterstützen, in Stuttgart kamen bei dieser Aktion 200 Gulden zusammen. Viele Städte und Ämter konnten den Pflichtbeitrag jedoch nicht mehr leisten, alles musste *ad militiam* verwendet werden.[39] Die eingegangenen Spenden trugen dazu bei, dass im April 1636 (Georgii) ein ordnungsgemäßes Examen stattfinden konnte.

Das Stift selbst leistete auch einen Beitrag zur Verbesserung der desolaten Finanzsituation. Trotz eines nie aufgeklärten Diebstahls im März 1634, bei dem drei silberne Löffel und neun Silberbecher entwendet wurden, umfasste der Silberschatz des Stifts noch zwölf Becher, zwölf Löffel und drei Salzbüchsen. Die-

---

[36] Vgl. Kolb, Stift (1914), 30.
[37] Vgl. Barack, Straßburger Universität, 168–169; Kolb, Stift (1914), 20.
[38] Vgl. Kolb, Stift (1914), 37.
[39] Vgl. Kolb, Stift (1914), 38.

ses Tafelsilber wurde 1636 zu Geld gemacht. Zunächst wurde der Schatz nur verpfändet, dann für 127 Gulden und 27 Kreuzer an die Landschreiberei geliefert. Auch die Universität machte ihren Silberschatz zu Geld.

Auf Dauer konnte das Stift mit diesen Geldern aber nicht finanziert werden, und die Ämter sahen sich weiterhin nicht in der Lage, die rückständigen Stipendiatengelder aufzubringen. Im Herbst 1637 wurden die Ferien verlängert; wieder aufgenommen werden sollten nur jene, die einen Zuschuss zu den Unterhaltskosten zahlen konnten. Anfang des Jahres 1638 drohte die Schließung des Stifts. Schließlich gelang es, eine Weinspende, die mangels Transportmöglichkeiten nicht nach Tübingen gesandt werden konnte, zu verkaufen und den Erlös, ganze 60 Gulden, ans Stift zu bringen. Bereits einen Monat später, Ende Mai 1638, waren erneut alle Finanzmittel aufgebraucht. Ein Appell um Beisteuer brachte 240 Gulden.

Den Tiefpunkt bildeten die Jahre 1637–1639. Im Jahr 1637 legten noch neun Studenten das Bakkalaureat ab, sieben Stipendiaten machten ihr Examen und wurden angestellt. 1638 wurden keine Examen abgenommen. 1639 fanden gerade einmal vier Examen statt. An der theologischen Fakultät[40] lehrten zwischen 1639 und 1648 gerade noch zwei Professoren, nämlich Nicolai (2. Professor) und Pregitzer (3. Professor)[41] – beide Superintendenten am Stift. An der philosophischen Fakultät waren es zwischen zwei und vier Professoren (vier ab 1644).[42] Regulär lehrten vier Theologen und zwölf bis 15 Philosophen (sowie sechs Juristen und drei Mediziner) an der Tübinger Universität. An ein ordnungsgemäßes Studium war demnach nicht mehr zu denken.

Es nötigt Respekt ab, mit welcher Hartnäckigkeit sich Konsistorium und Stiftsleitung in den Jahren 1634–1639 für den Erhalt des Stifts einsetzten. Das Collegium Illustre, die fürstliche Adelsakademie, hatte bereits 1628 den Betrieb eingestellt. Als es 1653 wiedererrichtet wurde, gelang es nicht mehr, an den Erfolg der Vorkriegszeit anzuknüpfen. Modernere Einrichtungen, wie beispielsweise Wolfenbüttel, hatten dem Collegium den Rang abgenommen.

Neuerliche Ausschreiben an Städte und Ämter brachten dem Stipendium zwischen April 1639 und April 1640 ganze 253 Gulden. Die meisten Adressaten verwiesen auf Einquartierungen, Kontributionen und sonstige Drangsale und baten um Aufschub.[43] Dabei schien eine Stärkung des Stifts wichtiger denn je:

---

[40] Die Lectionsverteilung von 1601 hatte zwei alttestamentliche Lehraufträge und einen neutestamentlichen Lehrauftrag für die drei Ordinarien vorgesehen, der Inhaber des Extraordinariats hatte über das Compendium zu lesen. Für Jakob Reyhing, den früheren Jesuiten und ersten Konvertiten an der evangelisch-theologischen Fakultät, war per herzoglichem Dekret 1622 eine gesonderte Professur für Kontroverstheologie eingerichtet worden, die ab 1652 als ständige Professur geführt wird. Dafür fiel ein alttestamentlicher Lehrauftrag weg.

[41] Zwischen 1627 und 1638 waren noch drei Professuren besetzt, 1638 starb Lukas Osiander.

[42] Vgl. Zaschka, Lehrstühle, 156 (Tabelle 4).

[43] Vgl. Kolb, Stift (1914), 105.

1639 waren 200 Pfarrstellen vakant.[44] Johann Valentin Andreae, der 1639 in die Stuttgarter Kirchenleitung eingetreten war, setzte sich dafür ein, die Zahl der Stipendiaten von 40 auf 100 zu erhöhen.[45]

Erste Anzeichen einer Normalisierung lassen sich 1640 beobachten, der Aufwärtstrend setzte sich 1641 fort, nun lebten wieder 50 Stipendiaten im Stift, darunter auch fünf Studenten aus Mömpelgard. Im Durchschnitt wurde diese Anzahl in den Folgejahren gehalten. Und 1640 wies das Konsistorium die Stiftsleitung an, fünf bis sechs Gulden in die Instandsetzung der Musikinstrumente zu investieren – auch dies ein Zeichen für die Hoffnung auf bessere Zeiten.[46] Ältere Studenten sollten die Jüngeren *in musicis* unterrichten (so Februar 1642); 1646 wurde die Motivation der Älteren durch die Aussicht auf ein Quantum Wein befördert.

1641 und 1643 sah der Landtagsabschied je 5000 Gulden für den Unterhalt des Stifts vor:[47] Da Kammergut und Kirchenkasten keine Zahlungen mehr leisten konnten, bewilligte der Landtag außerordentliche Mittel. Der Erhalt des Stifts war zu einer Sache des Landes geworden. 1642 erhielten die Repetenten wieder eine Besoldung, wenn auch nur die Hälfte; der Magister Domus erhielt sogar wieder volle Bezüge.[48] Allerdings schrieb Andreae im Juli 1643 an seinen Korrespondenzpartner, den Braunschweig-Lüneburgischen Herzog August, das Stift leide „alberait große Noth", es könne nur „ex Stipe et collectis leben".[49]

Das hat auch damit zu tun, dass Württemberg 1643 erneut zum Kriegsschauplatz wurde. Dringend benötigte Gelder blieben aus; die Quartierlasten machten Zahlungen unmöglich. Die Stiftsleitung nahm weitere Schulden auf. Man versuchte überdies, ungenutzten Raum im Stift zu Geld zu machen und vermietete leerstehende Kammern an Bauern der Umgebung, die ihren Fruchtvorrat sicher einlagern wollten. Später wurden die Kammern Pfarrern, die ihren Hausrat dort unterstellen wollten, angeboten.[50] Trotz der widrigen Umstände fand 1643 eine Visitation statt![51] Andreae, der an der Visitation beteiligt war, notierte:

> Gottlob ratione studiorum et morum in gutem stand befunden, allein weil die alimentation muoß dazu auß dem Land gesamblet werden, welches sehr desoliert, gehet es schwer her und wirt langsam zusamen getriben. Weil es sich nu befunden, daß den alumnis informationem in mathesi et hebraea lingua ermanglet, als habe zu salarirung zwaier Per-

[44] Vgl. Brecht, Briefwechsel, 203. Nach Kolb, Stift (1914), 107, waren im Herzogtum sogar 250 Pfarrstellen unbesetzt.

[45] Vgl. Brecht, Briefwechsel, 203.

[46] Vgl. Kolb, Stift (1914), 127.

[47] Landeskirchliches Archiv Stuttgart, A 3, Nr. 6 (1640–1650), 365.

[48] Vgl. Kolb, Stift (1914), 130.

[49] Brief an Herzog August, 12. und 19. Juli 1643 (Herzog-August-Bibliothek [Abk. HAB], 65.1 Extravagantes, 91r und 92r), in: Brecht, Briefwechsel, 106.

[50] Vgl. Kolb, Stift (1914), 136–137.

[51] Vgl. Kolb, Stift (1914), 135–136; Brecht, Johann Valentin Andreae, 257.

sonen auf ein Jahr ich 100 fl. zuerbettlen über mich genommen, und schon etwas daran ersamblet.[52]

Andreae bat Herzog August von Braunschweig-Lüneburg ebenfalls um eine „Gottesgabe“[53]; der gab 30 Gulden fürs Tübinger Stipendium. Eine Schließung des Stifts wurde nicht in Erwägung gezogen.

Die Visitation von 1643 belegte den ordentlichen Besuch der philosophischen Universitätsvorlesungen in Logik, Rhetorik, Physik, Ethik und Geschichte sowie der Griechisch-Vorlesung. Was fehlte, waren, wie von Andreae notiert, Professuren in Mathematik und Hebräisch. Die Universität verwies darauf, dass ihr die Mittel fehlten, um zwei weitere Professoren zu besolden: „Gelehrte Leute erhalte man ohne Besoldung nicht, sie lassen sich nicht mit leeren Worten auf Hoffnung besserer Zeiten abspeisen.“[54] Man beschloss, mit der Landschaft über die Besoldung zu verhandeln. Wieder in Gang gebracht werden sollten auch die Disputationen, die, so Nicolai, aus Mangel an Geld für die Übernahme der Druckkosten eingestellt werden mussten; hier sollten künftig nicht die Stipendiaten selbst die Kosten tragen müssen, sondern sie sollten aus Stipendiatengeldern bezahlt werden. Um die Kosten gering zu halten, sollten anstelle der teuren Disputationen „kurze Aphorismi practici durch alle theologischen Loci aufgesetzt und zur jährlichen Übung der Stipendiaten“ gebraucht werden. Melchior Nicolai, der gemeinsam mit Andreae an der Visitation 1643 teilgenommen hatte, hatte vielversprechend in diese Richtung experimentiert.[55]

Die Universität, wiewohl am Tiefstand 1639/1640 nur noch acht Professoren lehrten, stellte den Betrieb ebenfalls nicht ein.[56] Zu kurzen Schließungszeiten kam es nur im Anschluss an die Schlacht bei Nördlingen und nach Ausbruch der Pest 1635/1636. Das Contubernium (die Burse) hingegen war gezwungen, den Betrieb zwischen 1635 und 1642 einzustellen.[57] Wenn zwischen Georgi 1637 und Lucae 1639 aber kein Examen am Stift stattfand, so deutet das doch auf eine erhebliche Störung des Lehrbetriebs hin.[58] Und wenn, wie zwischen 1638 und 1641 nur ein Repetent, Balthasar Raith, zur Verfügung stand, so konnte er, trotz reduzierter Stipendiatenzahl, sicher nicht das Standardprogramm angeboten haben. Pfarrer Heinlin aus Derendingen, Tübinger Superintendent und Prälat von Bebenhausen, bot deshalb 1638 seine Unterstützung an: Sprachen, Philosophie, Theologie. Ob er hinzugezogen wurde, ist nicht bekannt. Andreae

---

52 Brief an Herzog August, 12. und 19. Juli 1643 (HAB, 65.1 Extravagantes, 91r und 92r), in: Brecht, Briefwechsel, 106.

53 August an Andreae, 27. Juli 1643 (HAB, 236.1 Extravagantes, 68r), in: Brecht, Briefwechsel, 204.

54 Kolb, Stift (1915), 12.

55 Andreae an August, 8. September 1643 (HAB, 65.1 Extravagantes, 108PS), in: Brecht, Briefwechsel, 205.

56 Vgl. Zaschka, Lehrstühle, 155.

57 Vgl. Schäfer, Burse, 4.

58 Vgl. Kolb, Stift (1915), 10.

bemühte sich 1639 um die Wiederbesetzung der vakanten Stelle des Magister Domus. Überdies versuchte er, in Calw weitere 200 Gulden an Spenden fürs Stipendium zu erhalten.[59] Für die Gratulation zur Geburt eines herzoglichen Sohnes ließ ihm der Herzog 60 Gulden fürs Stipendium zukommen.[60]

Ein starker Impuls, sowohl die wirtschaftlichen Zustände zu verbessern als auch die Lehre neu zu organisieren, ging von der drei Jahre später, 1646, durchgeführten Visitation aus. Sie zeigt das herzogliche Bestreben, die Theologenausbildung wieder in Gang zu bringen.[61] Hierzu bedurfte es ganz grundlegend des Hebräischunterrichts. Ihn sollte Balthasar Raith übernehmen, der zunächst aber kein Interesse daran zeigte. Als er dann als Dekan nach Derendingen berufen wurde, übernahm ein Repetent den Unterricht. Aber diese Lösung schien nicht überzeugend. Auf herzogliches Drängen übernahm Raith dann 1652 als Extraordinarius die öffentliche Hebräischprofessur. Der Visitationsbericht des Jahres 1646 übte überdies Kritik an den Predigten der Magister, auch die Bibelkenntnis schien im Argen zu liegen.

Schwachstellen waren der Hebräischunterricht, die Predigtübung und die Bibelkenntnis. Im Visitationsbericht des Stifts 1646 hieß es an die Lehrenden gewandt:

> Ihr wollen die Stipendiaten zu mehrem Fleiß, sonderlich in Lectione bibliorum, Formulae Concordiae, daraus sie auch bei den Repetitionibus locorum theologicorum nach Gelegenheit mögen und sollen examiniert und was Augustana Confessio et Formula Concordiae von einem und dem andern loco theologico dociere, auch quibus articulis, befraget werden, damit sie in diesem libro symbolico, deme sie bei Anbefehlung der öffentlichen Kirchendiensten zu subscribieren haben, nicht mehr fremd und ohnerfahren wie bisher seien, wie auch Compendii theologici Dr. Haferrefferi eifrig erinnern und excitieren, damit sie sich inskünftig mehrers qualifiziert machen mögen.[62]

Der Magister Domus wurde im Visitationsrezess angewiesen, wöchentlich ein collegium biblicum mit allen Magistern zu halten.[63] In der Folge etablierte sich die Bibelkunde als eigenständige Disziplin, sie entwickelte sich aus der Dogmatik heraus und trat neben die Kontroverstheologie. Da sich bei den Lehrbüchern wohl eine gewisse Beliebigkeit eingeschlichen hatte, hielt der Visitationsrezess von 1646 fest, welche Autoren zugelassen waren.[64] So sollten Johann Haubers Lehrbücher zur Dialektik und Rhetorik benutzt werden sowie Johann Konrad Cellarius' Lehrbuch der Physik, Samuel Heilands Lehrbuch der Ethik und Michael Mästlins Lehrbuch der Astronomie.

---

59 Vgl. Brecht, Andreae, 257.
60 Vgl. Brecht, Andreae, 257.
61 Vgl. Zaschka, Lehrstühle, 149–152.
62 Visitationsrezess 1646, bei Leube, Geschichte des Tübinger Stifts 1, 78.
63 Vgl. Visitationsrezess 1646, bei Leube, Geschichte des Tübinger Stifts 1, 79–80.
64 Vgl. Kolb, Stift (1915), 17.

Um die Universität wieder in Gang zu bringen, war unter anderem beabsichtigt, die Zahl der Stipendiaten am Stift auf 100 zu erhöhen; der extreme Pfarrermangel legte diese Maßnahme nahe. Im August 1648 informierte Andreae seinen Braunschweiger Korrespondenzpartner darüber, dass er selbst plane, ein Privatstipendium am Stift einzurichten und einen Stipendiaten zu fördern.[65] Herzog August legte er ans Herz, zwei weitere Plätze zu finanzieren. Andreae wollte sich selbst um geeignete Kandidaten kümmern. Eine Realisierung der Aufstockung der Stipendiatenplätze war aber 1652 noch nicht erfolgt.[66]

Endlich Frieden

Am 2. November 1648 wurde im Stift, wie in ganz Württemberg, ein Friedens- und Dankfest gefeiert.[67] Eine Beschreibung des Stiftsfests ist nicht überliefert, aber eine Notiz in der Stiftsrechnung von 1648/1649 belegt die Feierlichkeiten. Schließlich wurde beim Dankfest auf Anordnung der Inspektoren noch einmal nachgeschenkt, was mit drei Gulden und 39 Kreuzer zu Buche schlug. Diese Großzügigkeit behielt man zur Freude der Stipendiaten an den darauffolgenden Festtagen bei. 67 Stipendiaten feierten 1648 im Stift sowie 14 Magister und 13 Magisterkandidaten. Wegen der großen Zahl der vakanten Stellen fanden viele Stiftler rasch eine Anstellung, zumal in den nach 1629 verlorenen und 1648 wieder gewonnenen Landesteilen wieder Pfarrer und Lehrer benötigt wurden.[68] Um den gewachsenen Bedarf zu decken, wurde die Zahl der Stipendiaten um 30 aufgestockt.

Insgesamt sollte es nach Kriegsende dennoch einige Zeit in Anspruch nehmen, bis das Stift wieder voll funktionsfähig war. Zumal nicht nur Gelder in die Ausbildung, Verpflegung und Besoldung der Dozenten investiert werden mussten, sondern auch Bauschäden zu beheben und Renovierungskosten zu tragen waren.

Zunächst aber feierte man zu recht den Friedensschluss in Osnabrück und Münster, und ein klein wenig wohl auch sich selbst. Immerhin war es gelungen, trotz widrigster Umstände, die Bildungseinrichtung am Leben zu erhalten. Auch wenn die propädeutischen Kenntnisse, mit denen die Stipendiaten nach Tübingen kamen, angesichts der desolaten Schulsituation im Herzogtum, an Lateinschulen wie an den Klosterschulen, sicherlich nicht die besten waren, so gelang es doch, das Stift durch lange Kriegsjahre zu führen, und die so dringend

[65] Vgl. Andreae an August, 2. August 1648 (HAB, 65.1 Extravagantes 426r), in: Brecht, Briefwechsel, 205.

[66] Vgl. Andreae an August, 2. August 1648 (HAB, 65.2 Extravagantes 206r), in: Brecht, Briefwechsel, 205 Anm. 101.

[67] Vgl. Andreae an August (HAB, 65.1 Extravagantes, 441r), in: Brecht, Briefwechsel, 124.

[68] Vgl. Sattler, Würtenberg, 250; Kolb, Stift (1915), 23.

benötigten Pfarrer auszubilden, auch wenn Abstriche an den Bildungsstandards hinzunehmen waren.

Wie sehr die Institution nicht nur eine Sache des Landesherrn, sondern auch von Land und Leuten war, zeigen die Spendenbereitschaft vieler Württemberger und die hohen Sonderzahlungen, mit denen der Landtag in Zeiten leerer herzoglicher und kirchlicher Kassen das Stift unterstützt und mitgetragen hat. Ebenso wird das persönliche Engagement Johann Valentin Andreaes für das Tübinger Stift deutlich.[69] Die Identifikation mit der Bildungseinrichtung mobilisierte viele Kräfte in einem Land, das wie kaum ein anderes unter dem 30jährigen Krieg und seinen Folgen zu leiden hatte.

Bibliographie

Quellen

Archivalien

Landeskirchliches Archiv Stuttgart
A 3, Nr. 6 (1640–1650).

Gedruckte Quellen

Martin Brecht, J. V. Andreae und Herzog August zu Braunschweig-Lüneburg. Ihr Briefwechsel und ihr Umfeld, Clavis Pansophiae 8, Stuttgart-Bad Cannstatt: Frommann-Holzboog, 2002.

August Ludwig Reyscher (Hg.), Vollständige, historisch und kritisch bearbeitete Sammlung der württembergischen Gesetze, Bd. 1–19, Tübingen: Fues, 1828–1851.

Sekundärliteratur

Matthias Asche, Der Dreißigjährige Krieg und die Universitäten im Heiligen Römischen Reich – ein Fazit und viele offene Fragen, in: Universitäten im Dreißigjährigen Krieg, hg. v. Thomas Kossert/Matthias Asche/Marian Füssel, Militär und Gesellschaft in der Frühen Neuzeit 15, Potsdam: Universitätsverlag, 2011, 147–182.

Karl Siegfried Bader, Der Schwäbische Kreis in der Verfassung des Alten Reiches, in: Ulm und Oberschwaben 37 (1964), 9–24.

Karl August Barack, Württemberger auf der Straßburger Universität von 1612 bis 1793, in: Württembergische Vierteljahrshefte für Landesgeschichte 2 (1879), 161–206.

Jörg Baur, Glanz und Elend der Tübinger Orthodoxie, in: In Wahrheit und Freiheit, hg. v. Friedrich Hertel, Quellen und Forschungen zur württembergischen Kirchengeschichte 8, Stuttgart: Calwer, 1986, 99–110.

Martin Brecht, Johann Valentin Andreae. Eine Biographie, Göttingen: Vandenhoeck & Ruprecht, 2008.

Johannes Burkhardt, Der Dreißigjährige Krieg, Frankfurt am Main: Suhrkamp, 1992.

---

[69] Vgl. Brecht, Andreae, 257–259.

Rudolf Bütterlin, Die merkantilistische Geldpolitik im Herzogtum Württemberg von der Reformation bis Napoleon, Metzingen: Hauser, 1966.

Hansmartin Decker-Hauff/Wilfried Setzler (Hgg.), Die Universität Tübingen von 1477 bis 1977 in Bildern und Dokumenten, 500 Jahre Eberhard-Karls-Universität Tübingen, Tübingen: Attempto, 1977.

Max Eifert/Karl Klüpfel (Hgg.), Geschichte und Beschreibung der Stadt Tübingen, Tübingen, 1849 [Neudruck Aalen: Scientia, 1977].

Albrecht Ernst, Verwüstet und entvölkert. Der Dreißigjährige Krieg in Württemberg. Katalog der Ausstellung im Hauptstaatsarchiv Stuttgart, Stuttgart: Hauptstaatsarchiv, 1998.

Friedrich Fritz, Theodor Thumm, ein Vorkämpfer der lutherischen Kirche in der Zeit des dreißigjährigen Krieges, in: Luthertum 50 (1939), 202–219, 225–230.

Hugo Gmelin, Der Kriegszug des Grafen Franz Egon von Fürstenberg gegen Württemberg im Jahr 1631, der sog. Kirschenkrieg, in: Württembergische Vierteljahrshefte für Landesgeschichte NF 7 (1898), 104–123.

Susanne Häcker, Universität und Krieg. Die Universitäten Heidelberg, Tübingen und Freiburg im Dreißigjährigen Krieg, in: Universitäten im Dreißigjährigen Krieg, hg. v. Thomas Kossert/Matthias Asche/Marian Füssel, Militär und Gesellschaft in der Frühen Neuzeit 15, Potsdam: Universitätsverlag, 2011, 98–123.

Wolfgang von Hippel, Bevölkerung und Wirtschaft im Zeitalter des Dreißigjährigen Kriegs. Das Beispiel Württemberg, in: Zeitschrift für historische Forschung 5 (1978), 413–448.

Ders., Zum Problem der wirtschaftlichen Auswirkungen des Dreißigjährigen Krieges im Deutschen Reich, in: Literatur und Volk im 17. Jahrhundert. Probleme populärer Kultur in Deutschland, Teil 1, hg. v. Wolfgang Brückner/Peter Blickle/Dieter Breuer, Wolfenbütteler Arbeiten zur Barockforschung 13, Wiesbaden: Harrassowitz, 1985, 111–125.

Hermann Jantzen, Leben in Stadt und Land von 1600–1800. Nach dem Zeugnis der Tübinger Totenbücher, in: Tübinger Blätter 82 (1996), 127–131.

Christoph Kolb, Das Stift im Dreißigjährigen Krieg, in: Blätter für württembergische Kirchengeschichte 18 (1914), 1–53, 105–141.

Ders., Das Stift im Dreißigjährigen Krieg, in: Blätter für württembergische Kirchengeschichte 19 (1915), 1–27.

Adolf Laufs, Der Schwäbische Kreis, Untersuchungen zur deutschen Staats- und Rechtsgeschichte NF 16, Aalen: Scientia, 1971.

Martin Leube, Geschichte des Tübinger Stifts. Erster Teil: 16. und 17. Jahrhundert, Stuttgart: Scheufele, 1921.

Gebhard Mehring, Wirtschaftliche Schäden durch den Dreißigjährigen Krieg im Herzogtum Württemberg, in: Württembergische Vierteljahrshefte für Landesgeschichte NF 30 (1921), 58–89.

Dieter Mertens, Württemberg [1100–1800], in: Handbuch der Baden-Württembergischen Geschichte, Bd. 2: Die Territorien im Alten Reich, Stuttgart: Klett-Cotta, 1995, 1–163.

Siegfried Niklaus, Dreißigjähriger Krieg 1620–1634/1635–1638/1639–1647 (Beiwort zur Karte VI.11), Historischer Atlas von Baden-Württemberg 6,11, Stuttgart: Kommission für Geschichtliche Landeskunde in Baden-Württemberg, 1980.

Volker Press, Soziale Folgen des Dreißigjährigen Krieges, in: Ständische Gesellschaft und soziale Mobilität, hg. v. Winfried Schulze, Schriften des Historischen Kollegs, Kolloquien 12, München: Oldenbourg, 1988, 239–268.

Christian Friedrich Sattler, Geschichte des Herzogthums Würtenberg unter der Regierung der Herzogen, Bd. 8, Ulm: Stettin, 1776.

Volker Schäfer, Die Tübinger Burse von 1480 bis 1972, in: Attempto 43/44 (1972), 3–16.

Ders., Die Universität Tübingen zur Zeit Schickhards, in: ders., Aus dem „Brunnen des Lebens". Gesammelte Beiträge zur Geschichte der Universität Tübingen, hg. v. Sönke Lorenz/Wilfried Setzler, Tübinger Bausteine zur Landesgeschichte 5, Ostfildern: Thorbecke, 2005, 99–112.

Georg Schmidt, Der Dreißigjährige Krieg, 5. Aufl., München: Beck, 2002.

Theodor Schott, Art. Reihing, Jacob, Allgemeine Deutsche Biographie, Berlin: Duncker & Humblot, Bd. 27 (1888), 698–700, Digitale Volltext-Ausgabe in Wikisource, URL: http://de.wikisource.org/w/index.php?title=ADB:Reihing,_Jacob&oldid=1702093 (Version vom 27. September 2013, 13:34 Uhr UTC).

Klaus Schreiner, Gefleddert und konfisziert. Tübingens Büchersammlungen im Dreißigjährigen Krieg, in: Tübinger Blätter 59 (1972), 113–122.

Ders., Die Katastrophe von Nördlingen. Politische, wirtschaftliche und kulturelle Folgen einer Schlacht für Land und Leute des Herzogtums Württemberg, in: Frieden ernährt, Krieg und Unfrieden zerstört. Vierzehn Beiträge zur Schlacht bei Nördlingen 1634, Jahrbuch des Historischen Vereins für Nördlingen und das Ries 27 (1985), 39–90.

Ders., „Beutegut aus Rüst- und Waffenkammern des Geistes". Tübinger Bibliotheksverluste im Dreißigjährigen Krieg, in: Eine Stadt des Buches. Tübingen 1498–1998, bearb. v. Gerd Brinkhus/Wilfried Lagler/Claudine Pachnicke, Tübinger Kataloge 50, Tübingen: Schwäbisches Tagblatt, 1998, 77–130.

Kurt Schwindel, D. Jakob Reihing. Ein Beitrag zur Geschichte der Gegenreformation, Kirchengeschichte Bayerns 13, München: Kaiser, 1931.

James Allen Vann, The Swabian Kreis, Brüssel: Éditions de la Libraire Encyclopédique, 1975.

Katharina Wiedmann, Der Dreißigjährige Krieg und seine Auswirkungen auf die Stadt Tübingen. Unveröffentlichte Zulassungsarbeit zur Erlangung des Ersten Staatsexamens, 2009.

Bernhard Zaschka, Die Lehrstühle der Universität Tübingen im Dreißigjährigen Krieg. Zur sozialen Wirklichkeit von Professoren im vorklassischen Zeitalter, Werkschriften des Tübinger Universitätsarchivs 1, Tübingen: Attempto, 1993.

Grenzüberschreitung und Konformität

Reisende Herzogliche Stipendiaten des Tübinger Stifts in Selbstzeugnissen des ausgehenden 17. Jahrhunderts[1]

Götz Homoki

Karl Pfaff, der Esslinger Lehrer, Autor, Geschichtsschreiber und „Sängervater",[2] berichtet im 1832 erschienenen zweiten Band seines Werks *Wirtenbergischer Plutarch. Lebensbeschreibungen berühmter Wirtenberger*[3] über die Biographie des Herzoglichen Stipendiaten Andreas Adam Hochstetter (1668–1717)[4] aus Tübingen und erwähnt dabei auch ausführlich eine 1688 begonnene Studienreise desselben:

Die Reise gieng über Strasburg, Basel, Zürch [sic!] und Ulm nach Franken, Ober- und Nieder-Sachsen, von da durch Ost- und West-Friesland nach Holland, [...] Hochstetter hatte sich nach dem Rathe des berühmten Buxtorf in Basel besonders das Studium der morgenländischen Sprachen, und vor Allem der rabbinischen Litteratur zum Zwecke gemacht, er hörte darüber Wagenseil in Altorf, Christiani in Leipzig und den Juden

---

[1] Dem folgenden Beitrag liegen vorläufige Teilergebnisse des von Prof. Dr. Sabine Holtz (Universität Stuttgart) betreuten Dissertationsprojekts „Topografien der Bildung. Kommunikation, Identität und Universitätswirklichkeit in Stipendiatenbriefen des ausgehenden 17. Jahrhunderts" (Arbeitstitel) des Verfassers zugrunde, mit dem frühneuzeitliche Stipendiatenbriefe erstmals als wichtige Quellengattung für die Kultur- und Alltagsgeschichte der vormodernen Universität und ihrer Studenten gewürdigt werden sollen. Ergänzungen, Verbesserungen und Aktualisierungen zum vorliegenden Beitrag werden gegebenenfalls in der Dissertationsschrift des Verfassers vorgenommen. Für zahlreiche Anregungen und Kritik danke ich Prof. Dr. Sabine Holtz und Prof. Dr. Matthias Asche (Universität Tübingen).

[2] Zu Karl Pfaff vgl. u.a. Borst, Karl Pfaff. Der deutsche Sängervater; ders., Karl Pfaff. Konrektor, Historiker; Zeller, ‚Gegründet werden soll ein großer Deutscher Sängerbund'. Zum wissenschaftlichen Nachlass Pfaffs im Hauptstaatsarchiv Stuttgart vgl. Keyler, Bestand J 17. Einleitung.

[3] Pfaff, Wirtenbergischer Plutarch. Lebensbeschreibungen berühmter Wirtenberger 2, Esslingen 1832.

[4] Zu Andreas Adam Hochstetter vgl. Henckel von Donnersmarck, Die letzten Stunden, 135–159; Jöcher, Allgemeines Gelehrten-Lexicon 2 (1750), 1633; Moser, Erläutertes Würtemberg, Bd. 1, 233–243; Pregitzer, Sanctum Soliloquium Pii Theologi Et Devoti Christiani; Zedler, Grosses vollständiges Universal-Lexicon 13 (1735), 317f, sowie Bautz, Hochstetter; Bök, Geschichte der herzoglich Würtenbergischen Eberhard Carls Universität zu Tübingen, 143–144; Breymayer, Andreas Adam Hochstetter, 80–86, 102–105; Jung, Hochstetter, Andreas Adam; Mälzer, Werke der württembergischen Pietisten, 168–175; Wagenmann, Hochstetter, Andreas Adam.

Isaak Abendaan in Oxford. Daneben aber wohnte er auch den theologischen Vorlesungen Schmids, Fausts und Zentgrafs in Strasburg, Carpzovs, Seeligmanns, Rechenbergs und Ittigs in Leipzig, Schurzfleischs, Dascovs [sic!] und Deutschmanns in Wittenberg [...] fleißig bei. Er fand vornemlich zu Dresden bei Spener, dem alten Freunde seines Vaters, eine sehr liebreiche Aufnahme, und zog aus den frommen und gelehrten Gesprächen dieses Mannes den grösten Nutzen. In England erlernte er die Landessprache, und erwarb sich darinn eine solche Fertigkeit, daß er mehrere englischen [sic!] Schriften ins Lateinische übersetzte. Zugleich versäumte er nirgends die kirchlichen, litterarischen und andern Anstalten und Merkwürdigkeiten aufmerksam zu betrachten; der gröste Gewinn aber von seiner Reise war für ihn die Bekanntschaft mit einer Menge gelehrter Männer, mit welchen er nachher, zum Theil bis an seinen Tod, im Briefwechsel stand. Ausser den schon genannten waren es: in Nürnberg Feuerlein, in Altorf Fabricius und Wegleiter, in Jena Weigel, Schmid und Sagittarius, in Halle Baier und Göz, in Leipzig Menken, in Niedersachsen Calixtus, Lütken, Fabricius, Lipen, Gerdes, Pfeiffer, Winkler, Edzard, Eggeling, in Holland Vitringa, Perizonius, Witsius, Grävius, Gronov, Limbach, Wetstein und Bayle, in England Newton, Dodwell, Cave, Burnet, Pocok, Baxter, Boyle, Spencer, Hyde u. s. w., welche er Theils in London, Theils zu Oxford und Cambridge kennen lernte.[5]

Andreas Adam Hochstetter reiste nicht allein. Insgesamt waren es wohl sieben Herzogliche Stipendiaten des Tübinger Stifts,[6] die der „Landesherr [Herzogadministrator Friedrich Carl von Württemberg-Winnental; G.H.] [...] auf fremde Universitäten schikte, und hiezu durch einen besondern Geldbeytrag unterstüzte."[7] Die *Peregrinatio academica* der Sieben stellte in dieser Form eine prä-

---

[5] Pfaff, Wirtenbergischer Plutarch, 6f.

[6] Zur Geschichte des Tübinger Stifts vgl. Hahn/Mayer, Das Evangelische Stift; Hartmann, Das Tübinger Stift; Hertel, In Wahrheit und Freiheit; Leube, Geschichte des Tübinger Stifts; ders., Das Tübinger Stift; Schmoller, Geschichte des Theologischen Stipendiums, Bd. 1; Schöllkopf, Schwäbischer Olymp.

[7] Kielmann, Versuch kurzer Lebensbeschreibungen, 165. Vgl. auch die Schilderung von Hochstetters Studienreise ebd., 165f: „Er reißte deswegen 1688 nach Strasburg, wo er den D. Sebast. Schmid in der Exegese hörte, und dann nach Basel sich begab, um von Buxtorf sich im Hebräischen noch mehr unterrichten zu lassen. Von dort gieng er nach Altdorf, da er um der Kriegsunruhen willen nicht wohl anderswohin reisen konnte, und machte sich auch in Ulm den Umgang mit Wagenseil und Fabricius zu Nuzen. Hierauf besuchte er die Sächsische Universitäten Jena und Leipzig, wo er den Theologen Carpzov hörte. In Dresden hielt er sich eine Zeitlang bey D. Spener auf, in dessen Haus er wohnte und speiste, und seine ihm erzeigte Freundschaft Taglebens dankbar rühmte. Nun gieng er nach Wittemberg, und hörte dort vorzüglich den berühmten Schurzfleisch. Von dort sezte er seine Reise durch ganz Nieder-Sachsen fort, und besuchte alle merkwürdige [sic!] Gelehrten in Frankfurt an der Oder, Helmstädt, Wolfenbüttel, Braunschweig, Berlin, Stettin, Greifswald, Stralsund, Wißmar, Lübek, Hamburg und Bremen. Alsdann wandte er sich nach Holland, wo er die Universitäten Gröningen und Franeker besuchte, wo Jak. Perizonius ihm viele Freundschaft erwies. Auch zu Utrecht erzeigte ihm Herm. Wirsius, Peter von Mastricht und Grävius grose Gunst, und zu Leyden Jak. Gronovius. Nachdem er dort sich eine Zeitlang aufgehalten, reiste er nach England, um die Sprache dieses glüklichen Eylandes zu erlernen, und sich in den morgenländischen Sprachen und der Kirchengeschichte vollkommener zu machen. Auch hier hatte er das Glük, sich die Freundschaft von Eduard Pocok und Dodwell in Oxford zu erwerben, und oft ihres lehrreichen Umgangs zu geniessen. Zu Kambridge wurde er ebenfalls von Joh. Spencer und Newton gütig aufgenommen. Zu London erzeigte ihm besonders Bischof Burnet vie-

zedenzlose Außerordentlichkeit dar,[8] denn die Studienmöglichkeiten Herzoglicher Stipendiaten waren in der Regel territorial stark begrenzt. So erfolgte die Ausbildung der angehenden württembergischen Theologen vollumfänglich an der Tübinger Universität und die für andere Studentengruppen schon lange Zeit übliche *Peregrinatio academica* an auswärtige Universitäten war mit der Maßgabe, sich „in kein ander Universität dann allein zu Tübingen [...] zu begeben"[9] im Prinzip untersagt – und dies nicht nur aus Gründen von zusätzlichen Ausbildungskosten, sondern auch aus Sorge vor heterodoxen theologischen Einflüssen auf die Herzoglichen Stipendiaten.[10] Umso erstaunlicher ist es also, dass es am Ende des 17. Jahrhunderts wohl erstmalig einer siebenköpfigen Gruppe von Herzoglichen Stipendiaten des Tübinger Stifts gestattet wurde,[11] aus Mitteln des Kirchenkastens eine langjährige und weitläufige *Peregrinatio academica* zu unternehmen: Andreas Adam Hochstetter sowie Johann Reinhard Hedinger (1664–1704),[12] Hieronymus Magirus (1662–1692),[13] Hieronymus Welsch

---

le Gewogenheit, und Will. Cave. Hier lernte er die englische Sprache so gut, daß er sie wie seine Muttersprache redete, und verschiedene gute Schriften aus derselben ins Lateinische übersezte."

[8] Vgl. Hahn/Mayer, Das Evangelische Stift, 120.

[9] Zitiert nach: Hahn/Mayer, Das Evangelische Stift, 119. Vgl. Beyreuther, Geschichte des Pietismus, 234.

[10] Vgl. Hahn/Mayer, Das Evangelische Stift, 119f.

[11] Vgl. Brecht, Philipp Jakob Spener, 449f; Hahn/Mayer, Das Evangelische Stift, 120; Hartmann, Das Tübinger Stift, 40–42; Leube, Geschichte des Tübinger Stifts, 81. Eine weitere große Reisegruppe von sieben oder gar mehr Herzoglichen Stipendiaten ist im Zeitraum von 1581 bis 1800 nach Auswertung einschlägiger Bestände des Archivs des Evangelischen Stifts Tübingen und des Hauptstaatsarchivs Stuttgart durch den Verfasser nicht nachweisbar. Es kann außerdem – trotz erkennbarer Lücken in der Überlieferung – zur Reiseaktivität Herzoglicher Stipendiaten festgestellt werden, dass eine *Peregrinatio academica* lange Zeit offenbar nur in Ausnahmefällen genehmigt wurde und bis zum Ende des 18. Jahrhunderts nicht die Regel darstellte. Vgl. dazu die Einschätzung bei Hahn/Mayer, Das Evangelische Stift, 120: „Aber das Ausschweifen der Württemberger an andere Orte sollte nicht in großem Umfang zur Regel werden. In der Folgezeit wurden überwiegend in Einzelfällen Bildungsreisen nach Abschluß der Studienzeit und vor dem endgültigen Eintritt in den Kirchendienst genehmigt. Oft fanden die Stipendiaten nicht mehr oder nur sehr schwer den Weg zurück nach Württemberg."

[12] Zu Johann Reinhard Hedinger vgl. u.a. Fischlin, Memoria theologorum Wirtembergensium resuscitata, Bd. 2, 397–415; Hochstetter, Wahrer Christen Hohes Glück; Jöcher, Allgemeines Gelehrten-Lexicon 2 (1750), 1430f; Zedler, Grosses vollständiges Universal-Lexicon 12 (1735), 1068f, sowie Bautz, Hedinger, Johann Reinhard; Fausel, Hedinger, Johann Reinhard; Hartmann, Hedinger, Joh. Reinhard; Knapp, Johann Reinhard Hedinger; Mack, Johann Reinhard Hedinger; Mälzer, Die Werke der württembergischen Pietisten, 147–157; Schöllkopf, Hedinger, Johann Reinhard; ders., Johann Reinhard Hedinger; ders., Johann Reinhard Hedinger (1664–1704); ders., Johann Reinhard Hedinger (1664–1704). Württembergischer Pietist und kirchlicher Praktiker; Sommer, Johann Reinhard Hedinger.

[13] Zu Hieronymus Magirus vgl. Fischlin, Memoria theologorum Wirtembergensium resuscitata; Bd. 2, 387–393; Hochstetter, Die allerseeligste Beförderung; Jöcher, Allgemeines Gelehrten-Lexicon 3 (1751), 35; Zedler, Grosses vollständiges Universal-Lexicon 19 (1739), 306.

(1661–1692),[14] Gottfried Hoffmann (1669–1728),[15] Johann Christian Neu (1668–1720)[16] und Johann Eberhard Rösler (1668–1733)[17] bereisten von Mitte 1688 an zahlreiche Orte und Universitäten im Reich, in der Eidgenossenschaft, aber auch in den Spanischen Niederlanden, in den Generalstaaten sowie in England, darunter Straßburg, Basel, Zürich, Jena, Halle, Leipzig, Dresden, Wittenberg, Groningen, Franeker, Amsterdam, Leiden, Den Haag, Rotterdam, London, Oxford sowie Cambridge.[18] Auf verschiedenen Routen kehrten zwei der sieben Herzoglichen Stipendiaten schließlich erst 1693, weit über vier Jahre nach Reiseantritt, wieder in ihre württembergische Heimat zurück.

Angesichts eines aufgrund der beachtlichen Zeitspanne und der großen räumlichen Entfernung permanent drohenden Informations- und Kontrollverlustes war es nur selbstverständlich, dass der Kirchenrat in Stuttgart als zentrale landesherrliche Kirchenbehörde versuchte, dieses Reiseunterfangen durch die Implementation eines konsequenten Berichts- und Rechenschaftswesens systematisch zu regulieren. Es war während ihrer gesamten *Peregrinatio academica* für die sieben Herzoglichen Stipendiaten daher verpflichtend, die das Unternehmen finanzierende Kirchenleitung peinlich genau und regelmäßig über den Reise- und Studienverlauf zu informieren. Zu diesem Zweck verfassten alle reisenden Stipendiaten briefliche Rechenschaftsberichte in lateinischer Sprache, adressiert unter anderem an Konsistorialdirektor Andreas Bardili (1639–1700), Konsistorialvizedirektor Johann Georg Kulpis (1652–1698) sowie die Konsistorialräte Johann Friedrich Hochstetter (1640–1720) und Johann Lorenz Schmidlin (1626–1692). Diese Rechenschaftsberichte – die nachfolgend als Stipendiatenbriefe[19] bezeichnet werden – sind in einer zeitgenössischen, vermutlich nach

[14] Zu Hieronymus Welsch vgl. Meurer, Der glaubigen Seelen recht sicheres Flehnen.

[15] Zu Gottfried Hoffmann vgl. Jöcher, Allgemeines Gelehrten-Lexicon 2 (1750), 1656–1657; Moser, Erläutertes Würtemberg, Bd. 2, 207–217; Weissmann, Die Zwar tieff verborgene Aber Heyls-volle und seelige Leitungen und Führungen Gottes; Zedler, Grosses vollständiges Universal-Lexicon 13 (1735), 448f, sowie Bautz, Hoffmann, Gottfried; Bök, Geschichte der herzoglich Würtenbergischen Eberhard Carls Universität zu Tübingen, 144f.

[16] Zu Johann Christian Neu vgl. Jöcher, Allgemeines Gelehrten-Lexicon 3 (1751), 871; Tafinger, Christlicher Unterricht; Zedler, Grosses vollständiges Universal-Lexicon 24 (1740), 1–3, sowie Bök, Geschichte der herzoglich Würtenbergischen Eberhard Carls Universität zu Tübingen, 175f.

[17] Zu Johann Eberhard Rösler vgl. Jöcher, Allgemeines Gelehrten-Lexicon 3 (1751), 2174f; Weissmann, Der kräfftige Trost Derer, die Gott lieben; Zedler, Grosses vollständiges Universal-Lexicon 32 (1742), 463f, sowie Bök, Geschichte der herzoglich Würtenbergischen Eberhard Carls Universität zu Tübingen, 171f; Landsberg, Rösler, Johann Eberhard.

[18] Zu Immatrikulationen vgl. Barack, Württemberger auf der Straßburger Universität, 179; Erler, Die jüngere Matrikel der Universität Leipzig 2, 186, 189, 274, 490; Knod, Die alten Matrikeln der Universität Straßburg 1, 655; Wackernagel/Triet, Die Matrikel der Universität Basel 4, 214f; Weissenborn, Album Academiae Vitebergensis 2, 175, 241, 286, 366.

[19] Stipendiatenbriefe wurden Anfang des 20. Jahrhunderts als Gegenstand historischer Betrachtungen eingeführt: Diehl, Stipendiatenbriefe, 97–144; Schnizlein, Stipendiatenakten, in: Frankenland 6 (1915), 229–238; ders., Stipendiatenakten, in: Frankenland 7 (1915), 245–255; ders., Schulgeschichtliches, 189–195. Zu aktuellen Forschungsparadigmen der Universitäts-

1692 angelegten Abschrift überliefert,[20] die Originale müssen als verschollen gelten. Über drei Abschnitte sollen auf Grundlage dieser studentischen Selbstzeugnisse nachfolgend Besonderheiten der brieflichen Kommunikation aufgezeigt (I.), universitäre Studieninhalte vorgestellt (II.) sowie ausgehend von dem sich dabei manifestierenden spezifischen Selbstbeschreibungsdiskurs Überlegungen zur Identität Herzoglicher Stipendiaten des ausgehenden 17. Jahrhunderts zwischen „Grenzüberschreitung und Konformität" angestellt werden (III.).[21]

I.

Die briefliche Kommunikation der sieben Herzoglichen Stipendiaten ist durch eine auffällige soziale Distanz zwischen Autor(en) und Adressat(en) gekennzeichnet. Ein formalisierter Stil mit festem Wendungsrepertoire, zumeist unpersönliche, bisweilen stereotype Formulierungen und eine insgesamt eher geringe stilistische Freiheit prägen die Stipendiatenbriefe. Regelmäßig wiederholte Versicherungen der Wertschätzung und eine supplikative Attitüde gehören dabei zu den Grundmustern der Kommunikation der reisenden Stipendiaten mit der württembergischen Kirchenleitung. Trotz des dabei stets zutage tretenden eklatanten Autoritätsgefälles gelang es ihnen damit bisweilen, obrigkeitliche Vorgaben in Motivationslagen zu überführen, welche sich auch mit eigenen Bedürfnissen beziehungsweise Interessen kompatibel machen ließen. In ihren Briefen ist daher gewinnbringend zu verfolgen, mit welchen Strategien die Herzoglichen Stipendiaten obrigkeitlicher Kontrolle begegneten, welche Argumentationslinien dabei plausibel waren und wie sich die Sieben gegen kommunikative Störungen absicherten. Indem die reisenden Stipendiaten insbesondere bei

und Bildungsgeschichte vgl. Asche/Gerber, Universitätsgeschichte, 159–201; Füssel, Wissensgesellschaft, 272–289; Krug-Richter/Mohrmann, Universitätskulturen.

[20] Württembergische Landesbibliothek Stuttgart [WLB] Cod. hist. 4° 277: *„Epistolae Stipendiatorum Tubingensium M[agistri] J[ohanni] Reinh[ardi] Hedingeri M[agistri] Hieronymi Magiri M[agistri] Hieronymi Welschii M[agistri] Andreae Adami Hochstetteri M[agistri] Gottfridi Hoffman[n]i Johan[n]i Christiani Newii J[ohanni] Eberhardi Rösleri quas, Sumptibus Serenissimi ducis ad exteras academias ablegati ad illustre Consistorium Stuttgardiae perscripserunt an[n]o 1688 seq[uentes]"*. Vgl. den Verweis bei von Heyd, Handschriften 2, 117, betreffend die Herkunft der Handschrift („Erkauft aus dem Nachlass von Karl Pfaff") sowie die Erwähnung der Handschrift bei Leube, Geschichte des Tübinger Stifts, 81: „Die Stuttgarter Landesbibliothek bewahrt ein Heft von Abschriften von Briefen, welche von den ausgesandten Stipendiaten etwa monatlich an Mitglieder des Konsistoriums geschrieben wurden. Es handelt sich um die Stipendiaten Joh. Reinh. Hedinger, Hieron. Magirus, Andr. Ad. Hochstetter u. a." Im Rahmen des Dissertationsprojekts des Verfassers wird eine Edition von WLB Cod. hist. 4° 277 mit Übertragung und Kommentierung der insgesamt 78 lateinischen Stipendiatenbriefe vorbereitet. Für zahlreiche Hinweise und Hilfe danke ich Marco Blumhofer und Jakob Rasim.

[21] Zum Grenzbegriff vgl. Füssel, Grenzen, 48.

fundamentalen Finanzierungsfragen strategisch Erwartungen bestätigten, Befürchtungen ausräumten oder gemeinsame Interessen hervorhoben, kann außerdem auf die spezifischen Möglichkeiten von Verhandlungsgeschick, Argumentationstalent und Beharrungsvermögen verwiesen werden. Das Bekenntnis der Sieben, „*inter exteros peregrinamur, non alio sane quam promovendae DEI gloriae, complendiq[ue] superiorum desideriis scopo*“[22], verstellt nämlich den Blick auf einen wesentlichen Aspekt ihrer Studienreise, denn diese war primär ein kostspieliges Unternehmen, das beinahe kontinuierlich nachfinanziert werden musste. Sehr häufig wird von den Herzoglichen Stipendiaten daher brieflich erwähnt, man könne anfallende Kosten nicht tragen, müsse notwendige Ausgaben reduzieren und befinde sich insgesamt in schlechten materiellen Verhältnissen. Viele Passagen der Stipendiatenbriefe sind unter diesem Gesichtspunkt ein beredtes Zeugnis dafür, dass über die für eine erfolgreiche Überwindung von Finanzierungsproblemen erforderlichen Geldzahlungen offenbar regelmäßig aufs Neue verhandelt werden musste:

Qua rerum nostrar[um] conditionis ratione exposita, p[er]mitte, Vir Magnifice, de nostra indigentia ad TE loqui. Iam scripsimus praeterito anno, quod pecuniam in numerato habere debeat, [...] Collegiis sese adiungit, Cavim[us] proinde huic rei, et praeoptavimus Hospiti nostro in aere esse, quam occasionem discendi impendire, novaq[ue] Collegia de beneficio iam anno elapso destinato, redimere maluim[us]; ut iam, si factos sumptos loco suo restituam[us], non possimus, n[i]s[i] tota summa potiamur, quam nobis admensa est Beneficentia Serenissimi Nutricii: statim enim atq[ue] adferent[ur], factis impensis plurimum cedet. [...] Monet inquam, illa rerum facie, et reliqua fortunae conversio, ut obice rerum agendarum praevertere annitamur. Parcite ergo audaci petenti, Viri Magnif[ici] eo nomine, quod liberalitate vestra, qua elapso anno nobis succurristis, felicissime usi sumus, destituti caeteroquin omni ope, inter turbas illas bellicas. Cuius beneficii uti grato animo recordari subit, ita curae Vestrae plane confidimus, nosmet interim Patrocinio Illustrissimi Consilii quam modestissime commendantes.[23]

[22] WLB Cod. hist. 4° 277, fol. 11v (Stipendiatenbrief Nr. 17, Andreas Adam Hochstetter an Johann Lorenz Schmidlin, London, 1690).

[23] WLB Cod. hist. 4° 277, fol. 25v (Stipendiatenbrief Nr. 34, Johann Christian Neu an Johann Georg Kulpis, Wittenberg, 2.7.1689): „Nachdem wir Rechenschaft über unsere Situation abgelegt haben, erlaube uns, hoher Herr, dir gegenüber auch unsere Not zur Sprache zu bringen. Bereits im vorigen Jahr haben wir geschrieben, dass wir das zur Bezahlung der Kollegien nötige Geld in barer Münze brauchen; deswegen ließen wir diese Sache nicht außer acht. Wir zogen es nämlich vor, lieber unserem Quartiergeber etwas schuldig zu sein, als uns eine Gelegenheit zum Lernen zu verbauen und lieber wollten wir von dem bereits letztjährig festgelegten wohltätigen Stipendium neue Kollegien bezahlen. Wenn wir nun also diese Kosten zu einem bestimmten Zeitpunkt begleichen müssen, können wir dies nur mit der ganzen Summe, die uns vermittels der Wohltätigkeit des durchlauchtigsten Ernährers auch zugemessen wurde – nach Abzug der Kosten ist ohnehin das meiste davon sogleich wieder weg. Die geschilderten Verhältnisse und die letzte schicksalshafte Wendung treiben uns dazu, uns um Beseitigung der Hindernisse zu bemühen, die unseren Angelegenheiten im Wege stehen. Hohe Herren, seid also nachsichtig gegenüber dem frechen Bittsteller – im vergangenen Jahr konnten wir uns doch glücklicherweise auch der von euch gewährten Güte erfreuen, abgesehen davon sind wir in den derzeitigen kriegerischen Wirren aller sonstigen Mittel los und le-

So oder ähnlich nahm sich der Inhalt zahlreicher epistolarer Notsignale aus, die die Herzoglichen Stipendiaten im Verlauf ihrer Reise nach der Heimat absetzten. Um jedoch im Gefüge der Reisefinanzierung mit ihren stark disziplinierenden Effekten keine größeren Resistenzen aufzubauen, stellen ihre Briefe eine Mischung aus Ehrbezeugungen, Loyalitätsofferten und symbolischen Unterwerfungsakten gegenüber der zentralen Autorität in Stuttgart dar: „*licet autem Clientib[us], ut opinor, qui se ad Patronorum suor[um] pedes prosternunt*“[24] lautete daher nur eine der zahlreichen Formulierungen, die der württembergischen Kirchenleitung uneingeschränkten Kooperationswillen demonstrieren sollten. Die Sieben waren nach Jahren der Ausbildung im Tübinger Stift sicher erfahren genug, die hierarchischen Machtverhältnisse als gegeben anzusehen und sich nach diesen auszurichten. Angesichts der räumlichen und zeitlichen Distanz, der alle Kommunikationspartner unterlagen, nutzten sie in der Folge aber auch den sich dadurch eröffnenden Handlungs- und Verhandlungsraum, galt es doch aus stipendiatischer Sicht unbedingt zu vermeiden, dass die Studienreise wegen mangelnder finanzieller Mittel zum Stillstand kam oder gar Gefahr lief, angesichts der Kostenhöhe durch vorzeitigen Abbruch ganz zu scheitern: „*Alioquin posset nobis evenire, quod iis solet, qui egestate pressi iter supprimere coguntur.*“[25] Wollten die Herzoglichen Stipendiaten auch eigene Vorstellungen hinsichtlich Reisedauer oder -route etablieren und die Geldgeber in der württembergischen Heimat gleichzeitig zu möglichst großen Leistungen motivieren, musste das vorgeschriebene Budget mithin beinahe zwangsläufig als zu knapp in Frage gestellt und der tatsächlich zu erwartende finanzielle Aufwand möglichst hoch angesetzt werden. Die Herzoglichen Stipendiaten konterten daher ein obrigkeitlich verordnetes Sparsamkeitsdiktat, indem sie häufig ausführten, dass ein neuer Studienort oder eine besondere Gelegenheit einen höheren finanziellen Aufwand erforderlich mache, dass die Kosten der täglichen Lebenshaltung in einer Stadt exorbitant seien, man dringend benötigte Bücher anschaffen müsse oder neuer Kleidung bedürfe, die Studienkosten hoch seien oder ein ungünstiger Wechselkurs vorliege und man daher verschuldet sei. Unvorhersehbare Ereignisse wie Krankheiten und eine damit verbundene kostenintensive ärztliche Behandlung oder militärische Aktionen konnten studentisches Budget beziehungsweise lokales Preisgefüge zusätzlich erheblich schwanken und die Unternehmung damit wieder an ihre Finanzierbarkeitsgrenzen gelangen lassen.

dig. An die Wohltat dankbar zurückdenkend vertrauen wir uns also mit Leib und Seele eurer Fürsorge an und empfehlen uns einstweilen untertänigst dem Schutz und Schirm des erlauchtesten Rats.“

[24] WLB Cod. hist. 4° 277, fol. 33r (Stipendiatenbrief Nr. 47, Johann Christian Neu an Konsistorialsekretär Friedrich Anton Rösler, Wittenberg, 30.4.1690).

[25] WLB Cod. hist. 4° 277, fol. 36r–36v (Stipendiatenbrief Nr. 54, Johann Christian Neu an Konsistorialsekretär Friedrich Anton Rösler, [Wittenberg], 11. [?].1.1692).

Die Fähigkeit der Herzoglichen Stipendiaten, auf die Erfordernisse der Reisefinanzierung zu reagieren und die Kosten ihrer *Peregrinatio academica* mit entsprechenden Argumentationen – deren Topoi stets die für Studienförderung beziehungsweise Stipendienwesen typischen Begriffsfelder von Bedürftigkeit, Würdigkeit und Fleiß umfassten – diskursiv abzufangen, unterschieden sich offenbar voneinander. Besonders offensiv nutzte etwa Johann Eberhard Rösler die epistolaren Spielräume, indem er die eigene prekäre Situation während des langen Auslandsaufenthaltes als fundamentale Krise präsentierte:

Post ultimas enim, quas ad Illustrem Consistorii Praesidem dedi, literas, iam tertium recurrens febris valetudinem afflixit. Ex quo quidem tempore, simulatq[ue] depulsa eius quoq[ue] morbi vis est, et si melius habere coepi, nihilominus neq[ue] nunc eas recepi vires, quibus ante morbum instructus eram, et stomachi imbecillitati, sanguiniq[ue] potus potissimum, cui a pueris adsuetus eram, mutatione corrupto, quotidie etiamnum medicina adhibenda est. Id autem quod in sumtus in morbis perpetuos et necessarios, vel medicinam impensum, vel medico, qui, donec vis morbi aliquantum desaeviisset, quotidie me conveniebat, honorarii loco debetur, ad 40. ferme Imp[er]iales efficit. Quae summa si de stipendio decedat, tantum profecto non reliquum erit, quantum victus, cultusq[ue] et caetera studiorum subsidia sibi exposcunt: neq[ue] si spes nulla effulserit, aliud suppetit consilium, quam quo [...] debitis, quibus solvendo non sim, obruar, ut hospitium vetus mutem aliiq[ue] convictui, ubi vilius coenatur, me iungam; id quod aliquot iam annis Dassoviano convictu utenti, valde incommodum accideret.[26]

II.

Ein wichtiger Aspekt bei der Beschäftigung mit der brieflichen Korrespondenz der sieben Tübinger ist die Frage nach der Initiierung einer großen Studienreise Herzoglicher Stipendiaten. Hierbei muss besonders die pietistisch beeinflusste

[26] WLB Cod. hist. 4° 277, fol. 35v–36r (Stipendiatenbrief Nr. 53, Johann Eberhard Rösler an Konsistorialsekretär Friedrich Anton Rösler, [Wittenberg], 19.10.1691): „Denn seit ich den letzten Brief an den erlauchten Direktor des Konsistoriums geschickt habe, hat schon der dritte Fieberanfall meine Gesundheit zerrüttet. Auch wenn die schwere Krankheit inzwischen gebannt ist und ich mich langsam besser fühle, habe ich dennoch nicht die körperlichen Kräfte wiedererlangt, die ich vor der Krankheit hatte. So muss ich täglich Medikamente einnehmen, besonders weil ich eine Magenschwäche und Probleme mit dem Blut, also mit der kostbarsten Flüssigkeit überhaupt, habe; daran leide ich aufgrund einer unglücklichen Fügung schon seit meiner Kindheit. Die erforderliche Geldsumme, die ich bis jetzt fortlaufend und notwendigerweise für teure Medizin gegen meine Krankheit ausgeben beziehungsweise dem Arzt (der mich, während die Krankheit noch gewaltig tobte, täglich besuchte) als Entgelt bezahlen musste, beträgt ungefähr 40 Gulden. Wenn dieser Betrag von unserem Stipendium abgerechnet wird, dann bleibt sicherlich nicht genug übrig, um die Kosten für Essen, Kleidung und die anderen im Studium erforderlichen Dinge zu tragen. Wenn keine Hoffnung mehr aufscheint und ich, zugrunde gerichtet von Schulden, die ich nicht begleichen kann, keinen Ausweg mehr weiß, könnte ich noch umziehen und in meine alte Unterkunft zurückkehren, wo es zwar billiger, aber – da ich schon ein paar Jahre bei Dassov wohne – auch sehr unbequem ist."

Orientierung maßgeblicher theologisch-politischer Kreise in Württemberg seit 1680 berücksichtigt werden.[27] Der wachsende Einfluss Philipp Jakob Speners auf das württembergische Luthertum spiegelt sich dabei verschiedentlich in Bemühungen des Konsistoriums um eine Neuordnung der studentischen Ausbildung im Tübinger Stift. Diese wurden schließlich 1688 in einem ausführlichen Erlass zusammengefasst, welcher unter dem Titel *Instruction Wegen deß Ordinis Studiorum, wie solcher künftighin in dem Fürstl. Stipendio zu Tübingen, so wohl in docendo allß discendo soll beobachtet werden* als Beilage zum Visitationsrezess vom 24. Juli desselben Jahres ausgegeben wurde.[28] Diese neue Studienordnung griff unmittelbar auf die Reformvorschläge Speners zur theologischen Ausbildung zurück,[29] indem sie dessen Ziel einer Neugestaltung des Theologiestudiums, bei der neben den theologischen Kenntnissen die Vorbereitung auf das geistliche Amt stärker berücksichtigt werden sollte, umzusetzen suchte.[30] Entsprechend sollte der *Instruction Wegen deß Ordinis Studiorum* zufolge das Studium im Tübinger Stift nicht (mehr) auf theologischen Kontrovers- und Streitpraktiken aufbauen, sondern sich mit der Exegese, der Kirchengeschichte und einer verstärkten Homiletik auf die Bibel sowie die Glaubens- und Lebenspraxis konzentrieren.[31] Auch das Auslandsstudium, von dem die sieben Herzoglichen Stipendiaten brieflich berichten, folgt diesen neuen Vorgaben zum Teil deutlich.

Die Stipendiatenbriefe bieten vor diesem Hintergrund detaillierte Einblicke in die Universitätswirklichkeit der Zeit um 1700. Da die reisenden Herzoglichen Stipendiaten gehalten waren, die landesherrliche Kirchenbehörde über den Besuch von Lehrveranstaltungen und Studieninhalte ausführlich zu unterrichten, liegen direkte und persönliche Informationen über die Lehrtätigkeit bekannter Professoren, über wichtige, schwer zugängliche Lehrbücher, über studentisches Arbeiten und über innovative Lehrangebote wie Privatkollegien ebenso vor wie zum Beispiel über neue Lern- und Lehrmethoden. Die Stipendi-

---

[27] Vgl. dazu Brecht, Der württembergische Pietismus, 225–295; ders., Philipp Jakob Spener, sein Programm und dessen Auswirkungen, 339–340; ders., Philipp Jakob Spener und die württembergische Kirche, 443–459; Wallmann, Philipp Jakob Spener.

[28] Vgl. Leube, Geschichte des Tübinger Stifts, 80. Zur *Instruction Wegen deß Ordinis Studiorum* (Hauptstaatsarchiv Stuttgart [HStAS] A 274 Bü 88) vgl. außerdem Brecht, Theologenausbildung, 32–37; ders., Philipp Jakob Spener, sein Programm und dessen Auswirkungen, 339; Leube, Geschichte des Tübinger Stifts, 80–82, 218–232; Schöllkopf, Johann Reinhard Hedinger (1664–1704). Württembergischer Pietist und kirchlicher Praktiker, 36–37; ders., Schwäbischer Olymp, 32–33.

[29] Vgl. Brecht, Theologenausbildung, 32; ders., Philipp Jakob Spener, sein Programm und dessen Auswirkungen, 339; Hahn/Mayer, Das Evangelische Stift, 120.

[30] Vgl. Cordes, Hilaria evangelica academica, 77. Vgl. außerdem Brecht, Philipp Jakob Spener und die Reform des Theologiestudiums, 94–108.

[31] Vgl. Brecht, Philipp Jakob Spener, sein Programm und dessen Auswirkungen, 339. Vgl. außerdem ders., Philipp Jakob Spener und die Reform des Theologiestudiums, 96f, 104f; ders., Philipp Jakob Spener und die württembergische Kirche, 447f.

atenbriefe machen dabei einerseits die weiterhin überragende Bedeutung der orthodox lutherischen Universitäten in Kursachsen sichtbar, sie belegen aber auch, dass neben den ohnehin beliebten niederländischen Hochschulen um 1700 allmählich auch England zu einem bevorzugten Reiseziel wurde. Der dortige Aufenthalt der sieben Herzoglichen Stipendiaten korreliert mit einem gesteigerten Englandinteresse im Reich und in Europa[32] und nahm angesichts des Umstands, dass die Kenntnis des Englischen noch wenig verbreitet war,[33] sogar explizit den Charakter einer Sprachlehrreise an, wie Andreas Adam Hochstetter zu berichten weiß:[34]

Et factum tandem benignissimi in Coelo Patris bonitate est, ut quanquam haud abs una, alteraq[ue] molestia, Londini Anglorum appellerem[us]. Atq[ue] nunc exactum ingens illud iter est; sane non ut in deliciis vivere[mus], quis enim in mari quidquam deliciarum quaerat? nec ut nostrae curiositati satis fieret; libentius enim mille nauseas subterfugissem[us], sed solo eo post DEO gloriam fine, ut ingeniosissimae Anglorum gentis linguam exactius ante omnia addiscerem[us], et penetrare adeo in arcana ipsorum eo facilius possemus. Solent enim optumos quosq[ue] libros suos propria lingua conscribere, quasi aliis eos inviderent. Neque apud ipsos, ut forte alibi, mos est, librum unum ex pluribus aliis consarcinare, sed propria maxime industria ingenioq[ue] certam excutere materiam, eamq[ue] dein nitidus elaboratam Britanno Orbi exponere. Scripsit nuper Edwardus Pocokius […], Prof[essor] Oxoniensis valde senex, in Hoseam Commentarium Anglo sermone, quem quoties nunc inspicio.[35]

---

[32] Vgl. Maurer, Germany's Image, 17f. Zu England und den protestantischen Unionsdiskussionen um 1700 vgl. u.a. Schunka, Union, 193–208; ders., Kontingenz, 82–114. Zur gestiegenen Anzahl deutscher Anglicana vgl. Teuteberg, Reiseliteratur, 83.

[33] Vgl. van de Kampe, Johann Deusing Bremensis, 40; Maurer, Germany's Image, 19.

[34] Andreas Adam Hochstetters offensichtliche Vorliebe für England resultierte nach seiner Rückkehr nach Württemberg zunächst in Übersetzungstätigkeit, als er 1695 Edward Stillingfleets *A Letter to a Deist* ins Lateinische übertrug: Andreas Adam Hochstetter, *Epistola ad Deistam qua ad diversas ejusdem adversus S. Scripturam objectiones solide respondetur, simulque religionis christianae et sacrarum literarum veritas atque auctoritas perspicue graviterque vindicatur. Andreas Adamus Hochstetterus ex Anglicano in Latinum sermonem convertit lucique publicae ad complurium vota exponi curavit*, Ulm 1695. Den Nutzen von Englandreisen machte Hochstetter kurze Zeit darauf zum Gegenstand seiner Tübinger Antrittsvorlesung als Professor für Beredsamkeit und Dichtkunst vom 11. August 1697, die im selben Jahr auch in gedruckter Form erschien: Andreas Adam Hochstetter, *Oratio de utilitate peregrinationis Anglicanae, ad d. XI. Sextil. MDCXCVII. recitata Tubingae, quum Eloquentiae et Poeseos Professionem Inclyta in Eberhardina auspicaretur*, Tübingen 1697. Ein weiterer Beleg für Hochstetters gelehrte Anglophilie sind die seinen Nachlass verwaltenden Inventur- und Teilungsakten im Hauptstaatsarchiv Stuttgart, in denen ein bisher kaum bekannter detaillierter Katalog seiner auch mit englischsprachiger Literatur bestückten umfangreichen Privatbibliothek überliefert ist: HStAS A 275 Bü 86. Zu Hochstetters Inventuren und Teilungen vgl. Schöntag, Vermögensverhältnisse, 343, 350. Zu Hochstetter und England vgl. Breymayer, Andreas Adam Hochstetter, 81f, 102–104; Hazard, Krise, 97; Selling, Gelehrten-Reisen, 145, 156; Sträter, Sonthom, 23; Teuteberg, Reiseliteratur, 106; Willenberg, Distribution, 20.

[35] WLB Cod. hist. 4° 277, fol. 12r–12v (Stipendiatenbrief Nr. 17, Andreas Adam Hochstetter an Johann Lorenz Schmidlin, London, 1690): „Und so kam es dank der besonderen Güte des Himmlischen Vaters, dass wir schließlich – aber nicht ohne die eine oder andere Unan-

Üblicherweise widmeten sich die Herzoglichen Stipendiaten im Ausland der lateinischen, griechischen und hebräischen Lektüre der Bibel und ihrer einschlägigen Kommentare, der text- und sachorientierten Exegese sowie dem Studium der Dogmatik in Form der Beschäftigung mit den gängigen lutherisch-orthodoxen Kompendien, Systemen und Bekenntnisschriften. Daneben halfen praktische homiletische Übungen den Stipendiaten, den biblisch-dogmatischen Stoff in eine belehrende und erbauliche Predigt umzusetzen. Schließlich bildete die theologische Tradition mit *Historia ecclesiastica* und *Studium patrum*, also der Beschäftigung mit den altkirchlichen Autoren, einen weiteren neuartigen Studienschwerpunkt, denn die Lehrentscheidungen und Kontroversen der Alten Kirche anhand der bekannten Quellentexte sowie der entsprechenden kirchengeschichtlichen Darstellungen zu kennen, war für die reisenden Stipendiaten offenbar unverzichtbar. Da wiederum Spener dem Frühchristentum eine entscheidende Funktion für das Leben und den Glauben der zeitgenössischen Christen zugesprochen hatte,[36] wurde mit den *Patres graeci* und den *Patres latini* der Rückblick auf die Kirchenväter von den sieben Tübingern während des Auslandsaufenthaltes besonders ernstgenommen: In England suchten die Stipendiaten den Kontakt mit dem führenden anglikanischen Patristiker William Cave und in Leipzig studierten sie bei Thomas Ittig, einem Experten auf dem Gebiet der patristischen Gelehrsamkeit.[37]

Die Herzoglichen Stipendiaten absolvierten darüber hinaus verschiedene philologische Disziplinen – mit dem obligatorischen Ziel der weiteren Verfestigung und Vertiefung ihrer lateinischen und griechischen Sprachkenntnisse. Wesentlicher Gegenstand der altsprachlichen Lektüre waren neben den religiösen Texten daher die Oratoren, Poeten, Philosophen und Historiographen der klassischen Antike:

Huc usq[ue] de Optimi aevi Scriptoribus Latinis, Cicerone, Livio, aliiq[ue] ad nos dixit; quibus Editionib[us] uti tuto possimus, quae lexica aut Glossas adhibeamus, quos Gram-

nehmlichkeit – im englischen London anlegten. Nun haben wir also das Ziel dieser großen Fahrt erreicht – freilich jedoch nicht, um das süße Leben zu genießen (wer würde auch derartiges Vergnügen mitten im Meer suchen?), oder unsere Wissbegierde zu befriedigen (wir hätten nämlich gerne tausendmal auf die Seekrankheit verzichtet!), sondern – abgesehen vom Ruhm Gottes – allein mit der Absicht, zunächst bei den besonders geistreichen Engländern genauere Kenntnis ihrer Sprache zu erlangen und so leichter an deren Geheimnisse gelangen zu können. Üblicherweise verfassen diese nämlich ihre besten Bücher in ihrer Muttersprache, beinahe als ob sie deren Lektüre ausländischen Lesern vorenthalten wollten. Bei ihnen ist es nämlich nicht – wie vielleicht in anderen Ländern – üblich, ein neues Buch aus mehreren anderen zusammenzuflicken. Vielmehr pflegen sie, einen bestimmten Stoff besonders mit dem für sie typischen Fleiß scharfsinnig und gründlich zu untersuchen, sorgfältig auszuarbeiten und dann der britannischen Welt vorzustellen. Unlängst hat beispielsweise der hochbetagte Oxforder Professor Edward Pococke einen englischsprachigen Hoseakommentar verfasst, den ich nun sehr oft einsehe."

[36] Vgl. Lemke, Judenchristentum, 194.

[37] Vgl. Lemke, Judenchristentum, 194.

maticos in subsidium vocem[us], si feliciter quidem p[er]sonam nostram agere volim[us], Eodem modo de Graecis Scriptorib[us] accipiemus, de Historicis, Politicis, aliisq[ue] rei Literariae Monumentis. Quamvis laboris ac taedii plena res est, multumq[ue] temporis insumit, ad Grammaticos redeundum est, qui partes Grammaticor[um], non istorum vulgarium, sed boni Philologi ornarunt, Inprimis a[utem] in Historiam hoc tempore incumbim[us], ut eius aliquam nobis analogiam comparem[us], cum qua Ciceronis lectionem coniungimus, ad quem, t[am]q[uam] ad obrussam, latini sermonis dignitas examinanda est. Eius generis plura nobiscum communicat Cl[arissimus] Prof[essor] quae antehac ne fando quidem audivim[us].[38]

Außerdem beschäftigten sich die reisenden Stipendiaten intensiver mit der hebräischen Sprache, nämlich mit der bereits erwähnten *Biblia hebraica* sowie nachbiblischer Literatur.[39] Anhand jüdischer Kommentare des Alten Testaments sowie mit Mischna und Gemara widmeten sich die Sieben besonders der rabbinischen Tradition respektive den Talmudstudien. Mit Friedrich Albert Christiani in Leipzig, Esdras Edzard in Hamburg und Isaak Abendana in Oxford konsultierten die Stipendiaten zudem führende jüdische Hebraisten und Bibelexegeten, die auf diesen speziellen Wissensgebieten den christlichen Gelehrten als überlegen galten.[40] Dazu trat mit dem Chaldäischen und Syrischen die Beschäftigung mit weiteren orientalischen Sprachen – und mit Edward Pococke besuchten die Tübinger in Oxford auch einen führenden Vertreter der Orientalisten.

Bei dem Erwerb von zusätzlichen Sprachkenntnissen zogen die Herzoglichen Stipendiaten in größerem Umfang auch historisches und kulturelles Wissen heran, indem sie eigenständige kirchengeschichtliche, altertumskundliche sowie literärhistorische Lehrveranstaltungen besuchten. Die *Historia literaria* lässt sich dabei als kommentierte Darlegung des zeitgenössischen biobibliographischen Wissens auffassen. Als *Historia librorum* war sie an der Kenntnis der Bücher ausgerichtet, als *Historia biographica* vermittelte sie Wissen über die

[38] WLB Cod. hist. 4° 277, fol. 27r (Stipendiatenbrief Nr. 36, Johann Christian Neu an Andreas Bardili, Wittenberg, 10.9.1689): „Bisher hat er [gemeint ist Konrad Samuel Schurzfleisch (1641–1708); G.H.] über Autoren der Goldenen Latinität (Cicero, Livius und andere) vorgetragen. Welche Editionen wir problemlos benutzen können, welche Lexika oder Kommentare wir verwenden und welche Grammatiker wir zu Hilfe ziehen sollen, wenn wir unsere Aufgabe erfolgreich erfüllen wollen – all das erfahren wir dort (und zwar auch bezüglich der griechischen Autoren, nämlich über die Werke der Geschichtsschreiber, der Staatsdenker und all die anderen literarischen Denkmäler). Es gilt nun, auf die Grammatiker zurückzukommen – aber nicht auf die zweitrangigen, sondern auf diejenigen, die zur ersten Garde der Philologen gehören (eine gar sehr zeitaufwendige Sache, die viel Mühe und reichlich Unangenehmes bereithält). Wir beschäftigen uns ansonsten jedoch derzeit besonders mit der Geschichte, um daraus eine entsprechende Vorstellung für unsere Cicerolektüre zu gewinnen. Anhand dieses Autors lässt sich die Erhabenheit der lateinischen Sprache wie an einem Prüfstein beurteilen. Mehr von solcher Art – wovon wir zuvor nicht einmal vom Hörensagen wussten – bespricht der sehr berühmte Professor mit uns."

[39] Vgl. Kilcher, Philologie, 201.

[40] Vgl. WLB Cod. hist. 4° 277, fol. 12v (Stipendiatenbrief Nr. 17, Andreas Adam Hochstetter an Johann Lorenz Schmidlin, London, 1690).

jeweiligen Autoren. Den Stipendiaten lieferte die Literärhistorie zahlreiche Beobachtungen zur antiken, mittelalterlichen und neueren Literatur. Allein die in öffentlichen Vorlesungen und privaten Kollegien behandelte griechische, lateinische sowie mittellateinische Literaturgeschichte bot eine Fülle von Themen. So wurden den Stipendiaten philologische Erläuterungen zur Überlieferung altsprachlicher Texte, den damit verbundenen Problemen der Echtheit, Einheit und Datierung sowie Hinweise zu den Autoren selbst und deren Biographie gegeben, sie erhielten präzise Hinweise zu den überlieferten Handschriften, man behandelte Varianten, Interpolationen und Emendationen, besprach verlorene und untergeschobene Werke beziehungsweise Fragmente und gab detaillierte Erläuterungen zu gedruckten Kommentaren und Editionen.

Neben diese frühneuzeitliche Form der Literaturgeschichte traten altertumskundliche Lehrveranstaltungen. Mit deren Besuch machten es sich die reisenden Stipendiaten zum Ziel, den zivilisationsgeschichtlichen Hintergrund antiker christlicher Texte zu erschließen. Vorlesungen zu den biblischen Altertümern, die mit *Antiquitates iudaicae* und *Antiquitates christianae* Relikte wie Inschriften, Münzen oder Statuen behandelten, dienten den Stipendiaten als zusätzliches Werkzeug, um mit zum Teil hochspeziellem Sachwissen die Bedeutung biblischer Textwelten zu erschließen. Mit Lehrveranstaltungen „*de Campanis, Instrumento Musico, Musica ipsa Veterum*“[41], also zu antiker Glocken- beziehungsweise Instrumentenkunde und alter Kirchenmusik widmeten sie sich dabei dem eigenen Bekunden nach auch ausgesprochenen antiquarischen Nebengebieten.

Überhaupt erfüllten die sieben Herzoglichen Stipendiaten das gesamte Lernpensum ihren Briefen zufolge mit besonderem Bildungseifer, Studienfleiß und auffälliger Disziplin. Mit Instruktionen aus der Heimat wurde seriös umgegangen, alle studentischen Aktivitäten waren stets konform mit obrigkeitlichen Vorschriften und Relativierungen des eigenen Anspruchs auf Zuverlässigkeit und Strebsamkeit traten bei den reisenden Stipendiaten nur marginal auf. Entsprechend erfüllten die Sieben auch den von der württembergischen Kirchenleitung geforderten Anspruch auf Transparenz und Vollständigkeit ihrer brieflichen Dokumentationen dem eigenen Bekunden nach in bestmöglicher Weise: „*Quod nostrarum est partium, statim et sine praefatione peragam, et quid agamus, referam*“[42] schreibt Johann Christian Neu aus Wittenberg am 4. Juni 1690.

Berechtigte Zweifel daran, dass Neu und die übrigen reisenden Stipendiaten auch tatsächlich über alles informierten, führen zu der Frage, wie die Stipendiatenbriefe als historische Quelle zu bewerten sind. Die Korrespondenz der sieben Tübinger begleitete deren Bildungsprozess im Ausland durchgehend. Gera-

---

41 WLB Cod. hist. 4° 277, fol. 15v (Stipendiatenbrief Nr. 21, Johann Christian Neu an Johann Georg Kulpis, Wittenberg, 31.7.1688).

42 WLB Cod. hist. 4° 277, fol. 41r (Stipendiatenbrief Nr. 58, Johann Christian Neu an Johann Georg Kulpis, [Wittenberg], 4.6.1690).

de angesichts der sich dabei regelmäßig manifestierenden absoluten finanziellen Abhängigkeit ist es sehr wahrscheinlich, dass die Herzoglichen Stipendiaten ihre Briefe auch verfassten, um aus ihrer nur sehr eingeschränkt offenen beziehungsweise stets unsicheren Position heraus Autorität zu generieren und mit diesem symbolischen Kapital das eigene Reiseunternehmen weiter zu stabilisieren. Es ist daher anzunehmen, dass die mit Bildungselementen und Tugendkatalogen angereicherten Stipendiatenbriefe auch geschrieben wurden, um mit textuellen Mechanismen eine spezifische Studienrealität zu konstruieren.

Mit einer Interpretation, die Stipendiatenbriefe nicht nur als Ergebnis einer obrigkeitlichen Ordnungsproduktion versteht, sondern sie gleichzeitig auch als studentische Kommunikationsstrategie deutet, werfen diese Selbstzeugnisse jedoch ein detailliertes Licht auf zeitgenössische Studien- und Lebenswandelideale.[43] Dem Anspruch auf Transparenz und Vollständigkeit der Briefe stand auf Autorenseite dabei schon allein die praktische Notwendigkeit entgegen, aus einer komplexen Menge an Informationen einzelne Elemente auszuwählen. Die den Briefen zugeschriebenen Qualitäten erforderten daher unter den Stipendiaten zweifelsohne klare Konventionen, um beispielsweise Informationen zu nicht normkonformem beziehungsweise deviantem Verhalten auszuscheiden. Das Ergebnis dieser wohl bewussten Reduktion wird im Folgenden als eine briefliche Vereinheitlichung des Reise- und Studienverlaufs beschrieben werden, der seine Legitimation allein über die Konformität sämtlicher studentischer Lebensverhältnisse definierte. Die Stipendiatenbriefe sind daher auch als das Medium einer Selbstdarstellung zu verstehen, welche vermittels der Fiktion von Transparenz, Authentizität, Zuverlässigkeit und Vollständigkeit in finanziellen Entscheidungssituationen gerade solche Informationen anbieten konnte, die zugleich stabilisierende Rückwirkungen auf die gesamte *Peregrinatio academica* hatten.

III.

Konformität demonstrierten die reisenden Stipendiaten in ihren brieflich mitgeteilten Standortbestimmungen insbesondere durch das konsequente Herausstellen von Sparsamkeit, Integrität und Fleiß. Das eigene Studium im Ausland präsentierten die Tübinger dabei einheitlich und in immer wieder aktualisierter Fassung als Abfolge individueller Bildungserrungenschaften, die die geistig-gelehrten wie sittlich-moralischen Ansprüche der württembergischen Geldgeber stets zu erfüllen suchte:

> In referenda a[utem] gratia hoc promitto, semperq[ue] praestabo, mihi neq[ue] in studiis meis diligentiam, neq[ue] in laboribus perferendis industriam, neq[ue] in obsequendo

[43] Zur Quellenproblematik vgl. Füssel, Selbstzeugnisse, 408.

voluntatibus Vestris pietatem, neq[ue] in Vestro nomine colendo observantiam ullo unquam tempore defuturam.[44]

Ein Schwerpunkt der aktuellen frühneuzeitlichen Universitäts- und Studentengeschichte liegt mit kulturhistorischen Untersuchungen zu Normverstößen, Provokationsverhalten oder akademischen Initiationsritualen auf studentischen Grenzüberschreitungen aller Art.[45] In den hier zugrunde gelegten Stipendiatenbriefen fehlen jedoch durchgehend entsprechende Informationen zum Bereich des studentischen Konflikt- und Gewaltverhaltens, das mit eigenen Normen und Habitusformen eine spezifische Standeskultur der Devianz prägte.[46] Ebenso sind private Aktivitäten zur „Freizeit"-Gestaltung der reisenden Stipendiaten, mithin die spezifischen Phänomene studentischer Soziabilität,[47] in den brieflich fixierten Zustandsbeschreibungen grundsätzlich nie dokumentiert. Es ist aus diesem Grund von besonderem Interesse, wie die Sieben als eine Gruppe unverheirateter junger Männer in ihren Briefen eine alternative Habitusform zu den ansonsten geläufigen studentisch-burschikosen Leitbildern von Ehre, Körperlichkeit und Männlichkeit[48] präsentieren und dabei mit dem Bild eines disziplinierten, bildungsbeflissenen, fleißigen, religiösen, gewaltverachtenden sowie sexuell enthaltsamen Studenten einen den Grundmustern devianter Studentenkultur diametral entgegenstehenden Entwurf formieren. Mit einer Rekonstruktion dieser sozialen, rechtlichen und kulturellen Konformität kann daher nicht nur auf das beachtliche historische Auskunftspotential der Stipendiatenbriefe, sondern auch auf eine mögliche Überbetonung der studentischen Devianz in der Forschung verwiesen werden.[49]

---

[44] WLB Cod. hist. 4° 277, fol. 46v (Stipendiatenbrief Nr. 63, Johann Eberhard Rösler an Johann Lorenz Schmidlin, [Wittenberg], 27.1.1691): „Um mich erkenntlich zu zeigen, verspreche ich, es stets so zu halten, dass ich es zu keiner Zeit an gewissenhafter Sorgfalt bei meinen Studien, an geduldigem Fleiß bei mühseliger Arbeit, an pflichtmäßiger Gesinnung im Gehorsam gegenüber eurem Willen und an der Ehrerbietung gegenüber eurem Namen fehlen lassen werde."

[45] Vgl. dazu u. a. Füssel, Devianz als Norm?, 145–166; ders., Gewalt, 101–116; ders., Riten, 605–648; Krug-Richter, ‚Du Bacchant, quid est Grammatica?', 79–104; dies., Von Messern, Mänteln und Männlichkeit, 26–52.

[46] Entsprechend bilden Händel, Duelle, voreheliche Sexualität oder übermäßiger Alkoholkonsum als identitätsbildende Ideale einer devianten studentischen Standeskultur auch beliebte Bildmotive in Stammbüchern des 17. und 18. Jahrhunderts. Vgl. dazu Füssel, Deviante Vor-Bilder?, 135–163.

[47] Zu den kulturellen Praktiken des studentischen „Spacierens" vgl. etwa Krug-Richter, ‚Gassatum gehn', 35–50. Zu studentischem Tanz und studentischem Musizieren vgl. Braun, Musik, 119–134.

[48] Zu vormodernen akademischen Männlichkeitskonstruktionen vgl. Füssel, Devianz als Norm?, 164–165; ders., Studentenkultur, 85–100.

[49] Vgl. Füssel, Devianz als Norm?; dazu ders., Selbstzeugnisse, 410: „Selbstzeugnisse erlauben mithin Einblicke auch in das normale Lehren und Studieren abseits der schillernden Geschichten etwa studentischer Devianz. Gerade Korrespondenzen und Tagebücher bilden somit ein wichtiges Korrektiv gegenüber einer Überbetonung des Außergewöhnlichen, wie sie etwa durch die Überlieferung von Gerichtsakten nahe gelegt wird. Deviantes Verhalten

Die Stipendiatenbriefe zeichnen sich vor diesem Hintergrund durch eine Gleichzeitigkeit von Detailverlust und Dispositionsgewinn aus, denn der bewusste Verzicht auf differenzierte Angaben zu integralen Bestandteilen einer studentischen Lebensführung wurde durch eine Dominanz spezifischer Informationen zum Studienverlauf kompensiert, welche es den Stipendiaten erlaubten, diese gleichzeitig zur Selbstdarstellung einzusetzen. Informationen über die eigene Wissensvermehrung, über Universitäten und die dort betriebenen Studien, über Professoren und die bei ihnen besuchten Vorlesungen und Kollegien oder den Zugang zu gelehrter Literatur dominieren alle Briefe in höchstem Maße und sie vermitteln stets denselben, eindeutigen Eindruck – der betriebene Studienaufwand war trotz eines beachtlichen Fächerkanons enorm und die eigene Arbeitsweise stets intensiv und akribisch: „*Nos equid[em] nullam discendi occasionem praetermittimus, d[um] nec una, alterave opera omnem lapidem movebimus*“[50], so Johann Christian Neu am 22. Januar 1689 aus Wittenberg.

Die reisenden Herzoglichen Stipendiaten hielten in ihren Briefen ebenso konsequent konforme visuelle Erfahrungen bereit und schlossen unmittelbare Sinneseindrücke entsprechend aus, indem die Eigenschaften und Strukturen fremder geographischer Räume, die Vielfalt ihrer landschaftlichen Elemente oder der ästhetische Reiz ihrer Sehenswürdigkeiten kaum thematisiert wurden. Dem in Bibliotheken verdichteten Buchwissen und den dort verwahrten gelehrten Mirabilien galt stattdessen das besondere Interesse der Sieben und in der Begeisterung für deren Sammlung, Speicherung, Ordnung und (Re-)Präsentation lieferten sie bibliophile Ersatzsinnlichkeiten nach. Berührung und Autopsie, leibliche Präsenz und Empirie waren die dabei stets wiederkehrenden Ausdrucksformen einer akademisch geprägten Wahrnehmung,[51] die ansonsten auf der gesamten Reise nur wenigen Dingen einen positiven oder negativen Reiz attestierte. In literarischen Schätzen an einzelnen Büchern und raren Handschriften wollten die Stipendiaten jedoch stets eine besondere Attraktion erkennen, die sie angesichts der Fülle, Kostbarkeit oder Seltenheit beeindruckte.[52] Als beispielsweise Andreas Adam Hochstetter in der *Royal Library* des Londoner *St James's Palace* der berühmte Codex Alexandrinus ins Auge fiel, wurde das Faszinosum sogleich in einen Brief integriert:

Praeter alias regiam quoq[ue] Londini, in Palatio Jacobaeo, Bibliothecam vidim[us], quae pretiosissimis, antiquissimisq[ue] Manuscriptis instructissima est. Avidissime in ea

---

bildet zweifellos einen zentralen Schlüssel zum Verständnis des Funktionierens vormoderner Hochschulen, darf aber nicht die Rekonstruktion der Konformität vergessen lassen.“; ders., Zwischen Beten und Fluchen, 455.

50 WLB Cod. hist. 4° 277, fol. 18r (Stipendiatenbrief Nr. 25, Johann Christian Neu an Johann Georg Kulpis, Wittenberg, 22.1.1689).

51 Nach Berns, Peregrinatio academica, 156.

52 Zu den kulturellen Mustern gelehrten Reisens vgl. Boedeker, ‚Sehen, hören, sammeln und schreiben‘, 505–532; Jancke, Gelehrtenkultur, 285–312.

longoq[ue] tempore contemplatus sum vetustissimum codicem, in quo [...] Versio V[eteris] T[estamenti] Graeca, Novumq[ue] Testam[entum] Graece manu sanctae Theclae Pauli Apostoli discipulae nitidissime descriptum habetur. Donavit tam pretiosum cimelium Cyrillus Patriarcha Constantinopolitanus, Carolo I. Martyri [sic!],[53] M[agno] Brit[anniae] regi.[54]

Dieser gelehrte Blick der Herzoglichen Stipendiaten auf Bücher- und Manuskriptschätze kompensiert in ihren Briefen nicht nur den Verlust sinnlicher Unmittelbarkeit etwa bei der Schilderung von Strapazen des Reisens oder Gefahren des Wetters, er überlagert stets auch tendenziell deviante und konfliktträchtige Orte mit dem Bild normkonformer sozialer Räume. So erschienen den Stipendiaten Herbergen, Gast- und Wirtshäuser kaum als differenziert mitteilenswert und entsprechende Beschreibungen wurden höchstens noch am Rande der brieflichen Bestandsaufnahmen thematisiert. Da die sieben Tübinger in der Regel als Tischgenossen im Haus eines Professors lebten, sind es stattdessen Gelehrtenhaushalte,[55] die explizit nicht nur als kommode Unterkunft und exklusiver Wissensschauplatz vermittels umfangreicher privater Büchersammlungen, sondern zugleich auch als Ort zur Einübung konformer, mithin gelehrter Habitusformen[56] präsentiert werden. Kommunikative Integrationsabsichten zur Begegnung und Bekanntschaft mit renommierten in- und ausländischen gelehrten Männern verdeutlichen unter dem Aspekt der Autoritätsbildung zudem, dass auch die sozialen Kontakte der reisenden Herzoglichen Stipendiaten dem Konformitätsanspruch unterliegen sollten. Der Aufbau von entsprechenden Beziehungen wird daher in den Stipendiatenbriefen immer wieder als wichtiges Anliegen thematisiert und lässt vermuten, dass die Stipendiaten dabei in einem zum Teil komplexen Geflecht aus Patronage und Klientelbeziehungen, Freundschaft, Verwandtschaft oder Landsmannschaft innerhalb der gesamteuropäischen *Respublica literaria* auch eigene Karrierechancen sondierten: „*cum Academias plures adiisse, Viros doctos compellasse haud exiguum, tam ad prudentiam, quam ad eruditionem, afferre momentum, omnino simus persuasissimi*“[57].

---

53 Zu Karl I. als königlicher Märtyrer vgl. u. a. Corns, Royal Image; Lacey, Cult of King Charles; Nünning/Spekat, Der König als christlicher Märtyrer.

54 WLB Cod. hist. 4° 277, fol. 12v (Stipendiatenbrief Nr. 17, Andreas Adam Hochstetter an Johann Lorenz Schmidlin, London, 1690): „Neben anderen besuchten wir in London auch die königliche Bibliothek im Jakobspalast, die mit überaus kostbaren und uralten Handschriften reich bestückt ist. Äußerst begierig und lange betrachtete ich dort den ältesten Kodex, der eine Fassung des Alten und des Neuen Testaments enthält – beide auf Griechisch; letztere soll von einer Schülerin des Apostels Paulus, der heiligen Thekla, sehr sauber niedergeschrieben worden sein. Diesen wertvollen Schatz schenkte Kyrillos, Patriarch von Konstantinopel, dem Märtyrer Karl I., dem großen englischen König.“

55 Vgl. dazu u. a. Schmotz, Professorenfamilien; Wunder, ‚Die Professorin‘.

56 Zum gelehrten Habitus vgl. Algazi, Lebensweise; ders., Geistesabwesenheit; ders., Gelehrte Zerstreutheit; ders., Scholars; Füssel, Akademische Lebenswelt; ders., Körper; ders., Gelehrtenkultur.

57 WLB Cod. hist. 4° 277, fol. 52v (Stipendiatenbrief Nr. 70, Johann Eberhard Rösler an Andreas Bardili, [Wittenberg], 13.1.1692).

Einer dieser *Viri docti* war Konrad Samuel Schurzfleisch in Wittenberg, Professor für Geschichte, Dichtkunst und später zusätzlich Fachvertreter des Griechischen an der Leucorea. Der wegen seiner Universalgelehrtheit von den Herzoglichen Stipendiaten mehrfach als *Polyhistor* gerühmte Gelehrte war offenbar ihr „Vertrauensdozent" während des Aufenthalts in Wittenberg, er beriet die Tübinger in Angelegenheiten des Studiums, gab ihnen einen zielgerichteten Studienplan vor und gestattete ihnen den Zutritt zu seiner umfangreichen Privatbibliothek. Bei ihm besuchten sie außerdem Vorlesungen und Kollegien zur christlichen Kirchengeschichte, aber auch zahlreiche profangeschichtliche Vorlesungen über Universal- beziehungsweise Weltgeschichte, europäische Staatengeschichte sowie deutsche Reichsgeschichte, wobei England und der deutsche Fürstenstaat einen besonderen Platz beanspruchten. Dem Unterricht und der Studienbegleitung Konrad Samuel Schurzfleischs muss daher auch ein zum Teil deutlicher Einfluss auf den weiteren akademischen Werdegang einzelner Stipendiaten eingeräumt werden. In der Leichenpredigt auf Johann Christian Neu – in Tübingen 1699 der erste Inhaber einer außerordentlichen Professur allein für Geschichte[58] – wird entsprechend anerkennend festgestellt, dass sich dieser bei Schurzfleisch „*innerhalb vier Jahren dergestalten qualificirt gemacht, daß man schon damahls vorher sehen konnte, Er würde mit der Zeit einen Professorem Historiarum abgeben können.*"[59]

Bereits diese knappen Beispiele mögen verdeutlichen, dass sich anhand ihrer Briefe auch mentalitätsgeschichtliche Fragestellungen nach dem Selbstverständnis der Herzoglichen Stipendiaten untersuchen lassen. Gerade wiederholt auftretende Denk-, Wahrnehmungs- und Handlungsmuster, wie die Übernahme eines gelehrten Habitus,[60] verweisen dabei auf eine brieflich vermittelte Sondierung des eigenen Status. Eine Identitätsbildung der reisenden Stipendiaten erfolgte dabei jedoch nicht über ihre rechtliche Privilegierung und das damit zusammenhängende Standesbewusstsein im Kontext der Akademischen Freiheit, sondern über ein besonderes, offenbar gruppenspezifisches Selbstbild als künftige gelehrte Akteure. Mehrfach werden in den Briefen daher auch die entsprechenden Antipoden präsentiert, indem die Sieben gegen ignorante Kommilitonen polemisieren und unfleißige Professoren für Desinteresse, mangelnde Zuverlässigkeit oder die begrenzte Reichweite ihrer gelehrten Expertise kritisieren. Ausgehend von derartigen Konstruktionen sozialer wie kultureller Alterität lässt sich im akademischen Alltag ein elitäres Selbstbewusstsein der Herzoglichen Stipendiaten beobachten. Die eigene Identität definierten die sieben Tübinger dabei über Distinktionsverhältnisse, indem sie sich als Minderheit stilisierten, die sich über eine gemeinsame Orientierung am Erbe der Antike, mit-

[58] Vgl. Bauer, Veränderungen, 181 f; dies., Israel Gottlieb Canz, 117.

[59] Tafinger, Christlicher Unterricht, 33 f.

[60] Zur analytischen Kategorie des Habitus als System von Denk-, Wahrnehmungs- und Handlungsschemata vgl. Bourdieu, Sozialer Sinn, 97–121.

hin den humanistischen *Literae bonae* als Inhaber eines klassischen Bildungshorizonts und Wahrer tradierter Wissensbestände verstand:[61]

Crescit fere in singulos dies haec Academia; literae tamen bonae et Collegia decrescunt; [...] Equidem bina iam, ternaq[ue] vice Collegas [...] invitavimus ad recitationes Graecas modo laudati Schurzfl[eischii] bis indicta [hora] in ipsius aedibus convenimus; ast vix aliquot ultra viginti, eorumq[ue] [...] nonnulli, ut plerunq[ue] fit, exiguo perseverandi studio, [...], solertes Viri conatus retenderunt, nostrum studium fefellerunt; aestimabat enim Ille laborem suum 100 aut minimum 80 Imp[er]ial[es], quod, si quadraginta tantummodo, tanto ex numero solidioris doctrinae cupidine tacti fuissent, haud grave videbatur pretium. Verum enim vero pleros[que] etiam eorum, q[ui] aderant poenitebat plus, quam unicum Imperialem impendere scientiae rerum, haud adeo, ut putant, utilium [...] non neglecturos, si forte occasio obtigerit pro exiguo pretio, neq[ue] admodum curaturos, si sumptus faciendi forent maiores. Paucissimi, [...] vix unus et alter pari, aequaliq[ue] nobiscum eiusdem eruditionis desiderio afficiebantur, qui uti pariter dolebant, eos pulcherrimos conatus iniuria temporum oppressum iri, communiq[ue] nos fato tanta spe falli.[62]

Ein angeblich ubiquitäres Desinteresse und der Autoritätszerfall philologischer Auslegung unter den Studenten resultieren bei Johann Eberhard Rösler in einer Gegenwartsdiagnose, der zufolge die sieben Stipendiaten nicht nur altsprachlich-grammatische beziehungsweise artistische Wissensbestände explizit als degradiert empfanden. Besonders vor dem Hintergrund, dass in Tübingen für alle Studenten, die im Stift ausgebildet wurden, die mit einem zweijährigen Studium an der propädeutischen Philosophischen Fakultät verbundene Pflicht zur Magisterpromotion bestand,[63] demonstrieren die Herzoglichen Stipendiaten damit auch eine gruppenspezifische Wahrnehmung des akademischen Alltags.

---

[61] Zu der Tradition humanistischer Gelehrsamkeit und der Kontinuität ihrer Bildungsideale bis in die Zeit der Aufklärung vgl. Asche, Kontinuität des Humanismus; Schindling, Bildung, 101.

[62] WLB Cod. hist. 4° 277, fol. 23v (Stipendiatenbrief Nr. 32, Johann Eberhard Rösler an Andreas Bardili, Wittenberg, 29.5.1689): „Hiesige Universität wird beinahe jeden Tag größer. Dennoch gehen die *Literae bonae* langsam unter und die Kollegien schwinden. Wir haben schon zum zweiten oder dritten Mal abwechselnd Kommilitonen zu Griechischvorlesungen des jüngst gelobten Schurzfleisch eingeladen; zweimal trafen wir uns zum vereinbarten Termin in dessen Haus. Wir waren jedoch kaum mehr als 20. Einige von ihnen haben, wie üblich, mit ihrem nur dürftigen Eifer, bei der Sache zu bleiben, die klugen Bemühungen des Professors abgeschwächt und damit auch unsere Lernbegierde scheitern lassen. Schurzfleisch schätzte nämlich die Kosten seiner Arbeit auf 100 oder wenigstens 80 Gulden; dies wäre kein hoher Preis, gesetzt den Fall, dass dadurch 40 Hörer von der Begierde nach wahrhaftigerer gelehrter Bildung gepackt worden wären. Die meisten der Anwesenden reute es jedoch, mehr als nur einen einzigen Gulden für einen ihrer Meinung nach wenig nutzbringenden Stoff auszugeben; sie haben geäußert, sie würden es nicht scheuen, weniger zu bezahlen, wenn sich zufällig die Gelegenheit dazu ergebe und sich überhaupt nicht darum scheren, wenn es teurer werde. Sehr wenige (höchstens einer oder zwei) waren von demselben Verlangen nach Bildung erfüllt wie wir; sie bedauerten es gleichermaßen, dass dieses überaus vortreffliche Anliegen durch eine Ungerechtigkeit der Umstände vereitelt und damit unsere gemeinsamen großen Hoffnungen so verhängnisvoll enttäuscht wurden."

[63] Vgl. Bauer, Veränderungen, 183f; Rasche, Geld, Ritual und Doktorurkunde, 89.

Die gerade in Dekadenz- und Defizienzszenarien zutage tretende Abgrenzung durch Wissen und Leistung verweist in den Stipendiatenbriefen daher deutlich auf identitätsbildende Denkformen eines Elitebewusstseins, die nicht zuletzt auch Ausdruck von entsprechenden Konkurrenzverhältnissen unter den Studenten sind:

pleriq[ue] eor[um], qui studior[um] causa huc concedunt, Philosophiae pariter et bonar[um] artium negligentes, solum id agunt, ut Theologor[um] theses uno, alterove in Collegio chartae potius, quam menti imprimant, concionumq[ue] dispositiones colligant, atq[ue] ita biennio, vel triennio o[mn]ia sua studia absolvant; cum tamen vix alibi melior humaniorum, quas vocant, artium addiscendar[um] facultas dari possit, si modo, Virorum doctissimor[um] industria Auditorum copia provocaret[ur].[64]

Es sind diese diskursiven Konturen der Stipendiatenbriefe, die es mit ihren Argumentationsschemata, Handlungsmustern und Werthaltungen ermöglichen, die Konstruktionsmechanismen eines kollektiven Selbstbilds Herzoglicher Stipendiaten ebenso zu bestimmen wie mögliche Verschiebungen beziehungsweise Neufassungen der zugrunde liegenden Legitimationsstrategien. Damit fügt sich der Universitätsgeschichte, die sich den vielfältigen Potentialen des vormodernen Stipendienwesens im 17. und 18. Jahrhundert bislang nur vereinzelt zugewandt hat,[65] ein entscheidender Aspekt hinzu, nämlich die Einsicht in studentische Identität(en) und die Bedeutung, die Bildungs- und Gelehrtenideale dabei für die Konstituierung des Selbstverständnisses studentischer Eliten um 1700 hatten. Das Tübinger Stift begründete über die gemeinsame Privilegierung durch Unterkunft und Verpflegung, den streng reglementierten Tagesablauf oder eine mit quasimonastischen Kleidungsvorschriften verbundene vestimentäre Distinktion spezifische Sozialisations- und Verhaltensformen Herzoglicher Stipendiaten. In der Beschäftigung mit ihren Briefen spricht jedoch einiges für die Vermutung, dass eine distinktive Gruppenidentität der hier näher betrachteten sieben Stipendiaten nicht allein durch die Integration in dessen sozialen Verbund formiert wurde, sondern auch über die Gemeinsamkeit des Erwerbs eines verbindenden gelehrten Wissens. Für reisende Stipendiaten hielt eine *Peregrinatio academica* dabei zusätzliche, exklusive Deutungsangebote

[64] WLB Cod. hist. 4° 277, fol. 23r (Stipendiatenbrief Nr. 31, Johann Eberhard Rösler an Johann Lorenz Schmidlin, Wittenberg, 1.5.1689): „Die meisten Studenten hier schätzen nämlich ebenso die Philosophie sowie die *Artes bonae* gering und haben nur im Sinn, im einen oder anderen Kolleg die theologischen Thesen mit der Feder aufs Papier zu drücken (statt sie sich im Gedächtnis wirklich einzuprägen), rasch zusammenzusuchen, wie man eine Predigt aufbaut und auf diese Weise ihr ganzes Studium in zwei oder drei Jahren abzuschließen. Dabei gäbe es doch kaum anderswo eine bessere Gelegenheit zur Aneignung der sogenannten *Artes humanae* – wenn nur die eifrige Tätigkeit der hochgelehrten Herren mehr Hörer anlocken würde."

[65] Zum vormodernen Stipendienwesen insgesamt vgl. Asche, Studienförderung, sowie die Onlinebibliographie von Bernhard Ebneth, Stipendienstiftungen im Alten Reich. Bibliographie (Stand: 28. Dezember 2007), <http://www.b-ebneth.de/Stipendienstiftungen.html>, 15.3.2013.

bereit, um ein Selbstverständnis als Elite zu konstituieren, denn der Auslandsaufenthalt ermöglichte erst die entscheidende überregionale und auch überkonfessionelle Qualifikation in verschiedenen wissenschaftlichen Bereichen als Merkmal für gelehrtes Selbstverständnis und Selbstbewusstsein.[66]

Fazit

1. Im Jahr 1688 genehmigte die württembergische Kirchenleitung, auch auf Anregung Philipp Jakob Speners hin, den Herzoglichen Stipendiaten Andreas Adam Hochstetter, Johann Reinhard Hedinger, Gottfried Hoffmann, Hieronymus Magirus, Johann Christian Neu, Johann Eberhard Rösler und Hieronymus Welsch eine langjährige *Peregrinatio academica.* Die Besonderheit dieser Studienreise liegt in verschiedenen Aspekten der Grenzüberschreitung. So wurden von den sieben Tübingern nicht nur die territorial-politischen beziehungsweise geographischen Grenzen von Herzogtum, Reich und Kontinent überschritten, sondern explizit auch Sprach- und Glaubensgrenzen. Konfessionelle Gesichtspunkte, aber auch freundschaftliche oder verwandtschaftliche Beziehungen[67] differenzieren und determinieren dabei den Auslandsaufenthalt der Herzoglichen Stipendiaten. Ihre große Bildungsreise durch das protestantische Europa zeigt dabei auch diverse Phänomene von Toleranz und Irenik, konfessionsgebunden freilich stets in antikatholischer Prägung. So entstanden im Rahmen der *Peregrinatio academica* Kontakte mit protestantischen Gelehrten an zahlreichen Orten in Mittel- und Westeuropa.[68] Die Reise korrespondiert daher zeitlich mit einer Phase verstärkter innerprotestantischer Kommunikation und Kooperation in Europa, in welcher pietistische und anglikanische Theologen als Anwälte von Kirchenunionsprojekten eine zentrale Vermittlungsrolle gespielt haben.[69]
2. Die Studienreise von Hochstetter, Hedinger, Hoffmann, Magirus, Neu, Rösler und Welsch kann als Anzeichen eines neuen bildungspolitischen Kurses in Württemberg interpretiert werden, zeigt sie doch, dass im Herzogtum

---

[66] Vgl. Asche, Landesuniversitäten, 141.

[67] Vgl. WLB Cod. hist. 4° 277, fol. 5r (Stipendiatenbrief Nr. 7, Andreas Adam Hochstetter an Andreas Bardili, Leipzig, 7.9.1689): „*postquam ab Optimo D[omino] Spenero, pro eo quo Parentem meum a multis inde an[n]is amore persequutus [...], in hospitiu[m], convictumq[ue] non exiguo tempore recept[us] essem*“.

[68] Vgl. Ledderhose, Dr. Johann Reinhard Hedinger, 6: „Unter seinen Bekanntschaften war auch der damals als Pietist verschrieene Hinkelmann, ein Verwandter und Gesinnungsgenosse Speners. [...] In Amsterdam besuchte er die Versammlungen der Lutheraner Vossius und Coler. Er verschmähte es auch nicht, den Socinianer Galenus, die Arminianer Limborch und Clericus, so wie den Mystiker Poiret zu besuchen, der früher der Philosophie des Cartesius ergeben war, jetzt aber sich in die Arme der Mystik geworfen hatte.“; Schöllkopf, Johann Reinhard Hedinger (1664–1704). Württembergischer Pietist und kirchlicher Praktiker, 45.

[69] Vgl. dazu u. a. Nishikawa, Die Fronten im Blick; Schunka, Daniel Ernst Jablonski.

kurz vor 1700 begonnen wurde, die im Zuge von Reformation und Konfessionalisierung durchgeführte „Territorialisierung der Bildung“[70] in einem regulierten Testlauf behutsam zu öffnen. Innerhalb des Reduits eines protestantischen Umfelds, welches lutherische, aber auch reformierte und anglikanische Universitäten einschloss, wollte man offenbar einer exklusiven Minderheit Herzoglicher Stipendiaten mit einer obrigkeitlich finanzierten *Peregrinatio academica* neue Bildungserfahrungen jenseits der Grenzen ihres lutherisch-orthodoxen Heimatterritoriums ermöglichen. Damit fügt sich die Reise, die die bisherige „Abkapselung“[71] der angehenden württembergischen Theologen überwinden sollte,[72] in den Gesamtrahmen der engagierten Bildungsreformen ein, die das württembergische Herzogtum seit den 1680er Jahren betrieb.[73]

3. Die sieben Herzoglichen Stipendiaten berichten brieflich über ihre Studienreise. Obwohl die Textgattung der Stipendiatenbriefe in hohem Maße anlass- und adressatenbezogen ist, liefert sie mit der Subjektivität ihrer Verfasser wertvolle Einblicke in die akademische Lehr- und Lernwirklichkeit. Anhand der beschriebenen Studieninhalte wird dabei nicht nur die Prägekraft einzelner Gelehrter, die wachsende Bedeutung der Kirchengeschichte und Patristik oder die Bemühung um orientalische Sprachen deutlich, sondern etwa auch die frühaufklärerische Modellierung des Bildungsgeschehens an der Wende vom 17. zum 18. Jahrhundert.[74] Die zu niederländischen und englischen Theologen reisenden Stipendiaten sind daher auch in den größeren Kontext eines protestantisch-gesamteuropäischen Kulturtransfers in der Zeit um 1700 einzuordnen, denn in der Auseinandersetzung mit modernem, aufklärerischem Gedankengut rezipierten die Herzoglichen Stipendiaten

[70] Press, Kriege und Krisen, 311.

[71] Brecht, Philipp Jakob Spener, sein Programm und dessen Auswirkungen, 339; ders., Philipp Jakob Spener und die württembergische Kirche, 449.

[72] Vgl. Brecht, Philipp Jakob Spener und die württembergische Kirche, 448f.

[73] Vgl. dazu Holtz, Schule – Universität – Staat; dies., Wissen und Macht.

[74] Die sieben Tübinger erwähnen in ihren Briefen die experimentelle Naturlehre der Physik ebenso wie beispielsweise die von Otto Mencke 1682 in Leipzig begründeten und verlegten *Acta eruditorum*, für deren Herausgeber Andreas Adam Hochstetter im Rahmen seiner Englandfahrt auch direkte Botendienste tätigte. Vgl. dazu Laeven, The ‚Acta Eruditorum‘, 102, 159, 165, 321, 331, 339, 354, 359, 378, 395f, 398f, 402, 406, 409. Vgl. dazu auch die frühneuzeitlichen Editionen von Briefen Andreas Adam Hochstetters an Otto Mencke: Friedrich Otto Mencke, *Miscellanea Lipsiensia nova, ad incrementum scientiarum, ab his, qui sunt in colligendis eruditorum novis actis occupati, per partes publicata* […] 8.1, Leipzig 1751, 135–187; Christian Gotthold Willisch, *Arcana Bibliothecae Annaebergensis in partes III. diuisa Epistolas LXXII. summorum quorundam Principum clarissimorumque Saeculi XVI. et XVII. virorum nondum editas nec non Annalium Typograph. vsque ad A. MD. Specimen complexa luci publicae exposuit* […], Leipzig 1730, 229–269. Außerdem ist auf ein umfangreiches privates Reisetagebuch von Andreas Adam Hochstetter und Gottfried Hoffmann aus der Zeit ihres gemeinsamen Englandaufenthaltes hinzuweisen: WLB Cod. hist. 8° 8; Heyd, Die Historischen Handschriften 2, 137.

eine Fülle gelehrter Wissensbestände, die sie später zum Teil als Professoren an der Tübinger Universität nutzten.[75]

4. Die hier vorgestellten Stipendiatenbriefe vermitteln als Informations- und Selbstdarstellungsmedium kollektive Erwartungshorizonte. Gegen mögliche Relativierungen ihrer auswärtigen Bildungsanstrengungen setzten die Herzoglichen Stipendiaten daher eine sorgfältig konstruierte Abfolge von repräsentativen Fortschritts- und Erfolgsmomenten, die angesichts einer stets angespannten finanziellen Bedürfnislage der Dokumentation eines soliden Studiums und Lebenswandels dienen sollten. Aus dem Selbstverständnis der reisenden Stipendiaten als künftige gelehrte Akteure resultiert dabei ein spezifischer Selbstvergewisserungsdiskurs. Dieser folgt nicht der von der bisherigen universitäts- und studentengeschichtlichen Forschung betonten Logik standesspezifischer Distinktion, sondern entwirft als Alternative zu cornelianischer Antidisziplin[76] vielmehr Abgrenzungsmechanismen, welche Konformität als die alleinige Signatur der Verhaltensformen und Denkweisen Herzoglicher Stipendiaten präsentieren. Für eine Kultur- und Alltagsgeschichte der vormodernen Universität bilden Stipendiatenbriefe mit ihren bisher nicht behandelten gruppenspezifischen Phänomenen von Identitäts-, Distinktions- und Habitusverhältnissen daher eine zentrale Quellengattung.

Bibliographie

Quellen

Ungedruckte Quellen

Württembergische Landesbibliothek Stuttgart Cod. hist. 4° 277 („Epistolae Stipendiatorum Tubingensium M[agistri] J[ohanni] Reinh[ardi] Hedingeri M[agistri] Hieronymi Magiri M[agistri] Hieronymi Welschii M[agistri] Andreae Adami Hochstetteri M[agistri] Gottfridi Hoffman[n]i Johan[n]i Christiani Newii J[ohanni] Eberhardi Rösleri quas, Sumptibus Serenissimi ducis ad exteras academias ablegati ad illustre Consistorium Stuttgardiae perscripserunt an[n]o 1688 seq[uentes]“).

Gedruckte Quellen

Wilhelm Gottlieb Tafinger, Christlicher Unterricht zu Befriedigung der Seelen über denen offt unbegreifflichen Führungen Gottes, Aus Ps. LXXIII. v. 23/24. gegeben Bey höchstbetrübter Leich-Begängnis Des Hoch-Edlen, Hochachtbaren, und Hochge-

[75] Zu Johann Christian Neu als dem ersten Vertreter der Aufklärungshistorie in Tübingen vgl. etwa Bauer, Veränderungen, 187–188.

[76] Zum *Cornelius relegatus* als Ideal devianter Studentenkultur vgl. Rasche, Cornelius relegatus in Stichen und Stammbuchbildern; ders., Cornelius relegatus und die Disziplinierung der deutschen Studenten.

lahrten Herrn Johann Christian Neuen, [...] Welcher am XXVIII. Decembr. Anno 1720. im Herrn entschlafen [...], Tübingen 1720.

Sekundärliteratur

Gadi Algazi, Eine gelernte Lebensweise. Figurationen des Gelehrtenlebens zwischen Mittelalter und Früher Neuzeit, in: Berichte zur Wissenschaftsgeschichte 30 (2007), 107–118.

Ders., Geistesabwesenheit. Gelehrte zuhause um 1500, in: Historische Anthropologie 13 (2005), 325–342.

Ders., Gelehrte Zerstreutheit und gelernte Vergesslichkeit. Bemerkungen zu ihrer Rolle in der Formierung des Gelehrtenhabitus, in: Der Fehltritt. Vergehen und Versehen in der Vormoderne, hg. v. Peter von Moos, Norm und Struktur 15, Köln/Weimar/Wien: Böhlau, 2001, 235–250.

Ders., Scholars in Households. Refiguring the Learned Habitus, 1480–1550, in: Science in Context 16 (2003), 9–42.

Matthias Asche, Kontinuität des Humanismus. Bildungs- und Lebensentwürfe in gelehrten späthumanistisch-barocken Netzwerken. Erträge und Forschungsperspektiven eines Osnabrücker Editionsprojekts für die frühneuzeitliche Kulturgeschichtsforschung, in: Historisches Jahrbuch 128 (2008), 439–468.

Ders./Stefan Gerber, Neuzeitliche Universitätsgeschichte in Deutschland. Entwicklungslinien und Forschungsfelder, in: Archiv für Kulturgeschichte 90 (2008), 159–201.

Ders., Studienförderung und Stipendienwesen an deutschen Universitäten in der Frühen Neuzeit, in: Studienförderung und Stipendienwesen an deutschen Universitäten von den Anfängen bis zur Gegenwart, hg. v. ders./Stefan Gerber, Jahrbuch für Universitätsgeschichte 15, Stuttgart: Steiner, 2013, 37–106.

Ders., Über den Nutzen von Landesuniversitäten in der Frühen Neuzeit. Leistung und Grenzen der protestantischen ‚Familienuniversität', in: Universität Würzburg und Wissenschaft in der Neuzeit. Beiträge zur Bildungsgeschichte, hg. v. Peter Herde/Anton Schindling, Quellen und Forschungen zur Geschichte des Bistums und Hochstifts Würzburg 53, Würzburg: Schöningh, 1998, 133–149.

Karl August Barack, Württemberger auf der Straßburger Universität von 1612 bis 1793, in: Württembergische Vierteljahresschrift für Landesgeschichte 3 (1879), 161–206.

Sonja-Maria Bauer, Die Veränderungen von Lehrfächern und Lehrinhalten an der Philosophischen Fakultät der Universität Tübingen im 17. und 18. Jahrhundert, in: Artisten und Philosophen. Wissenschafts- und Wirkungsgeschichte einer Fakultät vom 13. bis zum 19. Jahrhundert, hg. v. Rainer Christoph Schwinges, Veröffentlichungen der Gesellschaft für Universitäts- und Wissenschaftsgeschichte 1, Basel: Schwabe, 1999, 181–205.

Dies., Israel Gottlieb Canz (1690–1753). Der Philosoph und die Tübinger Rhetorik im Zeitalter der Aufklärung, in: 500 Jahre Tübinger Rhetorik, 30 Jahre Rhetorisches Seminar, hg. v. Joachim Knape, Tübingen: Seminar für Allgemeine Rhetorik der Universität Tübingen, 1997, 117–122.

Friedrich Wilhelm Bautz, Art. Hedinger, Johann Reinhard, in: Biographisch-Bibliographisches Kirchenlexikon 2 (1990), 633–634.

Ders., Art. Hochstetter, Andreas Adam, in: Biographisch-Bibliographisches Kirchenlexikon 2 (1990), 915–916.

Ders., Art. Hoffmann, Gottfried, in: Biographisch-Bibliographisches Kirchenlexikon 2 (1990), 960.

Jörg Jochen Berns, Peregrinatio academica und Kavalierstour. Bildungsreisen junger Deutscher in der Frühen Neuzeit, in: Rom – Paris – London. Erfahrung und Selbsterfahrung deutscher Schriftsteller und Künstler in den fremden Metropolen, hg. v. Conrad Wiedemann, Germanistische Symposien 8, Stuttgart: Metzler, 1988, 155–181.

Erich Beyreuther, Geschichte des Pietismus, Stuttgart: Steinkopf, 1978.

Hans Erich Boedeker, ‚Sehen, hören, sammeln und schreiben‘. Gelehrte Reisen im Kommunikationssystem der Gelehrtenrepublik, in: Paedagogica Historica 38 (2002), 505–532.

August Friedrich Bök, Geschichte der herzoglich Würtenbergischen Eberhard Carls Universität zu Tübingen im Grundrisse, Tübingen: Cotta, 1774.

Otto Borst, Karl Pfaff. Der deutsche Sängervater, Esslingen: Bechtle, 1966.

Ders., Karl Pfaff. Konrektor, Historiker, Mitbegründer des Schwäbischen und des Deutschen Sängerbundes 1795–1866, in: Lebensbilder aus Schwaben und Franken 10 (1966), 304–345.

Pierre Bourdieu, Sozialer Sinn. Kritik der theoretischen Vernunft, Frankfurt am Main: Suhrkamp, 1987.

Tina Braun, Musik und Tanz in der studentischen Freizeitkultur der Frühen Neuzeit. Die Universität Freiburg im 16. und frühen 17. Jahrhundert, in: Frühneuzeitliche Universitätskulturen. Kulturhistorische Perspektiven auf die Hochschulen in Europa, hg. v. Barbara Krug-Richter/Ruth-E. Mohrmann, Beihefte zum Archiv für Kulturgeschichte 65, Köln/Weimar/Wien: Böhlau, 2009, 119–134.

Martin Brecht, Der württembergische Pietismus, in: Geschichte des Pietismus 2, hg. v. ders., Göttingen: Vandenhoeck & Ruprecht, 1995, 225–295.

Ders., Konzeptionen der Theologenausbildung, in: In Wahrheit und Freiheit. 450 Jahre Evangelisches Stift in Tübingen, hg. v. Friedrich Hertel, Quellen und Forschungen zur württembergischen Kirchengeschichte 8, Stuttgart: Calwer, 1986, 29–46.

Ders., Philipp Jakob Spener, sein Programm und dessen Auswirkungen, in: Geschichte des Pietismus 1, hg. v. ders., Göttingen: Vandenhoeck & Ruprecht, 1993, 279–389.

Ders., Philipp Jakob Spener und die Reform des Theologiestudiums, in: Pietismus und Neuzeit 12 (1986), 94–108.

Ders., Philipp Jakob Spener und die württembergische Kirche, in: Geist und Geschichte der Reformation, hg. v. Heinz Liebing, Arbeiten zur Kirchengeschichte 38, Berlin: De Gruyter, 1966, 443–459.

Reinhard Breymayer, Andreas Adam Hochstetter (1668–1717). Pietistischer Theologe und Rhetoriker, in: 500 Jahre Tübinger Rhetorik, 30 Jahre Rhetorisches Seminar, hg. v. Joachim Knape, Tübingen: Seminar für Allgemeine Rhetorik der Universität Tübingen, 1997, 80–86, 102–105.

Harm Cordes, Hilaria evangelica academica. Das Reformationsjubiläum von 1717 an den deutschen lutherischen Universitäten, Forschungen zur Kirchen- und Dogmengeschichte 90, Göttingen: Vandenhoeck & Ruprecht, 2006.

Thomas N. Corns (Hg.), The Royal Image. Representations of Charles I, Cambridge: Cambridge University Press, 1999.

Wilhelm Diehl, Stipendiatenbriefe, in: Hessische Chronik 16 (1929), 97–144.

Bernhard Ebneth, Stipendienstiftungen im Alten Reich. Bibliographie (Stand: 28. Dezember 2007), <http://www.b-ebneth.de/Stipendienstiftungen.html>, 15.3.2013.

Georg Erler (Hg.), Die jüngere Matrikel der Universität Leipzig 2, Nendeln: Kraus, 1976.

Heinrich Fausel, Art. Hedinger, Johann Reinhard, in: Neue Deutsche Biographie 8 (1969), 188.

Marian Füssel, Akademische Lebenswelt und gelehrter Habitus. Zur Alltagsgeschichte des deutschen Professors im 17. und 18. Jahrhundert, in: Jahrbuch für Universitätsgeschichte 10 (2007), 35–51.

Ders., Auf dem Weg zur Wissensgesellschaft. Neue Forschungen zur Kultur des Wissens in der Frühen Neuzeit, in: Zeitschrift für historische Forschung 34 (2007), 272–289.

Ders., Deviante Vor-Bilder? Studentische Stammbuchbilder als Repräsentationen standeskultureller Ordnung, in: Bild – Macht – UnOrdnung. Visuelle Repräsentationen zwischen Stabilität und Konflikt, hg. v. Anna-Maria Blank/Vera Isaiasz/Nadine Lehmann, Eigene und fremde Welten 24, Frankfurt am Main: Campus-Verlag, 2011, 135–163.

Ders., Devianz als Norm? Studentische Gewalt und akademische Freiheit in Köln im 17. und 18. Jahrhundert, in: Westfälische Forschungen 54 (2004), 145–166.

Ders., Die zwei Körper des Professors. Zur Geschichte des akademischen Habitus in der Frühen Neuzeit, in: Universalität in der Provinz. Die vormoderne Landesuniversität Gießen zwischen korporativer Autonomie, staatlicher Abhängigkeit und gelehrten Lebenswelten, hg. v. Horst Carl/Friedrich Lenger, Arbeiten der Hessischen Historischen Kommission NF 30, Darmstadt: Hessische Historische Kommission, 2009, 209–232.

Ders., Gelehrtenkultur als symbolische Praxis. Rang, Ritual und Konflikt an der Universität der Frühen Neuzeit, Darmstadt: Wissenschaftliche Buchgesellschaft, 2006.

Ders., Gewalt im Zeichen der Feder. Soziale Leitbilder in akademischen Initiationsriten der Frühen Neuzeit, in: Gewalt in der Frühen Neuzeit, hg. v. Michaela Hohkamp/Claudia Jarzebowski/Claudia Ulbrich, Historische Forschungen 81, Berlin: Duncker & Humblot, 2005, 101–116.

Ders., Grenzen erfahren. Räumliche Mobilität in Selbstzeugnissen protestantischer Studenten des 18. Jahrhunderts, in: Von Bologna zu ‚Bologna'. Akademische Mobilität und ihre Grenzen, hg. v. Tina Maurer/Christian Hesse, Basel: Schwabe, 2011, 47–67.

Ders., Riten der Gewalt. Zur Geschichte der akademischen Deposition und des Pennalismus in der frühen Neuzeit, in: Zeitschrift für historische Forschung 32 (2005), 605–648.

Ders., Selbstzeugnisse, in: Quellen zur frühneuzeitlichen Universitätsgeschichte. Typen, Bestände, Forschungsperspektiven, hg. v. Ulrich Rasche, Wolfenbütteler Forschungen 128, Wiesbaden: Harrassowitz, 2011, 399–419.

Ders., Studentenkultur als Ort hegemonialer Männlichkeit? Überlegungen zum Wandel akademischer Habitusformen vom Ancien Régime zur Moderne, in: Männer – Macht – Körper. Hegemoniale Männlichkeiten vom Mittelalter bis heute, hg. v. Martin Dinges, Geschichte und Geschlechter 49, Frankfurt am Main: Campus-Verlag, 2005, 85–100.

Ders., Zwischen Beten und Fluchen. Zur Religiosität der Studenten in der Frühen Neuzeit, in: Universität, Religion und Kirchen, hg. v. Rainer Christoph Schwinges, Veröffentlichungen der Gesellschaft für Universitäts- und Wissenschaftsgeschichte 11, Basel: Schwabe, 2011, 455–478.

Joachim Hahn/Hans Mayer, Das Evangelische Stift in Tübingen. Geschichte und Gegenwart – Zwischen Weltgeist und Frömmigkeit, Stuttgart: Theiss, 1985.

Julius Hartmann, Art. Hedinger, Joh. Reinhard, in: Allgemeine Deutsche Biographie 11 (1880), 222–223.

Reinhold Julius Hartmann, Das Tübinger Stift. Ein Beitrag zur Geschichte des deutschen Geisteslebens, Stuttgart: Strecker und Schröder, 1918.

Paul Hazard, Die Krise des europäischen Geistes. 1680–1715, Hamburg: Hoffmann und Campe, 1965.

Erdmann Heinrich Henckel von Donnersmarck, Die letzten Stunden einiger Der Evangelischen Lehre zugethanen und in diesem und nechst verflossenen Jahren selig in dem Herrn Verstorbenen Persohnen, von unterschiedenem Stande, Geschlecht und Alter, zum Lobe Gottes und zu allgemeiner Erweckung, Erbauung und Stärckung, so wol derer ietzo lebenden, als der Nachkommen aus gewissen und wolgeprüften Nachrichten zusammen getragen, mit einer Praefation der Theol. Facultät zu Halle, Editio II, Theil I, Halle: Wäysenhaus, 1722.

Friedrich Hertel (Hg.), In Wahrheit und Freiheit. 450 Jahre Evangelisches Stift in Tübingen, Quellen und Forschungen zur württembergischen Kirchengeschichte 8, Stuttgart: Calwer, 1986.

Wilhelm von Heyd, Historischen Handschriften der Königlichen öffentlichen Bibliothek zu Stuttgart 2, Stuttgart: Kohlhammer, 1891.

Sabine Holtz, Schule – Universität – Staat. Württembergische Bildungspolitik im 17. Jahrhundert, in: Zeitschrift für württembergische Landesgeschichte 67 (2008), 129–142.

Dies., Wissen und Macht. Territorialstaat und Bildungspolitik im 17. Jahrhundert, in: Historisches Jahrbuch 123 (2003), 179–196.

Gabriele Jancke, Gelehrtenkultur. Orte und Praktiken am Beispiel der Gastfreundschaft – Eine Fallstudie zu Abraham Scultetus (1566–1624), in: Frühneuzeitliche Universitätskulturen. Kulturhistorische Perspektiven auf die Hochschulen in Europa, hg. v. Barbara Krug-Richter/Ruth-E. Mohrmann, Beihefte zum Archiv für Kulturgeschichte 65, Köln/Weimar/Wien: Böhlau, 2009, 285–312.

Christian Gottlieb Jöcher (Hg.), Allgemeines Gelehrten-Lexicon: Darinne die Gelehrten aller Stände sowohl männ- als weiblichen Geschlechts, welche vom Anfange der Welt bis auf ietzige Zeit gelebt, und sich der gelehrten Welt bekannt gemacht; Nach ihrer Geburt, Leben, merckwürdigen Geschichten, Absterben und Schrifften aus den glaubwürdigsten Scribenten in alphabetischer Ordnung beschrieben werden, Leipzig: Gleditsch, 1750–1751.

Martin H. Jung, Art. Hochstetter, Andreas Adam, in: Religion in Geschichte und Gegenwart 3, 4. Aufl., Tübingen: Mohr Siebeck, 2000, 1814.

Jan van de Kampe, Johann Deusing Bremensis. Die Bedeutung zweier Übersetzer für den reformierten und den lutherischen Pietismus in Deutschland, in: Pietismus und Neuzeit 33 (2007), 13–47.

Regina Keyler, Bestand J 17. Einleitung, <https://www2.landesarchiv-bw.de/ofs21/olf/einfueh.php?bestand=5463>, 15.3.2013.

Christian Friedrich Kielmann, Versuch kurzer Lebensbeschreibungen berühmter Wirtemberger, Stuttgart: Erhard und Löflund, 1791.

Andreas B. Kilcher, Philologie und Theologie des Philosemitismus im Barock. Johann Christoph Wagenseil und die christliche Verteidigung des jüdischen Buches, in: Morgen-Glantz 19 (2009), 201–234.

Hermann Knapp, Johann Reinhard Hedinger (1664–1704) als Professor in Gießen und Oberhofprediger in Stuttgart. Auf Grund seither noch nicht erforschter Originalakten, in: Blätter für württembergische Kirchengeschichte 90 (1990), 280–287.

Gustav C. Knod (Bearb.), Die alten Matrikeln der Universität Straßburg 1, Nendeln: Kraus, 1976.

Barbara Krug-Richter, ‚Du Bacchant, quid est Grammatica?'. Konflikte zwischen Studenten und Bürgern in Freiburg/Br. in der Frühen Neuzeit, in: Praktiken des Konfliktaustrags in der Frühen Neuzeit, hg. v. dies./Ruth-E. Mohrmann, Symbolische Kommunikation und gesellschaftliche Wertesysteme 6, Münster: Rhema, 2004, 79–104.

Dies./Ruth-E. Mohrmann (Hgg.), Frühneuzeitliche Universitätskulturen. Kulturhistorische Perspektiven auf die Hochschulen in Europa, Beihefte zum Archiv für Kulturgeschichte 65, Köln/Weimar/Wien: Böhlau, 2009.

Dies., ‚Gassatum gehn'. Der Spaziergang in der studentischen Kultur der Frühen Neuzeit, in: Jahrbuch für Universitätsgeschichte 9 (2006), 35–50.

Dies., Von Messern, Mänteln und Männlichkeit. Aspekte studentischer Konfliktkultur im frühneuzeitlichen Freiburg im Breisgau, in: Wiener Zeitschrift zur Geschichte der Neuzeit 4 (2004), 26–52.

Andrew Lacey, The Cult of King Charles the Martyr, Studies in Modern British Religious History 7, Woodbridge: Boydell Press, 2003.

Augustinus Hubertus Laeven, The ‚Acta Eruditorum' under the editorship of Otto Mencke (1644–1707). The history of an international learned journal between 1682 and 1707, Amsterdam/Maarssen: APA-Holland University Press, 1990.

Ernst Landsberg, Art. Rösler, Johann Eberhard, in: Allgemeine Deutsche Biographie 29 (1889), 241–242.

Karl Friedrich Ledderhose, Leben des Dr. Johann Reinhard Hedinger, weil. Consistorialraths und Hofpredigers in Stuttgart, Bielefeld: Velhagen und Klasing, 1857.

Hella Lemke, Judenchristentum. Zwischen Ausgrenzung und Integration – Zur Geschichte eines exegetischen Begriffes, Hamburger theologische Studien 25, Münster: Lit, 2001.

Martin Leube, Das Tübinger Stift 1770–1950. Geschichte des Tübinger Stifts, Stuttgart: Steinkopf, 1954.

Ders., Geschichte des Tübinger Stifts. Erster Teil: 16. und 17. Jahrhundert, Stuttgart: Scheufele, 1921.

Rüdiger Mack, Johann Reinhard Hedinger und die pietistischen Querelen in Gießen (1694–1699), in: Jahrbuch der hessischen kirchengeschichtlichen Vereinigung 30 (1979), 333–361.

Gottfried Mälzer, Die Werke der württembergischen Pietisten des 17. und 18. Jahrhunderts. Verzeichnis der bis 1968 erschienenen Literatur, Bibliographie zur Geschichte des Pietismus 1, Berlin: De Gruyter, 1972.

Michael Maurer, Germany's Image of Eighteenth-Century England, in: Britain and Germany Compared. Nationality, Society and Nobility in the Eighteenth Century, hg. v. Joseph Canning/Hermann Wellenreuther, Göttinger Gespräche zur Geschichtswissenschaft 13, Göttingen: Wallstein, 2001, 13–36.

Johann Jacob Moser, Erläutertes Würtemberg oder Sammlung allerhand Alt- und Neuer Schrifften, Observationen und Urkunden, wodurch die Civil-Kirchen-Gelehrte und Natürliche Historie, auch das Staats- und Landrecht des Hertzogthums Würtemberg einiges Licht erhält, insbesondere der Stifftungen der in Würtemberg befindlichen Stipendiorum, der Leben derer noch lebenden und verstorbenen Würtembergischen Gelehrten, und der Genealogien der fürnehmsten in Würtemberg florirenden so Adelich- als Bürgerlichen Familien. Zusammengetragen und zum Theil selbst verfasst, Tübingen 1729.

Karl von Müller, Kirchliches Prüfungs- und Anstellungswesen in Württemberg im Zeitalter der Orthodoxie. Aus den Zeugnisbüchern des herzoglichen Konsistoriums, in: Württembergische Vierteljahrshefte für Landesgeschichte 25 (1916), 431–488.

Sugiko Nishikawa, Die Fronten im Blick. Daniel Ernst Jablonski und die englische Unterstützung kontinentaler Protestanten, in: Daniel Ernst Jablonski. Religion, Wissenschaft und Politik um 1700, hg. v. Joachim Bahlcke/Werner Korthaase, Jabloniana 1, Wiesbaden: Harrassowitz, 2008, 151–168.

Ansgar Nünning/Susanne Spekat, Der König als christlicher Märtyrer. Charles I. im (Zerr-)Spiegel englischer Straßenballaden der Revolutionszeit, in: Basileus und Tyrann. Herrscherbilder und Bilder von Herrschaft in der Englischen Renaissance, hg. v. Uwe Baumann, Düsseldorfer Beiträge aus Anglistik und Amerikanistik 8, Frankfurt am Main u. a.: Peter Lang, 1999, 211–234.

Karl Pfaff, Wirtenbergischer Plutarch. Lebensbeschreibungen berühmter Wirtenberger 2, Esslingen: Seeger, 1832.

Georg Conrad Pregitzer, Sanctum Soliloquium Pii Theologi Et Devoti Christiani, Das ist: Eines frommen Theologi und eifferigen Christen heiliges Gespräch mit sich selbsten, Aus dem CXVI. Psalmen, v. 7. 8. Sey nun wieder zufrieden meine Seele etc. Als Der (...) Herr Andreas Adam Hochstetter (...) Den XXVI. April. an einem Montag A. 1717. in dem Herrn seelig entschlaffen (...) Einer Volck-reichen Versammlung vorgestellet (...) Tübingen: Sigmund, 1717.

Volker Press, Kriege und Krisen. Deutschland 1600–1715, Neue Deutsche Geschichte 5, München: Beck, 1991.

Ulrich Rasche, Cornelius relegatus in Stichen und Stammbuchbildern des frühen 17. Jahrhunderts. Zur Memoria studentischer Standeskultur in deren Formationsphase, in: Einst und Jetzt 53 (2008), 15–47.

Ders., Cornelius relegatus und die Disziplinierung der deutschen Studenten (16. bis frühes 19. Jahrhundert). Zugleich ein Beitrag zur Ikonologie studentischer Memoria, in: Frühneuzeitliche Universitätskulturen. Kulturhistorische Perspektiven auf die Hochschulen in Europa, hg. v. Barbara Krug-Richter/Ruth-E. Mohrmann, Beihefte zum Archiv für Kulturgeschichte 65, Köln/Weimar/Wien: Böhlau, 2009, 157–221.

Ders., Geld, Ritual und Doktorurkunde. Zur Rationalisierung des Promotionsverfahrens im 17. und 18. Jahrhundert am Beispiel der philosophischen Fakultät der Universität Jena, in: Jahrbuch für Universitätsgeschichte 9 (2006), 83–99.

Anton Schindling, Bildung und Wissenschaft in der Frühen Neuzeit 1650–1800, Enzyklopädie deutscher Geschichte 30, München: Oldenbourg, 1999.

Otto Schmoller, Geschichte des Theologischen Stipendiums oder Stifts in Tübingen 1, Stuttgart: Kohlhammer, 1893.

Theresa Schmotz, Die Leipziger Professorenfamilien im 17. und 18. Jahrhundert. Eine Studie über Herkunft, Vernetzung und Alltagsleben, Quellen und Forschungen zur sächsischen Geschichte 35, Stuttgart: Steiner, 2012.

August Schnizlein, Aus den Stipendiatenakten des Rothenburger Stadtarchivs, in: Frankenland 6 (1915), 229–238.

Ders., Aus den Stipendiatenakten des Rothenburger Stadtarchivs, in: Frankenland 7 (1915), 245–255.

Ders., Schulgeschichtliches aus Stipendiatenbriefen, in: Zeitschrift für Geschichte der Erziehung und des Unterrichts 6 (1916), 189–195.

Wolfgang Schöllkopf, Art. Hedinger, Johann Reinhard, in: Religion in Geschichte und Gegenwart 3, 4. Aufl., Tübingen: Mohr Siebeck, 2000, 1501.

Ders., Johann Reinhard Hedinger, in: Stiftsköpfe, hg. v. ders./Volker Drecoll/Juliane Baur, Tübingen: Mohr Siebeck, 2012, 56–61.

Ders., Johann Reinhard Hedinger (1664–1704), in: Kirchengeschichte Württembergs in Porträts. Pietismus und Erweckungsbewegung, hg. v. Siegfried Hermle, Holzgerlingen: Hänssler, 2001, 33–50.

Ders., Johann Reinhard Hedinger (1664–1704). Württembergischer Pietist und kirchlicher Praktiker zwischen Spener und den Separatisten, Arbeiten zur Geschichte des Pietismus 37, Göttingen: Vandenhoeck & Ruprecht, 1999.

Ders., Schwäbischer Olymp und württembergische Pfarrerschmiede. 450 Jahre Evangelisches Stift Tübingen 1536–1986, Tübingen: Evangelisches Stift Tübingen, 1986.

Wilfried Schöntag, Vermögensverhältnisse und Geldanlage Tübinger Professoren im Spiegel ihrer Inventuren und Teilungen, in: Tubingensia. Impulse zur Stadt- und Universitätsgeschichte, hg. v. Sönke Lorenz, Tübinger Bausteine zur Landesgeschichte 10, Ostfildern: Thorbecke, 2008, 335–353.

Alexander Schunka, Daniel Ernst Jablonski, Pietism, and Ecclesiastical Union, in: Pietism, Revivalism and Modernity. 1650–1850, hg. v. Fred van Lieburg/Daniel Lindmark, Newcastle: Cambridge Scholars Publishing, 2008, 23–41.

Ders., Union, Reunion, or Toleration. Reconciliatory Attempts among Eighteenth-Century Protestants, in: Diversity and Dissent. Negotiating Religious Difference in Central Europe, 1500–1800, hg. v. Gary Cohen/Howard Louthan/Franz Szabo, Austrian and Habsburg Studies 11, New York: Berghahn, 2011, 193–208.

Ders., Zwischen Kontingenz und Providenz. Frühe Englandkontakte der Halleschen Pietisten und protestantische Irenik um 1700, in: Pietismus und Neuzeit 34 (2008), 82–114.

Andreas Selling, Deutsche Gelehrten-Reisen nach England 1660–1714, Münsteraner Monographien zur englischen Literatur 3, Frankfurt am Main u. a.: Lang, 1990.

Wolfgang Sommer, Johann Reinhard Hedinger als Hofprediger in Stuttgart, in: Beiträge zur Geschichte des Württembergischen Pietismus, hg. v. Hermann Ehmer, Pietismus und Neuzeit 24, Göttingen: Vandenhoeck & Ruprecht, 1998, 160–185.

Udo Sträter, Sonthom, Bayly, Dyke und Hall. Studien zur Rezeption der englischen Erbauungsliteratur in Deutschland im 17. Jahrhundert, Beiträge zur historischen Theologie 71, Tübingen: Mohr Siebeck, 1987.

Hans-Jürgen Teuteberg, Der Beitrag der Reiseliteratur zur Entstehung des deutschen Englandbildes zwischen Reformation und Aufklärung, in: Reiseberichte als Quellen europäischer Kulturgeschichte. Aufgaben und Möglichkeiten der historischen Reiseforschung, hg. v. ders./Antoni Mączak, Wolfenbütteler Forschungen 21 (Vorträge anlässlich des Wolfenbütteler Symposions 9), Wolfenbüttel: Herzog-August-Bibliothek Wolfenbüttel, 1982, 73–114.

Hans Georg Wackernagel/Max Triet (Hgg.), Die Matrikel der Universität Basel 4, Basel: Verlag der Universitäts-Bibliothek Basel, 1975.

Julius August Wagenmann, Art. Hochstetter, Andreas Adam, in: Allgemeine Deutsche Biographie 12 (1880), 526–527.

Johannes Wallmann, Philipp Jakob Spener und die Anfänge des Pietismus, Beiträge zur historischen Theologie 42, Tübingen: Mohr Siebeck, 1986.

Bernhard Weissenborn (Bearb.), Album Academiae Vitebergensis. Jüngere Reihe 2, Arbeiten aus der Universitäts- und Landesbibliothek Sachsen-Anhalt in Halle a. d. Saale 1, Magdeburg: Selbstverlag der Historischen Kommission, 1952.

Jennifer Willenberg, Distribution und Übersetzung englischen Schrifttums im Deutschland des 18. Jahrhunderts, Archiv für Geschichte des Buchwesens. Studien 6, München: Saur, 2008.

Heide Wunder, ‚Die Professorin' und die Professorentöchter. Ein Beitrag zur Sozialgeschichte des Professorenstandes in der Frühen Neuzeit, in: Universalität in der Provinz. Die vormoderne Landesuniversität Gießen zwischen korporativer Autonomie, staatlicher Abhängigkeit und gelehrten Lebenswelten, hg. v. Horst Carl/Friedrich Lenger, Arbeiten der Hessischen Historischen Kommission NF 30, Darmstadt: Hessische Historische Kommission, 2009, 233–269.

Johann Heinrich Zedler (Hg.), Grosses vollständiges Universal-Lexicon Aller Wissenschafften und Künste, Welche bißhero durch menschlichen Verstand und Witz erfunden und verbessert worden: Darinnen so wohl die Geographisch-Politische Beschreibung des Erd-Creyses, nach allen Monarchien, Kayserthümern, Königreichen, Fürstenthümern, Republiquen, freyen Herrschafften, Ländern, Städten, See-Häfen, Vestungen, Schlössern, Flecken, Aemtern, Klöstern, Gebürgen, Pässen, Wäldern, Meeren, Seen, Inseln, Flüssen, und Canälen; samt der natürlichen Abhandlung von dem Reich der Natur, nach allen himmlischen, lufftigen, feurigen, wässerigen und irrdischen Cörpern, und allen hierinnen befindlichen Gestirnen, Planeten, Thieren, Pflantzen, Metallen, Mineralien, Saltzen und Steinen [et]c. Als auch eine ausführliche Historisch-Genealogische Nachricht von den Durchlauchten und berühmtesten Geschlechtern in der Welt, Dem Leben und Thaten der Kayser, Könige, Churfürsten und Fürsten, grosser Helden, Staats-Minister, Kriegs-Obersten zu Wasser und zu Lande, den vornehmsten geist-und weltlichen Ritter-Orden [et]c. Ingleichen von allen Staats-Kriegs-Rechts-Policey und Haußhaltungs-Geschäfften des Adelichen und bürgerlichen Standes, der Kauffmannschafft, Handthierungen, Künste und Gewerbe, ihren Innungen, Zünfften und Gebräuchen, Schiffahrten, Jagden, Fischereyen, Berg-Wein-Acker-Bau und Viehzucht [et]c. Wie nicht weniger die völlige Vorstellung aller in der Kirchen-Geschichten berühmten Alt-Väter, Propheten, Apostel, Päbste, Cardinäle, Bischöffe, Prälaten und Gottes-Gelehrten, wie auch Concilien, Synoden, Orden, Wallfahrten, Verfolgungen der Kirchen, Märtyrer, Heiligen, Sectirer und Ketzer aller Zeiten und Länder, Endlich auch ein vollkommener Inbegriff der allergelehrtesten Männer, berühmter Universitäten, Academien, Societäten und der von ihnen gemachten Entdeckungen, ferner der Mythologie, Alterthümer, Müntz-Wissenschafft, Halle: Zedler, 1732–1754.

Hermann Zeller, ‚Gegründet werden soll ein großer Deutscher Sängerbund'. Der Schriftsteller und Geschichtsschreiber Karl Pfaff, in: ‚Das ist eine Stadt'. Literarische Spuren in Esslingen, hg. v. Irene Ferchl/Ute Harbusch/Thomas Scheuffelen, Esslingen: Bechtle, 2003, 73–78.

Stift und Stadt um 1800

Johannes Michael Wischnath

Die beiden Jahrzehnte vor und nach der Wende vom 18. zum 19. Jahrhundert, die für das Evangelische Stift nicht weniger wie für Stadt und Universität Tübingen von den Auswirkungen der Französischen Revolution bestimmt waren, sind in vieler Hinsicht eine Zeit bedeutender Veränderungen. Was das Stift angeht, so steht am Anfang die noch von Herzog Carl Eugen (1728–1793) ins Werk gesetzte Stiftsreform mit den neuen Statuten von 1793. Um 1800 war der durchgreifende Umbau der Stiftsgebäude abgeschlossen und das Stift damit wenigstens äußerlich auf der Höhe der Zeit. Nimmt man den Umbau des Universitätshauses zum Universitätsjubiläum zwei Jahrzehnte zuvor und den Umbau der alten Burse zum „Klinikum"[1] in den Jahren 1803 bis 1805 hinzu, so kann man sagen, dass die Neckarseite der Stadt mit Stift, Burse und Alter Aula damals ihr bis heute bewahrtes Gesicht erhielt. Die Jahre um 1810 markieren dann eine Zäsur in der Geschichte der Hochschule. Als „UniversitätsCatastrophe" empfanden es die Betroffenen, als König Friedrich (1754–1816) im Juni 1811 die Reste der schon längst ausgehöhlten Autonomie der Hochschule mit einem Federstrich beseitigte.[2]

Besonders von Martin Leube und Uwe Jens Wandel sind jene Jahre umfassend dargestellt worden. Während Wandels *Studien zur Geschichte von Stadt und Universität Tübingen im Zeitalter der Französischen Revolution* mit dem Universitätsjubiläum von 1777 einsetzen und mit der erwähnten Universitätskatastrophe von 1811 schließen, widmet Leube ein umfangreiches Kapitel seiner Geschichte des Evangelischen Stifts der Zeit zwischen 1770 und 1813.[3] Ziel des folgenden Beitrags ist es nicht, das von Leube und Wandel so detail- wie farbenreich entworfene Bild en miniature nachzuzeichnen, vielmehr sollen die Beziehungen zwischen Stift und Stadt in jenen Jahren in den Blick genommen werden. Dabei zeigt sich freilich rasch, dass von institutionellen Beziehungen analog dem Verhältnis von Universität und Stadt nicht gesprochen werden kann. Denn obwohl Stift und Universität institutionell keine Einheit bildeten, waren die Angehörigen des Stifts vom Ephorus bis zu den Stipendiaten und zum

[1] Wandel, Verdacht, 183 f.

[2] Vgl. Wandel, Verdacht, 195–199, das Zitat ebd., 198.

[3] Vgl. Leube, Geschichte des Tübinger Stifts, Bd. 2; und vor allem ders., Tübinger Stift; Wandel, Verdacht.

jüngsten Famulus sämtlich Universitäts- und nicht Stadtbürger. So viele Reibungspunkte und Konfliktbereiche es gerade in jenen Jahren zwischen Stadt und Universität auch gab, das Stift als solches war davon nicht unmittelbar berührt. Dementsprechend dürftig ist das Ergebnis, wenn man dem archivalischen Niederschlag in den Archiven von Stift, Stadt und Universität nachgeht, und es überrascht daher nicht, dass die Beziehungen zwischen der Stadt und dem Stift in der hier in erster Linie einschlägigen Literatur nicht eigens thematisiert werden. Über die zahlreichen Berührungspunkte, die es dennoch gab, soll in vier Abschnitten berichtet werden: Erstens: Die Stipendiaten in der Stadt, zweitens: Das Stift in Kirche und Schule, drittens: Tübinger im Stift. Schließlich soll die Bedeutung des Stifts als Wirtschaftsfaktor für die Stadt Tübingen anhand der bisher weniger beachteten Jahresrechnungen der Stiftsverwaltung aufgezeigt werden.

Vorab zur Orientierung einige Zahlen: 1793 wurden in Tübingen 6568 ortsangehörige Personen gezählt, 1811 mit 6448 geringfügig weniger.[4] Dazu kamen die Universitätsbürger: Professoren, Universitätsbedienstete und die Angehörigen universitätsnaher Berufe mit ihren Familien, nicht gerechnet die Studierenden, wohl an die 200 Personen. Immatrikuliert waren im Sommerhalbjahr 1791 212 Studierende, zehn Jahre später, 1800, waren es mit 226 kaum mehr, wieder zehn Jahre später, im stark vergrößerten Königreich Württemberg, war die Zahl auf 308 gestiegen, immer noch weniger als zur Zeit der Universitätsgründung. Wenn auch nach Aufhebung der Hohen Karlsschule, deren Konkurrenz die Hochschule beinahe zur bloßen Ausbildungsanstalt für Theologen hatte herabsinken lassen, die Immatrikulationen an der Landesuniversität nicht stärker zunahmen, so lag das daran, dass die Zahl der Stipendiaten und überhaupt der Theologen nach 1790 deutlich zurückgegangen war. Studierten 1790 noch 154 angehende Theologen in Tübingen, 121 im Stift und 33 in der Stadt, so waren es zehn Jahre später nur noch 112, darunter 94 Stipendiaten. Erst nach weiteren zehn Jahren war der alte Stand wieder erreicht, aber der Anteil der Theologen an der Gesamtzahl der Immatrikulierten war 1810 gegenüber 1790 dennoch von 75% auf 50% gesunken. Das lag an der Verdopplung der Zahlen bei den Juristen von 32 auf 61 und der noch viel stärkeren Zunahme bei den Medizinern von zehn auf 71 im gleichen Zeitraum.[5] Die Philosophische Fakultät dagegen kann hier ganz außer Betracht bleiben. Sie diente damals immer noch vor allem dem allgemeinbildenden Grundstudium und war ganz an den Bedürfnissen des Stifts ausgerichtet.

---

[4] Vgl. Beschreibung des Oberamts Tübingen, 243.

[5] Vgl. Universitätsarchiv Tübingen (Abk. UAT), S 73/1.

1. Die Stipendiaten in der Stadt

Leube hat ausführlich geschildert, wie Herzog Carl Eugen in seinen späteren Jahren seine Liebe für das Stift entdeckte. Wie früher schon der Universität, die sich 1769 den neuen Namen Eberhardina-Carolina hatte beilegen dürfen,[6] wollte er auch dem Stift ein zweiter Gründer werden und tatsächlich hat er die Reform der Stiftsstatuten und die um 1800 abgeschlossene bauliche Erneuerung der Stiftsgebäude in Angriff genommen. Für die innere Erneuerung seines neuen Lieblingskindes nahm er sich nun aber sein altes, die Karlsschule, zum Muster, und es hätte seinen Vorstellungen völlig entsprochen, wäre eine geistliche Kadettenanstalt dabei herausgekommen. Was das Verhältnis zur Stadt angeht, so lief alles darauf hinaus, das Stift und seine Zöglinge durch genaue Regelung von Freizeit und nur unwesentlich verlängerten Ausgehzeiten[7] gegen schädliche Einflüsse abzuschotten. Aber das war natürlich nicht möglich und ohnehin dem Zeitgeist und dem Geist im Stift völlig konträr.

Schon seine geistliche Kleidung machte den Stipendiaten in der Stadt zu einer auffallenden Erscheinung, erst recht dann, wenn das Stift geschlossen auftrat. Nach den Statuten von 1793 war zwar der gemeinsame Kirchgang an den Sonntagnachmittagen und am Donnerstagvormittag weggefallen, aber zu der allseits gewünschten Abschaffung der sonntäglichen „Kirchenprozession"[8] hatte sich Carl Eugen nicht verstehen können. Er fürchtete, dies könne beim Publikum einen ungünstigen Eindruck machen und „außerdem zu Unordnungen Anlaß geben"[9], Unordnungen, die gleichwohl auch während des Gottesdienstes vorfielen und ebenfalls keinen guten Eindruck machten.[10]

Im Alltag und vor allem beim Ausgang blieben die Kleidervorschriften weiterhin ein stetes Ärgernis, entsprechend stark war der Impuls, sie zu dehnen, zu umgehen und zu ignorieren, wann immer es möglich war. Entsprechend zahlreich sind auch die einschlägigen Anekdoten und humoristischen Schilderungen.[11] 1810 zum Beispiel klagten die Repetenten, dass manche Stipendiaten sich

> teils mehr teils minder grobe Verletzungen des äußeren Wohlstandes besonders in Absicht auf die Kleidung ungescheut erlauben. In der Stadt und auf öffentlichen Spaziergängen gehen sie umher ohne Hut, ohne Überschlag, zum Teil ohne Weste, ohne Hals-

---

[6] Vgl. Schäfer, Umbenennung.

[7] Vgl. Leube, Tübinger Stift, 60–61: „Rekreation" nach dem Mittagessen (12 Uhr) bis 3 Uhr, und nach dem Abendessen (7 Uhr) bis 9 Uhr. Ausgang mittags bis 3 Uhr, im Sommer auch abends bis Torschluss, an Sonn- und Feiertagen vom Schluss des Gottesdienstes an, die Zeiten der nachmittäglichen Predigtübungen ausgenommen. Am vorlesungsfreien Donnerstag dauerte die Freizeit eine Stunde länger. Auch Spazierritte, früher nicht erlaubt, durften genehmigt werden.

[8] Leube, Tübinger Stift, 59.

[9] Leube, Tübinger Stift, 59.

[10] Vgl. Leube, Geschichte des Tübinger Stifts, Bd. 2, 245–248.

[11] Vgl. zum Folgenden Leube, Tübinger Stift, 145–151.

tuch und mit entblößter Brust, und nur erst in der Nähe der Torstube [...] ziehen sie einen Überschlag [gemeint ist das Beffchen] an, um nicht [...] ob vestitum illegitimum eingeschrieben zu werden.[12]

Immerhin war schon seit 1806 der verhasste Übermantel nur noch für den Gottesdienst und andere feierliche Gelegenheiten vorgeschrieben, im Übrigen sogar verboten. Jetzt – im Jahr 1810 – erwirkte Universitätskurator Freiherr von Wangenheim (1773–1850), der es als Student einst selbst auf zwei Relegationen gebracht hatte,[13] beim König eine weitere moderate Anzugserleichterung. Die statutengemäße Kleidung blieb für Sonn- und Festtage zwar vorgeschrieben, doch waren bei nur stiftsöffentlichen Anlässen jetzt lange Beinkleider und kurze, schwarze Klappstiefel erlaubt. Im Übrigen wurden statt schwarzer dunkelgraue Röcke mit schwarzer Weste und ebensolchen Beinkleidern gestattet. Erledigt war das Thema mit dem Wechsel von culottes zu pantalons und von schwarz zu grau natürlich nicht, sollte doch bald die altdeutsche Tracht auf den Universitäten Mode werden.

Ein Herzenswunsch Carl Eugens war es auch gewesen, die Stipendiaten aus den Wirtshäusern herauszuhalten.[14] Aber durchzusetzen war dies Verbot damals ebenso wenig wie später. Wohin auch hätten die Studierenden in ihren Freistunden gehen können? Lesegesellschaft und Museum bestanden noch nicht, das Ballhaus war ihnen verboten, und ein zwangloser Verkehr in den Familien der Honoratioren war außerhalb des verwandtschaftlichen Kreises wohl noch kaum üblich. Dagegen gab es 1798 in Tübingen außer den Gasthöfen oder Schildwirtschaften allein 43 „beständige“ Gassen- oder Schankwirte, nicht gerechnet die „unbeständigen“ Wirte, die nur „Oberländer Wein“, das lokale Gewächs, ausschenken durften[15]. Sie alle waren auf studentisches Publikum angewiesen und konnten an einer Befolgung des Wirtshausverbots kein Interesse haben. Es musste regelmäßig neu eingeschärft werden, so zum Beispiel 1808, als es zu einer Messerstecherei zwischen zwei Stipendiaten gekommen war,[16] um doch ebenso regelmäßig schon nach wenigen Wochen wieder missachtet zu werden. Als sich im September 1811 der Tübinger Oberamtmann darüber beschwerte, dass die Seminaristen wieder anfingen, mit „großer Frechheit und

[12] Leube, Tübinger Stift, 149.

[13] Vgl. Wandel, Verdacht, 64 und 158.

[14] In seinem Bescheid vom 12.12.1791 auf die Gutachten zur Stiftsreform heißt es: „Junge Leute, die der Kirche gewidmet seien und sich auch freiwillig dazu bestimmt haben, müssen von Jugend auf so geleitet werden, wie es ihr künftiger Stand, der sich vor allen andern durch eine gewisse äußerliche Würde und Anstand auszeichnen solle, [...] erfordere. Die Nahrung an Speis und Trank im Stipendium müsse gut sein, dann bedürfe es keines Wirtshauses, das ohnehin in keinem Betracht ein Ort für einen Theologen sei.“ Zitiert nach: Leube, Tübinger Stift, 59.

[15] Baur, Haushalt, 190.

[16] Vgl. Reskript vom 8.3.1808, Stiftsarchiv (Abk. AEvST), E 1, 290/2; vgl. auch Wandel, Verdacht, 188.

ohne Scheu" die Wirtshäuser zu frequentieren, bezog er sich auf eine Anordnung vom Juni des gleichen Jahres, die den Wirten die „Aufnahme von Seminaristen" unter Androhung von Geldbußen bis zur Entziehung der „Wirtschafts-Gerechtigkeit" im Wiederholungsfall untersagt hatte[17].

Die Sonderstellung der Stipendiaten hatte aber doch zur Folge, dass sie an den studentischen Orden, die in der zweiten Hälfte des 18. Jahrhunderts in Tübingen aufkamen, nicht beteiligt waren, weil sie sich den Ehrgesetzen zur Regelung des Duellwesens, dem Komment, nicht unterwerfen konnten. Den nach der Jahrhundertwende aufkommenden Landsmannschaften, für die das Fechten im Mittelpunkt stand, „galten die Stipendiaten zwar nicht als unehrenhaft, sie wurden aber in studentischen Dingen nicht für ganz voll angesehen."[18] Das erzeugte eine latente Spannung, die sich mitunter in handfesten Auseinandersetzungen entlud, ja es kam vor, dass „sogar Degen und Pistolen gezogen wurden."[19] Hier sollen indes die Episoden nicht weiter ausgebreitet werden, in denen die Rivalität zwischen Stipendiaten und Stadtstudenten, aber auch der Widerspruch zwischen Zeitgeist und jugendlichem Selbstgefühl und der Stiftsordnung zum Ausdruck kamen. Zum einen ist dies bei Leube, Wandel und nicht zuletzt bei dem Tübinger Studentenhistoriker Georg Schmidgall nachzulesen, zum andern ist nicht zu übersehen, dass die Stadt, das nichtakademische Tübingen, hier oft nur die Bühne für inneruniversitäre Auseinandersetzungen bot.

Die Zunahme studentischer Exzesse in der Öffentlichkeit hatte bereits 1780 Anlass zur Einrichtung einer besonderen Universitätspolizei gegeben.[20] Auch im Stift herrschte seit den 1780er Jahren und vollends im Jahrzehnt nach der Französischen Revolution ein gespanntes Verhältnis zwischen den Stipendiaten und ihren Vorgesetzten.[21] Das zeigt schon eine Durchsicht der sogenannten Annotationsverzeichnisse und der Semesterbeurteilungen. Selbst einem aller Revolutionsseligkeit völlig unverdächtigen Stipendiaten wie dem späteren Tübinger Professor Jonathan Friedrich Bahnmaier (1774–1841), der in seinen Briefen ins Elternhaus als Muster eines gehorsamen Sohnes erscheint,[22] wurde regelmäßig ein den „Klostergesetzen" nicht konformes Verhalten attestiert[23].

Als Anfang 1794 während des ersten Koalitionskrieges die Alliierten das linke Rheinufer geräumt hatten und unter dem Eindruck einer drohenden französischen Invasion im Herzogtum Württemberg die Errichtung der Landmiliz angeordnet wurde, regte sich allerorten der patriotische Geist. Während sich in

[17] Schreiben vom 17.9.1811, AEvST, E 1, 290/2.
[18] Schmidgall, Stiftler, 17.
[19] Schmidgall, Stiftler, 17; vgl. Schmidgall, Logen.
[20] Vgl. Baur, Haushalt, 119–120; Wandel, Verdacht, 87.
[21] Vgl. Leube, Tübinger Stift, 125–127.
[22] Vgl. Schäfer, Württembergica. Der Verfasser dankt Herrn Archivdirektor i. R. Prof. Dr. Volker Schäfer für die Erlaubnis, die von ihm im Blick auf eine Edition dieser Briefe erstellten Transkriptionen zu benutzen.
[23] AEvST, E 1, 292/4.

Stuttgart eine freiwillige Bürgergarde bildete,[24] war davon in Tübingen freilich nicht die Rede. Um ihr „Auswahlprivileg"[25], die Befreiung von zwangsweiser Musterung und Aushebung, zu wahren, beschloss die Stadt vielmehr, Freiwillige anzuwerben. War es ein Reflex der auch im Stift herrschenden Stimmung, dass sich ausgerechnet ein Sohn des Klostertorwarts als erster und Werber der übrigen in die Liste dieser „freiwillige[n] Vaterlandsvertheidiger"[26] eintrug? Damals schrieb Bahnmaier seine Landmilizlieder,[27] und ein anderer Stiftler renommierte bei einem Wirtshausbesuch im benachbarten Hirschau, „im Stift gebe es mindestens 100, die sich zum Exerzieren verstehen würden."[28] Von den Schießübungen der neuen Tübinger Schützengesellschaft, an der sich die Bürgerschaft damals eifrig beteiligte,[29] blieben die Stipendiaten jedoch ausgeschlossen. „Nur mit Ofenröhren und Lattenstücken gab es an Winterabenden auf den Gängen des Stifts ein munteres Waffenspiel."[30] Doch blieb dies eine Episode, und als die Franzosen Tübingen schließlich besetzten, war der kriegerische Geist im Stift verflogen wie ein Spuk. Aufs Ganze gesehen überwog die Franzosenfreundlichkeit, ja, „anderwärts galt Tübingen durchaus als revolutionär gesinnt."[31]

Wenn der Geist der Freiheit und der Revolution, der von jenseits des Rheins auf verschiedenen Wegen nach Tübingen hineingetragen wurde, auch zweifellos im Stift auf besonders fruchtbaren Boden fiel, so lässt sich trotz der beeindruckenden Beispiele, die Leube und vor allem Wandel zusammengetragen haben, doch nur schwer bestimmen, wie breit und wie nachhaltig er dort wirkte. Dies zeigt auch ein Vorfall im Frühjahr 1798, von dem Wandel – vielleicht etwas übertreibend – als „Revolte [...] im Stift" gesprochen hat.[32] Nach einer längeren Vorgeschichte, die hier übergangen werden kann, kam es damals zu einem disziplinwidrigen, demonstrativen Wirtshausgelage, an dem sich fast sämtliche Stipendiaten beteiligten. In den Repetentenannalen heißt es:

> Man soff und lärmte einen ganzen Nachmittag in des Hauptzoller Riesen Haus. Vor dem Abendessen zog ein Teil mit Musik auf den Markt, wo sie sich auf das Marseiller Lied blasen ließen. Dann zogen sie im Sturm zum Kloster herein.[33]

---

[24] Vgl. Wandel, Verdacht, 78 f.

[25] Wandel, Verdacht, 79.

[26] Wandel, Verdacht, 79.

[27] Vgl. Wandel, Verdacht, 80; Wandel, Geschichtliche Lieder, 737–739.

[28] Wandel, Verdacht, 89.

[29] Im April 1794 wurde das Freischießen wieder eingeführt. 1796/97 erschienen an 20 Schießtagen 704 Schützen. Vgl. Baur, Haushalt, 178.

[30] Leube, Tübinger Stift, 119.

[31] Wandel, Verdacht, 89–90.

[32] Vgl. Wandel, Verdacht, 61 und 157–158, das Zitat ebd., 157; vgl. die ausführliche Darstellung bei Leube, Tübinger Stift, 129–139.

[33] Leube, Tübinger Stift, 137–138.

Der Vorfall erregte großes Aufsehen, gerade auch wegen des Marseiller Liedes, und ist in späterer Rückerinnerung mit dem längst ins Reich der Legende verwiesenen Tanz Hegels und Hölderlins um den Freiheitsbaum auf dem Marktplatz zu Tübingen in Verbindung gebracht worden. Wandel, der die Quellen auf der Suche nach politischen Hintergründen überaus sorgfältig durchforscht hat, will solche hier nicht ganz ausschließen, sichere Belege ließen sich aber nicht finden. Ausgangspunkt war jedenfalls die Klage eines Famulus über wiederholte körperliche Misshandlungen seitens eines Stipendiaten gewesen, so dass diese „Revolte" füglich nicht als Demonstration für égalité und fraternité im Stift bezeichnet werden kann.

Als Beispiel für Beziehungen aus dem Stift in die Stadt ist schließlich die sogenannte Otaheiti-Affäre zu nennen. Eine Anzahl junger Männer, ein Substitut in einem Tübinger Handelsgeschäft als Initiator, ein Apothekergehilfe und einige Studenten schlossen sich 1806 im Geheimen mit dem Ziel zusammen, dem Druck der württembergischen Verhältnisse zu entfliehen und auf einer der glücklichen Inseln der Südsee ein ideales, freiheitliches Gemeinwesen aufzubauen. Die Gruppe

> war nach demokratischen Grundsätzen organisiert, ohne Vorsitzenden, mit gemeinsamer Kasse und gemeinsamem Eigentum an Büchern und Landkarten, die sie zur Vorbereitung anschafften.[34]

Auch Stipendiaten waren mit im Bunde, darunter Immanuel Matthäus Peter Hoch (1788–1856) und Friedrich Gustav Schoder (1785–1813), der Primus seines Jahrgangs. Die beiden waren zwar nicht die Haupträdelsführer, aber in Schoders Briefen an Hoch fanden sich die belastenden Äußerungen – dunkle Andeutungen von Tyrannenmord – die die Beteiligten hinter Kerkermauern brachten. Schoder wurde von einem Sondergericht zu drei Jahren Festungshaft verurteilt, aber von König Friedrich, was vielleicht schlimmer war, für geisteskrank und damit zur Bekleidung eines öffentlichen Amtes unfähig erklärt.[35]

Schoder hatte zum weiteren Freundeskreis Ludwig Uhlands (1787–1862) gehört, auch wenn dieser seiner poetischen Produktion nur wenig abgewinnen konnte. Dafür machte Uhland übrigens den „philosophische[n] Sectengeist" im Stift verantwortlich, der der „Universalität der Poesie zuwider" sei:

> Herr Schoder wird mit seiner Schellingslehre blutwenig Glück machen. Es sieht in der Welt draußen ganz anders aus, als man es sich in den düstern Mauern des theologischen Stifts zu Tübingen einbilden mag.[36]

Vielleicht ist es auch bezeichnend für den Blick des Stadtstudenten und Nichttheologen auf das Stift, wie er Schoders angeblichen Entschluss kommentierte,

---

[34] Wandel, Verdacht, 192.

[35] Vgl. Wandel, Verdacht, 194.

[36] Uhlands Briefwechsel, 11 (Brief Nr. 11). Der Brief an einen unbekannten Empfänger ist undatiert. Schoders Gedichte, mit denen er sich auseinandersetzt, erschienen 1805.

der Theologie zu entsagen und sich als Literat durchzubringen: „Es bleibt wahr, was ich schon oft gehört habe, daß es keinen unsinnigen Gedanken gebe, den nicht schon ein würtembergischer Magister gehabt hätte.“[37]

2. Das Stift in Kirche und Schule

Von Stiftsephorus Gottlieb Christian Storr (1746–1805) ist bekannt, dass er einzelnen Stipendiaten Gelegenheit gab, seinem Konfirmandenunterricht beizuwohnen,[38] aber auch sonst bot die Stadt immer wieder Gelegenheit zur Einübung in den geistlichen Beruf. Bei den Aufgaben, die Stipendiaten wie Repetenten regelmäßig in Kirche und Schule Tübingens übernahmen, war dies freilich zum Teil nur ein Nebenzweck. So wurden die Repetenten nicht nur immer wieder als Vikare nach auswärts beordert, sondern auch in Tübingen als Vakanz- und Krankheitsvertreter eingesetzt. Als 1792 das Stadtdekanat vakant und die beiden „Helfer“ mit den Sonntags- und Donnerstagspredigten belastet waren, mussten die Repetenten sie „in ihren gewöhnlichen cultibus“ unterstützen[39]. 1795 ordnete das Konsistorium an, dass zusätzlich ein zweiter Repetent in der Karwoche zur Unterstützung der Geistlichen im Stift bleiben müsse,[40] und als 1807 der zweite Stiftskirchenpfarrer, Oberhelfer August Christian Fleischmann (1756–1807), plötzlich starb, wurden Predigten und Gottesdienste gegen besondere Entlohnung wieder von den Repetenten übernommen.[41]

Schon seit Ende des 17. Jahrhunderts wurden in der Schlosskirche von zwei besonders damit beauftragten Stipendiaten im Wechsel regelmäßig Sonntagspredigten gehalten. Diese Gottesdienste waren besonders bei jungen Leuten und beim Gesinde beliebt, sie boten nämlich Gelegenheit, sich dem gewöhnlichen Sonntagsgottesdienst in der Stiftskirche zu entziehen; und weniger gesittet als dort, wo es an Klagen über das Betragen der Stipendiaten auch nicht mangelte, ging es bei diesen Anfängerpredigten auf dem Schloss allemal zu.[42] Nach den neuen Statuten von 1793 waren die Schlosspredigten Aufgabe der ältesten Magisterpromotion. Einer dieser Stipendiaten musste deshalb auch während der Herbstferien im Kloster bleiben, in der Osterzeit, wenn an vier Feiertagen zu predigen war, betraf dies sogar zwei.[43] Die Schlossprediger, die auch nach dieser Neuregelung so genannt wurden, erhielten bessere Kost und Repetentenwein und waren von den Predigtübungen an den Sonntagnachmittagen befreit. Es

[37] Uhlands Briefwechsel, 12 (Brief Nr. 11).
[38] Vgl. Johann Christoph Bahnmaier an seinen Sohn, undatiert, Staatsarchiv Basel (Abk. StAB), PA 653, XXI,6.
[39] Konsistorialreskript vom 27.1.1792, AEvST, E 1, 82/1.
[40] Vgl. Konsistorialreskripte vom 30.10.1795 und 15.3.1796, AEvST, E 1, 82/1.
[41] Vgl. Konsistorialreskripte vom 8.1.1808 und 16.12.1808, AEvST, E1, 82/1.
[42] Vgl. Leube, Geschichte des Tübinger Stifts, Bd. 2, 122–123.
[43] Vgl. Reskript vom 10.11.1794, AEvST, E 1, 137/1.

handelte sich also um eine Vergünstigung, die natürlich vor allem den oberen Rängen der jeweiligen Promotion zuteil wurde, dies freilich nur, wenn die Übungspredigten im Stift einigermaßen zur Zufriedenheit ausgefallen waren. Primus Schoder war aus diesem Grund nicht Schlossprediger, wohl aber Schelling. Dieser soll sich als Schlossprediger übrigens seiner Gewohnheit, „in Kantischer Manier über Predigttexte positiven Inhalts zu allegorisieren", die 1793 in den Repetentenannalen als ein Muster für die im Stift eingerissenen Missstände angeführt wurde, enthalten haben[44].

Neben den Schlosspredigten sind schon seit Ende des 17. Jahrhunderts auch Mittwochspredigten von Stadtstudenten wie von Stipendiaten in der Spitalkirche belegt.[45] Die Sonntagspredigt im Spital oblag dagegen den Repetenten, die in ihrer Dienstinstruktion überdies zur „Zensur der Kinderlehren"[46] verpflichtet waren, die der Herzog im Dezember 1791 für die Magister der ältesten Promotion am Sonntagnachmittag in der Spitalkirche angeordnet hatte[47] und an denen sich später auch Stadtstudenten beteiligen konnten.[48] Allerdings, so schloss Leube aus den Erinnerungen eines um 1810 studierenden Seminaristen, sei diese „Anordnung [...] später nur ungenügend ausgeführt" worden[49]. Das hing nicht nur damit zusammen, dass die Spitalkirche von 1799[50] bis 1801 erst österreichischem, dann französischem Militär als Magazin diente.[51] Aus den Notentabellen des Stifts verschwinden die katechetischen Übungen nämlich schon 1797, um auch nach 1801 nicht wieder aufzutauchen. Gleichwohl gab es Stipendiaten, die hier besonders großen Eifer an den Tag legten. So schreibt Bahnmaier, der große Kinderfreund, im August 1796 seinem Vater, er habe seit sechs Wochen alle Sonntage gepredigt – dies allerdings nicht in Tübingen – und Spitalstunden und Kinderlehre gehalten.[52] Von der Kinderlehre ließ er sich auch nicht abhalten, als 1797 ein Sommerhochwasser der Ammer die Unterstadt überschwemmte. Bahnmaier erreichte die Spitalkirche an diesem Sonntag hoch zu Ross.[53]

Einige Jahre später, 1803, richtete Bahnmaiers Studienfreund, der Pestalozzischüler Carl August Zeller (1774–1840), in Tübingen mit großem Erfolg einen Sonntagsschulkurs für Handwerksgesellen ein, um die pestalozzische Lehrme-

---

[44] Leube, Tübinger Stift, 122–124, wohl nach den Repetentenannalen, das Zitat ebd., 124.

[45] Vgl. Leube, Geschichte des Tübinger Stifts, Bd. 2, 121.

[46] Leube, Tübinger Stift, 94.

[47] In seinem Bescheid vom 12.12.1791 auf die Gutachten zur Stiftsreform. Vgl. Leube, Tübinger Stift, 58. Die Katechisationsübungen wurden 1793 in § 22 der Instruktion der Repetenten näher geregelt. Vgl. Leube, Tübinger Stift, 94.

[48] Vgl. Reskript vom 31.3.1795, AEvST, E 1, 63/1.

[49] Leube, Tübinger Stift, 94.

[50] Vgl. Beschreibung des Oberamts Tübingen, 236.

[51] Vgl. Wandel, Verdacht, 166.

[52] Vgl. Brief vom 23.8.1796, StAB, PA 653, XXII,3.

[53] Vgl. Brief vom 15.6.1797, StAB, PA 653, XXII,3.

thode zu erproben.[54] Dabei lag ihm die Beteiligung von Stipendiaten besonders am Herzen. Tatsächlich wurde die Leitung nach seinem Weggang im Sommer 1804 auch von einem Stipendiaten übernommen, seinem Namensvetter Theodor Christian Zeller (1783–1847). Die Genehmigung der Stiftsleitung bzw. des Konsistoriums holte dieser erst mit ziemlicher Verspätung ein. Sie wurde zwar erteilt, doch mit der tadelnden Bemerkung, dass er sein Vorhaben nicht erst nachträglich hätte anzeigen sollen.[55] Es handelte sich also um ein mehr geduldetes als gefördertes Engagement, und so schlief die Sache bald wieder ein.

Natürlich haben Stipendiaten wie Repetenten die Chance genutzt, sich in der Stadt als Hauslehrer zusätzliche Einnahmen zu verschaffen. Näheres lässt sich dazu nur schwer sagen, weil das in erster Linie in den Freistunden geschah. Ludwig Uhland zum Beispiel, der mit 14 ½ Jahren von der Anatolischen Schule, der Tübinger Lateinschule auf dem Österberg, auf die Universität wechselte, schloss die Lücken in seiner Vorbildung unter Anleitung des nur fünf Jahre älteren Stiftsrepetenten Gottfried Christian Seubert (1735–1835).[56] Das war aber keine Ausnahme, denn der Übergang von der Tübinger Lateinschule auf die Universität war damals, als für die Immatrikulation noch kein förmlicher Maturitätsnachweis gefordert wurde, für Tübinger Honoratiorensöhne nicht untypisch.

Um die Mitte des 18. Jahrhunderts war es wohl vorgekommen, dass die Repetenten ihre Zöglinge bei sich im Stift hatten wohnen lassen, aber das war als ein Missstand um 1800 längst abgestellt worden.[57] Das Umgekehrte kam auch vor. So erhielt Bahnmaier 1796 während seines letzten Studienjahrs die Erlaubnis, außerhalb des Stifts bei dem Tübinger Kaufmann Johann Victor Friedrich Hoch[58] eine Wohnung zu beziehen, um für den 15jährigen Freiherrn Christian Wilhelm von Tessin[59] (1781–1846) aus Kilchberg bei Tübingen als Hofmeister zu fungieren. Von der Präsenz im Stift war er dispensiert und lediglich zur Teilnahme an den Mahlzeiten und den sonntäglichen Predigtübungen verpflichtet.[60] Allerdings war dies eine Ausnahme.[61] Erst ein Menschenalter später wur-

[54] Vgl. Hauer, Schulentwicklung, 307–323.

[55] Vgl. Bericht vom 12.7.1804, Reskript vom 20.7.1804, AEvST, E 1, 169/1.

[56] Vgl. Uhland, Uhlands Leben, 18; Wischnath, Uhlands Universitätsjahre, 21–23.

[57] Die Frist für das Ausschaffen der Stadtstudenten, die sich bei den Repetenten im Stift aufhielten, war damals (1758) recht großzügig bemessen, was darauf schließen lässt, dass es sich um nichts Ungewöhnliches handelte. Vgl. AEvST, E 1, 82/1.

[58] Sohn von Johann Friedrich Hoch (1715–1753), der als Sohn eines Tübinger Handwerkers zu den wenigen Stiftsfamuli gehörte, denen der Aufstieg in den Pfarrerstand gelang. Vgl. Hauer, Schulentwicklung, 460.

[59] Immatrikuliert am 14.2.1796 als Studierender der Rechte (Matrikel Tübingen, Nr. 39223), nach einjähriger Abwesenheit am 6.3.1800 erneut immatrikuliert als Studierender der Kameralwissenschaften (Matrikel Tübingen, Nr. 39568).

[60] Vgl. Wischnath, Bahnmaier, 197–198.

[61] Dokumentiert sind nur wenige Genehmigungen aus gesundheitlichen Gründen. Vgl. AEvST, E 1, 167/1.

de das Wohnen in der Stadt bei den älteren Stiftsjahrgängen vorübergehend zur Mode.[62]

Als Anfang der 1790er Jahre die Präzeptorandenlaufbahn eingerichtet wurde, diente die Tübinger Lateinschule als Übungsschule für die künftigen Lateinschullehrer.[63] Der neue Bildungsgang, der auch den vom Landexamen ausgeschlossenen Ständen offen stand und so auch einigen Stadtstudierenden den Eintritt ins Stift ermöglichte,[64] sollte bis zum Magisterium der gleiche sein wie für die übrigen Stipendiaten. Statt zum Theologiestudium überzugehen, sollten die Präzeptoranden im dritten Studienjahr mit praktischen Übungen an der Lateinschule beginnen, zunächst täglich einer Stunde beobachtender Teilnahme am Unterricht der vierten Klasse, dann wöchentlich ein- bis zweimal unter Aufsicht des Rektors Privatunterricht für einzelne Schüler. Schließlich sollten sie – dies aber nur vertretungsweise – auch den öffentlichen Unterricht übernehmen.[65] Tatsächlich erfolgte der Übergang zu praktischen Übungen wohl auch schon im zweiten Studienjahr,[66] und schon 1797 war der erste Präzeptorand so weit, dass er als *vicarius* für den Präzeptor der ersten, untersten Klasse fungieren konnte, der seiner schwachen Gesundheit wegen um Zurruhesetzung gebeten hatte. Erst im Jahr 1800 konnte die Stelle neu besetzt werden und wurde während all dieser Jahre von Seminaristen versehen.[67]

3. Tübinger im Stift

Im Rechnungsjahr 1800/1801 bezogen abgesehen von der Stiftsleitung und den Repetenten 33 Stiftsbedienstete eine feste Besoldung: Prokurator und Ökonomieverwalter, Krankenwärter und Klostermedicus, der Klosterkoch und die vier Küchenjungen, Kastenknecht und Klostermetzger, der Klostertorwart, sechs Famuli, fünf herrschaftliche und zehn Stipendiatenbediente. Hinzu kam die nicht kleine Zahl von Tagelöhnern und Tagelöhnerinnen. Während es sich bei diesen überwiegend um Tübinger gehandelt haben dürfte, traf dies für die fest besoldeten Bediensteten nur zum Teil zu. Auch waren diese Stellen für Tübinger Bürgersöhne nicht in gleichem Maße attraktiv. Das lässt sich am Beispiel der Famuli zeigen.

Die Famuli nahmen im Organismus des Stifts eine merkwürdige Zwitterstellung ein. Als Hilfsorganen der Stiftsleitung oblag ihnen in erster Linie die dis-

[62] Vgl. Wischnath, Werner, 61.

[63] Vgl. Leube, Tübinger Stift, 414–415; Hauer, Schulwesen, 501–502.

[64] So Gottlieb Wilhelm Mannhardt, Sohn eines Schulmeisters aus Maulbronn, immatrikuliert am 13.11.1792 als „theol. stud.", 1793 Aufnahme in das Stipendium, 26.9.1794 Magister, 27.11.1794 entlassen (Matrikel Tübingen, Nr. 38944).

[65] Vgl. Reskript vom 11.3.1793, AEvST, E 1, 56/2.

[66] So 1794 im Fall von G. W. Mannhardt. Vgl. AEvST, E 1, 56/2.

[67] Vgl. Hauer, Schulwesen, 480.

ziplinarische Überwachung der Stipendiaten, andererseits waren sie dazu bestimmt, dereinst als Präzeptoren an den Lateinschulen des Landes verwendet zu werden.[68] Aber obwohl Universitätsbürger wie die Stipendiaten, waren sie von diesen durch eine tiefe soziale Kluft geschieden und ihrer Aufpasserfunktion wegen verhasst und missachtet. Überdies mangelte es ihnen trotz ihrer künftigen Bestimmung an wirklicher Gelegenheit zu einem geordneten Studium, und nur ausnahmsweise gelang einem von ihnen der Aufstieg in den Pfarrerstand.

Im ersten und zweiten Drittel des 18. Jahrhunderts waren die Famuli überwiegend Tübinger Handwerkersöhne gewesen. Deren Anteil hatte dann aber immer mehr abgenommen. Im letzten Viertel des 18. und den ersten Jahrzehnten des 19. Jahrhunderts waren die Präzeptoren der ersten drei Klassen der „*schola anatolica* sämtlich über das Famulat in diese Stellen gelangt, es war aber kein Tübinger darunter".[69] Überhaupt wurde es immer schwerer, Interessenten für diese Stellen zu finden. 1789 waren nur noch fünf der 12 Stellen besetzt. Daraufhin wurde die Zahl der Famuli Anfang der 1790er Jahre auf sechs vermindert und ihre Stellung dadurch verbessert, dass ihnen nur noch „die Versehung des anständigen Theils" ihrer Aufgaben verblieb, während für ihre „niederen" Verrichtungen als Aufwärter der Repetenten vier „Herrendiener" angestellt wurden[70]. Dennoch fand sich 1793 kein Bewerber für die sechste Stelle.[71]

In der Universitätsmatrikel lassen sich für die Zeit von 1790 bis 1810 13 Famuli ermitteln.[72] Das Alter bei der Einschreibung lag zwischen 15 und 17 Jahren, zum Teil auch darüber. Vier der 13 waren Lehrerssöhne, fünf Söhne von Handwerkern und unter diesen auch wieder drei Tübinger, die 1799 und 1804 ins Stift kamen.[73] Zwei waren aus dem sogenannten Pauperat hervorgegangen, das damals fünf bis acht armen Knaben den Besuch der Anatolischen Schule ermöglichte, um sie zu Lehrern an den deutschen Schulen heranzubilden.[74]

Ein solcher Famulus war zum Beispiel der Tübinger Schustersohn Johann Burckhardt Rothacker (1779–1851). Er besuchte als Pauper die Lateinschule und wurde mit Privatunterricht und Hospitationen in der ersten Klasse für den Lehrerberuf vorbereitet. Schon mit 17 Jahren bewarb er sich auf Empfehlung Ludwig Joseph Uhlands (1722–1803) um ein Provisorat an der Deutschen Knabenschule, erhielt dann aber nur eine Stelle als zweiter Provisor der Deutschen Mädchenschule, um schließlich 1799 als Famulus ins Stift einzutreten.[75] Bei

---

[68] Vgl. Leube, Geschichte des Tübinger Stifts, Bd. 2, 162–167; ders., Geschichte des Tübinger Stifts, Bd. 3, 373–375; ders., Tübinger Stift, 414–415; Hauer, Schulwesen, 470–473.

[69] Vgl. Hauer, Schulwesen, 470; ferner: Matrikeln der Universität Tübingen.

[70] Hauer, Schulwesen, 471.

[71] Vgl. Leube, Tübinger Stift, 97.

[72] Eine Einschreibung 1788, drei 1789, drei 1799, zwei 1804 und vier 1809.

[73] Von den vier Lehrerssöhnen stammte keiner aus Tübingen.

[74] Vgl. Hauer, Schulwesen, 403–408.

[75] Vgl. Hauer, Schulwesen, 225 und 279. Rothacker wurde am 24.5.1799 immatrikuliert (Matrikel Tübingen, Nr. 39509).

Rothacker handelte es sich zwar nicht um jenen „Mägdleinsprovisor", dem Hölderlin den Hut vom Kopf schlug, weil er ihn, den Magister, nicht gegrüßt hatte[76], aber der Standesunterschied zwischen Famuli und Stipendiaten bestand auch nach der Aufwertung ihrer Stellung weiter, und mit den Präzeptoranden war ihnen zudem eine neue Konkurrenz erwachsen. Um 1830 wurde die ganze unglückliche Einrichtung schließlich auch abgeschafft. Rothacker, der 1808 „Kollaborator"[77] an der Lateinschule in Herrenberg geworden war, gelang der soziale Aufstieg nicht. 1823 erhielt er dort wegen mangelnden Lehrerfolgs den Abschied und kehrte in seine Vaterstadt Tübingen zurück, wo er sich nur mühsam als Autor von Jugendschriften durchzubringen vermochte.[78]

Unter den Tübingern, die im Stift Arbeit fanden, bildeten die „Jungen" und „Betterinnen", die sich die Stipendiaten ähnlich wie viele Stadtstudierende hielten, eine besondere Gruppe. Schon 1747 war angeordnet worden, dass die Betterinnen aus der Stadt ihre Töchter nicht mit ins Stift bringen dürften, und ebenso war es Handwerkersfrauen verboten worden, die Geldforderungen ihrer Ehemänner bei den Stipendiaten einzutreiben.[79] Diese Anordnungen reichten aber wohl nicht aus, um die Stipendiaten wirksam vor den Gefahren zu bewahren, die aus der Stadt und besonders vom weiblichen Geschlecht drohten. So wurden 1791 nicht nur Herrendiener angestellt, sondern anstelle der Jungen und Betterinnen auch zwölf männliche Stipendiatenbediente unbeweibten Standes. Zu deren Aufgaben gehörte die persönliche Bedienung der Stipendiaten – vom Wecken zum Morgengebet über Bettenmachen, das Besorgen des Frühstücks, Stiefelputzen etc. bis zum Herbeischaffen des abendlichen Waschwassers. Besonders auch sollten sie „das Auslauffen zu Handwerkers-Leuten, Botten und anderen Personen" übernehmen und sich zweimal des Tages danach erkundigen, ob solche Aufträge vorlägen[80]. Noch 1792 war es aber nötig, den Müttern und Schwestern der „Klosterjungen" den Zutritt zu untersagen[81].

Das erste Namensverzeichnis der Stipendiatenbedienten, das sich in den Stiftsakten findet, stammt zwar erst aus dem Jahr 1816, vermittelt aber doch einen Eindruck. Die Stipendiatenbedienten – später sollte man von „Kneonten"[82] sprechen – waren meist Tübinger Weingärtner- und Handwerkersöhne. Beim Eintritt 14 bis 16 Jahre alt, blieben sie meist zwei bis drei Jahre. Entlassungen wegen Unregelmäßigkeiten, Schlägereien oder auch Unzufriedenheit der Stube kamen immer wieder vor, aber viel häufiger wird als Grund für den Austritt der Übergang in eine Handwerkslehre angegeben. Einzig der Diener der

[76] Wandel, Verdacht, 41.
[77] Beyer, Rothacker.
[78] Vgl. Beyer, Rothacker.
[79] Vgl. Reskript vom 1.8.1747, AEvST, E 1, 203/2.
[80] Reskript vom 12.12.1791, AEvST, E1, 178/1.
[81] Reskript vom 15.5.1792, AEvST, E 1, 203/1.
[82] Vgl. Maurer, Kneonten.

„Mulattenstube“ blieb auf Dauer und machte eine bescheidene Karriere. Er war 1816 schon 33 Jahre alt und seit 16 Jahren auf seiner Stelle. Jetzt stieg er zum „herrschaftlichen Bedienten“ auf[83].

Das Handwerk war in Tübingen in jenen Jahrzehnten völlig überbesetzt. 1747 zählte man dort 63 Schneidermeister und ebenso viele waren es auch 1821, von denen nur ein Drittel Arbeit hatte.[84] Unter diesen Bedingungen war die Stelle des Klostertorwarts mit einer Geldbesoldung von 64 Gulden überaus attraktiv, auch wenn ihr Inhaber auf weiteren Verdienst angewiesen blieb. Der Schneidermeister und Klostertorwart Johann David Bäß hatte das Amt immerhin von 1774 bis 1802 inne. Seine Werkstatt hatte er im Hintergrund der Torwartsstube, musste sich also um Laufkundschaft nicht sorgen. Auf der anderen Straßenseite wohnte ebenfalls ein Schneider. Als Bäß 1802 gestorben war, setzte die Stiftsadministration diesen unter fünf Bewerbern an die erste Stelle, und auch er behielt das Torwartsamt trotz der vielen über ihn geäußerten Klagen bis zu seinem Tod 1829.[85]

4. Das Stift als Wirtschaftsfaktor

Als sich im Jahr 1790 der damalige Tübinger Oberamtmann Ferdinand Christoph Harpprecht (1739–1804) „[ü]ber den moralischen, physikalischen und ökonomischen Zustand“[86] seines Amtsbezirks zu äußern hatte, führte er die wirtschaftlichen Probleme der Stadt nicht zuletzt auf den Rückgang der Studentenzahlen zurück.

> Nicht nur, dass die Studenten weniger Geld ausgäben, auch die Professoren könnten sich nicht mehr so viel leisten, da die Hörerzahl zurückgegangen sei; Zimmer stünden leer,[87] die Bauern der Umgebung hätten verminderten Absatz an Viktualien – kurz, die Not sei groß.[88]

Von den Stipendiaten aber behauptete er in diesem Zusammenhang, sie würfen nur ein Geringes ab.[89] Ob dieser Behauptung Glauben geschenkt werden darf, soll abschließend am Beispiel der Jahresrechnung des Klosterprokurators für das Rechnungsjahr 1800/1801 überprüft werden, die überdies zahlreiche weite-

[83] AEvST, E 1, 178/2.
[84] Vgl. Baur, Haushalt, 63 und 253.
[85] Vgl. Bericht vom 28.6.1802, Staat (Dienstanweisung) vom 14.7.1802, AEvST, E 1, 204/1.
[86] Wandel, Verdacht, 32.
[87] Laut Baur, Haushalt, 169, waren die Mieten für Studentenwohnungen beträchtlich gesunken. Zahlen nennt er nicht.
[88] Wandel, Verdacht, 33.
[89] Vgl. Wandel, Verdacht, 32–33.

re und sehr alltagsnahe Hinweise auf die Verflechtungen zwischen Stift und Stadt bietet.[90]

Schon immer hing das Wohl und Wehe der Schuhmacher, Schneider, Gast- und Hauswirte einer Universitätsstadt wie Tübingen von den Studenten ab, die oft genug ihre Schulden gar nicht zahlten oder ihre Gläubiger über Jahre vertrösteten. Eigentlich war das Kreditieren an Studierende streng limitiert,[91] aber, so kommentierte der Tübinger Jurist Carl Christoph Hofacker (1749–1793) damals Vorschläge für ein strengeres Schuldenreglement: „Dass ein Kaufmann gar keinen Credit geben solle, wird schwerlich Bestand haben."[92] Die Stipendiaten hatten ihre Gläubiger aber nicht nur in der Stadt, sondern auch im Kloster und dort sogar unter dessen Bedienten. So schuldete zum Beispiel der Pfarrerssohn Carl Friedrich Sigel[93] dem Klostertorwart Bäß 14 Gulden. Dieser schaltete schließlich die Kirchenbehörde ein, um seine Forderung einzutreiben, und klagte, er habe „mehrere Kinder und kein Vermögen."[94] Sigels Vater, daraufhin zum Bericht aufgefordert, erklärte sich ebenfalls für vermögenslos. Für zwei Söhne müsse er Lehrgeld zahlen, ein dritter sei in ein Kavallerieregiment eingetreten und müsse ausgestattet werden. Seinem Sohn Carl Friedrich habe er stets genug Geld mitgegeben, um nach der Vakanz seine Schulden zahlen zu können. Das sei aber nicht geschehen. Er habe schließlich einen Repetenten gebeten, sich der Sache anzunehmen, der die Gläubiger seines Sohnes mit über 100 Gulden ausbezahlt habe. Für die neu aufgelaufenen Schulden des Sohnes, der unterdessen ins Ausland entwichen war, wollte der Vater nicht einstehen.[95]

Sigel war sicher ein Ausnahmefall, aber selbst ein gehorsamer Sohn wie Bahnmaier musste gegen Ende der Studienzeit seinem Vater beichten, er habe Schulden gemacht, um ihm, wie er schrieb,

> nicht mit Bezahlung von Contis beschwerlich zu werden, die ich in zu vielen Kleidungsstüken (seidne Strümpfe – schwarze Kleider etc.) Büchern und hie und da auch zu großer Liberalität gegen meine Besuche und gegen mich selbst, gemacht hatte.[96]

Diese Schulden waren der Grund für Bahnmaiers „amphibische Existenz"[97] als Hofmeister zwischen Stift und Stadt. Mit den Einnahmen als Hofmeister – vereinbart waren mit dem Freiherrn Tessin 75 Gulden für das erste und 100 Gulden für das zweite Halbjahr – hoffte er, seine Schulden abzutragen. Es handelte sich

[90] Die Naturalrechnung bleibt hier außer Betracht.
[91] Vgl. Baur, Haushalt, 210.
[92] Carl Christoph Hofacker, o. D., UAT, 44/11,1.
[93] Immatrikuliert am 7.11.1793 mit 16 Jahren, 1795 Stipendiat, 2.12.1795 (Matrikel Tübingen, Nr. 39007).
[94] AEvST, E 1, 198/1, 1798.
[95] Vgl. AEvST, E 1, 198/1, 1798.
[96] Bahnmaier an seine Eltern, 22.12.1796, StAB, PA 653, XXII,3.
[97] Bahnmaier an seine Eltern, 22.12.1796, StAB, PA 653, XXII,3.

um 215 Gulden, „den SchneiderConto ohngerechnet."[98] Auch Bahnmaier hatte seine zahlreichen Gläubiger inzwischen ausbezahlt und sich dafür von dem angesehenen Tübinger Kaufmann Johann Immanuel Bossert (1742–1820) 66 und von seinem Vermieter, dem Kaufmann Hoch, 100 Gulden geliehen.[99] Schon diese Zahlen zeigen, dass die Behauptung des Oberamtmanns, aus dem Stift fließe kein Geld in die Stadt, unzutreffend gewesen sein muss.

Betrachtet man nun die Geldseite der Jahresrechnung der Prokuratur, so stellen dort die Ausgaben für Lebensmittel im Rechnungsjahr 1800/1801, das hier als Beispiel dienen soll, mit rund 9000 Gulden den größten Posten dar. Davon entfiel der bei Weitem größte Teil auf das Fleisch, vor allem Rind- und Kalbfleisch, das der Klostermetzger per accord gemäß der vom Stadtgericht aufgestellten Fleischtaxe lieferte: 6715 Gulden. Er war also Vertragslieferant und erhielt seine fünf Gulden Geldbesoldung für die dauernde Überwachung der Qualität des zur Schlachtung für das Kloster angekauften Viehs. Andere Lebensmittel stammten von Lieferanten in der näheren Umgebung. Butterschmalz zum Beispiel wurde in kleinen Partien von Lieferanten in Mittelstadt, Reusten, Pliezhausen und vom Ammerhof, teils auch in Tübingen eingekauft. Vom Wochenmarkt kam die Butter, Schweineschmalz vom Klostermetzger, Olivenöl, Gewürze und Reis von der Fischerschen Handlung und dem schon erwähnten Kaufmann Bossert. Das für den Vitaminhaushalt so wichtige Sauerkraut stammte von neun Lieferanten aus Tübingen und Umgebung, die jeder 50 bis 430, insgesamt 5565 Krautköpfe lieferten. Mit Putzen, Vorbereiten und Stampfen waren fünf Tagelöhner 23 Tage beschäftigt, außerdem zwei Krauteinschneider je zwölf Tage. Diese Arbeit wurde pro Tag mit einem Laib Brot, einer Maß Wein und 40 Kreuzern entgolten. Von außerhalb, nämlich aus Weinsberg, wurden lediglich Zwetschgen bezogen. Abgesehen von Gartengemüse sind das die einzigen frischen Lebensmittel, die in der Rechnung auftauchen. Brot, obwohl neben dem Fleisch das Hauptnahrungsmittel, erscheint nicht in der Geldrechnung, denn es wurde gegen Abgabe einer bestimmten Menge Getreides aus dem Kornboden des Stifts vom Klosterbäcker geliefert. Das heißt aber auch: Das Brotgetreide wurde in den Tübinger Mühlen vermahlen, der Müllerlohn, die Mühlenabgabe und alle übrigen Aufwendungen für das Backen waren mit der Getreidelieferung abgedeckt. In der Geldrechnung des Stifts erscheinen deshalb nur die Kosten für das Lüften und Umschichten des Getreidevorrats auf dem Kornboden und die Entlohnung der Frauen, die das Brot für die Morgensuppe einzuschneiden hatten, also Arbeiten, die im Taglohn erledigt wurde.

An zweiter Stelle stehen in der Prokuraturrechnung mit rund 7000 Gulden die Ausgaben für die Geldbesoldung der Stiftsleitung[100] und der Bediensteten,

---

[98] Bahnmaier an seine Eltern, 22.12.1796, StAB, PA 653, XXII,3.

[99] Vgl. Bahnmaier an seine Eltern, 22.12.1796, StAB, PA 653, XXII,3.

[100] Erster Superattendent 177 Gulden, Zweiter Superattendent 59 Gulden, Ephorus 451 Gulden, Inspektor 100 Gulden.

von den mit 614 Gulden sehr anständigen Bezügen des Prokurators bis zu den 20 Gulden des Kastenknechts. Stiftsleitung und Stiftsbedienstete erhielten damit ziemlich genau die Summe, die 1798 von den Tübinger Zeugmachern an Löhnen gezahlt wurde, und diese beschäftigten damals etwa 400 Personen.[101] Zu den Geldbesoldungen ist mit rund 1800 Gulden in gewissem Sinn auch der Stipendiatentaler zu rechnen. Dabei handelte es sich um eine Art Taschengeld, das die Stipendiaten zusätzlich zu ihrem Naturalstipendium erhielten und das nach den vierteljährlichen Zahlungsterminen auch Fronfastengeld genannt wurde.

Der Wein, der im Kloster getrunken wurde, stammte nicht aus Tübingen. Er wurde wie das Brotgetreide von der Geistlichen Verwaltung aus dem Unterland und aus Metzingen geliefert, und Geldausgaben fielen hier neben der Besoldung des Küfers nur für die Lagerung an. Dennoch waren die Ausgaben für Wein mit 6400 Gulden fast so hoch wie die für Fleisch, weil in großem Umfang nicht konsumierter Stipendiaten- und Besoldungswein in Geld abgegolten wurde. Einerseits war das Weindeputat nämlich großzügig bemessen, zum andern war auch der Klosterwein manchen Stipendiaten nicht gut genug. Bahnmaier zum Beispiel ließ sich seinen Wein fässchenweise aus dem Unterland kommen.[102] Einstmals war es üblich gewesen, dass die Stipendiaten ihren übrigen Wein gleich nach den Mahlzeiten am Klostertor verkauften, was seit einigen Jahrzehnten wegen der damit verbundenen Unordnung abgestellt worden war. Dass die Stipendiaten den Erlös zum großen Teil wieder in der Stadt ausgegeben haben, darf man wohl annehmen.

Die Ausgaben für Brennholz und das Hereintragen und Aufschichten des Holzes in der Holzhütte im Taglohn mit rund 2200 Gulden sollen hier nicht näher erläutert werden. Hinzu kamen noch 94 Gulden für den Holzsäger und -spälter Johann Jacob Schramm, der teilweise auch in Naturalien entlohnt wurde, die aber in jenem Jahr wegen der hohen Wein- und Brotpreise zum Teil in eine Geldzahlung umgewandelt wurden. Das Spalten des Holzes für die Kochmaschine der Stiftsküche war besonders aufwändig und wurde dementsprechend besser entlohnt. Daher weiß man, dass fast die Hälfte des Brennmaterials in der Küche verbraucht wurde.

Handwerkerleistungen finden sich in der Prokuraturrechnung in den Abschnitten „Reparationen" sowie „Reparaturen an Haus- und Vorrat". Der Gesamtbetrag von rund 800 Gulden zerfällt in Dutzende meist sehr kleiner Einzelbeträge. Es muss ein ständiges Kommen und Gehen geherrscht haben, das Gegenteil einer nach außen abgeschotteten, autark wirtschaftenden Einheit. Da sind der Klosterzimmermann und Brunnenmeister Michael Müller, der Klosterschreiner Andreas Reidlen, der Klosterglaser und der Klosterhäfner, aber

[101] Vgl. Baur, Haushalt, 68.
[102] Vgl. Bahnmaier an seine Eltern, 31.5.1796 und 7.6.1796, StAB, PA 653, XXII,3.

auch andere Vertreter dieser Handwerke, Schlosser, Kaminfeger, Pflästerer, der Dohlenbutzer Georg Friedrich Biedermann, ein Fuhrmann, ferner Schmied, Flaschner, Uhrmacher, Seiler, Zinngießer, Kupferschmied, Wagner, Dreher, Kübler, Schleifer, Messerschmied, Maler und schließlich die Näherin, die mit 20 Gulden für Flickarbeiten an Tischwäsche und Fenstervorhängen entlohnt wird. Das war einer der größeren Posten. Für Reparaturen am Zinngeschirr wurden sogar 55 Gulden gezahlt, was zeigt, wie wenig pfleglich die Stipendiaten damit umgegangen sein müssen. Nur ein Handwerker, der Schleifer, stammte nicht aus Tübingen. Auch bei den Ausgaben für Verbrauchsmaterial und kleine Anschaffungen findet sich selten ein Betrag, der nicht in Tübingen oder der nächsten Umgebung verausgabt wurde. Zu diesen Ausnahmen gehören die Darmsaiten für die Stiftsmusik, die bei einem Tiroler Wanderhändler gekauft wurden, während die Pfullinger Papiermühle das Schreibpapier lieferte.

Es bleiben schließlich rund 350 Gulden für weitere, regelmäßig anfallende Arbeiten im Stiftshaushalt, die in den übrigen Beträgen nicht enthalten sind und für die Tag- oder Stücklohn gezahlt wurde. Dazu gehörte zum Beispiel das Waschen der Tischwäsche. Die Waschfrau wurde nach Stücktaxe bezahlt, mit 146 Gulden war das der größte Einzelposten. 106 Gulden erhielt der Reinigungsmann Georg Albrecht Lieb für das Räumen der Latrinen und das Einheizen der Öfen. Billiger waren mit 50 Gulden die Grundreinigung in der Oster- und Herbstvakanz und das halbjährliche Fensterputzen. Damit waren in der Ostervakanz 1800 drei Frauen je elf Tage beschäftigt, etwas weniger aufwändig war der Großputz im Herbst. Die Fensterreinigung wurde verakkordiert, bei zwei Kreuzern für jedes der 248 Fenster ergab dies zusammen acht Gulden, 16 Heller. Schließlich ist noch der Tübinger Ordinari-Bote Heinrich Binder zu nennen, der ein Wartgeld von 15 Gulden als Basiszahlung erhielt und im Übrigen nach der Menge der übermittelten Geldbeträge bezahlt wurde. Dieses Geldporto betrug zehn Kreuzer pro 100 Gulden, womit Binder auf insgesamt 27 Gulden kam, noch einmal 25 Gulden fielen für den Kellereiboten Hausch an. Ganz selten wurde in dringenden Fällen ein einzelner Botengang bezahlt. So im Jahr 1800 ein Gulden 20 Kreuzer für einen Gang nach Balingen. Umso häufiger wurden die Dienste des Calwer, des Weinsberger oder des Beilsteiner Boten von den Stipendiaten in Anspruch genommen, die auf diesem Wege ihre „Schwarzwäsche" in Körben oder Felleisen zum Waschen nach Hause befördern ließen.[103]

Alles in allem verzeichnet die Geldrechnung der Prokuratur für das Jahr 1800/1801 Ausgaben von rund 27.000 Gulden. Ein Vergleich mit der letzten überlieferten Syndikaturrechnung der Universität, die 1789/90 mit Geldausgaben von rund 60.000 Gulden schloss,[104] macht deutlich, dass die Bedeutung des

[103] Vgl. Bahnmaiers Briefe an das Elternhaus, StAB, PA 653, passim.

[104] Vgl. UAT, 152/20. Zum Vergleich: Die Bürgermeisterrechnung der Stadt hatte 1790 mit Einnahmen und Ausgaben von 17.210 bzw. 15.627 Gulden geschlossen. Vgl. Baur, Haushalt, 174.

Stifts als Wirtschaftsfaktor neben der Universität nicht unterschätzt werden darf. Erst später haben sich die Relationen völlig verschoben. Doch auch wenn der Lärm, unter dem die Mütter und Schwestern der „Klosterjungen" dereinst früh am Morgen und noch bei Torschluss „ganze Gelten von Milch und ganze Zeunen von Beckenbrot" am Klostertor feilboten[105], längst verstummt ist, ein Anziehungspunkt ist das Stiftstor geblieben. Wer sich heute einem Fremdenführer anvertraut, um die alte Universitätsstadt kennenzulernen, den führt der Weg unweigerlich über den Stiftshof, und immer noch ist der erste Eindruck der von Stift und Stadt um 1800.

Bibliographie

Quellen

Archivalien

Staatsarchiv Basel (StAB)
Bestand PA 653: Christian Friedrich Spittler-Archiv.
XXI,6: Briefe von Johann Christoph Bahnmaier an Jonathan Friedrich Bahnmaier.
XXII,3: Briefe von Jonathan Friedrich Bahnmaier an seine Eltern.

Archiv des Evangelischen Stifts Tübingen (AEvST)
Ephoratsbestände (Bestand E 1 Ephorat – Altes Kastenbuch):
E 1, 56/2: Präzeptoranden-Institut für Seminaristen und Famuli, 1793–1834.
E 1, 63/1: Predigtübungen und Predigerinstitut, 1794–1900.
E 1, 82/1: Repetenten. Verschiedenes, 1558–1887.
E 1, 137/1: Schloßprediger, 1712–1792.
E 1, 169/1: Besondere Erlaubnis, u. a.: Erteilen und Besuch von Privatstunden, 1804.
E 1, 178/1: Seminaristendiener und Aufwärter, 1791–1826.
E 1, 178/2: Seminaristendiener und Aufwärter, 1800–1834.
E 1, 198/1: Schuldensachen, 1558–1599, 1751–1830.
E 1, 203/1: Angestellte des Seminars, Pincern, Hausmeister, 1570–1858.
E 1, 203/2: Angestellte des Seminars, u. a.: Küfer, Koch, Betterinnen, 1561–1835.
E 1, 204/1: Angestellte des Seminars, Torwart/Pförtner, 1595–1829.
E 1, 290/2: Promotion Sendling, 1790–1795.
E 1, 292/4: Promotion Eisenlohr, 1792–1797.
Wirtschaftsverwaltung (Bestand W 1 Wirtschaftsarchiv – Altbestand):
W 1, 76/2: Jahresrechnung der Prokuratur für 1800–1801.

Universitätsarchiv Tübingen (UAT)
Bestand 44: Ältere vermischte Sachakten des Universitätssekretariats
44/11,1: Schuldenwesen der Studierenden, Fasz. I, 1785–1823.
Bestand 152: Universitätssyndikatur, Rechnungen und Urkunden
152/20: Jahresrechnung für 1789/90.

---

105 Leube, Geschichte des Tübinger Stifts, Bd. 2, 223, Klage des Ephorus wegen des damit verbundenen Lärms im Jahr 1774; Gelten und Zeune, d. h. Kübel und Körbe.

Sammlung S 73: Statistiken
S 73/1: Studierendenstatistik 1760–1962.

Gedruckte Quellen

Die Matrikeln der Universität Tübingen, Bd. 3: 1710–1817, bearb. von Albert Burk und Wilhelm Wille, hg. in Verbindung mit der württembergischen Kommission für Landesgeschichte von der Universitätsbibliothek Tübingen, Tübingen: Universitätsbibliothek, 1953.

Uhlands Briefwechsel, Erster Teil: 1795–1815, hg. v. Julius Hartmann, Veröffentlichungen des Schwäbischen Schillervereins 4, Stuttgart/Berlin: Cotta, 1911.

Geschichtliche Lieder und Sprüche Württembergs, hg. v. Karl Steiff, Stuttgart: Kohlhammer, 1912.

Sekundärliteratur

Andreas Ludwig Baur, Der städtische Haushalt Tübingens vom Jahre 1750 bis auf unsere Zeit. Historisch-statistisch betrachtet vom Verfasser der „Rückblicke auf die Vergangenheit Tübingens“, Tübingen: Riecker, 1863.

Beschreibung des Oberamts Tübingen, hg. von dem Königlichen statistisch-topographischen Bureau, Stuttgart: Cotta, 1867.

Andrea Beyer, Wer war J. B. Rothacker?, http://archiv.twoday.net/stories/6331787/ [aufgesucht am 7.4.2012].

Wolfram Hauer, Lokale Schulentwicklung und städtische Lebenswelt. Das Schulwesen in Tübingen von seinen Anfängen im Spätmittelalter bis 1806, Contubernium. Tübinger Beiträge zur Universitäts- und Wissenschaftsgeschichte 57, Stuttgart: Steiner, 2003.

Martin Leube, Geschichte des Tübinger Stifts, Zweiter Teil: 18. Jahrhundert (1690–1770), Stuttgart: Scheufele, 1930.

Ders., Geschichte des Tübinger Stifts, Dritter Teil: Von 1770 bis zur Gegenwart, Stuttgart: Scheufele, 1936.

Ders., Das Tübinger Stift 1770–1950. Geschichte des Tübinger Stifts, Stuttgart: Steinkopf, 1954.

Justus Maurer, Ohne „Kneonten“ kein Stift, in: In Wahrheit und Freiheit. 450 Jahre Evangelisches Stift in Tübingen, hg. v. Friedrich Hertel, Quellen und Forschungen zur württembergischen Kirchengeschichte 8, Stuttgart: Calwer, 1986, 226–241.

Volker Schäfer, Die Umbenennung der Universität Tübingen in „Eberhardina Carolina“ 1769, in: Attempto 33/34 (1969), 3–8.

Ders., Württembergica in Basel. Der Nachlaß von Johann Christoph Bahnmaier in Basel (1738–1803), in: Blätter für württembergische Kirchengeschichte 90 (1990), 193–207.

Georg Schmidgall, Die Tübinger Stiftler und ihre Verbindungen zur Zeit der Befreiungskriege, in: Tübinger Blätter 18 (1925/26), 17–28.

Ders., Die akademischen Logen und Studentenorden in Tübingen, in: Beiträge zur Tübinger Studentengeschichte 3 (1939/40), 34–50, 65–94, 97–122.

Emilie Uhland, Ludwig Uhlands Leben, aus dessen Nachlass und aus eigener Erinnerung zusammengestellt von seiner Witwe, Stuttgart: Cotta, 1874.

Uwe Jens Wandel, Verdacht von Demokratismus? Studien zur Geschichte von Stadt und Universität Tübingen im Zeitalter der Französischen Revolution, Contubernium. Beiträge zur Geschichte der Eberhard-Karls-Universität Tübingen 31, Tübingen: Mohr Siebeck, 1981.

Ders., Geheimagenten an die deutschen Universitäten. Georg Kerners Plan zur Zeit der Französischen Revolution, in: Bausteine zur Tübinger Universitätsgeschichte. Folge 3, Werkschriften des Universitätsarchivs Tübingen, Reihe 1: Quellen und Studien 12, Tübingen 1987, 47–58.

Johannes Michael Wischnath, Im Banne Swedenborgs und des Animalischen Magnetismus – Gustav Werner, Ludwig Hofaker und ihr Tübinger Freundeskreis im Licht alter und neuer Quellen, in: Reutlinger Geschichtsblätter NF 48 (2009), 9–191.

Ders., „Geöffnet sind die Bücher immer". Ludwig Uhlands Tübinger Universitätsjahre 1801–1810, in: Ludwig Uhland. Tübinger – Linksradikaler Nationaldichter, hg. v. Georg Braungart/Stefan Knödler/Helmuth Mojem/Wiebke Ratzeburg, Tübingen: Universitätsstadt Tübingen, 2012, 21–29.

Ders., Neue Züge zu Bahnmaiers Bild. Jonathan Friedrich Bahnmaier (1774–1841), in: Beiträge zur Geschichte Reutlingens und der Region, Festschrift für Heinz Alfred Gemeinhard, hg. v. Wilhelm Borth, Reutlingen: Reutlinger Geschichtsverein, 2012, 195–205.

„die Hofnung auf gewisse bäldere Bedienstigungen“

Kirchenamt, Heiratspolitik und württembergische Ehrbarkeit im Umfeld Hölderlins

Priscilla A. Hayden-Roy

Im Januar 1790 schrieb Friedrich Hölderlin nach einem vierwöchigen Kururlaub in seiner Heimatstadt Nürtingen, wo er den Wunsch, sein theologisches Studium im Tübinger Stift abzubrechen und zur Jurisprudenz zu wechseln, mit seiner Mutter, der verwitweten Kammerrätin Gok, besprochen hatte, ihr wie folgt:

> Ich habe mich entschlossen, von nun an in der Lage zu bleiben, in der ich bin. Der Gedanke, Ihnen unruhige Stunden zu machen, die ungewisse Zukunft, die Vorwürfe, die ich von denen lieben Meinigen verdiente, u. die ich mir in redlichem Maaße selbst machen würde wann mich die Hofnung getäuscht hätte, der Rath meiner Freunde, das ekle Studium der Juristerei, die Allfanzereien, denen ich mich beim Advokatenleben ausgesezt hätte, u. von der andern Seite die Freuden einer ruhigen Pfarre, die Hofnung auf gewisse bäldere Bedienstigungen, die Vorstellung, den Seinigen zu lieb vier Järchen hindurch bei Beschwerlichkeiten gleichgültig zu sein, u. über Narrheiten zu lachen all diß bewog mich endlich, Ihnen, liebe Mamma zu folgen. Elternrath beruhigt immerhin. Geh' es wie es will, hab' ich doch diesen Trost![1]

Der liebe Fritz sollte im Stift bleiben, so dachte die Kammerrätin Gok, weil ihrem Sohn dadurch eine sichere berufliche Zukunft – „die Freuden einer ruhigen Pfarre“ – gewährt würde. Und ihr schwebte auch „die Hofnung auf gewisse bäldere Bedienstigungen“ vor.

„Gewisse bäldere Bedienstigungen“? Was können sich Mutter und Sohn dabei vorgestellt haben? Seit etwa Mitte des 18. Jahrhunderts erhielten die Absolventen des Tübinger Stifts ihr erstes Amt im württembergischen Kirchendienst im Durchschnitt erst mit 33 Jahren – zehn bis elf Jahre nach dem Abschluss ihres Studiums.[2] Das relativ hohe Alter der Geistlichen bei der ersten Bedienstung hing mit dem damaligen Überschuss an ausgebildeten Theologen im Herzogtum Württemberg zusammen. Die meisten übten sich während dieser langen Wartezeit in die praktische Arbeit eines Pfarrers ein mit einer Reihe von sehr schlecht besoldeten Vikariatsstellen – so schlecht, dass der Lohn nicht einmal

---

1 Hölderlin, Sämtliche Werke, Bd. 6, 48.

2 Vgl. Hasselhorn, Der altwürttembergische Pfarrstand, 84.

dazu ausreichte, die eigenen Lebenskosten zu bestreiten. Der Vikar, der an der Seite eines alten oder kranken Pfarrers zu dienen hatte, war oft dazu gezwungen, so Schellings Kompromotionaler Ludwig August Neubert, „die Reste seines Vermögens [zuzusetzen], oder im Mangel desselben Schulden zu machen“[3], um sich während des Vikariats am Leben zu halten. „Zwölf höllenlange Jahre“ – so wird das Vikariat in dem im Jahr 1835 anonym erschienenen Gedicht *Scenen aus dem Leben eines Vicars* bezeichnet, dessen erste Strophe so lautet:

Sagt, wer ist auf der ganzen Welt
Wohl ärger zu beklagen,
Als ein Vicar? Stets ohne Geld,
Mit einem leeren Magen
Und einem Corporals-Gehalt
Wird er beinahe vierzig alt;
Dann geht's mit grauem Haare
Zum heil'gen Traualtare.[4]

Bekanntlich wurden allerdings nicht alle Stiftsabsolventen Vikare. Für die Besseren des Jahrganges bzw. der „Promotion“ bot sich die attraktivere Möglichkeit, als Hauslehrer oder Hofmeister bei einer wohlhabenden bürgerlichen oder adligen Familie zu arbeiten. Hier konnte man unter Umständen einiges verdienen – Hölderlin und Hegel erhielten jährlich jeweils 400 Gulden von ihren Frankfurter Brotherren – mit dem zusätzlichen Vorteil, dass man über die engen Grenzen des Herzogtums hinauskam, Kontakte zu interessanten Männern – und Frauen – knüpfen konnte, und auch Zeit hatte, den eigenen wissenschaftlichen Interessen nachzugehen. Die besten der Promotion hatten Aussichten auf eine Repetentenstelle im Stift, die wiederum zu den angesehensten Kirchenämtern in Württemberg führen konnte.

Aber ob die Wartezeit mit Vikariat, Hofmeister- oder Repetentenstelle – oder einer Kombination derselben – überbrückt wurde, jedenfalls dauerte es im Durchschnitt eben zehn Jahre, bis der angehende Geistliche sein erstes Amt antrat. Und erst mit der Bedienstung durfte er heiraten; als Repetent, Hofmeister oder gar Vikar war ihm das nicht möglich. Die Heiratserlaubnis musste beim Konsistorium förmlich beantragt werden; ohne Amt kam eine Genehmigung gar nicht in Frage. Zur Lebensplanung – sofern von eigenständiger Planung überhaupt hier die Rede sein kann – gehörte also: nach Abschluss des Studiums im Durchschnitt 10 Jahre vikarieren oder hofmeistern, dann mit durchschnittlich 33 Jahren die erste Bedienstung, gefolgt von der Eheschließung. In der Regel heirateten württembergische Geistliche innerhalb des ersten Jahres nach

[3] Neubert, Pfarrbuch, iv.

[4] Helvig, Scenen, 3. Vgl. auch die 37. Strophe (ebd., 12): „So geht's dem armen Coridon/Zwölf höllenlange Jahre,/Mit einem Fusse steht er schon/An seiner Todtenbahre./Fast wie Methusalah so alt,/Ist ihm zerfallen die Gestalt,/Ihm schwinden Muth und Waden/Auf den Vicariaten.“

Antritt des Amtes: Gleich nach der Bedienstung, so könnte man das oben zitierte Gedicht ergänzen, ging es also sofort „zum heil'gen Traualtare“.

„Im Durchschnitt zehn Jahre“ – was bedeutet das eigentlich? Ich wohne in Nebraska; dort ist die Durchschnittstemperatur für den 11. März in Lincoln 5 °C; die Höchsttemperatur für diesen Tag ist aber 29 °C, die Tiefsttemperatur -28 °C.[5] D.h. die Durchschnittstemperatur ist eine mathematische Fiktion; die Realität schwankt zwischen Extremen. Nicht ganz so wild sieht es bei den Wartezeiten der württembergischen Vikare aus, aber es gibt dennoch nicht unbeträchtliche Unterschiede in der Dauer der Wartezeiten, die bestimmt wurden durch die Art der Anstellung. Die Bemerkung in Hölderlins Brief, „die Hofnung auf gewisse bäldere Bedienstigungen“, lässt sich nur dann verstehen, wenn wir diese verschiedenen Bedienstungsmuster vor Augen haben. Und die konfliktgeladenen Diskussionen über eine künftige Versorgung mit Pfarramt und Ehe, die Hölderlin während und nach der Stiftszeit mit seiner Mutter führte, werden erst in ihrer institutionellen Spezifizität verständlich, wenn diese verschiedenen Bedienstungsarten berücksichtigt werden, mit denen jeweils unterschiedliche Heiratsmöglichkeiten und Heiratsstrategien verknüpft waren.

Im ersten Teil meines Vortrags werde ich diese unterschiedlichen Bedienstungsmodelle mit ihren jeweiligen Ehestrategien besprechen; dies soll als Kontext dienen zur Erläuterung von einigen Stellen in Hölderlins Korrespondenz im zweiten Teil.

Was waren die verschiedenen Bedienstungsmuster und wie wurden sie unter den Stiftlern Ende des 18. Jahrhunderts verteilt? Um diese Frage zu beantworten, schauen wir uns die fünf Stiftsjahrgänge an, denen das Magisterium zwischen 1788 und 1792 verliehen wurde. Hölderlins und Hegels Promotion liegt genau in der Mitte im Jahr 1790, Schellings am Ende im Jahr 1792.

Von den 92 Geistlichen, die von diesen fünf Promotionen in Württemberg geblieben und in den Kirchendienst getreten sind, haben die meisten – fast 60%[6] – als erste Bedienstung eine Pfarrstelle über den Weg der Ernennung durch das württembergische Konsistorium erhalten. Diese Pfarreien gehörten zu Württemberg: Das Patronatsrecht, mit dem das Recht auf die Besetzung der Pfarrstelle verbunden war, stand dem Herzog offiziell, in der Praxis dem Stuttgarter Konsistorium zu. Durchschnittlich mit 35 Jahren erhielten die Stiftsabgänger in unserer Gruppe eine solche Bedienstung – also in der Regel doch gut „zwölf höllenlange Jahre“ nach Abschluss des Studiums, wie oben zitiert. Dabei konnten die besseren in der Promotion mit einer etwas früheren Bedienstung (mit 31 bis 33 Jahren)[7] rechnen, während diejenigen, die ungefähr zu den unteren drei

[5] Vgl. http://snr.unl.edu/LincolnWeather/records/March-Records.asp [letzter Zugriff am 9.6.2015].

[6] Genau: 54 Geistliche oder 59% der Gruppe. Vgl. Hayden-Roy, „Sparta et Martha“, 20.

[7] Hier eine Liste der Primi und Secundi der fünf Promotionen, die über den normalen Weg der konsistorialen Ernennung als erste Bedienstung eine Pfarr- bzw. Diakonatsstelle erhiel-

Vierteln der Promotion gehörten, erst mit 36, 37 oder 38 Jahren ihr erstes Amt erhielten. Auch innerhalb dieser Gruppe müsste also das Durchschnittsalter aufgefächert werden: Viele waren tatsächlich „beinah vierzig alt", als sie – evtl. doch „mit grauem Haare" – endlich bedienstet und heiratsfähig wurden.

Die Patronatsverhältnisse der Pfarreien im württembergischen Raum waren aber Ende des 18. Jahrhunderts alles andere als einheitlich, geschweige denn übersichtlich. Bei 81 von rund 650 altwürttembergischen Pfarreien lag das Besetzungsrecht nicht in den Händen des Herzogs.[8] Darüber verfügten vielmehr adelige Herrschaften auf den reichsritterschaftlichen Enklaven und Exklaven in und um Württemberg, katholische Domkapitel und Hochstifte, die Tübinger Universität und einige Städte und städtische Spitäler des Landes.[9] Zwar hatte Württemberg in vielen Fällen noch das *ius confirmandi*, das Bestätigungsrecht des Kandidaten, und Leitung und Aufsicht der Pfarrei unterstanden dem württembergischen Konsistorium. Aber die Inhaber der Patronatsrechte durften den Pfarrer auf die Stelle ernennen. Aus diesem Grund wurde die Nominierung sehr häufig durch Beziehungen und Protektion beeinflusst, und hier konnte die Ehe, wie wir später sehen werden, eine entscheidende Rolle spielen. In unserer Untersuchungsgruppe haben 17% der Geistlichen als erste Bedienstung eine dieser nicht-württembergischen Pfarreien erhalten; sie waren im Durchschnitt 28 Jahre alt – sieben Jahre jünger als die vom Konsistorium Ernannten.[10] Alle haben gleich nach Antritt des Amtes geheiratet.

Zwei weitere Bedienstungsmuster will ich noch kurz erwähnen. Zunächst den Schuldienst: Von den 92 Geistlichen in den fünf untersuchten Promotionen erhielten 15 ihre erste Anstellung im Schuldienst, meistens als Präzeptor an einer der zahlreichen Lateinschulen im Land. Durchschnittsalter bei der Bedienstung war 27 Jahre, acht Jahre jünger als die vom Konsistorium ernannten Pfarrer. Mit 28 Jahren haben sie im Durchschnitt geheiratet. Die meisten aus dieser

---

ten. Die Liste könnte meist mit ähnlichen Ergebnissen auf den vierten oder fünften in der Promotion weitergeführt werden. Angegeben sind: Rang in der Promotion, Jahr der Verleihung der Magisterwürde, und Alter beim Antritt der ersten Bedienstung:

Ernst Bengel (2., M 88): 31
Erhard Wilhelm Gottfried Burk (2., M 89): 33
Carl Christoph Renz (1., M 90): 33
Ernst Christoph Zilling (1., M 91): 32
Carl Christian Flatt (2., M 91): 31
Friedrich Jakob Beck (2., M 92): 32

Vgl. Hayden-Roy, „Sparta et Martha", 323–344 (Tabelle A: „Die Tübinger Magister im Theologischen Stift 1788–1792").

[8] Vgl. Hasselhorn, Der altwürttembergische Pfarrstand, 80f.

[9] Allerdings hörten viele dieser besonderen Patronatsverhältnisse nach der Säkularisierung bzw. Mediatisierung der neuen württembergischen Territorien zwischen 1803 und 1806 auf. Die Stipendiaten, die Anfang der 1790er Jahre ihr Studium abgeschlossen hatten, konnten aber noch von diesen Verhältnissen profitieren, weil sie schon vor dem Inkrafttreten dieser Änderungen bedienstet wurden.

[10] Vgl. Hayden-Roy, „Sparta et Martha", 24.

Gruppe gehörten dem oberen Drittel der Promotion an; intellektuelle Fähigkeit, nicht Beziehungen, scheint hier eher maßgeblich gewesen zu sein, wobei das Patronatsrecht von manchen Präzeptoratsstellen ebenfalls in den Händen von nicht-württembergischen Instanzen lag. Obwohl man als Präzeptor heiraten durfte, waren diese Stellen, deren Besoldung z. T. aus Schulgeld bestand und folglich stark von der Schülerzahl abhing, oft schlecht bezahlt. Aus diesem Grund waren die Präzeptorenstellen nicht besonders gefragt.[11]

Das letzte und zahlenmäßig am schwächsten vertretene Bedienstungsmuster bildeten die Feldprediger. Von den 92 Stiftsabgängern in der Untersuchungsgruppe erhielten sieben (8%) als erste Anstellung mit durchschnittlich 32 Jahren eine Feldpredigerstelle. Die Feldpredigerstellen waren wenig beliebt, aber nach Ableistung des Dienstes, der in der Regel nicht länger als ein paar Jahre dauerte, wurden die Geistlichen bei der Beförderung auf eine reguläre Pfarrei bevorzugt. Mit durchschnittlich 34 Jahren, etwa ein Jahr früher als über den regulären Bedienstungsweg, erhielten sie ihre erste Pfarre.[12] Weil die Feldprediger erst bei der Beförderung auf eine Pfarrstelle geheiratet haben, werden wir uns nicht länger mit dieser Gruppe befassen.

Wie unterschieden sich die Heiratsmöglichkeiten und Heiratsstrategien bei den ersten drei Bedienstungsmustern? Vorweg muss gesagt werden, dass für alle Gruppen die standesgemäße Heirat als Regel galt. Der Pfarrstand konstituierte einen Teil der sogenannten württembergischen Ehrbarkeit, einer gebildeten, bürgerlichen Berufsschicht, zu der auch Staatsbeamte, Ärzte, wie auch Professoren und Präzeptoren zählten.[13] Diese Schicht hatte sich im Laufe der Jahrhunderte zunehmend abgegrenzt: nach unten vom Kleinbürgertum und nach oben vom Adel. Gegen Ende des 18. Jahrhunderts erreichte diese Entwicklung ihren Höhepunkt. Während es Anfang des 18. Jahrhunderts noch Aufstiegsmöglichkeiten für Söhne aus bürgerlichen Familien gab, beispielsweise in den Pfarrstand durch die subventionierte Ausbildung in den Klosterschulen und im Tübinger Stift, wurde diese soziale Beweglichkeit in der zweiten Hälfte des 18. Jahrhunderts zunehmend eine Seltenheit, die sogar rechtlich fixiert wurde.[14] Dagegen hatte jede Honoratiorenfamilie das Recht, einen Sohn, sofern er das

[11] Vgl. Hasselhorn, Der altwürttembergische Pfarrstand, 40. Nach Hasselhorn ist ab 1780 eine Besserung der Besoldungen an den Lateinschulen eingetreten.

[12] Vgl. Hayden-Roy, „Sparta et Martha", 25; vgl. auch Wahl, Lebensplanung, 61.

[13] Vgl. Haug-Moritz, Die württembergische Ehrbarkeit.

[14] In einem Spezialreskript aus dem Jahr 1788 wird es Handwerkern und Bauern ausdrücklich untersagt, ihre Söhne dem geistlichen Stand zu widmen, wie auch „den niederen Herrschaftlichen- und Commun-Bedienten, z.B. Förster, Dorfs-Schulzen, Bürgermeistern, Schulmeistern, Krämern, und überhaupt allen anderen Personen, die nicht noch zur eigentlichen Klasse der Honoratioren gerechnet werden können, ingleichen allen denen, welchen die erforderliche Mittel zur zweckmäßigen Vollführung der Studien für ihre Söhne ermanglen." Zitiert nach: Hasselhorn, Der altwürttembergische Pfarrstand, 34f. Eine ähnliche Verdichtung zeigt sich in der zweiten Hälfte des 18. unter den Amtsträgern an der Spitze der Ehrbarkeit: da findet man weniger neue Familien als in den Jahrzehnten davor, und mehr alte Fami-

Landexamen – die Aufnahmeprüfung in die Klosterschulen – bestand, auf Kosten des Kirchengutes zum Theologen ausbilden zu lassen.[15] Auch die Ehepraxis diente dazu, die Ehrbarkeit vom Kleinbürgertum abzuschotten, und das gilt auch für die Geistlichen in unserer Untersuchungsgruppe. Es wäre denkbar, dass gerade bei dieser Generation das Ideal der Liebesehe sich bemerkbar gemacht hätte durch eine stärkere Wirkung des Zufalls bei der Gattinnenwahl. Ein Blick auf die Berufe der Schwiegerväter der 84 verheirateten Pfarrer in der Untersuchungsgruppe zeigt jedoch, dass die Pfarrfrauen überwiegend aus sozial gleichgestellten Familien gewählt wurden. 83% stammten aus Pfarr- bzw. Beamtenfamilien. Weitere 6% waren die Töchter von Kaufleuten und Apothekern. 7% stammten aus Handwerker- bzw. Wirtsfamilien,[16] wobei in mehreren dieser Fälle der Geistliche selber zu der kleinen Minderheit im Stift gehörte, die ebenfalls aus diesem Milieu stammte.[17] Unter den 168 Ehemännern und -frauen erscheint eine einzige Person aus dem Bauernstand. Am 6. August 1801 heiratete Philipp Konrad Lang (M 92) Christina Elisabetha Gienger (1778–1834), Tochter des Weilheimer Bauern Johannes Gienger. Am 27. Oktober 1800 – fast ein Jahr vor der Hochzeit – wurde dem Paar ein Söhnlein geboren. Es ist übrigens der einzige eindeutige Fall einer vorehelichen Geburt in den fünf untersuchten Promotionen.[18] Drei Tage nach der Hochzeit erhielt Lang auf seine Bitte hin die Dimission vom Stift. Noch erstaunlicher ist der weitere Verlauf seiner

lien, die ihre Präsenz an der Spitze wahren konnten; vgl. Haug-Moritz, Die württembergische Ehrbarkeit, 22.

15 Vgl. Hasselhorn, Der altwürttembergische Pfarrstand, 33.

16 Vgl. Hayden-Roy, „Sparta et Martha", 349 (Tabelle D: „Väterberufe der Tübinger Stiftler 1788–1792 und ihrer späteren Ehefrauen").

17 Johann Philipp Weigelin (M 88), selber Sohn eines Tübinger Tuchmachers, heiratete die Tochter eines Sulzer Salzfaktors; Ferdinand Christoph Harpprecht (M 89) heiratete die Tochter des Tübinger Traubenwirts; dieser war aber zugleich Richter und Posthalter in Tübingen. Als erstes Pfarramt erhielt Harpprecht die Kusterdinger Pfarrei, deren Patronatsrecht dem Tübinger Spital gehörte. Möglicherweise erhielt das Paar das Amt durch den kombinierten Einfluss der Eltern. Jeremias Wilhelm Märklin (M 90), selber Sohn eines Apothekers und so nicht ganz der Ehrbarkeit zugehörend, heiratete die Tochter des Ludwigsburger Bäckerobermeisters. Johann Christoph Ehmann (M 91) und Johann Christian Gottlob Wilhelm (M 91), beide Pfarrerssöhne, heirateten Frauen aus dem Kleinbürgertum: Ehrmann die Tochter eines Schmiedmeisters, Wilhelm die Tochter des Stuttgarter Bärenwirts. Johann Gottlob Süskind (M 92), der jüngere Bruder des Theologen und Oberstudiendirektionsrats Friedrich Gottlieb Süskind (M 85), heiratete die Tochter des Stuttgarter Hofmalers Johann Friedrich Steinkopf; diese war auch die Schwester seines Kompromotionalen Carl Friedrich Adolf Steinkopf, Mitbegründer und auswärtiger Sekretär der British and Foreign Bible Society. Vgl. Hayden-Roy, „Sparta et Martha", 323–344 (Tabelle A: „Die Tübinger Magister im Theologischen Stift 1788–1792").

18 Vgl. Pfarrerbuch Herzogtum Württemberg, URL: https://www.wkgo.de/personen/personensuche [letzter Zugriff am 1.9.2015], „Lang, Philipp Konrad" [Ordnungsnummer 4835]. Die auf dem Pfarrerbuch basierenden vorehelichen Geburtsdaten sind allerdings unvollständig, denn hier werden die Geburtsdaten der früh gestorbenen Kinder, die etwa ein Drittel der ersten Geburten ausmachen, nicht angegeben. Vgl. Hayden-Roy, „Sparta et Martha", 19 Anm. 15.

Karriere, der sich aufgrund der wenigen Aufzeichnungen im Vikarbuch im Landeskirchlichen Archiv notdürftig rekonstruieren lässt: Ab Ende 1808 wird Lang auf eine Reihe von Vikariaten geschickt, denn es reue ihn, so die Notiz, „die dimission erlangt zu haben“[19]. Ende 1810 erhält der 38-jährige Vater von drei Kindern das entlegene, niedrig bezahlte Pfarramt in Donnstetten auf der Alb, wo kurz darauf eine weitere Tochter zur Welt kommt; neun Monate später, im September 1811, stirbt Lang mit 39 Jahren. Damit ist die Geschichte noch nicht zu Ende. Zwei Jahre später (1813) geht die damals 35-jährige Witwe und Mutter von vier Kindern eine zweite Ehe mit dem damaligen Weilheimer Diakon Christian Ludwig Hiller[20] ein, der mit Langs Schwester bis zu deren Tod im Jahr 1810 verheiratet gewesen war. Dieser Fall muss jedoch in jeder Hinsicht – von der unehelichen Geburt des ersten Kindes bis zur unstandesgemäßen Ehe und bis zur Versöhnung mit dem Konsistorium – als die Ausnahme gelten, die die Regel bestätigt.

Konnte die Ehe (und vor allem der voreheliche Geschlechtsverkehr) wie im Falle Langs zu Ungunsten des Berufsweges wirken, so war es umgekehrt auch möglich, die Karriere durch eine zweckmäßige Heirat zu fördern. Diese Möglichkeit gab es nicht nur bei den nicht-württembergischen Pfarreien, wo der Einfluss oft über die Gattinnenwahl lief, sondern auch, auf etwas subtilere Art und Weise, bei den Pfarrern, die über den normalen Weg der konsistorialen Ernennung in den württembergischen Kirchendienst eintraten. Ehrbarkeit war ja nicht überall gleich Ehrbarkeit. Zwischen den feinen Stuttgarter Konsistorial- und Regierungsräten einerseits, und dem bescheidenen Landpfarrer in Donnstetten auf der Schwäbischen Alb andererseits lagen Welten; ein Werber mit guten Karten und etwas Glück wusste diese Unterschiede zu seinem Vorteil auszunutzen. Und bei diesem ehelichen Strategisieren ging es nicht allein um die Realisierung eines individuellen Erfolgs. Das Honoratiorenkind stand vielmehr in einer Reihe von Ahnen und potentiellen Nachkommen, deren gesellschaftlichen Status in der Ehrbarkeit zu bewahren oder gar zu heben seine Pflicht war.

In meinem Buch *Sparta et Martha* habe ich als Paradebeispiel für die Durchsetzung eines so verstandenen Familienerfolgs über mehrere Generationen hinweg das Pfarrgeschlecht Köstlin besprochen, insbesondere die Familie von Na-

[19] Landeskirchliches Archiv Stuttgart, A 13, Bd. 4 (Vikarbuch), unter: „Magisterium von 1792“, 22.

[20] Zu Christian Ludwig Hillers Leben vgl. Breymayer, Ein unbekanntes Gedicht, 120f Anm. 26. Breymayer verweist hier auf einen Eintrag in Hegels Stammbuch, der angeblich von Christian Ludwig Hiller stammt. Zwar schreibt ihm der Herausgeber der Briefe von und an Hegel, Friedhelm Nicolin, die Autorschaft desselben zu (vgl. ders., Briefe von und an Hegel, Bd. 4, Teil 1, 167), jedoch korrigierte er diese Zuschreibung im Personenverzeichnis, wo der Verfasser richtigerweise als Christian Friedrich Hiller (1769–1817) angegeben wird, der *oppidanus* in Hölderlins und Hegels Promotion und während der Stiftszeit mit beiden befreundet war (vgl. ebd., Bd. 4, Teil 2, 199f). Zu Christian Friedrich Hillers Stammbuch und dem Eintrag von Hegel vgl. auch Schmidgall, Die Französische Revolution, 38f.

thanael Köstlin, der während Hölderlins Kindheit als Diakon in Nürtingen amtierte und später Dekan in Pfullingen und in Urach wurde. Seine vier Söhne, der älteste ein Jahr jünger als sein Vetter Friedrich Wilhelm Joseph Schelling, stiegen zu höchsten Ämtern in Württemberg auf.[21] Es würde uns hier zu weit führen, in allen Einzelheiten zu zeigen, wie die Köstlin-Kinder berufliche und eheliche Entscheidungen im Sinne des Familienerfolgs getroffen haben – manchmal sogar durch die Eltern genötigt. Ich beschränke mich stattdessen auf den Berufsweg und die Ehestrategie des ältesten Sohnes.

Nathanael Friedrich Köstlin (1776–1855) wurde von Kind auf zu einer theologischen Laufbahn bestimmt. Den ersten Unterricht erhielt er von seinem Vater, einem tüchtigen Pfarrer, der aber auch wusste, wie man ein Kind auf das Landexamen zu trimmen hatte. Wer bei dem Landexamen auf einen der ersten drei Plätze „lociert" wurde, hatte beste Aussichten auf eine künftige Repetentenstelle im Stift und die höchsten theologischen Ämter im Land. Wer auf einem der ersten sechs oder sieben landete, konnte immerhin mit einem Dekanat rechnen. Für den Rest gab es die Landpfarreien. Hölderlins Mutter ließ ihrem Sohn ab dem sechsten Lebensjahr Privatunterricht von Köstlin erteilen. Seine zwei Neffen, der junge Schelling und der junge Carl Wilhelm Friedrich Breyer (1771–1818), künftiger Münchner Historiker, wohnten sogar bei ihm, um die blühende Nürtinger Lateinschule zu besuchen und Unterricht bei ihrem Onkel zu erhalten. Beim Landexamen wurde Hölderlin als Sechster lociert, Breyer als Vierter (M 91), und Schelling (M 92) und Nathanael Friedrich Köstlin (M 96) waren beide Primi, Klassenbeste – keine schlechten Ergebnisse für den Nürtinger Diakon! Ich erwähne das nur, um zu zeigen, was für Vorteile Nathanael Friedrich Köstlin hatte, die er nicht nur seiner eigenen Intelligenz zu verdanken hatte, sondern auch seiner Erziehung und seiner Familie. Zur Vorbereitung auf das Landexamen erhielt er auch Rat von seinem älteren Vetter Schelling; einer der Prüfer war Heinrich David Cless, der Bruder seiner Mutter.[22]

Es wundert also nicht, dass der Primus nach einem Vikariat bei seinem Onkel Joseph Friedrich Schelling in Schorndorf und mehreren Hofmeisterjahren im Ausland Repetent wurde und dann die prestigeträchtige Ernennung zum zweiten Diakonat in Tübingen erhielt. Nun musste der „golden boy" auch standesgemäß heiraten – und auch hier hat er die Erwartungen seiner Familie in vollem Maße erfüllt. Weniger als ein Jahr nach seiner Bedienstung heiratete er Heinrike Schnurrer, Tochter von Christian Friedrich Schnurrer, zu Hölderlins und Hegels Zeit Professor der Orientalistik und Stiftsephorus, ab 1806 als Nachfolger Johann Friedrich LeBrets erster Professor der Theologie und Universitätskanzler. Damit verband sich der junge Köstlin, wie er es ausdrücklich in einem Brief

---

[21] Vgl. Hayden-Roy, „Sparta et Martha", 34–83.

[22] Vgl. Brief von Friedrich Wilhelm Joseph Schelling an Nathanael Friedrich Köstlin, 281f; vgl. auch Hayden-Roy, „Sparta et Martha", 45f.

an den künftigen Schwiegervater schrieb, „mit einem der hochachtungswürdigsten Häuser, die Tübingen aufzuweisen hat“, was für ihn „höchst schmeichelhafft“ sei. Keine Spur also von romantischer, einmalig-individueller Liebe bei dieser Entscheidung: Ausdrücklich mache er nicht „idealischüberspannte Forderungen an das Glük der Ehe“, „der Character Ihrer intereßanten Heinrike, so, wie er sich durch eigene und fremde Beobachtung mir dargestellt hat, ist von der Gattung dererjenigen, die meiner Individualität vorzüglich zusagen“[23]. Mit nüchterner Erwägung wählte er sich also aus der ihm passenden „Gattung“ eine „interessante“ Gattin aus – „interessant“ auch im ökonomischen Sinne, denn die Ehe war durchaus „zinsbringend“. Drei Jahre nach seiner Eheschließung erhielt er den Ruf an die Universität als außerordentlicher Professor der Theologie. Wirkte Schnurrer bei dieser Entscheidung mit, oder hatte er in die Ehe eingewilligt, weil er erkannte, dass der junge Köstlin eine vielversprechende Zukunft vor sich hatte? So oder so, die Vorteile des Bündnisses müssen allen Beteiligten klar gewesen sein. Und der künftige Oberkonsistorialrat, Prälat und Generalsuperintendent Köstlin hat auch den Erwartungen seines Schwiegervaters in bester Weise entsprochen.

So etwa konnte eine erfolgreiche Karriere im württembergischen Kirchendienst aussehen und so konnte man sie durch kluges Heiraten fördern. Die meisten Stiftler genossen aber nicht die großen Vorteile des jungen Nathanael Friedrich Köstlin. Wie konnte die Ehe dem Berufsweg der weniger Bevorzugten förderlich sein? Vor allem die nicht-württembergischen Pfarreien boten ebenfalls in diesem Sinne „interessante“ Möglichkeiten, denn mit diesen Pfründen wurden die jungen Verwandten männlichen und weiblichen Geschlechts von den Patronatsinhabern versorgt. Von den 16 nicht-württembergischen Bedienstungen in der Untersuchungsgruppe kamen mindestens acht durch die Gattinnenwahl zustande (der Geistliche heiratete eine Frau, die mit einem Mitglied des Gremiums verwandt war, das für die Besetzung der Pfarrei zuständig war – sei es der Akademische Senat der Universität oder das Nürtinger Spital), oder es handelte sich um eine Einheirat – d.h. man erhielt das Amt durch die Heirat einer Tochter des verstorbenen Amtsvorgängers.

Als Beispiel nenne ich den engen Freund Hölderlins, den Dichter und landeskundlichen Forscher Rudolf Magenau, der im Jahr 1797, noch nicht ganz 27-jährig, in die reichsritterschaftliche von Stain'sche Pfarrei zu Niederstotzingen eingeheiratet hat. Die reichsritterschaftlichen Pfarreien galten unter den württembergischen Theologen schon im 17. Jahrhundert als wenig attraktiv.[24] Die Besoldung war häufig niedriger als auf den württembergischen Pfarreien. Es war oft schwierig, von dort auf eine reguläre württembergische Pfarrei beför-

[23] Nathanael Friedrich Köstlin, Briefwechsel mit Schnurrer, Brief vom 9.12.1808; vgl. auch Hayden-Roy, „Sparta et Martha“, 50.

[24] Vgl. Wahl, Lebensplanung, 38.

dert zu werden.[25] Darüber hinaus lebte man oft nahe der herrschenden Adelsfamilie, was Spannungen und Erniedrigungen mit sich bringen konnte.[26] Deswegen hat man für diese Pfarreien vor allem jüngere, nicht besonders hoch locierte Stiftsabgänger rekrutiert, die realistischerweise nur auf eine bescheidene Landpfarre hoffen konnten, und für die eine Kürzung der „höllenlangen Jahre" des Vikariats deswegen einen reellen ökonomischen Vorteil darstellte. Magenau war ein typischer Kandidat: bescheidener Zweiundzwanzigster von 33 in der Promotion, tüchtig, aber ohne Aussichten auf hohe Kirchenämter nach der Vikariatszeit. Hinzu kam, dass er aus dem Schreibermilieu kam, wo die Einheirat ins Amt gang und gäbe war und evtl. für ihn weniger ein „Geschmäckle" hatte. Andererseits hatte er in einem Brief an Neuffer vom Dezember 1793, nur wenige Monate vor dem Angebot des Niederstotzinger Amtes, beteuert, nur „Geschmak, Sympatie, Lecture u. Verstand" könnten ihn dazu bewegen, sich „unters Joch des Amors zu beugen"[27]; wie Hölderlin und Neuffer wünschte er sich in der künftigen Ehefrau auch eine Seelenfreundin. Sein plötzlicher Pragmatismus stieß auf Befremden und Entrüstung bei seinen Freunden. Hölderlin schreibt nachher an ihren gemeinsamen Freund Ludwig Neuffer: „Ich begreif ihn nicht. Aber Du must ihn doch nicht ganz wegwerfen, lieber Bruder! vieleicht findst Du einmal wieder eine beßre Seite in ihm auf."[28] Erst zweieinhalb Jahre später konnte sich Neuffer dazu bewegen, den brieflichen Kontakt mit dem alten Busenfreund wieder aufzunehmen.

War die Praxis der Einheirat nichts Außergewöhnliches im damaligen Württemberg, so kollidierte sie mit den Idealen einer Generation, die als Jugendliche Schillers *Kabale und Liebe* verschlungen hat und die Liebesehe ebenso überzeugt und enthusiastisch vertrat wie die Menschenrechte. Nur siegte eben oft nicht das Ideal, sondern man fand sich mit einer weniger als idealen Wirklichkeit ab.

Wir kommen nun auf Hölderlin und den Brief an seine Mutter zurück, aus dem ich am Anfang zitiert habe, und die Frage nach den „gewissen bälderen Bedienstigungen". Die Kammerrätin Gok war ein durch und durch konventioneller Mensch – auf landesübliche Art fromm, auf landesübliche Art aber auch eine „schwäbische Hausfrau" im Sinne von Kanzlerin Merkel. Seit dem Tod ihres zweiten Mannes im Jahr 1779 verwaltete sie das Familienvermögen mit

[25] Magenau bewarb sich zwischen 1814 und 1819 um nicht weniger als 15 Pfarrstellen; schließlich gelang es ihm nur durch den Eingriff des württembergischen Königs Wilhelm ins konsistoriale Ernennungsgeschäft, „von Stozingen hinweg auf eine beßre u. ruhigere Pfarrei zu kommen". Magenau, Skizze meines Lebens, 149; vgl. auch Hayden-Roy, „Sparta et Martha", 188–190.

[26] Auch hiervon hat Magenau einiges Leid zu erzählen; vgl. Hayden-Roy, „Sparta et Martha", 186 Anm. 107.

[27] Brief vom 23.11.1793 an Neuffer, Nr. 10a, Bl. 2v; vgl. Hayden-Roy, „Sparta et Martha", 181.

[28] Hölderlin, Sämtliche Werke, Bd. 6, 111.

eiserner Hand, denn mit den Zinsen vor allem aus dem Erbe der zwei Hölderlin'schen Kinder musste sie sich selbst und ihre drei Kinder versorgen. Spätestens im Januar 1790 – aber eigentlich wohl schon viel früher – hegte sie also für ihren ältesten Sohn die „Hofnung auf gewisse bäldere Bedienstigungen“, womit nur die nicht-württembergischen Pfarrämter bzw. eine Präzeptoratsstelle gemeint sein konnten – weil so das Familienvermögen am besten von langen, teuren Vikariatsjahren entlastet werden konnte. An reichsritterschaftliche Pfarreien wird sie zunächst wohl nicht gedacht haben. Dem Nürtinger Spital, einer der reichsten Institutionen in ganz Württemberg, standen die Patronatsrechte von mehreren Pfarreien in der Umgebung zu; sicher werden der gut vernetzten Kammerrätin Gok diese Ämter vorgeschwebt haben. Ihr Kriegsvogt – d.h. ihr rechtlicher Vertreter – war übrigens der Nürtinger Spitalmeister, Georg Ludwig Rooschüz (1748–1812).

Wie sehr wird sie sich gefreut haben, als sie im Herbst 1791 erfuhr, dass ihr Sohn sich mit der Tochter des Universitätskanzlers LeBret attachiert hatte. Damit spielte er ihr genau in die Karten, denn auch über die Einflussnahme des Kanzlers konnte sie auf eine frühe Bedienstung ihres Sohnes hoffen. Der Akademische Senat, dem der Kanzler präsidiert, war zuständig für die Ernennung der Pfarrer auf die Universitätspfarreien. In einem *quid pro quo* konnte er durch seinen Einfluss einem seinen Ansprüchen entsprechenden Werber zu einer frühen Bedienstung verhelfen, wenn dieser wiederum bereit wäre, ihm eine seiner fünf Töchter abzunehmen.[29]

Schon im Juni 1794, ein Dreivierteljahr nach seinem Abgang vom Stift, beschrieb die Kammerrätin Gok in einem leider nicht erhaltenen Brief an ihren Sohn ein Stellenangebot, das offensichtlich über die Familie LeBret übermittelt worden war. Hölderlin hielt sich zu diesem Zeitpunkt in Waltershausen in Unterfranken auf, wo er seit Anfang 1794 durch die Empfehlungen von Gotthold Stäudlin und Friedrich Schiller eine Hofmeisterstelle im Hause von Schillers Freundin Charlotte von Kalb versah. Da er sich endlich in der Nähe der Weimarer und Jenaer Koryphäen befand, war er nicht geneigt, sich so bald in die Heimat und in die Zwänge und Verantwortungen eines Pfarramtes zurückzubegeben, und erst recht nicht mit Elise LeBret, von der er sich schon innerlich zu distanzieren begonnen hatte.

Sollte er schon im Jahr 1794 das Amt erhalten haben, so wäre er mit Philipp Gottlieb Landerer der Erste in seiner Promotion gewesen, der so früh bedienstet worden wäre; dieser erhielt in dem Jahr eine Präzeptoratsstelle. Ein Jahr

[29] Hölderlin hätte keine schlechte Partie gemacht: er gehörte zu den besseren in seiner Promotion, war vermögend, mit den höheren Rängen der württembergischen Ehrbarkeit versippt, und darüber hinaus der Neffe und Erbe seines (LeBrets) verehrten Lehrers und Vorgängers, des Tübinger Professors für Geschichte, Otto Christian von Lohenschiold, dem LeBret, so ausdrücklich in seiner Autobiographie, „ausnehmenden Dank schuldig“ war. Vgl. Hayden-Roy, „Sparta et Martha“, 247.

später trat Carl Ludwig Reyscher mit 25 Jahren als Erster in der 1790er-Promotion eine Pfarrstelle an; es handelte sich um die Unterriexinger Pfarrei, selbstverständlich eines der nicht-württembergischen Ämter, die Reyscher wohl über die Beziehung seines Vaters, des Unterriexinger Stabsamtmannes, zu der von Zwierlein'schen Herrschaft erhielt. Reyscher heiratete übrigens eine andere Tochter des Universitätskanzlers, der offenbar nichts gegen junge Tochtermänner hatte.

In seiner Antwort an die Mutter protestiert Hölderlin gerade gegen eine so ungewöhnlich frühe Bedienstung:

> Sie werden mir vieleicht, wie in manchen Fällen, das Beispiel anderer entgegensetzen, die sich glüklich schäzen würden, eine so frühe Versorgung zu finden, wie es die Leute nennen. Aber es ist, wie ich glaube, weder Unbescheidenheit, noch Träumerei, wenn ich für mein Wesen, so weit ich seine Bedürfnisse kenne, *für jezt noch* eine Lage notwendig halte, in der ich mer Möglichkeit vor mir sehe, an mannigfaltigen Gegenständen, one die Einschränkungen eines fixirten bürgerlichen Verhältnisses meinen Geist und mein Herz zu nähren.[30]

Hier und immer wieder in den Briefen an die Familie, die sich mit diesem Thema befassen, beruft er sich auf den Normalfall, auf die gut zehn bis zwölf Jahre, die man abzuwarten hatte, wenn man vom Konsistorium auf ein Amt ernannt werden sollte. In seinen Augen stellten diese Jahre keine „höllenlangen Jahre", auch keine bloße Belastung seines Vermögens dar. Sie boten ihm vielmehr die Chance, sich weiter zu bilden, seinen philosophischen und philologischen Interessen nachzugehen, sich natürlich auch als Dichter zu etablieren, um schließlich in irgendeiner Form den eigenen Lebensunterhalt – unabhängig von einem Pfarramt – verdienen zu können.

Der Fall muss so rekonstruiert werden: Ein Amt stand zur Verfügung, vermutlich über die Beziehungen des Universitätskanzlers. Sollte Hölderlin es nicht annehmen wollen, so wartete ein anderer Kandidat auf seine berufliche und eheliche Chance mit Elise. Hölderlin wollte aber zu diesem Zeitpunkt weder das Amt noch die Ehefrau, traute sich aber weder zu, mit Elise zu brechen, noch sie zu bitten, ihm zuliebe auf eine baldige Versorgung mit einem anderen zu verzichten. Dieses Bitten sollte vielmehr die liebe Mutter übernehmen:

> So ser ich wünsche, ein solches Verhältnis, so sonderbare Seiten es auch in meinen Augen immer hatte, nie zu brechen, so getraue ich mir doch nicht, sie gerade heraus zu bitten, mir zu lieb einem Glük zu entsagen; denn das wird es wie ich hoffe, doch für sie sein. Ich überlasse diß Ihnen, liebe Mutter [...].[31]

Frau Kammerrätin Gok gab nach, versüßte aber wohl der jungen Frau die Bitte mit dem Versprechen, für das Paar ihre Beziehungen in Nürtingen einzusetzen. Ein halbes Jahr später, im Dezember 1794, reagiert Hölderlin in einem Brief an

30 Brief vom 1.7.1794; Hölderlin, Sämtliche Werke, Bd. 6, 122.
31 Brief vom 1.7.1794; Hölderlin, Sämtliche Werke, Bd. 6, 123.

seine Mutter auf ihren Vorschlag einer weiteren Bedienstung, diesmal in Neckarhausen:

Sie fragen mich, ob ich nicht Lust hätte zur Pfarre in Nekarshausen? Ich gestehe, daß es mir ser schwer werden würde, jezt schon von meiner Wanderschaft, und meinen Beschäftigungen, und kleinen Planen zurükzukehren, und mich in ein Verhältnis einzulassen, das doch [...] mit meinen jezigen Beschäftigungen und mit dem Fortgange meiner Bildung zu unvereinbar ist [...]. Die Bequemlichkeit, die ich freilich auf einer Pfarre mer fände, als in meiner jezigen Lage, wird mir im dreißigsten Jahre desto besser bekommen. Auch möcht' ich einen Versuch nicht wagen, der mich mit Leuten, die mich nicht kennen, und nie kennen werden, in ein Supplikantenverhältnis sezt.[32]

Neckarhausen gehörte auch damals zum Dekanat Nürtingen; das Kirchenpatronat stand bis 1796 – gut ein Jahr *nach* Hölderlins Brief – Württemberg zu; in diesem Jahr erwarb es das Nürtinger Spital durch den Tausch des Pfullinger Patronats, das es im Jahr 1751 erworben hatte.[33] Wusste die Kammerrätin schon 1794, dass die Patronatsrechte bald an das Nürtinger Spital kommen würden? Vielleicht. In Hölderlins Brief ist allerdings die Rede von „Leuten, die mich nicht kennen, und nie kennen werden“. Auf wen der Ausdruck „Supplikantenverhältnis“ gemünzt ist, also wessen Bittsteller Hölderlin nicht sein will, ist unklar; jedenfalls muss die Besetzung der Neckarhausener Pfarrei, obwohl offiziell in den Händen des Konsistoriums, über andere Wege gelaufen sein, auf die die Nürtinger vermutlich Einfluss hatten. Dafür sprechen nicht nur Hölderlins Brief, sondern die Beziehungen unter den Pfarrern, die das Amt in der zweiten Hälfte des 18. Jahrhunderts besetzten. Im Jahr 1753 übernahm Johann Wilhelm Gentner (1723–1789) mit dreißig Jahren die Neckarhausener Pfarrei von seinem wohl kranken, im Jahr darauf gestorbenen Vater, Wilhelm Sebastian Gentner (1687–1754). Im Jahr 1778 wurde der jüngere Gentner pensioniert; im selben Jahr erhielt die Pfarrei mit 28 Jahren sein Schwiegersohn, Georg Christoph Heller (1750–1796), der wiederum der Sohn des Nürtinger Spitalschreibers und Bürgermeisters, Johann Philipp Heller, war.[34] Dass ein Pfarramt über drei Generationen hinweg in den Händen einer Familie blieb, und dass die Pfarrer bei ihrer ersten Bedienstung so jung waren, spricht eindeutig für Einflussnahme, nicht für die normale Vergabe des Amtes über das Konsistorium. Vermutlich wusste Kammerrätin Gok über die Mechanismen der Einflussnahme Bescheid, und hoffte, sie ihrem Sohn zugutekommen zu lassen.

Auch in diesem Fall gab Hölderlin nicht nach und versuchte überdies der Mutter klar zu machen, dass er nicht nur „für jezt noch“ keine Lust auf ein Pfarramt, sondern prinzipiell auch kein Interesse an einer lebenslangen Verbindung mit Elise LeBret hatte:

---

[32] Brief vom 16.12.1794; Hölderlin, Sämtliche Werke, Bd. 6, 145.

[33] Vgl. Hayden-Roy, „Sparta et Martha“, 260; vgl. auch Kocher, Geschichte der Stadt Nürtingen, Bd. 2, 62.

[34] Vgl. Hayden-Roy, „Sparta et Martha“, 260.

Ich gesteh Ihnen, daß ich nach allem, wie ich sie [Elise] beurteilen muß, nicht wünschen kann, ein engeres Verhältnis mit ihr geknüpft zu haben, oder noch zu knüpfen. Ich schäze manche gute Eigenschaft an ihr. Aber ich glaube nicht, daß wir zusammen taugten.[35]

Das Verhältnis zur Tochter des Universitätskanzlers ließ sich aber nicht so einfach abschütteln. Möglicherweise wurde ihm, evtl. durch Kanzler LeBrets Einfluss, noch im Herbst 1795 eine Repetentenstelle angeboten. Im November schreibt er an Hegel, er tauge schlechterdings nicht dazu, und außerdem habe er „ganz besondere Gründe", die Stelle nicht anzunehmen, nämlich seine „ehemaligen Tübinger Thorheiten", womit Elise LeBret gemeint war[36]. Spätestens als ihm im Dezember 1795 die Hofmeisterstelle bei den Frankfurter Gontards zugesichert war, werden beide Familien eingesehen haben, dass sie am besten ihre gemeinsamen Bedienstungs- und Heiratspläne aufgeben sollten.

Anfang 1798 bat Elise um die Rückgabe ihrer Briefe an Hölderlin. Am 28. Oktober 1799 fand ihre Hochzeit mit dem 31-jährigen Wilhelm Friedrich Ostertag statt, der bescheidener Fünfundzwanzigster von 33 in seiner Promotion war – und zu dem Zeitpunkt sonst noch einige „Höllenjahre" im Vikariat bis zur ersten Bedienstung abzuwarten gehabt hätte. In Elise LeBrets *Kurze[m] Lebens-Abriß*, geschrieben bei ihrem Tod im Jahr 1839, steht aber folgende Erklärung:

In der zweiten Hälfte des Jahrs 1799 wurde sie [Elise LeBret] mit dem nun über ihren Verlust höchstgebeugten Gatten bekannt, und nachdem derselbe von hochpreislichem Senat der Universität Tübingen zum Pfarrer in Wolfenhausen ernannt worden war, im October desselben Jahres getraut.[37]

Über diesen Weg der Einflussnahme hatte Frau Gok gehofft, ihren Sohn frühzeitig mit Amt und Ehe zu versorgen. Auch nach der Auflösung der Verbindung zu Elise LeBret schaute sie weiter nach einem Amt für ihren Sohn über den kurzen Weg der nicht-württembergischen Pfarrstellen. Im Jahr 1797 bat sie Hölderlin, sich um ein Amt mit Einheirat zu bewerben. Seinen Halbbruder Carl Gok rekrutierte sie dazu, Hölderlin die Einheirat in einem getrennten Brief schmackhaft zu machen. Offenbar gelang es ihm nicht, denn im Februar 1797 antwortete Hölderlin auf Goks leider nicht erhaltenen Brief wie folgt:

Du siehest aber selber, lieber Bruder! wie das Dein und mein Herz drüken müßte, wenn wir uns in eine solche innige Verbindung mit einem Wesen wagten, das wir, ohne eine vakante Pfarrstelle oder dergleichen, im Leben vieleicht mit keinem Auge gesehn, oder auch bei gelegentlicher Ansicht wahrscheinlich doch wohl nicht als das Einzige betrachtet hätten, womit wir einen Bund aufs ganze Leben schließen möchten. Ein solch Verhältniß muß, nach meiner Meinung, nicht einmal *veranlaßt* seyn durch eine andre Rük-

[35] Brief vom 26.12.1794; Hölderlin, Sämtliche Werke, Bd. 6, 145.

[36] Brief vom 25.11.1795; Hölderlin, Sämtliche Werke, Bd. 6, 185.

[37] „Kurzer Lebens-Abriß" von Marie Elisabethe geb. LeBret, 22.

sicht. Es darf in beeden Theilen nicht der leise Wunsch sich regen, daß man sich gefallen möchte, weil es so gerade recht sich schikte.[38]

Mit erstaunlicher Konsequenz lehnt Hölderlin hier die zweckmäßige Ehe ab; sie war ihm ebenso zuwider wie der unfreie, „aus Gewissenszwang und von Amtswegen“ gehaltene Glaube. So schreibt er im Januar 1799 an die Mutter und fährt im selben Brief fort: „Glaube kann nie geboten werden, so wenig als Liebe. Er muß freiwillig und aus eigenem Triebe seyn.“[39] Ob der institutionalisierte Glaube in Form der Amtskirche wie auch die institutionalisierte Liebe in Form der bürgerlichen Ehe je diesem Ideal der Freiheit gerecht werden kann, mag fraglich sein. Jedenfalls war es um 1800 in Württemberg eher eine Seltenheit, dass die Ehe nicht mit „andere[n] Rüksicht[en]“, nämlich mit Familien- und Berufsinteressen verquickt war; und inwiefern der damalige Kirchendienst in Wirklichkeit Staatsdienst war, muss Gegenstand eines anderen Vortrags bleiben. Da Hölderlin das eine wie das andere ablehnte, blieb er eben ohne Kirchenamt und auch unverheiratet.

Im Juni 1804 nahm Hölderlin das einzige Amt an, das er im Laufe seines Lebens bekleiden sollte: er wurde Hofbibliothekar in der Landgrafschaft Hessen-Homburg. In der Forschung gilt dieses Amt als bloßes Scheinamt für den damals schon geistig erkrankenden Dichter, und tatsächlich wurde es besoldet durch einen Teil des Gehalts seines im Dienst des Landgrafen stehenden Freundes Isaac Sinclair, der zugunsten seines Freundes freiwillig darauf verzichtete. Ausgezahlt wurde es aber dennoch aus der fürstlichen Kammerkasse, und die Stelle wie auch die Besoldung musste offiziell vom Landgrafen genehmigt werden. In einem Memorandum an den Landgrafen vom 7. Juli 1804 schreibt Sinclair: „Ich zweifle nicht, daß sich Herr Hölderlin der Fürstlichen Gnade durch den Ruf seiner Talente u. Gelehrsamkeit [...] würdig machen werde“[40]. Das Amt hat Hölderlin also doch gewissermaßen aufgrund seines literarischen Rufs erhalten. Offenbar war ihm das Amt wichtig; während der Turmzeit bestand er darauf, mit dem Titel angeredet zu werden.

Im Juni 1804 schrieb Hölderlins Freund und Gönner, der Stuttgarter Geschäftsmann Christian Landauer, an die Kammerrätin Gok, die große Bedenken hatte, ihren kranken Sohn nach Homburg gehen zu lassen, dass seine Anstellung in Homburg doch „keine nachtheiligen Folgen haben werde“. Und weiter sei zu bedenken, dass:

nächstens die Reihe an ihn [komme], ein Amt im Lande bekommen zu sollen. Das Consistorium könne ihm aber bei seinem Zustande doch ganz unmöglich eine Predigerstelle geben, u. sobald er dies merke, was ihm ja nicht entgehen könne, müsse dies auf ihn äußerst nachtheilig wirken.[41]

---

[38] Brief vom 4.2.1797; Hölderlin, Sämtliche Werke, Bd. 6, 234.
[39] Brief vom Januar 1799 an die Mutter; Hölderlin, Sämtliche Werke, Bd. 6, 310.
[40] Hölderlin, Sämtliche Werke, Bd. 7.2, 289.
[41] Hölderlin, Sämtliche Werke, Bd. 7.2, 284.

Landauer hatte Recht: Als Hölderlin im Sommer 1804 mit Sinclair nach Homburg ging, näherten sich für die meisten Stiftsabgänger in seiner Promotion, die über den Weg der konsistorialen Nominierung zu ihrem ersten Amt kamen, endlich die „höllenlangen" Vikariatsjahre dem Ende. Von den zwölf Theologen in Hölderlins Promotion, die auf eine reguläre württembergische Pfarrstelle berufen wurden, wurde nur einer, der Primus Carl Christian Renz, vor 1804 angestellt. Ein weiterer wurde im Jahr 1804, zwei im Jahr 1805, weitere zwei im Jahr 1806, und die letzten sechs erst im Jahr 1807 zum ersten Mal bedienstet. Landauers Zeilen legen aber auch nahe, dass der Ablauf der Vikariatsjahre von der württembergischen Öffentlichkeit wahrgenommen wurde: man wusste wohl im Ländle, wann die verschiedenen Stiftspromotionen mit der ersten Bedienstung dran kamen; und wer übergangen wurde, fiel auf. Diese Uhr tickte auch in Hölderlins Kopf; sie berechnete die Zeit, die er für seine dichterischen Ambitionen beanspruchen konnte, bevor seine Amtlosigkeit zur öffentlichen Blamage wurde. Seine große Dichtung entstand tatsächlich gänzlich innerhalb der Vikariatszeit für die regulär angestellten Geistlichen in seiner Promotion. Seine intensive, alle anderen Tätigkeiten ausschließende Beschäftigung mit seinen dichterischen Arbeiten in den Nürtinger Jahren 1802–1804, die die Menschen um ihn als Zeichen und Ursache seiner Krankheit betrachteten, wird angesichts dieses Zeitdrucks verständlicher, ebenfalls auch die große Bedeutung des Homburger Amtes für ihn.

Schließlich noch kurz zur Heirat, denn auch hier ergibt sich die Frage, ob Hölderlin mit dem Homburger Amt zugleich auch die Eheschließung erwog. Kann es sein, dass ihm der Ehestand erst vorstellbar und wünschenswert erschien, als ihm zum ersten Mal ein nicht-kirchliches, durch sein Dichtertum erworbenes Amt als Möglichkeit vorschwebte? Auf die sehr unvollständig überlieferte Geschichte seines Verhältnisses zu seiner Base Eberhardine Blöst, die im Mai 1804 sein Halbbruder Carl heiratete, kann hier nicht im Detail eingegangen werden.[42] Aber die damalige enge, fast automatische Koppelung von Bedienstung und Eheschließung, darüber hinaus die Worte des sonst sehr zuverlässigen Schreinermeisters und Pflegers Hölderlins während der Turmzeit, Ernst Zimmer, dass der Dichter nicht zu Grunde gegangen wäre, „hätt er sich verheurathen können wo Ihm die Natur zu gerufen hat", und zwar mit seiner „Gelibte[n]", die sein Bruder schließlich „geheuerathet hat"[43], lassen die Geschichte meines Erachtens plausibel erscheinen. Aber dem Sohn, der es wagte, die „Hofnungen" seiner Mutter „auf gewisse bäldere Bedienstigungen" zu enttäuschen und die „Freuden einer ruhigen Pfarre" zu vermeiden, wurde kein häusliches Glück außerhalb des Pfarrhauses gegönnt. „[M]an war genöthigt",

---

[42] Vgl. dazu Hayden-Roy, „Sparta et Martha", 288–316.

[43] Brief an einen Unbekannten vom 22.12.1835; Hölderlin, Sämtliche Werke, Bd. 7.3, 134.

so Wilhelm Waiblinger in seiner biographischen Skizze Hölderlins, „ihm den Gegenstand seiner Neigung und Verehrung zu entreißen“[44].

Bibliographie

Quellen

Archivalien

Landeskirchliches Archiv Stuttgart

A 13, Bd. 4: Vikarbuch.

Württembergische Landesbibliothek Stuttgart

Cod. hist. 4° 437, Fasz. 4: Nathanael Friedrich Köstlin, Zur Geschichte der Schließung der ersten Ehe im Jahr 1808. Briefwechsel mit Ephorus [sic!] Schnurrer in Tübingen.

Cod. hist. 4° 447 l: Rudolf Friedrich Magenau, Briefe an Christian Ludwig Neuffer.

Cod. hist. 4° 561: Rudolf Friedrich Magenau, Skizze meines Lebens, ein Lesebuch für mein künftiges Leben.

Gedruckte Quellen

Anonymus, „Kurzer Lebens-Abriß der Verstorbenen“, in: Zum Gedächtniß der Frau Marie Elisabethe geb. Lebret, Gattin des Herrn M. Wilhelm Friedrich Ostertag, Pfarrers zu Aich, Nürtingen: J. G. Senner, 1839, 21–24.

Briefe von und an Hegel, Bd. 4, Teil 1 und 2, hg. v. Friedhelm Nicolin, Philosophische Bibliothek 238 a, b, Hamburg: Felix Meiner, 1977, 1981.

Louis Helvig (Hg.), Scenen aus dem Leben eines Vicars. Nach den Zeichnungen eines verstorbenen Vicars, Tübingen 1835.

Friedrich Hölderlin, Sämtliche Werke. Große Stuttgarter Ausgabe, hg. v. Friedrich Beißner/Adolf Beck u. a., 8 Bde., Stuttgart: J. G. Cotta, 1943–1985.

Ludwig August Neubert, Pfarrbuch oder die Pfarreien Wirtembergs evangelischen Antheils, nach ihrer Eintheilung, Lage, Einkommen und Patronats-Verhältnissen, Ulm: Johann Daniel Wagner, 1820.

Friedrich Wilhelm Joseph Schelling, Brief vom Sommer 1790 an Nathanael Friedrich Köstlin, in: „... so hat mir/Das Kloster etwas genüzet“. Hölderlins und Schellings Schulbildung in der Nurtinger Lateinschule und den württembergischen Klosterschulen, hg. v. Michael Franz/Wilhelm G. Jacobs, Schriften der Hölderlin-Gesellschaft 23/1, Materialien zum bildungsgeschichtlichen Hintergrund von Hölderlin, Hegel und Schelling 1, Tübingen und Eggingen: Isele, 2004, 281 f.

Sekundärliteratur

Reinhard Breymayer, Ein unbekanntes Gedicht Friedrich Hölderlins in einer Sammlung württembergischer Familiengedichte, in: Blätter für württembergische Kirchengeschichte 78 (1978), 73–145.

[44] Hölderlin, Sämtliche Werke, Bd. 7.3, 60.

Martin Hasselhorn, Der altwürttembergische Pfarrstand im 18. Jahrhundert, Stuttgart: W. Kohlhammer, 1958.
Gabriele Haug-Moritz, Die württembergische Ehrbarkeit. Annäherungen an eine bürgerliche Machtelite der frühen Neuzeit, Tübinger Bausteine zur Landesgeschichte 13, Ostfildern: Thorbecke, 2009.
Priscilla A. Hayden-Roy, „Sparta et Martha". Pfarramt und Heirat in der Lebensplanung Hölderlins und in seinem Umfeld, Tübinger Bausteine zur Landesgeschichte 17, Ostfildern: Thorbecke, 2011.
J[akob]. Kocher, Geschichte der Stadt Nürtingen, Bd. 2, Stuttgart: Greiner & Pfeiffer, 1924.
Pfarrerbuch Herzogtum Württemberg, URL: https://www.wkgo.de/personen/personensuche [letzter Zugriff am 1.9.2015].
Georg Schmidgall, Die Französische Revolution im Stift und die Tübinger Studentenschaft. Das Stammbuch des C.F. Hiller, in: Tübinger Blätter 35 (1946–1947), Tübingen: Heckenhauer, 1948, 37–48.
Johannes Wahl, Lebensplanung und Alltagserfahrung. Württembergische Pfarrfamilien im 17. Jahrhundert, Mainz: Philipp von Zabern, 2000.

Zwischen Fragmentenstreit und Spinoza-Büchlein, oder: Von der Bibelhermeneutik zum spekulativen Idealismus. Der junge Schelling im Stift[1]

Christian Danz

> Von meinen theol. Arbeiten kann ich Dir nicht viel Nachricht geben. Seit einem Jahr beinahe sind sie mir Nebensache geworden. Das einige, was mich bisher intereßirte waren historische Untersuchungen über das A. u. N.T. u. den Geist der ersten christ[liche]n Jahrhunderte – hier ist noch am meisten zu thun – seit einiger Zeit aber ist auch diß abgebrochen.[2]

Dem jungen Schelling war, wie er seinem Freund Georg Wilhelm Friedrich Hegel am Dreikönigsabend des Jahres 1795 – kurz vor seinem zwanzigsten Geburtstag und im letzten Semester seines Theologiestudiums stehend – berichtete, die Theologie zur Nebensache geworden. An die Stelle der theologischen und historischen Studien sei, wie er den Freund wissen lässt, ein anderes Themenfeld getreten:

> Wer mag sich im Staub des Altertums begraben, wenn ihn der Gang *seiner* Zeit alle Augenblike wieder auf- und mit sich fortreißt. – Ich lebe u. webe gegenwärtig in der Philosophie. Die Philos. ist noch nicht am Ende. Kant hat die Resultate gegeben: die Prämissen fehlen noch. Und wer kann Resultate verstehen, ohne Prämissen?[3]

Blickt man auf die Entwicklung Schellings, so spiegeln die zitierten Briefäußerungen sehr genau den Stand der Dinge. Im September 1794 – also ein gutes halbes Jahr zuvor – erschien Schellings erste philosophische Druckschrift *Ueber die Möglichkeit einer Form der Philosophie überhaupt*.[4] Seit Mai 1794 hatte er an ihr gearbeitet. Im Januar 1795, im unmittelbaren zeitlichen Kontext des Briefes an Hegel, begann er mit der Ausarbeitung der im Sommer desselben Jahres erschienenen Schrift *Vom Ich als Princip der Philosophie oder über das Unbedingte im menschlichen Wissen*,[5] und im März 1795 wendete er sich den

---

[1] Der Beitrag entstand im Rahmen eines Forschungsprojekts, das vom Österreichischen Wissenschaftsfonds (FWF-Projekt P23444-G15) gefördert wird.

[2] Brief Schellings an Hegel vom 6.1.1795, AA III,1, 16. Die Werke Schellings werden, sofern nichts anderes vermerkt ist, nach folgenden Siglen zitiert: Historisch-Kritische Ausgabe = AA, Reihen-, Band- und Seitenangabe; Sämmtliche Werke = SW, Band- und Seitenangabe.

[3] Brief Schellings an Hegel vom 6.1.1795, AA III,1, 16.

[4] AA I,1, 263–300.

[5] AA I,2, 67–175.

Philosophische[n] Briefe[n] über Dogmatismus und Kriticismus[6] zu. Mit diesen Texten – über deren Grundgedanken Schelling in seinen Briefen vom Frühjahr 1795 seinen Freund Hegel informiert – nahm er Stellung zu den zeitgenössischen Debatten über die fehlenden Prämissen der Kantischen Philosophie. Die historischen Studien zum Alten und Neuen Testament, die Schelling ebenfalls in seinem Brief vom Dreikönigsabend des Jahres 1795 erwähnt, bildeten in der Tat bis 1794 das zentrale Interessensgebiet des jungen Stiftlers.

Die Anfänge von Schellings philosophischem Denken, die sich während seines Studiums an der Universität Tübingen formierten und in den philosophischen Texten aus den Jahren 1794/95 einen ersten Höhepunkt fanden, wird man nur dann angemessen rekonstruieren und verstehen können, wenn man seine theologisch-exegetischen Studien mit einbezieht.[7] Der junge Schelling hat – wie die im Berliner Schelling-Nachlass aufbewahrten Tübinger Studienhefte dokumentieren – sich während seines Studiums intensiv mit exegetischen und bibelhermeneutischen Fragen auseinandergesetzt. Die von ihm im Tübinger Stift ausgearbeiteten exegetischen Kommentare zu den alttestamentlichen Propheten Jesaja und Jeremia, den Psalmen sowie dem Römer- und Galaterbrief des Paulus stehen nicht nur im Kontext der exegetischen und hermeneutischen Debatten der späten Aufklärung, sondern sie lassen auch erkennen, in welch hohem Maße der junge Stiftler mit den exegetischen und hermeneutischen Methoden seiner Zeit vertraut war.[8]

Mit dem Titel *Zwischen Fragmentenstreit und Spinoza-Büchlein* möchte ich meine Überlegungen zu Schellings Weg von der Bibelhermeneutik zum spekulativen Idealismus in den problemgeschichtlichen Horizont am Ende des 18. Jahrhunderts einrücken. Er ist deshalb in einem ersten Abschnitt stichwortartig in Erinnerung zu rufen. In einem zweiten Abschnitt wird Schellings eigene Konzeption einer Bibelhermeneutik in den Blick zu nehmen sein, wie er sie anhand seiner Kommentare zu alt- und neutestamentlichen Texten ausgearbeitet hat. Und schließlich sind in einem dritten Abschnitt Schellings frühe philosophische Schriften, mit denen er in die zeitgenössischen Debatten um die Kantische Philosophie eingegriffen hat, vor dem Hintergrund seiner historischen Arbeiten zu erörtern. Dabei interessiert vor allem die Frage, in welchem inneren Zusammenhang seine im Kontext der späten Aufklärungstheologie stehenden Überlegungen mit dem Programm einer „Ethik à la Spinoza“[9] stehen bzw. warum dem jungen Schelling die Theologie zur Nebensache geworden ist.

---

[6] AA I,3, 47–112.
[7] Vgl. Jacobs, Revolution; ders., Gottesbegriff; Franz, Platon-Studien; Gloyna, Kosmos.
[8] Vgl. hierzu Danz, Schelling; Franz, Tübinger Platonismus.
[9] AA III,1, 17.

1. Aufgeklärte Bibelkritik und die Tübinger Theologie

Als der 15-jährige Schelling mit einer von seinem Vater erwirkten Sondergenehmigung zum Wintersemester 1790/91 mit dem Studium der Gottesgelehrsamkeit an der Universität Tübingen begann, vollzogen sich geradezu dramatische Umbrüche in der protestantischen Theologie. Es ist freilich im Rahmen dieses Vortrags nicht möglich, diesen problemgeschichtlichen Horizont im Detail abzuschreiten. Ich beschränke mich auf zwei epochale Daten: die Durchsetzung der historischen Kritik in der protestantischen Theologie sowie – damit zusammenhängend – den von Gotthold Ephraim Lessing angestoßenen Fragmentenstreit. Sie markieren den Horizont von Schellings theologischen und philosophischen Anfängen.

Die Einführung und Durchsetzung der historischen Bibelkritik in der protestantischen Theologie stellt einen komplexen Prozess dar.[10] Galt dem alten Protestantismus des 16. und 17. Jahrhunderts die Heilige Schrift als autoritative Grundlage und oberste Norm aller theologischen Aussagen, so trat diese zunehmend in Konflikt mit dem sich neu herausbildenden Weltbild. Für die Theologie ergaben sich unter den veränderten Rahmenbedingungen zwei Möglichkeiten der Stellungnahme zur Bibel: Entweder erklärte man die mit dem Weltbild der eigenen Gegenwart nicht mehr übereinstimmende Vorstellungswelt der Bibel für nicht mehr relevant, oder man verstand sie als ein historisches Dokument aus einer vergangenen Zeit.[11] Für die erste Möglichkeit entschied sich die komplexe und differenzierte Strömung, die man unter der theologiegeschichtlichen Kategorie des Deismus zusammenfasst,[12] und den zweiten Weg ging die historische Bibelwissenschaft der späten Aufklärung. Die Entdeckung der Bibel als einer alten Urkunde aus der Kindheit des Menschengeschlechts und die damit verbundene Abkehr von dem Schriftprinzip der altprotestantischen Dogmatik beinhaltete zwar deren Historisierung, aber diese stand ganz im Dienste einer neuen Begründung der Geltung der Bibel.

Den Ausgangspunkt dieser spezifisch modernen Entwicklung markiert, unter Rückgriff auf die stoische Hermeneutik, Spinoza. In seinem 1670 anonym erschienenen *Tractatus theologico-politicus* – den Schelling bereits in Bebenhausen zur Kenntnis genommen hatte[13] – gab Spinoza der modernen Bibelhermeneutik die entscheidende Wendung, indem er zwischen dem Sinn und der Wahrheit eines Textes unterschied. Aufgabe der Bibelexegese sei es, so Spinoza, „den

---

[10] Vgl. Reventlow, History.

[11] Vgl. nur Gabler, Ist es erlaubt, 699. Zum problemgeschichtlichen Hintergrund vgl. Seidel, Ilgen; Bultmann, Urgeschichte.

[12] Vgl. hierzu Barth, Mündige Religion, 193–216; ders., Religionsphilosophie, 127–144; ders., Theologia naturalis, 145–171.

[13] In Schellings Studienheft mit der Nachlass-Nr. (Abk. NL Nr.) 117, welches mit hoher Wahrscheinlichkeit aus der Bebenhäuser Zeit stammt, befinden sich Exzerpte aus dem zweiten Kapitel des *Tractatus theologico-politicus*.

Sinn der Rede [*sensu orationem*]“, nicht aber ihre „Wahrheit“ zu erschließen.[14] Mit der von Spinoza vorgenommenen Unterscheidung von Sinn und Wahrheit eines Textes ist der Schritt vollzogen, der die biblische Exegese von der Dogmatik löst. Aufgabe der Bibelinterpretation ist es, den Sinn und gerade nicht die Wahrheit eines Textes zu erhellen. Damit ist die moderne Hermeneutik als methodisch operierende, philologische und grammatische Textinterpretation auf den Weg gebracht.

Die protestantische Theologie des 18. Jahrhunderts hat diese moderne Texthermeneutik in der Theologie etabliert und zunehmend die biblische Exegese von den Vorgaben der theologischen Dogmatik emanzipiert. Als „Ernesti'sche Regel“ wird dieser Grundsatz der Unterscheidung von Sinn und Wahrheit eines Textes in den theologischen Debatten der späten Aufklärung diskutiert.[15] Die Loslösung der biblischen Exegese von den Vorgaben der theologischen Dogmatik und die Entwicklung eines methodischen Inventars zur Rekonstruktion und Erschließung des Wortsinns der biblischen Texte ist freilich nur ein Schritt in der Herausbildung der modernen historischen Hermeneutik. Der Hallenser Theologe Johann Salomo Semler und der in Altdorf und später in Jena lehrende Johann Philipp Gabler erweiterten am Ende des 18. Jahrhunderts die philologische und grammatische Bibelhermeneutik zu einer umfassenden historischen Hermeneutik.[16]

Ende des 18. Jahrhunderts wurden allerdings auch die Folgelasten der historischen Bibelkritik unübersehbar.[17] Den Anstoß gaben die von Gotthold Ephraim Lessing zwischen 1774 und 1777 veröffentlichten *Fragmente eines Ungenannten*. Der Wolfenbüttelsche Ungenannte, der Hamburger Orientalist Hermann Samuel Reimarus, aus dessen nachgelassenem Werk *Apologie oder Schutzschrift für die vernünftigen Verehrer Gottes* Lessing Auszüge mitteilte, hatte nicht nur die historische Kritik auf die biblischen Schriften angewandt und die Religion Jesu scharf von der christlichen Religion unterschieden, sondern auch den Offenbarungscharakter des Alten Testaments bestritten. Im Zuge der historischen Kritik wurde die Bedeutung der positiven Religionen zweifelhaft. Die Frage, ob die natürliche Religion ausreichend sei oder ob sie der

---

[14] Spinoza, Theologisch-politischer Traktat, 237: „Ja, man muß sich vor allem hüten, solange der Sinn der Schrift in Frage steht, daß man sich nicht durch eigene Erwägungen, soweit sie auf Prinzipien natürlicher Erkenntnis beruhen (ganz zu schweigen von den Vorurteilen), dazu verleiten lässt, den wahren Sinn einer Stelle mit der Wahrheit ihres Inhalts zu verwechseln. Der Sinn ist bloß aus dem Sprachgebrauch zu ermitteln oder aus solchen Erwägungen, die nur die Schrift als Grundlage anerkennen.“ Zur Hermeneutik Spinozas vgl. Franz, Platon-Studien, 163–169.

[15] Vgl. Ernesti, Institutio interpretis Novi Testamenti. Zur Hermeneutik Ernestis vgl. Franz, Platon-Studien, 160–169; Bühler, Hermeneutik; Landmesser, Bibelkritik, 85–103.

[16] Vgl. Hornig, Hermeneutik, 229–245; ders., Grundzüge, 246–278; Barth, Krise, 167–195; ders., Hermeneutik, 29–50; Schröter, Aufklärung.

[17] Vgl. Sparn, Religiöse Autorität, 76–78.

Ergänzung durch eine übernatürliche göttliche Offenbarung bedürfe, gehört zu den Kernthemen der apologetischen Diskussion der zweiten Hälfte des 18. Jahrhunderts. Da das Alte Testament die Lehre von der Unsterblichkeit der Seele nicht enthalte, diese aber zu den grundlegenden Bestandteilen der natürlichen Religion gehört, so könne – wie Reimarus geltend macht – das Alte Testament auch nicht als Religionsbuch verstanden werden.[18]

Lessing, der selbst eine überaus komplexe Haltung gegenüber der theologischen Debattenlage seiner Zeit einnahm,[19] hatte bereits in seinen *Gegensätze[n] des Herausgebers* der Kritik des Wolfenbüttelschen Ungenannten an dem Offenbarungscharakter des Alten Testaments eine geschichtsphilosophische Konstruktion entgegengesetzt. In seiner 1780 erschienenen Schrift *Die Erziehung des Menschengeschlechts*[20] – seinem Kommentar zum Fragmentenstreit – hat er diese Konstruktion aufgenommen und weitergeführt. Die Schrift zielt auf eine funktionale Rehabilitierung des Offenbarungsgedankens im Rahmen einer geschichtsphilosophischen Explikation des Religionsbegriffs. Gegenüber Reimarus unterscheidet Lessing zwischen der natürlichen Religion und der Vernunftreligion und vermittelt beide geschichtsphilosophisch durch die positiven Offenbarungsreligionen des Judentums und des Christentums.[21] Die Vernunftreligion, so Lessing, sei nicht nur von der natürlichen Religion zu unterscheiden, sondern sie sei auch geschichtlich durch die positiven Offenbarungsreligionen vermittelt. Für Lessing liegt das Ziel der Geschichte in der Selbsterfassung der Vernunft. Die Offenbarung ist zwar für diese Selbsterfassung der Vernunft nicht konstitutiv, wohl aber vermittelt sie der Vernunftreligion diejenigen inhaltlichen Bestimmungen, an denen sie sich selbst erst herausarbeitet.

Wie wir aus dem Nachlass von Carl Immanuel Diez wissen und wie auch die frühen Texte von Friedrich Immanuel Niethammer erkennen lassen, wurden die Folgelasten der historischen Bibelkritik und ihre Konsequenzen für die Theologie von den Tübinger Stiftlern diskutiert.[22] Die historische Bibelkritik haben indes nicht nur die Studierenden rezipiert, sondern auch die Professoren der Tübinger Universität. Sowohl Christian Friedrich Schnurrer[23] als auch Gottlob

---

[18] Vgl. Reimarus, Daß die Bucher A.T. nicht geschrieben worden, eine Religion zu offenbaren. Vgl. Klein, Reimarus; Reventlow, Auffassung, 429–448.

[19] Vgl. Beutel, Lessing, 11–28.

[20] Vgl. Lessing, Erziehung des Menschengeschlechts, 81–103. Zu Lessings Stellung innerhalb der Aufklärungstheologie vgl. Aner, Theologie; Hirsch, Geschichte, 120–165; Beutel, Aufklärung, 317–322. Zur Erziehungsschrift Lessings vgl. Cyranka, Lessing; ders., Natürlich – positiv – vernünftig, 39–61.

[21] Vgl. Lessing, Erziehung des Menschengeschlechts, 82. Vgl. Cyranka, Lessing, 356–358, 397–399.

[22] Vgl. Diez, Möglichkeit einer Offenbarung (frühere Fassung), 115–138; ders., Möglichkeit einer Offenbarung (spätere Fassung), 139–150; Niethammer, Versuch einer Kritik; Henrich, Grundlegung, 962–979; Danz, Versuch einer Kritik, 15–28.

[23] Zu Schnurrer vgl. Heyd, Schnurrer, 196–198; Weber, Schnurrers Leben; Doering, Schnurrer, 873–882; Leube, Schnurrer, 231–255.

Christian Storr – beide übrigens Schüler von Schellings Vater Friedrich Joseph Schelling – vertraten eine historischen Grundsätzen verpflichtete Bibelexegese. Der Schwerpunkt der akademischen Tätigkeit von Storr – der heute fast nur noch als Begründer der älteren Tübinger Schule bekannt ist – lag zunächst auf der biblischen Hermeneutik und Exegese. Seine Hermeneutik ist am *sensus historicus* des biblischen Textes orientiert, den es mit grammatischen und philologischen Mitteln zu erheben gilt.[24] Mit dieser Konzeption schließt sich Storr an Johann August Ernesti an, freilich um die historische Kritik zur Begründung der Autorität der Bibel zu nutzen. Die Orientierung am *sensus historicus* und an der Autorenintention der biblischen Schriftsteller steht auch im Mittelpunkt der Hermeneutik seines Kollegen an der Philosophischen Fakultät Schnurrer. Schnurrer, der zu den renommiertesten Orientalisten seiner Zeit gehörte, vertrat eine aufgeklärte Exegese, die um einen Ausgleich mit dem überlieferten theologischen Lehrbegriff bemüht war. Wie schlägt sich der angedeutete problemgeschichtliche Hintergrund nun in den frühen Texten Schellings nieder?

2. Vorstellungsarten der alten Welt, oder: Schellings Bibelhermeneutik

„Nimmt man d[en] Messias an, so muss alles vneigentl[ich] genommen werden."[25] Mit diesen Worten kommentierte der junge Schelling im Frühjahr 1791 die messianische Auslegung des Propheten Sacharja durch seinen Lehrer Schnurrer, dessen Vorlesung über das Dodekapropheton er im ersten Semester besuchte und nachgeschrieben hat. Der Kommentar des jungen Schelling ist nun in mehrerer Hinsicht aufschlussreich. Nicht nur, dass er gerade im zweiten Semester seines Theologiestudiums stand, ist für uns von Interesse, sondern vor allem seine Bemerkung, dass eine messianische Deutung von Sacharja 9,9 nur unter der Voraussetzung eines uneigentlichen Verständnisses des Wortsinns des Propheten möglich sei. Der 16-jährige Schelling – so viel lässt seine Bemerkung bereits erkennen – hat offensichtlich eine von seinem Lehrer Schnurrer abweichende Auffassung von Textinterpretation. Um die methodischen Grundlagen und Aufbauelemente dieser Hermeneutik, die sich in dem Stichwort „Vorstellungsarten der alten Welt" zusammenfassen lassen, soll es im Folgenden gehen. Sie führt ihn nicht nur zu einer Ablehnung der messianischen Deutung des Alten Testaments, sie beinhaltet auch eine Erweiterung der grammatisch-philologischen Auslegungsmethode, wie sie von Schnurrer und Storr gehandhabt wurde.

---

[24] Vgl. Storr, De sensu historico, 1–88. Zur Hermeneutik Storrs vgl. Rieger, Hermeneutik, 51–84.

[25] Schelling, Ueber die zwölf kleinen Propheten von Herrn Prof. Schnurrer, AA II,3, 295.

Im Wintersemester 1791/92 hat Schelling an Kommentaren zum Jesajabuch und dem Psalter gearbeitet. In seinen *Animadversiones in Jesaiam* deutet er den alttestamentlichen Propheten mit Johann Gottfried Herder und Johann Gottfried Eichhorn als Dichter und Weisen der Vorwelt. „Süsse Hoffnungsbilder der Zukunft schweben [...] vor Jesajas, des entzückten Dichters, Auge. Lächerlich ist's ihre Realisierung in der Folge aufzusuchen."[26] Die Weissagungen des entzückten Dichters sind – mit Eichhorn gesprochen – Weissagungen und Ahndungen der Zukunft.[27] Sie beziehen sich indes nicht, wie in der theologischen Lehrtradition, auf den neutestamentlichen Messias, den wahren Lehrer der Menschheit. Der traditionelle apologetische Wahrheitsbeweis der christlichen Religion, sie sei die Erfüllung der alttestamentlichen Verheißung, ist damit historisch-kritisch aufgelöst. Folglich können, wie Schelling ausdrücklich notiert, die neutestamentlichen „Allegationen" keine „Auctorität für die Erklärung prophetischer Stellen im A.T. finden"[28]. Vielmehr ist der alttestamentliche Prophet in seinem eigenen geschichtlichen Kontext auszulegen.

Der junge Schelling löst in seiner Kommentierung des Jesajabuches, ebenso wie in seiner zeitgleich verfassten Psalmenauslegung, das traditionelle Schema von Weissagung und Erfüllung auf und interpretiert die alttestamentlichen Texte in einer strikt historischen Perspektive. Dahinter steht eine gegenüber seinen Lehrern Schnurrer und Storr veränderte Konzeption der Bibelhermeneutik, welche er in einer 1793/94 verfassten Vorrede zu einer geplanten, aber nicht zustande gekommenen Sammlung von historisch-kritischen Abhandlungen historische Interpretation nannte.[29] Wie seine beiden Lehrer so geht auch Schelling in seiner Hermeneutik von der *intentio auctoris* aus. Interpretation von Texten bedeutet, zunächst den Sinn des Wortes bzw. Zeichens grammatisch zu erschließen, denn Interpretation sei die „Entwickelung derjenigen Vorstellungen", „welche ein anderer durch gewisse Zeichen, die seyen nun mündliche oder schriftliche, in andern hervorbringen wollte"[30]. Die philologische Erhebung des *sensus verborum* reicht jedoch in den Augen Schellings zum Geschäft der Interpretation nicht aus, da durch sie „die heil[igen] Urkunden" lediglich als Schriften in den Blick rücken, „die plötzlich vom Himmel gefallen wären, die man aus allem Zusammenhang herausnehmen und als ganz isolirte Denkmale betrachten müsse, [...] unabhängig von den Vorstellungen, den Bedürfnissen und allen

[26] Schelling, Animadversiones in Jesaiam, 67v.

[27] Vgl. Eichhorn, Einleitung, 19f. Zu Eichhorns Prophetendeutung vgl. Sehmsdorf, Prophetenauslegung; Danz, Weissagung, 187–193.

[28] Schelling, Animadversiones in Jesaiam, 33r.

[29] Vgl. Schelling, Entwurf der Vorrede, 39–46. Der Text wurde wiederabgedruckt in: Pareyson, Schellingiana Rariora, 37–43. Eine historisch-kritische Edition dieser Vorrede liegt vor in Bd. II,5 der *Historisch-kritischen Ausgabe* der Werke Schellings (Stuttgart-Bad Cannstatt 2016).

[30] Schelling, Entwurf der Vorrede, 44.

Umständen derjenigen Zeit, in der sie entstanden“ sind[31]. Eine Beschränkung der Bibelauslegung auf die grammatisch-philologische Auslegungsmethode birgt die Gefahr in sich, dass die Auslegung ganz „willkührlich“ wird, indem der erhobenen grammatischen Wortbedeutung eine „philosophische Bedeutung“ untergeschoben wird, die nur „in den Zeiten einer systematisch-präcisen Philosophie“ möglich ist[32]. Um eine willkürliche Auslegung des Textes durch den Interpreten zu vermeiden, ist es notwendig, die *subtilitas intellegendi* durch eine historische Interpretation im engeren Sinne zu erweitern. Sie nimmt „ihre Belege aus der *Geschichte* überhaupt, insbesondere aber aus der Geschichte der Zeit, aus der die Urkunde, welche ausgelegt werden soll, aus dem Geist, den Begriffen, den Vorstellungs- und Darstellungsarten, die jener Zeit eigenthümlich sind“[33]. Der historischen Interpretation im engeren Sinne ist es – wie der einschlägige Begriff des jungen Schelling lautet – um eine Rekonstruktion der Vorstellungsarten der Alten Welt zu tun, da die Wortbedeutung der biblischen Texte nur dann angemessen verstanden werden könne, wenn deren geschichtlicher Kontext einbezogen wird.[34] Dadurch löst sich der Weissagungsbeweis der christlichen Religion auf.

Schelling belässt es jedoch in seiner Hermeneutik nicht bei einer historischen Sinnermittlung. Er ergänzt die historische Interpretation durch die *subtilitas applicandi*. Schon in seiner Magisterdissertation über den Ursprung des Bösen vom September 1792 hatte er die philologische Interpretation mit einem zweiten Methodenschritt, der Ermittlung der Wahrheit des Textes, verbunden. Der mit den Mitteln der historischen Kritik rekonstruierte Sinngehalt des Textes muss in einem weiteren Schritt in dem gegenwärtigen Denken und seinen Voraussetzungen ausgedrückt werden. Erst mit diesem Methodenschritt, der auf die Applikation zielt, vollendet sich die historische Hermeneutik.[35] Es ist dieser zweite Aspekt der Hermeneutik, der Schellings Religionsbegriff in die Nähe der Kantischen Konzeption führt.

Die beiden genannten Methodenschritte der Hermeneutik hat Schelling aufgenommen in dem Begriff „Vorstellungsarten der alten Welt“. In dieser Konzeption verdichtet sich seine Rezeption der sogenannten mythischen Schule um den Göttinger Altphilologen Christian Gottlob Heyne und die Orientalisten Johann Gottfried Eichhorn und Johann Philipp Gabler. Mit ihnen versteht er – schon in seiner Magisterdissertation von 1792 – die Vorstellungsarten der alten Welt als Mythen.[36] Mythen sind sinnliche Darstellungen von Begriffen auf der

---

[31] Schelling, Entwurf der Vorrede, 43.

[32] Schelling, Entwurf der Vorrede, 44.

[33] Schelling, Entwurf der Vorrede, 45.

[34] Vgl. Schelling, Entwurf der Vorrede, 44: Die Interpretation der Bibel muss „vorzüglich auf diejenige Untersuchung gehen, welchen *Gehalt* die Vorstellungen derselben in der Seele ihrer Vorfahren gehabt haben“.

[35] Vgl. hierzu Arnold, Intentio auctoris, 21–43.

[36] Vgl. Schelling, De malorum origine, AA I,1, 107f. In dem Mythenaufsatz von 1793 cha-

Stufe der Kindheit des Menschengeschlechts. Dies impliziert zweierlei: Einerseits eignet dem Mythos und seiner Entstehung eine gewisse Notwendigkeit.[37] Die Menschheit konnte sich auf dieser Entwicklungsstufe gar nicht anders artikulieren als in versinnlichten Darstellungsformen. Das heißt zugleich: der Mythos ist weder erfunden noch handelt es sich um eine Akkommodation an die Aufnahmefähigkeit der damals Lebenden. Andererseits bildet der Mythos gewissermaßen den Ausgangspunkt der Vernunftgeschichte, nämlich die Stufe der Einbildungskraft.[38] Im Anschluss an die von Lessing in seiner Schrift *Die Erziehung des Menschengeschlechts* ausgeführte Geschichtsphilosophie konzipierte der junge Schelling im letzten Teil seiner Magisterdissertation eine Geschichte der Vernunft, die mit der Einbildungskraft anhebt und die ihren Zielpunkt in der Selbsterfassung der Vernunft findet.[39] In den alten Texten – so seine These – findet sich in Form einer äußeren Geschichte eine innere Wahrheit ausgedrückt. Heiligabend 1792 hat Schelling mit der Ausarbeitung eines Kommentars zum Römerbrief begonnen und im Sommer 1793 seine Paulus-Studien mit einem Galaterbrief-Kommentar fortgesetzt. Den Grundgedanken des paulinischen Christentumsverständnisses erblickt der siebzehnjährige Theologiestudent darin, dass Paulus das Christentum als Religion der Freiheit versteht. Die Haupt- und „Lieblingsidee des Apostels P[aulus]" sei es, so Schelling, Jesus als denjenigen zu sehen, der ein „höheres, reineres, geistigeres Gesez der Freiheit" an die Stelle des mosaischen Gesetzes gesetzt hat und „uns von der Verbindlichkeit, jenem zu gehorchen befreit" hat[40]. Die Hauptidee des paulinischen Briefes an die Galater ist die geschichtliche Entstehung der reineren Religion. Diese, die mit der Stiftergestalt des Christentums in die Geschichte eintritt und

---

rakterisiert Schelling die mythische Form durch die Momente der Einfalt, des Wunderbaren sowie die sinnliche Darstellungsweise. Vgl. nur Schelling, Ueber Mythen, AA I,1, 211: „Nichts desto weniger aber kann in ihm derselbe Geist herrschen, der die ältesten Familiensagen der Völker charakterisiert – dieselbe Einfalt, verbunden mit demselben Geist des Wunderbaren, dieselbe sinnliche Darstellung, dieselbe lebendige Sprache." Vgl. auch AA I,1, 204–207.

[37] Vgl. Schelling, De malorum origine, AA I,1, 108: „War es denn nicht die gesamte Verfassung jener Zeit und der ältesten Sprache, die notwendigerweise diese Art zu philosophieren hervorbrachte? Wurden die ältesten Philosophen nicht *von der Notwendigkeit getrieben*, ihre Aussagen in Mythen einzukleiden?"

[38] Vgl. Schelling, De malorum origine, AA I,1, 107: „Für jene Philosophen der ältesten Welt war also dieselbe Vernunft, die wir besitzen, die Führerin und Leiterin zur Erforschung höherer Dinge; und weil die ältesten Menschen alles auf das Gefühl bezogen und weil ihre Sprache und ganze Veranlagung eine dichterische und symbolische Gestalt des Überlieferten hervorbrachte, kleideten sie ihre Weisheit in ‚Mythen' und förderten damit eine liebenswerte Einfalt menschlicher Kindheit und eine damit verbundene Wahrheit und oft ungeheure Größe zutage."

[39] Vgl. Schelling, De malorum origine, AA I,1, 147. Vgl. dazu Danz, Wir „halten mit Lessing selbst die Ausbildung geoffenbarter Wahrheiten in Vernunftwahrheiten für schlechterdings nothwenig", 136–140.

[40] Schelling, Kommentar zum Galaterbrief, AA II,4, 249. Vgl. Arnold, Religion des Paulus, 207–232.

den Bruch mit dem Judentum markiert, versteht Schelling ganz im Sinne Kants als Gesinnungs- oder Moralreligion. Auch für den Theologen repräsentiert Jesus eine Revolution in Glaubenssachen.[41] Während das mosaische Gesetz lediglich auf eine äußere Befolgung abziele, sei der Glaube im Sinne von Paulus als „moralische[r] Glaube[]" zu verstehen[42]. Im Horizont der Hermeneutik Schellings beinhaltet das paulinische Christentumsverständnis die geschichtlich kontingente Entstehung der moralischen Gesinnung im Menschen, also die Bestimmung des Willens durch die Vernunft. Diese Deutung der Wahrheit des Christentumsverständnisses von Paulus trägt deutlich die Züge der Kantischen Moralreligion. Wie Kant versteht der junge Stiftler das Christentum als Eintritt der reinen Moralreligion in die Geschichte. Die bloß äußere Gesetzesbefolgung im Judentum ist überwunden. An dessen Stelle tritt ein autonomes Moralbewusstsein, welches sich in seiner Reflexivität erfasst hat. Im Unterschied zu Kant baut allerdings Schellings Deutung der christlichen Religion auf einer historischen Rekonstruktion des Sinngehalts des biblischen Textes auf. Erst in einem zweiten Schritt wird der historisch ermittelte Sinn mit dem gegenwärtigen Wahrheitsgehalt verbunden.

Das wird deutlich, wenn man einen weiteren Aspekt seiner Paulusdeutung in Betracht nimmt.

Der junge Schelling ist der Meinung, Paulus habe die reinere Religion des Christentums „durch sich selbst erzeugt"[43]. Der Apostel ist von selbst – also ohne geschichtliche Vermittlung – auf die Idee des Christentums gekommen. „Er war ein durch sich selbst vollendeter Apostel Jesu, gleichsam der andre Erfinder jener reinen Religion, die J[esus] schon vorher verkündet hatte."[44] Diese Beschreibung entspricht den Bedingungen, unter denen die Autonomieethik entsteht. Auch das Innewerden der sittlichen Bestimmung des Menschen entsteht durch diesen selbst. Das Sittengesetz gehört zur Vernunftausstattung des Menschen. Andernfalls wäre die Autonomie aufgehoben. Allein Paulus – auf der Stufe des mythischen Bewusstseins stehend – stellt seine eigene Erfindung des Christentums in seinem Damaskuserlebnis als eine übernatürliche Belehrung dar.

---

[41] Gegenüber dem Judentum und dem Judenchristentum, die Schelling als „Coalitionssÿstem" deutet, bedeutet die Religion Jesu sowie das Christentumsverständnis, welches sich Paulus selbst erschlossen hat, eine „Revolution" (Schelling, Kommentar zum Galaterbrief, AA II,4, 288). Auch Kant beschreibt in der Religionsschrift die Entstehung des Christentums als Revolution. „Wir können also die allgemeine Kirchengeschichte, sofern sie ein System ausmachen soll, nicht anders, als vom Ursprunge des Christentums anfangen, das, als eine völlige Verlassung des Judentums, worin es entsprang, auf einem ganz neuen Prinzip gegründet, eine gänzliche Revolution in Glaubenslehren bewirkte." (Kant, Die Religion innerhalb der Grenzen der bloßen Vernunft, B 189f = Werke, Bd. 7, 792).

[42] Schelling, Kommentar zum Galaterbrief, AA II,4, 271.

[43] Schelling, Kommentar zum Galaterbrief, AA II,4, 254.

[44] Schelling, Kommentar zum Galaterbrief, AA II,4, 254.

Aber überhaupt ist diß Geist des Orients, in Wirkungen höherer Kräfte höheren Ruhm zu finden, als in eignen Wirkungen des Geistes, die dem schwärmenden, nur im Stillen und nur durch schnelle Sprünge der Einbildungskraft denkenden Orientalen fremd sind. Wenn man einem weisen Morgenländer zurief: dich hat höhere Kraft gewekt, so war diß der höchste Lobspruch, ein Abendländischer Philosoph würde sich für das Compliment bedanken.[45]

Sodann wird die innere Entstehung der moralischen Gesinnung im Menschen von Paulus äußerlich sinnlich als Tod und Auferstehung Jesu Christi, mithin als Geschichte dargestellt.

Wie konnte diß *Paulus* für ungebildete, sinnliche Menschen anders als *sinnlich* darstellen? Wie konnte er die Verbindlichkeit der mosaischen Opfergesetze, [...] leichter und fasslicher als *aufgehoben* darstellen, als wenn er den Tod Jesu als immergeltendes Surrogat für *alle* Opfer darstellte.[46]

Der junge Schelling – so lassen sich die vorgetragenen Überlegungen resümieren – hat sich in den ersten Jahren seines Studiums an der Universität Tübingen ein veritables Programm einer historischen Hermeneutik erarbeitet, welches auf der Höhe der zeitgenössischen Diskurse steht und weit über die grammatisch-philologische Auslegungsmethode seiner Lehrer Storr und Schnurrer hinausgeht. Die Vorstellungsarten der alten Welt sind erstens – im Unterschied zu Kant – historisch-kritisch in ihrem eigenen Sinngehalt zu erschließen. Sodann ist zweitens die Wahrheit dieser Vorstellungsgehalte im Horizont des gegenwärtigen Verständnisses zu reformulieren. Damit ist drittens die Brücke zu einer Geschichte der Vernunft geschlagen, der die äußeren sinnlichen Vorstellungsarten als Ausgangspunkt einer Vernunftentwicklung dienen. Dieses ambitionierte Programm einer historischen Hermeneutik, mit dem sich Schelling im Stift beschäftigte, wirft freilich die Frage auf, wie es zur Nebensache werden konnte. Oder anders gefragt: Wie kommt man von der Bibelhermeneutik zum Programm einer spekulativen Philosophie?

3. „[W]as die größten Philosophen ihres Zeitalters noch für die Nachkommenden übergelassen haben“, oder: Schellings frühe Philosophie

In dem eingangs zitierten Brief an Hegel hatte Schelling diesen über seine historischen Studien zum Alten und Neuen Testament und den Geist der ersten christlichen Jahrhunderte informiert, die ihm allerdings am Ende seines Studi-

[45] Schelling, Kommentar zum Galaterbrief, AA II,4, 255.

[46] Schelling, Kommentar zum Galaterbrief, AA II,4, 249f. Vgl. auch ebd., AA II,4, 273: „Eine solche Darstellungsart des Zweks des Todes Jesu lautet uns fremder – nicht so einem Juden, wie Paulus. Aber auch alle Ideen von Versöhnung, wie wir sie von Jugend auf hören würden uns ebenso fremde seÿn, wenn wir sie nicht täglich hören müßten.“

ums zur Nebensache geworden seien. Der junge Schelling hat sich in den ersten Jahren seines Studiums – wie wir gesehen haben – in der Tat intensiv mit den Fragen und Problemen einer zeitgemäßen Bibelhermeneutik auseinandergesetzt. Dieses Forschungsprogramm kulminiert geradezu in einer Rekonstruktion der Vorstellungsarten der alten Welt. Es wurde ihm auch zum Schlüssel der Philosophie. Aus der von Karl Friedrich August Schelling verfassten Biographie Schellings wissen wir, dass Schelling sich während seines Studiums nicht nur mit der *Kritik der reinen Vernunft* von Kant beschäftigte – allerdings in Form eines Auszugs – sondern auch Aufzeichnungen zu Platon anfertigte.[47] Diese Mitteilungen von Schellings Sohn werden durch Studienhefte aus Schellings Nachlass bestätigt. Unter den frühen Studienheften findet sich ein Heft mit dem Titel *Vorstellungsarten der alten Welt*[48], mit dessen Ausarbeitung er im August 1792 begonnen hatte. Weitere Zeugnisse von Schellings Beschäftigung mit der platonischen Philosophie im Tübinger Stift bietet ein Studienheft mit dem Titel *Über den Geist der platonischen Philosophie*. Es enthält neben einer nur teilweise ausgearbeiteten Projektskizze zum gleichen Thema einen Kommentar zum platonischen Dialog *Timaeus*.[49] Beide Texte sind im Frühjahr 1794 entstanden, also bereits in einer zeitlichen Nähe zu dem von Schelling im Brief an Hegel berichteten Nachlassen seines Interesses an theologischen Studien.

Die genannten Platon-Studien des jungen Schelling sind für unser Thema deshalb so aufschlussreich, weil sie ersichtlich in einem Kontext mit seinen bibelhermeneutischen Studien zu den Vorstellungsarten der alten Welt stehen. Wie die biblischen Texte, so stuft er auch die platonischen Dialoge als Vorstellungsarten der alten Welt ein und versteht sie vor dem Hintergrund des von ihm in der Magisterdissertation ausgeführten Konzepts einer Geschichte der Vernunft. Dieser Grundgedanke einer historischen Hermeneutik wird dem 19-jährigen Schelling nicht nur zum Schlüssel der platonischen Philosophie, sondern er bietet ihm auch die Möglichkeit, diese ebenso wie die paulinischen Briefe im Hinblick auf eine gegenwartsbezogene Applikation mit Motiven der Kantischen Philosophie zu verbinden. Wie Paulus das Evidentwerden des kategorischen Imperativs im sinnlich bestimmten Bewusstsein – also die Entstehung des sittlichen Selbstbewusstseins – als einen äußeren, sinnlichen Vorgang darstellt, so auch Platon. In seinem Kommentar zum *Timaeus* erklärt Schelling ganz im Sinne seiner historischen Hermeneutik: „Der Schlüssel zur Erklärung der ganzen Platonischen Philosophie ist die Bemerkung, daß *er überall das subjektive*

---

47 Vgl. Plitt, Schellings Leben, 25f, 29.

48 Schelling, Vorstellungsarten der alten Welt, AA II,4, 15–28. Erstmals wurde das Manuskript publiziert in: Franz, Platon-Studien, 283–301.

49 Schelling, Über den Geist der platonischen Philosophie, NL Nr. 34. Die Texte dieses Studienheftes erscheinen in Bd. II,5 der *Historisch-kritischen Ausgabe* der Werke Schellings. Eine erste Edition des Projekts *Über den Geist der platonischen Philosophie* findet sich in: Franz, Platon-Studien, 306–319. Der Timaeus-Kommentar wurde ediert in: Schelling, Timaeus (1794).

auf's objektive überträgt.“[50] Die von Platon im *Timaeus* dargestellte Schöpfung der Welt durch den Demiurgen, der den Ideenkosmos in die Materie einbildet, interpretiert der Tübinger Stiftler als eine ins Objektive gewendete Darstellung des Handelns der Vernunft beim Aufbau der Erfahrungswelt. Freilich war es Platon auf seiner Stufe der Entwicklung des Menschengeschlechts ebenso wenig möglich wie Paulus, seine Idee vom Kosmos anders darzustellen als in der sinnlich-objektiven Form einer Weltschöpfung. Platon meint es mithin ebenso, wie er es sagt. Allein unter den Bedingungen des späten 18. Jahrhunderts – und das meint vor allem: im Horizont der Vernunftkritik Kants – müssen diese Ausdrücke „in unsrer Sprache nach d[em] Geist unsers Zeitalters u[nd] unsren Begriffen von Gott, gleichsam travistirt werden“[51]. In seinem *Timaeus*-Kommentar verfährt der junge Schelling ähnlich wie in seinen Paulus-Kommentaren: er überträgt die von beiden ins Objektive gewendeten Ausdrücke und Begriffe zurück ins Subjektive. Denn wie Paulus so schöpft auch Platon seine Ideen aus sich selbst – aber eben ohne es selbst zu wissen. „Daher entstund bei Plato *der* [...] Satz, daß *die sichtbare Welt nichts als ein Nachbild der unsichtbaren sei.* Aber auf diesen Satz wäre keine Philosophie gekommen, wenn er nicht s[eine]n phil[osophischen] Grund in uns hätte.“[52]

Als Schelling im Sommer 1794 mit seiner Schrift *Ueber die Möglichkeit einer Form der Philosophie überhaupt* in die Debatten um die Begründung der Kantischen Philosophie eingriff, wie sie durch Karl Leonhard Reinholds Elementarphilosophie – dessen Theorie des Vorstellungsvermögens er im *Timaeus*-Kommentar noch folgte – und den Widerspruch Gottlob Ernst Schulzes repräsentiert wurden,[53] hatte er sich auf der Grundlage seiner Theorie der Vorstellungsarten der alten Welt ein an Platon erprobtes Kantverständnis erarbeitetet. Die Schrift vom Sommer 1794, deren Ausarbeitung er kurz nach seinem *Timaeus*-Kommentar im Frühjahr 1794 begonnen hatte, zielt freilich auf die Grundlegung der Philosophie im Absoluten.[54] „Kurz [...], die Philosophie muß, wenn sie überhaupt eine Wissenschaft seyn soll, durch einen *schlechthin absoluten* Grundsatz bedingt werden, der die Bedingung alles Inhalts und aller Form enthalten muß, wenn er wirklich begründen soll.“[55] Dieser schlechthin absolute Grundsatz ist freilich kein Grundsatz mehr – wie bei Reinhold –, sondern das Absolute, welches nur durch sich selbst als Absolutes „gegeben seyn“[56] kann. Schelling hatte, wie die *Vorrede* zur Formschrift erkennen lässt, die zeitgenössischen Debatten über eine systematische Begründung der Kantischen

[50] Schelling, Timaeus, 31. Vgl. Gloyna, Kosmos, 172–176.

[51] Schelling, Animadversiones ad quaedam loca Epistolae ad Romanos, AA II,4, 41.

[52] Schelling, Timaeus, 31.

[53] [Schulze,] Aenesidemus oder über die Fundamente der von Herrn Prof. Reinhold in Jena gelieferten Elementar-Philosophie, Vorrede (ohne Paginierung).

[54] Vgl. hierzu Sandkaulen-Bock, Ausgang vom Unbedingten, 199–274.

[55] Schelling, SW I, 92.

[56] Schelling, SW I, 92 Anm. 1.

Philosophie angesichts von deren Begründungsdefiziten zur Kenntnis genommen.[57] Eine wichtige Quelle wird allerdings von Schelling in diesem Zusammenhang unterschlagen: das 1789 in zweiter Auflage erschienene Buch Friedrich Heinrich Jacobis *Über die Lehre des Spinoza in Briefen an den Herrn Moses Mendelssohn*. Erst in der Vorrede der im Sommer 1795 erschienenen Schrift *Vom Ich als Princip der Philosophie* findet sich ein Hinweis auf die Lektüre von Jacobis Spinoza-Büchlein, nachdem Schelling bereits in seinem Brief an Hegel vom 4. Februar 1795 mit deutlicher Anspielung auf dieses Buch seinem Freund erklärt hatte, dass auch für ihn die orthodoxen Begriffe von der Gottheit nicht mehr zu genießen seien. Wann genau Schelling Jacobis Spinoza-Büchlein gelesen hat, lässt sich auf Grund fehlender Dokumente nicht mehr angeben. Im unmittelbaren Anschluss an die im Frühjahr 1794 entstandene Abhandlung zum *Timaeus* finden sich allerdings in dem gleichen Studienheft Notate, die sich auf die Beilage VII der zweiten Auflage von Jacobis Schrift beziehen.[58] Sie gelten dem Verhältnis von Spinozismus und Idealismus und dem unterschiedlichen Verständnis der Form in beiden – einem Themenkomplex also, den Schelling in der Formschrift traktiert. Die Beilage VII, welche Jacobi der zweiten Auflage seiner Schrift *Über die Lehre des Spinoza* hinzugefügt hatte, ist diejenige, in der er Kants Philosophie mit dem Argument kritisiert, ihr Mangel fuße auf ihrem Verzicht auf das Unbedingte.[59] Zugleich skizziert Jacobi in der besagten Beilage sein eigenes Verständnis des Unbedingten als Abschlussgedanken und Prinzip, welches alle begrifflichen Vermittlungen erst begründet, ohne seinerseits im diskursiven Medium des Begriffs erfasst werden zu können.

> Bedingungen des Unbedingten entdecken, dem absolut *Notwendigen* eine Möglichkeit *erfinden*, und es *konstruieren* zu wollen, um es *begreifen* zu können, scheint als ein ungereimtes Unternehmen sogleich einleuchten zu müssen. Und doch ist es eben dieses, was wir unternehmen, wenn wir uns bemühen, der Natur ein uns begreifliches, das ist ein bloß *natürliches* Dasein auszumachen, und den Mechanismus des *Prinzips* des Mechanismus an den Tag bringen.[60]

Es ist jener Gedanke des Absoluten – freilich zurück übertragen von Jacobis Gott auf das absolute Ich –, welcher die systematische Grundlage von Schellings Schrift *Vom Ich als Prinzip der Philosophie* bildet, dessen Ausarbeitung Schelling im Begriff war zu beginnen, als er am Dreikönigsabend des Jahres 1795 seinem Freund Hegel mitteilte, dass ihm seine theologischen Arbeiten zur Nebensache geworden seien. Das absolute Ich, welches sich „durch sein Denken

[57] Vgl. hierzu Gloyna, Kosmos, 199–205.

[58] Vgl. Schelling, NL Nr. 34, 65r-66r. Am Ende des Studienheftes NL Nr. 34 findet sich auf Blatt 74v ein weiterer Text, der sich auf die VII. Beilage von Jacobis Spinoza-Büchlein bezieht. Beide Texte werden im Anhang von Bd. II,5 der *Historisch-kritischen Ausgabe* der Werke Schellings (Stuttgart-Bad Cannstatt 2016) mitgeteilt.

[59] Vgl. Gloyna, Kosmos, 245–248.

[60] Jacobi, Lehre des Spinoza, 287 f.

selbst – aus absoluter Causalität“[61] hervorbringen soll, ist das Prinzip, durch das alles Wissen begründet wird, das aber selbst *„schlechterdings niemals Objekt werden kann“*[62]. Sein Wesen ist absolute Freiheit. Sie ist der Anfang und das Ende aller Philosophie.

Diese prinzipientheoretische Fassung zum Zwecke einer systematischen Grundlegung der Philosophie als Wissenschaft, zu der Schelling am Ende seiner Zeit im Tübinger Stift gelangt war, verdankt sich offensichtlich seinem Programm einer historischen Bibelhermeneutik. Sie lässt sich allerdings nicht mehr mit dem an Kants moralphilosophisches Religionsverständnis angelehnten Religionsbegriff vermitteln, wie ihn Schelling in seiner Paulusinterpretation vom Sommer 1793 ausgeführt hatte. In dieser Konzeption ist das Unbedingte nämlich nicht als Ausgangspunkt gedacht. Das Absolute wird hier durch das Sittengesetz begründet, aber eben dadurch auch bedingt. Die moralphilosophische Deutung der Religion – das lassen bereits seine Briefe an Hegel von 1795 und dann seine *Philosophische[n] Briefe* vom selben Jahr erkennen – verfällt nun einer beißenden Kritik. Schellings eingangs genannter Hinweis, dass ihm die Theologie zur Nebensache geworden sei, dokumentiert – so wird man sagen können – zumindest auch den Umstand, dass er die im Anschluss an Jacobi neu gewonnene prinzipientheoretische Grundlegung der Philosophie nicht mehr mit seiner frühen Religionstheorie vermitteln konnte. Ein eigenes Verständnis von Religion – das wird durch die Polemik gegen die Ethikotheologie nur notdürftig verdeckt – stand ihm selbst noch nicht zur Verfügung. Erst fünf Jahre später im *System des transzendentalen Idealismus* greift Schelling das Religionsthema wieder auf, da er nun in der Lage ist, die Religion in den begrifflichen Aufbau des Systems einzuordnen, ohne das Absolute zu bedingen.[63]

Bibliographie

Quellen und Archivalien

Gustav Leopold Plitt (Hg.), Aus Schellings Leben. In Briefen. Bd. 1: 1775–1803, Leipzig: Hirzel, 1869.

Friedrich Wilhelm Joseph Schelling, Animadversiones in Jesaiam, NL Nr. 23. Schelling Nachlass im Archiv der Berlin-Brandenburgischen Akademie der Wissenschaften.

Ders., Entwurf der Vorrede, in: Aus Schellings Leben. In Briefen. Bd. 1: 1775–1803, hg. v. Gustav Leopold Plitt, Leipzig: Hirzel, 1869, 39–46 (Nachdruck in: Schellingiana Rariora, hg. v. Luigi Pareyson, Torino: Bottega d'Erasmo, 1977, 37–43).

Ders., Historisch-Kritische Ausgabe, hg. v. der Schelling-Kommission der Bayerischen Akademie der Wissenschaften, Stuttgart-Bad Cannstatt: Frommann-Holzboog, 1976 ff.

---

[61] Schelling, SW I, 187.
[62] Schelling, SW I, 187.
[63] Vgl. hierzu Leistner, Identitätssystem, 331–347.

Ders., Literaturgeschichtliches\(theol.), NL Nr. 117. Schelling Nachlass im Archiv der Berlin-Brandenburgischen Akademie der Wissenschaften.
Ders., Sämmtliche Werke in XIV Bänden, hg. v. Karl Friedrich August Schelling, Stuttgart/Augsburg: Cotta, 1856–1861.
Ders., Timaeus (1794), hg. v. Hartmut Bucher, Schellingiana 4, Stuttgart-Bad Cannstatt: Frommann-Holzboog, 1994.
Ders., Über den Geist der platonischen Philosophie, NL Nr. 34. Schelling Nachlass im Archiv der Berlin-Brandenburgischen Akademie der Wissenschaften.

Sekundärliteratur

Karl Aner, Die Theologie der Lessingzeit, Halle: Niemeyer, 1929.
Christopher Arnold, Die reinere Religion des Paulus. Schellings Kommentierung des Römer- und Galaterbriefs als Dokument der zeitgenössischen theologischen Debattenlagen um 1790, in: Schelling und die Hermeneutik der Aufklärung, hg. v. Christian Danz, Hermeneutische Untersuchungen zur Theologie 59, Tübingen: Mohr Siebeck, 2012, 207–232.
Ders., Intentio auctoris, probabilitas hermeneutica und aetas mythica. Die biblisch-hermeneutischen Voraussetzungen von Schellings Mythenverständnis während seiner Tübinger Zeit als Wegbereiter seiner eigenen Theoriebildung, in: Schelling und die historische Theologie des 19. Jahrhunderts, hg. v. Christian Danz, Tübingen: Mohr Siebeck, 2013, 21–43.
Ulrich Barth, Die hermeneutische Krise des altprotestantischen Schriftprinzips. Francke – Baumgarten – Semler, in: ders., Aufgeklärter Protestantismus, Tübingen: Mohr Siebeck, 2004, 167–195.
Ders., Mündige Religion – Selbstdenkendes Christentum. Deismus und Neologie in wissenssoziologischer Perspektive, in: ders., Aufgeklärter Protestantismus, Tübingen: Mohr Siebeck, 2004, 193–216.
Ders., Die Religionsphilosophie der westeuropäischen Aufklärung. Deismus in England und Frankreich, in: ders., Gott als Projekt der Vernunft, Tübingen: Mohr Siebeck, 2005, 127–144.
Ders., Von der Theologia naturalis zur natürlichen Religion. Wolff – Reimarus – Spalding, in: ders., Gott als Projekt der Vernunft, Tübingen: Mohr Siebeck, 2005, 145–171.
Albrecht Beutel, Aufklärung in Deutschland, Die Kirche in ihrer Geschichte, Bd. 4 Lieferung O2, Göttingen: Vandenhoeck & Ruprecht, 2006.
Ders., Gotthold Ephraim Lessing und die Theologie der Aufklärung, in: Schelling und die Hermeneutik der Aufklärung, hg. v. Christian Danz, Hermeneutische Untersuchungen zur Theologie 59, Tübingen: Mohr Siebeck, 2012, 11–28.
Axel Bühler (Hg.), Unzeitgemäße Hermeneutik. Verstehen und Interpretation im Denken der Aufklärung, Frankfurt am Main: Klostermann, 1994.
Christoph Bultmann, Die biblische Urgeschichte in der Aufklärung. Johann Gottfried Herders Interpretation der Genesis als Antwort auf die Religionskritik David Humes, Beiträge zur historischen Theologie 110, Tübingen: Mohr Siebeck, 1999.
Daniel Cyranka, Lessing im Reinkarnationsdiskurs. Eine Untersuchung zu Kontext und Wirkung von G.E. Lessings Texten zur Seelenwanderung, Göttingen: V & R Unipress, 2005.

Ders., Natürlich – positiv – vernünftig: Der Religionsbegriff in Lessings *Erziehungsschrift*, in: Aufklärung. Stationen – Konflikte – Prozesse, hg. v. Ulrich Kronauer/Wilhelm Kühlmann, Eutin: Lumpeter & Lasel, 2007, 39–61.

Christian Danz, Über den Versuch einer Kritik aller Offenbarung (1792). Niethammer als Fichterezipient, in: Friedrich Immanuel Niethammer (1766–1848). Beiträge zu Biographie und Werkgeschichte, hg. v. Gunther Wenz, Bayerische Akademie der Wissenschaften. Philosophisch-Historische Klasse. Abhandlungen. Neue Folge, Heft 133, München: Beck, 2009, 15–28.

Ders., Wir „halten mit Lessing selbst die Ausbildung geoffenbarter Wahrheiten in Vernunftwahrheiten für schlechterdings nothwenig". Bemerkungen zur Lessingrezeption in Schellings Freiheitsschrift, in: Gott, Natur, Kunst und Geschichte. Schelling zwischen Identitätsphilosophie und Freiheitsschrift, hg. v. Christian Danz/Jörg Jantzen, Wiener Forum für Theologie und Religion 2, Göttingen: V & R Unipress, 2011, 127–152.

Ders., Weissagung und Erfüllung. Schellings Prophetendeutung und ihre hermeneutischen Grundlagen, in: Schelling und die Hermeneutik der Aufklärung, hg. v. Christian Danz, Hermeneutische Untersuchungen zur Theologie 59, Tübingen: Mohr Siebeck, 2012, 183–205.

Immanuel Carl Diez, Über die Möglichkeit einer Offenbarung (frühere Fassung), (Mitte bis Ende Januar 1791), in: ders., Briefwechsel und Kantische Schriften. Wissensbegründung in der Glaubenskrise Tübingen-Jena (1790–1792), hg. v. Dieter Henrich, Stuttgart: Klett-Cotta, 1997, 115–138.

Ders., Über die Möglichkeit einer Offenbarung (spätere Fassung), (Anfang bis Mitte März 1791), in: ders., Briefwechsel und Kantische Schriften. Wissensbegründung in der Glaubenskrise Tübingen-Jena (1790–1792), hg. v. Dieter Henrich, Stuttgart: Klett-Cotta, 1997, 139–150.

Heinrich Doering, Art. Christian Friedrich von Schnurrer, in: Die gelehrten Theologen Deutschlands im achtzehnten und neunzehnten Jahrhundert. Nach ihrem Leben und Wirken dargestellt. Bd. 3: N–Scho, Neustadt a. d. Orla: Wagner, 1833, 873–882.

Johann Gottfried Eichhorn, Einleitung ins Alte Testament. Dritter Theil, 2. Aufl., Leipzig: Weidmann, 1787.

Johann August Ernesti, Institutio interpretis Novi Testamenti, Leipzig: Weidmann, 1761.

Michael Franz, Schellings Tübinger Platon-Studien, Neue Studien zur Philosophie 11, Göttingen: Vandenhoeck & Ruprecht, 1996.

Ders., Tübinger Platonismus. Die gemeinsamen philosophischen Anfangsgründe von Hölderlin, Schelling und Hegel, Tübingen: Francke, 2012.

Johann Philipp Gabler, Ist es erlaubt, in der Bibel, und sogar im N.T. Mythen anzunehmen?, in: ders., Kleinere theologische Schriften, Bd. 1, hg. v. Theodor August Gabler/Johann Gottfried Gabler, Ulm: Stettin, 1831, 698–706.

Tanja Gloyna, Kosmos und System. Schellings Weg in die Philosophie, Schellingiana 15, Stuttgart-Bad Cannstatt: Frommann-Holzboog, 2002.

Dieter Henrich, Grundlegung aus dem Ich. Untersuchungen zur Vorgeschichte des Idealismus. Tübingen – Jena (1790–1794), Bd. 2, Frankfurt am Main: Suhrkamp, 2002.

Wilhelm von Heyd, Art. Schnurrer, Christian Friedrich von, in: Allgemeine Deutsche Biographie 32, Leipzig: Duncker & Humblot, 1891, 196–198.

Emanuel Hirsch, Geschichte der neuern evangelischen Theologie im Zusammenhang mit den allgemeinen Bewegungen des europäischen Denkens, Bd. 4, Gütersloh: Gütersloher Verlagshaus Mohn, 1952.

Gottfried Hornig, Grundzüge der theologischen Hermeneutik, in: ders., Johann Salomo Semler. Studien zu Leben und Werk des Hallenser Aufklärungstheologen, Hallesche Beiträge zur europäischen Aufklärung 2, Tübingen: Niemeyer, 1996, 246–278.

Ders., Hermeneutik und Bibelkritik, in: ders., Johann Salomo Semler. Studien zu Leben und Werk des Hallenser Aufklärungstheologen, Hallesche Beiträge zur europäischen Aufklärung 2, Tübingen: Niemeyer, 1996, 229–245.

Friedrich Heinrich Jacobi, Über die Lehre des Spinoza in Briefen an den Herrn Moses Mendelssohn, hg. v. Klaus Hammacher/Irmgard-Maria Piske, Darmstadt: Wissenschaftliche Buchgesellschaft, 2000.

Wilhelm G. Jacobs, Zwischen Revolution und Orthodoxie? Schelling und seine Freunde im Stift und an der Universität Tübingen. Texte und Untersuchungen, Spekulation und Erfahrung II, 12, Stuttgart-Bad Cannstatt: Frommann-Holzboog, 1989.

Ders., Gottesbegriff und Geschichtsphilosophie in der Sicht Schellings, Spekulation und Erfahrung II, 29, Stuttgart-Bad Cannstatt: Frommann-Holzboog, 1993.

Immanuel Kant, Die Religion innerhalb der Grenzen der bloßen Vernunft, in: ders., Werke, Bd. 7, hg. v. Wilhelm Weischedel, Darmstadt: Wissenschaftliche Buchgesellschaft, 1983, 649–879.

Dietrich Klein, Hermann Samuel Reimarus (1694–1768). Das theologische Werk, Beiträge zur historischen Theologie 145, Tübingen: Mohr Siebeck, 2009.

Christof Landmesser, Moderate Bibelkritik in der Zeit der Aufklärung. Ernesti, Michaelis und Eichhorn, in: Schelling und die Hermeneutik der Aufklärung, hg. v. Christian Danz, Hermeneutische Untersuchungen zur Theologie 59, Tübingen: Mohr Siebeck, 2012, 85–103.

Patrick Leistner, Schellings Identitätssystem und die Religion, in: Neue Zeitschrift für systematische Theologie 56 (2014), 331–347.

Gotthold Ephraim Lessing, Die Erziehung des Menschengeschlechts, in: ders., Freimaurergespräche und anderes. Ausgewählte Schriften, hg. v. Claus Träger, Bibliothek des 18. Jahrhunderts, Weimar/Leipzig: Kiepenheuer, 1981, 81–103.

Martin Leube, Christian Friedrich Schnurrer, besonders als Ephorus des Stifts, in: Blätter für württembergische Kirchengeschichte 36 (1932), 231–255.

Friedrich Immanuel Niethammer, Ueber den Versuch einer Kritik aller Offenbarung. Eine philosophische Abhandlung, Jena: Cuno, 1792.

Hermann Samuel Reimarus, Daß die Bücher A.T. nicht geschrieben worden, eine Religion zu offenbaren, in: Gotthold Ephraim Lessing, Werke. 15. Theil. Theologische Schriften. Zweite Abteilung I, hg. v. Christian Groß, Berlin: Hempel, o. J. [ca. 1877], 189–222.

Hennig Graf Reventlow, Die Auffassung des Alten Testaments bei Hermann Samuel Reimarus und Gotthold Ephraim Lessing, in: Evangelische Theologie 25 (1965), 429–448.

Ders., History of Biblical Interpretation. Vol. 4: From Enlightenment to the Twentieth Century, Atlanta: Society of Biblical Literature, 2010.

Reinhold Rieger, Gottlob Christian Storrs Hermeneutik der Einheit von Geschichte und Wahrheit auf dem Weg von der Aufklärung zum Idealismus, in: Schelling und die Hermeneutik der Aufklärung, hg. v. Christian Danz, Hermeneutische Untersuchungen zur Theologie 59, Tübingen: Mohr Siebeck, 2012, 51–84.

Birgit Sandkaulen-Bock, Ausgang vom Unbedingten. Über den Ausgang in der Philosophie Schellings, Neue Studien zur Philosophie 2, Göttingen: Vandenhoeck & Ruprecht, 1990.

Marianne Schröter, Aufklärung durch Historisierung. Johann Salomo Semlers Hermeneutik des Christentums, Hallesche Beiträge zur europäischen Aufklärung 44, Berlin/Boston: De Gruyter, 2012.

[*Gottlob Ernst Schulze*,] Aenesidemus oder über die Fundamente der von dem Herrn Prof. Reinhold in Jena gelieferten Elementar-Philosophie. Nebst einer Vertheidigung des Skepticismus gegen die Anmaaßungen der Vernunftkritik, o. O. 1792.

Eberhard Sehmsdorf, Die Prophetenauslegung bei J.G. Eichhorn, Göttingen: Vandenhoeck & Ruprecht, 1971.

Bodo Seidel, Karl David Ilgen und die Pentateuchforschung im Umkreis der sogenannten älteren Urkundenhypothese. Studien zur Geschichte der exegetischen Hermeneutik in der späten Aufklärung, Beihefte zur Zeitschrift für die alttestamentliche Wissenschaft 213, Berlin/New York: De Gruyter, 1993.

Walter Sparn, Religiöse Autorität durch historische Authentie? Die „biblische" Dogmatik von Gottlob Christian Storr (1793), in: „... an der Galeere der Theologie"? Hölderlins, Hegels und Schellings Theologiestudium an der Universität Tübingen, hg. v. Michael Franz, Tübingen: Hölderlin-Gesellschaft, 2008, 67–103.

Baruch de Spinoza, Theologisch-politischer Traktat, in: ders., Opera/Werke, Bd. 1, hg. v. Günter Gawlick/Friedrich Niewöhner/Konrad Blumenstock, Darmstadt: Wissenschaftliche Buchgesellschaft, 2008.

Gottlob Christian Storr, De sensu historico, Dissertatio edita A, [1778], in: ders., Opuscula Academica ad interpretationem Librorum Sacrorum pertinentia, Bd. 1, Tübingen: Cotta, 1796, 1–88.

Christian Friedrich Weber, Christian Friedrich Schnurrers Kanzlers und Prälaten in Tübingen Leben, Charakter und Verdienste, Cannstatt: Richter, 1823.

Kein Idealismus ohne Platonismus

Über die Anfänge des Idealismus im Tübinger Stift

Jens Halfwassen

Das Evangelische Stift zu Tübingen spielt eine herausragende Rolle in der Geschichte der Philosophie: Denn aus ihm ist der spekulative deutsche Idealismus hervorgegangen, den Schelling und Hegel ausgebildet haben und zu dessen Grundlegung Hölderlin wesentlich beigetragen hat. Der spekulative Idealismus von Hegel und Schelling gehört zu den bedeutendsten und geschichtlich einflussreichsten Formationen der Philosophie überhaupt: allem, was die Philosophie des 19. und 20. Jahrhunderts danach hervorgebracht hat, ähnlich überlegen, wie es Platon und Aristoteles gegenüber den Philosophien des hellenistischen Zeitalters waren. Vom transzendentalen Idealismus Kants und des frühen Fichte unterscheiden sich die Entwürfe von Schelling und Hegel am grundsätzlichsten dadurch, dass sie eine entschiedene *Rückwendung zur Metaphysik* vollziehen. Diese Rückkehr der Metaphysik aber hängt mit ihrer Bildung im Stift zusammen. Was Hölderlin, Schelling und Hegel ihrer Bildung im Stift vor allem anderen verdanken, ist eine *Orientierung am Platonismus*, die für ihr Denken grundlegend wurde. Dabei ist unter „Platonismus" sowohl die Philosophie Platons zu verstehen als auch ihre systematisierende Deutung und Weiterführung im Mittel- und Neuplatonismus der römischen Kaiserzeit. Die Hegelsche und Schellingsche Erneuerung der Metaphysik ist unbeschadet aller Differenzen zwischen beiden ganz wesentlich eine *Wiedergeburt des Platonismus*. Im Folgenden soll zuerst die Ausgangssituation in den Blick genommen werden, die Hegel, Hölderlin und Schelling vorfanden (I). Danach geht es um die Frage, durch welche Quellen die drei späteren Idealisten schon im Stift Zugang zum antiken Platonismus hatten (II). Den Schluss bildet dann die Frage nach dem wesentlichen Kontinuitätsmoment, das die idealistischen Entwürfe der Tübinger mit dem Platonismus verbindet (III).

I

Die philosophische Ausgangslage der Tübinger ist durch Kant bestimmt.[1] Kants Revolutionierung der Denkungsart, das transzendentalphilosophische Unternehmen der Vernunftkritik, ist vor allem anderen eine Selbstzuwendung des Denkens, dessen Wissen von sich selbst und von den Formen, in denen es überhaupt Inhalte haben kann, die Bedingung der Möglichkeit aller Welterkenntnis bildet. Kant selbst sprach von „Kopernikanischer Wende", davon, bisher hätten die Gegenstände dem Erkennen das Gesetz vorgeschrieben, nun aber schreibe das Erkennen den Dingen das Gesetz vor.[2] Kants Entdeckung der gegenstandskonstitutiven, weltbildenden Eigentätigkeit des Subjekts entzog jedem „vorkritischen" Realismus das Fundament. Kants Metaphysikkritik aber bezog ihre Durchschlagskraft zu wesentlichen Teilen aus dem Umstand, dass sie Metaphysik mit realistischer Ontologie gleichsetzte, mit einem beanspruchten, nach Kant aber unmöglichen Wissen von „Dingen an sich". Zwar wollte Kant die Metaphysik bekanntlich gar nicht zerstören, sondern auf transzendentalphilosophischer Grundlage neu begründen. Im Pathos des Neuanfangs ging aber das Bewusstsein dafür verloren, dass Kants große Einsicht in die weltbildende Eigentätigkeit des Denkens gar nicht so neu war, sondern eine lange und ehrwürdige Vorgeschichte hat: bei Leibniz, bei Meister Eckhart und Nikolaus von Kues, bei Plotin und Augustinus, und zuerst bei Platon. Vergessen wurde auch, dass es Formen von Metaphysik gab, die gar keine realistische Ontologie implizieren – und dazu gehört insbesondere der Platonismus. Kants Kritik zertrümmerte also eigentlich gar nicht „die" Metaphysik, sondern nur die rationalistische Schulmetaphysik des 18. Jahrhunderts. Hegel meint sie, wenn er von der „vormaligen" Metaphysik spricht, die ebenso einseitig gewesen sei wie Kants Vernunftkritik.[3] Hegel wie Schelling lag es fern, sie erneuern zu wollen; beide wollten vielmehr *hinter* die Schulmetaphysik *und* Kants Kritik an ihr zurück zu einer Metaphysik, die mit den Einsichten der Transzendentalphilosophie vereinbar war, weil sie Denken und Sein, Subjekt und Objekt, gar nicht erst getrennt hatte, sondern immer schon von ihrer Einheit ausgegangen war.

Die Trennung von Denken und Sein war das Werk des spätmittelalterlichen Nominalismus; sie führte zu einer Entleerung des Denkens und zu einem geistlosen Begriff von Sein, zum Aberglauben an extramentales Urgestein. Die no-

[1] Eine höchst detaillierte Rekonstruktion dieser Ausgangslage und ihrer Entwicklung in den Jahren 1790–1794 hat Dieter Henrich 2004 vorgelegt; vgl. ders., Grundlegung aus dem Ich. Im Zentrum dieses Riesenwerkes steht Carl Immanuel Diez, dessen Bedeutung von Henrich indes vielleicht doch überschätzt wird – der entscheidende Anstoß, über die Ansätze Kants und Fichtes hinauszugehen, scheint mir jedenfalls von der Begegnung der Tübinger mit dem antiken Platonismus auszugehen.

[2] Vgl. Kant, Kritik der reinen Vernunft, B XVI–XVII (Vorrede zur 2. Auflage).

[3] Vgl. besonders Hegel, Wissenschaft der Logik, Bd. 1: Die objektive Logik, 5; ders., Wissenschaft der Logik, Bd. 2: Die subjektive Logik, 192–197 (auch zum Folgenden).

minalistische Trennung von Denken und Sein ist die gemeinsame Basis sowohl des Rationalismus (mit Ausnahme von Leibniz) als auch des Empirismus und der Kantischen Vernunftkritik. Wenn Kant erklärt, Begriffe ohne Anschauung seien leer und Anschauungen ohne Begriff seien blind, bezieht er sich auf diese Trennung; er wollte damit zurechtkommen, indem er Begriff und Anschauung in seiner Erkenntnistheorie methodisch koordinierte, blieb damit aber auf dem Boden des Nominalismus. Die Tübinger Idealisten waren damit nicht zufrieden. Sie suchten nach nicht-leeren Begriffen und nicht-blinden Anschauungen und fanden, dass beide letztlich dasselbe sind. Sie gingen hinter die nominalistische Trennung von Denken und Sein zurück zu ihrer ursprünglichen Einheit. Sie suchten ein Verhältnis von Denken und Sein jenseits eines Realismus, für den Erkennen bloße Abbildung einer extramentalen Realität ist, und eines transzendentalen Idealismus, für den Denken etwas bloß Subjektives ist. Für ein Denken, das nicht bloß subjektiv, sondern an sich selbst erfüllt, also zugleich objektiv und „seinshaft" ist, und für ein Sein, das kein begriffloses Urgestein ist, steht bei Hegel und Schelling der Begriff „Geist". „Geist" bedeutet für beide wesentlich die Einheit und Identität von Denken und Sein; diese Identität ist aber kein tautologisches Einerlei; sie meint ein Sein, das sich an sich selbst für das Denken aufschließt, durch aktive Selbstdifferenzierung; sie meint ein Denken, das zu sich selbst zurückkehrt, wenn es das Sein erkennt, das begrifflich differenziert und anschauend-einheitliche Präsenz zugleich ist. Dieser Begriff des Geistes entstand historisch im antiken Platonismus: Seine Väter sind Parmenides, Platon und Aristoteles, Plotin und Proklos.[4] Doch welchen Zugang zum Platonismus hatten die Tübinger Studenten Hegel, Schelling und Hölderlin?

Die Rezeption des Platonismus war im 18. Jahrhundert durch die Aufklärung und ihre neue, „kritische" Philosophiehistorie grundlegend verändert und erschwert worden.[5] Brucker und Mosheim, die beiden maßgebenden Philosophiehistoriker der Aufklärung, hatten den Platonismus einerseits als Schwärmerei und Mystizismus diskreditiert und andererseits von seinem Archegeten Platon abgetrennt; für den so vaterlos gewordenen Platonismus erfanden nachfolgende Philosophiehistoriker schließlich die den antiken Quellen unbekannte Bezeichnung „Neuplatonismus".[6] Sie soll eine doppelte Illegitimität suggerieren: die angeblich unberechtigte Berufung auf Platon durch Denker, deren Philosophie

[4] Dazu bleibt grundlegend Krämer, Der Ursprung der Geistmetaphysik; ferner Halfwassen, Plotin und der Neuplatonismus; ders., Geist und Selbstbewußtsein. Studien zu Plotin und Numenios; ders., Geist und Selbstbewußtsein bei Plotin, 243–262; ders., Parmenides über die Einheit von Denken und Sein.

[5] Die Darstellung Platons und des Platonismus in der Philosophiegeschichtsschreibung des 18. Jahrhunderts ist sehr gut aufgearbeitet bei Franz, Schellings Tübinger Platonstudien.

[6] Vgl. Meinhardt, Neuplatonismus, der die Entstehung des Terminus von Büsching (1774) über Meiners (1786) und Eberhard (1788) bis Fülleborn (1793) und Buhle (1796) belegt. Sehr instruktiv dazu ist Franz, Tübinger Platonismus, 45–59.

suspekt, unhaltbar und überholt sein soll. Ein durch die neuplatonischen Kommentatoren vermittelter Zugang zu Platon, wie er für Cusanus und Ficino und noch für die Cambridge Platonists selbstverständlich gewesen war, erschien nun als überholt. Da Platon seine Philosophie aber nicht nur in seinen Dialogen entfaltet hatte, sondern ebenso innerhalb der Akademie in einer inhaltlich über die Dialoge hinausgehenden „ungeschriebenen Lehre", in deren Zentrum eine Prinzipientheorie stand, die im antiken Platonismus tradiert wurde und dessen systematisches Fundament bildete,[7] bedeutete die Isolierung Platons vom Platonismus *de facto* zugleich eine verhängnisvolle Halbierung Platons auf den Platon der Dialoge. Schleiermacher und Schlegel, die Begründer des romantischen Platonbildes, haben daraus nur die Konsequenz gezogen, indem sie Platon radikal auf die Dialoge reduzierten und gar nicht mehr primär als Philosophen, sondern als Dichter und Künstler deuteten.[8]

II

Hegel, Hölderlin und Schelling entdeckten Platon im Tübinger Stift. Hegel und Hölderlin gehörten einem studentischen Lesekreis an, in dem Platon, Kant und Jacobi gelesen wurden, Platon am intensivsten.[9] Schelling beschäftigte sich offenbar während seines gesamten Studiums intensiv mit Platon.[10] Die erste größere Frucht dieser Beschäftigung ist sein 1794, also noch im Stift, verfasster *Timaioskommentar.*[11] Schelling versucht bereits hier, Platon mit Kant zu vermitteln, und er tut dies schon so, dass er über Kants subjektiven Idealismus hinausgeht, indem er als Ort der Ideen, die Schelling hier noch kantianisierend als die Begriffe der reinen Vernunft und des reinen Verstandes deutet, und als Formprinzip der Welt nicht den menschlichen Verstand annimmt, sondern den „göttlichen Verstand", der zugleich anschauend ist; damit nimmt Schelling Kants Lehre vom *intellectus archetypus* auf, die selber antik-platonischen Quellen entstammt (konkret: Bruckers von dem Mittelplatoniker Alkinoos abhängiger Platondeutung), Schelling verwendet sie aber ohne Erkenntnisrestriktion. Schelling verbindet ferner die Frage des *Timaios* nach dem Ursprung der Welt mit dem Versuch einer Rekonstruktion der Prinzipientheorie Platons, für die er

---

[7] Dazu Krämer, Arete bei Platon und Aristoteles; ders., Der Ursprung der Geistmetaphysik; ders., Platone e i fondamenti della metafisica; Gaiser, Platons Ungeschriebene Lehre; Richard, L'enseignement oral de Platon; Reale, Zu einer neuen Interpretation Platons; Halfwassen, Der Aufstieg zum Einen; Dillon, The Heirs of Plato.

[8] Dazu Krämer, Fichte, Schlegel und der Infinitismus in der Platondeutung; vgl. auch ders., Der halbierte Platon.

[9] Vgl. Rosenkranz, Georg Wilhelm Friedrich Hegels Leben, 40.

[10] Vgl. Franz, Schellings Tübinger Platonstudien.

[11] Vgl. Schelling, „Timaeus" (1794). – Vgl. zum Folgenden Halfwassen, Idee, Dialektik und Transzendenz, 196–198 (mit Belegen).

sich vor allem auf den *Philebos* stützt. Die Platonischen Prinzipien *peras* und *apeiron* (Einheit und Vielheit) und ihre Vereinigung im *nous* deutet Schelling so, dass er dabei erstmals jene Triade dynamischer „Potenzen" entwickelt, die seine gesamte Denkentwicklung bis zur Spätphilosophie hindurch das konstruktive Grundgerüst seiner Philosophie bleiben wird. Schellings Potenzenlehre ist also von Anfang an eine Deutung und Umformulierung der Prinzipienlehre Platons. Dass es dabei auf die *Einheit* der Prinzipien bzw. Potenzen ankommt und dass diese Einheit der *nous*, der Geist ist, wird ebenfalls sehr deutlich. All dies weist schon auf den späteren idealistischen Geistbegriff voraus. Schellings Text zeigt, dass Schelling praktisch die gesamte relevante gelehrte Platonliteratur des 18. Jahrhunderts kannte; er beweist darüber hinaus, dass Schelling bereits in Tübingen Texte antiker Platoniker kannte und benutzte, die damals sämtlich als „Neuplatoniker" bezeichnet wurden, namentlich Plutarchs Kommentar zum *Timaios* (*De procreatione animae*).[12] Plutarchs Deutung des Platonischen Materialprinzips als einer präkosmischen, irrationalen Urseele lieferte Schelling wenig später die Vorlage für seine Konzeption der „Weltseele" und noch später für die Konzeption des „Grundes" in der *Freiheitsschrift*.[13]

Welche Texte des antiken Platonismus Schelling, Hegel und Hölderlin schon in Tübingen zugänglich waren, ist erst durch die Forschung der letzten 20 Jahre geklärt worden.[14] Dabei überraschen sowohl der Umfang und die Breite der Texte, die ihnen zugänglich waren, als auch der Umstand, dass es sich ganz überwiegend um Texte handelt, die heute dem Mittelplatonismus zugeordnet werden, also dem Platonismus *vor Plotin*. Dass Schelling *Plutarch* schon in Tübingen kannte, wurde bereits gesagt. Hegel und Hölderlin subskribierten die damals neueste Gesamtausgabe Plutarchs.[15] Dessen philosophische Schriften gelten teilweise der Kommentierung Platons; sie enthalten zahlreiche Angaben über die Platondeutungen seiner Vorgänger bis zurück zur Alten Akademie und überliefern u.a. wichtige Fragmente des Platonschülers Xenokrates, an dessen *Timaios*-Interpretation sich Hegel später nachweislich orientiert hat.[16]

Der einzige Mittelplatoniker neben Plutarch, dessen Œuvre zum allergrößten Teil erhalten ist, ist Philon von Alexandria. Er bietet einen auf die Frage nach Gott und sein Verhältnis zur Welt konzentrierten jüdischen Platonismus, der eine starke Form negativer Theologie vertritt, die wohl über Eudoros von Alexandria auf den Platon-Schüler Speusipp und auf Platons *Parmenides* zurück-

---

[12] Zu Plutarchs Deutung der Platonischen Materie vgl. Deuse, Untersuchungen, 12–27.

[13] Vgl. Schelling, Über das Wesen der menschlichen Freiheit (1809), 30–34.

[14] Vgl. Halfwassen, Hegel und der spätantike Neuplatonismus; ders., Die Bedeutung des spätantiken Platonismus; ders., Die Rezeption des Neuplatonismus beim Frankfurter Hegel; Franz, Tübinger Platonismus.

[15] Vgl. Briefe von und an Hegel, Bd. 4, Teil 1, 48f.

[16] Vgl. die Nachweise bei Halfwassen, Hegel und der spätantike Neuplatonismus, 202–209.

geht.[17] Philon war in Tübingen ein vielgelesener Autor: Er spielte eine Schlüsselrolle in der damals aktuellen und gerade auch von Tübinger Theologen und Historikern intensiv geführten Kontroverse um den Ursprung des Trinitätsdogmas.[18] Jacques Souverain hatte in seinem berühmt-berüchtigten *Versuch über den Platonismus der Kirchenväter*, dessen deutsche Übersetzung 1782 erschien, die theologisch brisante These vertreten, das Trinitätsdogma stamme aus dem Platonismus (was auch Hegel annahm).[19] Sein Kronzeuge dafür war Philon, der zwischen dem transzendenten Einen oder Sein, dem welterschaffenden Logos und der geschaffenen Welt unterschieden hatte; diese Trias von Gott, Logos und Welt begegnet auch – oft „erster", „zweiter" und „dritter" Gott genannt – in zahlreichen anderen mittelplatonischen Texten. Schelling zitiert Philon in seinen Tübinger Gnosis-Studien.[20] Hegel interpretierte in seiner wichtigsten Schrift aus der Frankfurter Zeit, dem *Geist des Christentums*, den *Johannesprolog* als metaphysische Theorie über das Verhältnis der beiden Platonischen Prinzipien der „Vereinigung" und der „Entzweiung" (so Hegels damalige Terminologie) und benutzte dafür Philons Lehre vom *Logos Tomeus*.[21]

Unter den Kirchenvätern war Clemens von Alexandrien für Schellings Gnosis-Studien besonders wichtig, während über Origenes wegen seiner Rolle bei der Ausbildung des Trinitätsdogmas diskutiert wurde; aus Origenes' Schrift *Contra Celsum* konnten die Tübinger die Christentumskritik des Mittelplatonikers Kelsos kennen, der den sterbenden und wiederauferstehenden Gott-Menschen Christus mit Osiris, Attis, Herakles und Dionysios verglichen hatte, was vor allem Hölderlin produktiv aufnahm.[22] Der für die Tübinger wichtigste Kirchenvater war jedoch Eusebios von Caesarea mit seiner *Praeparatio evangelica*.[23] In diesem ungeheuer materialreichen Werk tritt der Bischof von Caesarea den Nachweis an, dass das Christentum der legitime Erbe nicht nur des Judentums, sondern der ganzen Religionsgeschichte und vor allem auch der griechischen Philosophie sei. Das Werk enthält eine Unmenge an Exzerpten aus verlorenen Texten, vor allem seitenlange Auszüge aus den wichtigsten Vertretern des Mittelplatonismus, darunter Philon und vor allem Numenios, dem bedeutendsten mittelplatonischen Vorläufer Plotins, den Eusebios als Kronzeugen für seine subordinatianistische Trinitätslehre ausschreibt. Hegel

[17] Vgl. Dillon, The Middle Platonists, bes. 126–129, 155–166, 182f; Runia, Early Alexandrian Theology and Plato's *Parmenides*, 176–182.

[18] Vgl. dazu Franz, Tübinger Platonismus, 40–43, 64–71, 180–182, 210–212.

[19] Vgl. Souverain, Le Platonisme devoilé. Die deutsche Übersetzung stammt von Löffler, Versuch über den Platonismus der Kirchenväter. Vgl. dazu Franz, Schellings Tübinger Platon-studien, 28–43.

[20] Vgl. Schelling, *De malorum origine* (1792), 68, 73.

[21] Dazu mit Belegen Halfwassen, Hegel und der spätantike Neuplatonismus, 68–74.

[22] Darauf hat schon Schmidt, Hölderlins geschichtsphilosophische Hymnen, hingewiesen.

[23] Dazu im Einzelnen die Nachweise bei Halfwassen, Hegel und der spätantike Neuplatonismus, 37–78.

benutzt die Numenios-Fragmente bei Eusebios intensiv in seinen Frankfurter Schriften; sie bilden die Hauptquelle für Hegels frühen Geistbegriff, für seine frühe Konzeption der Beziehung des Menschen zu Gott als Geist-zu-Geist-Verhältnis, in dem Identität und Differenz vermittelt sind, und für seine damalige geistphilosophische Reformulierung der Trinität.[24] Numenios gehört damit zu den Fundamenten der Hegelschen Metaphysik. Eusebios überliefert auch einige Exzerpte aus Plotin und Porphyrios, die Hegel gekannt haben könnte, und nicht zuletzt eine neuplatonische Interpretation des *Johannesprologs* durch den Plotin-Schüler Amelios, die Hegel im *Geist des Christentums* benutzt hat.[25] Eine intensivere Lektüre Plotins scheint bei Hegel wie bei Schelling aber erst ab 1805 einzusetzen; in jenem Jahr übersetzte und kommentierte Friedrich Creuzer eine der wichtigsten Schriften Plotins (*Enneade* III 8 *Über die Betrachtung*) und wies dabei nachdrücklich auf dessen Nähe zur aktuellen idealistischen Philosophie hin.[26]

Zu Proklos hatten Hegel, Schelling und Hölderlin dagegen schon in Tübingen Zugang, wie Michael Franz bewiesen hat.[27] Der Tübinger Mathematiker Pfleiderer, bei dem die Magisterkandidaten allesamt in Mathematik und Physik geprüft werden mussten, war ein gelehrter Kenner Euklids und der Geschichte der antiken Mathematik, für die der *Euklidkommentar* des Proklos die wichtigste Quelle ist. Seine Prüfungsaufgaben stellte Pfleiderer ausschließlich aus Fragen zu Euklids *Elementen* zusammen. Zur Vorbereitung konnten die Studenten Pfleiderers Bibliothek benutzen, die eine reiche Sammlung von Ausgaben und Kommentaren zu Euklid enthielt. Dort fanden sie auch die 1788 und 1789 in zwei Bänden erschienene englische Übersetzung des Proklischen *Euklidkommentars* von Thomas Taylor.[28] Taylor, ein am Neuplatonismus orientierter Platoniker im Gefolge der Cambridge Platonists, hat seine Übersetzung mit reichen Beigaben versehen: zwei umfangreichen Abhandlungen über die Bezüge der Platonischen Ideenlehre zur Mathematik und über die „Geschichte der Erneuerung der Platonischen Theologie durch die späteren Platoniker", einer Übersetzung der *Vita Procli* des Marinos und einer Übersetzung der *Stoicheiosis theologikê* des Proklos. Taylors Werk war in Tübingen wohlbekannt: Es wird ausführlich zitiert in einer 1791 anonym veröffentlichten und

[24] Dazu ausführlich Halfwassen, Hegel und der spätantike Neuplatonismus, 48–59, 62–76.

[25] Dazu Halfwassen, Hegel und der spätantike Neuplatonismus, 76–78.

[26] Vgl. Plotin, Von der Natur, von der Betrachtung und von dem Einen, übersetzt und kommentiert von Friedrich Creuzer.

[27] Vgl. Franz, Tübinger Platonismus, 36–39 und bes. 95–122 („Hölderlins Platonismus. Das Weltbild der ‚exzentrischen Bahn' in den *Hyperion*-Vorreden", zuerst veröffentlicht in: Allgemeine Zeitschrift für Philosophie 22 [1997], 167–187), zum Folgenden speziell 112ff.

[28] Vgl. The Philosophical and Mathematical Commentaries of Proclus, by Thomas Taylor; dort auch eine sehr ausführliche Abhandlung über „The History of the Restauration of the Platonic Theology by the Later Platonists" und eine Übersetzung der *Elements of Theology* des Proklos. Dazu Franz, Tübinger Platonismus, 38, 44, 145f, 212f.

damals lebhaft diskutierten Schrift über den Streit der verschiedenen Philosophenschulen; der Verfasser, kein anderer als der Tübinger Philosoph Flatt, benutzt Taylors Werk zur Rekonstruktion der „Platonischen und Neuplatonischen Hypothese von dem Ursprung der Ideen“[29].

Proklos' *Euklidkommentar* bezieht Euklids geometrische Elementarlehre auf die Prinzipientheorie und Mathematikphilosophie Platons; dazu referiert er ausführlich die zahlentheoretischen und geometrischen Aspekte der Ideenlehre, die in den Dialogen nur an wenigen Stellen hervortreten, in Platons „ungeschriebener Lehre“ aber eine große Rolle gespielt haben, weil sie sowohl für die Begründung der Ideen in den Prinzipien als auch für die Vermittlung zwischen Ideen und sinnlichen Erscheinungen wesentlich sind; er informiert über die mathematische Grundlagenforschung der Alten Akademie und überliefert wichtige Fragmente des Platonschülers Speusipp, darunter das wichtigste Zeugnis zur Noetik Speusipps.[30] In seiner *Stoicheiosis theologikê* gibt Proklos in 211 *more geometrico* aufeinander aufbauenden Lehrsätzen einen Grundriss der neuplatonischen Metaphysik, der ganz auf dem Verhältnis der beiden Platonischen Prinzipien des absoluten Einen und der unbestimmten Zweiheit oder Vielheit aufgebaut ist. Das Verhältnis dieser beiden Prinzipien deutet Proklos monistisch: Jede Vielheit geht ursprünglich aus der absoluten Überfülle des Einen hervor, das aber jeder Vielheit transzendent bleibt. Der eigentlich seinskonstituierende Akt ist jedoch nicht der Hervorgang der Vielheit, sondern ihre *Rückwendung* zum Einheit verleihenden Ursprung, wodurch das Prinzipiat allererst Einheit und Bestimmtheit erlangt.[31] Die Rückwendung zum Ursprung ist darum *eo ipso* eine *Zuwendung zu sich selbst*. Und weil ausschließlich der Geist zu sich selbst zurückzukehren vermag, darum ist das durch Hervorgang und Rückkehr konstituierte Sein wesentlich Geist.[32] Das ist jener Drei-Schritt von *monê-prohodos-epistrophê*, den Proklos als das Bewegungsgesetz des Platonismus am stärksten systematisiert hat, der sich aber auch schon bei Plotin und bei Numenios findet und bei Platon, Speusipp und Xenokrates angelegt war.[33] In diesem Drei-Schritt erweist sich das Prinzipienverhältnis von Einheit und Vielheit als Geist, der darum die Urform des Seins ist.

---

[29] Actenmäßige Nachrichten von der neuesten philosophischen Synode, hg. v. Isonomiophilus, 71–74.

[30] Vgl. Speusipp, Fragment 73 Tarán/35 Isnardi Parente (Proklos, In Euclidem 179, 12–22 Friedlein) mit der wichtigen Unterscheidung zwischen dianoetischem und noetischem Erkennen, welch letzteres Speusipp in einer Weise charakterisiert, die zumal Schellings Begriff der „intellektuellen Anschauung“ systematisch sehr nahekommt.

[31] Vgl. Proklos, Elementatio Theologica, §§ 1–13.

[32] Vgl. Proklos, Elementatio Theologica, §§ 25–39.

[33] Die beste und umfassendste Darstellung bleibt Beierwaltes, Proklos, 118–164. Zur Herkunft der Triade aus der Alten Akademie vgl. die Rezension von Krämer, in: Gnomon 46 (1974), 449–462.

Hegel hat später in dem Proklischen Drei-Schritt von Insichbleiben-Hervorgehen-Rückkehr die Vorwegnahme seiner eigenen triadischen Dialektik gesehen.[34] Der Grundgedanke ist dabei, dass Geist wesentlich das dynamische Verhältnis von ursprünglich-einfacher, un-entzweiter Einheit, dem Herausgehen aus ihr zur Entzweiung und Vielheit und ihrer Rückkehr zur Einheit und damit zu sich selbst ist. Diesen Grundgedanken formuliert Hegel in aller Deutlichkeit schon in seinen Frankfurter Schriften, in denen er das Absolute zum ersten Mal als *Geist* bestimmt, und zwar als Geist im Sinne dieses Drei-Schritts;[35] in diesem Verhältnis von Einheit, Entzweiung und Rückkehr zu sich ist das Verhältnis Gottes zur Welt ebenso impliziert wie das Verhältnis des Menschen zu Gott, und zwar nicht erst bei Hegel, sondern schon bei Numenios, Plotin und Proklos. Den gleichen Drei-Schritt formuliert aber auch Hölderlin in Texten aus der Mitte der 1790er-Jahre, deren große Bedeutung für die Entstehung des Idealismus Dieter Henrich gezeigt hat.[36] Michael Franz hat gezeigt, dass Hölderlin diesen Drei-Schritt in den beiden *Hyperion*-Vorreden von 1794 und 1795 durch einen geometrischen Vergleich verdeutlicht, den Hölderlin *nur* aus dem *Euklidkommentar* des Proklos haben kann. Hölderlin nimmt dabei Proklos' Unterscheidung der Linienarten auf, die Proklos auf Platons Prinzipien des Einen und der unbestimmten Zweiheit zurückführt; die Vereinigung der einheitlichen Kreislinie und der unbestimmten geraden Linie symbolisiert bei Hölderlin den Lauf des Lebens, das in der „exzentrischen Bahn" seiner Entwicklung aus aller Entzweiung wieder zu sich zurückkehrt.[37] Hölderlin hat den *Euklidkommentar* also gelesen und kannte möglicherweise auch die *Stoicheiosis theologikê*. Wenn Hölderlin diese Texte aber schon in Tübingen kennengelernt hat, dann dürfen wir annehmen, dass auch Hegel sie damals schon kennenlernte, ebenso Schelling, in dessen frühesten Schriften sich der Einfluss des neuplatonischen Drei-Schritts ebenfalls belegen lässt.[38]

---

[34] Zu Hegels Aufnahme und Deutung der Proklischen Triadik ausführlich Halfwassen, Hegel und der spätantike Neuplatonismus, 432–462.

[35] Dazu die Nachweise bei Halfwassen, Hegel und der spätantike Neuplatonismus, 67–78. Der Drei-Schritt wird klar formuliert von Numenios, Fragment 11 und 12 des Places (Eusebios, Praeparatio evangelica XI 18,3–4 und 9–10) sowie von Amelios bei Eusebios, Praeparatio evangelica XI 19,1. Hegel hat beide Texte gekannt und im *Geist des Christentums* verarbeitet.

[36] Vgl. Henrich, Hölderlin über Urteil und Sein, 73–96; ders., Hegel im Kontext, 9–40 (Hegel und Hölderlin) sowie ders., Der Grund im Bewußtsein. M.W. hat Klaus Düsing als erster in diesem Zusammenhang auf den (neu-)platonischen Drei-Schritt hingewiesen: ders., Hegel und die Geschichte der Philosophie, 156.

[37] Franz, Tübinger Platonismus, 95–122 (s.o. Anm. 27).

[38] Vgl. dazu Franz, Tübinger Platonismus, 140–154. Franz weist den neuplatonischen Drei-Schritt in Schellings *Vom Ich als Prinzip der Philosophie oder über das Unbedingte im menschlichen Wissen* (1795), in den *Philosophischen Briefen über Dogmatismus und Kriticismus* (1795/96) und schon in der Dissertation *De malorum origine* (1792) nach.

III

Das wesentliche Kontinuitätsmoment zwischen antikem Platonismus und spekulativem Idealismus ist ein Begriff von Geist, für den Geist primär kein individuelles und subjektives Denkvermögen ist, sondern die Ur- und Grundform von Sein überhaupt. Weil sich das Sein ursprünglich durch den Hervorgang der Entzweiung und Vielheit aus dem überseienden absolut Einen und durch die Rückkehr aus dieser Entzweiung zur Einheit konstituiert, welche in eins Rückkehr zum Ursprung und Rückkehr zu sich selbst ist[39] – darum ist das so konstituierte Sein selbst wesentlich Geist, denn Geist *ist* wesentlich Rückkehr zu sich.

Dass der Geistbegriff des spekulativen Idealismus in der Sache die Wiederkehr des neuplatonischen Geistbegriffs ist, zeigt sich bei Hegel und Schelling auf Schritt und Tritt und von Anfang an durch den neuplatonischen Schlüsselgedanken der *Rückkehr zu sich*, der immer auftaucht, sobald vom Geist, vom „reinen Leben", von der Idee oder vom absoluten Begriff die Rede ist. Dieser Geistbegriff hatte für die Tübinger Idealisten den entscheidenden systematischen Vorzug, dass er aus den Aporien und Dualismen herausführte, die der neuzeitliche Subjektivismus mit seiner Subjekt-Objekt-Spaltung erzeugt hatte, auch und gerade noch bei Kant. Wenn Geist die Urform des Seins und die Fülle der Ideen, der reinen Weltformen ist, und wenn wir denkend an diesem Geist immer schon teilhaben, dann stellt sich die Frage gar nicht, wie denn ein als leer vorgestelltes Denksubjekt zur Welt und zu welthaften Inhalten kommen kann. Diese Frage, die die neuzeitliche Erkenntnistheorie von Descartes bis Kant in Gang gehalten hatte, erweist sich dann als falsch gestellt. Hegel und Schelling haben das früh erkannt und *darum* auf die antike Geistmetaphysik zurückgegriffen;[40] das Problem, das Descartes, Kant und alle die anderen hatten, war damit auf einen Schlag beseitigt. Zugleich bot der neuplatonische Geistbegriff aber die Möglichkeit, die wesentlichen Einsichten Kants und Fichtes in die weltbildende Eigentätigkeit des Denkens und der Einbildungskraft zu integrieren – sie sind zumal bei Plotin in weitem Umfang schon vorweggenommen. Nicht nur Hegel und Schelling, auch Novalis hat das bei seiner Begegnung mit Plotin um 1798 sofort erkannt – und das, obwohl er Plotin nicht einmal aus eigener Lektüre kannte, sondern nur durch das trübe Medium der geistlosen und penetrant besserwisserischen Darstellung von Tiedemann.[41] Der Geistbegriff des

[39] Dazu zusammenfassend Halfwassen, Plotin und der Neuplatonismus, 84–97. Ausführlicher ders., Der Aufstieg zum Einen, 130–149; ders., Hegel und der spätantike Neuplatonismus, 328–350.

[40] Vgl. für Hegel zusammenfassend Halfwassen, Hegel und Plotin über Selbsterkenntnis und Denken seiner selbst.

[41] Dazu Mähl, Novalis und Plotin. Zur Rolle von Novalis im philosophischen Kontext des Frühidealismus ist erhellend Frank, ‚Unendliche Annäherung', 800–857 (32. und 33. Vorlesung).

Platonismus ist aufgrund seiner eigenen Struktur transzendentalphilosophisch reformulierbar, ohne dass er dadurch entstellt oder sein Sinn verfälscht würde. Zugleich kann er die transzendentale Selbstanalyse des Denkens so in sich aufnehmen, dass sie im bekannten Hegelschen Dreifachsinn „aufgehoben" wird – in einen Idealismus, der nun kein transzendentaler mehr ist, sondern ein *metaphysischer.* Hegel wie Schelling haben die eine wie die andere Option realisiert.

Die idealistischen Systembildungen verdanken dem Platonismus ferner ihren *monistischen* Charakter. Kants Philosophie kannte eine Pluralität von Prinzipien, denn Kant setzte verschiedene Prinzipien für die theoretische und für die praktische Philosophie an und lehrte innerhalb der theoretischen Philosophie die Irreduzibilität von Verstand und Anschauung. Über diesen Kantischen Prinzipienpluralismus wollten die Nachkantianer von Anfang an hinaus; sie suchten nach dem *einen* Prinzip, das alles begründet und vereinigt. Darin wirkt Platons Grundeinsicht in das *Eine* als den absoluten Grund des Seins und des Denkens und ihrer Einheit weiter, zumal in ihrer monistischen neuplatonischen Deutung, die auch die unbestimmte Zweiheit als Emanat des Einen auffasst.[42] Die idealistischen Systeme verdanken dem Platonismus darüber hinaus die beiden grundlegenden Einheitsmodelle, an denen sie sich ausrichten: nämlich einmal den Gedanken der All-Einheit, die alle Vielheit und alle Unterschiede als ihre internen Differenzierungen in sich schließt und sich als absoluter Geist durch sie hindurch mit sich selbst zusammenschließt; und zum anderen den Gedanken einer begrifflich negativen absoluten Einheit, die als absolute Transzendenz die Einheit der Realität nur in ihren Prinzipiaten begründet, dieser selbst aber transzendent bleibt. Hegel und der frühere Schelling orientieren sich am geistmetaphysischen All-Einheitsgedanken, während die negative Theologie des transzendenten Einheitsgrundes vom späten Fichte seit 1804 und in Schellings Spätphilosophie wieder aufgenommen wird.

Platon, der Neuplatonismus von Plotin und Proklos sowie der spekulative Idealismus Hegels und Schellings sind keine beliebigen Fälle von Metaphysik. Es handelt sich vielmehr um die unüberbotenen Höhepunkte metaphysischer Theoriebildung überhaupt.[43] Dass es zwischen ihnen historisch nachweisbare Kontinuitäten gerade in den Grundlagen gibt, ist darum kein beliebiges Faktum. Diese Kontinuität verändert nicht nur unser Bild von der Geschichte der Metaphysik, sie muss ebenso auch unsere philosophische Einschätzung verändern. Kant hatte die Notwendigkeit einer grundstürzenden Reform der Philosophie in der Vorrede seiner ersten *Kritik* damit begründet, dass ihre Geschich-

[42] Grundgelegt ist diese Deutungsmöglichkeit durchaus bei Platon selbst, vgl. Halfwassen, Monismus und Dualismus in Platons Prinzipienlehre. Zu Plotins prononciert monistischer Deutung und ihrer geistmetaphysischen Motivation ders., Plotins Interpretation der Prinzipientheorie Platons.

[43] Dazu Halfwassen, Metaphysik als Denken des Ganzen und des Einen im antiken Platonismus und im deutschen Idealismus.

te die Metaphysik als „Kampfplatz [...] endloser Streitigkeiten" erweise[44]. Der historische Blick auf die Höhepunkte metaphysischen Denkens zeigt jedoch etwas ganz Anderes: kein zerstörtes Schlachtfeld, vielmehr harmonische (also auch: nicht-monolithische) Einheit. Die anspruchsvollsten Theorieentwürfe, die die Geschichte der Metaphysik hervorgebracht hat, gleichen *einer* Melodie, die sich in immer neuen Variationen durchhält. Die Kontinuität zwischen ihnen tritt deutlicher hervor als ihre Unterschiede. Und diese Unterschiede werden selber nur richtig verstanden, wenn sie als Differenzierungen innerhalb einer sich durchhaltenden Einheit begriffen werden und nicht als einander ausschließende Kontrapositionen. Das Verhältnis von Einheit und Differenz gehört selber zu den sich durchhaltenden Themen, die Platonismus und Idealismus verbinden. Beide stimmen darin überein, Differenz als Artikulationsmoment der Einheit zu begreifen, als Ausdruck ihres inneren Reichtums und nicht als ihre Sprengung. Mehr noch: diejenige Einheit, die Differenz nicht nur aushält, sondern sich durch ihre Unterschiede erfüllt und in ihnen dynamisch mit sich identisch bleibt, ist der Geist. Geist sind wir selbst, und doch ist er mehr als nur „unsere" Subjektivität, *er geht über uns hinaus, aber indem er uns umgreift.* Wir brauchen *diese* Metaphysik, um uns selbst zu begreifen, unser Verhältnis zur Welt und zu Gott und Gottes Verhältnis zur Welt und zu uns. Gott sei Dank kehrt sie immer wieder und hat ewiges Leben.

Bibliographie

Quellen

[*Johann Friedrich Flatt*,] Actenmäßige Nachrichten von der neuesten philosophischen Synode, und von der auf derselben abgefaßten allgemein-gültigen Concordienformel für die philosophischen Gemeinden, hg. v. Isonomiophilus, Bürger des philosophischen Freistaats, Frankfurt/Leipzig 1791.

Georg Wilhelm Friedrich Hegel, Wissenschaft der Logik, Bd. 1: Die objektive Logik, Gesammelte Werke, Bd. 11, hg. v. Friedrich Hogemann/Walter Jaeschke, Hamburg: Meiner, 1978.

Ders., Wissenschaft der Logik, Bd. 2: Die subjektive Logik, Gesammelte Werke, Bd. 12, hg. v. Friedrich Hogemann/Walter Jaeschke, Hamburg: Meiner, 1981.

Briefe von und an Hegel, Bd. 4, Teil 1, hg. v. Friedhelm Nicolin, Philosophische Bibliothek 238 a, 3., völlig neubearb. Aufl., Hamburg: Meiner, 1977.

Immanuel Kant, Kritik der reinen Vernunft, 2. Aufl. Riga: Hartknoch, 1787 (nach der Originalausgabe neu hg. v. Raymund Schmidt, Hamburg: Meiner, 1956).

Plotin, Von der Natur, von der Betrachtung und von dem Einen, übersetzt und kommentiert von Friedrich Creuzer, Studien, hg. v. Carl Daub/Friedrich Creuzer, Bd. 1, Heidelberg: Mohr und Zimmer, 1805.

The Philosophical and Mathematical Commentaries of Proclus, surnamed Plato's Successor, on the First Book of Euclid's Elements. And his Life by Marinus, translated

[44] Kant, Kritik der reinen Vernunft, A VIII.

from the Greek, with a Preliminary Dissertation of the Platonic Doctrine of Ideas by Thomas Taylor, volume I, London 1788; volume II, London, 1789.
Karl Rosenkranz, Georg Wilhelm Friedrich Hegels Leben, Berlin: Duncker & Humblot, 1844 (Nachdruck Darmstadt 1977).
Friedrich Wilhelm Joseph Schelling, De malorum origine (1792), in: Werke, Bd. 1, hg. v. Wilhelm G. Jacobs/Jörg Jantzen/Wilhelm Schieche, Stuttgart-Bad Cannstatt: Frommann-Holzboog, 1976, 59–100.
Ders., „Timaeus" (1794), hg. v. Hartmut Buchner, mit einem Beitrag von Hermann Krings, Genesis und Materie – Zur Bedeutung der „Timaeus"-Handschrift für Schellings Naturphilosophie, Schellingiana 4, Stuttgart-Bad Cannstatt: Frommann-Holzboog, 1994.
Ders., Philosophische Untersuchungen über das Wesen der menschlichen Freiheit und die damit zusammenhängenden Gegenstände (1809), hg. v. Thomas Buchheim, 2., verb. Aufl., Hamburg: Meiner, 2011.
Jacques Souverain, Le Platonisme devoilé. Ou Essay touchant le verbe Platonicien, Köln: Marteau [in Wirklichkeit Amsterdam], 1700.
[*Ders.*,] Versuch über den Platonismus der Kirchenväter. Oder Untersuchung über den Einfluß der Platonischen Philosophie auf die Dreyeinigkeitslehre in den ersten Jahrhunderten, aus dem Französischen übersetzt und mit Vorrede und Anmerkungen begleitet von Josias Friedrich Christian Löffler, Züllichau/Freystadt: Frommann, 1782; zweyte, mit einer Abhandlung, welche eine kurze Darstellung der Entstehungsart der Dreyeinigkeitslehre enthält, vermehrte Aufl. 1792.

Sekundärliteratur

Werner Beierwaltes, Proklos. Grundzüge seiner Metaphysik, Philosophische Abhandlungen 24, 2. erw. Aufl., Frankfurt am Main: Klostermann, 1979.
Werner Deuse, Untersuchungen zur mittelplatonischen und neuplatonischen Seelenlehre, Akademie der Wissenschaften und der Literatur Mainz, Abhandlungen der Geistes- und Sozialwissenschaftlichen Klasse, Einzelveröffentlichung 3, Wiesbaden: Steiner, 1983.
John Dillon, The Middle Platonists 80 B.C. to 220 A.D., rev. ed. Ithaca, New York: Cornell University Press, 1996.
Ders., The Heirs of Plato. A Study of the Old Academy (347–274 BC), Oxford: Clarendon Press, 2003.
Klaus Düsing, Hegel und die Geschichte der Philosophie. Ontologie und Dialektik in Antike und Neuzeit, Erträge der Forschung 206, Darmstadt: Wissenschaftliche Buchgesellschaft, 1983.
Manfred Frank, ‚Unendliche Annäherung'. Die Anfänge der philosophischen Frühromantik, Frankfurt am Main: Suhrkamp, 1998.
Michael Franz, Schellings Tübinger Platonstudien, Neue Studien zur Philosophie 11, Göttingen: Vandenhoeck & Ruprecht, 1996.
Ders., Hölderlins Platonismus. Das Weltbild der ‚exzentrischen Bahn' in den *Hyperion*-Vorreden, in: Allgemeine Zeitschrift für Philosophie 22 (1997), 167–187.
Ders., Tübinger Platonismus. Die gemeinsamen philosophischen Anfangsgründe von Hölderlin, Schelling und Hegel, Tübingen: Francke, 2012.

Konrad Gaiser, Platons Ungeschriebene Lehre. Studien zur systematischen und geschichtlichen Begründung der Wissenschaften in der Platonischen Schule, 2. Aufl., Stuttgart: Klett, 1968.

Jens Halfwassen, Geist und Selbstbewußtsein. Studien zu Plotin und Numenios, Abhandlungen der Geistes- und Sozialwissenschaftlichen Klasse, Akademie der Wissenschaften und der Literatur Mainz, Jg. 1994, Nr. 10, Stuttgart: Steiner, 1994.

Ders., Idee, Dialektik und Transzendenz. Zur Platondeutung Hegels und Schellings am Beispiel ihrer Deutung des *Timaios*, in: Platon in der abendländischen Geistesgeschichte, hg. v. Theo Kobusch/Burkhard Mojsisch, Darmstadt: Wissenschaftliche Buchgesellschaft, 1997, 193–209.

Ders., Die Bedeutung des spätantiken Platonismus für Hegels Denkentwicklung in Frankfurt und Jena, in: Hegel-Studien 33 (1998), 85–131.

Ders., Die Rezeption des Neuplatonismus beim Frankfurter Hegel. Neue Quellen und Perspektiven, in: Hegels Denkentwicklung in der Berner und Frankfurter Zeit, hg. v. Martin Bondeli/Helmut Linneweber-Lammerskitten, jena-sophia 3, München: Fink, 1999, 105–125.

Ders., Monismus und Dualismus in Platons Prinzipienlehre, in: Platonisches Philosophieren. Zehn Vorträge zu Ehren von Hans Joachim Krämer, hg. v. Thomas Alexander Szlezák, Spudasmata 82, Hildesheim: Olms, 2001, 67–85.

Ders., Geist und Selbstbewußtsein bei Plotin, in: Probleme der Subjektivität in Geschichte und Gegenwart. Festschrift für Klaus Düsing zum 60. Geburtstag, hg. v. Dietmar H. Heidemann, Stuttgart-Bad Cannstatt: Frommann-Holzboog, 2002, 243–262.

Ders., Metaphysik als Denken des Ganzen und des Einen im antiken Platonismus und im deutschen Idealismus, in: Heidelberger Jahrbücher 47 (2003), 263–283.

Ders., Plotin und der Neuplatonismus, Beck'sche Reihe Denker, München: Beck, 2004.

Ders., Hegel und der spätantike Neuplatonismus. Untersuchungen zur Metaphysik des Einen und des Nous in Hegels spekulativer und geschichtlicher Deutung, Hegel-Studien Beiheft 40, 2. Aufl., Hamburg: Meiner, 2005.

Ders., Der Aufstieg zum Einen. Untersuchungen zu Platon und Plotin, 2. Aufl., München/Leipzig: Saur, 2006.

Ders., Parmenides über die Einheit von Denken und Sein. Eine Einsicht und ihre Folgen, in: Metaphysik und Moderne. Ortsbestimmungen philosophischer Gegenwart, Festschrift für Claus-Artur Scheier, hg. v. Dirk Westerkamp/Astrid von der Lühe, Würzburg: Königshausen & Neumann, 2007, 129–146.

Ders., Hegel und Plotin über Selbsterkenntnis und Denken seiner selbst: Zur Bedeutung des Neuplatonismus für Hegels Begriff des Geistes, in: Hegel-Jahrbuch (2011), 165–173.

Ders., Plotins Interpretation der Prinzipientheorie Platons, in: Platons Hermeneutik und Prinzipiendenken im Licht der Dialoge und der antiken Tradition. Festschrift für Thomas Alexander Szlezák zum 70. Geburtstag, hg. v. Ulrike Bruchmüller, Spudasmata 148, Hildesheim: Olms, 2012, 223–244.

Dieter Henrich, Hölderlin über Urteil und Sein. Eine Studie zur Entstehungsgeschichte des Idealismus, in: Hölderlin-Jahrbuch 14 (1965/66), 73–96.

Ders., Hegel im Kontext, Frankfurt am Main: Suhrkamp, 1971, 9–40 (Hegel und Hölderlin).

Ders., Der Grund im Bewußtsein. Untersuchungen zu Hölderlins Denken (1794–1795), Stuttgart: Klett-Cotta, 1992.

Ders., Grundlegung aus dem Ich. Untersuchungen zur Vorgeschichte des Idealismus. Tübingen – Jena, 1790–1794, 2 Bde., Frankfurt am Main: Suhrkamp, 2004.

Hans-Joachim Krämer, Arete bei Platon und Aristoteles. Zum Wesen und zur Geschichte der platonischen Ontologie, Abhandlungen der Heidelberger Akademie der Wissenschaften, Philosophisch-historische Klasse, Jg. 1959, Nr. 6, Heidelberg: Winter, 1959.

Ders., Der Ursprung der Geistmetaphysik. Untersuchungen zur Geschichte des Platonismus zwischen Platon und Plotin, 2. Aufl., Amsterdam: Schippers, 1967.

Ders., Rezension zu: Werner Beierwaltes, Proklos. Grundzüge seiner Metaphysik, in: Gnomon 46 (1974), 449–462.

Ders., Platone e i fondamenti della metafisica, Saggio sulla teoria dei principi e sulle dottrine non scritte di Platone, Milano: Vita e Pensiero, 1982.

Ders., Fichte, Schlegel und der Infinitismus in der Platondeutung, in: Deutsche Vierteljahrsschrift für Literaturwissenschaft und Geistesgeschichte 62 (1988), 583–621.

Ders., Der halbierte Platon, in: Philosophische Rundschau 58 (2011), 161–174.

Hans-Joachim Mähl, Novalis und Plotin. Untersuchungen zu einer neuen Edition und Interpretation des „Allgemeinen Brouillon“, in: Jahrbuch des Freien Deutschen Hochstifts (1963), 139–250.

Helmut Meinhardt, Art. Neuplatonismus, in: Historisches Wörterbuch der Philosophie 6, Basel/Stuttgart: Schwabe, 1984, 754–756.

Giovanni Reale, Zu einer neuen Interpretation Platons. Eine Auslegung der Metaphysik der großen Dialoge im Lichte der „ungeschriebenen Lehren“, Paderborn: Schöningh, 1993.

Marie-Dominique Richard, L'enseignement oral de Platon. Une nouvelle interprétation du Platonisme, Paris: Éditions du Cerf, 1986.

David T. Runia, Early Alexandrian Theology and Plato's *Parmenides*, in: Plato's Parmenides and Its Heritage, Volume 2, ed. John D. Turner/Kevin Corrigan, Society of Biblical Literature. Writings of the Greco-Roman World Supplement Series 3, Atlanta: Society of Biblical Literature, 2010, 175–187.

Jochen Schmidt, Hölderlins geschichtsphilosophische Hymnen, Darmstadt: Wissenschaftliche Buchgesellschaft, 1990.

Ein Empfehlungsschreiben von Friedrich Wilhelm Josef Schelling für seinen Sohn

Volker Henning Drecoll

Im Archiv des Evangelischen Stifts liegt in den Unterlagen der Promotion Dörtenbach[1] ein Schreiben von Schelling an den damaligen Ephorus Jäger, in dessen Obhut er seinen Sohn gleichsam übergibt, als dieser 1833 das Stiftsstipendium antritt.[2]

Der Text lautet transkribiert:

Hochwürdiger Herr,

hochzuverehrender Herr Ephorus!

Ich erlaube mir, Ew. Hochwürden meinen dieses Jahr in das theologische Seminarium nach Tübingen kommenden Sohn schriftlich zu empfehlen, da meine Verhältnisse mir nicht gestatteten, denselben, wie es mein Wunsch war, selbst nach Tübingen zu begleiten und dabey zugleich Ihre persönliche Bekanntschaft zu erneuern, die ich vor freylich nun schon ziemlich vielen Jahren zu machen die Ehre hatte. Ich hoffe, daß mein Sohn, durch strenge, ihm angelegentlichst empfohlne Gesetzlichkeit seines Benehmens wie durch Fleiß in seinen Studien sich Ihrer Gewogenheit in der Folge nicht unwürdig beweisen werde. Sollten aber Ew. Hochwürden an ihm irgendeine Abweichung von dem rechten Weg, in welchem Sinne solche stattfinde, bemerken, so würde ich es mit dem lebhaftesten Danke erkennen, wenn Sie mich davon mit einigen Worten zu benachrichtigen die Güte haben wollten. Was väterliche, mündliche oder schriftliche Ermahnungen vermögen, wird von meiner Seite gewiß geschehen, um ihn auf dem guten Wege zu erhalten oder ihn dahin zurückzuführen. Ich bitte Ew. Hochwürden meines innigsten Danks für den wohlthätigen Einfluß auf die sittliche und geistige Bildung meines Sohns, den ich mir ebensosehr von Ihren tiefen Einsichten als Ihren wohlwollenden Gesinnungen verspreche, zum voraus überzeugt zu seyn, und die Versicherungen der ausgezeichneten Hochachtung zu genehmigen, womit ich die Ehre habe zu seyn

Eurer Hochwürden

gehors. und ergebenster Diener

Schelling.

München, 20./23. Oct. 1833.

---

[1] Archiv des Evangelischen Stifts, E 1, 315/1 (Promotion Dörtenbach [1833–1837]).

[2] Ich danke sehr herzlich Herrn Michael Franz, der diesen Brief in den Unterlagen entdeckt und mich auf den Fund aufmerksam gemacht hat.

Adressat ist Gottlieb Friedrich Jäger, Ephorus von 1816 bis 1834. Nachruf[3] und Eintrag im Württembergischen Pfarrerbuch[4] ergeben folgende biographische Daten:

Geboren am 7. Juni 1783 als Sohn des Christian Friedrich von Jäger, Rat und Leibmedicus des Königs Friedrich von Württemberg und der Luise Friedrike, geb. Sonntag, besuchte er das Stuttgarter Gymnasium (mit einjähriger Unterbrechung, in der er in Nürtingen zur Schule ging). Anschließend trat er 1800 als Stipendiat in das Theologische Seminar, also ins Stift, ein. Akademischer Lehrer war insbesondere der Orientalist Schnurrer, der ihn gefördert hat. Nach dem Studium schloss sich – wie damals üblich – eine Zeit als Hauslehrer an, im Falle Jägers als Hofmeister bei dem Grafen von Rantzau bei Kiel (1805–1808), in dessen Kreis er auch den berühmten Medizinprofessor Christoph Heinrich Pfaff kennenlernte (der ebenfalls aus Württemberg stammte). Vermutlich vermittelte Pfaff die Möglichkeit, dass Jäger in Kiel ergänzende Vorlesungen abhielt, die sowohl das Alte als auch das Neue Testament betrafen. 1808 wurde er Repetent am Stift. In dieser Zeit erhielt er, erneut durch Vermittlung von Pfaff, einen Ruf auf eine außerordentliche Professur der Theologie in Kiel, obwohl er selbst noch nicht promoviert war.[5] Da er als Seminarist jedoch der Verpflichtung unterlag, im Dienst von Württemberg tätig zu sein, wurde ihm die Freigabe verweigert, so dass er diesen Ruf nicht annehmen konnte. Zugleich wurde ihm signalisiert, dass er bald auf eine gut dotierte Stelle in Württemberg rücken würde. Er wurde nach seiner Repetentur als Stadtvikar in Stuttgart eingesetzt, bevor er als Pfarrer in Tamm investiert wurde. Zeitgleich heiratete er seine Frau Elisabeth Christiane geb. Bossert (Datum der Vermählung: 5. August 1811), mit der er sechs Kinder bekommen sollte. 1816 wurde er zum Ordentlichen Professor an der Philosophischen Fakultät der Universität Tübingen (als Professor für die hebräische und griechische Sprache) und zugleich als Ephorus des Theologischen Seminars berufen. Als Ephorus war er Nachfolger von Johann Friedrich Gaab, der 1806 Jägers Lehrer Christian Friedrich Schnurrer gefolgt war. Superintendenten an Jägers Seite waren Johann Friedrich Flatt (bis 1821), Ernst Gottlieb Bengel (bis 1826), Friedrich Steudel (1821–1837) und Friedrich H. Kern (ab 1826).[6] In die Zeit von Jägers Ephorat fielen die durch das Auftauchen der Burschenschaften unruhigen Zeiten mit der Kommissärszeit 1825–1828,[7] dann die tiefgreifenden Umgestaltungen des Stipendiums, so die Abschaffung des

[3] Schmid, Worte am Grab des Dr. Gottlieb Friedrich Jäger.

[4] Sigel, Das evangelische Württemberg, Generalmagisterbuch, 8f.

[5] Die Inauguraldissertation mit dem Titel De locis Proverbiorum in N.T. laudatis datiert vom August 1816.

[6] Vgl. die Übersicht bei Hahn/Mayer, Das Evangelische Stift, 303f.

[7] 1829 erfolgte die Gründung der (politisch verdächtigen) Akademischen Liedertafel durch Friedrich Silcher, der als Musikdirektor für die Universität auch für das Stift zuständig war und entsprechend viele Stiftler (u.a. Hermann Kurz) für die Liedertafel rekrutierte; vgl. Leube, Stift, 439–441.

Magisteriums, die neuen Statuten von 1826 und die Verkürzung des Stipendiums auf acht Semester 1829.[8] Als in den dreißiger Jahren die freiheitlich-nationalen Bestrebungen (nach dem Hambacher Fest Pfingsten 1832) auch in Tübingen für Unruhe sorgten (beim sog. Gogenaufstand 1833 und der Aufforderung an Uhland, entweder auf seine Professur oder auf sein Landtagsmandat zu verzichten, im Jahr 1833;[9] ab 1833 setzten dann auch die Reihenprozesse gegen die Feuerreiter ein) und sich im Stift mit den „Patrioten" eine politisch freiheitlich-national engagierte Gruppe formierte (mit Eduard Zeller, Hermann Kurz[10] u. a.), traute man dem für seine Milde bekannten Jäger nicht länger zu, die Situation im Stift im Sinne des Königlichen Studienrats unter Kontrolle zu bringen, weswegen er abgesetzt und durch den deutlich strengeren Ephorus Sigwart ersetzt wurde.[11] Die wenig später erfolgenden Auseinandersetzungen um das Leben Jesu von David Friedrich Strauß 1835/1836 hat Jäger also nicht mehr als Ephorus erlebt.

Literarisch und als Forscher ist Jäger nicht sonderlich hervorgetreten, zwei schmale Veröffentlichungen stammen aus der Zeit seines Ephorats, nämlich die Rektoratsrede De integritate libri Iob commentatur [...] Theophilus Fridericus Jaeger (Schramm: Tübingen o.J. [1819]) und die aus zwei Faszikeln bestehende Veröffentlichung De ordine prophetarum minorum chronologico commentatur [...] Theophilus Fridericus Jaeger (Schramm: Tübingen o.J. [1823]); Commentationis Pars II (Lipert: Tübingen o.J. [1827]).[12] Die Ergebnisse der letzten Studie hat Jäger dann auch noch einmal 1837 in einer kurzen Schrift zusammengefasst und fortgeführt.[13] Im Nachruf wird denn auch hervorgehoben, dass sich Jäger besonders in der Lehre engagiert habe. 1819 und 1924 war er jeweils Rektor der Universität. Der Nachruf rühmt Jäger dafür, dass er sich nach 1836 nicht zurückgezogen, sondern verschiedene Ämter in der Philosophischen Fakultät (u. a. als Dekan) wahrgenommen hat. 1842 erkrankte Jäger und starb 1843 im Alter von 60 Jahren.

Schellings Brief an Jäger nimmt Bezug auf eine Jahre zurückliegende Begegnung, die bisher noch nicht verifiziert werden konnte. Im Stift können sich Schelling und Jäger nicht mehr getroffen haben, denn Schelling ist ja bereits 1798 als außerordentlicher Professor in Jena tätig. Allerdings war Schelling nach

[8] Vgl. Leube, Stift, 191–197, 215–225.

[9] Vgl. Braungart/Knödler/Mojem/Ratzeburg (Hgg.), Ludwig Uhland, 174–177.

[10] Zur Stiftszeit von Hermann Kurz vgl. Schöllkopf, „Kann man auch so aus dem Tübinger Stift hervorgehen?".

[11] Müth, Bekenntnis zu Schwarz-Rot-Gold, 268f. Die negative Bewertung von Jäger, wie sie bei Leube, Stift, 168–170, 174, als Leitlinie dient, hinterlässt auf dem Hintergrund der Tatsache, dass Jäger der Studentenschaft mit Mäßigung begegnete, einen etwas ambivalenten Eindruck.

[12] Beide sind im historischen Bestand des Stifts vorhanden.

[13] Jäger, Zeitalter Obadja's (im Stift vorhanden).

dem Tod von Caroline Schlegel[14] im Jahr 1810 für acht Monate (vom Januar bis zum Oktober 1810) nach Stuttgart zurückgekehrt, wo er u.a. die sog. Stuttgarter Privatvorlesungen hielt.[15] Da Jäger verwandtschaftliche Beziehungen nach Stuttgart hatte (allerdings erst 1811 Stadtvikar in Stuttgart war) und sein Bruder oder sein Halbbruder an den Stuttgarter Privatvorlesungen teilnahm,[16] kann es sein, dass beide sich in dieser Zeit kennengelernt haben. Das Schreiben von Schelling erweckt allerdings den Eindruck, dass es sich um eine kurze, eher flüchtige Begegnung gehandelt hat. Es käme daher auch ein anderer Kontext, etwa im Umfeld von Schellings Familie, in Frage.

Das Schreiben von Schelling ist ein ziemlich förmlicher Geleitbrief, in dem sich Schelling – eher rhetorisch – dafür entschuldigt, seinen Sohn nicht persönlich nach Tübingen geleitet zu haben. Die Erziehungsziele Regelkonformität und Fleiß entsprechen dem Zeitgeschmack ebenso wie das Anerbieten, die Erziehung väterlicherseits zu unterstützen. Die moralische Komponente der Erziehung steht hier klar im Vordergrund, es geht um „die sittliche und geistige Bildung" des Sohnes.

Die Antwort von Ephorus Jäger, die als Entwurf (9. November 1833, ausgefertigt am 10. November 1833) zusammen mit dem Schellingbrief in den Akten der Promotion Dörtenbach aufbewahrt ist, reagiert denn auch ebenso förmlich. Jäger bedankt sich und verspricht, „was in meinen Kräften steht, dazu beizutragen, daß der Sohn eines so hochverehrten Mannes den gerechten Erwartungen seines Vaters" entspricht. Er versichert, dass der erste Eindruck positiv gewesen sei, und bittet um offene und vertrauensvolle Mitteilung, falls aus Sicht des Vaters etwas zu berücksichtigen sei. Zugleich bietet er an, dass der Sohn „auch mein Haus als ein solches betrachten" möge, „in welchem ihm gerne einiger Ersaz für die Entbehrung der Nähe des elterlichen geboten werden möchte".

Karl Friedrich August Schelling (geb. 2. August 1815) hat denn auch sein Studium in Tübingen begonnen und dort 1837 abgeschlossen. Neben dem Geleitbrief und der Antwort Jägers enthält die Akte der Promotion Dörtenbach noch den Antrag an den Königlichen Studienrat, Schelling für das Wintersemester 1834/35 nach München zu beurlauben. Die Befürwortung des Inspectorats des Stifts begründet dies mit „dem Wunsch des Vaters, daß der Sohn unter seinen Auspicien eine Zeit lang die Philosophie studiere" und hält diesen Wunsch für

[14] Caroline geb. Michaelis starb am 7. Sept. 1809 bei einem Besuch von Schellings Eltern in Maulbronn und ist dort auch bestattet.

[15] Vgl. Tilliette, Schelling, 223–229.

[16] Unter den Zuhörern der Stuttgarter Privatvorlesungen wird auch „Jäger" genannt, vermutlich der Halbbruder des späteren Ephorus, Karl Christoph Friedrich von Jäger; vgl. Müller-Lüneschloß, Verhältnis von Natur und Geisterwelt, 51 Anm. 37; dies., Einleitung, XI Anm. 17. Es kann sich nicht um Christian Friedrich von Jäger handeln (den Vater von Gottlieb Friedrich Jäger), da dieser bereits 1808 gestorben war. Denkbar wäre auch Georg Friederich Jäger, der ab 1809 in Stuttgart tätig war, der Bruder des Gottlieb Friedrich Jäger und Halbbruder des Karl Christoph Friedrich von Jäger; vgl. Staesche, Jäger 2. Georg Friedrich v.

„ebenso natürlich als sich erwarten läßt, daß dieser Unterricht, verbunden mit dem persönlichen Umgang, für den Sohn anregend und fruchtbar werde". Der Studienrat genehmigt dies mit Datum vom 10. September 1834 und setzt sogar hinzu, dass Schelling nur in den Fächern, für die er in München an der Universität keine Lehrveranstaltungen besucht, die entsprechenden Lehrbücher nachholen müsse.

Dementsprechend verzeichnen die Akten der Promotion Dörtenbach auch – mit Ausnahme des Winterhalbjahres 1834/35 – einen recht typischen Studienverlauf für diese Zeit.[17] Die ersten drei Semester werden als „1 1/2jähriger philosophischer Cursus" verzeichnet, in dem Universalgeschichte, Philosophie (Logik, Anthropologie, Geschichte der Philosophie), Naturwissenschaften (Reine Mathematik, Physik) und Philologie (Classische Literatur, Hebräisch, Hebräische Grammatik; Schelling hat außerdem noch eine Veranstaltung zu „Göthe's Faust" bei Rep. Vischer besucht,[18] gemeint ist Friedrich Theodor Vischer, der 1833 als Repetent ans Stift kam) besucht werden. Dann folgen die Veranstaltungen, die als „2 1/2jähriger theologischer Cursus" zusammengefasst sind. Hier sind Veranstaltungen bei den Professoren Christian Friedrich Schmid, Friedrich H. Kern, Friedrich Steudel und Ferdinand Christian Baur (Apostelgeschichte, zweimal Kirchengeschichte, Dogmengeschichte[19]) verzeichnet.

Karl Friedrich August Schelling wurde zwischen den Plätzen drei bis sechs lociert. Das Abschlusszeugnis notiert ihn als dritten: „Carolus Fridericus Augustus Schelling, nat. 2 Aug. 1815 Monaci, Professoris ejusdemque regi Bavarorum a consiliis intimis filius". Die Noten bewegen sich zwischen gut und sehr gut: „Studium theologicum perbono cum successu tractavit, Orationem sacram bene dispositam, perbene elaboratam memoriter recitavit." und „In philologia bene, in philosophia perbene versatus". Entsprechend wurde Karl Friedrich August Schelling nach Auskunft des württembergischen Pfarrerbuchs[20] auch anschließend zum Vikar in Hohenstaufen bestellt, 1840–1841 in Stuttgart als Stadtvikar eingesetzt, bevor er 1841–1844 Repetent im Stift wurde, 1844–1845 folgte dann wieder eine kurze Zeit als Stadtvikar in Stuttgart. Anschließend war er als Diakon in Weinsberg tätig, bevor er 1855 auf sein Ansuchen hin entlassen wurde unter Vorbehalt der Wiederanstellung, um sich nach dem Tod seines Vaters (20. August 1854) der Herausgabe des Nachlasses und der Gesamt-

[17] Vgl. Leube, Stift, 226f.

[18] Vgl. Ajouri, Vischer, 102. Die für sein späteres Werk weichenstellende Vorlesung über Goethes Faust hat Vischer im Sommersemester 1834 noch als Repetent gehalten, erst 1836 wurde er Privatdozent und 1837 zum Extraordinarius berufen; vgl. Naujoks, Reform, 145. Die Repetenten hatten – anknüpfend an die alte Struktur des Magisteriums – die Spezialerlaubnis, an der Philosophischen Fakultät Vorlesungen zu halten; vgl. Leube, Stift, 196.

[19] Ab Sommer 1834 hat Baur intensiv Hegels Religionsphilosophie rezipiert; vgl. Drecoll, Sicht der christlichen Gnosis, 157 Anm. 34.

[20] Sigel, Das evangelische Württemberg, Generalmagisterbuch, 713f.

ausgabe zu widmen.[21] Während dieser Zeit war er in Esslingen ansässig und wurde 1861 in München zum Dr. phil. promoviert. 1862 erhielt er das Ritterkreuz I des bayrischen Verdienstordens vom hl. Michael und wurde Dekan in Marbach, konnte hier jedoch keine größere Wirksamkeit mehr entfalten, da er bereits am 18. August 1863 im Alter von nur 48 Jahren starb.

Der neugefundene Schellingbrief ist keineswegs inhaltlich für die Philosophiegeschichte wichtig, auch für die Stiftsgeschichte bringt er keine grundstürzenden Neuheiten zum Vorschein. Er zeigt jedoch, dass Schelling auch in seiner Münchener Zeit mit dem Theologischen Seminar in Tübingen noch so sehr durch Hochschätzung verbunden blieb, dass er seinen zweiten Sohn hierhin geschickt hat. Das Anliegen von Ephorus Jäger, den Schellingsohn „zu einem würdigen Zögling der Anstalt zu bilden" (so eine Formulierung aus dem Antwortbrief an den berühmten Vater in München), hat denn jedenfalls insofern Erfolg gehabt, als Schelling beruflich in Württemberg blieb und von Esslingen aus die Wirkungsgeschichte von Friedrich Wilhelm Josef Schelling maßgeblich beeinflusst hat.

Bibliographie

Quellen

Archivalien

Archiv des Evangelischen Stifts Tübingen

Ephoratsbestände: E 1, 315/1: Promotion Dörtenbach (1833–1837) [Findbuch Nr. 673, alte Signatur: K VIII, F 48,2].

Gedruckte Quellen

Gottlieb Friedrich Jäger, De integritate libri Iob commentatur […], Tübingen: Schramm, o.J. [1819].

Ders., De locis Proverbiorum in N.T. laudatis (Inauguraldissertation, August 1816) [UB Tübingen: Signatur: Ka I 600–1663]; auch nachgewiesen in der Bayerischen Staatsbibliothek München: http://gateway-bayern.de/BV009769364 [letzter Zugriff: 15. August 2016].

Ders., De ordine prophetarum minorum chronologico commentatur […], Tübingen: Schramm, o.J. [1823]; Commentationis Pars II, Tübingen: Lipert, o.J. [1827].

Ders., Ueber das Zeitalter Obadja's, Tübingen: Osiander, 1837.

[*Christian Friedrich*] *Schmid*, Worte am Grab des Dr. Gottlieb Friedrich Jäger, ordentl. Professor der Philosophie an der Universität Tübingen, gesprochen von Dr. Schmid, ordentl. Professor der Theologie und Frühprediger den 30. Mai 1843. Nebst einem Lebensabriß des Verewigten, Tübingen: Friedrich Fues, 1843.

---

[21] Zu dieser Editionstätigkeit vgl. Müller-Bergen/Sartori, Karl Friedrich August Schelling.

Sekundärliteratur

Philipp Ajouri, Vischer als Literaturhistoriker und Literaturkritiker, in: Friedrich Theodor Vischer. Leben – Werk – Wirkung, hg. v. Barbara Potthast/Alexander Reck, Beihefte zum Euphorion 61, Heidelberg: Winter, 2011, 99–118.

Georg Braungart/Stefan Knödler/Helmuth Mojem/Wiebke Ratzeburg (Hgg.), Ludwig Uhland. Tübinger. Linksradikaler. Nationaldichter, Tübingen: Eigenverlag Stadtmuseum Tübingen, 2012.

Volker Henning Drecoll, Ferdinand Christian Baurs Sicht der christlichen Gnosis und der zeitgenössischen Religionsphilosophie, in: Ferdinand Christian Baur und die Geschichte des frühen Christentums, hg. v. Martin Bauspieß/Christof Landmesser/David Lincicum, Wissenschaftliche Untersuchungen zum Neuen Testament 333, Tübingen: Mohr Siebeck, 2014, 129–160.

Joachim Hahn/Hans Mayer, Das Evangelische Stift in Tübingen. Geschichte und Gegenwart – Zwischen Weltgeist und Frömmigkeit, Stuttgart: Theiss, 1985.

Martin Leube, Das Tübinger Stift 1770–1950. Geschichte des Tübinger Stifts, Stuttgart: Steinkopf, 1954.

Anna-Lena Müller-Bergen/Simone Egidio Sartori, Karl Friedrich August Schelling und „die Feder des seligen Vaters“, in: Editio 21 (2007), 110–132.

Vicki Müller-Lüneschloß, Über das Verhältnis von Natur und Geisterwelt. Ihre Trennung, ihre Versöhnung, Gott und den Menschen. Eine Studie zu F.W.J. Schellings „Stuttgarter Privatvorlesungen“ (1810) nebst des Briefwechsels Wangenheim – Nieders – Schelling der Jahre 1809/1810, Spekulation und Erfahrung II,59, Stuttgart-Bad Cannstatt: Frommann-Holzboog, 2012.

Dies., Einleitung, in: Friedrich Wilhelm Josef Schelling: Stuttgarter Privatvorlesungen. Mit einer Einleitung und Anmerkungen kritisch herausgegeben von Vicki Müller-Lüneschloß, Philosophische Bibliothek 687, Hamburg: Felix Meiner, 2016, VII-XLVII.

Reinhard Müth, Bekenntnis zu Schwarz-Rot-Gold. Die freiheitlich-nationale Idee in der Tübinger Studentenschaft von 1813 bis 1848, in: Beiträge zur Geschichte der Universität Tübingen 1477–1977, hg. v. Hansmartin Decker-Hauff/Gerald Fichtner/Klaus Schreiner, 500 Jahre Eberhard-Karls-Universität Tübingen, Tübingen: Attempto, 1977, 251–284.

Eberhard Naujoks, Reform und Lehrkörperstruktur der Universität Tübingen (1815–1914), in: Beiträge zur Geschichte der Universität Tübingen 1477–1977, hg. v. Hansmartin Decker-Hauff/Gerald Fichtner/Klaus Schreiner, 500 Jahre Eberhard-Karls-Universität Tübingen, Tübingen: Attempto, 1977, 135–192.

Wolfgang Schöllkopf, „Kann man auch so aus dem Tübinger Stift hervorgehen?“. Hermann Kurz im Tübinger Stift, in: „Ich bin zwischen die Zeiten gefallen“. Hermann Kurz. Schriftsteller des Realismus, Redakteur der Revolution, Übersetzer und Literaturhistoriker, hg. v. Werner Ströbele/Stadtmuseum Reutlingen, Reutlingen: Katalog Eigenverlag Stadtmuseum Reutlingen, 1988, 22–30.

Christian Sigel, Das evangelische Württemberg. II. Hauptteil. Generalmagisterbuch. Mitteilungen aus dem Leben der evangelischen Geistlichen von der Reformation an bis auf die Gegenwart (nachgeführt bis Dezember 1959). Zehnter Band Abel bis Cyrus, masch. o.J. [1931], 8f [digital zugänglich: http://digital.wlb-stuttgart.de/sammlungen/sammlungsliste/werksansicht/?id=6&no_cache=1&tx_dlf%5Bid%5D=7237&tx_dlf%5Bpage%5D=9; letzter Zugriff: 15. August 2016], 713f. [digital zugänglich: http://digital.wlb-stuttgart.de/sammlungen/sammlungsliste/werksansicht/?id=6&

no_cache=1&tx_dlf%5Bid%5D=7234&tx_dlf%5Bpage%5D=128; letzter Zugriff: 15. August 2016].

Karl Staesche, Art. Jäger 2. Georg Friedrich v., in: Neue Deutsche Biographie, Bd. 10. Hufeland-Kaffsack, Berlin: Duncker und Humblot, 1974, 268f. [digital zugänglich: http://daten.digitale-sammlungen.de/bsb00016327/image_282; letzter Zugriff: 15. August 2016].

Xavier Tilliette, Schelling. Biographie. Aus dem Französischen von Susanne Schaper, Stuttgart: Klett-Cotta, 2004.

Geschichte und Theologie bei Ferdinand Christian Baur

Martin Bauspiess

1. Baur und Tübingen

Der Name Ferdinand Christian Baurs (1792–1860) ist mit der Stadt Tübingen und dem Evangelischen Stift fest verbunden. 1792 in Schmiden bei Stuttgart als Pfarrerssohn geboren, durchlief Baur zunächst die damals übliche Laufbahn eines württembergischen Theologen.[1] Mit acht Jahren kam er an das Niedere Seminar in Blaubeuren. Dort und in Maulbronn verbrachte er seine Schulzeit (1805–1809), bevor er als Student an das Tübinger Stift kam. Im Evangelischen Stift verbrachte Baur von 1809 bis 1814 seine Studienzeit, und hierher kehrte er 1816 für ein Jahr als Repetent zurück, bevor er im Jahr 1817 als Professor für alte Sprachen nach Blaubeuren berufen wurde, von wo aus er neun Jahre später wieder nach Tübingen zurückkehrte. Von 1826 bis zu seinem Tod im Jahr 1860 hatte Baur den Lehrstuhl für Kirchen- und Dogmengeschichte inne, seit 1837 war er zudem Inspektor am Evangelischen Stift und darüber hinaus Frühprediger an der Stiftskirche.[2] Bereits in seiner Zeit als Professor in Blaubeuren entwickelte Baur die Grundzüge seiner systematischen Geschichtskonzeption. In Tübingen baute er sie konsequent aus und erschloss sich auf dieser Grundlage den Bereich der Kirchen- und Dogmengeschichte sowie des Neuen Testaments. Baurs systematischer Zugang zu den historischen Fragestellungen wirkte schulbildend. Schüler wie Eduard Zeller, Albert Schwegler und nicht zuletzt David Friedrich Strauß[3] nahmen Baurs Ansatz auf, wandten ihn auf weitere Forschungsfelder an und dachten ihn auf ihre Weise weiter, worauf Baur seinerseits in seinen Arbeiten Bezug nahm. Schon bald galt Baur als der Begründer einer betont „kritischen" Forschungsrichtung, der man die Bezeichnung der „neuen

[1] Vgl. Reventlow, Epochen, Bd. 4, 269.
[2] Vgl. Köpf, Baur, 1183.
[3] S. dazu Köpf, Baur als Begründer, 447.

Tübinger Schule“ gab[4]. Sie gilt als „die wissenschaftlich folgenreichste Schulbildung“ des 19. Jahrhunderts[5].

Bereits diese ersten Hinweise machen deutlich, weshalb in einem Band zum Evangelischen Stift Tübingen auch von Ferdinand Christian Baur die Rede sein muss. Gleichwohl soll hier nicht nur in theologiegeschichtlicher Perspektive an Baur erinnert werden. Baur steht mit seinem beeindruckend umfangreichen Werk zu weiten Bereichen der Kirchen- und Dogmengeschichte sowie des Neuen Testaments in sachlichen Problemzusammenhängen, die für die Theologie bis heute relevant sind, spiegeln sich in seinem Werk doch entscheidende Herausforderungen, mit denen sich die Theologie nach der Aufklärung konfrontiert sah. Das Verhältnis von Theologie und Geschichte musste neu bestimmt werden. Denn es war deutlich geworden, dass sich die Theologie zunehmend vor dem Forum der kritischen Vernunft und der kritisch rekonstruierten Geschichte zu verantworten hatte. Einem Forscher wie Baur war dies bereits zur Selbstverständlichkeit geworden. Für ihn bedeutete das, dass er den unlöslichen Zusammenhang von Theologie und Geschichte konsequent zu bedenken hatte. Die damit aufgeworfene Fragestellung ist bis heute von enormer Bedeutung. Am Beginn des 21. Jahrhunderts scheint in viele der hier angedeuteten Fragen wieder neu Bewegung gekommen zu sein. Das gilt etwa für den Bereich der Geschichtstheorie, die für die theologischen Disziplinen, insbesondere die neutestamentliche Wissenschaft, zunehmend an Bedeutung gewinnt.[6] Auch über die historisch-kritische Methode, an deren Ausbau Baur wesentlich beteiligt war,[7] wird immer wieder mehr oder weniger grundsätzlich diskutiert.[8] Deutlich wird dabei, dass es nicht nur um die Frage nach der Sinnhaftigkeit und Angemessenheit einzelner historisch-kritischer Arbeitsschritte geht, sondern um die im Hintergrund stehenden hermeneutischen und systematischen Grundsatzfragen. Um solche Grundsatzfragen war es Baur in seiner Zeit zu tun. Er verband die inten-

---

[4] Baur kommentiert diesen Sachverhalt in seiner *Kirchengeschichte des neunzehnten Jahrhunderts*: „Talentvolle Schüler, deren ich mehrere zu haben das Glück hatte, haben meine Ansichten und Grundsätze weiter ausgeführt und zu ihrer Verbreitung und Anerkennung mitgewirkt. Man hat davon Veranlassung genommen, mich als Stifter einer Schule zu betrachten: die neue Tübinger Schule ist eine sehr gewöhnliche Bezeichnung der neuesten kritischen Richtung geworden. Ich mache keinen Anspruch dieser Art [...]“ (Baur, Kirchengeschichte, 398f). Zur neuen Tübinger Schule s. auch Köpf, Baur als Begründer, 447.

[5] Graf, Ferdinand Christian Baur, 97.

[6] S. dazu den Überblick von Zimmermann, Geschichtstheorien, 417–444.

[7] Baurs im Jahr 1836 herausgegebene Schrift *Über Zweck und Veranlassung des Römerbriefes und die damit zusammenhängenden Verhältnisse der römischen Gemeinde* heißt im Untertitel: *Eine historisch-kritische Untersuchung*. Sie gilt als der erste Beleg für die Bezeichnung „historisch-kritisch“ (vgl. Reventlow, Epochen, Bd. 4, 272). Wohl nicht zu Unrecht hält Emanuel Hirsch Baur für den „eigentliche[n] Urheber der historisch-kritischen Theologie“ (Hirsch, Geschichte, Bd. 5, 518).

[8] Merk, Bibelwissenschaft, 381, stellt zur Situation im letzten Drittel des vergangenen Jahrhunderts fest, dass die historisch-kritische Methode „stärker als je zuvor methodisch hinterfragt“ werde.

sive Arbeit am historischen Detail mit einem genuin theologischen Interesse, dem ich im Folgenden nachgehen möchte. Die Theologie Ferdinand Christian Baurs ist ja immer wieder als „Geschichtstheologie“ bezeichnet worden. Aber inwiefern ist sie dies? Wie genau hängen Theologie und Geschichte bei Baur zusammen? In welcher Weise könnte seine Sicht für uns heute anregend, inwiefern könnten also in dieser Frage aus dem Evangelischen Stift Impulse für die Gegenwart ausgehen? Um diesen Fragen nachgehen zu können, sollen hier einige Stationen des Denkweges Baurs in Erinnerung gerufen werden.

2. Baurs Frage nach der Geschichte

Im Evangelischen Stift tauchte Baur tief in die Gedankenwelt des Idealismus ein, vor allem in Gestalt der Philosophien Immanuel Kants (1724–1804), Friedrich Wilhelm Schellings (1775–1854) und Johann Gottlieb Fichtes (1762–1814). Diese Begegnung hat Baur wohl nachhaltiger beeinflusst als die Theologie seiner direkten akademischen Lehrer (z.B. Ernst Gottlieb Bengel [1769–1826][9]), die noch dem Denken der „älteren“ Tübinger Schule Gottlob Christian Storrs (1746–1805)[10] verpflichtet waren.[11] Baurs Kritiker haben auf seine Abhängigkeit von der idealistischen Philosophie, insbesondere der Philosophie Georg Friedrich Wilhelm Hegels (1770–1831), immer wieder hingewiesen. In der Baur-Forschung wird bis heute die Frage gestellt und erörtert, wie diese Abhängigkeit genau zu beschreiben ist. Wichtig scheint mir in diesem Zusammenhang allerdings die Einsicht, dass Baur die Anregungen der Philosophie seiner Zeit in sein eigenes Denken aufnahm, um die zentrale Frage auf seine Weise zu beantworten, mit der sich die Bibelwissenschaft nach der Aufklärung konfrontiert sah: die Frage nach der Geschichte und ihrer Bedeutung für die Theologie. Die Philosophie des Idealismus gab ihm die Instrumente an die Hand, um zu einem wirklichen Verstehen der Geschichte vorzudringen. In Baurs Arbeiten zeigt sich, dass er immer wieder gewissenhaft nach dem historischen Detail fragt, dieses aber stets vor dem Hintergrund einer Rahmentheorie versteht, die er bereits in den zwanziger Jahren des 19. Jahrhunderts ausbildete, bis in seine späteren Arbeiten hinein aber verfeinerte und dabei teilweise auch modifizierte. Das hermeneutische Wechselverhältnis von konkreter historischer Forschung und

[9] Ernst Gottlieb Bengel ist ein Enkel Johann Albrecht Bengels (1687–1752). Er war seit 1805 Professor in Tübingen, ein Schüler Gottlob Christian Storrs und einer der Lehrer Baurs in seiner Zeit als Student in Tübingen; s. Mezger, Bengel, 1037.

[10] Vgl. Köpf, Baur als Begründer, 447.

[11] In seinen *Kritische[n] Untersuchungen über die kanonischen Evangelien* setzt sich Baur allerdings recht ausführlich mit Storrs Ansatz auseinander (vgl. Baur, Kritische Untersuchungen, 13–22). Zu Storrs Hermeneutik siehe jetzt den Aufsatz von Rieger, Gottlob Christian Storrs Hermeneutik, 51–84. Zu Baurs Sicht der synoptischen Evangelien s. Banspieß, Das Wesen des Urchristentums, 199–202.

philosophischer Grundlagenreflexion gilt es zu beachten, wenn man fragt, inwiefern und inwieweit Baurs Denken einem bestimmten philosophischen System wie etwa demjenigen Hegels, Schellings oder auch Kants verpflichtet ist.[12]

In welcher Weise Baur nach der Geschichte fragt, wird in seinem frühen Hauptwerk *Symbolik und Mythologie oder die Naturreligion des Altertums*, das noch in seiner Blaubeurener Zeit entstand und 1824/25 erschien, deutlich. Grundlegend ist der Gedanke, dass die Geschichte als ein die historischen Einzelerscheinungen übergreifender Zusammenhang zu denken ist. Sie kann deshalb nur dann verstanden werden, wenn die Betrachtung der Geschichte über die Einzelerscheinungen hinaus zu dem „Princip" vordringt, das den Einzelerscheinungen zugrunde liegt. Hier wird deutlich, dass sich bei Baur mit seinem historischen auch ein theologisches Anliegen verbindet. Denn schon in *Symbolik und Mythologie* gibt Baur einen Hinweis darauf, dass für ihn die Geschichte als Gesamtzusammenhang, als „Weltgeschichte", eine theologische Qualität hat. Ist doch die Weltgeschichte, so Baur, „in ihrem weitesten und würdigsten Sinne [...] eine Offenbarung der Gottheit, der lebendigste Ausdruck der göttlichen Ideen und Zweke"[13]. In den historischen Einzelerscheinungen vollzieht sich ein voranschreitender Entwicklungsprozess, den es nachzuzeichnen und von innen heraus zu verstehen gilt.[14] Auch wenn Baur sich in der Einleitung zu *Symbolik und Mythologie* ausdrücklich auf Friedrich Schleiermacher beruft,[15] so machen sich hier wohl in erster Linie Gedanken Schellings bemerkbar,[16] auch wenn Baur ihn in diesem Zusammenhang nicht namentlich nennt. In der Selbstverständlichkeit, mit der Baur sich seine philosophische Bildung dienstbar macht, zeigt sich eine Überzeugung, die er in der Einleitung zu *Symbolik und Mythologie* ausspricht: Nach Baurs Auffassung kann die historische Betrachtung nur zu ihrem eigenen Schaden auf philosophische Reflexion verzichten. Diese steht für Baur gerade nicht im Gegensatz zur historisch gewissenhaften Arbeit, sondern vollendet diese vielmehr, indem sie die einzelnen historischen Begebenheiten als Teile eines verstehbaren Gesamtprozesses begreifbar macht.[17]

---

[12] Dies gilt sowohl im Blick auf die Frage, ab welchem Zeitpunkt ein Einfluss Hegels auf Baur angenommen werden kann, als auch im Blick auf die Frage nach einer durch Baur relativ spät vollzogenen „Schwenkung" zu Kant (Geiger, Spekulation und Kritik, 85; vgl. Kümmel, Zur Einführung, XVII).

[13] Baur, Symbolik und Mythologie, V.

[14] Der „äußeren" Geschichte entspricht folglich das „innere", im subjektiven Bewusstsein vollzogene Verstehen dieses Prozesses, weshalb man wohl nicht zu Unrecht bemerkt hat, dass bei Baur Geschichte als Ereigniszusammenhang und als geistige Darstellung dieses Zusammenhangs faktisch zusammenfallen (vgl. dazu Geiger, Spekulation und Kritik, 48).

[15] Vgl. Baur, Symbolik und Mythologie, VII. Auch Eduard Zeller schätzt den Einfluss Schleiermachers auf Baurs Frühwerk relativ hoch ein (vgl. Berger, Exegese und Philosophie, 31 Anm. 2); ähnlich Köpf, Baur, 1183.

[16] Vgl. Geiger, Spekulation und Kritik, 39; Reventlow, Epochen, Bd. 4, 270; vgl. auch Graf, Ferdinand Christian Baur, 94.

[17] Vgl. Baur, Symbolik und Mythologie, X.

Mit dem Verzicht auf die Frage nach dem Ganzen wäre nach Baur ein falscher Weg eingeschlagen, nämlich der Weg „der Trennung und Vereinzelung, welcher, consequent fortgesetzt, nothwendig zuletzt auf Atomistik, Fatalismus, Atheismus führen muß“[18]. Damit ist das entscheidende Argument für die Notwendigkeit philosophischer Überlegungen innerhalb der Theologie, gerade auch insoweit diese historische Wissenschaft ist, genannt. Baurs Ausführungen gipfeln deshalb in dem berühmt gewordenen Satz: „Den bekannten Vorwurf der Vermengung der Philosophie mit der Geschichte fürchte ich [...] nicht: ohne Philosophie bleibt mir die Geschichte ewig todt und stumm“[19]. Der hier bereits angesprochene Vorwurf wird in der Folgezeit immer wieder gegen ihn erhoben werden: der Vorwurf, es handele sich bei seinen historischen Rekonstruktionen in Wirklichkeit um philosophische Konstruktion. Baur formuliert knapp: „Ob aber bei der Construction eines einzelnen Mythus oder ganzen Religionssystems irgend eine subjective, willkührlich beschränkte, philosophische Ansicht eingemischt worden sey, kann natürlich nur an Ort und Stelle mit historischen Gründen dargetan werden.“[20] Ähnlich wird Baur wiederholt, und in seinen späteren Schriften eher noch verstärkt,[21] argumentieren. So sehr er sich dazu bekennt, seine historischen Rekonstruktionen mit philosophischer Reflexion zu verbinden, so sehr will er die Plausibilität seiner Darstellung ausdrücklich anhand historischer Argumente erwiesen wissen. Baur verbindet mit seiner idealistischen Geschichtsauffassung eine methodische Herangehensweise, die sich vor allem an Barthold Georg Niebuhrs (1776–1831) quellenkritische Methode anschließt, so dass Baur, wie Henning Graf Reventlow formuliert hat, „zu einem überzeugten Vertreter des Historismus mit seinem Ideal vermeintlicher Objektivität“ wurde[22].

---

[18] Baur, Symbolik und Mythologie, XI.

[19] Baur, Symbolik und Mythologie, XI.

[20] Baur, Symbolik und Mythologie, XI.

[21] In diesem Sinne trifft es sicherlich zu, wenn Reventlow, Epochen, Bd. 4, 270, bemerkt, dass Baur „sich in seinen späteren Untersuchungen immer stärker an den Texten orientiert“ habe. Diese Orientierung an den Texten hat für Baur allerdings in erster Linie den Zweck, durch sie zur Rekonstruktion der Geschichte des frühen Christentums zu gelangen. Dieses Anliegen prägt seinen Umgang mit den Texten, die für ihn eben doch nur ein Mittel sind, um zur Wirklichkeit der Geschichte vorzudringen.

[22] Reventlow, Epochen, Bd. 4, 270; vgl. Graf, Ferdinand Christian Baur, 94. So bemerkt Baur noch in den fünfziger Jahren: „Mein Standpunkt ist mit Einem Worte der rein geschichtliche, auf welchem es einzig darum zu thun ist, das geschichtlich Gegebene, so weit es überhaupt möglich ist, in seiner reinen Objectivität aufzufassen“ (Baur, Das Christentum und die christliche Kirche, IVf). Reventlow bemerkt mit Recht zu dieser Stelle: „Hier wird allerdings auch deutlich, daß sich Baur der Schranken jeder historischen Erkenntnis immer bewußt gewesen ist. Idealistische Gesamtbetrachtung und exakte Textforschung lassen sich nie ganz ausgleichen“. (Epochen, Bd. 4, 270).

3. Die Frage nach der Geschichte in der Bibelwissenschaft nach der Aufklärung

In den posthum herausgegebenen *Vorlesungen über neutestamentliche Theologie* verortet Baur seinen eigenen Ansatz im Horizont der Entwicklung der Bibelwissenschaft des ausgehenden 18. und der ersten Hälfte des 19. Jahrhunderts. Sein Anliegen sieht Baur in der „Biblischen Theologie" angebahnt, als deren Begründer Johann Philipp Gabler (1753–1826) und Georg Lorenz Bauer (1755–1806) gelten.[23] Gabler hatte in seiner berühmt gewordenen, 1787 gehaltenen Altdorfer Antrittsvorlesung eine konsequente Unterscheidung der biblischen Theologie von der Dogmatik programmatisch eingefordert.[24] Während die biblische Theologie historischen Charakter besitze, habe die dogmatische Theologie didaktischen Charakter. Mit „Biblischer Theologie" ist demnach eine sich auf das Historische konzentrierende Untersuchung der biblischen Texte gemeint, die zunächst erhebt, „was die heiligen Schriftsteller über die göttlichen Dinge gedacht haben"[25]. Anders als Georg Lorenz Bauer möchte Gabler allerdings von der „reinen biblischen Theologie" voranschreiten zur Herausarbeitung solcher Vorstellungen, die sich nicht nur an die Menschen einer bestimmten Zeit richten, sondern allgemeine Gültigkeit haben („*dicta classica*") und deshalb „als Fundament einer gründlichen dogmatischen Untersuchung zugrunde gelegt werden können."[26] Historische Forschung und theologische Theoriebildung sind bei Gabler demnach direkt aufeinander bezogen. Baur knüpft an die bei Gabler sichtbar werdende Weichenstellung an und fordert eine konsequente Umsetzung des historischen Zugangs innerhalb der Theologie. Vor diesem Hintergrund sichtet er die verschiedenen Versuche, eine „Biblische Theologie" durchzuführen und kommt zu dem Ergebnis, dass bei nahezu allen Versuchen das dogmatische Interesse gegenüber der geschichtlichen Betrachtung in unangemessener Weise vorrangig bleibe. Dies zeige sich etwa darin, dass Widersprüche und Unterschiede innerhalb der kanonischen Texte nicht genügend ernst genommen würden. Es kam im Verlauf der Entwicklung deshalb, so Baur, „erst noch darauf an, die grundsätzlich anerkannte geschichtliche Methode auch practisch zur Ausführung zu bringen, die Subjectivität des Rationalismus dadurch zu überwinden, dass man von ihr zur objectiven Geschichtsbetrachtung fortschritt"[27]. Der Vorrang der geschichtlichen Betrachtung ist für Baur allerdings kein Selbstzweck. Vielmehr begründet er seine Forderung mit einem genuin theologischen Anliegen, das greifbar wird, wenn Baur die „Biblische Theologie" folgendermaßen charakterisiert:

---

[23] Die grundlegende Darstellung dazu ist die Arbeit von Merk, Biblische Theologie.
[24] Vgl. Gabler, Unterscheidung, 32–44.
[25] Gabler, Unterscheidung, 35.
[26] Gabler, Unterscheidung, 43.
[27] Baur, Vorlesungen, 10f.

Im Unterschied von der Dogmatik und allem demjenigen, was zum Begriff derselben gehört, sollte die biblische Theologie eine rein geschichtliche Wissenschaft sein. In ihr hat sich die reine Lehre der Schrift aus den Fesseln des Abhängigkeits-Verhältnisses, in das sie zum dogmatischen System der Kirche gekommen war, losgemacht und von demselben mehr und mehr emancipiert.[28]

Baur sieht demnach in der Durchsetzung der geschichtlichen Methode innerhalb der Theologie das Grundanliegen des Protestantismus zur Geltung gebracht, denn, wie Baur erklärt: „Nach dem Grundprincip des Protestantismus soll die Dogmatik der protestantischen Kirche nichts anderes sein als die Darstellung der in der Schrift enthaltenen Lehre.“[29] Dieser Forderung aber hätten die „ursprünglichen Darstellungen der evangelischen Glaubenslehre“ wie Melanchthons *Loci* oder Calvins *Institutio* „weit mehr als die spätern“ entsprochen, denn: „Sie sollten nur die wissenschaftliche Reproduction des in der Schrift ausgesprochenen evangelischen Bewusstseins sein.“[30] Hier wird Baurs Anspruch erkennbar, das Erbe des Protestantismus in der Neuzeit gewahrt und weiterentwickelt zu haben. Es geht ihm darum, die Theologie von dem Festhalten an äußerlichen Autoritäten zu befreien und ihr damit zu jener Freiheit des Geistes zu verhelfen, die Baur in der paulinischen Unterscheidung von Buchstabe und Geist (2. Korinther 3,6) wiederzufinden meint.[31] Auf diese Weise führt Baur den Ansatz einer konsequenten „Dekanonisierung“ der neutestamentlichen Texte fort, den Johann Salomo Semler (1725–1791) in seiner zwischen 1771 und 1775 erschienenen *Abhandlung von freier Untersuchung des Canon* programmatisch formuliert hatte. Semler ging es dabei nicht darum, den neutestamentlichen Kanon grundsätzlich zu „verabschieden“, wohl aber darum, die grundlegende Unterscheidung von Schrift und Wort Gottes, für die Semler sich auf Luther und Melanchthon beruft, gegenüber der Orthodoxie zur Geltung zu bringen.[32] Mit dieser grundlegenden Unterscheidung eröffnete sich für die Bibelwissenschaft ein weites Feld, da es nun möglich wurde, vorurteilsfrei nach den historischen Voraussetzungen und Zusammenhängen der biblischen Texte

---

[28] Baur, Vorlesungen, 1.
[29] Baur, Vorlesungen, 1.
[30] Baur, Vorlesungen, 2.
[31] Vgl. Baur, Abgenöthigte Erklärung, 297.
[32] Vgl. Bauspieß, Geschichte und Erkenntnis, 41; Lauster, Prinzip und Methode, 24. Inwiefern diese Unterscheidung bei Martin Luther tatsächlich bereits konsequent durchgeführt ist, ist in der Forschung umstritten. Es ist aber doch charakteristisch für manche Teile der nachaufklärerischen Theologie, sich ausdrücklich als protestantische Theologie zu definieren, mit dem Anspruch, die reformatorische Theologie in die Neuzeit übersetzt zu haben. Für Luther ließe sich etwa auf *De servo arbitrio* hinweisen: „Duae res sunt Deus et Scriptura Dei, non minus quam duae res sunt Creator et creatura Dei“ (WA 18, 606). Da sich daneben aber auch anderslautende Äußerungen Luthers zur Schrift finden (vgl. Kraus, Geschichte der historisch-kritischen Erforschung, 7), ist umstritten, inwiefern die Wahrnehmung Semlers historisch zutrifft. Barth, Die Theologie Martin Luthers, 146, erklärt zu Luthers Schriftverständnis: „Das Wort Gottes ist keineswegs schlicht mit der Heiligen Schrift zu identifizieren.“ Vgl. dazu den gesamten Abschnitt ebd., 146–159.

zu fragen. Gleichzeitig ist aber zu beobachten, dass auch die konservative Forschung die historische Methode bewusst in die Theologie aufnahm und häufig dazu einsetzte, traditionelle Verfasserangaben und die historische Zuverlässigkeit der Evangelien und der Apostelgeschichte zu beweisen. Insofern hatte die nachaufklärerische Bibelwissenschaft von Anfang an teilweise auch eine apologetische Ausrichtung.[33] Sie bemühte sich etwa darum, die Widersprüche zwischen einzelnen neutestamentlichen Schriften möglichst auszugleichen. Diesen Versuchen erteilt Baur eine Absage. Sein Interesse gilt vielmehr den gegensätzlichen Strömungen innerhalb des Urchristentums, dem grundlegenden „Gegensatz", den er in seiner Arbeit an den paulinischen Briefen erstmals aufdeckte. Für seine Methodik, mit der Baur an die neutestamentlichen Texte herangeht, sollte die Wahrnehmung dieses „Gegensatzes" bestimmend werden.

4. Baurs Entdeckung der „Gegensätze" im frühen Christentum

Wie bereits angesprochen, ist das von Baur entworfene Bild der Geschichte des frühen Christentums schon bald als eine von der Philosophie Hegels beeinflusste Konstruktion kritisiert worden. Bis heute wird nicht selten der „Hegel'sche Schematismus" kritisiert, mit dem in Baurs Vorstellung die Geschichte des Urchristentums als eine Entwicklung zwischen widerstreitenden Gegensätzen begriffen wird, die von These und Antithese zur Synthese fortschreitet.[34] In der Baur-Forschung ist allerdings immer wieder darauf hingewiesen worden, dass sich ein nachhaltiger Einfluss der Religionsphilosophie Hegels auf Baurs Denken erst ab 1832/33 nachweisen lässt.[35] Er schlägt sich erstmals in aller Deutlichkeit in Baurs 1835 erschienenem Werk über *Die christliche Gnosis oder die christliche Religions-Philosophie in ihrer geschichtlichen Entwicklung* nieder. Entscheidende Weichenstellungen für Baurs Sicht der Geschichte des Urchristentums erfolgen nicht erst durch die Begegnung mit Hegel, sondern durch die Arbeit an den neutestamentlichen Texten selbst,[36] was sich in Baurs 1831 er-

---

[33] S. dazu Bauspieß, Geschichte und Erkenntnis, 44f, 513 u.ö.; Lauster, Prinzip und Methode, 35.

[34] Hodgson, Formation, 208, weist allerdings darauf hin, dass sich die materiale Beschreibung der „Gegensätze" im Frühchristentum, die Baur vornimmt, nicht einfach mit dem Hegel'schen Modell gleichsetzen lasse.

[35] Vgl. Berger, Exegese und Philosophie, 29.

[36] Damit soll der Einfluss der Philosophie Hegels auf Baurs Denken nicht heruntergespielt werden. Das theologische Interesse an der Geschichte hat sich durch die Aufnahme des Hegel'schen Denkens wohl noch einmal intensiviert, wie Geiger, Spekulation und Kritik, 45, bemerkt: „Hieß es in der Vorrede zur ‚Symbolik und Mythologie' noch in platonisierender Weise, es sei die Weltgeschichte ‚Ausdruck der göttlichen Idee und Zweke', ‚Bild und Spiegel des göttlichen Geistes', so ist nun die in dem idealistischen Geschichtspantheismus implizier-

schienener Untersuchung mit dem Titel *Die Christuspartei in der korinthischen Gemeinde, der Gegensatz des petrinischen und paulinischen Christenthums in der ältesten Kirche [...]* zeigt. Ausgehend von den in 1. Korinther 1,12 von Paulus genannten „Parteien" in der Gemeinde von Korinth destruiert Baur die Vorstellung des Urchristentums als einer harmonischen Urzeit[37] und deckt in der frühesten Zeit einen grundlegenden theologischen „Gegensatz" auf, in dem es zu vermitteln galt. Hinter den vier genannten Parteien (Apollos, Paulus, Kephas, Christus) sieht Baur zwei Strömungen stehen, eine heidenchristliche, die sich auf Apollos und Paulus berief und eine judenchristliche, der Kephas bzw. Petrus als Leitfigur galt und die Baur auch mit der in 1. Korinther 1,12 genannten „Christuspartei" im Zusammenhang stehen sieht. Die Position dieser zuletzt genannten Gruppe sieht Baur in den clementinischen Homilien, die Baur auf der Schwelle vom zweiten zum dritten Jahrhundert datiert,[38] ausgebildet. Die hier greifbar werdende Polemik gegen Paulus stimmt für Baur gut mit den Hinweisen zusammen, die sich den Korintherbriefen und dem Galaterbrief über die „Gegner" des Paulus entnehmen lassen. Die Korintherbriefe und der Galaterbrief auf der einen, die clementinischen Homilien auf der anderen Seite bezeichnen für Baur „die äußersten Puncte, an welchen die in der ältesten Kirche gegen den Apostel Paulus erhobene Polemik, der Gegensatz des paulinischen und petrinischen Christenthums, fixiert werden kann"[39]. Dieser Gegensatz ist für Baur so grundlegend, dass er die neutestamentlichen Schriften durchgängig vor diesem Hintergrund zu verstehen versucht. Vor allem aber ist Baur der Ansicht, dass durch seine historische Rekonstruktion eines sich bereits in den neutestamentlichen Texten niederschlagenden grundlegenden Gegensatzes „die alten grundlosen Begriffe von der abgeschlossenen Einheit des Kanon auf immer zerstört worden sind"[40]. Bei aller Problematik, die Baurs Verfahren in methodischer Hinsicht mit sich bringt, gelingt ihm doch ein entscheidender Schritt über eine unkritisch historisierende Lektüre der neutestamentlichen Texte hinaus. Denn für ihn rücken die Texte auf diese Weise nicht mehr nur als Quellen der in ihnen sichtbar werdenden historischen Ereignisse in den Blick. Vielmehr begreift er sie auch als literarischen Niederschlag einer theologischen Auseinan-

te Identität prinzipiell anerkannt: Die Geschichte als Prozeß ist der Entwicklungsprozeß Gottes selber."

37 „An die Stelle eines unhistorischen Ursprungsmythos, in dem die Anfänge des Christentums zu einem Zustand ungetrübter Harmonie verklärt wurden, trat ein historisch differenziertes Bild des Interessengegensatzes und spannungsreichen Machtkampfes zwischen zwei Parteien, die sogar im Hinblick auf die religiöse Bedeutung Jesu Christi nicht übereinstimmten und deshalb alternative theologische ‚Systeme' ausbildeten" (Graf, Ferdinand Christian Baur, 106; vgl. Hodgson, Formation, 209).

38 Vgl. Baur, Die Christuspartei in der korinthischen Gemeinde, 56.

39 Baur, Die Christuspartei in der korinthischen Gemeinde, 76.

40 Baur, Kirchengeschichte, 396; vgl. Hodgson, Formation, 203.

dersetzung, innerhalb derer sie Position beziehen. Damit macht Baur den subjektiven Standpunkt der neutestamentlichen Autoren zum Thema.

Die konservative Kritik an Baur entzündet sich nicht so sehr an diesem Verfahren, sondern in erster Linie an den konkreten Ergebnissen, zu denen Baur auf diese Weise gelangt. So stellt Baur in einer 1835 erschienenen Untersuchung über die Pastoralbriefe die paulinische Verfasserschaft der beiden Briefe an Timotheus und des Briefes an Titus in Frage. Diese Schrift provoziert die Kritik Ernst Wilhelm Hengstenbergs (1802–1869), der in der von ihm herausgegebenen *Evangelischen Kirchenzeitung* heftig gegen Baur polemisiert. Baur antwortet mit seiner Schrift *Abgenöthigte Erklärung gegen einen Artikel der evangelischen Kirchenzeitung [...]*, die er im Mai 1836 veröffentlicht. In dieser Auseinandersetzung wird noch einmal deutlich, welches theologische Interesse Baur mit seinen historisch-kritischen Untersuchungen verbindet.

5. Die Auseinandersetzung mit Hengstenberg

Gegenüber Hengstenberg hat Baur sich gegen den Vorwurf einer „Willkühr des Scepticismus" zu verteidigen[41]. Hengstenberg stellt Baur in eine Linie mit David Friedrich Strauß, der in Blaubeuren Baurs Schüler gewesen war und dessen *Leben Jesu* gerade für Aufsehen gesorgt hatte. Beide, Baur wie Strauß, sind nach Hengstenberg im Begriff, dem Christentum seine geschichtliche Grundlage zu entziehen, indem sie traditionelle Verfasserangaben und die historische Authentizität der neutestamentlichen Texte in Frage stellen. Baur zitiert Hengstenberg mit dem Satz: „Nach dieser Schrift über die Pastoralbriefe müssen wir in der That glauben, daß Herr Baur bereits die geschichtliche Auctorität des Evangelii Johannis eben so wie Strauß, über Bord geworfen hat."[42] Vor diesem Hintergrund sollte es nicht verwundern, so Hengstenberg, „wenn auch noch einer auftritt und den letzten *coup* ausführt, vor dem sich selbst Strauß noch hat zurückhalten lassen, sämmtlichen Paulinischen Briefen ihre Authentie abzusprechen."[43] Ganz so weit wird Baur freilich nicht gehen. Bei ihm bleiben am Ende seiner Forschungen der Römerbrief, der Galaterbrief und die beiden Korintherbriefe als authentische Paulusbriefe stehen.[44] Offensichtlich sieht Hengstenberg durch Strauß und Baur einem „Kritizismus" Tür und Tor geöffnet, der nach und nach zur Auflösung der geschichtlichen Grundlagen des Christentums führen muss, wogegen eine „eine heilsame Reaktion" zu erwarten sei, die sich „in schweren Wehen" werde „durchkämpfen müssen"[45].

[41] Baur, Abgenöthigte Erklärung, 269; vgl. ebd., 290.
[42] Zitiert nach Baur, Abgenöthigte Erklärung, 270.
[43] Zitiert nach Baur, Abgenöthigte Erklärung, 271.
[44] Vgl. Baur, Vorlesungen, 39.
[45] Zitiert nach Baur, Abgenöthigte Erklärung, 268.

Es ist charakteristisch für Baur, dass er sehr detailliert auf Hengstenbergs Vorwürfe antwortet. Zudem weist er darauf hin, dass er Straußens Buch zur Zeit der Abfassung seiner eigenen Schrift über die Pastoralbriefe noch gar nicht kennen konnte.[46] Auf eine ausführliche Verteidigung des Ansatzes von Strauß lässt Baur sich nicht ein.[47] Es geht Baur vielmehr darum, sein eigenes wissenschaftliches Anliegen mit nun seinerseits in scharfer Polemik vorgetragenen Ausführungen zu erläutern und zu verteidigen. Geradezu wegweisend für die sich im Folgenden an Baur entzündende Kritik ist der Vorwurf Hengstenbergs, dass sich an Baur und Strauß „die verderblichen Tendenzen der Hegel'schen Philosophie"[48] in der Theologie niederschlügen. Auch auf eine Diskussion über die Hegel'sche Philosophie lässt Baur sich nicht ein. Stattdessen verweist er auf den „objectiven Charakter" seiner Darstellung zu den Pastoralbriefen und seine Untersuchung aus dem Jahr 1831, in der er den „Gegensatz der Petriner und Pauliner in der ältesten Kirche" nachgewiesen habe[49]. Für Baur ist demnach die historisch-rekonstruierte Geschichte das einzig entscheidende Argument. Die grundsätzliche Berechtigung der historischen Kritik steht für ihn nicht zur Debatte. So geht er nun seinerseits zur Attacke gegen Hengstenberg über und bemerkt:

> Gegen die von mir aufgestellten Grundsätze der historischen Kritik kann, wie ich überzeugt bin, nichts mit Grund eingewendet werden, daß ich aber auf dem durch diese Grundsätze mir vorgeschriebenen Wege in Ansehung der Pastoralbriefe zu keinem andern Resultat gelangen konnte, als nur zu einem solchen, durch welches ich mir den Unwillen des Herausgebers der evangelischen Kirchenzeitung in so hohem Grade zugezogen habe, ist nicht meine Schuld, darüber rechte er mit der Geschichte, die es mir möglich machte, solche Beweise in ihr zu finden, und zuletzt mit der göttlichen Vorsehung, welche die Geschichte gerade diesen Gang nehmen ließ, oder er lerne es, wie gut es auch in solchen Dingen ist, seine menschliche Subjectivität, die doch am Ende nur der Sitz des natürlichen Menschen ist, der von Gott bestimmten und geordneten Objectivität unterzuordnen.[50]

Baur entlarvt damit Hengstenbergs Beharren auf der historischen Authentizität der neutestamentlichen Schriften als „Verobjektivierung" seiner eigenen, subjektiven Position.[51] Hinter der reaktionären „Furcht" vor der historischen Kritik steckt für Baur deshalb „ein gar arger Unglaube", weshalb es Hengstenberg „ebenso sehr an dem wahren Glauben, als an der wahren Wissenschaft" fehle[52].

---

[46] Vgl. Baur, Abgenöthigte Erklärung, 270f.

[47] Tatsächlich scheint Strauß sich durch Baurs Bemerkungen gegenüber Hengstenberg eher gekränkt als verteidigt gefühlt zu haben; s. dazu Mehlhausen, Spekulative Christologie, 126.

[48] Baur, Abgenöthigte Erklärung, 269.

[49] Baur, Abgenöthigte Erklärung, 274.

[50] Baur, Abgenöthigte Erklärung, 295.

[51] Vgl. Baur, Abgenöthigte Erklärung, 274f.

[52] Baur, Abgenöthigte Erklärung, 269.

Für Baur ist das „Interesse für die objective historische Wahrheit [...] von dem Interesse für die Sache des Christenthums nicht zu trennen“[53]. Denn die „Erforschung der Wahrheit“ ist nach Baurs Überzeugung Ausdruck des „nach der Gewißheit seines Glaubens rastlos ringenden Geist[es]“[54]. Hinter dieser Suche steht für ihn die „Idee einer aus dem ewigen Geiste des Evangeliums immer aufs neue sich erzeugenden ächt protestantischen Kritik“[55]. Noch einmal wird deutlich, dass Baur die theologische Bedeutung der historischen Kritik darin sieht, sich von menschlichen Autoritäten freizumachen. Insofern ist sie der Weg für die Theologie, sich Gottes eigener Offenbarung zu nähern. Darin sieht Baur einmal mehr das Grundanliegen des Protestantismus in seiner eigenen Zeit zur Geltung gebracht. Inwiefern historische Forschung „objektiv“ ist, erörtert Baur an dieser Stelle nicht. Er setzt vielmehr voraus, dass die menschliche Vernunft in der Lage ist, den Verlauf der Geschichte zu verstehen, eben weil sich in dieser die Entwicklung zur Selbstoffenbarung des „absoluten Geistes“, des Geistes Gottes, ereignet. Historische Kritik ist für Baur folglich theologisch geboten.

6. Der Vorwurf der „Konstruktion“

Die Vehemenz, mit der Baur gegen die aus konservativen Kreisen geäußerte Kritik an ihm streitet, ist wohl darin begründet, dass seine Gegner ihn gerade an dem Punkt angreifen, der für ihn zentral ist: mit dem Vorwurf, es handele sich bei Baurs Rekonstruktionen von vermeintlich „objectiver“ Geschichte in Wahrheit um subjektive Konstruktionen, die in Abhängigkeit von der Hegel'schen Philosophie entstanden seien. Gegen diesen Vorwurf setzt sich Baur in verschiedenen Vorreden zu seinen in den 1840er-Jahren erschienenen historischen Arbeiten zur Geschichte des christlichen Dogmas zur Wehr. Den Vorwurf des „Hegelianismus“ interpretiert Baur als grundsätzlichen Angriff auf die von ihm vertretene „speculative“ Methode, mit der letzten Endes nichts anderes gemeint ist als das bereits in *Symbolik und Mythologie* beschriebene Vordringen von den Einzelerscheinungen hin zu dem „Princip“, das sich in diesen zeigt[56]. Es geht hier wie dort um die Frage, wie viel philosophische Reflexion die historische Arbeit benötigt, um der Theologie dienlich zu sein. Baur wehrt sich vehement gegen den Vorwurf, er „construiere“ Geschichte „nach den vorgefaßten Ansichten eines speculativen Systems, nur nach einem voraus fertigen Sche-

[53] Baur, Abgenöthigte Erklärung, 275f.
[54] Baur, Abgenöthigte Erklärung, 275.
[55] Baur, Abgenöthigte Erklärung, 275.
[56] Baur, Vorrede zu: Die christliche Lehre von der Dreieinigkeit und Menschwerdung Gottes, 298; vgl. ders., Vorrede zur ersten Ausgabe des Lehrbuchs der christlichen Dogmengeschichte, 307f.

matismus, welchem alles Einzelne sich fügen müsse"[57]. Die Begründung, die er dafür gibt, ist erkenntnistheoretischer Natur. So erklärt Baur:

> Nur der roheste Empirismus kann meinen, daß man den Dingen sich schlechthin hingeben, die Objecte der geschichtlichen Betrachtung nur gerade so nehmen könne, wie sie vor uns liegen. Seitdem es auch eine Kritik des Erkennens, eine kritische Erkenntnistheorie gibt (eine solche gibt es bekanntlich in jedem Falle wenigstens seit Kant), muß auch Jeder, der nicht ohne alle philosophische Bildung zur Geschichte herankommt, wissen, daß man zwischen den Dingen, wie sie an sich sind, und wie sie uns erscheinen, zu unterscheiden hat, und daß sie zu Erscheinungen für uns ebendadurch werden, daß wir nur durch das Medium unseres Bewußtseins zu ihnen gelangen können. Hierin liegt der große Unterschied zwischen der rein empirischen und der kritischen Betrachtungsweise, und die letztere, welche ebendarum die kritische heißt, weil es ihre Aufgabe ist, was an den Gegenständen des Erkennens entweder objektiv oder subjektiv ist, streng zu scheiden und auseinanderzuhalten, will so wenig an die Stelle des Objectiven etwas blos Subjectives setzen, daß ihr vielmehr Alles daran gelegen ist, nichts, was nur subjectiver Natur ist, für die reine Objectivität der Sache selbst zu halten; sie will nur mit geschärfterem Auge der Sache auf den Grund ihres Wesens sehen. Auf so einfachen Principien, bei welchen freilich Alles davon abhängt, wie man sie auf den geschichtlichen Stoff anzuwenden weiß, beruht die kritische, oder wenn man will, speculative Methode.[58]

Baur formuliert damit eine grundlegende erkenntnistheoretische Einsicht, die auf den ersten Blick paradox erscheinen könnte: Der Weg zur „Objektivität" der Geschichte kann nicht an der Subjektivität des die Geschichte schreibenden Menschen vorbei, sondern nur durch diese hindurch gelangen. Sein Standpunkt, von dem aus der Mensch Geschichte schreibt, ist immer ein begrenzter, der durch die jeweiligen Zusammenhänge, in denen sich der Mensch befindet, bedingt ist. Nur dann, wenn diese Subjektivität wahrgenommen, ausfindig gemacht und von dem, was an „Objektivem" berichtet wird, unterschieden wird, lässt sich der Gefahr wehren, dass man subjektiven Urteilen das Gewicht objektiver Wahrheit verleiht. In diesem Sinne ist Baurs Methode „Kritik" in der ursprünglichen Bedeutung des griechischen Wortes κρίνειν. Sie ist eine Kunst der Unterscheidung. Die Wahrnehmung der subjektiven Intentionen der neutestamentlichen Autoren dient gerade dazu, zur Wirklichkeit der Geschichte vorzudringen, die fur Baur eine „objektive Realität" ist. Insofern entsprechen sich in Baurs Denken „Spekulation" und „Kritik", wie Wolfgang Geiger in seiner immer noch sehr lesenswerten Untersuchung zu Baur herausgearbeitet hat: „Einsicht in das Ganze, Begreifen seines Gewordenseins, also Spekulation ist die Intention und der Charakter der Baurschen ‚Kritik'."[59] Vor diesem Hintergrund entwickelt Baur seine Methode der „Tendenzkritik".

[57] Baur, Vorrede zur ersten Ausgabe des Lehrbuchs der christlichen Dogmengeschichte, 306.

[58] Baur, Vorrede zur ersten Ausgabe des Lehrbuchs der christlichen Dogmengeschichte, 307.

[59] Geiger, Spekulation und Kritik, 169.

7. Baurs „Tendenzkritik"

Die von Baur begründete Methodik historisch-kritischer Forschung folgt der soeben skizzierten erkenntnistheoretischen Einsicht. In seiner „geschichtlichen Auffassung" geht es Baur nach eigener Auskunft keineswegs vorrangig um Negation, sondern um eine konstruktive geschichtliche Betrachtung der die Kirche begründenden Geschichte. In diesem Sinne setzt sich Baur in seinen 1847 erschienenen *Kritische[n] Untersuchungen über die kanonischen Evangelien* nun auch ausdrücklich von David Friedrich Strauß ab, dessen Auffassung er als „negativ-kritisch" bezeichnet.[60] Baur bemerkt: „Der Fehler des Strauß'schen Werkes ist, daß es die evangelische Geschichte zum Gegenstand der Kritik macht, ohne zuvor mit der Kritik der Schriften auf ein festeres Resultat gekommen zu sein."[61] Strauß hat nach Baurs Ansicht vorschnell „den Inhalt der evangelischen Geschichte wesentlich für mythisch"[62] erklärt, ohne danach zu fragen, wie die Evangelisten selbst das Verhältnis der von ihnen berichteten Inhalte zur geschichtlichen Wirklichkeit verstanden wissen wollten.[63] Denn „so manches, was mythisch zu sein scheint, hat seine dem Mythus ähnliche ideelle Gestalt nur durch die freie Produktivität des erzählenden Schriftstellers erhalten"[64]. Mindestens implizit weist Baur damit darauf hin, dass die Evangelien theologische Erzählungen sind, die eine theologische Konstruktion der Jesus-Geschichte bieten. Baur wendet die oben skizzierte erkenntnistheoretische Einsicht für seine Methodik an, wenn er erklärt:

> Da überhaupt für uns alles Geschichtliche erst durch das Medium des erzählenden Schriftstellers hindurchgeht, so ist auch bei der Kritik der evangelischen Geschichte die erste Frage nicht, welche objektive Realität diese oder jene Erzählung an sich hat, sondern vielmehr, wie sich das Erzählte zum Bewußtsein des erzählenden Schriftstellers verhält, durch dessen Vermittlung es für uns ein Objekt des historischen Wissens ist.[65]

Die „Tendenzkritik" hat zum Ziel, dieses Verhältnis des Schriftstellers zu der von ihm dargestellten Geschichte zu erhellen. Insofern sie nach der Art der Darstellung fragt, nimmt sie die Intention der zu Baurs Zeit in Ansätzen bereits vorhandenen und später ausgebildeten Gattungskritik auf. Insofern sie die subjektive Perspektive der neutestamentlichen Autoren in den Blick rückt, erinnert sie bereits an die erst im 20. Jahrhundert ausgebaute Redaktionskritik.[66] Von seinen grundsätzlichen Ausführungen her ist deutlich, dass es Baur bis zuletzt bei der Wahrnehmung der subjektiven Zugänge der Verfasser der Evangelien

[60] Vgl. Baur, Kritische Untersuchungen, 40–71.
[61] Baur, Kritische Untersuchungen, 71.
[62] Baur, Kritische Untersuchungen, 72.
[63] Vgl. Baur, Kritische Untersuchungen, 72f.
[64] Baur, Kritische Untersuchungen, 73.
[65] Baur, Kritische Untersuchungen, 73.
[66] Vgl. Fuller, Baur versus Hilgenfeld, 370.

zur Geschichte letzten Endes um das Durchdringen zur „Objektivität der Geschichte" geht. Dies aber nicht in dem Sinne, dass er sich auf die Herausarbeitung der „Fakten" konzentriert, sondern so, dass Baur die konkrete Aufnahme und Weiterverarbeitung von Traditionen literarkritisch rekonstruiert und auf diese Weise erkennbar zu machen versucht, wie sich die „Grundidee" des Christentums in ihrer geschichtlichen Entwicklung zeigt.[67] Es wäre nun weiter zu fragen, wie genau sich Baurs Ansatz in seiner Auslegung der Evangelien niederschlägt und inwiefern diese tatsächlich auch Auswirkungen auf seine materiale Beschreibung der „Grundidee" des Christentums hat. Deutlich ist, dass die historisch-kritische Methode für Baur eine eminent theologische Bedeutung hat, da durch sie herausgearbeitet wird, was das verbindlich Christliche für die Gegenwart ist. Insofern geht es Baur auf seine Weise um eine historisch-kritische Grundlegung des christlichen Glaubens und der christlichen Theologie,[68] auch wenn er versucht, die historisierenden Engführungen der konservativen Bibelwissenschaft zu überwinden.

8. Perspektiven im Anschluss an Baur und kritische Rückfragen

Schon zu Baurs Zeiten wurde deutlich, dass sich seine materiale Beschreibung der Geschichte des Urchristentums nicht durchsetzen konnte. Gleichwohl hat er eine grundsätzliche Verhältnisbestimmung von Geschichte und Theologie vorgenommen, die für weite Teile der historisch-kritischen Forschung wegweisend geworden ist. Baurs Anliegen besteht darin, eine kritische, auf der Grundlage einer strengen historischen Methodik durchgeführte Rekonstruktion der Geschichte des Urchristentums vorzunehmen, die sich befreit von dogmatistischen Vorgaben. Dies bedeutet im Ergebnis aber gerade nicht, dass die historische Rekonstruktion von theologischer Vereinnahmung gänzlich befreit wird. Tatsächlich gewinnt die historische Rekonstruktion bei Baur auch in theologischer Perspektive ein entscheidendes Gewicht, insofern sie allein darüber Auskunft geben kann, was in der Gegenwart als das verbindlich Christliche gilt. Dieser Anspruch wird bei Baur klar ausgesprochen.

Der bleibende Ertrag der Arbeiten Baurs liegt mit Sicherheit auf dem Feld der Methodik für den Umgang mit den Texten des frühen Christentums. Baur hat die durch Johann Salomo Semler eingeleitete ‚freie Untersuchung des Canon' auf eine methodologische Grundlage gestellt.[69] An die Stelle eines sterilen, als widerspruchsfrei postulierten Kanons setzt Baur das Bewusstsein für ein

[67] Zur Wechselwirkung von Literar- und Tendenzkritik bei Baur s. Hodgson, Formation, 215.

[68] Vgl. Bauspieß, Geschichte und Erkenntnis, 70; Lauster, Prinzip, 117.

[69] Kümmel, Einführung, VIII, bemerkt, Baur habe, die Ansätze von Gabler und Bauer

Schriftencorpus, innerhalb dessen sich lebendige Entwicklungsprozesse und Auseinandersetzungen beobachten lassen. Baurs Stärke liegt darin, dass er uns diese Prozesse als theologische Auseinandersetzungen begreifbar zu machen versucht. Hinter diesen Versuch sollten wir auch heute nicht zurückgehen, gerade auch um der Theologie willen, die sich stets innerhalb eines lebendigen Geschichtsprozesses bewegt und Menschen anspricht, die innerhalb eines solchen Prozesses stehen. Dies gilt es aus meiner Sicht gegen neo-konservative Tendenzen, die sich hier und da auch in die neutestamentliche Wissenschaft einschleichen, zu verteidigen.

Allerdings lässt sich an Baur die Frage richten, inwiefern er die subjektiven Zugänge der neutestamentlichen Autoren tatsächlich auch theologisch ernstnimmt. Denn gemessen am „objektiven" Maßstab der Historie fällt es Baur doch schwer, die theologischen Ansprüche dort zur Geltung zu bringen, wo er eine bewusste „Tendenz" der neutestamentlichen Autoren zu erkennen meint. Hier wäre gerade von Baur ausgehend möglicherweise über Baur hinaus weiterzudenken. Eine methodische Schwäche der „Tendenzkritik" liegt zudem sicherlich darin, dass sie die Schriften von ihrer hypothetisch rekonstruierten „Gegnerposition" aus interpretiert, anstatt sie selbst zu Wort kommen zu lassen.

Damit verbunden sind theologische Anfragen, die bereits Rudolf Bultmann gegen Baur vorgebracht hat, der formuliert, Baur habe das Kerygma „ausgeschaltet", „indem nun die Geschichte als solche Autorität wird und an die Stelle des Kerygmas tritt"[70]. Es überrascht einigermaßen, dass Bultmanns rebellischer Schüler Ernst Käsemann seinem Lehrer an dieser Stelle sekundiert, wenn er an Baur die Frage richtet, „ob nicht [...] mit der Reformation der Geschichte das Wort als einzige Offenbarungsquelle und die Geschichte allein als Ort der Begegnung mit dem Wort entgegenzuhalten ist"[71]. Wolfgang Geiger hat diese Anfrage in seiner Untersuchung zu Baurs Theologie auf die historisch-kritische Forschung des 18. und 19. Jahrhunderts insgesamt ausgeweitet und erklärt:

> Seit dem 18. Jahrhundert hatte man sich zunehmend gewöhnt, das Offenbarungshandeln Gottes zur Historie zu materialisieren. Daß das biblische Wort als solches das Zeugnis der Offenbarung, das Wort der Verheißung und Erfüllung bedeutet, daß eben dieses geschriebene und verkündigte Wort das Medium der göttlichen Offenbarung ist, die zwar in die Geschichte eingeht, aber als die Offenbarung Gottes nicht umgekehrt von uns her durch die Geschichte zu erschließen ist, zu dieser Erkenntnis, die von der Reformation her zu gewinnen gewesen wäre, brachte man es nicht.[72]

In der neueren Forschung scheinen die theologischen Großthemen wie „Offenbarung" und „Wort Gottes" im Zusammenhang mit historischen Fragestellun-

---

aufnehmend, „sich Schritt für Schritt die methodischen Voraussetzungen zur Lösung dieser Aufgabe selber geschaffen."

[70] Bultmann, Theologie des Neuen Testaments, 584.

[71] Käsemann, Einführung, XXIII.

[72] Geiger, Spekulation und Kritik, 241 f.

gen deutlich in den Hintergrund getreten zu sein. Vielleicht könnte aber gerade die Auseinandersetzung mit Baur dazu anregen, Aufgabe und Grenzen historischer Forschung für die Theologie zu bedenken. Die Bedeutung, die Baur der historischen Forschung in theologischer Hinsicht zuschreibt, lässt m. E. fragen, ob sein Ansatz in letzter Konsequenz nicht doch wieder zu einer Historisierung der Theologie führt. Geht es ihm theologisch in seiner Weise um die Wiedergewinnung der Unterscheidung von Schrift und Wort Gottes, die in der altprotestantischen Orthodoxie verdeckt worden war, so drängt sich die Frage auf, ob Baur nicht an die Stelle des „Wortes Gottes" die kritisch rekonstruierte Geschichte gesetzt hat. Der „Geist", den Baur dem bloßen „Buchstabenglauben" entgegengesetzt hat, ist eben nicht der Geist des Evangeliums, der dem Menschen die Perspektive des Glaubens eröffnet, sondern der Geist der Geschichte, die der Mensch selbst zu rekonstruieren hat. Baur provoziert so bis heute dazu, über die Verhältnisbestimmung von Geschichte und Theologie nachzudenken und zu streiten.

Bibliographie

Quellen

Ferdinand Christian Baur, Abgenöthigte Erklärung gegen einen Artikel der evangelischen Kirchenzeitung, herausgegeben von D. E. W. Hengstenberg, Prof. der Theol. an der Universität zu Berlin. Mai 1836, in: Ferdinand Christian Baur. Ausgewählte Werke in Einzelausgaben. Bd. 1: Historisch-kritische Untersuchungen zum Neuen Testament, hg. v. Klaus Scholder, Stuttgart-Bad Cannstatt: Frommann, 1963, 267–320.

Ders., Das Christentum und die christliche Kirche der drei ersten Jahrhunderte (Tübingen [1853], 2. Aufl., 1860), Ferdinand Christian Baur. Ausgewählte Werke in Einzelausgaben, Bd. 3, hg. v. Klaus Scholder, Stuttgart-Bad Cannstatt: Frommann, 1966.

Ders., Die christliche Gnosis oder die christliche Religions-Philosophie in ihrer geschichtlichen Entwicklung, Tübingen: Osiander, 1835.

Ders., Die Christuspartei in der korinthischen Gemeinde, der Gegensatz des petrinischen und paulinischen Christenthums in der ältesten Kirche, der Apostel Petrus in Rom (1831), in: Ferdinand Christian Baur. Ausgewählte Werke in Einzelausgaben. Bd. 1: Historisch-kritische Untersuchungen zum Neuen Testament, hg. v. Klaus Scholder, Stuttgart-Bad Cannstatt: Frommann, 1963, 1–146.

Ders., Kirchengeschichte des neunzehnten Jahrhunderts, Ferdinand Christian Baur. Ausgewählte Werke in Einzelausgaben, Bd. 4, hg. v. Klaus Scholder, Stuttgart-Bad Cannstatt: Frommann, 1970.

Ders., Kritische Untersuchungen über die kanonischen Evangelien, ihr Verhältniß zu einander, ihren Charakter und Ursprung, Tübingen: Fues, 1847.

Ders., Symbolik und Mythologie oder die Naturreligion des Altertums. Teil 1: Allgemeiner Teil, Neudruck der Ausgabe Stuttgart 1824, Aalen: Scientia, 1979.

Ders., Über Zweck und Veranlassung des Römerbriefs und die damit zusammenhängenden Verhältnisse der römischen Gemeinde. Eine historisch-kritische Untersuchung, in: Tübinger Zeitschrift für Theologie 8,3 (1836), 59–178.

Ders., Vorlesungen über neutestamentliche Theologie, hg. v. Ferdinand Friedrich Baur, Leipzig: Fues, 1864.

Ders., Vorrede zu: Die christliche Lehre von der Dreieinigkeit und Menschwerdung Gottes in ihrer geschichtlichen Entwicklung (1841), in: Ferdinand Christian Baur. Ausgewählte Werke in Einzelausgaben. Bd. 2: Die Epochen der kirchlichen Geschichtsschreibung (1852), Dogmengeschichtliche Vorreden aus den Jahren 1838–1858, hg. v. Klaus Scholder, Stuttgart-Bad Cannstatt: Frommann, 1963, 287–302.

Ders., Vorrede zur ersten Ausgabe des Lehrbuchs der christlichen Dogmengeschichte (1847), in: Ferdinand Christian Baur. Ausgewählte Werke in Einzelausgaben. Bd. 2: Die Epochen der kirchlichen Geschichtsschreibung (1852), Dogmengeschichtliche Vorreden aus den Jahren 1838–1858, hg. v. Klaus Scholder, Stuttgart-Bad Cannstatt: Frommann, 1963, 303–308.

Johann Philipp Gabler, Von der richtigen Unterscheidung der biblischen und der dogmatischen Theologie und der rechten Bestimmung ihrer beider Ziele, in: Das Problem der Theologie des Neuen Testaments, hg. v. Georg Strecker, Wege der Forschung 367, Darmstadt: Wissenschaftliche Buchgesellschaft, 1975, 32–44.

Martin Luther, De servo arbitrio 1525, D. Martin Luthers Werke. Kritische Gesamtausgabe 18. Band, Weimar: Böhlau, 1908, 551–878.

Johann Salomo Semler, Abhandlung von freier Untersuchung des Canon, hg. v. Heinz Scheible, Texte zur Kirchen- und Theologiegeschichte 5, Gütersloh: Gütersloher Verlagshaus Mohn, 1967.

Sekundärliteratur

Hans-Martin Barth, Die Theologie Martin Luthers. Eine kritische Würdigung, Gütersloh: Gütersloher Verlagshaus, 2009.

Martin Bauspieß, Geschichte und Erkenntnis im lukanischen Doppelwerk. Eine exegetische Untersuchung zu einer christlichen Perspektive auf Geschichte, Arbeiten zur Bibel und ihrer Geschichte 42, Leipzig: Evangelische Verlagsanstalt, 2012.

Ders., Das Wesen des Urchristentums, in: Ferdinand Christian Baur und die Geschichte des frühen Christentums, hg. v. dems., Christoph Landmesser, David Lincicum, Wissenschaftliche Untersuchungen zum Neuen Testament 333, Tübingen: Mohr Siebeck, 2014, 195–225.

Klaus Berger, Exegese und Philosophie, Stuttgarter Bibelstudien 123/124, Stuttgart: Verlag katholisches Bibelwerk, 1986.

Rudolf Bultmann, Theologie des Neuen Testaments, 2. Aufl., Tübingen: Mohr Siebeck, 1954.

Reginald Fuller, Baur versus Hilgenfeld. A forgotten chapter in the debate of the Synoptic Problem, in: New Testament Studies 24 (1978), 355–370.

Wolfgang Geiger, Spekulation und Kritik. Die Geschichtstheologie Ferdinand Christian Baurs, Forschungen zur Geschichte und Lehre des Protestantismus, Zehnte Reihe, Bd. 28, München: Kaiser, 1964.

Friedrich Wilhelm Graf, Ferdinand Christian Baur (1792–1860), in: Klassiker der Theologie. Bd. 2: Von Richard Simon bis Dietrich Bonhoeffer, hg. v. Heinrich Fries/Georg Kretschmar, München: Beck, 1983, 89–110.

Emanuel Hirsch, Geschichte der neuern evangelischen Theologie im Zusammenhang mit den allgemeinen Bewegungen des europäischen Denkens, Bd. 5, Gütersloh: Gütersloher Verlagshaus Mohn, 1954.

Peter C. Hodgson, The Formation of Historical Theology. A Study of Ferdinand Christian Baur, New York: Harper & Row, 1966.

Ernst Käsemann, Einführung zu: Ferdinand Christian Baur, Ausgewählte Werke in Einzelausgaben. Bd. 1: Historisch-kritische Untersuchungen zum Neuen Testament, hg. v. Klaus Scholder, Stuttgart-Bad Cannstatt: Frommann, 1963, VI-XXV.

Ulrich Köpf, Art. Baur, Ferdinand Christian, in: Religion in Geschichte und Gegenwart 1, 4. Aufl., Tübingen: Mohr Siebeck, 1998, 1183–1185.

Ders., Ferdinand Christian Baur als Begründer einer konsequent historischen Theologie, in: Zeitschrift für Theologie und Kirche 89 (1992), 440–461.

Hans-Joachim Kraus, Geschichte der historisch-kritischen Erforschung des Alten Testaments, 2. Aufl., Neukirchen-Vluyn: Neukirchener, 1969.

Werner Georg Kümmel, Zur Einführung, in: Ferdinand Christian Baur, Vorlesungen über neutestamentliche Theologie, hg. v. Ferdinand Friedrich Baur, mit einer Einführung zum Neudruck von Werner Georg Kümmel, Darmstadt: Wissenschaftliche Buchgesellschaft, 1973, V-XXVI.

Jörg Lauster, Prinzip und Methode. Die Transformation des protestantischen Schriftprinzips durch die historische Kritik von Schleiermacher bis zur Gegenwart, Hermeneutische Untersuchungen zur Theologie 46, Tübingen: Mohr Siebeck, 2004.

Joachim Mehlhausen, Spekulative Christologie. Ferdinand Christian Baur im Gespräch mit David Friedrich Strauß und Julius Schaller, in: Historisch-kritische Geschichtsbetrachtung. 8. Blaubeurener Symposion, hg. v. Ulrich Köpf, Contubernium. Tübinger Beiträge zur Universitäts- und Wissenschaftsgeschichte 40, Sigmaringen: Thorbecke, 1994, 119–140.

Otto Merk, Art. Bibelwissenschaft II. Neues Testament, in: Theologische Realenzyklopädie 6, Berlin/New York: De Gruyter, 1980, 375–409.

Ders., Biblische Theologie des Neuen Testaments in ihrer Anfangszeit. Ihre methodischen Probleme bei Johann Philipp Gabler und Georg Lorenz Bauer und deren Nachwirkungen, Marburger Theologische Studien 9, Marburg: Elwert, 1972.

Manfred Mezger, Art. Bengel, Ernst Gottlieb, in: Die Religion in Geschichte und Gegenwart 1, 3. Aufl., Tübingen: Mohr Siebeck, 1957, 1037–1038.

Henning Graf Reventlow, Epochen der Bibelauslegung. Bd. 4: Von der Aufklärung bis zum 20. Jahrhundert, München: Beck, 2001.

Reinhold Rieger, Gottlob Christian Storrs Hermeneutik der Einheit von Geschichte und Wahrheit auf dem Weg von der Aufklärung zum Idealismus, in: Schelling und die Hermeneutik der Aufklärung, hg. v. Christian Danz, Hermeneutische Untersuchungen zur Theologie 59, Tübingen: Mohr Siebeck, 2012, 51–84.

Ruben Zimmermann, Geschichtstheorien und Neues Testament. Gedächtnis, Diskurs, Kultur und Narration in der historiographischen Diskussion, in: Early Christianity 2 (2011), 417–444.

Aus der Geschichte der Stiftsverbindungen

Anfänge und exemplarische Entwicklungen

Wolfgang Schöllkopf

Notwendige hermeneutische Vorbemerkungen

Wer sich heute mit der Verbindungsgeschichte beschäftigt, muss sich auch damit auseinandersetzen, dass die gegenwärtige Wirklichkeit kaum mehr die geschichtliche Bedeutung des Themas widerspiegelt. Dazu verunklaren heutige Beobachtungen, Urteile und Vorurteile den Zugang. Bestimmte das Verbindungswesen in dem hier zu überschauenden Zeitraum das soziale studentische Miteinander total, so führt es dagegen heute ein nur noch marginales Nischendasein. In diesem blüht eine Vielfalt, die Verehrer und Verächter kaum für möglich halten: von respektablen Neuaufbrüchen bis zu restaurativen Tendenzen, von bewusster Meinungsvielfalt bis zu uniformem Konservativismus, von krampfhaftem Festhalten an alten Gewohnheiten bis zu überlegten Ritualen studentischen Lebens, von einem zeitgemäßen Miteinander der Geschlechter bis zu dumpfen Männerritualen, von verklärter Selbstdarstellung der eigenen Geschichte bis zur kritischen Auseinandersetzung mit dieser zur Schärfung der gegenwärtigen Position. Im Miteinander der Generationen, Studienfächer und Jahrgangsstufen hatten die Verbindungen eine wichtige Aufgabe, aber wie ist das heute?

Wie wird dieser komplizierten Ausgangslage zur Betrachtung des Gegenstands im Folgenden Rechnung getragen? Ist die Haltung einer Hermeneutik des Einverständnisses oder die Hermeneutik des Verdachts besser geeignet, das Thema angemessen zu fassen?

Es geht hier nicht um das Verbindungswesen im Allgemeinen, sondern um die Bedeutung, die es für das Tübinger Stift hatte. Damit steht die Stiftsgeschichte im Fokus der Betrachtung. Die verwendeten Quellen aus dem Stift dokumentieren die Auswirkungen der Stiftsverbindungen auf das Studienhaus, das sich unter dieser Entwicklung mehr veränderte als in den Jahrhunderten zuvor. Außer der Behandlung des Themas in den Klassikern der Stiftsgeschichte[1] und den jeweiligen Selbstdarstellungen einzelner Verbindungen von unter-

[1] Vgl. Leube, Geschichte des Tübinger Stifts, bes. 496–549 (Leider endet Leubes Überblick

schiedlicher Qualität, gibt es bisher nur eine Überblicksdarstellung von Otto Borst.[2] Diese, zum 500jährigen Universitätsjubiläum 1977 verfasst und in eine allgemeine Tübinger Verbindungsgeschichte eingebettet, beschreibt kenntnisreich und stimmungsvoll die gute alte Zeit, nennt aber die fundamentale Krise des Verbindungswesens in Folge der Studentenbewegung nach 1968 nur mit dem lapidaren Satz: „Seit 1968 scheint kein Stiftler mehr in einer der Verbindungen ‚der Stadt' zu sein."[3]

Ergänzend zu den Stiftsquellen und Überblickswerken werden hier drei exemplarische Selbstdarstellungen hinzugezogen, um ihre Einbeziehung des Stifts in ihre Verbindungsgeschichte aufzuzeigen. Es sind dies die Geschichtswerke der (heute noch oder wieder aktiven) Akademischen Verbindungen Roigel (Tübinger Königsgesellschaft)[4], Normannia (Nordland)[5] und Föhrberg (Tübinger Bibelkreis)[6].

Spannende Umbruchszeiten

Schon immer gab es in der Geschichte des Stifts soziale Untergliederungen der Studentengemeinschaft, die seit der Einrichtung des Stipendiums in der Zeit der Reformation rund 150 Stiftler gleichzeitig umfasste. Damit war eine Gruppengröße erreicht, die soziologisch gesehen auf Teilmengen angewiesen war. Eine wichtige Rolle spielten dabei die Studierstuben, deren Zusammensetzung zunächst rein organisatorischer Art war (nach Alphabet!), oder die Herkunft aus den verschiedenen Klosterschulen spiegelte, ab dem 19. Jahrhundert aber zunehmend individuell gestaltet wurde und so zum Beispiel die Zugehörigkeit zu verschiedenen theologischen Schulen oder Frömmigkeitsstilen abbildete. Einige Namen der Stuben benannten dann auch die entstehenden Stiftsverbindungen. Weitere soziale Gliederungsprinzipien waren die Stockwerke, Sphären oder Spehr genannt, oder die Zugehörigkeit zur Diözese eines Stiftsrepetenten. Alle diese Untergliederungen jedoch waren ohne Organisationsstruktur. Das änderte sich zu Beginn des 19. Jahrhunderts, als aus dem ehemaligen Herzoglichen Stipendium im Zuge der neuhumanistischen Bildungsreform im Königreich Württemberg ein Höheres Königlich-württembergisches Seminar wurde. Ge-

zur Geschichte der Stiftsverbindungen seltsamerweise um 1900 [ebd., 549]; seine Darstellung der Phasen der Stiftsgeschichte des 20. Jahrhunderts bis 1950 bezieht sie nicht mehr mit ein.); s. auch: Hahn/Mayer, Das Evangelische Stift, bes. 206–213 (dort bis zur Gegenwart: ebd., 213); Schöllkopf, Schwäbischer Olymp und württembergische Pfarrerschmiede, bes. 82–86.

[2] Vgl. Borst, Stiftsverbindungen, 99–119.

[3] Borst, Stiftsverbindungen, 119.

[4] Vgl. Fischer, Geschichte des Roigel.

[5] Vgl. Daur/Mammone, Geschichte der Verbindung Normannia.

[6] Vgl. Festschrift zum 125-jährigen Jubiläum der A.V. Föhrberg (Redaktion: Kessler/Zeeb).

stalt und Gehalt dieser Bildungseinrichtung, die im 18. Jahrhundert von einflussreichen Ehrbarkeitsfamilien dominiert wurde und, wie es in gleicher Weise von der Universität berichtet wurde, „einzudicken"[7] drohte, veränderten sich, wie seit der Reformation nicht mehr. Schon vor der Politisierung und Selbstorganisation der Studentenschaft entstanden im Stift Ableger der Landsmannschaften, in denen sich vor allem Studenten aus den neu, und nicht ganz freiwillig, zu Württemberg gekommenen Gebieten sammelten, etwa in der „Hohenlohia"[8], „Ulma", oder, besonders originell, der „Suevia superior". Diese spielten im Stift schon eine wichtige Rolle, da die neuwürttembergischen Beutegebiete der napoleonischen Flurbereinigung nun auch das Recht hatten, Stipendiaten nach Tübingen zu entsenden, die dort von den Altwürttembergern argwöhnisch beäugt wurden und sich deshalb unter ihresgleichen sammelten.[9]

In dieser Zeit der beginnenden Politisierung und Selbstorganisation der Studentenschaft trat der Gegensatz von Stifts- und Stadtstudierenden, der sich seit Jahrhunderten schon entwickelt hatte und zuweilen auch kultiviert wurde, besonders deutlich zu Tage. Dazu kam im Stift die Konkurrenz unter den Studienjahrgängen, die Spannung zwischen denen, die von den Klosterschulen und Seminaren, und denen, die aus den Gymnasien des Landes zum Studium ins Stift kamen.

Gegenüber den emanzipatorischen Aufbrüchen in der (Stadt-)Studentenschaft musste das zu Beginn des 19. Jahrhunderts noch immer gültige Reglement des Stifts geradezu mittelalterlich und klösterlich wirken. So verhinderte der abendliche Torschluss die vollständige Teilnahme an geselligen Ereignissen. Dazu kamen die Rauch- und Reitverbote, in Auseinandersetzung mit den Burschenschaften um die Kommers-, Duell- und Fechtverbote erweitert.[10] Das Turnen, das den Leib übte, aber auch den Freiheitsgeist bewegte, wurde 1818 beantragt und immerhin fünf Jahre später genehmigt.[11] Und schließlich kennzeichnete die zwar bereits in Kritik geratene, aber noch immer gültige Kleidungsordnung mit weißem Überschlags-Kragen und schwarzem Mantel die Stiftler als Sondergruppe.[12] Vom Umgang mit Frauen handelte nicht einmal ein Verbot, sondern beredtes Schweigen. Alle diese Regelungen hatten etwas Ausschließliches, aber auch Exklusives und formten einen eigenen Mikrokosmos, den die Insassen selbst zuweilen elitär als Makrokosmos empfanden und dar-

[7] Decker-Hauff/Setzler, Die Universität Tübingen von 1477 bis 1977, 153.

[8] Martin Leube überliefert einen Spottvers der Stiftler auf die neuen Hausgenossen aus Hohenlohe: „*Nos sunt Hohenlohi, qui sacram theologiam/In hoc stipendio frustra studere volunt.*" (ders., Geschichte des Tübinger Stifts, 503 Anm. 1).

[9] Vgl. Neusel, Tübinger Verbindungshäuser, 243.

[10] Vgl. Borst, Stiftsverbindungen, 101f; Leube, Geschichte des Tübinger Stifts, 473–477.

[11] Vgl. Archiv des Evangelischen Stifts Tübingen (Abk. AEvST), Ephoratsbestände E 1, 66/1; vgl. Leube, Geschichte des Tübinger Stifts, 477–479.

[12] Vgl. Leube, Geschichte des Tübinger Stifts, 457–460.

stellten. Dies fasste der Tübinger Historiker Karl Klüpfel stimmungsvoll zusammen:

Die Stadtstudierenden sahen die Stiftler nicht als ebenbürtig an, denn diese waren durch die Klostergesetze von ihren Gesellschaften ausgeschlossen und konnten am studentischen Leben nicht voll teilnehmen. Daher wurden sie denn auch, als die vom Staat Gefütterten und Geknechteten, gering geschätzt. Die Stiftler dagegen pochten auf den alten Ruhm ihrer Anstalt und auf umfassendes Wissen und sahen ihrerseits auf die studentischen Renommisten und die bloß dem Brotstudium Lebenden herab. Höhnisch dagegen sahen die Stadtburschen als die Freien den vom Casino und anderen Gesellschaften durch die Torglocke Abgerufenen nach; höhnisch prahlten sie mit dem entschiedenen Vorzuge, den auch das schöne Geschlecht ihnen gab, die nicht wie die Stiftler von der Tour weg heimkeuchen mussten, die bis zum Schluss des Balls ausharren und nach Hause begleiten konnten, ohne Noten und Karzer zu riskieren. Der Mangel an gesellschaftlichem Schliff, die vom Klosterleben herrührende Unbeholfenheit im Umgang, der eigentümliche Stiftston, die pedantische geistliche Kleidung vollendeten die Scheidung, die zwischen beiden bestand.[13]

Da und dort jedoch wurden die Stiftsmauern bereits durchlässig, etwa als Stiftler, die dem Pietismus angehörten, an Erbauungsstunden in der Stadt teilnahmen.[14] Und zu Beginn des 19. Jahrhunderts beförderte eine praktische Maßnahme die Durchlässigkeit entscheidend: Das Stift war dauernd überbelegt und vor allem in den Wintermonaten herrschte eine drangvolle Enge in den wenigen beheizbaren Stuben, da die sogenannten Sommer-Museen, wie man die eingebauten Kabinette nannte, als Ausweichorte nicht genutzt werden konnten. Dies führte dazu, dass einer immer größeren Zahl an Stiftlern das Wohnen in der Stadt erlaubt wurde.[15] Da die Studienzeit zudem von fünf auf vier Jahre verkürzt worden war, wirkte sich dies noch stärker aus. Das *claustrum hoc cum patria/stat caditque sua* öffnete sich.[16]

Die Politisierung der Studenten- und Stiftlerschaft im Zuge der Freiheitskriege

In den Bewegungen durch die napoleonischen Freiheitskriege, die Wiederherstellung der Allianz und der damit verbundenen Kleinstaaterei kam es zu einer Politisierung der Studentenschaft, wie es der klassische Historiker des 19. Jahr-

[13] Klüpfel, Gustav Schwab, 77 (vgl. auch Leube, Geschichte des Tübinger Stifts, 500–502); Klüpfels Vater war Kompromotionaler von Friedrich Hölderlin, Karl Klüpfel der Schwiegersohn von Gustav Schwab; vgl. Schöllkopf, »Stimmung äußerst democratisch«, 220.

[14] Vgl. Schöllkopf, Studium et Praxis Pietatis, 144.

[15] Vgl. Leube, Geschichte des Tübinger Stifts, 466.

[16] Der Sinnspruch vom Zusammenhang von Stipendium und Vaterland stand früher über dem Hauptportal des Stifts und stammt von dem Stiftler und Professor der Theologie Matthias Hafenreffer (1561–1619) von 1611; vgl. Schöllkopf, »Stimmung äußerst democratisch«, 203; Fritz/Schneiderhan, Baugeschichte des Tübinger Stifts, 26.

hunderts, Franz Schnabel, ausdrückte.[17] Gesamtdeutsche Burschenschaften entstanden gegen die regionalen Landsmannschaften.[18] In Jena gründete sich 1815 die Allgemeine Deutsche Burschenschaft, der bereits 1816 eine erste Tübinger Burschenschaft folgte, der damals 250 von 600 Studenten angehörten. Die Mitgliedschaft des Tübinger Theologiestudenten Karl Ludwig Sand (1795–1820) beim 1814 gegründeten Corps Teutonia wurde nach dessen Attentat auf den russischen Staatsrat und Literaten August von Kotzebue am 23. März 1819 in Mannheim zur Propaganda gegen die Burschenschaften missbraucht.[19]

Im Stift entstanden in dieser Stimmung zunächst einige Zirkel, die sich, typisch für die dort ausgeprägte altwürttembergische Wortkultur, mit der Literatur dieser Zeit beschäftigten, allen voran die „Romantika“, 1813 von Gustav Schwab (1792–1850; Stiftler 1809) initiiert und inspiriert.[20] Schon für diesen Kreis war neu und wurde typisch, dass Stiftler und Stadtstudenten aus Württemberg und anderen Ländern daran teilnahmen, und dass man sich an einem Versammlungsort außerhalb des Stifts traf. Es folgten mit gleichen Gepflogenheiten die Gesellschaften „Hellenia“, die Seminaristen aus Maulbronn in der Stube „Elysium“ sammelte, und „Allemania“, die sich in der Stube „Rathaus“ beheimatete, sowie im Eifertscher Garten vor dem Neckartor und zum Fechten in einem Gartenhaus in der Gartenstraße.[21] Gemeinsam waren diesen Aufbrüchen im Stift ein elitäres Selbstbewusstsein und eine argwöhnische Beobachtung durch die Obrigkeit, was reiche archivalische Spuren hinterließ. Die beteiligten Stiftler atmeten die Luft der Freiheit. Der Beitrag dieser Stiftszirkel zum Tübinger Verbindungswesen war die eingeübte Wort-Kunst in Reden und Reimen, Zitaten und Zoten, Versen und Verrücktheiten in ganz verschiedenen Gemüts- und Aggregatszuständen.

1818 schloss sich die „Allemania“ der Deutschen Burschenschaft Tübingen an und war damit, wie diese selbst, auch der politischen Verfolgung, disziplinarischen Überwachung und schließlich dem Existenzverbot ausgesetzt.

Maßgebliche Stiftler wie Albert Knapp (1798–1864; Stiftler 1816)[22] und Wilhelm Hauff (1802–1827; Stiftler 1820)[23] engagierten sich in der Burschenschaftsbewegung und verbrachten dafür manche Stunde im Stiftskarzer. Gewichtigere

---

[17] Vgl. Schnabel, Deutsche Geschichte, Bd. 2, 249f; auch: Hardtwig, Studentische Mentalität.

[18] „Bursch“ oder „Pursch“ ist die von lat. *Bursa* abgeleitete Bezeichnung für die Studentenschaft, die auch die Individuen bezeichnen konnte; vgl. Kluge, Etymologisches Wörterbuch, 116.

[19] Vgl. Neumann, Carl Ludwig Sand; Lotz, Bildnis und Erinnerung.

[20] Vgl. Leube, Geschichte des Tübinger Stifts, 500–509 u. 570f; Hahn/Mayer, Das Evangelische Stift, 207; zu Gustav Schwab: Schelske, Gustav Schwab. Schwab gab 1815 in Tübingen auch das allgemeine „Commers- und Liederbuch“ heraus, vgl. Schillbach, Gustav Schwab, 90, Nr. 1.

[21] Vgl. Hahn/Mayer, Das Evangelische Stift, 207.

[22] Vgl. Schäfer, Knapp, Albert.

[23] Vgl. Mojem, Wilhelm Hauff.

Folgen hatte es für Knapps Kompromotionalen Karl August Mebold (1798–1854)[24], der als Primus der Promotion 1821 auf eine Repetentur ins Stift zurückkehrte, weiterhin die Burschenschaftsbewegung unterstützte und deshalb 1825 entlassen und bis 1827 auf dem Hohenasperg inhaftiert wurde, zusammen mit dem Jenaer Theologieprofessor Karl von Hase und mit Gottlob Tafel, die beide zu den Vorfahren Dietrich Bonhoeffers zählen. Mebold quittierte den Kirchendienst und wurde Mitarbeiter der Cottaschen Buchhandlung, sowie Redakteur der Augsburger Allgemeinen.

Der Klassiker der Stiftsgeschichte summierte:

> Es geschah hier, was sich später jahrzehntelang wiederholte: guten Teils die besten Köpfe, von denen die Stiftsleitung besondere Leistungen auf dem wissenschaftlichen Gebiet erwartete und verlangte, erwiesen sich auch in der Geselligkeit produktiv und führend, kamen aber dann auch mit der Studienleitung wie mit der Hausordnung in scharfen Konflikt.[25]

Die Durchsetzung der Karlsbader Beschlüsse verschärfte schließlich die Lage auch in Tübingen, nachdem der liberal gesinnte König Wilhelm I. dies zunächst noch verzögerte. Noch 1824 verbot Preußen seinen Untertanen das Studium im viel zu liberalen Tübingen! Die Kommissärsherrschaft von 1825 bis 1828 durch den Stuttgarter Oberjustizrat Karl Hofacker (1794–1866), den Bruder des Stiftlers Ludwig Hofacker (1798–1828)[26], setzte jedoch strenge Strafmaßnahmen durch.

Doch ausgerechnet oder gerade in dieser Zeit entstanden die ersten ausdrücklichen Stiftsverbindungen. Dabei ist der Begriff nicht präzise: Stiftsverbindung bezeichnet zunächst eine Tübinger Verbindung, die maßgeblich im Stift entstanden ist und dort wirkte. Ihr Kennzeichen war jedoch zugleich die Verbindung von Stift und Stadt, in den Studenten und Versammlungsorten. Im Laufe der geschichtlichen Entwicklung sollte es jedoch auch das Umgekehrte geben, so dass eine Verbindung, die zuerst in der Stadt aktiv wurde, auch im Stift Anhänger gewann. Eine Gruppe, die ausschließlich im Stift agierte, bezeichnet der Name Stiftsverbindung nur für die Verbindungsvorformen sowie für die Stiftskreise in der Zeit des Nationalsozialismus.

Zur Entwicklung der Anfänge im Einzelnen

1828 sammelte sich im Gasthaus Nordland eine Studentengruppe, die sich „Feuerreiter“ nannte. Der Stiftler Max Eifert (1808–1888) wurde für seine Mit-

---

[24] Vgl. Hartmann, Karl August Mebold; allgemein: Müth, Studentische Emanzipation; zur Rolle des Hohenasperg in dieser Zeit: Moersch/Quarthal, Hohenasperg.

[25] Leube, Geschichte des Tübinger Stifts, 511.

[26] Vgl. Schöllkopf, Ludwig Hofacker.

gliedschaft streng bestraft, was mit der Mensur begründet wurde.[27] Inzwischen hatte es bereits mehrere Abspaltungen von der burschenschaftlichen Idee einer Nationalstaatsbewegung gegeben. Auch die Frage nach den Anteilen der Gemeinschaft an studentischem Brauchtum und politischem Engagement wurde unterschiedlich beurteilt. Zudem legten die Stiftler meist Wert auf „edleren gesellschaftlichen Genuß“[28] vor derben Riten. So gründeten 1831 mehrere Ausgetretene aus der Deutschen Burschenschaft die „Patrioten“, wegen ihres starken und prominenten Anteils aus dem Stift auch „Königsstiftler“, wiederum nach ihrem Versammlungslokal, dem König, genannt. Die Mitgliederliste umfasst unter anderen auch Hermann Kurz (1813–1873; Stiftler 1831)[29], Eduard Zeller (1814–1908; Stiftler 1831)[30], Hermann Gundert (1814–1893; Stiftler 1831)[31], Gustav Rümelin (1815–1889; Stiftler 1832)[32], Georg Herwegh (1817–1875; Stiftler 1835)[33] und Albert Schwegler (1819–1857; Stiftler 1836)[34]. „Eine ganze Reihe von Jahren hat diese erste burschenschaftliche Stiftsverbindung nicht bloß im Stift den Ton angegeben, sondern auch als Nachfolgerin und Platzhalterin der Burschenschaft bei der Bürgerschaft und den Professoren eine bedeutsame Rolle gespielt.“[35] Dazu gehörte vor allem die Mitwirkung im Museum und in der Liedertafel, die Friedrich Silcher (1789–1860) leitete, der auch das Amt des Stiftsmusikdirektors versah.[36] Der Bericht der Stiftsrepetenten zum Wintersemester klagte pauschal: „Sie kümmern sich weder um ihre Studien, noch um die Ordnung des Seminars“[37]. Und in der Tat, die ausufernden Disziplinakten belegen es noch heute: Das Stift der alten Ordnung war aus den Fugen geraten und mit Karzer oder Relegation allein war die Lage nicht unter Kontrolle zu kriegen. So gab es zwischen 1815 und 1840, was einer Gesamtzahl von circa 1700 Stiftlern entspricht, alleine 150 Entlassungen und 240 Austritte. Dazu kamen 40 Todesfälle, die die jungen Stiftler bewegten, darunter eine vermehrte Zahl von Selbsttötungen, die von belastenden Umbrüchen und Orientierungslosigkeit künden.[38] Alleine in der Promotion von Hermann Gundert nahmen sich vier Kompromotionale das Leben, darunter sein enger Freund Hermann Günzler

---

[27] Vgl. Leube, Geschichte des Tübinger Stifts, 522–528; Eifert selbst stellt diese Zeit in seiner Stadtgeschichte dar: ders., Geschichte und Beschreibung der Stadt Tübingen, 221–224.

[28] Fischer, Geschichte des Roigel, 15.

[29] Vgl. Beck, Hermann Kurz; Schöllkopf, „Kann man auch so aus dem Stift hervorgehen?“.

[30] Vgl. Hartung, Eduard Zeller.

[31] Vgl. Frenz, Hermann Gundert; Schöllkopf, Zwischen Stift, Stadt und Stunde, 483–501.

[32] Vgl. Mann, Gustav Rümelin.

[33] Vgl. Ehmer, Georg Herwegh.

[34] Vgl. Matzerath, Albert Schwegler.

[35] Fischer, Geschichte des Roigel, 16.

[36] Vgl. Hahn/Mayer, Das Evangelische Stift, 158f.

[37] AEvST, Repetentenarchiv R 1, 1/2 (Protokollbuch 1826–1840); vgl. Leube, Geschichte des Tübinger Stifts, 533.

[38] Vgl. Leube, Geschichte des Tübinger Stifts, 529.

(1815–1835).[39] Beispielhaft sei auch Heinrich Nast, der Primus der Promotion 1824 erwähnt, der in der Haft auf dem Hohenasperg verstarb.[40] In einem Hochverratsprozess von 1834 waren unter den 38 Verurteilten zu verschärfter Festungshaft auch sechs Stiftler. An die von Uhland inspirierte Tradition der „Germania“ knüpfte 1838 die „Tübinger Königsgesellschaft“ an, aus der umgangssprachlich der „Roigel“ wurde, in Abgrenzung zur „Schmidteigesellschaft“. Aus dieser ist 1841 die Verbindung „Nordland“ entstanden, benannt nach dem Gasthaus Nördlinger, aus der 1861 die „Normannia“ wurde.[41] Ob das von der Obrigkeit des Stifts eilig erlassene Wirtshaus- und Haubodenverbot diese Entwicklungen aufzuhalten vermochte?[42] Es steht wohl eher für eine Hilfslosigkeit, zumal die vielen in der Stadt wohnenden Stiftler eine geschlossene Lösung verunmöglichten. Und die Verbindungen wirkten längst ins Stift hinein: Besetzte die Königsgesellschaft im Stift zunächst die Stube Baierland, trafen sich die Schmidteigesellschaft und ihre Ableger („Bauernadel“, „Kronengesellschaft“, „Nordland“) in den Stuben Vendée und Neapel, der Roigel in der legendären Mulattenstube.[43] Roigel und Normannia, in charmanter Konkurrenz zueinander stehend, waren somit die ersten klassischen Stiftsverbindungen, die dies auch über lange Zeit bestimmend blieben. Was aber war nun das Neue, das die Stiftsverbindungen in die Gestaltung des gemeinsamen Lebens im Stift einbrachten?

Die Selbstorganisation der Stiftlerschaft[44]

Noch heute heißen der gewählte Sprecher oder die Sprecherin der Stiftsstudierenden „X“, was ein verbliebener Rest der Amtsträger der Stiftsverbindungen, der Chargierten ist. Die Veränderungen für das Stift zur Zeit der Anfänge des Verbindungswesens waren nichts weniger als revolutionär. Das Stipendium war obrigkeitlich geleitet und überwacht. Zwar gab es schon immer kleine Zellen und Zirkel, die jedoch Privatangelegenheiten blieben. Mit den Stiftsverbindungen aber bekam die Studentenschaft erstmals eine verfasste Selbstorganisation.

---

[39] Vgl. Schöllkopf, Zwischen Stift, Stadt und Stunde, 493.

[40] Vgl. Hahn/Mayer, Das Evangelische Stift, 208.

[41] Vgl. Neusel, Tübinger Verbindungshäuser, 163; auch die erläuternde Graphik bei: Leube, Geschichte des Tübinger Stifts, 530.

[42] AEvST, E 1, 290/2 (Wirtshaus- und Haubodenverbot 1808–1832).

[43] Siehe zu den Stubennamen: Hahn/Mayer, Das Evangelische Stift, 257–259, sowie die nach Stockwerken dargestellten Namens-Synopsen innerhalb des Kapitels „Baugeschichtlicher Abriß [sic!]“: 1. Stock Neuer Bau: ebd., 242, 2. Stock Neuer Bau: 243, 3. Stock: 244 (Neuer Bau) + 249 (Alter Bau), 4. Stock: 250, 5. Stock: 251.

[44] Die Zusammenstellung dieses zentralen Aspekts entstand im Gespräch mit dem Stiftler *stud. theol. et phil.* Lorenz Kohl, der die Stiftsverbindungen in einem Locus zur Stiftsgeschichte im Sommersemester 2012 klug darstellte, mit Dank für den hilfreichen Austausch.

Sie untergliederten das Haus, konnten effektive Meinungsbildungen organisieren oder auch Stimmungen produzieren und besetzten ihre Leitungsämter durch Wahl. Die Stiftsleitung kam gar nicht umhin, sich mit ihnen ins Benehmen zu setzen. Politisch gesprochen leisteten die Stiftsverbindungen gar einen Beitrag zur „Erziehung zur demokratischen Staatlichkeit"[45]. In ihren Verbindungen zwischen Stift und Stadt, Stiftlern und Stadtstudenten, zwischen Studienjahrgängen und – was für das damals noch ausschließlich von Theologen bevölkerte Stift besonders einschneidend war – zwischen verschiedenen Studienfächern öffnete sich das Leben im Stift in vielfältiger Weise. Ihre Konkurrenzen untereinander waren eigentlich ein großes Spiel, was nicht davor bewahrte, es zuweilen viel zu ernst zu nehmen. Zugleich wirkte sich die Prägung der Stiftler umgekehrt auf die Besonderheiten der Verbindungen aus, von der literarischen Produktion, nicht nur in den Roigel-Gazetten, bis zu einem typisch mäßigenden Einfluss: „Das Extreme, das Fanatische, das Aufgebrachte ist nicht Sache der Stiftsverbindungen." „Immer ist eine geistige Würze, immer ist ein Schuss Witz mit dabei."[46] Wie auch immer: Das Stift ist eine Verbindung eingegangen mit dem Leben jenseits seiner Mauern. Die Stiftlerschaft hatte eine Selbstorganisation ausgebildet, mit der sich die Stiftsleitung künftig auseinandersetzen musste. Der Stiftler war zum *homo politicus* geworden.

Ausblick auf exemplarische Entwicklungen

Nach diesen konfliktreichen Anfängen formten sich auch im Stift im Gefolge der revolutionären Bewegung von 1848 neue politische und soziale Initiativen, die unter veränderten Zeitbedingungen anders geartete Stiftsverbindungen hervorbrachten.[47] Dabei waren Vereinsgründungen inzwischen wieder erlaubt und insgesamt auch für das Stift weniger disziplinarische Auffälligkeiten zu verzeichnen.

Eine immer wieder zu beobachtende und für das Zusammenleben im Stift typische Erscheinung zeigt sich in einem mäßigenden Einfluss auf überbordende Entwicklungen im Verbindungswesen, aus dem heraus dann im Stift Reformbewegungen, Observanzen oder Alternativen entstanden. So sammelte sich ab 1853 vor allem in der Stube Vendée die „Staufia". Sie kritisierte in ihren Statuten an den meisten der Verbindungen eine „Übertreibung der Vergnügungssucht" und dass ihnen „jede wissenschaftliche und sittliche Tendenz, wenn auch nicht auf dem Papier abgeht"[48]. So waren, wie der spätere Stiftsephorus Paul Buder

[45] Borst, Stiftsverbindungen, 113.

[46] Borst, Stiftsverbindungen, 113.

[47] Vgl. Ehmer, Das Tübinger Stift und die Revolution 1848/49, 116–139.

[48] Vgl. Leube, Geschichte des Tübinger Stifts, 541–543; Text der Statuten der Staufia: ebd., 542.

(1836–1914) als studentisches Mitglied der Staufia 1855 an seine Eltern beruhigend berichtete, übermäßiges Trinken, Fluchen, sich Verschulden als Folge zu häufigen Wirtshausbesuches und fehlender Studienfleiß verpönt.[49] Dennoch lebte man in den Regeln einer Verbindung zusammen, weil das Studentendasein ohne sie nicht denkbar war. Ihren Stiftungszweck formulierte die auf ganz Deutschland bezogene farbentragende Verbindung darin, dass sie „sittlich und wissenschaftlich gebildete Männer zum Dienst des Vaterlands heranbilde"[50]. Diesen Stiftungszweck erfüllten als Mitglieder unter anderen Theodor Christlieb (1833–1889), der Theologe und Begründer des Johanneums als Predigerschule in Barmen, Theodor Schott (1835–1899), der spätere Direktor der württembergischen Landesbibliothek, oder Theobald Ziegler (1846–1918), Professor für Philosophie und Pädagogik in Straßburg.[51] Die bis 1868 existierende Verbindung unterhielt als Besonderheit eine Beziehung mit der Heidelberger Hercynia[52] und begann damit die Tradition der Öffnung der Stiftsverbindungen, nicht nur in die Stadt Tübingen, sondern weiter darüber hinaus.

Eine ähnliche Entwicklung, allerdings mit einer bis in die Gegenwart reichenden Geschichte, kennzeichnete die „Stochdorphia", 1857 als akademisch-musikalische Verbindung nach ihrem Gründer, dem Stiftler Emil Stochdorph benannt.[53] Sie war die erste „schwarze" Verbindung in Deutschland, das heißt nicht farbentragend, und sah ihr Ziel in einem christlichen Freundschaftsbund.

1859 wurde aus dem Stift berichtet, dass 41 Korporierte im Haus lebten, 19 bei der Königsgesellschaft, 12 im Nordland, neun bei der Staufia, und seltsamerweise auch ein verirrter Schotte, doch aus Sicht der Stiftsleitung war „die bei weitestem geordnete Verbindung [...] noch immer die Staufia"[54]. Angesprochen wurde in diesem Bericht auch, dass zunehmend das Netzwerk des klassischen theologischen Ausbildungsgangs in Württemberg auch dahingehend funktionierte, dass Repetenten der niederen Seminare dort schon Schüler für ihre Tübinger Verbindungen keilten! Das Dass der Mitgliedschaft war keine Frage, nur das Wo. Als 1861 aus dem Nordland die Normannia wurde, die zu Anfang nur aus Stiftlern bestand und deshalb die Stiftstheologen von der Satisfaktion mit der Waffe ausnahm und statt der Pflichtleistung einer Mensur die eines Gedichts einforderte, veränderte sich das Kräfteverhältnis im Stift deutlich. In den Jahren zwischen 1860 und 1868 gehörte rund die Hälfte der Stiftlerschaft einer Verbindung an, darunter der Normannia 20–30, der Königsgesellschaft 20–25,

---

[49] Zitiert bei: Leube, Geschichte des Tübinger Stifts, 542 f.

[50] Leube, Geschichte des Tübinger Stifts, 542.

[51] Siehe zu den biographischen Angaben: Hahn/Mayer, Das Evangelische Stift, 295 f.

[52] Siehe das Selbstverständnis der noch heute bestehenden Verbindung, die noch immer die christliche Ethik als ihren Maßstab angibt und das vaterländische Prinzip ihrer Gründungszeit zu einem zeitgemäßen Demokratieprinzip weiterentwickelt hat (www.hercynia-heidelberg.de).

[53] Vgl. Neusel, Tübinger Verbindungshäuser, 215.

[54] AEvST, E 1, Nr. 36/2; auch: Leube, Geschichte des Tübinger Stifts, 543.

und der Staufia nur noch 10–15.[55] Ab 1864 war zudem das Tragen von Verbindungszeichen im Stift gestattet worden und zum vorgeschriebenen Kirchgang am Sonntag waren die schwarze Tuchmütze oder auch die Verbindungsmütze erlaubt. Im gleichen Jahr 1864 zog erstmals eine nichtwürttembergische, preußische Verbindung, der „Wingolf", durch einzelne Mitglieder ins Stift ein, bildete somit keine klassische Stiftsverbindung und konnte sich deshalb auch erst 1914 mit Zion eine eigene Stube erobern.[56] Im Visitationsbericht von Ephorus Paul Buder von 1874 wird folgende Mitgliederstatistik der Stiftsverbindungen festgehalten: 27 Stiftler in der Königsgesellschaft Roigel, 25 bei der Normannia, nur einer hatte sich zur Borussia verirrt und ein Schotte war immer noch da. Den sittlichen Zustand beschrieb der Ephorus so:

Einen schlimmen Einfluß des Verbindungswesens auf das Seminar wird man nicht nachweisen können; daher ist der Ephorus nicht gegen das Verbindungswesen an sich; einzelnen Seminaristen wäre sogar zu raten, in eine Verbindung zu treten, wenn von den älteren Mitgliedern der Verbindung an den jüngeren Zucht geübt wird. Letzteres geschieht bei der Normannia, bei welcher die Älteren auf die Jüngeren in wissenschaftlicher und sittlicher Beziehung einen guten Einfluß üben. Weniger kann das zur Zeit von der Königsgesellschaft gesagt werden. Besonders bei der Reichstagswahl hat sich die Regia durch Beteiligung an der Agitation für den demokratischen Kandidaten in ein ungünstiges Licht gestellt. Dennoch gibt es auch in der Königsgesellschaft nicht wenige geordnete Leute. Doch es ist zu bedauern, dass die sittliche und wissenschaftliche Kraft, welche in dem Verbindungswesen liegen könnte, von der Königsgesellschaft nicht gehörig wahrgenommen wird.[57]

Erwartungen der Obrigkeit an die Verbindungen werden deutlich, einmal pädagogisch und disziplinarisch, zum anderen politisch konservativ. Bei vielen war der gesamtdeutsche Aufbruch des frühen 19. Jahrhunderts mit der Reichsgründung von 1871 einem konservativen Nationalbewusstsein gewichen.

Eine weitere Entwicklung prägte das Stift damals nachhaltig und erinnert an seine Bedeutung als Ort der Theologie und Frömmigkeit. Aus der pietistischen Versammlung im Stift war bereits im 18. Jahrhundert eine eigene Gruppe entstanden, die sich zu Beginn des 19. Jahrhunderts die „Pia" nannte und eine wesentliche Rolle für den Einfluss der Erweckungsbewegung auf das Stift spielte.[58] 1873 nun wurde, nachdem schon andere Stiftsverbindungen sich in ihren Statuten auf die christliche Grundlage beriefen, aus der Pia die Stiftsverbindung „Luginsland", nach der Hauptstube der Pia benannt, die neben den Stuben Jerusalem und Hohenheim die meisten Mitglieder beheimatete. In ähnlichem Geist und mit der Zielsetzung, ein Leben in Frömmigkeit mit studentischen Gewohnheiten zu verbinden, entstanden 1879 die Vorläufer des seit 1905 so ge-

---

[55] AEvST, E 1, Nr. 37/1; auch: Leube, Geschichte des Tübinger Stifts, 545.

[56] Vgl. Leube, Geschichte des Tübinger Stifts, 545f.

[57] AEvST, E 1, Nr. 42/1 (Visitation); auch: Leube, Geschichte des Tübinger Stifts, 547.

[58] Vgl. Leube, Geschichte des Tübinger Stifts, 549–570; auch: Schöllkopf, Zwischen Stift, Stadt und Stunde, 498–501.

nannten Tübinger Bibelkreises, aus dem die Akademische Verbindung Föhrberg hervorging, die für das Stift eine wichtige Rolle spielte.[59] Der Wahlspruch „Freundschaft, Glaube, Wissenschaft" und die Praxis gemeinsamer Bibelabende waren von Theologen wie Johann Tobias Beck (1804–1878)[60] oder Adolf Schlatter (1852–1938)[61] geprägt. Schon 1873 wurde der „Stiftskreis Lichtenstein" gegründet, „als bewusste Alternative zu elitären Corps und konservativ gewordenen Burschenschaften", mit dem verwandten Wahlspruch „Freiheit, Freundschaft, Wissenschaft"[62]. Im Bericht zum Sommersemester 1884 wurde diese Entwicklung deutlich in folgender Mitgliedsstatistik: 35 Normannia, 27 Roigel, 22 Luginsland, 16 Rothenburg, zehn Lichtenstein, zehn Stochdorphia, zehn Bibelkreis; nur 30 von 166 Stiftlern waren nicht korporiert und bildeten, um ebenfalls an den Meinungsbildungs- und Abstimmungsprozessen des Hauses mitwirken zu können, eine eigene Gruppe mit verbindungsähnlichen Zügen, denn auch Zimmer, Handtücher und Seife wurden über die Verbindungen zugeteilt. Die Korporierten gaben dieser Gruppe den charmanten Namen „Wildsäue", oder, nach Pseudo-Verbindungsmanier „Wildsavia"![63] 1884 wurde aus pädagogischen Gründen gar empfohlen, Verbindungsmitglied zu werden. Insgesamt zeigte sich nun die Tendenz der Abnahme der farbentragenden Verbindungen und der Zunahme der „schwarzen". Dennoch kamen für das Stift wichtige Farben hinzu: 1873 schon, als Abspaltung von der „Pia" die „Virtembergia"[64], die sich jedoch bald, dominiert von Medizinern und Juristen, vom Stift ganz löste; 1878 die „Alte Turnerschaft Palatia"[65], 1886 der „Igel"[66] und 1893 die „Nicaria"[67], die aus der Stube Baierland entstand. Sowohl für die Nicaren als auch für die Württemberger war als Gründungslokal die „Pfalz" und das daneben liegende Haus in der Neckarhalde 44 wichtig, das dann das Wohnhaus des Theologieprofessors und Universitätskanzlers Karl Heinrich von Weizsäcker (1822–1899) wurde, der selbst Mitglied des Roigel war.[68] Allerdings spielten die Gasthäuser nicht mehr, wie in den Anfangszeiten, die zentrale Rolle. Denn inzwischen ergab sich eine neue Konstellation im Leben der Stiftsverbindungen dadurch, dass viele Korporationen eigene, meist selbstbewusst stattliche Häuser,

---

59 Setzler, A.V.Föhrberg, 79–95.

60 Vgl. Burkhardt, Johann Tobias Beck.

61 Vgl. Neuer, Adolf Schlatter; Schlatter war Mitglied des Wingolf, vgl. Kratsch, Verbindungswesen, 88.

62 Vgl. Neusel, Tübinger Verbindungshäuser, 143; nicht zuletzt als Begründer des Stocherkahnrennens 1956 spielte diese Verbindung eine wichtige Rolle!

63 Vgl. Hahn/Mayer, Das Evangelische Stift, 211.

64 Vgl. Neusel, Tübinger Verbindungshäuser, 259; der ursprünglich geplante Name, der auf die Abspaltung Bezug nahm, wurde verworfen: „Olim Pia"!

65 Vgl. Neusel, Tübinger Verbindungshäuser, 173.

66 Vgl. Neusel, Tübinger Verbindungshäuser, 135f.

67 Vgl. Neusel, Tübinger Verbindungshäuser, 153.

68 Vgl. Schöllkopf, Wegkreuzungen, 430; Fischer, Geschichte des Roigel, 27f.

„kleine Burgen, große Villen"[69] für sich erbauen ließen. Dadurch verlegten sich die Schwerpunkte des Verbindungslebens auf die Häuser, oder es entstanden zwischen Stift und Verbindungshaus so etwas wie die zwei Brennpunkte einer Ellipse. Daraus ergab sich nicht nur für das Stift eine disziplinarische Unübersichtlichkeit, sondern für die Verbindungen selbst eine gesellschaftliche Veränderung durch eine Untergruppe mit eigenen Ansprüchen und Bedingungen.[70]

Eine große Blütezeit erlebten die Stiftsverbindungen noch einmal in der Zeit zwischen den Weltkriegen. Dabei musste die Stiftsleitung ihre eigenen Interessen gegen die des Verbindungslebens durchaus behaupten, wie im Bericht von Ephorus Friedrich Traub (1860–1939) zum Sommersemester 1912 sprechend deutlich wird:

> Eine allgemeine Erscheinung des Tübinger Studentenlebens, die auch für die Stiftsleitung sehr fühlbar wird, ist der stetig wachsende Einfluß des Verbindungswesens. Wenn irgend ein, für den Fernstehenden recht unwichtiges Verbindungsinteresse in Frage kommt, ist es dem Verbindungsstudenten selbstverständlich, daß die Verbindung dem Stift unbedingt vorgeht. Dabei lässt sich der Einzelne von der Verbindung ein Maß von Zwang gefallen, gegen das er sich, wenn der Zwang vom Stift geübt werden wollte, mit allen Mitteln auflehnen würde.[71]

In seinem Bericht zum Sommersemester 1921 markierte der Ephorus Veränderungen, die er meinte, durch Regelungen des Stifts beherrschen zu können:

> Das Verhalten der Studierenden war im Ganzen ein durchaus befriedigendes. Dem Zug der Zeit entspricht es, daß der Verkehr mit dem weiblichen Geschlecht einen breiten Raum einnimmt. Bei manchen Verbindungsfesten ist das Stift mit jungen Damen überschwemmt. Gewisse Auswüchse (z. B. der Versuch, noch nach dem Abendessen gesellige Vereinigungen mit jungen Damen auf den Stiftsstuben abzuhalten) wurden, sobald sie bemerkt wurden, durch Verbot des Ephorats beseitigt.[72]

Schließlich verdeutlicht der Bericht vom Wintersemester 1925/26 die Tendenz von den klassischen Stiftsverbindungen hin zu den neueren Kreisen seit der Reichsgründung, die oft einen pietistischen Hintergrund hatten:

> Zum Schluß dürfte es von Interesse sein, auf den Wandel hinzuweisen, der im ganzen Geist des Stifts seit geraumer Zeit sich vollzogen hat und der am deutlichsten im Verbindungsverzeichnis zum Ausdruck kommt. Früher waren Königsgesellschaft und Normannia tonangebend; neben ihnen standen Luginsland und Rothenburg, ganz früher auch Lichtenstein und Stochdorphia; nur einzelne gehörten zum Bibelkreis. Das ist jetzt anders geworden. Zwar sind Luginsland und Rothenburg auch jetzt noch zahlreich im Stift vertreten; aber Normannen sind es noch 11, Roigel nur noch 3; dagegen Bibelkreis 19 und Deutsch-Christliche Studentenverbindung 23. Das ist der tatsächliche Wandel.

69 Neusel, Tübinger Verbindungshäuser.

70 Dargestellt etwa an der „Stifts-Normannia", in: Daur/Mammone, Geschichte der Verbindung Normannia.

71 Landeskirchliches Archiv Stuttgart (Abk. LKA), A 31/96, 2.

72 LKA, A 31/96, 2.

Die Beurteilung wird je nach dem verschiedenen Standpunkt verschieden ausfallen. Daß die Disziplin etwas erleichtert ist, wird man sagen dürfen, wie wohl auch BK und DCStV, wenn es ihre Sonderinteressen gilt, die Stiftsordnung nicht viel mehr respektieren, als die anderen. Aber der feine wissenschaftliche Geist des alten Stifts hat nicht gewonnen. Viele, die zu BK oder DCStV gehören, bringen schon ihren mehr oder weniger fertigen Standpunkt mit; der Kampf um die Weltanschauung, die Auseinandersetzung zwischen Glaube und Wissen als persönliche und wissenschaftliche Angelegenheit ist ihnen fremd. Das ist zu bedauern, wenn ich auch nicht verkenne, daß viele wackere junge Leute sind und einmal tüchtige Pfarrer geben werden.[73]

Die Zeit des Nationalsozialismus verordnete im Zuge ihrer umfassenden Gleichschaltungen 1935 das Verbot aller Verbindungen und ihre Zwangseingliederung in den NS-Studentenbund. Die Häuser wurden beschlagnahmt. Nun erwies sich das Stift als Fluchtort, als viele der Stiftsverbindungen in den sogenannten Stiftskreisen untertauchten und teilweise wieder ihre alten Namen annahmen: Schwaben, Siebenbürgen, Baierland. Bald schon zeigten sich Mängel in der durch die Verbindungen gewährleisteten Selbstorganisation der Stiftlerschaft: „Die Aufgabe der gesellschaftlichen Erziehung, die in der Hand der Verbindungen doch meist recht gut aufgehoben war, kann von der Stiftsgemeinschaft als ganzer nur Schritt für Schritt übernommen werden."[74]

Alle Stiftsverbindungen gründeten sich nach dem Zweiten Weltkrieg neu und bekamen eine wichtige soziale Funktion bei der Wiedereingliederung der oft seelisch und körperlich versehrten Heimkehrer aus Krieg und Gefangenschaft.

Noch im Wintersemester 1967/68 waren 85 von 115 Stiftlern korporiert: 17 Föhrberger, 16 Nicaren, 13 Luginsländer, acht Rothenburger, drei Igel, drei Normannen.

Die Studentenbewegung dieser Zeit und ihre grundsätzliche Infragestellung auch der studentischen Lebensformen, zusammen mit der Aufnahme von Studentinnen ins Stift ab 1969 und dem damit verbundenen Ende der Männerdominanz, beendete das aktive Leben der Stiftsverbindungen. Mit dem nüchternen Satz in einer Verbindungsgeschichte: „In der Folge von ‚68' verzeichnet Roigel, wie alle Verbindungen, personelle Einbrüche"[75] ist dieser grundsätzliche Einschnitt jedoch kaum reflektiert.

So kam es, dass innerhalb von nur drei Jahren die Stiftsverbindungen für das Zusammenleben im Stift bedeutungslos wurden. „Im Semesterbericht des Stiftsrates aus dem Wintersemester 1970/71 findet sich schließlich die Notiz: „Die Liste der Stiftstudierenden führt zwar – unter den höheren Semestern – noch 31 Mitglieder von Stiftsverbindungen auf. Aber diese haben – einschließlich der bisher noch lebendigsten Gruppe der Föhrberger – im Leben des Hauses keine

73 LKA, A 31/96, 2.
74 Ephoratsbericht 1939, nach: Borst, Stiftsverbindungen, 119.
75 Neusel, Tübinger Verbindungshäuser, 200.

Bedeutung mehr.“[76] So endete ein wesentliches Kapitel der Stiftsgeschichte, bevor sich in den folgenden Jahrzehnten einzelne Stiftsverbindungen unter neuen Rahmenbedingungen wieder gründeten, oder ohne Verbindung zum Stift auf ihren Häusern weiter existierten, nun freilich in einer von der Öffentlichkeit kaum mehr wahrgenommenen, oder gar beargwöhnten Nische studentischen Lebens.

Im verbindlichen Umgang der verschiedenen Studienfächer, Studiengenerationen und zwischen den Aktiven und Ehemaligen hätten die Verbindungen unter ganz anderen Zeitbedingungen noch immer eine wichtige Aufnahme, nicht mehr mit Monopolanspruch, aber als bewusst gestaltete Alternative, ohne Verengungen.

Das Stift jedoch ist in seiner Entwicklung seit 1969 selbst so etwas wie eine Verbindung geworden, indem das Zusammenleben im Haus in ganz verschiedenen, viele Bedürfnisse hausintern abdeckenden Gruppen und Kreisen organisiert wird, so dass Außenbeziehungen kaum mehr nötig erscheinen.

So gilt unter den gegenwärtigen Zeitbedingungen, allerdings nun nicht mehr auf die Verbindungen allein bezogen, was der klassische Historiker der Stiftsverbindungen einst festhielt:

> Es ist viel Törichtes und Kleinliches dabei, Gefahr oder Begleiterscheinung studentischen Lebens bis zur Stunde. Das andere aber ist das Aufbauende, das Unerlässliche, das Positive: eine hohe Schule kann, will sie Menschen bilden und nicht Maschinen auswerfen, solche Gruppen nicht entbehren. Sie sind Umschlagsplätze für das, was ein „Student“ (im alten Sinn dieses Wortes) auch lernen muss: Zusammenleben.[77]

Bibliographie

Quellen

Archiv des Evangelischen Stifts Tübingen (AEvST)
Ephoratsbestände:
E 1, 34/1, 35/1, 36/1, 36/2, 37/1, 38/1, 39/1, 39/2, 40/1, 41/1, 41/2: Semesterberichte 1820/21–1907.
E 1, 66/1: Turnen.
E 1, 290/2: Verbotene Verbindungen 1816–1836; Wirtshaus- und Haubodenverbot 1808–1832.
E 1, 291/3: Stiftsverbindungen 1891–1905; Strafverzeichnisse Königsgesellschaft und Normannia.
Repetentenarchiv: R 1, 1/2: Protokollbuch 1826–1840.

Universitätsarchiv Tübingen (UAT)
Studentica der Schmidgall-Sammlung.

[76] Nach: Hahn/Mayer, Das Evangelische Stift, 212.
[77] Borst, Stiftsverbindungen, 112.

Landeskirchliches Archiv Stuttgart (LKA)
A 31 Ev. Stift: 96 Semesterberichte (1909–1928).

Sekundärliteratur

Alexander Beck, Hermann Kurz, in: Stiftsköpfe, hg. v. Volker Henning Drecoll/Juliane Baur/Wolfgang Schöllkopf, Tübingen: Mohr Siebeck, 2012, 273–280.

Edwin Alexander Biedermann, Logen, Clubs und Bruderschaften, 2. Aufl., Düsseldorf: Droste, 2007.

Otto Borst, Die Stiftsverbindungen, in: Das Verbindungswesen in Tübingen. Eine Dokumentation im Jahr des Universitätsjubiläums 1977, hg. v. Werner Kratsch, Tübingen: Gulde-Druck, 1977, 99–119.

Helmut Burkhardt, Johann Tobias Beck, der Bibeltheologe (1804–1878), in: Uracher Köpfe, hg. v. Dieter A. Bloedt/Hermann Ehmer/Wolfgang Schöllkopf, Uracher Geschichtsblätter 2, Bad Urach: Stadtarchiv, 2009, 33–40.

Albrecht Daur/Francesco Mammone (Hgg.), Eine kleine Geschichte der Verbindung Normannia, Tübingen: Verein alter Tübinger Normannen, 2007.

Hansmartin Decker-Hauff/Wilfried Setzler (Hgg.), Die Universität Tübingen von 1477 bis 1977 in Bildern und Dokumenten. Gesammelt, bearbeitet und herausgegeben im Auftrag des Universitätspräsidenten und des Senats der Eberhard-Karls-Universität Tübingen, Tübingen: Attempto, 1977.

Andreas Ehmer, Georg Herwegh, in: Stiftsköpfe, hg. v. Volker Henning Drecoll/Juliane Baur/Wolfgang Schöllkopf, Tübingen: Mohr Siebeck, 2012, 289–296.

Hermann Ehmer, Das Tübinger Stift und die Revolution 1848/49, in: Zeitschrift für bayerische Kirchengeschichte 62 (1993), Studien zur deutschen Landeskirchengeschichte 1, 116–139.

Max Eifert, Geschichte und Beschreibung der Stadt Tübingen, hg. v. Karl Klüpfel, Tübingen 1848 (Nachdruck der Originalausgabe 1982).

Max Fischer, Geschichte des Roigel 1838–1938. Erster Teil, Stuttgart: Scheufele, 1938.

Albrecht Frenz, Hermann Gundert, in: Stiftsköpfe, hg. v. Volker Henning Drecoll/Juliane Baur/Wolfgang Schöllkopf, Tübingen: Mohr Siebeck, 2012, 281–288.

Friedrich Fritz/Albert Schneiderhan, Baugeschichte des Tübinger Stifts, Stuttgart: Keutel, 1919.

Joachim Hahn/Hans Mayer, Das Evangelische Stift in Tübingen. Geschichte und Gegenwart – zwischen Weltgeist und Frömmigkeit, Stuttgart: Theiss, 1985.

Wolfgang Hardtwig, Studentische Mentalität – Politische Jugendbewegung – Nationalismus. Die Anfänge der deutschen Burschenschaft, in: Historische Zeitschrift 242 (1986), 581–628.

Julius Hartmann, Karl August Mebold, in: Allgemeine Deutsche Biographie 21, 2. Aufl., Leipzig: Duncker & Humblot, 1970, 151–152.

Gerald Hartung (Hg.), Eduard Zeller. Philosophie- und Wissenschaftsgeschichte im 19. Jahrhundert, Berlin/New York: De Gruyter, 2010.

Friedrich Kluge, Etymologisches Wörterbuch der deutschen Sprache, neu bearbeitet von Elmar Seebold, 22. Aufl., Berlin/New York: De Gruyter, 1989.

Karl Klüpfel, Gustav Schwab. Sein Leben und Wirken, Leipzig: Brockhaus, 1858.

Werner Kratsch (Hg.), Das Verbindungswesen in Tübingen. Eine Dokumentation im Jahr des Universitätsjubiläums 1977, Tübingen: Gulde-Druck, 1977.

Martin Leube, Die Geschichte des Tübinger Stifts 1770–1950, Stuttgart: Steinkopf, 1954.

Renate Lotz (Hg.), Bildnis und Erinnerung. Carl Ludwig Sand, Begleitheft zu Ausstellungen des Fichtelgebirgsmuseums Wunsiedel 3. April – 31. Oktober 1985, Nr. 2), Wunsiedel i.F. 1985.

Bernhard Mann, Gustav Rümelin, in: Neue Deutsche Biographie 22, Berlin: Duncker & Humblot, 2005, 224.

Josef Matzerath, Albert Schwegler (1819–1857), Contubernium 37, Sigmaringen: Thorbecke, 1993.

Karl Moersch/Franz Quarthal (Hgg.), Hohenasperg oder ein früher Traum von Demokratie – Gefangenenschicksale aus dem 19. Jahrhundert, Leinfelden-Echterdingen: DRW-Verlag, 1998.

Helmuth Mojem, Wilhelm Hauff, in: Stiftsköpfe, hg. v. Volker Henning Drecoll/Juliane Baur/Wolfgang Schöllkopf, Tübingen: Mohr Siebeck, 2012, 195–202.

Reinhard Müth, Studentische Emanzipation und staatliche Repression. Die politische Bewegung der Tübinger Studenten im Vormärz, insbesondere von 1825 bis 1837, Contubernium 11, Tübingen: Steiner, 1977.

Werner Neuer, Adolf Schlatter. Ein Leben für Theologie und Kirche, Stuttgart: Calwer Verlag, 1996.

Harald Neumann, Carl Ludwig Sand. Theologiestudent und Attentäter, Berlin: Wissenschaft & Praxis, 1997.

Wilhelm G. Neusel (Hg.), Kleine Burgen, große Villen – Tübinger Verbindungshäuser im Porträt, hg. für den Arbeitskreis Tübinger Verbindungen, 2. Aufl., Tübingen: AKTV, 2010.

Michael Ruck, Korpsgeist und Staatsbewußtsein. Beamte im deutschen Südwesten 1928 bis 1972, München: Oldenbourg, 1996.

Gerhard Schäfer, Knapp, Albert, in: Neue Deutsche Biographie 12, Berlin: Duncker & Humblot, 1980, 153–154.

Oliver Schelske, Gustav Schwab, in: Stiftsköpfe, hg. v. Volker Henning Drecoll/Juliane Baur/Wolfgang Schöllkopf, Tübingen: Mohr Siebeck, 2012, 166–171.

Brigitte Schillbach, Gustav Schwab. Aus seinem Leben und Schaffen, in: Marbacher Magazin 61 (1992), 18–96.

Georg Schmidgall, Die Tübinger Stiftler und ihre Verbindungen zur Zeit der Befreiungskriege, in: Tübinger Blätter 64 (1977), 17–28.

Franz Schnabel, Deutsche Geschichte im neunzehnten Jahrhundert. Bd. 2: Monarchie und Volkssouveränität, Freiburg: Herder, 1933 (Nachdruck: München: dtv, 1987).

Wolfgang Schöllkopf (Hg.), Schwäbischer Olymp und württembergische Pfarrerschmiede. 450 Jahre Evangelisches Stift Tübingen 1536–1986, Katalog zur Ausstellung, Tübingen: Evang. Stift, 1986.

Ders., „Kann man auch so aus dem Stift hervorgehen?“. Hermann Kurz im Tübinger Stift, in: „Ich bin zwischen die Zeiten gefallen“. Hermann Kurz, Schriftsteller des Realismus, Redakteur der Revolution, Übersetzer und Literaturhistoriker, Katalog zur Ausstellung zum 175. Geburtstag, herausgegeben vom Kulturamt der Stadt Reutlingen, Reutlingen 1988, 22–30.

Ders., Wegkreuzungen: Karl Heinrich von Weizsäcker (1822–1899) und das Tübinger Stift. Spuren aus Leben und Werk des liberalen Theologen, in: Blätter für württembergische Kirchengeschichte 88 (1988) (Festschrift für Gerhard Schäfer), 428–445.

Ders., »Stimmung äußerst democratisch«. Die Nachbarn Evangelisches Stift und Burse in Tübingen zur Zeit der Französischen Revolution, in: Zeitschrift für Theologie und Kirche 100 (2003), 199–222.

Ders., Zwischen Stift, Stadt und Stunde. Das Tübinger Theologiestudium von Hesses Großvater Hermann Gundert im Spiegel seines Tagebuchs, in: Tubingensia. Impulse zur Stadt- und Universitätsgeschichte. Festschrift für Wilfried Setzler zum 65. Geburtstag, hg. v. Sönke Lorenz/Volker Schäfer, in Verbindung mit dem Institut für Geschichtliche Landeskunde und Historische Hilfswissenschaften an der Universität Tübingen, Ostfildern: Thorbecke, 2008, 483–501.

Ders., Ludwig Hofacker, in: Stiftsköpfe, hg. v. Volker Henning Drecoll/Juliane Baur/Wolfgang Schöllkopf, Tübingen: Mohr Siebeck, 2012, 181–186.

Ders., Studium et Praxis Pietatis – Die Stellung von Universität und Evangelischem Stift Tübingen zum Pietismus in der Zeit zwischen 1662 und 1745, in: Die Universität Tübingen zwischen Orthodoxie, Pietismus und Aufklärung, hg. v. Ulrich Köpf, Tübinger Bausteine zur Landesgeschichte 21, Ostfildern: Thorbecke, 2013, 123–150.

Wilfried Setzler, Die A.V.Föhrberg (TBK) im Verbindungsleben Tübingens, in: Festschrift zum 125-jährigen Jubiläum der A.V.Föhrberg (TBK) 1879–2004, Tübingen 2005, 79–95.

Die Konstruktion der antiken Mythologie bei Gustav Schwab

Eine populäre Mythenpräsentation zwischen Klassizismus und Frühromantik

Irmgard Männlein-Robert

Noch heute kennen viele Leser die in den Jahren 1838–1840 erschienenen und bis heute neu aufgelegten *Schönsten Sagen des klassischen Altertums* von Gustav Schwab, einem schwäbischen Pastor und Gymnasialprofessor, der in den Jahren 1809–1814 im Evangelischen Stift in Tübingen studierte. Nur wenigen ist Gustav Schwab dagegen als renommierter Übersetzer, Redaktor und Herausgeber antiker, frühneuzeitlicher und zeitgenössischer Literatur, geschweige denn als heimatverbundener Dichter oder Mitglied der sogenannten „Schwäbischen Dichterschule" bekannt. Wir dürfen mutmaßen, dass nicht zuletzt der wortgewaltige Verriss, den Heinrich Heine in seinem *Schwabenspiegel* über Gustav Schwab und seine Kollegen aus dem Dunstkreis der „Schwäbischen Schule" formulierte, zum weitgehenden Vergessen dieses durchaus vielseitigen, lokalen Autors beitrug:

Ich sehe, wie der geneigte Leser mit verwunderten Augen um Erklärung bittet: was ich unter dem Namen »schwäbische Schule« eigentlich verstehe? Was ist das, die schwäbische Schule? Es ist noch nicht lange her, daß ich selber an mehre reisende Schwaben diese Frage richtete, und um Auskunft bat. Sie wollten lange nicht mit der Sprache heraus und lächelten sehr sonderbar [...]. In meiner Einfalt glaubte ich anfangs, unter dem Namen schwäbische Schule verstünde man jenen blühenden Wald großer Männer, der dem Boden Schwabens entsprossen, jene Rieseneichen, die bis in den Mittelpunkt der Erde wurzeln und deren Wipfel hinaufragt bis an die Sterne ... Und ich frug: nicht wahr, Schiller gehört dazu, der wilde Schöpfer, der die Räuber schuf? ... Nein, lautete die Antwort, mit dem haben wir nichts zu schaffen, solche Räuberdichter gehören nicht zur schwäbischen Schule; bey uns gehts hübsch ordentlich zu, und der Schiller hat auch früh aus dem Land hinaus müssen. Gehört denn Schelling zur schwäbischen Schule, Schelling, der irrende Weltweise, der König Arthus der Philosophie, welcher vergeblich das absolute Montsalvatsch aufsucht und verschmachten muß in der mystischen Wildniß? Wir verstehen das nicht, antwortete man mir, aber soviel können wir Ihnen versichern, der Schelling gehört nicht zur schwäbischen Schule. Gehört Hegel dazu, der Geisteswelt-umsegler, der unerschrocken vorgedrungen bis zum Nordpol des Gedankens, wo einem das Gehirn einfriert im abstrakten Eis? ... Den kennen wir gar nicht. Gehört denn David

Strauß dazu, der David mit der tödtlichen Schleuder? ... Gott bewahre uns vor dem, den haben wir sogar exkommunizirt, und wollte der sich in die schwäbische Schule aufnehmen lassen, so bekäme er gewiß lauter schwarze Kugeln.

Aber um des Himmels willen – rief ich aus, nachdem ich fast alle große Namen Schwabens aufgezählt hatte, und bis auf alte Zeiten zurückgegangen war, bis auf Keppler, den großen Stern, der den ganzen Himmel verstanden [...] – wer gehört denn eigentlich zur schwäbischen Schule?

Wohlan, antwortete man mir, wir wollen Ihnen die Wahrheit sagen: die Renomméen, die Sie eben aufgezählt, sind viel mehr europäisch als schwäbisch, sie sind gleichsam ausgewandert und haben sich dem Auslande aufgedrungen, statt daß die Renomméen der schwäbischen Schule jenen Cosmopolitismus verachten und hübsch patriotisch und gemüthlich zu Hause bleiben bey den Gelbveiglein und Metzelsuppen des theuren Schwabenlandes. – Und nun kam ich endlich dahinter, von welcher bescheidenen Größe jene Berühmtheiten sind, die sich seitdem als schwäbische Schule aufgethan, in demselben Gedankenkreise umherhüpfen, sich mit denselben Gefühlen schmücken und auch Pfeifenquäste von derselben Farbe tragen.

Der bedeutendste von ihnen ist der evangelische Pastor Gustav Schwab. Er ist ein Hering in Vergleichung mit den anderen, die nur Sardellen sind; versteht sich, Sardellen ohne Salz. Er hat einige schöne Lieder gedichtet, auch etwelche hübsche Balladen; freylich mit einem Schiller, mit einem großen Wallfisch, muß man ihn nicht vergleichen.[1]

Diese ironische Würdigung Gustav Schwabs durch den so gegensätzlichen, norddeutschen Spötter Heinrich Heine prägt das Bild des dichtenden Spätromantikers, schwäbischen Pastors und Schulpolitikers in literarischen und wissenschaftlichen Kreisen im Grunde bis heute, bis heute haftet ihm eine Patina behaglicher bürgerlicher Provinzialität an. Schwab erscheint hier zusammen mit Ludwig Uhland und Justinus Kerner, mit denen er seit seiner Tübinger Stiftszeit (1809–1814) in lebenslanger Freundschaft verbunden war, als Korona des sogenannten „Schwäbischen Dichterkreises“, dessen Vertreter in den ersten Dekaden des 19. Jahrhunderts vor allem für ihre Heimat- und Landschaftsgedichte bekannt waren. Auch wenn Heine in seinem Œuvre mit keinem Wort auf Gustav Schwabs Beschäftigung mit Sagen oder gar auf seine nur ein Jahr zuvor erschienenen *Schönsten Sagen des klassischen Altertums* zu sprechen kommt, so war doch in weiten Kreisen der Bevölkerung des 19., und dann auch des 20. Jahrhunderts Gustav Schwab fast ausschließlich als „Sagen-Schwab“ bekannt. Bezeichnend ist weiterhin an Heines Verriss der Schwäbischen Dichterschule, dass er mit den Philosophen Friedrich Wilhelm Joseph Schelling und Georg Wilhelm Friedrich Hegel ältere Zeitgenossen und ehemalige Stipendiaten des Tübinger Stifts nennt, neben denen ein Gustav Schwab bestenfalls als begnadeter Redaktor oder württembergischer Heimatschriftsteller gelten kann.[2] Im historischen und lokalen Kontext des im Tübinger Stift der 90er Jahre des 18. Jahrhunderts gründenden deutschen Idealismus wie der avantgardistischen

---

[1] Heine, Schwabenspiegel, 268 f.

[2] Vgl. Zeller, Gustav Schwab, 268: „Vergessen ist der Schulmann, der Prediger, der Kritiker und auch der Herausgeber und der Redaktor Schwab“.

Frühromantik nimmt sich das literarische Werk des erst 1792 geborenen Gustav Schwab auf den ersten Blick freilich als wenig aufregend, eher schwäbisch-beschaulich, vielleicht sogar unterkomplex aus. Würde man allerdings moderne Evaluationsmaßstäbe anwenden, die bekanntlich vorwiegend quantitierend sind, dann wäre Gustav Schwab als extrem auflagenstarker, vielgelesener und wirkmächtiger Autor im Renommee weit vor Tübinger Stiftsköpfen wie Schelling, Hegel, Hölderlin oder anderen, etwa zeitgenössischen intellektuellen Vorreitern wie Wilhelm von Humboldt oder Friedrich Schlegel zu „ranken". Da dem bekanntlich nicht so ist, soll in diesem Beitrag eine gewisse Annäherung an diesen im Tübinger Stift ausgebildeten schwäbischen Bestsellerautor erfolgen. Das Hauptaugenmerk liegt dabei auf den *Schönsten Sagen des klassischen Altertums*, für die Gustav Schwab letztlich am berühmtesten geworden ist. Aus den *Schönsten Sagen* soll der bekannte Herakles-Mythos herausgegriffen werden, wie Gustav Schwab ihn präsentiert, sodass daran einige erste Beobachtungen zur Quellenbenutzung sowie zur Bearbeitung von Vorlagen durch Gustav Schwab formuliert werden können.

Gustav Schwabs erster Band der *Schönsten Sagen des klassischen Alterthums. Nach seinen Dichtern und Erzählern* wurde im Jahr 1838, die Bände zwei und drei in den Jahren 1839 und 1840 beim Verlag Samuel Gottlieb Liesching in Stuttgart veröffentlicht. 1846 erschien als zweite Auflage eine von Gustav Schwab besorgte Ausgabe letzter Hand mit einigen Korrekturen, Ergänzungen und neuen Bemerkungen in den Vorworten. Die *Schönsten Sagen des klassischen Altertums* waren von Anfang an ungeheuer erfolgreich und wurden rasch ein Klassiker eigener Art. Sie sind bis heute in zahlreichen Auflagen und immer wieder neu zugeschnittenen Ausgaben und Auswahlen erschienen (allein bis 1909: 33 Auflagen).

1792 in großbürgerlicher Familie in Stuttgart geboren, studiert Gustav Schwab nach dem Besuch des Oberen Gymnasiums in Stuttgart, dem heutigen Eberhard-Ludwigs-Gymnasium, ab 1809 an der Universität Tübingen Theologie. In den Jahren 1809–1814 lebt er als Stipendiat im Tübinger Stift, in dem er, der damaligen Studienordnung für Theologie entsprechend, bis zum Magistergrad zwei Jahre Klassische Philologie und Philosophie, dann drei Jahre Theologie studiert.[3] Zu seinen Lehrern gehörte etwa Schillers Jugendfreund Karl Philipp Conz, der bereits 1789 am Tübinger Stift als Repetent und Lehrer Friedrich Hölderlins wirkte und auch Hölderlins Griechenbild (nicht zuletzt im *Hyperion*) mitformte und -prägte. Seit 1804 hatte Conz eine Professur für Klassische Philologie an der Universität Tübingen inne und erhielt 1812 dazu noch die dortige Professur für Eloquenz. Nach Zeiten des Vikariats und des Reisens kehrt Gustav Schwab für zwei Jahre, 1815–1817, als Repetent ans Evangelische Stift nach Tübingen zurück, wo er unter anderem Horaz-Vorlesungen für die Famu-

[3] Vgl. Zeller, Gustav Schwab, 269; Fröschle, Gustav Schwab; Schelske, Gustav Schwab.

li hält. In seinen Tübinger Zeiten zeigen sich bereits deutlich die besonderen Qualitäten Schwabs als begeisterter Lehrer sowie seine glückliche Hand im Sammeln, im redaktionellen Bearbeiten und im Herausgeben von Werken anderer; denn er ist Mitherausgeber zweier damals wichtiger Sammelbände der schwäbischen Romantik: des *Poetischen Almanachs für das Jahr 1812* sowie des Bandes *Deutscher Dichterwald* (1813).[4] Im Jahr 1817 erhält der ausgebildete Pastor und Theologe Schwab eine Stelle am Oberen Gymnasium in Stuttgart und wirkt dort bis 1837 als Gymnasialprofessor für alte Sprachen. Während in vielen Ländern des Deutschen Bundes die Vermittlung von Bildung immer mehr Aufgabe des Gymnasiums wurde und sich der Stand des gelehrten Lehrers von dem der Theologen löste und so neuhumanistische Bildungsideale den oberen Bevölkerungsschichten kirchenunabhängig vermittelt wurden, war das in Württemberg bis in die Mitte des 19. Jahrhunderts hinein noch anders: Dort musste, wer Gymnasiallehrer werden wollte, bis 1865 durch die „Theologische Pforte“. An der Person Gustav Schwabs sehen wir besonders deutlich, wie kirchlich-pastorale Aufgaben von schulischen kaum zu trennen waren bzw. ineinander übergingen.[5] In den Jahren 1837–1841 hatte Gustav Schwab eine Pfarrstelle in Gomaringen in der Nähe von Tübingen inne, bis er 1841 in Stuttgart das Pfarramt von Sankt Leonhard übernahm und dort im höheren Schulwesen Karriere machte. Die *Schönsten Sagen des klassischen Altertums* sind also in Gomaringen entstanden, wohin Schwab sich 1837, aufgerieben von den politischen und literarkritischen Spannungen in der Stuttgarter Gesellschaft, zermürbt zurückgezogen hatte.[6] Gustav Schwab wohnte im dortigen Schlösschen, das seit 1998 ein kleines Gustav-Schwab-Museum birgt. In den Gomaringer Jahren 1837–1841 steht Gustav Schwab vor allem mit Tübinger Theologen, etwa mit Heinrich Christoph Wilhelm Sigwart, dem Ephorus des theologischen Seminars, oder Christian Friedrich Schmid und Ferdinand Christian Baur, in intensivem, freundschaftlichem Austausch. Es sind nicht nur die antiken Sagen, die ihn in den Gomaringer Jahren beschäftigen, vielmehr publiziert er in diesen Jahren viele verschiedene Dinge und ist literarisch ungeheuer aktiv: 1838 erscheint ein Band mit einer Auswahl aus seiner eigenen Lyrik; 1840 gibt er eine mehrbändige Schiller-Biographie heraus. Auch der zweite Band seines *Buches der schönsten Geschichten und Sagen für Alt und Jung wieder erzählt*, eine leicht fassliche Nacherzählung der frühneuhochdeutschen Volksbücher, fällt in die erste Gomaringer Zeit (1837). Diesen lebensweltlich-produktiven Kontext müssen wir später bei unseren Überlegungen zu den *Schönsten Sagen* berücksichtigen. 1841 zieht Schwab mit seiner Familie nach Stuttgart, um dort als Stadtpfarrer von Sankt Leonhard sowie als Oberkonsistorialrat und Oberstudienrat Lei-

[4] Vgl. Schillbach, Gustav Schwab, 32.
[5] Vgl. Landfester, Humanismus und Gesellschaft, 4f.
[6] Vgl. Zeller, Gustav Schwab, 286f.

ter der höheren Schulen in Württemberg zu werden, kurz: um eine wichtige Stelle in der württembergischen Schulverwaltung mit konzeptioneller Leitung wahrzunehmen. In Stuttgart stirbt Gustav Schwab nach einem überaus arbeitsamen und gesellschaftlich aktiven Leben am 4.11.1850 an einem Herzanfall.

Wie dürfen wir heute Schwabs Beschäftigung mit antiken Texten, Stoffen und Mythen bewerten? Gustav Schwabs *Dichter des alten Griechenlands und Roms* wie auch seine *Schönsten Sagen des klassischen Altertums* sind für uns augenfällige Beispiele einer Entwicklung, die etwa seit 1800/1805 greifbar wird: Neben den gelehrten Studien zu antiken Autoren und Texten, die sich zunehmend zur Philologie als historisch-wissenschaftlicher Einzeldisziplin ausdifferenzierten, heben sich gerade die beiden genannten mythologischen Sammelwerke Gustav Schwabs als dezidiert populäre Varianten der zeitgenössisch-modischen Antike-Rezeption ab: Im Württemberg Gustav Schwabs war die durch die deutschen Klassiker vielfach stimulierte Begeisterung für die Antike, und hier vor allem für die Griechen, längst etabliert und sogar in den der Bildungsidee des Neuhumanismus verpflichteten Lehrplankonzepten umgesetzt. Besonders Schwabs *Schönste Sagen des klassischen Altertums* haben zu einer ungewöhnlich weiten Popularisierung des Wissens über die Antike im 19. Jahrhundert beigetragen und können somit als typisches Phänomen dem in den höheren Gesellschaftsschichten damals verbreiteten Philhellenismus[7] zugerechnet werden. Gustav Schwab, getragen von großer Sympathie für die Sache der Griechen, ist 1822 selbst aktives Mitglied eines Komitees zur Unterstützung der zeitgenössischen griechischen Befreiungskriege.[8] Ein wichtiges Indiz für die neue Antikenmode ist auch die große Zahl von neu erstellten Übersetzungen antiker Texte im frühen 19. Jahrhundert. In diesem Kontext spielt der Verlag Metzler in Stuttgart eine wichtige Rolle, der seit 1826 fast die ganze damals bekannte griechische und römische Literatur in deutscher Übersetzung, griechische und lateinische Dichter und Prosaautoren, als Schulbücher herausbrachte. Insgesamt waren das 1.000 Bände, noch dazu in damals außerordentlich hohen Auflagenzahlen (20.000). In den ersten Jahren agierten Christian Nathanael Osiander, Gottlieb Lukas Friedrich Tafel und Gustav Schwab, also nicht etwa ausgewiesene Philologen und Wissenschaftler, als verantwortliche, überaus erfolgreiche Herausgeber dieser Reihe.[9] Die Bände wurden sogar von Schülern (obwohl nicht alles Schullektüre war) und von Frauen gekauft.[10] Aus dieser Be-

[7] Philhellenismus ist zu dieser Zeit eine Art bildungstheoretisch überhöhter Patriotismus, eine Verteidigung der kulturellen Wurzeln, die als identitätsstiftend angesehen werden. Dieses Phänomen wird bereits in Hölderlins *Hyperion* greifbar.

[8] Vgl. Dambacher, Gustav Schwab, 7; Landfester, Humanismus und Gesellschaft, 52, betont, dass Schwab kein extremer Gräkomane war, sondern auch deutsche Volksbücher herausgab.

[9] Vgl. Landfester, Humanismus und Gesellschaft, 51 f.

[10] Landfester, Humanismus und Gesellschaft, 51 Anm. 49, listet die griechischen Texte und Passagen auf, die Gustav Schwab hier mit Blick auf die Frauen auswählte.

schäftigung geht offensichtlich das 1835 erschienene Werk Schwabs *Die Dichter des alten Griechenlands und Roms* für die *Bibliothek für die weibliche Jugend* hervor. Dieser Band wird in der Forschungsliteratur kaum berücksichtigt und auch in der Gustav-Schwab-Biographie seines Schwiegersohnes Karl Klüpfel nicht erwähnt.[11] Es handelt sich dabei um eine meines Erachtens wichtige Vorarbeit für die wenige Jahre später erstellte Sammlung der *Schönsten Sagen des klassischen Altertums*, die nach den eigenen Worten Gustav Schwabs „der Widerhall zwanzigjähriger öffentlicher und häuslicher Beschäftigung mit der Antike“[12] war. Bemerkenswert an dieser für Frauen konzipierten Dichter-Anthologie ist vor allem die Vorrede Schwabs, in der er betont, die Auswahl entspreche besonders „dem Gemüthe der Frauen, der weiblichen Bildung, und den […] Forderungen der Zucht und des Anstandes“[13]. In diesem Vorwort beschreibt er seine Konzeption, basale Einleitungen zum jeweiligen griechischen Dichter und seinem Werk sowie zu den poetischen Gattungen zu bieten. Schwab selbst betont: „[Hier] wird Niemand Neues erwarten.“[14] Vielmehr liege seine Schwierigkeit darin, das bislang Bekannte gut zu präsentieren, zumal sich bei den Griechen „seit einem halben Menschenalter solche Riesenschritte in dem Verständnisse des geistigen Völkerlebens“ gezeigt hätten[15]. Gustav Schwab listet akribisch die für die einzelnen Dichter verwendeten Übersetzungen auf, darunter große und namhafte Interpreten wie Voß (für Homer), Herder (für Pindar) oder Conz (für Aischylos), ebenso verweist er auf einschlägige Forschungsliteratur (etwa Friedrich August Wolf für Homer, Thiersch für Pindar etc.). Gustav Schwab ist, daran gibt es keinen Zweifel, mit der zeitgenössisch aktuellen und einschlägigen Literatur zu den griechischen und lateinischen Texten vertraut. Er weist nachdrücklich am Ende der Vorrede darauf hin, dass er „mehr zu unterrichten, als zu unterhalten“[16] bemüht gewesen sei. Besonders bemerkenswert ist hier seine geradezu modern anmutende Intention der Mädchenbildung, denn zu seiner Zeit wurden die alten Sprachen auf Mädchenschulen nicht unterrichtet. Das war eigentlich nur den männlichen Absolventen des humanistischen Gymnasiums und zum Teil denen der Realgymnasien (die nur Latein lernten) vorbehalten.[17] An solchen Übersetzungsanthologien wird deutlich, dass es Gustav Schwab nicht primär um wissenschaftliche Anliegen, sondern vielmehr um breite Wissensvermittlung geht. Explizit formuliert er das in der Vorrede zum ersten Band der Erstausgabe der *Schönsten Sagen des klassischen Altertums* von 1838: Konzipiert seien diese für das „Auge der Einfalt“[18] und ebenso heißt

[11] Vgl. Hałub, Das literarische Werk Gustav Schwabs, 72.
[12] Lemmer, Nachwort, 979.
[13] Schwab, Dichter des alten Griechenlands und Roms, III.
[14] Schwab, Dichter des alten Griechenlands und Roms, III.
[15] Schwab, Dichter des alten Griechenlands und Roms, IV.
[16] Schwab, Dichter des alten Griechenlands und Roms, V.
[17] Vgl. Evers, Sagen des klassischen Altertums, 34.
[18] Schwab, Sagen des klassischen Altertums (1838–1840), Bd. 1, V.

es dort: „Vorausgesetzt wird in diesem Buche nur die allgemeinste Kenntniß der griechisch-römischen Mythologie und Vorzeit, wie sie die Schulbildung unsrer vaterländischen Jugend bei Zeiten verschafft.“[19] „Nähere Bekanntschaft mit diesen Mythen wird sogar als Vorschule für die höhere Bildung ein frühzeitiges Bedürfniß.“[20] Es geht nicht nur um historisches oder geographisches Wissen, sondern auch darum, dass die Mythen „zum Vehikel eines moralischen Lehrkurses“ werden[21]. „Auf ihre Unzulänglichkeit gegenüber der Offenbarung des Christenthums [...] wird eine mündliche Unterweisung des Vaters oder Lehrers den jungen Leser besser aufmerksam machen, als das Buch selbst.“[22] Insgesamt zeichnet sich in den Vorworten der Bände der *Schönsten Sagen* klar die Intention Schwabs ab, nach der die nacherzählten antiken Mythen zwar durchaus als wegbereitende Exempel-Geschichten für die höhere, humanistische Bildung gelten, in erster Linie jedoch als Propädeutik für die christliche Moral fungieren sollen. In jedem Falle steht bei Gustav Schwab die Jugendbildung und somit eine pädagogische, genauer gesagt: religionspädagogische Konzeption im Vordergrund seiner Gestaltung antiker Mythen.

Wie ist es nun um Kenntnisse der antiken Mythologie zu Gustav Schwabs Lebzeiten überhaupt bestellt? Ohne jeden Anspruch auf Vollständigkeit seien hier einige Autoren genannt, deren Beschäftigung mit dem Mythos einen Bezug zu Gustav Schwab nahelegt: Ebenso grundlegend gelehrt wie detailliert war das bis auf Schwabs Zeiten weithin genutzte Werk Benjamin Hederichs (1675–1748), das *Gründliche mythologische Lexikon* (mit genealogischen Tabellen im Anhang), das nicht zuletzt für Antikenfreunde wie Goethe, Schiller, Kleist und andere Zeitgenossen maßgebliche Buch für antike Mythen. Dieses Werk darf als Musterbeispiel für gelehrte, antiquarische Mythen-Literatur des 18. Jahrhunderts gelten. Wir werden weiter unten sehen, dass auch Gustav Schwab seinen Hederich gut kannte. Außerdem stand die vom Göttinger Altertumswissenschaftler Christian Gottlob Heyne (1729–1812), dem Lehrer Friedrich August Wolfs, erstellte kommentierte Ausgabe der *Bibliothek* Pseudo-Apollodors (1782) zur Verfügung, in deren Vorwort erstmals der Übergang vom bisher gepflegten antiquarischen Interesse zu einer ganzheitlichen Rekonstruktion antiken Lebens mittels der mythischen Literatur erkennbar wurde: Der Mythos avanciert hier zu einer Ausdrucksform der Menschen in früheren Zeiten.[23] Da-

[19] Schwab, Sagen des klassischen Altertums (1838–1840), Bd. 1, VIII.
[20] Schwab, Sagen des klassischen Altertums (1838–1840), Bd. 1, VI.
[21] Schwab, Sagen des klassischen Altertums (1838–1840), Bd. 1, VII.
[22] Schwab, Sagen des klassischen Altertums (1838–1840), Bd. 1, VII.
[23] Im Mythos-Begriff Heynes wird die allmähliche Herausbildung der Altertumswissenschaften mitsamt einhergehender Historisierung und Philologisierung greifbar: In der Praefatio seiner 1803 erschienenen Apollodor-Ausgabe finden sich wichtige Bemerkungen über Mythen als Erfindungen der Dichter, die zu deren Interpretation wesentlich von Bedeutung sind. Vor allem Heyne vertritt einen streng wissenschaftlichen Mythos-Begriff, es geht ihm nicht nur um die Sammlung des mythischen Stoffes, sondern um die tiefe wissenschaftliche

gegen schreibt Karl Philipp Moritz 1791 in seinem Werk *Götterlehre oder mythologische Dichtungen der Alten* dem Mythos ästhetische Autonomie zu und beschreibt den antiken Mythos als gleichsam poetisches Kunstwerk, das seine eigene Wahrheit hat (die allegorische Lesart wird also ausgeschlossen). Moritz bereitet damit der romantischen Neuen Mythologie den Weg. Weiterhin hatte Georg Friedrich Creuzer in seinen 1810–1812 erschienenen vier Bänden *Symbolik und Mythologie der alten Völker, besonders der Griechen* den religiösen Gehalt von Mythen neu akzentuiert. Folgenreich ist auch das Werk Karl Otfried Müllers (1797–1840) gewesen, das er 1825 unter dem Titel *Prolegomena zu einer wissenschaftlichen Mythologie* verfasste. Seine dort formulierte These, nach der der Mythos aus Riten entstanden sei, wird bis heute diskutiert (etwa von Walter Burkert[24]). Demnach gehören Mythen einer bestimmten kulturellen Entwicklungsstufe der Menschheit an (so bereits Heyne) und sind als eine Art Prähistorie der Philosophie aufzufassen. Wir wissen, dass Gustav Schwab diese Werke kannte, denn in seinem zusammen mit Karl Klüpfel 1846 herausgegebenen *Wegweiser durch die Literatur der Deutschen* beschreibt er die Werke Müllers und Creuzers zur Mythologie als empfehlenswerte Bibliothekswerke, weist diese damit freilich zugleich einer rein gelehrten Interessensphäre zu.[25] Abgesehen davon gab es bereits zu Gustav Schwabs Zeiten Nacherzählungen antiker Mythen in durchaus populären Fassungen: Zu nennen wären hier zuerst Karl Friedrich Beckers *Erzählungen aus der alten Welt für die Jugend* in drei Bänden (1802/1803; bis 1904 erschienen davon 19 Auflagen), eine nicht-chronologische Sammlung ausgewählter griechischer Sagenkreise (z. B. Troia, Argonauten; der Fokus liegt immer auf *einem* Protagonisten). Die Nacherzählungen der antiken Mythen sind bei Becker in eine Rahmenhandlung eingebettet, die als abendliches Gespräch zwischen einem Hauslehrer und Knaben gestaltet ist. Der Hauptakzent liegt auf moralischen Reflexionen, nicht auf der Konstruktion von Handlung oder gar Spannung, was einen noch sehr aufklärerischen Tenor beweist. Außerdem war das in Briefform gehaltene Reisetagebuch von Friedrich Anton Levin Matthaei seit 1835 auf dem Markt, das den Titel *Hellanikos' my-*

Erforschung der griechischen Mythologie im Dienste der Philologie (um eine *mythica doctrina*). Es geht bei Heyne also erstmals um einen *sermo mythicus*, um Mythos als universelle Ausdrucksform aus der Frühzeit des Menschen. Der Mythos wird somit eine von der Religion zu unterscheidende Ausdrucksform einer menschheitsgeschichtlichen Entwicklungsstufe (*aetas mythica*). Heynes Apollodor-Kommentierung hatte aber auch den Zweck, die Lektüre antiker Dichter zu unterstützen. Zu Heynes Zeit bestand das Studium der antiken Literatur aus Vokabelpauken, Üben von Metren und Formen im Sinn einer formal orientierten *imitatio* der Alten. Für Heyne ist das jedoch Bildungsauftrag, das sachlich-historische Verständnis der Inhalte der Texte, der Mythen und deren Interpretation werden vorausgesetzt. Seit Heyne wird Mythologie zum ‚autonomen' Feld der philologischen Forschung; ausführlicher vgl. Horstmann, Mythologie und Altertumswissenschaft.

[24] Vgl. Burkert, Homo Necans; ders., Griechische Religion; ders., Kulte des Altertums.

[25] Vgl. Schwab, Wegweiser durch die Litteratur der Deutschen, 75f; zu Heyne, Moritz, Creuzer und Müller vgl. Evers, Sagen des klassischen Altertums, 45–50.

thologisch-malerische Reisen trug (erschien in nur einer Auflage): Hier fährt der Ich-Erzähler Hellanikos die griechische Küste entlang und berichtet anlässlich der gesichteten Landschaften Griechenlands die dort verorteten Mythen. Es handelt sich also nicht nur um mythologische, sondern auch um geographische und kunsthistorische Belehrung der Jugend. Darauf folgten dann Gustav Schwabs *Schönste Sagen des klassischen Altertums* (1838–1840), die bis 1909 in 33 Auflagen erschienen.[26]

Im Unterschied zu den exemplarisch genannten Sammlungen antiker Mythen konzipiert Gustav Schwab mit seinen *Schönsten Sagen des klassischen Altertums* nun etwas völlig Neues: Während die antiken Dichter und Prosaautoren bekanntlich unzählige, nicht selten widersprüchliche Varianten der mythischen Stoffe bieten, die zudem nicht immer vollständig auf uns gekommen sind (zum Beispiel der epische Kyklos), konstruiert Gustav Schwab eine erstmals schlüssig zusammenhängende, kohärente antike Mythologie[27]: Diese lässt er mit der Erschaffung des Menschen durch Prometheus beginnen und nach dem Zweikampf zwischen Aeneas und Turnus, kurz: bei der Entstehung des römischen Staates, enden. Es zeichnet sich sogar eine Art evolutionistisch gedachte Kulturentstehung ab, wenn Schwab in den erzählten Mythen „den Prometheusfunken im Menschen den Kampf mit der Barbarei beginnen, die Kultur der Wildniß, die Bildung der Barbarei, die Vernunft oder die Nothwendigkeit der Leidenschaft den Sieg abringen" lässt[28]. Marek Hałub etwa beschreibt die *Schönsten Sagen* Schwabs zu Recht als geglättetes, kunstvoll zusammengesetztes Mosaik.[29] Denn Schwab gelingt es, eine gleichsam nahtlose Zusammenfügung antiker Mythenvarianten aus den unterschiedlichsten Epochen, Traditionen und Textsorten vor allem der griechischen, aber auch der lateinischen Literatur zu kreieren. Im Unterschied zu seiner vorwiegend sprachlichen Bearbeitung und Adaptation der deutschen Volksbücher wenige Jahre zuvor präsentiert Schwab hier einen zwar auf antiken Texten basierenden, letztlich aber kompositorisch wie sprachlich-stilistisch neu geformten mythischen Kosmos. Im Grunde dürfen wir Gustav Schwab als modernen Nachfahren der antiken Rhapsoden archaischer Zeit betrachten, die ebenfalls kursierende Stoffe, Motive und Mythenvarianten, überhaupt die Gesänge und Erzählungen anderer einer eigenen Intention entsprechend zu einem größeren Ganzen zusammenfügten. Schwabs kompilatorische Komposition antiker Sagen erweist sich dabei als artifizielle, eklektische Konstruktion eines von der griechischen mythischen Prähistorie auf das Imperium Romanum zulaufenden, also: eines teleologischen Mythos, den es so in den antiken Texten definitiv nicht gibt. Die

[26] Vgl. Evers, Sagen des klassischen Altertums, 74.

[27] Vgl. Baumbach, Mythologie, 633.

[28] Schwab, Sagen des klassischen Altertums (1838–1840), Bd. 1, Vf; vgl. Evers, Sagen des klassischen Altertums, 114.

[29] Vgl. Hałub, Das literarische Werk Gustav Schwabs, 82.

in den antiken Quellen vorfindlichen Grundmuster mythischen Geschehens behält er jedoch bei. Dabei vereinfacht Schwab komplizierte Handlungsstränge, setzt eigene Akzente und fügt eigene Wertungen ein. Die *Schönsten Sagen* sind somit mehr als eine Sammlung antiker Mythen, sie sind die Fiktion einer kohärenten antiken Mythologie überhaupt.[30] De facto liegt mit Schwabs *Schönsten Sagen des klassischen Altertums* also eine neu konstruierte antikisierende Mythologie vor, die – anders als bisherige Sammlungen antiker Mythen – zudem erstmals als Narrative ganz eigener Art gestaltet ist: Ohne jede Rahmenhandlung bietet er einen durchgängigen Erzählbogen von der Entstehung des Menschen bis hin zum römischen Staat. Die Künstlichkeit seiner Kunst zeigt sich aber auch in der propagierten sprachlichen Nähe zum griechischen und lateinischen Original. In der zweiten Auflage der *Schönsten Sagen* (1846) findet sich eine neue zweite Vorrede: Schwab kommt dort auf den Abgleich von Diktion und Stil mit Blick auf die antiken Vorlagentexte zu sprechen, da es hier Ungenauigkeiten in der Erstauflage gegeben habe, die „bei häufiger Abweichung in den Erzählungen der verschiedenen Gewährsmänner des Alterthums“[31] entstanden seien. Wie Schwab selbst betonte, wollte er stilistisch immer eng am Wortlaut der antiken Texte bleiben:

> In vorliegendem Buche nun wird der Versuch gemacht, die schönsten und bedeutungsvollsten Sagen des klassischen Alterthums den alten Schriftstellern und vorzugsweise den Dichtern einfach und vom Glanze künstlerischer Darstellung entkleidet, doch, wo immer möglich, mit ihren eigenen Worten nachzuerzählen.[32]

Tatsächlich greift Schwab mit deren volkstümlich anmutender stilistischer Schlichtheit jedoch vielmehr den „Sagenton“ der alten deutschen Volksbücher auf, die er wenige Jahre zuvor nacherzählt hatte.[33] Er unterstreicht, dass die äußere Gestalt des Werkes an die neue Auflage seiner deutschen Volksbücher angepasst worden sei, „da beide Bücher nach Stoff und Form auch in einer gewissen innern Beziehung zu einander stehen“[34]. Oft bedient er sich auch in den *Schönsten Sagen* eines altertümlichen Wortgebrauchs, vermutlich, um so ein antik anmutendes, nostalgisches Sprachflair zu erzeugen (z. B. blöde statt vorsichtig/zaghaft, dürfen statt brauchen). Das in seiner Schlichtheit durchaus gepflegte Niveau und überhaupt die Luzidität der inhaltlichen wie der sprachlichen Darstellung beweisen Schwabs grundlegenden pädagogischen Impetus bei seiner neuartigen Konzeption antiker Mythologie. Diese erscheint überdies als ein etwas verspäteter Nachhall des großen Interesses vieler Romantiker an der

---

30 Vgl. Lemmer, Nachwort, 980.

31 Schwab, Sagen des klassischen Altertums (1846), Bd. 1, IX.

32 Schwab, Sagen des klassischen Altertums (1838–1840), Bd. 1, VIf.

33 Am Rande sei hier darauf hingewiesen, dass Gustav Schwab seine *Schönsten Sagen* in einer Zeit verfasste, in der z. B. auch Jacob Grimm seine *Deutsche Mythologie* herausbrachte (genauer: 1835).

34 Schwab, Sagen des klassischen Altertums (1846), Bd. 1, X.

eigenen germanischen Mythologie wie an der fremder Völker, ein Interesse, das in den bildungsbürgerlichen Schichten der Gesellschaft längst etabliert war. Darüber hinaus konzipiert Schwab mit seinen *Schönsten Sagen des klassischen Altertums* in gewisser Hinsicht sogar eine „neue Mythologie", die sich wenigstens im Habitus an die entsprechende Idee des frühromantischen Idealismus anlehnt, die dort freilich ästhetisch-philosophisch fundiert ist.[35] Einschlägig für den Geist dieser „neuen Mythologie" der Frühromantik ist der zentrale Athenäum-Text Friedrich Schlegels mit dem Titel *Rede über die Mythologie* aus dem Jahr 1800, in welchem diese als neue ästhetische Utopie gefeiert wird:

> Alle Gedichte des Altertums schließen sich eines an das andre, bis sich aus immer größern Massen und Gliedern das Ganze bildet; alles greift in einander, und überall ist ein und derselbe Geist nur anders ausgedrückt. Und so ist es wahrlich kein leeres Bild, zu sagen: die alte Poesie sei ein einziges, unteilbares, vollendetes Gedicht.[36]

Während es Hegel und Friedrich Schlegel ebenso wenig wie Schelling und Hölderlin bei ihren Reflexionen über Mythos und Mythologie um eine Wiederentdeckung oder Re-Konstruktion alter oder gar antiker Mythen ging, so lässt sich das ursprünglich frühromantische Projekt eines „neuen Mythos", das mit Hegel, Hölderlin und Schelling nicht zuletzt im Tübinger Stift wurzelt, in stark trivialisierter Form auch beim ehemaligen Stiftszögling und -repetenten Gustav Schwab erkennen. Denn obwohl er sich in seinen *Schönsten Sagen des klassischen Altertums* auf eine bereits existente Tradition, die der antiken Mythen, bezieht, konzipiert er in seiner großen Synthese der Mythen eine erstmals kohärente und teleologisch strukturierte Narrative der antiken Mythologie. Ein Brief des Verlegers Samuel Gottlieb Liesching aus Stuttgart an Gustav Schwab vom 10. Juli 1839, also kurz vor Publikation des dritten und letzten Bandes, dokumentiert das:

> Ob Sie nicht für gut fänden, in das Vorwort, um das ich hiemit geziemend bitte, die Erwähnung einzuflechten, wie in dem nun beendigten Werke der Sagenkreis des Alterthums seinen Schluß gefunden und nun ein *Ganzes* bilde, das in seiner Eigenthümlichkeit gewiß einem wesentlichen Bedürfnisse unserer Litteratur und des edleren Publikums im vollsten Maaße entsprechen muß. Es ist ein *schönes*, trefliches Buch geworden, und von Herzen wiederhole ich meinen verbindlichsten Dank für die vertrauensvolle Güte, mit der Sie unserem Verlage ein so ehrenvolles Unternehmen vergönnen wollten.[37]

Gustav Schwab kreiert also, wohl weniger den philosophischen Ansätzen des frühromantischen Idealismus als vielmehr dem spätromantischen, philhellenischen Zeitgeist der bürgerlichen Bildungselite verpflichtet, einen großen antiki-

---

[35] Das Gründungsmanifest der frühromantischen „neuen Mythologie" ist ein vermutlich von Hegel verfasster, Fragment gebliebener Text mit dem Titel *Das älteste Systemprogramm des deutschen Idealismus* von 1796/1797.

[36] Schlegel, Rede über die Mythologie, 202.

[37] Brief Lieschings, zitiert nach: Schillbach, Gustav Schwab, 58f.

sierenden Gesamtmythos. Seine Rezeptionshaltung ist durchaus innovativ, wenn er in gleichzeitiger Nähe und Ferne zu den antiken Texten eine neue Mythologie der Antike projektiert (vergleichbar mit den Kunstmärchen von Wilhelm Hauff oder den Kunstsagen eines Achim von Arnim). Vielleicht könnte man in Analogie zur vielzitierten, bei Hölderlin und Schiller so prominenten „Erfindung der Antike um 1800“ Gustav Schwabs Mythenkonstrukt als „spätromantische Erfindung des antiken Mythos“ spezifizieren.

Werfen wir nun einen philologischen Blick auf den Text der *Schönsten Sagen des klassischen Altertums*: Zweifellos war Gustav Schwab in den 30er Jahren des 19. Jahrhunderts als aktiver Gymnasialprofessor der alten Sprachen in der antiken Dichtung und Literatur bestens bewandert und hatte bereits wiederholt sein Talent als Übersetzer aus diesen Sprachen bewiesen. Als mögliche Quellentexte für Schwabs Mythologie lassen sich fast alle griechischen Dichter von Homer bis Claudian und Quintus von Smyrna, inklusive hellenistischer Dichter wie Theokrit und Kallimachos, rekonstruieren.[38] Daran wird deutlich, dass sich Schwab eines ungewöhnlich weiten, keineswegs nur auf die klassische Zeit konzentrierten Spektrums antiker, vor allem griechischer Texte aus den verschiedensten literarischen Epochen und Gattungen, mit entsprechend divergierender narrativer oder deskriptiver Fokalisierung sowie entsprechend variabler Stilhöhen bediente. Eine Verengung der antiken Literatur auf einen als klassisch herausgehobenen Kanon antiker Texte finden wir bei Gustav Schwab noch nicht. Abgesehen davon wird mit Blick auf seine möglichen Quellen und Vorlagen, über die er selbst praktisch keine Angaben macht, nicht nur das in der Sekundärliteratur so viel beschworene mühsame Zusammensammeln der Mythen aus den entlegensten und unterschiedlichsten Quellen, sondern auch die professionelle Benutzung einschlägiger antiker und zeitgenössischer mythologischer Handbücher deutlich. Im Vorwort zum dritten Band der Erstauflage seiner *Schönsten Sagen* betont Schwab, wie schwierig ihm etwa der Abgleich der drei großen griechischen Tragiker gefallen oder wie aufwändig das Kürzen von Homers *Odyssee* und Vergils *Aeneis* für ihn gewesen sei. Durch Bemerkungen dieser Art wie auch durch Briefe seiner Tochter Sophie an ihren Verlobten und späteren Mann, den Gustav-Schwab-Biographen Karl Klüpfel, in denen sie

[38] Diodorus Siculus 4, 25: Einweihung des Herakles in die Eleusinischen Mysterien; Sophokles, *Trachiniae*, 1091f: Kampf mit dem Nemeischen Löwen; *Trachiniae*, 1097: Erymantischer Eber; *Trachiniae*, 248–253: Sklavendienst bei Omphale; Euripides, *Hercules*, 419–424: Tötung der Hydra; *Hercules*, 375–379: Kerynithische Hirschkuh; *Hercules*, 408–419: Raub des Wehrgehenks der Amazonin Hippolyte; *Hercules*, 23–25.1276–1278: Kerberos wird aus der Unterwelt geholt; *Hercules*, 967–1015: Herakles tötet im Wahnsinn seine Frau Megara und seine Kinder; Xenophon, *Memorabilia*, 2, 1, 21–34: Herakles am Scheideweg; Kallimachos, *Fragmentum*, 254–269 SH; *Fragmentum*, 383 P.: aitiologische Fragen zu den von Herakles gestifteten Nemeen; Theocritus, *Eidyllia*, 25, 7: Augias-Stall; *Eidyllia*, 24: der kleine Herakles; dazu siehe auch die Scholiasten zu Lykophron und Vergil, auch Probus zu Vergil, *Eclogae*, 6, 42: Befreiung des Prometheus durch Herakles.

schildert, wie ihr Vater ihr die Sagen, mitunter aus mehreren Quellen und Büchern aufwändig zusammengefasst, diktiert und sie diese verschriftlicht hätte, entsteht der Eindruck, Gustav Schwab habe ausschließlich im unmittelbaren Rückgriff auf die antiken, vor allem poetischen Texte seine Mythensynthese erstellt. Ein bislang punktueller Vergleich mit den überlieferten Textfassungen antiker Mythographen wie etwa Diodor, Apollodor und Hygin oder aber neuzeitlichen mythologischen Handbüchern legt jedoch eine zumindest passagenweise enge Anlehnung Schwabs an diese Handbücher nahe. Denn bereits bei Diodor und Apollodor finden sich Mythenversionen, in die verschiedene Erzähltraditionen eingeschmolzen wurden. Sehen wir uns das anhand der Schwab'schen Fassung des Herakles-Mythos etwas genauer an: Es mag überraschen, aber die ersten vier Kapitel im Herakles-Buch von Schwabs *Schönsten Sagen* zeigen eine überaus enge Anlehnung an Hederichs *Gründliches mythologisches Lexikon*[39] hinsichtlich der Ordnung des Stoffes und der Komposition von Herakles' Biographie. Wesentliche Unterschiede sind allerdings die narrative Überformung, die sich allein bei Schwab findet, oder aber Schwabs Verzicht auf die korrekte Angabe von Belegstellen aus den antiken Autoren oder Bildwerken, wie Hederich sie akribisch auflistet. Ebenso wenig bietet Schwab eine Diskussion über inhaltliche Probleme, zum Beispiel die Zahl der Arbeiten des Herakles und ihre jeweilige Zuordnung. Während Hederich an die biographischen Kapitel zu Herakles noch systematische Rubriken, wie Gattinnen des Herakles, seine Statur, Beinamen oder Verehrung, also eine lexikalische Systematik anschließt, lässt Schwab eine solche beiseite. Ab Kapitel fünf der Herakles-Erzählung Schwabs finden sich dann deutliche Abweichungen von Hederich: Schwab lässt nämlich auf das vierte Kapitel „Des Herkules erste Thaten" das Kapitel „Herkules im Gigantenkampfe" folgen, das bei Hederich überhaupt nicht erwähnt ist, wechselt also offensichtlich seinen Bezugstext. Allem Anschein nach verwendet er hier Apollodor (*Bibliotheca* I 34–38)[40], im Anschluss daran immer wieder Diodors Herakles-Kapitel (IV 11–27).[41] Die Erkenntnis einer solchen kompilatorischen Arbeitsweise mindert das Verdienst Gustav Schwabs kaum, zeigt vielmehr seine souveräne und zugleich effiziente Nutzung des breiten Spektrums der antiken poetischen und prosaischen Texte. Wichtig und wesentlich sind in jedem Falle seine neue narrative Präsentation sowie die Reduktion der Komplexität in den zahllosen Mythenvarianten.

---

[39] Vgl. Hederich, Hercules, 1236–1258; von Schwab bis etwa Sp. 1243 benutzt.

[40] Vgl. Herakles (und seine Taten) bei Apollodor, Bibliotheca, II, 74–126.

[41] Schwab benutzte (antike, bereits kompilatorische) Berichte des antiken Mythographen Apollodor. Bei Photios (*Bibliotheca*) findet sich eine geordnete und katalogisierte, antiquarische Präsentation der Mythen, hier: 2, 74–126, und des Diodor aus dem 1. Jh. v.Chr., der eine umfangreiche Kompilation von Mythen anfertigte, hier: 4, 11–27. Auf diesen wie auf Hygin ebenso wie auf Hederich scheint sich Gustav Schwab am intensivsten zu beziehen. Zu Diodor und Apollodor als antiken Hauptquellen für den Herakles-Mythos vgl. Fink, Herakles.

Ein weiterer, letzter Aspekt sei angesprochen, nämlich die christlich-protestantische Zensur, welcher der Jugenderzieher Schwab die antiken Mythen in bester didaktischer Absicht unterzieht:

Nur dafür hat der Verfasser gesorgt, daß alles Anstößige entfernt bleibe, und deßwegen unbedenklich alle diejenigen Sagen ausgeschlossen, in welchen unmenschliche Greuel erzählt werden, die nur eine symbolische Erklärung gewissermaßen entschuldigt, die aber als Geschichte dargestellt – als welche der Jugend diese Sagen doch gelten müßen – nur einen empörenden Eindruck auf sie machen könnten. Wo aber unsern höheren Begriffen von Sittlichkeit widerstrebende oder auch schon im Alterthum als unsittlich und widernatürlich anerkannte Verhältnisse (wie in der Ödipussage) in einer ihrer Totalrichtung nach hochsittlichen Mythe nicht verschwiegen werden konnten, glaubt solche der Bearbeiter dieser Sagen auf eine Weise angedeutet zu haben, welche die Jugend weder zum Ausspinnen unedler Bilder noch zum Grübeln der Neugier veranlaßt.[42]

Die Abmilderung oder gar Eliminierung von Anstößigem wird etwa daraus ersichtlich, dass Schwab nur die von Menschen handelnde Heroensage berücksichtigt. Die antiken kosmogonischen und theogonischen Mythen lässt er weg und setzt erst mit der Erschaffung der Menschen durch Prometheus ein (seine ersten Sätze lauten: „Himmel und Erde waren geschaffen [...]. Da betrat Prometheus die Erde."[43]). Die im Vorwort genannten Gräuel wären demnach auf Mythen wie den der Entmannung des Uranos durch Kronos zu beziehen, die griechischen Weltentstehungsmythen wären mit der Offenbarung des Christentums wohl nicht vereinbar gewesen. Immer wirft Schwab nämlich einen dezidiert christlichen Blick auf die antiken Mythen und glättet sie entsprechend, wie er im Übrigen etwa zur gleichen Zeit, als er die *Schönsten Sagen* komponiert (1837–1840), auch an einer Biographie Friedrich Schillers arbeitet (1840 publiziert), in der er dem Dichter „durchgängig christliche Intentionen" nachzuweisen sucht[44]. Wir können also in diesen beiden, in den Jahren der Gomaringer Pfarre entstandenen Werken Schwabs dieselbe Tendenz zur Christianisierung eigentlich gar nicht christlicher Werke konstatieren. Sehen wir uns die sittliche, christliche Bearbeitung mit Blick auf den Herakles-Mythos der *Schönsten Sagen* genauer an: Während beim antiken Mythographen Diodor (IV 9, 1–3) ebenso wie bei Benjamin Hederich die berühmte Zeugungsgeschichte des Herakles ausführlich geschildert wird (Zeus täuscht Alkmene, indem er die Gestalt ihres Gatten Amphitryon annimmt, verlängert die Nacht um das dreifache etc.; Alkmene gebiert den Zeus-Sohn Herakles), übergeht Schwab dies und fasst die Genealogie des Herakles im ersten Satz schlicht so zusammen: „Herkules war ein Sohn Jupiters und der Alkmene"[45]. Über die näheren Umstände dieser Zeugung verliert er kein Wort. Hier wie vielfach auch sonst kürzt Schwab komplizierte

[42] Schwab, Sagen des klassischen Altertums (1838–1840), Bd. 1, VIIf.
[43] Schwab, Sagen des klassischen Altertums (1846), Bd. 1, 3.
[44] Grimm, Faktotum der Musen.
[45] Schwab, Sagen des klassischen Altertums (1846), Bd. 1, 183.

familiäre Verknüpfungen auf die denkbar knappste und unverfänglichste Form. Überhaupt lässt sich bei Gustav Schwab vielfach eine klare Reduktion von Komplexität in inhaltlicher Hinsicht feststellen: Fast immer streicht er Kampfszenen und Kataloge, rafft Seefahrten und nicht zuletzt die Götterszenen sind vielfach marginalisiert oder ganz gestrichen. Die sprachliche Ausgestaltung der antiken Mythen ist dagegen nicht selten bunter und eingängiger als das griechische oder lateinische Original, oft werden wichtige Szenen bildhaft-dramatisch ausgeschmückt und mit Erzählerkommentaren versehen: So dramatisiert er etwa im letzten der zwölf Abenteuer des Herakles Kerberos verbal als „Höllenhund“[46], den Herakles aus der Unterwelt heraufholen soll, oder fügt phantasievolle neue Details hinzu, etwa wenn er zu den bei Apollodor genannten drei Hundsköpfen des Kerberos hinzufügt: „aus denen unaufhörlich giftiger Geifer träufte“[47]. Dazu flicht er Vor- und Rückverweise ein (so Seite 202: „wir wissen, daß er [sc. Herakles] Wort gehalten hat“[48] oder Seite 203: „wie schon erzählt worden ist“ oder Seite 189: „von ihm [sc. Priamos] wird die Sage Vieles zu erzählen haben“).[49] Problematisch waren für Gustav Schwab offensichtlich die in den antiken Quellen zahlreichen Darstellungen eines eher trivialen Herakles als Fresser, Säufer, Frauenheld und Sexprotz (siehe die Episode um Deianeira und Iole), ebenso der wiederholt auftretende Wahnsinn dieses Helden. Während Schwab sämtliche Aspekte der Unzucht, der Völlerei, überhaupt des Übermaßes im Herakles-Mythos eliminiert, behält er jedoch Szenen bei, in denen Herakles von Wahnsinn geschlagen agiert (etwa die Tötung seiner von Megara geborenen Kinder) und erklärt das lediglich als Resultat einer gelegentlichen Niedergeschlagenheit, die von Herakles’ göttlicher Widersacherin Hera punktuell in Wahnsinn umgewandelt werde, das heißt der Held kann selbst eigentlich nichts dafür. Auch in Schwabs Nacherzählung der Episode, als Herakles als Gast im Haus des Admetos logiert, dessen Gattin Alkestis soeben verstorben ist, ist die von Euripides in der *Alkestis* so breit beschriebene Szene einfach weggelassen, in der ein grobschlächtiger Herakles in völliger Verkennung der Lage unsensibel zecht und sich der Völlerei hingibt (Euripides, *Alcestis*, 747–836). Dagegen gestaltet Schwab die Szene, in der Herakles später Alkestis mutig, mannhaft und muskelstark dem Tod entreißt, wesentlich detail- und wortreicher als die Vorlage des griechischen Tragikers.

Sieht man sich die Gestaltung des Herakles-Mythos bei Gustav Schwab genauer an, zeichnet sich eine didaktisch motivierte Trivialisierung dieser Figur

---

[46] Schwab, Sagen des klassischen Altertums (1846), Bd. 1, 214.

[47] Schwab, Sagen des klassischen Altertums (1846), Bd. 1, 214.

[48] Herakles hatte den Kentauren Chiron aus Versehen angeschossen, der nun leidet, aber da unsterblich, nicht sterben kann. Herakles verspricht, ihm den Tod zu schicken, was auch gelingt.

[49] Dazu ist die Einweihung in die Eleusinischen Mysterien durch Eumolpos nötig; vgl. dagegen Diodor IV 25, 1: dort Einweihung durch Musaios, den Sohn des Orpheus. Gustav Schwab lehnt sich sehr eng an Apollodor II 122 an: Einweihung durch Eumolpos.

ab, da Herakles in keiner Weise mehr als genusssüchtiger oder grausamer, komplizierter oder gar tragisch-ambivalenter Held dargestellt wird – wie das freilich in den antiken Texten durchaus akzentuiert war. Herakles wird vom Pastor Gustav Schwab vielmehr zum jugendfreien männlichen Modell bürgerlicher Tugenden und christlich-protestantischer Werte stilisiert[50]: Das wird unter anderem daran ersichtlich, dass er Untaten des Herakles, wenn überhaupt, dann knapp erzählt, seine Tugenden aber stark herausstellt. Er zeigt Herakles als exemplarischen Menschen, der leidet, kämpft und schließlich siegt. Die berühmten zwölf Arbeiten oder Abenteuer des Herakles (der sogenannte Dodekathlos) spielen dabei eine besonders wichtige Rolle: Denn hier kann Schwab in gleichsam serieller Steigerung zeigen, wie Herakles die auferlegten Pflichten annimmt und bewältigt, wie er sich immer wieder gegen grause und gewalttätige Wesen durchsetzt (so den Nemeischen Löwen, die Lerneische Hydra, die Stymphaliden, den Minotaurus, die als „Männinen" bezeichneten Amazonen[51], die Rinder des Geryones oder Kerberos). Es handelt sich dabei um gleichsam prä-mythische, in jedem Fall vorzivilisatorische Gewalttäter oder Untiere, deren Bedrohlichkeit durch die Hybridität ihrer Erscheinung noch gesteigert wird.[52] Alle Arbeiten, die Herakles bewältigen muss, sind extrem und eigentlich nicht machbar, doch Herakles schafft sie:

> Statt den verhaßten Nebenbuhler zu vernichten, hatten die bisher ihm von Eurystheus aufgetragenen Arbeiten den Herkules nur in dem Berufe verherrlicht, der ihm vom Schicksal angewiesen war: sie hatten ihn als Vertilger jeder Unmenschlichkeit auf Erden, als den echt menschlichen Wohlthäter der Sterblichen dargestellt.[53]

Bei Gustav Schwab wird Herakles zum tugendhaften Menschen, zum „Menschen, der niemals wegläuft"[54]. In der Annahme von Gefahr und Leid zeichnet sich nicht nur die Analogie zum duldenden und überwindenden Christenmenschen, sondern sogar eine Christus-Präfiguration ab, die einmal mehr den paganen antiken Mythos als prähistorische, vorchristliche Entwicklungsstufe begreift und funktionalisiert.[55] Und auch in der bekannten Episode von Herakles

---

[50] Vgl. Bezner, Herakles, 327. Eine Dimension fehlt uns in den *Schönsten Sagen* Schwabs völlig: die politische Dimension der Herakles-Figur, die sich seit der Französischen Revolution herausgebildet hatte.

[51] Schwab, Sagen des klassischen Altertums (1846), Bd. 1, 207.

[52] Vgl. das Titelkupfer vorn in der zweiten Auflage der *Schönsten Sagen* von 1846: Es ist nicht mehr wie in der Erstausgabe Perseus, sondern nun Herakles im Kampf gegen die Lerneische Hydra (nach einem Kupferstich von Guido Reni).

[53] Schwab, Sagen des klassischen Altertums (1846), Bd. 1, 214; vgl. auch Hegel, demzufolge Herakles höher als ein Gott stehe, höher „als ein Gott selbst, weil er das, was die Götter an sich sind, durch seine Bestätigung erringt", nach: Riedel, Herakles-Bilder, 54.

[54] Kray, Wider ‚eine engbrüstige Imagination', 76; vgl. Bezner, Herakles, 340.

[55] Vgl. Sparn, Hercules Christianus, 75, 81, 89; Riedel, Herakles-Bilder, 47, mit dem Verweis darauf, dass Herakles seit dem 16. Jahrhundert als Christus-Präfiguration etabliert war (v. a. in Fürstenspiegeln).

am Scheideweg,[56] die Schwab breit erzählt, agiert der Held, Inbegriff von Tugend, Verantwortungsgefühl und Selbstbeherrschung, frei von Überlegung und Zweifel fast mechanisch moralisch, wie Schwabs lapidare Sätze zeigen: „Die Gestalten waren verschwunden und Herkules wieder allein. Er war entschlossen, den Weg der Tugend zu gehen. Auch fand er bald Gelegenheit, etwas Gutes zu thun."[57] Bislang spekulativ und noch nachzuprüfen wäre mit Blick auf dieses Phänomen, ob und inwiefern zum Beispiel für Herakles als Tugendideal eine philosophische Schrift von Schwabs Lehrer Conz gewissen Einfluss auf Schwab ausgeübt haben könnte.[58] Insgesamt ist Gustav Schwabs Intention unverkennbar, die als bildungsrelevant erkannten antiken Mythen für die im christlichen Weltbild gründende neuhumanistische höhere Bildung zu retten. Das Griechenbild, das Schwab der Jugend vermittelt, erweist sich als letztlich klassizistisches: Alles, was in den antiken, vor allem den griechischen Mythen archaisch und primitiv, derb, wild und beunruhigend erscheint, kurz: alles, was heute die anthropologisch orientierte Gräzistik interessiert, wird von Schwab eliminiert, zumindest gedämpft und im Sinne christlicher Moral überformt.[59] Anders als Goethe, Schiller, Hölderlin oder Kleist, die durchaus die dunklen Seiten der Antike zur Kenntnis nehmen und würdigen, verlegt sich Gustav Schwab bezeichnenderweise auf die „Schönsten" Sagen, zumal des klassischen Altertums.[60] Er konstruiert damit ein Antikenbild, das in seiner entschärften und weichgezeichneten Darstellung zwar sehr menschlich,[61] in seiner zeit- und weltentrückten Idealität freilich gleichsam statuarisch wirkt und ein wenig an das seit Winckelmanns Zeiten kolportierte Ideal der edlen Einfalt und stillen Größe erinnert.[62] Vielleicht wollte Gustav Schwab mit seinen *Schönsten Sagen des klassischen Altertums* der seit Winckelmann modischen, klassizistischen Ikonographie eine entsprechend stilisierte literarische Mythographie entgegen-

---

[56] Vgl. Riedel, Antikerezeption, 270.

[57] Schwab, Sagen des klassischen Altertums (1846), Bd. 1, 189. Bei Xenophon, *Memorabilia* II 1, 21–34 endet die Prodikos-Geschichte ohne Verweis auf die Entscheidung des Herakles. Erst Frank Wedekind wird es 1917 mit seinem Drama *Herakles* gelingen, einen wieder ambivalenten, einen leidenden, enttäuschten und erniedrigten Helden zu zeigen; vgl. Kimmich, Herakles, 184–187.

[58] Vgl. Conz, Abhandlungen.

[59] Schwab verteidigt überhaupt die christliche Ethik gegen Männer wie Hegel und v. a. David Friedrich Strauß (Das Leben Jesu).

[60] Vgl. Riedel, Herakles-Bilder, 57.

[61] Vgl. bereits Gleim und Herder: „[...], dass die harte Mythologie der Griechen aus den ältesten Zeiten von uns nicht anders als milde und menschlich angewandt werden dürfe", Riedel, Herakles-Bilder, 50.

[62] Vgl. Riedel, Antikerezeption, 224. Schwabs Mutter, Friederike Schwab, war die Nichte des Bildhauers Johann Heinrich Dannecker, eines Schulfreundes Friedrich Schillers. Dannecker schuf als Bildhauer für verschiedene württembergische Herrscher antikisierende Figuren, etwa Wasser- und Wiesennymphen für den Stuttgarter Hofgarten. Auch Gustav Schwab wurzelt letztlich im klassizistisch interessierten, zeitgenössischen bürgerlichen Milieu.

stellen?[63] Wie auch immer: Für seine *Schönsten Sagen des klassischen Altertums*, gleichwohl ein eigenwilliges Amalgam artifizieller romantischer Mythologie und klassizistisch-idealischer Narrative, ist der ehemalige Stiftskopf Gustav Schwab zu Recht bis heute bekannt und berühmt. Sein Kosmos antiker Sagen sollte in Zukunft durchaus Gegenstand ausführlicherer wissenschaftlicher Studien werden.

Bibliographie

Quellen

Karl Philipp Conz, Abhandlungen für die Geschichte und das Eigenthümliche der späteren stoischen Philosophie. Nebst einem Versuche über christliche, kantische und stoische Moral, Tübingen: Heerbrand, 1794.

Benjamin Hederich, Hercules, in: Gründliches Mythologisches Lexikon, hg. v. ders., Darmstadt: Wissenschaftliche Buchgesellschaft, 1967, Nachdruck des Originals aus der Fürstlich Fürstenbergischen Hofbibliothek zu Donaueschingen von 1770, 1236–1258.

Heinrich Heine, Schwabenspiegel, in: ders., Historisch-kritische Gesamtausgabe der Werke, Bd. 10, hg. v. Manfred Windfuhr, Hamburg: Hoffmann und Campe, 1993, 266–278.

Friedrich Schlegel, Rede über die Mythologie, in: ders., Kritische Schriften und Fragmente, Bd. 2, hg. v. Ernst Behler/Hans Eichner, Paderborn u. a.: Schöningh, 1988, 201–208.

Gustav Schwab, Die Dichter des alten Griechenlands und Roms, Stuttgart: Löflund, 1835.

Ders., Die schönsten Sagen des klassischen Alterthums, 3 Bde., Stuttgart: Liesching, 1838–1840.

Ders., Die schönsten Sagen des klassischen Alterthums, 3 Bde., 2. Aufl., Stuttgart: Liesching, 1846.

Ders./Karl Klüpfel, Wegweiser durch die Litteratur der Deutschen. Ein Handbuch für Laien, Leipzig: Mayer, 1846.

Johann Joachim Winckelmann, Beschreibung des Torso im Belvedere zu Rom, in: ders., Sämtliche Werke, Bd. 1: Biographie, hg. v. Joseph Eiselein, Faksimile der Ausgabe von 1825, Osnabrück: Zeller, 1965, 226–233.

Sekundärliteratur

Manuel Baumbach, Mythologie, II. Alltagswelt, in: Der Neue Pauly, Stuttgart/Weimar: Metzler, Bd. 15/1 (2001), 632–636.

---

[63] Vgl. Sparn, Hercules Christianus, 95. Zumindest mit Blick auf die Herakles-Darstellung bei Schwab ist das plausibel; vgl. nämlich Winckelmann, Beschreibung des Torso im Belvedere zu Rom, mit einer Herakles-Deutung, die sich auf den Helden in seiner „vergötterten Gestalt" bezieht; dazu vgl. Riedel, Herakles-Bilder, 49f.

Frank Bezner, Herakles, in: Mythenrezeption. Die antike Mythologie in Literatur, Musik und Kunst von den Anfängen bis zur Gegenwart, hg. v. Maria Moog-Grünewald, Der Neue Pauly Supplemente, Bd. 5, Stuttgart/Weimar: Metzler, 2008, 326–343.
Walter Burkert, Homo Necans. Interpretationen altgriechischer Opferriten und Mythen, Religionsgeschichtliche Versuche und Vorarbeiten 32, Berlin/New York: De Gruyter, 1972.
Ders., Kulte des Altertums. Biologische Grundlagen der Religion, München: Beck, 1998.
Ders., Griechische Religion der archaischen und klassischen Epoche, Religionen der Menschheit 15, 2. Aufl., Stuttgart: Kohlhammer, 2011.
Eva Dambacher, Gustav Schwab 1792–1850. Eine Chronik, in: Marbacher Magazin 61 (1992), 3–17.
Daniela Evers, Die schönsten Sagen des klassischen Altertums. Zur Bedeutung und Funktion der Bearbeitungen antiker mythologischer Erzählungen in der Kinder- und Jugendliteratur des 19. Jahrhunderts, Sankt Ingbert: Röhrig, 2001.
Josef Fink, Herakles. Held und Heiland, in: Antike und Abendland 9 (1960), 73–89.
Hartmut Fröschle, Schwab, Gustav, in: Killy Literaturlexikon, 2. Aufl., Berlin/Boston: De Gruyter, Bd. 10 (2011), 654–656.
Gunter Grimm, Das Faktotum der Musen. Zum zweihundertsten Geburtstag des Schriftstellers und Volkserziehers Gustav Schwab, in: Stuttgarter Zeitung 140/1992 vom 20. Juni 1992, 49.
Marek Hałub, Das literarische Werk Gustav Schwabs, Germanica Wratislaviensia 101, Warschau: Wydawnictwo Uniwersytetu Wrocławskiego, 1993.
Axel E.-A. Horstmann, Mythologie und Altertumswissenschaft. Der Mythosbegriff bei Christian Gottlob Heyne, in: Archiv für Begriffsgeschichte 16 (1972), 60–85.
Dorothee Kimmich, Herakles. Heldenposen und Narrenpossen. Stationen eines Männermythos?, in: Wann ist der Mann ein Mann? Zur Geschichte der Männlichkeit, hg. v. Walter Erhart/Britta Herrmann, Stuttgart/Weimar: Metzler, 1997, 173–191.
Ralph Kray, Wider ‚eine engbrüstige Imagination'. Studien zur medien-, stoff- und motivgeschichtlichen Typogenese des Herakles/Herkules-Mythos, in: Herakles/Hercules. Medienhistorischer Aufriß. Repertorium zur intermedialen Stoff- und Motivgeschichte, hg. v. ders./Stephan Oettermann, Bd. 2, Basel/Frankfurt a. M.: Stroemfeld/Roter Stern, 1994, 9–129.
Manfred Landfester, Humanismus und Gesellschaft im 19. Jahrhundert. Untersuchungen zur politischen und gesellschaftlichen Bedeutung der humanistischen Bildung in Deutschland, Darmstadt: Wissenschaftliche Buchgesellschaft, 1988.
Manfred Lemmer, Nachwort, in: Gustav Schwab. Sagen des klassischen Altertums, mit sechsundneunzig Zeichnungen von John Flaxman und einem Nachwort von Manfred Lemmer, Bd. 3, Frankfurt am Main: Insel, 1975, 975–983.
Volker Riedel, Herakles-Bilder in der deutschen Literatur des 17. bis. 20. Jahrhunderts, in: Literarische Antikerezeption. Aufsätze und Vorträge, hg. v. ders., Jenaer Studien 2, Jena: Bussert, 1996, 46–64.
Ders., Antikerezeption in der deutschen Literatur vom Renaissance-Humanismus bis zur Gegenwart. Eine Einführung, Stuttgart/Weimar: Metzler, 2000.
Oliver Schelske, Gustav Schwab, in: Stiftsköpfe, hg. v. Volker Henning Drecoll/Juliane Baur/Wolfgang Schöllkopf, Tübingen: Mohr Siebeck, 2012, 166–171.
Brigitte Schillbach, Gustav Schwab. Aus seinem Leben und Schaffen, in: Marbacher Magazin 61 (1992), 18–96.

Walter Sparn, Hercules Christianus. Mythographie und Theologie in der frühen Neuzeit, in: Mythographie der frühen Neuzeit. Ihre Anwendung in den Künsten, hg. v. Walther Killy, Wolfenbütteler Forschungen 27, Wiesbaden: Harrassowitz, 1984, 73–107.

Bernhard Zeller, Gustav Schwab im literarischen Leben seiner Zeit, in: Zeitschrift für Württembergische Landesgeschichte 20 (1962), 268–289.

Zur Bedeutung des Stifts für die Literaturgeschichte des 19. Jahrhunderts

Barbara Potthast

I.

Zwischen 1790 und 1830, den bedeutendsten Jahrzehnten der deutschen Literatur, weisen die Geschichte des Tübinger Stifts und die deutsche Literaturgeschichte eine erhebliche Anzahl gemeinsamer Namen auf. Das Stift ist in diesen Jahren einer der produktivsten Orte der deutschen Literatur. Der Ausruf des 17-jährigen Wilhelm Waiblinger über den gleichaltrigen Eduard Mörike „Auch Du ein Dichter?"[1] bezeichnet eher den Normal- als den Ausnahmefall unter den Seminaristen dieser Zeit. Friedrich Hölderlin, Gustav Schwab, Wilhelm Hauff, Wilhelm Waiblinger, Eduard Mörike, David Friedrich Strauß, Friedrich Theodor Vischer, Gustav Pfizer, Wilhelm Zimmermann, Hermann Kurz, Georg Herwegh, David Friedrich Weinland, Ludwig Amandus Bauer, Philipp Joseph Rehfues, Johannes Mährlen, Rudolf Lohbauer, Rudolf Flad, Friedrich Notter, Karl Philipp Conz, Christian Ludwig Neuffer – sie alle (und andere mehr) waren Theologiestudenten im Stift und fast alle von ihnen haben – in unterschiedlicher Heftigkeit und Entschiedenheit – mit der Theologie gebrochen, auch diejenigen, die wie Mörike und Ludwig Amandus Bauer aus wirtschaftlichen Gründen in den Pfarrdienst gingen und sich arrangierten. Unter den Genannten sind einige Dichter von weltliterarischem Niveau – Hölderlin, Mörike und Hauff – und viele Schriftsteller, Journalisten, Philologen und Historiker von Rang und Berühmtheit. Wie ist dieses besondere, auf wenige Jahre konzentrierte Phänomen einer Poeten- und Schriftstellerschule im Tübinger Stift zu erklären? Heinz Schlaffer fand eine treffende Formel: „die Institution selbst nährt ihren eigenen Widerspruch"[2].

Seit dem Ausbau des herzoglichen Stipendiums durch Herzog Christoph haben die Seminare und Übungen an der Artistenfakultät große Bedeutung. Von da an gehören Homer, Sophokles, Aischylos und Pindar, Deklamation, Stil und

[1] Wilhelm Waiblinger an Eduard Mörike, 13.11.1821, in: Schlaffer, Eduard Mörike und Wilhelm Waiblinger, 11.

[2] Schlaffer, Eduard Mörike und Wilhelm Waiblinger, 91.

Rhetorik in Latein und Griechisch, zum Teil auch in Hebräisch, fest zum propädeutischen Studienplan der künftigen Theologen. Das Verständnis der griechischen Kultur, durch Lektüre, Übersetzung und Nachbildung von Poesie vertieft, eröffnet den Stiftlern eine Welt der Sinnlichkeit, Heiterkeit und Freiheit, die mit der christlichen Vorstellungswelt kontrastiert. Einen vergleichbaren Effekt hat der Unterricht der Philosophie: Als man im 18. Jahrhundert die Ideen der Aufklärung durch eine Reformulierung von Zielen und Methoden für das Studium im Stift fruchtbar machen will, sind vielfältige Konflikte die Folge. Die kritische Intellektualität, wie sie die Aufklärung fordert, und die alten dogmatischen Positionen lassen sich kaum vereinbaren, und die Widersprüche intensivieren sich im Laufe der Epoche. Dies zeigt sich besonders an der Wirkung von Kants Schriften, die im Stift aufmerksam gelesen werden. Um ihre Opposition zum Offenbarungsglauben abzuschwächen, entschärfen Tübinger Theologen die kantischen Vorstellungen und Begriffe, indem sie sie in die orthodoxe Offenbarungstheologie integrieren. Dass hiermit der Freiheits- und nicht zuletzt der politische Anspruch in Kants Denken aufgegeben wird, ruft die Opposition der kritischen Stiftler auf den Plan, die in Kant den Vordenker einer politischen Freiheitsbewegung sehen. Hegel schreibt Anfang 1795 in einem Brief an Schelling:

> Was Du mir von dem theologisch-Kantischen (si diis placet) Gang der Philosophie in Tübingen sagst, ist nicht zu verwundern. Die Orthodoxie ist nicht zu erschüttern, solang ihre Profession mit weltlichen Vorteilen verknüpft in das Ganze e[ine]s Staats verwebt ist. [...] Solang hat sie den ganzen, immer zahlreichsten Trupp von gedanken- und höherem Interesse- losen Nachbeter[n] oder Schreiber[n] auf ihrer Seite. Liest dieser Trupp etwas, das seiner Ueberzeugung (wenn man ihrem Wortkram die Ehre anthun will, es so zu nennen) entgegen ist und von dessen Wahrheit sie etwa[s] fühlten, so heißt es: „Ja, es ist wohl wahr", legt sich dann auf's Ohr, und des Morgens trinkt man seinen Kaffee und schenkt ihn andern ein, als ob nichts geschehen wäre. [...] Aber ich glaube, es wäre interessant, die Theologen, die kritisches Bauzeug zur Befestigung ihres gotischen Tempels herbeischaffen, in ihrem Ameisen-Eifer so viel [als] möglich zu stören, ihnen alles [zu] erschweren, [sie] aus jedem Ausfluchtswinkel herauszupeitschen, bis sie keinen mehr fände[n] und sie ihre Blöße dem Tageslicht ganz zeigen müßten. Unter dem Bauzeug, das sie dem Kantischen Scheiterhaufen entführen, um die Feuersbrunst der Dogmatik zu verhindern, tragen sie aber wohl immer auch brennende Kohlen mit heim; – sie bringen die allgemeine Verbreitung der philosophischen Ideen. –[3]

Die Tübinger Theologie versucht die Bedrohung der Dogmatik durch Kants Ideen aufzuheben, indem sie ein theologisches Gedankengebäude errichtet, in welchem Kants Begriffen eine unterstützende Funktion zukommt. Das kann aber, so Hegel, à la longue nur dazu führen, dass die Dogmatik sich irgendwann selbst zerstören und die Wahrheit der philosophischen Ideen klar ans Licht

[3] Georg Wilhelm Friedrich Hegel an Friedrich Schelling, Ende Januar 1795, in: Hoffmeister, Briefe von und an Hegel, 16f.

kommen wird. Hegels Denken (aber auch das Hölderlins und Schellings) ist geprägt von der Gewissheit, dass die Aporien von Theologie und Philosophie einen politischen Bezug haben und sich letztlich nur politisch auflösen lassen. Die Geniepromotion steht – in jeweils unterschiedlichem Grad – dem Jakobinismus nahe, ebenso wie ein Teil ihres Freundeskreises.

Der Unruhe und dem politischen Geist, die im Stift herrschen, begegnet Herzog Carl Eugen drei Jahre nach der Französischen Revolution durch eine Revision der Statuten, die den alten Zustand bewahren und gleichzeitig Zugeständnisse an die neuen Ideen machen sollte – mithin durch eine „konservative Reform"[4]. Angesichts der bereits gefährlich aufrührerischen Stimmung scheint diese Maßnahme dringend geboten, daher mahnt der Herzog in einem Reskript vom 13. August 1793 die beteiligten Herren zur Eile:

> Unsern gnädiglichen Gruß zuvor, Würdige, Hochgelehrte, auch Ehrsamer, liebe Getreue! Da Wir von sicherer Hand in Erfahrung gebracht haben, daß in Unserem Herzoglichen Theologischen Stifte die Stimmung äußerst democratisch seyn solle, besonders aber ohne Scheu die Französische Anarchie und der Königsmord öffentlich vertheidiget werden: So wollet Ihr diese Sache ernstlich und schleunig untersuchen, und den Erfund an Unser Herzogliches Consistorium unterthänigst berichten.[5]

Ephorus Schnurrer hält das Unternehmen für überfällig und bemerkt skeptisch: „Ich sorge ohnehin, die neuen Statuten kommen jetzt schon zu spät. Unsere jungen Leute sind großenteils von dem Freiheitsschwindel angesteckt und das allzulange Zögern mit der neuen Einrichtung hat viel dazu geholfen."[6] Die bis dahin gültigen Statuten stammen aus dem Jahr 1752[7] und sind noch pietistisch geprägt. Carl Eugens *Erneurte Statuten*[8] verbinden Vorstellungen der Aufklärung mit der Bekräftigung absolutistisch-autoritärer Strukturen im Land und auch im Stift, das in diesen Jahren zunehmend öffentlich kritisiert wird. Aufgeschlossenheit, innere Anteilnahme an Problemen statt kritikloser Übernahme und individuelle Moralität statt Dogmenhörigkeit und erzwungener Unterordnung sollen neue Leitlinien des theologischen Studiums sein, „Wetteifer, Wissbegierde und Lust zum Studieren"[9] sollen bei den Studenten, die von nun an auch keine Kutten mehr tragen, geweckt werden. Inspektoren und Ephorus sollen die Stipendiaten „vor dem oberflächlichen Studium warnen, sie selbst denken und forschen lehren"[10].

---

[4] Brecht, Hölderlin und das Tübinger Stift, 22.

[5] Zitiert nach: Schöllkopf, „Stimmung äußerst democratisch", 199.

[6] Zitiert nach: Hahn/Mayer, Das Evangelische Stift, 57.

[7] Carl Eugen, Statuten des Fürstlichen Theologischen Stipendii zu Tübingen.

[8] Carl Eugen, Erneurte Statuten für das Herzogliche theologische Stift zu Tübingen 1793 (Archiv des Evangelischen Stifts, E 1, 48/2). Am 13.05.1793 in Gegenwart des Herzogs im Stift vorgetragen; vgl. für das Folgende: Hahn/Mayer, Das Evangelische Stift, 48–73; Ehmer, Das Tübinger Stift und die Revolution, 116–139.

[9] Zitiert nach: Hahn/Mayer, Das Evangelische Stift, 56.

[10] Zitiert nach: Hahn/Mayer, Das Evangelische Stift, 111.

Das Ideal des bildungspolitisch hoch engagierten Herzogs, der seit 1767 das Amt des Rektors der Universität Tübingen innehat, ist es, im Stift wissenschaftlich ausgebildete Religionslehrer heranzuziehen, „Volkslehrer", die im Land „Aufklärung, Religionskenntnis, gute Denkungsart und Menschenglück"[11] verbreiten sollen:

> Eine lautere Schriftreligion und eine den Kräften, Wirkungsgesetzen und Triebfedern der menschlichen Natur und den Verhältnissen der Menschen angepasste gesunde Moral einleuchtend und eindrücklich vorzutragen, ist die künftige Bestimmung des Stipendiaten.[12]

Zentralbegriffe der Aufklärung – Wissenschaft, Gelehrsamkeit, Geschmack und Tugend – verbindet die Stiftsreform von 1793 mit herkömmlichen Idealen wie „echte[r] Gottesfurcht":

> Geweckte Gefühl für Wahrheit und Tugend, echte Gottesfurcht, Reiz der Wissenschaften, verstärkter Geschmack an Gelehrsamkeit, edle Ambition, billige Beurteilung der von jedem Erziehungsinstitut untrennbaren Einschränkungen, dankbare Schätzung der dem theologischen Stift eigenen Vorzüge und Wohltaten, Aussicht auf sichere Bedienstung, Überzeugung von der Wichtigkeit des geistlichen Amts, Lehren und Beispiele der Vorgesetzten können bei dem gutgearteten Stipendiaten alle Zwangsmittel vertreten.[13]

Dass die Forderungen nach Intellektualität, subjektiver Erkenntnisfähigkeit und Kritikvermögen in tendenziellem Widerspruch zur lutherischen Orthodoxie stehen, macht die spezifische Signatur der *Erneurten Statuten* des Katholiken Carl Eugen aus. Besondere Bedeutung lässt der Herzog der schönen Literatur und dem selbständigen Schreiben zuweisen. Ihnen sollte noch größeres Gewicht als bisher zukommen – nicht zuletzt in Hinblick auf selbständige Reflexion und Bildung von Wertvorstellungen:

> Von den Repetenten wird erwartet, daß sie in dem Kloster etwa auf einem leerstehenden Zimmer, auf dem Speisesaal, in der Kapelle, philologische, philosophische und theologische Privatkollegien geben und teils neben dem Unterricht in der morgenländischen Literatur die Stipendiaten durch Logik, Geometrie, Psychologie und andere philosophische Wissenschaften im eigenen Erfinden und Nachdenken üben, teils ihnen die Klassiker der Griechen und Römer interpretieren und sie auf das Richtige, Schöne und Beredte in diesen Geisteswerken beständig aufmerksam machen; teils sie zur Ausbildung des deutschen Stils durch Zergliederung guter Muster, eigene Aufsätze und Übersetzungsübungen anweisen.[14]

Gerade in Bezug auf die Dichtung zeigt sich der immanente Widerspruch in der Bildungskonzeption des Stifts am Ende des 18. Jahrhunderts. In dem Versuch, die Forderungen der Aufklärung mit den traditionellen theologischen Vorstel-

[11] Zitiert nach: Hahn/Mayer, Das Evangelische Stift, 58.
[12] Zitiert nach: Hahn/Mayer, Das Evangelische Stift, 58.
[13] Zitiert nach: Hahn/Mayer, Das Evangelische Stift, 56.
[14] Zitiert nach: Hahn/Mayer, Das Evangelische Stift, 113.

lungen zu verbinden, erwächst aus der Dichtung eine bedeutende Gefahr, weil sie die Stipendiaten vom Lesen theologischer Schriften abzubringen und zu heterodoxen Ideen zu führen droht. So wird in Carl Eugens *Erneurten Statuten* den Stiftlern

die fleissige Lesung der heiligen Schrift und anderer geistreicher Schriften von reinen evangelischen Lehrern ernstlich anbefohlen; hingegen das Lesen aller verdächtiger und verführerischer Bücher, sonderlich aber der schädlichen Romanen, und anderer nichtstaugender Historien, nicht weniger alle verdächtige Umgang oder Korrespondenz mit Heterodoxis schlechterdings verboten.[15]

Doch mit derartigen Verboten lassen sich die Widersprüche und Spannungen, die der Institution innewohnen, zu diesem Zeitpunkt nicht mehr auflösen. Friedrich Nicolai widmet dem Stift und dem Stipendium in seiner 1782 erschienenen *Beschreibung einer Reise durch Deutschland und die Schweiz* gut 50 Seiten, in denen er das Unzeitgemäße dieser Einrichtung herausstellt. Aus der Sicht des Berliner Aufklärers ist das Stift eine finstere, bedrückende, weltfremde Einrichtung, die junge Männer in ein Leben entlässt, für das sie nicht vorbereitet sind. Dringend, so Nicolai, müssten sich Stift und Klosterschulen den Bedürfnissen der neuen Zeit öffnen, zumal es ohnehin zu wenig Predigerstellen im Land gebe, um den Absolventen eine Zukunftsperspektive zu geben. Interessant ist, dass Nicolai an den Schriften der ehemaligen Stiftler eine charakteristische Eigenart hervorhebt, die jeweils schon auf den ersten Seiten erkennbar sei. Ihre Texte seien geprägt durch einen zutiefst selbstbewussten, eigenständigen, widerständigen und aufrührerischen Geist, ein „*gout du terroir*", der keinen Widerspruch dulde und sich in einem abgeschlossenen System wie dem Stift in besonderer Weise entwickeln könne:

Man möchte es an manchen in Wirtemberg herausgekommenen Schriften fast glauben auf den ersten Seiten zu erkennen, der Verfasser müsse Magister des Tübingischen Stifts seyn. Man erkennt dieß nicht etwa bloß an den mystischen oder schwärmerischen Schriften, die auf jedem Boden gleich wild hervorsprossen und in Wirtemberg eben nichts Ausgezeichnetes vor Andern haben, sondern besonders in Büchern wo Spekulation waltet. [...] wenn sich Magister aus dem Stifte zu Tübingen, oder die es nicht längst verlassen haben, an spekulativen Materien welche eben in der gelehrten Welt gange und gäbe sind, wagen, oder wenn sie unspekulative Materien spekulativ behandeln, so findet man gewöhnlich in ihren Schriften eine so ganz eigene Wendung, einen *gout du terroir* wie an manchen Weinen. Es ist darin eine so unbefangene Unrücksicht auf die ganze übrige Welt, ein so originales Ausspinnen eigener Hirngespinnste, eine so widerspruchslose Gewißheit ihrer Festsetzung, daß man, obgleich dergleichen Dinge auch in den Köpfen mancher andern Magister existiren können, dennoch zuweilen wetten möchte, gewisse Ideen könnten in keinen Kopf kommen, als der von den stipendiatischen schwarzen Kalottchen des Stifts in Tübingen erwärmt worden ist.[16]

---

[15] Zitiert nach: Hahn/Mayer, Das Evangelische Stift, 49f.
[16] Ich zitiere aus der späteren Ausgabe von 1796: Nicolai, Reise durch Deutschland, 112f.

Drei Jahre nach Nicolais kritischer Analyse des Tübinger Stifts und im Anschluss an Wilhelm Ludwig Wekhrlins 1784 in *Das graue Ungeheuer* zum selben Thema erschienenen Artikel *Ueber das Reich der Magister und Schreiber*, der im Vergleich mit Nicolai einen scharfen polemisch-satirischen Ton anschlägt,[17] veröffentlicht der ehemalige Stiftler und spätere Politiker und Diplomat im Dienst Frankreichs, Karl Friedrich Reinhard, im *Schwäbischen Museum* des Jahres 1785 *Einige Berichtigungen und Zusätze Den Aufsatz im grauen Ungeheuer Nummer 9. Ueber das theologische Stift in Tübingen betreffend.*[18] Aus eigener leidvoller Erfahrung klagt der 24-jährige Reinhard, der 1778 ins Stift eingetreten war, die Weltfremdheit, das Gefängnisartige und die geistige Enge des Stifts an, er betont die repressive Pädagogik, die verbildete, unfreie Individuen hervorbringe. Der fehlende Umgang mit den schönen Künsten deformiere die jungen Theologen:

> Man predigt beim Frühestück, beym Mittagessen, beym Soupee, und der Abend wird mit Kritiken über die Predigten, die den Tag über gehalten wurden, zugebracht. Nichts was weltlich ist, was den Genuß des Lebens fühlbar, und feine runde Menschen machen könnte, darf sich dieser fürchterlichen Burg nähern. Hier sind die schönen Künste wie exotische Pflanzen.[19]

Wie Nicolai stellt auch Reinhard den genuinen Widerstandsgeist heraus, der durch die Verhältnisse im Stift hervorgebracht werde und in den Werken der dort ausgebildeten Schriftsteller zum Ausdruck komme. Deutlicher als der Berliner Aufklärer hebt er allerdings die Ursachen für diesen Widerstandsgeist hervor: Das durch die spezifische Form der Ausbildung geförderte freie Denken kollidiere mit der repressiven Behandlung der Stipendiaten. So entstehe „Unzufriedenheit der Stipendiaten mit ihrer Lage", die Ausdruck und Symptom der „allgemeinen Unzufriedenheit des ganzen Landes" sei, so dass man an wenigen Orten in Deutschland die Revolution so sehr vorausahne wie im Evangelischen Stift in Tübingen:

> Und gerade die gegenwärtige Verfassung des Stifts, die allgemeine Unzufriedenheit der Stipendiaten – mit ihrer Lage und die allgemeine Unzufriedenheit des ganzen Landes beynahe mit ihnen – die Klage der Vorgesezten – die Bemühungen: durch Strenge wieder Ordnung herzustellen und die Erwartung einer Commission, welche die Sachen durchaus verbeßern soll, der unbegreifliche Contrast zwischen der freyen, beynahe ausgelassenen Denkungsart – die im Stift herrscht und in einigen Punkten so gar begünstigt wird, und der höchst sclavischen Behandlungsart, der man unterworfen ist – Alles dieses läßt den Denker eine Revolution ahnden, die beynahe unvermeidlich ist –[20]

---

[17] Vgl. Wekhrlin, Reich der Magister und Schreiber, 295–304.
[18] Vgl. Reinhard, Berichtigungen und Zusätze, 245–292.
[19] Reinhard, Berichtigungen und Zusätze, 252.
[20] Reinhard, Berichtigungen und Zusätze, 250.

Karl Friedrich Reinhard nimmt im Stift, diesem „öden dumpfen Kerker[]"[21], den Geist der Revolution wahr, den Funken, der ganz Deutschland entzünden könnte: „Jezt ist die Zeit, wo man reden muß. Andere Lände [sic] und ihre Patrioten entdecken ihre Gebrechen, und suchen ihnen abzuhelfen. Warum sollten wir die lezten seyn?"[22]

Tatsächlich ist im Stift die Begeisterung für die Revolution als Sieg von Vernunft und Philosophie groß.[23] Die Stiftler sind über die Vorgänge in Frankreich bestens informiert durch die *Gazette Nationale, ou Le Moniteur Universel* und durch Flugschriften, die die Kommilitonen aus Mömpelgard[24] mit ins Stift bringen. Auch die Briefe Karl Friedrich Reinhards an den Repetenten Karl Philipp Conz stellen eine wichtige und unmittelbare Quelle für die Vorgänge in Frankreich dar.

Es ist die Antithese zwischen strengsten disziplinarischen Strukturen und den neuen Ideen von Emanzipation und Individualität, die im Stift den Nährboden für neue kühne Gedanken in literarischer Form bildet. Das selbständige Schreiben als Ausdrucksform innerer Vorgänge ist seither intensiv geübt, stellt eine beherrschte Kunstform dar, und die seit Carl Eugen geförderte intensive Erziehung zur Selbständigkeit, zur Kritikfähigkeit und Intellektualität wirkt wie ein Katalysator. Die Stiftler (oder genauer: eine große Anzahl von ihnen) empfinden den Impuls zu einer politischen Revolution durch das Leben im Stift sozusagen verdoppelt; es ist gerade die extreme Disziplinierung, welche sie in die Freiheitsbewegungen treibt. Der konstruktive, „Genies" erzeugende Widerspruch zwischen tatsächlicher Enge und erträumter Weite, zwischen der Agonie eines alten Bildungs- und Glaubenssystems und einem aufscheinenden neuen Zeitalter mit neuen Denkformen zeigt sich seit der Geniepromotion in aller Deutlichkeit und vergrößert sich weiter in den folgenden Jahrzehnten. Wenn der Stiftler und Schriftsteller Hermann Kurz in der Rückschau über seine Jugend sagen wird: „Ich bin zwischen die Zeiten gefallen"[25], meint er wohl diesen spannungsvollen Zustand seiner Studienjahre. Das Stift ist zu dieser Zeit ein Ort, an dem sich die Repression, die das politische Leben im Staat bestimmt, noch einmal potenziert findet; der situative Kontrast zu den neuen Freiheitsidealen ist von dort aus gesehen umso größer.

Die Tendenz der Säkularisierung des Theologiestudiums, wie sie Carl Eugen ins Zentrum seiner *Erneurten Statuten* gestellt hat, setzt sich zu Beginn des 19. Jahrhunderts weiter fort. Entsprechend nimmt die Bedeutung von Philologie

---

[21] Reinhard, Berichtigungen und Zusätze, 249.

[22] Reinhard, Berichtigungen und Zusätze, 250.

[23] Dieser Umstand ist quellenmäßig gut dokumentiert seit Leube, Tübinger Stift, 115–139; vgl. außerdem Völkel, Im Zeichen der Französischen Revolution, 96–120; Jacobs, Revolution und Orthodoxie, 11–30.

[24] Mömpelgard (Montbéliard) war eine linksrheinische württembergische Enklave.

[25] Zitiert nach: Kurz, Hermann Kurz, 5.

und Philosophie im Lehrplan weiter zu. Doch der Säkularisierungsprozess im Stift vollzieht sich nicht nur in Bezug auf Studium und Lehre, sondern auf die Institution in einem umfänglichen Sinn. Als das Herzogtum Württemberg im Jahr 1806 Königreich wird, verändert das Evangelische Stift seinen Status. Es wird Königlich-theologisches Seminar und ist damit der Königlichen Oberstudiendirektion und nicht mehr der Kirche unterstellt. Die einmalige Verbindung von theologischem Studium, württembergischer Kultur und Bildungspolitik ist zunehmend in Auflösung. Die Formen und Regeln des Studiums im Stift verlieren immer mehr ihren religiösen und klösterlichen Charakter.

Mit den Befreiungskriegen und der im Bürgertum sich ausbreitenden Freiheitsbewegung verändert sich die Situation an den Universitäten grundsätzlich. Die Studenten fordern Meinungs-, Presse- und Versammlungsfreiheit, viele von ihnen treten Burschenschaften bei, die im vormärzlichen Polizeistaat wiederum bespitzelt und auch verboten werden. Die Stiftler sind von diesen Entwicklungen keinesfalls ausgenommen: Etwa ein Drittel von ihnen ist während der Vormärzzeit in Burschenschaften organisiert. Die Universitäten werden seit den Karlsbader Beschlüssen überwacht, kritische Studenten relegiert, liberale Hochschullehrer diszipliniert oder aus dem Dienst entfernt. In den 30er Jahren ist Württemberg Teil eines konspirativen Netzwerks in Süddeutschland; man bereitet eine Revolution vor.[26] Tübingen stellt eine Hochburg studentischer Politisierung dar, und nach einer relativ liberalen Phase in den frühen 20er Jahren reagiert die Obrigkeit mit repressiver Hochschulpolitik.[27] 1825 werden alle Studentenverbindungen verboten, von denen einige jakobinisch orientiert sind. Die Vorschläge einer Umwandlung des Stifts, wie sie schon 30 Jahre zuvor laut geworden sind, kommen nun – als Forderungen nach einer vollständigen Säkularisierung oder einer Auflösung des Stifts – wieder auf.

II.

Die Frage, ob es bei den aus dem Stift hervorgegangenen Dichtern und Schriftstellern der klassisch-romantischen Literaturepoche eine typische, verbindende Signatur gibt, liegt nahe und ist zugleich schwierig zu beantworten. Gibt es den oft beschworenen Stifts-Geist in der Literatur, den Nicolai *„gout du terroir"* nennt und der sich angeblich durch besondere Eigen- und Widerständigkeit auszeichnet, hervorgebracht durch die intensive Förderung selbständigen freien Denkens in einem äußerst repressiven System? Friedrich Theodor Vischer bezeichnet ihn als „jene Mischung von Gefühl des Drucks und von gesteigertem

[26] Vgl. Arnsberg, Gegenzug, 65–86.
[27] Vgl. Sieber, Studentische Störungen, 87–105.

Selbstgefühl, den man das Stiftlersgeschmäckchen nennt“[28]. Vischer, der nicht nur Schriftsteller, sondern auch Politiker ist, empfindet sich tief geprägt durch das Stift. Als ihn die Universität Tübingen zum Professor für Ästhetik und Deutsche Literatur ernennt, bekennt er sich in seiner Ordinariatsrede ausdrücklich zum Pantheismus. In *Mein Lebensgang* zieht der 67-jährige über sein Studium eine Bilanz in Dritteln:

Ich muß ein gutes Drittel der besten Jugendzeit als verloren betrachten, vergeudet in dummem Fleiß an Stoff, der meinem Geist und Leben keine Frucht getragen hat. Ich habe bei dieser Klage natürlich nicht die Theologie im Auge, wie sie unzweifelhaft wissenschaftliche Elemente enthält, sondern als eine Qualbemühung, zu halten, was nicht mehr zu halten ist, und brauche nur zu erwähnen, daß ich sogar unter der Marter der Vorlesungen des redlichen und beschränkten Dr. Steudel über Dogmatik ausgehalten, ja nachgeschrieben habe! Hätte ich in derselben Zeit neuere Sprachen getrieben, ja nur Romane gelesen, wie viel besser hätte ich getan! „Ein Drittel“ – wenn es nicht allzukomisch ist, Unberechenbares auf Zahlen zu bringen – : so blieben also schöne zwei Drittel übrig; von diesen ist das eine negativer, das andere positiver Gewinn. Der negative: ich habe durch das Studium der Theologie hinter die Kulissen, ich habe der Kirche und dem Dogma in die Karten gesehen; dies ist ein Vorteil, der durch keine andre Art wissenschaftlicher oder weltmäßiger Befreiung des Denkens ganz ersetzt wird. Wer recht zusieht, wie die Kirche geworden ist, muß auch begreifen, daß sie einst vergehen wird, und die Geschichte der Dogmen ist die Geschichte ihrer Auflösung wie ihrer Entstehung. Jedes Dogma ist ein Konvolut aus einem Gedanken, der ein Problem der Philosophie ist, und einem Stück Mythus; der erste Bestandteil löst nach und nach den zweiten auf und schält sich heraus.[29]

Was er im Stift gelernt habe, so Vischer in dieser Passage, sei das Verständnis für Dogmen und ihre zeitliche Begrenztheit. Ihre Vergänglichkeit rühre daher, dass hinter ihnen ein säkulares philosophisches Problem stecke. Vischer steht beispielhaft für die Kluft zwischen lutherischer Orthodoxie und wissenschaftlich-philosophischer Kritik, die so groß geworden war, dass eine Verbindung von beidem nicht mehr möglich schien. Mit David Friedrich Strauß’ 1835 erschienenem Buch *Das Leben Jesu*[30], dem mit Abstand wirkungsvollsten Text, der in der Vormärzzeit aus dem Stift hervorgeht, ist der Anspruch wissenschaftlicher Kritik übermächtig geworden und unterwirft die Frömmigkeit am Ende ganz. Karl Gutzkow bezeichnet das Buch als „Sauerteig für Deutschlands geistige Gährungen“[31] – für die vormärzliche Freiheitsbewegung wirkt es als ein kaum zu überschätzender Impuls. Unter dem Eindruck Hegels unterscheidet Strauß zwischen Glauben und Wissen, zwischen einer vorwissenschaftlichen Vorstellung, die er Mythos nennt, und dem Begriff. Die Evangelien beinhalten für ihn eine mythische Wahrheit, die es zu überwinden gilt, denn sein Ziel ist das

[28] Vischer, Mein Lebensgang, 447.
[29] Vischer, Mein Lebensgang, 451.
[30] Vgl. Strauß, Das Leben Jesu.
[31] Gutzkow, Rückblicke, 162.

begrifflich-vernünftige Verständnis der Figur Jesu Christi. Seinen schriftstellerischen Mut bezahlt David Friedrich Strauß, der sich immer als Theologe begriffen hat, mit dem Ausschluss aus dem Kirchendienst, worunter er lebenslang leidet. Mehr noch, es gelingt ihm nie mehr, eine wissenschaftliche Position zu bekommen. Sein ruheloses Leben als freier Schriftsteller hat er immer beklagt.

Vischer und Strauß, beide nicht nur Schriftsteller, sondern auch Politiker, sind seit Kindertagen mit dem Stiftsbruder Eduard Mörike befreundet. Lebenslang werfen sie dem Dichter vor, sich zu wenig auf die politischen Realitäten und Probleme der eigenen Zeit einzulassen. Die Jahre im Stift zeigen sich bei Eduard Mörike in anderer Ausprägung als bei den beiden Freunden, bleiben aber im Ton seiner Dichtung doch erkennbar. Mörike hat nicht, wie die Freunde Strauß und Vischer, das Bedürfnis nach außen zu wirken, sein Kunstverständnis ist exklusiv und spiegelt eine Jugend hinter Klostermauern, abgetrennt von der Familie und angewiesen auf die Freundschaften mit den Studienkollegen. Hier gelten andere Regeln als in der Welt draußen und hier wird auch eine andere, exklusive Sprache gesprochen.[32] Mörike, der unbestritten zu den bedeutendsten deutschsprachigen Lyrikern gehört, ist ein Meister der unmerklichen zarten Sprachnuance und verabscheut die verlogene Rhetorik in Wort und Schrift ebenso wie das Prahlen mit politischen Überzeugungen – dies entspricht seinem persönlichen Selbstverständnis als Literat und Intellektueller. Als 1871 das soeben gegründete Deutsche Kaiserreich mit Pomp und Pathos gefeiert wird und die Dichter die deutsche Waffenherrlichkeit besingen, schreibt er das Gedicht *In Gedanken an unsere deutschen Krieger:*

> Bei euren Taten, euren Siegen
> Wortlos, beschämt hat mein Gesang geschwiegen,
> Und manche, die mich darum schalten,
> Hätten auch besser den Mund gehalten.[33]

Während also die spezifische Situation des Stifts Vischer und Strauß zu Intellektuellen macht, die an großer Wirkung und auch an Provokation interessiert sind, prägt sie sich bei Mörike andersherum aus: Er schreibt entschieden für die wenigen Verständigen. In seiner pathetischen Grabrede auf Mörike bezeichnet Vischer dieses exklusive Publikum bezeichnenderweise mit dem kirchlichen Begriff Gemeinde:

> Aber es gibt eine Gemeinde, – und nur in der Vergleichung mit der breiten Menge ist sie klein, – eine stille Gemeinde, die sich labt und entzückt an Deinen wunderbaren, hellen, seligen Träumen und die hohe Wahrheit schaut in diesen Träumen. Es gibt eine Gemeinde, die den Dichter nicht nach rednerischen Worten schätzt, die den feineren Wohllaut trinkt, der aus ursprünglichem Naturgefühl der Sprache quillt.[34]

[32] Vgl. Köhrer/Ressing, „Im Locus antwortet er verwirrt".
[33] Mörike, Sämtliche Werke, Bd. 2, 475 f.
[34] Vischer, Friedrich Vischer an Mörike's Grab, 61 f.

Sein ganzes Leben beschwört Mörike in Gedichten und Briefen an seine zahlreichen Freunde das Lebensgefühl der intensiven Freundschaften hinter Klostermauern, zu denen wesentlich das gemeinsame Verständnis für Poesie und Kunst gehört. Dieses hochgespannte, aus der Symbiose von intimer Freundschaft und der Liebe zur Dichtung entspringende Lebensgefühl ist nicht nur für Mörikes Schriften charakteristisch, sondern stellt eine typische Signatur der literarischen Kultur im und um das Stift dar. Wilhelm Waiblinger schreibt 1821 an den Freund und Stiftsbruder Eduard Mörike:

> Bist Du auch ein Freund der Kunst, ein Freund der Göttlichsten unter allen Künsten, der Dichtkunst? O, mein Freund, wenn Du es bist, dann will ich Dich noch brüderlicher umfassen, dann wollen wir uns als zwei Wesen betrachten, die, entsprungene Funken aus Einer Flamme, Atomenstäubchen Einer Gesamtmasse, Ein Streben, Einen Zweck miteinander teilen.[35]

Die innige Zusammengehörigkeit der Freunde gegen das Außen hebt freilich nicht die tiefe Sehnsucht nach der Überwindung der Zwänge und Verbote auf, in denen man sich befindet. Dazu gehört nicht zuletzt das Verbot der Frau als Ziel von Wünschen eingesperrter junger Männer. So beruht die viel bewunderte Intensität von Mörikes Liebeslyrik auf der Unerfüllbarkeit der Liebe, auf einer Vorstellung von Liebe als äußerster Form der Übertretung. Gleichzeitig sakralisiert Mörike die Liebe zur Frau und umgibt sie mit neutestamentlichen Vorstellungen und Begriffen – so im V. Gedicht des *Peregrina*-Zyklus, dessen erste Strophe heißt:

> Die Liebe, sagt man, steht am Pfahl gebunden,
> Geht endlich arm, zerrüttet, unbeschuht;
> Dieß edle Haupt hat nicht mehr, wo es ruht,
> Mit Thränen netzet sie der Füße Wunden.[36]

Ist die erotische Liebe zur Frau unerfüllbar und mit Leid verbunden, so bleibt doch die geistig-seelische Liebe zum eigenen Geschlecht, deren Bedingung und Voraussetzung die Empfänglichkeit für Schönheit und Kunst ist: „Ja die alte MELODIE des Wassers! Ich höre sie! Daß *Du* sie nicht auch hörest! Ich fühle nun wie innig ich Dich liebe! Wie unzertrennlich Du von mir bist“[37], gesteht Mörike 1827 dem Freund Johannes Mährlen. Die freundschaftliche Symbiose im Zeichen von Kunst und Phantasie ist bei Mörike so intensiv, dass Sympoesien entstehen, mit dem Freund erfundene poetische Welten, die gemeinsam bedichtet werden. Mit dem Stiftsbruder Ludwig Amandus Bauer beginnt Mörike im Sommer 1825 einen Dialog in literarischen Texten über das gemeinsam erfunde-

---

[35] Es handelt sich um Waiblingers ersten Brief an Mörike, von dem sich nur ein Auszug in seinem Tagebuch (3.11.1821) erhalten hat; Schlaffer, Eduard Mörike und Wilhelm Waiblinger, 9.

[36] Mörike, Werke und Briefe, Bd. 1.1, 154.

[37] Mörike, Werke und Briefe, Bd. 10, 173.

ne mythische Land Orplid. So entstehen mehrere Orplid-Dramen und -Gedichte; sie sind Ausdruck von Sehnsucht nach Freiheit und Weite und zugleich auch deren Surrogat – poetische Phantasiewelten als Ersatz für ungelebtes Leben, für die hinter den Mauern der klösterlichen Seminare und des Stifts verbrachten Jugendjahre. Bauer erinnert sich in einem Brief von 1826 an die Initiation zum poetischen Gemeinschaftsprojekt und daran, wie Orplid von Anfang an als eine Dimension der Freiheit und Phantasie, als Gegenwelt zur Sphäre (und Machtsphäre) des Stifts geschaffen wurde:

> Es war, soviel weiß ich, ein herrlicher Morgen: du führtest mich an die Quelle links von der Reutlinger Straße, dann giengen wir noch eine Weile im Walde spazieren, als wir eben von dem Fußwege auf die Straße kommen wollten, sagte ich: wir sollten mit Zweigen eine Hütte bauen im Walde, und dies sollte vorstellen, wie sich Leute eine Stadt bauen – wie müßte sie doch heißen? „Orplid," sagtest du. Nun stupftest du mich, ob ich nicht einmal das Herz haben würde, Nachts zu dir zu kommen, und sprachest auch davon, dass wir dann des Mährlens Klavier heraus tragen und in der Nacht auf freiem Felde darauf spielen wollten. Es schlug 10 Uhr, ich mußte fort; aber vor des Bengels Kollegium, etwas vor 3 Uhr, kamst du zu mir, wir schwänzten, und entwarfen so leicht hin die Gestalt der Insel, wie ich sie noch auf einem Papiere habe.[38]

Die spezifische Lebensform des Stifts, das Abgeschlossensein, die Intimität der Freunde und ihre intensive Beschäftigung mit Texten und Poesie, ergeben das kreative Fluidum, welches Mörike zum Dichten benötigt. Gut zehn Jahre nachdem er das Stift verlassen hat, schreibt er ein Gedicht, das ausdrückt, wie sehr dieses „lang gewohnte" Glück auch weiterhin beschworen werden muss, um weiter dichten, ja um weiter leben zu können. Das Gefühl der Verbundenheit und Vertrautheit muss, nachdem die Freunde fehlen, in sich selbst und mit sich selbst allein hergestellt werden. So sagt der lyrische Sprecher als Trost zu seinem eigenen Herzen: „Laß uns fest zusammenhalten! Denn wir kennen uns einander".

> Trost (1837)
>
> Ja, mein Glück, das lang gewohnte,
> Endlich hat es mich verlassen!
> – Ja, die liebsten Freunde seh' ich
> Achselzuckend von mir weichen,
> Und die gnadenreichen Götter,
> Die am besten Hülfe wüßten,
> Kehren höhnisch mir den Rücken.
> Was beginnen? werd' ich etwa,
> Meinen Lebenstag verwünschend,
> Rasch nach Gift und Messer greifen?
> Das sei ferne! vielmehr muß man
> Stille sich im Herzen fassen.

[38] Ludwig Amandus Bauer an Eduard Mörike, 27.06.1826, in: ders., Briefe an Eduard Mörike, 57.

Und ich sprach zu meinem Herzen:
Laß uns fest zusammenhalten!
Denn wir kennen uns einander,
Wie ihr Nest die Schwalbe kennet,
Wie die Zither kennt den Sänger,
Wie sich Schwert und Schild erkennen,
Schild und Schwert einander lieben.
Solch ein Paar, wer scheidet es?

Als ich dieses Wort gesprochen,
Hüpfte mir das Herz im Busen,
Das noch erst geweinet hatte.[39]

Während seiner Jahre im Stift war Mörikes Phantasie auf die äußere, ihm weitgehend verbotene Welt gerichtet, sie war sein Sehnsuchtsraum. Später kehrt sich die Perspektive um – wie hier im Gedicht, in dem sich das Ich nach vergangener Gemeinschaft, Nähe und Verständnis sehnt. So oder so bleibt das Stift ein bedeutendes Stimulans von Mörikes Kunst. Das Eingesperrtsein und der Wunsch nach der Befreiung vom Ort seiner „Verdrüßlichkeiten, [...] Schikanen, [...] Ungerechtigkeiten"[40] bilden auch für Hölderlin – eine Generation früher – einen wesentlichen schöpferischen Impuls. „Komm ins Offene, Freund!" – dieser berühmte erste Vers seiner Ode *Gang aufs Land* (1800) steht für den Wunsch nach dem Aufbruch aus Beschränkung und Unterdrückung, für das Erleben von Weite und Freiheit. Es ist bezeichnend, dass gerade in den äußerlich bedrückenden Jahren im Stift Hölderlins große künstlerische und gedankliche Entwürfe entstehen. Wie Schelling und Hegel wendet auch er sich in dieser Zeit von der Vorstellung eines biblischen Herrschergottes ab und entwickelt ein genuines komplexes Gottesverständnis. Für Hölderlin ist Gott das Absolute, Allumgreifende und alles Durchwaltende – eine apersonale Seele. Die christliche Lehre erscheint ihm erstarrt, der antiken griechischen Kultur wiederum bringt er eine Art religiöser Faszination entgegen. Im Stift bildet sich seine Idealvorstellung von griechischer Religion, Kunst und Lebensform aus. In seinen Hymnen figurieren die höchsten Ideale der Menschheit – Freiheit, Liebe, Schönheit – als sich offenbarende göttliche Gestalten, die den Dichter anreden und von ihm angesprochen werden – so etwa in diesem Gedicht, von dem die erste und letzte Strophe zitiert werden:

Da ich ein Knabe war,
Rettet' ein Gott mich oft
Vom Geschrei und der Rute der Menschen,
Da spielt' ich sicher und gut
Mit den Blumen des Hains,
Und die Lüftchen des Himmels

[39] Mörike, Werke und Briefe, Bd. 1.1, 156.
[40] Hölderlin an Christian Ludwig Neuffer Ostern 1789, in: Hölderlin, Briefe, 64.

Spielten mit mir.
[...]
Mich erzog der Wohllaut
Des säuselnden Hains
Und lieben lernt' ich
Unter den Blumen.

Im Arme der Götter wuchs ich groß.[41]

Hölderlins Dichtungen beschwören eine verlorene Harmonie der Menschen und Geister mit der Natur und dem Göttlichen. In diese synthetisierende Konzeption fügt sich auch die christliche Religion, biblisch-christliche Motive finden sich bei ihm immer wieder. Die biblischen Texte behandelt er wie antike Dichtung – das Christentum ist für Hölderlin seinem Wesen nach poetisch.[42]

III.

Das Jahr 1832 markiert in der deutschen Literaturgeschichte eine Epochenzäsur – es ist das Jahr, in dem Goethe stirbt und in dem das Hambacher Fest stattfindet, der Protest von 30.000 Demokraten gegen den Metternich'schen Polizeistaat. Heine prägt für diesen historischen Einschnitt die Formel vom „Ende der Kunstperiode"[43]. Eine neue Autorengeneration unter der Führung von Heine und den Dichtern des Jungen Deutschlands fordert, dass Literatur von nun an engagiert Bezug auf die gesellschaftspolitische Gegenwart zu nehmen habe. Die Zeit der freien, sich selbst genügenden, autonomen Poesie, die sogenannte Goethezeit, sei endgültig vorbei, die neue Kunst habe ihre gesellschaftliche Wirkung und Funktion zu reflektieren und auch politisches Handeln vorzubereiten. Diese neue Ästhetik fordert auch den Bruch mit traditionellen Schreibweisen. „Indessen," schreibt Heine, „die neue Zeit wird auch eine neue Kunst gebären, die mit ihr selbst in begeistertem Einklang seyn wird, die nicht aus der verblichenen Vergangenheit ihre Symbolik zu borgen braucht"[44].

Um 1830 geht die Periode, in der das Tübinger Stift eine Brutstätte für Poeten, Schriftsteller und große künstlerisch-intellektuelle Entwürfe war, zu Ende. Sein geistiges Milieu, für das der Widerspruch zwischen Freiheitsanspruch und Repressivität entscheidend war, ist für eine engagierte Vormärzliteratur, wie sie Demokraten und Linke in den 30er Jahren fordern, keine Voraussetzung – im Gegenteil. Die Freiheitsvorstellungen der radikalen jungen Autoren, die nun die literarische Szene betreten, sind mit den seit Jahrhunderten nur wenig veränderten Erziehungs- und Ausbildungsprinzipien im Stift unvereinbar. Wenn Georg

[41] Hölderlin, Gedichte, 208f.
[42] Vgl. Brecht, Hölderlin und das Tübinger Stift, 41.
[43] Heine, Französische Maler, 47.
[44] Heine, Französische Maler, 47.

Herwegh, der nach einem knappen Jahr als Stiftler wegen vielfacher Regelverstöße im Oktober 1836 relegiert wird, dem Genius Hölderlins huldigt, stellt er ihn als Dichter der Jugend dar, der wegen der unfreien Zustände im Land – und zu ihnen gehört freilich auch Hölderlins Leiden am und im Stift – seinen Geist aufgegeben hat:

Hölderlin, der eigentlichste Dichter der Jugend, dem Deutschland eine große Schuld abzutragen hat, weil er an Deutschland zu Grunde gegangen ist. Aus unsern jämmerlichen Zuständen, ehe noch unsere Schmach voll wurde, hat er sich in die heilige Nacht des Wahnsinns gerettet, er, der berufen war, uns voranzuschreiten, uns ein Schlachtlied zu singen.[45]

Georg Herwegh, radikaldemokratisch und antiklerikal, begreift Hölderlin als tragischen Jakobiner, als einen Dichter mit demselben unbeschränkten Freiheitsanspruch wie er selbst, dessen Stimme jedoch wegen der zeitgenössischen Zustände im Land nicht gehört werden konnte. Der Vormärzdichter sieht sich in Hölderlins Spuren gehend – dabei bewegt er sich 50 und 60 Jahre später als dieser in einer weitgehend veränderten Epoche. Herwegh wird unter anderem wegen seiner Zugehörigkeit zur radikalen Burschenschaft *Die Patrioten* aus dem Stift ausgeschlossen und auch wegen des Verdachts, an der Verbreitung verbotener Schriften – gemeint sind die des Jungen Deutschlands – beteiligt gewesen zu sein. Bei seinem Eintritt ins Stift hatte er schriftlich versichern müssen, die Karlsbader und Wiener Bundestagsbeschlüsse anzuerkennen, sich zum Metternich'schen Staat zu bekennen und keiner Burschenschaft beizutreten – ein Zeichen für die zu dieser Zeit gefährlich aufrührerische Stimmung im Haus. Mit seinen radikalen politischen Texten wird Herwegh wenige Jahre später zu einem der bekanntesten Lyriker Deutschlands. Er gehört zum proletarisch-revolutionären Lager, ist mit Marx, Bakunin, Lassalle, Bebel und Liebknecht bekannt und schreibt das *Bundeslied für den Allgemeinen deutschen Arbeiterverein* (1863) mit den zur Parole gewordenen Versen: „Alle Räder stehen still, wenn dein starker Arm es will."[46]

Gab die Theologie bei den vorangegangenen Schriftstellern und Dichtern aus dem Stift noch den Nährboden für gedankliche Auseinandersetzung und ein Repertoire von Vorstellungen und Bildern für eine künstlerische Umbildung und Neugestaltung, so leitet Herwegh aus ihr nun eine kritisch-kämpferische Haltung ab, die sich gegen das Bestehende richtet und natürlich auch gegen die Theologie selbst:

Protest

Solang ich noch ein Protestant,
Will ich auch protestieren,
Und jeder deutsche Musikant

[45] Herwegh, Verschollener, 160.
[46] Herweghs Werke in einem Band, 233.

Soll's weiter musizieren!
Singt alle Welt: Der *freie* Rhein!
So sing doch ich: Ihr Herren, nein!
Der Rhein, der Rhein könnt freier sein –
So will ich protestieren.

Kaum war die Taufe abgetan,
Ich kroch noch auf den Vieren,
Da fing ich schon voll Glaubens an,
Mit Macht zu protestieren,
Und protestiere fort und fort,
O Wort, o Wind, o Wind, o Wort,
O selig sind, die hier und dort,
Die ewig protestieren.

Nur eins ist not, dran halt ich fest
Und will es nit verlieren,
Das ist mein christlicher Protest,
Mein christlich Protestieren.
Was geht mich all das Wasser an
Vom Rheine bis zum Ozean?
Sind keine freien Männer dran,
So will ich protestieren.

Von nun an bis in Ewigkeit
Soll euch der Name zieren:
Solang ihr Protestanten seid,
Müßt ihr auch protestieren.
Und singt die Welt: Der *freie* Rhein!
So singet: Ach! Ihr Herren, nein!
Der Rhein, der Rhein könnt freier sein,
Wir müssen protestieren.[47]

Aus Vischers „Stiftlersgeschmäckchen" ist bei Herwegh eine mutige, aggressive Opposition geworden, die auch vor dem vormärzlichen Politikverbot für Bürger nicht Halt macht. Während Strauß wenige Jahre zuvor mit seinem *Leben Jesu* noch mit den Mitteln der Theologie für politische Unruhen sorgte, ist diese bei Herwegh für den Meinungskampf bedeutungslos geworden und in eine politische Protesthaltung verkehrt. Damit ist die Zeit, in der das Tübinger Stift mit seinem einzigartigen geistigen Fluidum als Ursprungsort vieler und bedeutender Dichter eine tragende Rolle in der deutschen Literaturgeschichte spielte, zu ihrem Ende gekommen – die Ära der bürgerlichen Salons und der literarischen Zirkel bricht an.

---

[47] Herweghs Werke in einem Band, 31 f.

Bibliographie

Quellen

Archivalien

Archiv des Evangelischen Stifts Tübingen

Ephoratsbestände (E 1 – Altes Kastenbuch)

E 1, 48/2: Carl Eugen, Erneurte Statuten für das Herzogliche theologische Stift zu Tübingen 1793, Stuttgart, 1793.

Gedruckte Quellen

Ludwig Amandus Bauer, Briefe an Eduard Mörike, hg. v. Bernhard Zeller/Hans-Ulrich Simon, Marbacher Schriften 12, Marbach: Deutsches Literaturarchiv, 1976.

Carl Eugen, Statuten des Fürstlichen Theologischen Stipendii zu Tübingen. Wie solche auf Gnädigsten Befehl des Durchlauchtigsten Herzogs Karls zu Württemberg etc. aus sammtlichen zuvor ertheilten Recessen zusammen gezogen, nach reiffer Erwägung auf die gegenwärtige Zeiten eingerichtet und von seiner Hoch-Fürstlichen Durchlaucht bestättiget worden im Jahre Christi, Stuttgart: Cotta, 1752.

Karl Gutzkow, Rückblicke auf mein Leben, hg. v. Peter Hasubek, Gutzkows Werke und Briefe 2, Münster: Oktober-Verlag, 2006.

Heinrich Heine, Französische Maler. Französische Zustände, in: ders., Historisch-kritische Gesamtausgabe der Werke, hg. v. Manfred Windfuhr, Bd. 12.1, Hamburg: Hoffmann u. Campe, 1980, 9–226.

Georg Herwegh, Ein Verschollener, in: Deutsche Volkshalle 42 (1839), 159f.

[*Georg Herwegh:*] Herweghs Werke in einem Band, hg. v. Hans-Georg Werner, Bibliothek deutscher Klassiker, 4. Aufl., Berlin (Ost)/Weimar: Aufbau-Verlag, 1980.

Johannes Hoffmeister (Hg.), Briefe von und an Hegel, Bd. 1, Philosophische Bibliothek 235; Sämtliche Werke 27, Hamburg: Meiner, 1952.

Friedrich Hölderlin, Die Briefe. Briefe an Hölderlin. Dokumente, hg. v. Jochen Schmidt, Sämtliche Werke und Briefe 3, Frankfurt am Main: Deutscher Klassiker Verlag, 1992.

Ders., Gedichte, hg. v. Jochen Schmidt, Sämtliche Werke und Briefe 1, Frankfurt am Main: Deutscher Klassiker Verlag, 1992.

Isolde Kurz, Hermann Kurz. Ein Beitrag zu seiner Lebensgeschichte, München/Leipzig: Georg Müller, 1906.

Eduard Mörike, Sämtliche Werke, verantwortlich für Textredaktion Jost Perfahl, Bd. 2, Darmstadt: Wissenschaftliche Buchgesellschaft, 1970.

Ders., Werke und Briefe. Historisch-kritische Gesamtausgabe, hg. v. Hans-Henrik Krummacher/Hubert Arbogast, Bd. 10: Briefe 1811–1828, Stuttgart: Klett, 1982.

Ders., Werke und Briefe. Historisch-kritische Gesamtausgabe, hg. v. Hans-Henrik Krummacher/Hubert Arbogast, Bd. 1: Gedichte 1, Stuttgart: Klett, 2003.

Friedrich Nicolai, Beschreibung einer Reise durch Deutschland und die Schweiz, im Jahre 1781. Nebst Bemerkungen über Gelehrsamkeit, Industrie, Religion und Sitten, Bd. 11, Berlin/Stettin, 1796.

Karl Friedrich Reinhard, Einige Berichtigungen und Zusätze Den Aufsatz im grauen Ungeheuer Nummer 9. Ueber das theologische Stift in Tübingen betreffend, in: Schwäbisches Museum 1 (1785), 245–292.

Heinz Schlaffer (Hg.), Eduard Mörike und Wilhelm Waiblinger. Eine poetische Jugend in Briefen, Tagebüchern und Gedichten, Korrespondenzen 6, Stuttgart: Hatje Cantz Verlag, 1994.

David Friedrich Strauß, Das Leben Jesu, kritisch bearbeitet, 2 Bde., Tübingen: Osiander, 1835/36.

Friedrich Theodor Vischer, Friedrich Vischer an Mörike's Grab (6. Juni 1875), in: Friedrich Notter, Eduard Mörike. Ein Beitrag zu seiner Charakteristik als Mensch und Dichter. Als Anhang: die von Friedrich Vischer am Grabe gesprochenen Worte, Stuttgart: Auerbach, 1875, 61–63.

Ders., Mein Lebensgang, in: ders., Kritische Gänge, hg. v. Robert Vischer, Bd. 6, 2. Aufl., München: Meyer & Jessen, 1922, 439–505.

Wilhelm Ludwig Wekhrlin, Ueber das Reich der Magister und Schreiber. Ein Reisestück, in: Das graue Ungeheuer 3 (1784), 294–309.

Sekundärliteratur

Gad Arnsberg, Der frühdemokratisch-revolutionäre Gegenzug, in: Aufruhr und Entsagung. Vormärz 1815–1848 in Baden und Württemberg, hg. v. Otto Borst, Stuttgarter Symposion 2, Stuttgart: Theiss, 1992, 65–86.

Martin Brecht, Hölderlin und das Tübinger Stift 1788–1793, in: Hölderlin-Jahrbuch 18 (1973/74), 20–48.

Hermann Ehmer, Das Tübinger Stift und die Revolution 1848/49, in: Zeitschrift für bayerische Kirchengeschichte 62 (1993), 116–139.

Joachim Hahn/Hans Mayer, Das Evangelische Stift in Tübingen. Geschichte und Gegenwart – zwischen Weltgeist und Frömmigkeit, Stuttgart: Theiss, 1985.

Wilhelm G. Jacobs, Zwischen Revolution und Orthodoxie? Schelling und seine Freunde im Stift und an der Universität Tübingen. Texte und Untersuchungen, Spekulation und Erfahrung 2, 12, Stuttgart-Bad Cannstatt: Frommann-Holzboog, 1989.

Alexander Köhrer/Cordula Ressing (Hgg.), „Im Locus antwortet er verwirrt". Eduard Mörike im Evangelischen Stift in Tübingen 1822–1826. Eine Dokumentation, Tübinger Kataloge 68, Tübingen: Kulturamt, 2004.

Martin Leube, Das Tübinger Stift 1770–1950. Geschichte des Tübinger Stifts, Stuttgart: Steinkopf, 1954.

Wolfgang Schöllkopf, „Stimmung äußerst democratisch". Die Nachbarn Evangelisches Stift und Burse in Tübingen zur Zeit der Französischen Revolution, in: Zeitschrift für Theologie und Kirche 100 (2003), 199–222.

Eberhard Sieber, Studentische Störungen und Entwürfe, in: Aufruhr und Entsagung. Vormärz 1815–1848 in Baden und Württemberg, hg. v. Otto Borst, Stuttgarter Symposion 2, Stuttgart: Theiss, 1992, 87–105.

Frank Völkel, Im Zeichen der Französischen Revolution. Philosophie und Poesie im Ausgang vom Tübinger Stift, in: Metaphysik der praktischen Welt. Perspektiven im Anschluß an Hegel und Heidegger. Festgabe für Otto Pöggeler, hg. v. Andreas Großmann/Christoph Jamme, Philosophie & Repräsentation 7, Amsterdam: Rodopi, 2000, 96–120.

Christoph Schrempf und der Apostolikumsstreit

Juliane Baur

Mit Christoph Schrempf (1860–1944) steht ein weiterer Stiftler im Fokus der Aufmerksamkeit dieser Tagung, der Anstoß erregte. Wie David Friedrich Strauß war er ein Mann mit unbeirrbarem wissenschaftlichem Geist, wenig kompromissbereit um der für sich erkannten Wahrheit willen, wie dieser bereit, die Folgen dieser Haltung für das eigene Leben zu tragen, allerdings nicht ohne sich letztlich missverstanden und verkannt zu fühlen. Christoph Schrempf ist interessant als Persönlichkeit, als Kämpfer, der sich mit der Kirchenleitung rieb und an dem man sich reiben konnte. Für die einen war er sicher lästig, für andere bewundernswert. Schrempf hatte nicht zuletzt wegen seiner hervorragenden rednerischen Fähigkeiten viele Anhänger und Freunde. Aus den Texten, die 1930 zu seinem 70. Geburtstag veröffentlicht wurden,[1] spricht zuweilen geradezu Verehrung für seine Person.

Und trotzdem: die Beschäftigung mit seiner Person und seinem Denken wäre letztlich nur bedingt relevant, wenn sich nicht an dem, worum er rang, auch Auseinandersetzungen über seine Person hinaus entzündet hätten, wenn nicht Fragen entstanden wären, beziehungsweise sich auf ihn fokussiert hätten, die bleibende Bedeutung haben. Es sind Fragen nach der Verbindlichkeit der Texte der Tradition und danach, wie weit der Ermessensspielraum für die individuelle Aneignung und Deutung des Evangeliums ist. Es ist die Frage, wodurch sich Kirche entwickelt, um in ihrer Zeit aktuell sein zu können – wodurch, wenn nicht auch durch Amtspersonen, die sich in theologischen Grundfragen gegen die Kirchenleitung und gegen die Tradition stellen? Es sind Fragen, auf die auch heutige Theologiestudierende stoßen, teilweise schon im Zusammenhang des Studiums, auf alle Fälle aber im Ausbildungsvikariat, wenn die Erwartungen, die mit dem Amt verbunden sind, expliziter werden. Im Juni des Jahres 2012 veranstaltete eine Gruppe von Tübinger Studierenden eine Podiumsdiskussion mit Vertretern von Kirchenleitung, Synode und Evangelisch-Theologischer Fakultät zur Frage: Welche Pfarrerinnen und Pfarrer braucht die Kirche? Ausgelöst war das Interesse daran zunächst durch den Fall einer württembergischen Vikarin, die einen Muslim geheiratet hat und daraufhin von ihrem Dienst suspendiert wurde, aber das Anliegen ging weit darüber hinaus zu den Fragen

[1] Vgl. Holwein, Im Banne des Unbedingten.

nach dem Verhältnis von Amt und Person und nach Freiheit und Bindung durch das Amt.

Wo stellt sich die Bekenntnisfrage? In welchem Verhältnis stehen Bekenntnis der Kirche und Bekenntnis des Einzelnen? – Eine für alle Zeiten gültige Antwort wird es darauf kaum geben, kann es gar nicht geben. *Ecclesia semper reformanda est* – und auch die Persönlichkeitsentwicklung eines Einzelnen ist ein ständiger Prozess.

In diesem Sinne nun also: Christoph Schrempf und der Apostolikumsstreit.

Ich beginne mit ein paar erinnernden Stichworten zum Hintergrund des Apostolikumsstreits, gehe dann auf die Person Schrempf ein, auf seine Auseinandersetzung mit der württembergischen Kirchenleitung und seine Kritik am apostolischen Bekenntnis. Danach geht es um den weiteren Verlauf des Apostolikumsstreits und zuletzt um ein paar Überlegungen zu seiner Relevanz.

Was unter dem Stichwort „Apostolikumsstreit" bekannt wurde, waren Streitigkeiten zwischen konservativ-lutherischen und liberalen Gruppierungen um die Bedeutung und den Gebrauch des apostolischen Glaubensbekenntnisses. Sie wurden bedeutsam, nachdem das Apostolikum in den liturgischen Reformen des 19. Jahrhunderts eine herausragende Rolle bekommen hatte. Zu nennen ist hier vor allem die in der Erstfassung 1816 veröffentlichte Agende, die der preußische König Friedrich Wilhelm III. unterstützte.[2] In dieser Agende erhielt das Apostolikum eine hervorgehobene Stellung, es war nicht nur für Tauf- und Festgottesdienste, sondern für jeden sonntäglichen Hauptgottesdienst liturgisch vorgesehen.

Diese Festschreibung der Bedeutung des Apostolikums war letztlich in der Reformationszeit vorbereitet worden. Martin Luther schätzte das Apostolikum als Zusammenfassung der Heiligen Schrift. Er legte das Bekenntnis ganz klar trinitarisch aus, wobei die eigentliche Mitte für ihn natürlich Jesus Christus selbst war. Durch Luthers Aufnahme des Apostolikums in den Kleinen Katechismus erhielt dieses einen Vorrang vor den anderen altkirchlichen Bekenntnissen.[3] Auf der Seite der Reformierten war die Einordnung unterschiedlich, die verschiedenen Bekenntnisse nehmen auf das Apostolikum teilweise nur im Zusammenhang der altkirchlichen Symbole Bezug, oft aber doch auch gesondert,[4] nicht zuletzt im Heidelberger Katechismus, und auch der linke Flügel der Reformation wertete das Apostolikum als selbstverständlichen Ausdruck des christlichen Glaubens, wenn es auch einen unterschiedlichen Rang bekam.

Von der Orthodoxie wurde das Bekenntnis dann kritisiert. Die orthodoxen Lutheraner störte, dass das Apostolikum nicht alle Fundamentalartikel des christlichen Glaubens enthalte, insbesondere wurde die Explikation der Lehre

[2] Vgl. Barth, Apostolisches Glaubensbekenntnis, 559.
[3] Vgl. Hoffmann, Apostolikum, 513.
[4] Vgl. Barth, Apostolisches Glaubensbekenntnis, 556.

von der Erbsünde und der Rechtfertigung vermisst, es konnte aber auch auf andere fehlende Inhalte hingewiesen werden, etwa Wiedergeburt, Buße und Heiligung. Auf der anderen Seite enthalte das Apostolikum Aussagen, die zu glauben nicht heilsnotwendig, sondern nur aufgrund des göttlichen Gebots nötig erschienen, wie zum Beispiel Jungfrauengeburt und Höllenfahrt Christi.[5] Kritisiert wurde auch, das Bekenntnis böte so viele Auslegungsmöglichkeiten, dass sich selbst etwa die Sozinianer darauf berufen könnten – und zuletzt trugen natürlich auch die Ergebnisse der historischen Forschung zu seiner Relativierung bei: Es war nicht von den Aposteln verfasst – alle entsprechenden Vorstellungen konnten der Legendenbildung zugeordnet werden –, ja das Bekenntnis war sogar in seiner heutigen Gestalt in den ersten Jahrhunderten der Kirche gar nicht bekannt. Denn – um nochmals einen Schritt weiter zurück zu gehen in die Entstehungszeit des Bekenntnisses – es ist in der Tat so, dass der heutige Text, der *textus receptus*, in vollständiger Gestalt erstmals bei Pirmin, zwischen 710 und 724, nachgewiesen ist. Nahezu unbestritten ist, dass dieser Text aus dem altrömischen Bekenntnis, dem Romanum, hervorgegangen ist, dessen Wortlaut wiederum um 400 nachgewiesen ist, dessen letzte Urheberschaft aber ebenfalls unklar ist. Heute wird etwa diskutiert, ob der als Ketzer verurteilte Markell der Autor sein könnte – ein auf Griechisch verfasster Brief des Markell an den römischen Bischof Julius aus dem Jahr 341, mit dem Markell versucht haben könnte, seine Rechtgläubigkeit zu erweisen, könnte dies nahelegen, womit dann auch die Frage, ob die griechische oder die lateinische Fassung die ältere ist, zugunsten der griechischen entschieden wäre.[6] Mit gewisser Sicherheit kann nur gesagt werden, dass der Text des Apostolikums in Rom zwischen dem 9. und 11. Jahrhundert nach und nach akzeptiert wurde. Vom 11. Jahrhundert an scheint er fest etabliert zu sein, Papst Innozenz III. behandelt ihn in einer Abhandlung als kanonischen Text.[7]

Trotz der Kritik von Seiten der lutherischen Orthodoxie erhielt das Apostolikum dann jedoch wieder eine wichtige Funktion – in den Unionsbemühungen des 19. Jahrhunderts und später, wie bereits erwähnt, aufgrund von restaurativen Tendenzen in Deutschland, in herausragender Weise in den Agenden.

Zur ersten Phase eines Apostolikumsstreits kam es, als Mitte des 19. Jahrhunderts in Preußen einige Pfarrer entlassen wurden, die sich entweder geweigert hatten, das Apostolikum zu verwenden oder sich gegen seinen Exklusivanspruch zur Wehr setzten. Vermittlungsversuche, nicht zuletzt durch die preußische Generalsynode 1846, auf der eine maßgeblich von Karl Immanuel Nitzsch verfasste Neufassung eines Bekenntnisses ohne Aussagen über Jungfrauenge-

[5] Vgl. Barth, Apostolisches Glaubensbekenntnis, 558.
[6] Vgl. Vokes, Apostolisches Glaubensbekenntnis, 534.
[7] Vgl. Vokes, Apostolisches Glaubensbekenntnis, 543.

burt, Geistempfängnis und Höllenfahrt verabschiedet werden sollte, blieben ohne Erfolg.

Seinen Höhepunkt und die größte Ausdehnung erreichte der Apostolikumsstreit aber durch den Fall Christoph Schrempf in Württemberg, durch den auch Adolf von Harnack in Berlin mit in die Auseinandersetzungen hineingezogen wurde. Wie kam es dazu und wer war dieser Mann Christoph Schrempf?

Christoph Schrempf wurde am 28. April 1860 in Besigheim geboren. Zunächst hatte er aufgrund seiner Herkunft keine direkte Möglichkeit zu einer höheren Schulbildung und begann deshalb mit 13 Jahren eine Ausbildung in einem privaten Lehrerseminar. Mit 17 Jahren war er Volksschullehrer in Stuttgart. Dann bekam er die Chance, das Gymnasium Illustre in Stuttgart zu besuchen und durchlief dort in nur anderthalb Jahren alle Klassen. Als Bester bestand er die Konkursprüfung zur Aufnahme ins Evangelische Stift in Tübingen und zog 1879 ins Stift ein.[8] Auch das Studium meisterte er in ausgezeichneter Weise, konnte darüber hinaus – nicht zuletzt über die Verbindung „Luginsland" – bleibende Freundschaften schließen.

Während des Studiums im Stift veränderte sich Schrempfs Denken in radikaler Weise. Im Pietismus groß geworden, wurde ihm nun alles, was er bislang nahezu unhinterfragt hingenommen hatte, zur Frage.

> Ich hatte mir, wie bisher, ein objektives Wissen anzueignen. [...] Aber der Inhalt dieses objektiven Wissens war nicht mehr eine feste, für selbstverständlich geltende Wahrheit, die ich mir nur persönlich zuzueignen hatte, sondern der Kampf der Meinungen, die für Wahrheit gelten wollten, und also das [...] Suchen nach der Wahrheit, in das auch ich hineingezogen werden sollte [...] ‚Was ist Wahrheit?' wurde mir also zu einer offenen Frage, auf die die Antwort erst zu finden war.[9]

Die Chancen des Stipendiums müssen Schrempf klar vor Augen gestanden sein. Die Akte seines Jahrgangs weist ihn vom ersten Semester an als Primus seiner Promotion aus.[10] Über seine Lehrer spricht er wenig, nennt eher die Theologen und Philosophen, deren Werke er studierte: Kant, Schleiermacher, Ritschl, Wilhelm Herrmann und, ab 1883, Sören Kierkegaard, dessen Schriften er später übersetzte. Nur ein Lehrer muss ihn sehr beeindruckt haben: Karl Heinrich von Weizsäcker, Professor für Neues Testament und Dogmengeschichte und seit 1877 Inspektor im Stift.

Aus den Akten im Stift sind Schrempfs wissenschaftlicher Drang und sein kritischer Geist erkennbar. Interessant sind zwei sehr unterschiedliche Predigtbeurteilungen, die sich im Stiftsarchiv finden: Am 29.1.1882 heißt es zu einer Predigt Schrempfs über 1. Korinther 4,3.4 es handle sich um eine treffliche Auslegung des Textes, deren feine Gedanken von Schärfe des Denkens und Reife

[8] Vgl. Schrempf, Einleitung, in: ders., Gesammelte Werke, Bd. 1, XVI-XXI.
[9] Schrempf, Einleitung, in: ders., Gesammelte Werke, Bd. 1, XLI.
[10] Vgl. Archiv des Evangelischen Stifts (Abk. AEvST), E 1, 338,1 (Promotion Andler).

des Verständnisses zeugten. Dagegen steht in der Beurteilung einer Predigt über Johannes 12,24 am 18.6.1882, die Ausführung „gibt eine wohlgeordnete, gedankliche Entwicklung einer Seite des Textes, wenn auch die vom Verfasser gewählte Auffassung des Textes nicht diejenige ist, welche sich einem unbefangenen Blick zunächst als die sinnvollste bietet [...].“[11] Von hierher betrachtet überrascht es nicht, dass Schrempf 1884, vor der Übernahme in den kirchlichen Dienst, dem zuständigen Oberkonsistorialrat von Wittich mitteilt, er könne das Evangelium nur nach den Synoptikern und nicht nach dem Johannesevangelium predigen.[12] Ein Hinderungsgrund für seine Aufnahme ins Vikariat war dies offensichtlich nicht.

Der übliche Weg in den württembergischen Pfarrdienst schien also vorgezeichnet, wozu in seinem Fall, so wie es für die Besten in der Regel üblich war, noch eine Zeit als Repetent gehörte. 1885–1886 kam Schrempf deshalb nach mehreren Vikariatsstellen und einer Zeit, in der er sich mit einer fundamentalethischen Preisaufgabe der theologischen Fakultät beschäftigte, nochmals ans Stift zurück. Es war für Schrempf eine Zeit der intensiven Auseinandersetzung mit Kierkegaard. Dieser blieb für ihn auch später wichtig, ohne dass er je zu einem dezidierten Anhänger Kierkegaards geworden wäre, wie aus einer kleinen Schrift aus dem Jahre 1918 deutlich wird, in der Schrempf sich über sein Verhältnis zu Kierkegaard Rechenschaft gibt.[13]

Im Herbst 1886 trat Schrempf eine Pfarrstelle in Leuzendorf, Dekanat Blaufelden, an. Der Konflikt zwischen Amtspflicht und Gewissen muss ihn von Anfang an begleitet haben. Schrempf fühlte sich in ständiger Spannung zwischen dem, was er als Wahrheit erkannt hatte, und dem, was ihm als Glaube der Kirche zu verkündigen aufgetragen war. Bereits 1889 suchte er nach einer Möglichkeit, dem Konflikt zu entkommen und bewarb sich um Versetzung auf eine Schulstelle. Sein Antrag wurde abgelehnt.[14] Schrempf fühlte sich von der Kirchenleitung allein gelassen, nicht ernst genommen in seinen theologischen Argumentationen und eben aufgefordert, gegen seine Überzeugung den Schein wahren zu müssen.

Und dann kam der 5. Juli 1891 mit dramatischen Folgen für Schrempf und seine Familie. Im Detail beschreibt Schrempf in den Akten zu seiner Entlassung, was passierte. Er hatte einen Taufgottesdienst zu halten, als Predigttext war Matthäus 6,19–34 vorgesehen.

> Als ich in der Sakristei den Zeitpunkt abwartete, da ich auf die Kanzel gehen sollte, sagte ich mir, dass ich die sittliche Berechtigung eigentlich nicht besitze, über das Wort zu predigen: „Trachtet am ersten nach dem Reich Gottes und seiner Gerechtigkeit“; denn ich tue das ja selbst nicht, sei vielmehr jetzt eben wieder im Begriff aus sehr fragwürdigen

[11] AEvST, R 1, 15,2 (Zeugnisbuch).
[12] Vgl. Schrempf, Akten, in: ders., Gesammelte Werke, Bd. 1, 101.
[13] Vgl. Schrempf, Das Vermächtnis, in: ders., Gesammelte Werke, Bd. 16, 55–90.
[14] Vgl. Schrempf, Akten, in: ders., Gesammelte Werke, Bd. 1, 104.

Rücksichten vor Gott und der Gemeinde ein Bekenntnis zu bekennen, das ich vor Gott doch eigentlich nicht bekennen könne.[15]

Schrempf beschloss spontan, auf das Apostolikum zu verzichten. Die Gemeinde scheint die Auslassung nicht einmal bemerkt zu haben. Schrempf aber zeigte sich noch am selben Tag selbst bei seinem Dienstvorgesetzten, dem Dekan von Blaufelden, an.

Ein Disziplinarverfahren kommt in Gang. Mündlich wird er nur einmal angehört, am 22. Juli 1891, bei einer Besprechung mit dem Generalsuperintendenten, der ihm jedoch lediglich rät, sich bei Taufhandlungen zunächst von Nachbarkollegen vertreten zu lassen.[16] Schrempf wendet sich nun direkt an das Konsistorium mit einer längeren Abhandlung, in der er seine theologischen Ansichten darlegt, und beantragt, „ihm eine sittlich unanfechtbare Wirksamkeit in der evangelischen Landeskirche zu ermöglichen"[17]. Eine Antwort auf sein Schreiben wartet er dann gar nicht ab, sondern tritt am 9.8.1891 vor die Öffentlichkeit seiner Gemeinde und erläutert ihr seine Probleme mit den Aussagen des Apostolikums.[18] Der Kirchengemeinderat in Leuzendorf reagiert prompt und bittet das Konsistorium, Schrempf abzuberufen. Am 18.8.1891 wird Schrempf vom Dienst suspendiert und schließlich mit Wirkung vom 14. Juni 1892 gänzlich aus dem kirchlichen Dienst entlassen.

Schrempfs berufliche Entwicklung ging dann so weiter, dass er von 1895–1906 einen Lehrauftrag an einer privaten Handelsschule in Stuttgart innehatte, sich 1906 im Fach Philosophie habilitierte und dann als Privatdozent bis 1921 an der Technischen Hochschule in Stuttgart lehrte. Erst 1919 wurde diese Lehrtätigkeit mit dem Titel eines außerordentlichen Professors verbunden und bezahlt.

Von einer breiten Öffentlichkeit wahrgenommen wurden nicht zuletzt Schrempfs Vorträge und Aufsätze. Von 1892 bis 1939, lediglich unterbrochen durch die Kriegsjahre 1914–1918, hielt Schrempf regelmäßig sonntags Reden in Stuttgart und Umgebung, er wurde zunehmend auch weit darüber hinaus als Redner angefragt. Von 1893 bis 1898 gab er eine Halbmonatsschrift *Die Wahrheit* heraus. Privat heiratete er nach dem Tod seiner ersten Frau noch zweimal wieder und bekam insgesamt fünf Kinder, von denen allerdings nur eines überlebte.

Schrempfs Kritik am apostolischen Glaubensbekenntnis bezog sich vordergründig – ähnlich wie bei anderen auch – zunächst auf Einzelaussagen. In den Akten zu seiner Entlassung aus dem Württembergischen Kirchendienst[19] nennt Schrempf:

---

[15] Schrempf, Akten, in: ders., Gesammelte Werke, Bd. 1, 107.
[16] Vgl. Rössler, Schrempf, 16.
[17] Schrempf, Akten, in: ders., Gesammelte Werke, Bd. 1, 131.
[18] Vgl. Rössler, Schrempf, 18.
[19] Vgl. Schrempf, Akten, in: ders., Gesammelte Werke, Bd. 1, 99–169.

daß Jesus empfangen sei vom heiligen Geist, zwischen Tod und Auferstehung in den Hades gefahren sei, gerade durch Wiederbelebung seines erstorbenen Leibes am dritten Tage und durch sichtbare Auffahrt in den Himmel erhöht worden sei, „von dannen" „wiederkommen" werde; daß „der Leib" (oder „das Fleisch") auferstehen werde: das scheinen mir weder zu Glaubenssätzen taugliche noch vielleicht überhaupt richtige Vorstellungen zu sein.[20]

Seine Kritik greift darüber hinaus jedoch tiefer und läuft auf eine grundlegende Relativierung von Glaubensbekenntnissen überhaupt hinaus. Schrempf sagt, für ihn seien Symbole zwar

wichtige Äußerungen christlicher Überzeugung aus früheren Tagen, nicht aber Formeln und Normen für mein christliches Denken und Reden. Ich finde also nicht, daß ich sie oder an sie „glauben" müßte, verstehe aber wohl, daß ich mich ihrer Einwirkung gewissenhaft offen halten muß, wenn ich meine christliche Überzeugung sorgfältig ausbilden will.[21]

Wenn man aber Bekenntnisse formuliere und den Anspruch habe, in ihnen einen „vollständigen Ausdruck des Christentums" zu haben, dann müssten sie auf alle Fälle eines enthalten, nämlich den Bezug auf die Nachfolge Christi, das „praktische Lernen von Christus"[22], wie Schrempf es ausdrückt. Es gehe um das Grundverhältnis zu Christus, darum, zu Jesus in ein Jüngerverhältnis zu treten, und das sei auszudrücken – Punkte, die nicht dieses Grundverhältnis beträfen, sondern nur eine spätere Reflexion über Christus und das Heil darstellten, seien dagegen überflüssig.[23] Sein Plädoyer geht in Richtung einer offenen Dialogkultur, in der die einzelnen, in Beziehung zu Christus stehenden Individuen eine anti-dogmatische Grundhaltung zueinander einnehmen und darin wahren innerchristlichen Pluralismus pflegen. So in einem Aufsatz von 1891: *Was kann der Religionsunterricht zur Herstellung einer wirklichen „Einigkeit im Geiste" zwischen Christen verschiedenen Glaubens und verschiedener Bildungsstufe tun?*[24] Entscheidend sei nur, dass jeder vom anderen annehme, dass auch er in einer lebendigen Christusbeziehung stehe,[25] aber nicht ein gemeinsames Bekenntnis, eine dogmatische Einheitsformel. Über Standesgrenzen hinweg verstünden alle, was ein Kindschaftsverhältnis bedeutet.

Und wenn zwei ihr Verhältnis zu Gott so auffassen, so können sie miteinander reden und einander wirklich verstehen; dann können ihnen auch bedeutende Differenzen die wesentliche Einigkeit nicht verdecken. Dies könnte nur eintreten, wenn sie sich gesetzlich gerade an diese Differenzen gebunden fühlten. Dann fassen sie aber ihr Verhältnis zu Gott nicht rein pädagogisch auf.[26]

---

20 Schrempf, Akten, in: ders., Gesammelte Werke, Bd. 1, 115.
21 Schrempf, Akten, in: ders., Gesammelte Werke, Bd. 1, 115.
22 Schrempf, Akten, in: ders., Gesammelte Werke, Bd. 1, 115.
23 Vgl. Schrempf, Akten, in: ders., Gesammelte Werke, Bd. 1, 115.
24 Vgl. Schrempf, Religionsunterricht, in: ders., Gesammelte Werke, Bd. 1, 73–97.
25 Vgl. Schrempf, Religionsunterricht, in: ders., Gesammelte Werke, Bd. 1, 79.
26 Schrempf, Religionsunterricht, in: ders., Gesammelte Werke, Bd. 1, 94.

Einigkeit im Geiste zwischen Christen also allein durch die wechselseitige Anerkennung, dass jeder Einzelne durch Christus Gott seinen Vater nennen kann. – Wenn es so einfach wäre. Hier scheint mir letztlich die reformatorische Haltung, dass wir uns an Gottes Gnade genügen lassen können, dem subjektiven Empfinden und Belieben des Individuums untergeordnet zu werden. Ob dann Kirche nach außen, aber auch nach innen für die zu ihr gehörenden Menschen in dem, was sie als Gemeinschaft verbindet und bindet, noch erkennbar bleibt, scheint mir fraglich.

Doch wie ging es mit dem Apostolikumsstreit weiter? Ausgelöst durch den Fall Schrempf zog er Kreise weit über Württemberg hinaus.

Dazu kam es, als eine Gruppe von Studenten sich an Adolf von Harnack in Berlin wandte und ihn um eine Stellungnahme dazu bat, ob man aus Anlass des Falls Schrempf „eine Petitionsbewegung zur Beseitigung des Apostolikums aus dem Gottesdienst" in Gang setzen solle[27]. Harnack veröffentlichte seine Antwort am 18.8.1892 in der *Christlichen Welt*. Die Forderung nach Abschaffung des Apostolikums weist er zurück, kritisiert jedoch gleichwohl einen unhistorischen Umgang mit dem Bekenntnis und schlägt letztlich vor, neben das Apostolikum solle eine weitere „zeitgemäße evangelische Bekenntnisformel" treten und den Pfarrern solle der liturgische Gebrauch des Apostolikums freigestellt werden[28]. Harnack schreibt:

> Die Anerkennung des Apostolikums in seiner wörtlichen Fassung ist nicht die Probe christlicher und theologischer Reife; im Gegenteil wird ein gereifter, an dem Verständnis des Evangeliums und an der Kirchengeschichte gebildeter Christ Anstoß an mehreren Sätzen des Apostolikums nehmen müssen. Allein umgekehrt darf man auch von dem gereiften und gebildeten Theologen erwarten, daß er soviel geschichtlichen Sinn besitzt, um sich von dem hohen Wert und dem großen Wahrheitsgehalte des Apostolikums zu überzeugen und eine positive Stellung zu seinem Grundgedanken zu gewinnen, die es ihm ermöglicht, ein altes Zeugnis seines eignen Glaubens in dem Apostolikum zu erkennen.[29]

Eine durchaus differenzierte Position also, die es auch dem ermöglichen könnte, sich in die Tradition des Bekenntnisses zu stellen, der einzelnen Aussagen daraus nicht zustimmen kann, zumal Harnack es schlicht für normal hält, dass an einzelnen Sätzen des Bekenntnisses Anstoß genommen wird. Die Gemeinschaftsfähigkeit der Kirche ist für ihn dadurch nicht in Frage gestellt.[30] Harnack sieht vielmehr durchaus Deutungsspielraum gegeben, plädiert denn auch für die Möglichkeit einer symbolischen Interpretation des Bekenntnisses, eine solche

---

[27] Huber, Staat und Kirche, 666.

[28] Huber, Staat und Kirche, 667.

[29] Zitiert nach: Huber, Staat und Kirche, 670. Die vollständige Erklärung Adolf Harnacks zum apostolischen Glaubensbekenntnis vom 18.8.1892 ist abgedruckt ebd., 669–672.

[30] Vgl. Gottschick/Schäfer, Lesebuch, 361.

lasse sich mit den historisch-kritischen Erkenntnissen besser vereinbaren.[31] Das Apostolikum wolle keinen Tatsachenglauben begründen, vielmehr würden die einzelnen Äußerungen erwähnt „um der unsichtbaren Beziehungen und Werte willen, die der Glaube an ihnen wahrnimmt“[32].

Der wesentliche Inhalt des Apostolikums besteht in den Bekenntnissen, daß in der christlichen Religion die Güter „heilige Kirche“, „Vergebung der Sünden“, „ewiges Leben“ geschenkt sind, daß der Besitz dieser Güter dem Glauben an Gott, dem allmächtigen Schöpfer, an seinen Sohn Jesus Christus und an den heiligen Geist zugesagt ist und daß sie durch Jesus Christus unsern Herrn gewonnen sind. Dieser Inhalt ist evangelisch.[33]

Statt die Gemüter zu beruhigen, löste Harnacks Stellungnahme in konfessionalistischen Kreisen einen Sturm der Entrüstung aus, wobei der entstehende Streit leider nicht nur sachlich geführt wurde, sondern es auch zu persönlichen Anfeindungen gegen Harnack kam. Harnack erläuterte seine Sicht im selben Jahr nochmals in einer eigenen kleinen Schrift[34] und nahm Stellung zu den Äußerungen von Hermann Cremer, dem Haupt der „Greifswalder Schule“ und einem seiner Hauptgegner.[35] Von kirchenpolitischem Einfluss gegen Harnacks Position war vor allem eine Erklärung der Evangelisch-Lutherischen Konferenz vom 20.9.1892, in der jede Befürwortung eines nur fakultativen Gebrauchs des Apostolikums als Schlag „in das Angesicht der Kirche Christi“ bezeichnet wurde, denn im Anschluss an diese Erklärung forderte Kaiser Wilhelm II. einen Bericht seines Kultusministers ein[36]. Von einem disziplinarischen Vorgehen gegen Harnack wurde abgesehen, allerdings wurde die Einrichtung einer weiteren Professur an der Berliner Fakultät empfohlen, die mit einer Person besetzt werden sollte, die ein Gegengewicht zu Harnacks liberalen Auffassungen bilden könnte. Wilhelm II. stimmte dieser Empfehlung am 12.11.1892 zu, Adolf Schlatter wurde auf den neuen Lehrstuhl berufen, wo er bis 1897, dem Jahr seiner Berufung nach Tübingen, blieb.[37] Unterstützung fand Harnack nicht zuletzt bei den Professoren, die auch die von Martin Rade begründete und herausgegebene *Christliche Welt* unterstützten. Sie veröffentlichten am 5.10.1892 die sogenannte Eisenacher Erklärung von Freunden und Mitarbeitern der *Christlichen Welt*. Darin heißt es:

Wir denken nicht daran, der evangelischen Kirche das sog. apostolische Glaubensbekenntnis nehmen zu wollen; aber wir bestreiten, daß die Geltung dieses Symbols in der Kirche und sein kirchlicher Gebrauch Geistliche oder Laien in juridischer Weise zur

---

31 Vgl. Hornig, Harnacks Dogmenkritik, 213.
32 Hornig, Harnacks Dogmenkritik, 214.
33 Hornig, Harnacks Dogmenkritik, 214.
34 Vgl. Harnack, Das Apostolische Glaubensbekenntnis, 219–264.
35 Vgl. Harnack, Antwort, 265–298.
36 Huber, Staat und Kirche, 667 und 673.
37 Vgl. Huber, Staat und Kirche, 668 und 677.

Anerkennung aller seiner einzelnen Sätze verpflichte. Ein evangelischer Christ ist jeder, der im Leben und Sterben sein Vertrauen allein auf seinen Herrn Jesum Christum setzt; wir wünschen, daß anstatt unevangelischen Pochens auf einzelne Lehrsätze dieser unzweifelhafte Grundgedanke evangelischen Christentums offen als solcher anerkannt werde.[38]

Als nicht-fundamental wird dann insbesondere wieder die Jungfrauengeburt bezeichnet, weder die Predigt Jesu noch die der Apostel enthalten einen Hinweis auf sie, es sei vielmehr eine „Verkehrung des Glaubens“ und „eine Verwirrung der Gewissen“[39], wenn im Namen von Schrift und Bekenntnis behauptet würde, die Jungfrauengeburt sei das Fundament des Christentums.

Der preußische Oberkirchenrat hielt sich zunächst mit Äußerungen zurück, erst am 25.11.1892 wird ein Erlass an alle Geistlichen der Landeskirche gerichtet. Darin wird betont, dass ungeachtet anderer Auffassungen über die Jungfrauengeburt und die Empfängnis durch den Heiligen Geist „nach dem Urtheil zahlreicher hervorragender Vertreter der theologischen Fakultät in Berlin, die in jenen Sätzen bekannte Thatsache vor unbefangener wissenschaftlicher Forschung noch immer die Probe der Wahrheit besteht.“ Dann wird die Bedeutung des apostolischen Glaubensbekenntnisses herausgestellt und jeder fakultative Gebrauch abgelehnt. „Eine Entfernung aus dem gottesdienstlichen Gebrauche oder auch nur eine Freigebung an die Willkür der Einzelgemeinde würde das Rechtsbewußtsein der landeskirchlichen Gemeinde verletzen, dem Kultus ein hohes Kleinod, der Gemeinde einen Höhepunkt der Sammlung und Anbetung rauben“. Immerhin wird zugestanden, es handle sich bei dem Bekenntnis nicht um ein „starres Lehrgesetz“[40].

Letztlich hatte der Apostolikumsstreit kein Ergebnis, es sei denn man sieht darin, dass das Apostolikum weiterhin liturgische Verwendung findet, den Hinweis, dass es sich durchgesetzt hat. Immerhin, so resümiert Hans-Martin Barth in seinem Artikel in der Theologischen Realenzyklopädie, löste der Streit starke Impulse zur historischen Erforschung der altkirchlichen Symbole aus.[41]

In Württemberg kam es im Laufe der Jahre zu einer relativ weitgehenden Öffnung – 1908 mit einem neuen Kirchenbuch, das den Pfarrern eine gewisse Freiheit ermöglichte, 1912 dann mit einer Lockerung von Agendenzwang und Bekenntnisverpflichtung – bis dahin, dass von einem Vertreter des Konsistoriums festgehalten wurde, es könne aus seelsorgerlichen Gründen Fälle geben, in denen auch ohne Gebrauch des Apostolikums eine Taufe rechtlich gültig und erbaulich sein könne.[42]

---

[38] Huber, Staat und Kirche, 674.
[39] Huber, Staat und Kirche, 674.
[40] Huber, Staat und Kirche, 668f, 678.
[41] Vgl. Barth, Apostolisches Glaubensbekenntnis, 562.
[42] Vgl. Rössler, Schrempf, 31.

Genau dies hatte Christoph Schrempf ja ursprünglich gewollt. Zu diesem Zeitpunkt, 1912, war er jedoch längst aus der Kirche ausgetreten, diesen Schritt hatte er 1909 vollzogen.[43] Für ihn als einzelnen Kämpfer war das sicher ein letzter konsequenter Schritt auf seinem Weg der Auseinandersetzung mit der Kirche. Daneben gab es aber auch viele andere, die ihren Weg und Einsatz weiter innerhalb der Kirche sahen, Gruppierungen, gerade in Württemberg, die bei festem Willen zur positiven Mitarbeit alles daran setzten, die größtmögliche Freiheit von Bekenntniszwängen zu erreichen, allen voran die 1912 gegründete Freie Volkskirchliche Vereinigung, aus der später die Offene Kirche hervorging.[44]

Um Schrempfs Haltung nachvollziehen zu können, ist sicher nicht zuletzt seine Rede auf dem Weltkongress für freies Christentum 1910 in Berlin interessant: *Was unsereiner will. Ein Bekenntnis, kein Programm. Vortrag auf dem Weltkongress für freies Christentum und religiösen Fortschritt.*[45] Was er da vorträgt, hält er selbst für freies Christentum, ist sich aber auch klar, dass andere seine Ansichten so interpretieren können, dass die Grenze längst überschritten ist.[46]

Was bleibt also übrig vom Apostolikumsstreit – wenn es so ist, wie Karl Holl schon 1919 in einem sehr bekannt gewordenen Satz sagte, dass es „keinen Theologen, auch keinen Gläubigen aus der Gemeinde mehr [gebe], der das apostolische Symbol in seinem wirklichen Sinne sich anzueignen vermöchte"[47]? Meiner Einschätzung nach trifft Holls These zu, denn uns ist längst vertraut geworden, was Harnack erst anzudeuten vermochte, nämlich die einzelnen Aussagen des Glaubensbekenntnisses in einem symbolisch-übertragenen Sinn zu deuten, der in der Tat genau das ermöglicht, was Harnack vorschwebte, sich nämlich auf der Basis, nicht alles wörtlich nehmen zu müssen, ohne Gewissensnöte hineinstellen zu können in die lange Tradition dieses Bekenntnisses, es mitzusprechen, wie es seit der Zeit der Bekennenden Kirche üblich geworden ist, und zu schätzen als ein – bis auf ein Wort – ökumenisch verbindendes Credo.

Ginge es also nur noch um die Frage des liturgischen Gebrauchs des einen oder anderen Bekenntnisses, wäre der Streit vermutlich höchstens noch als historische Begebenheit interessant. Aber dass es nicht nur darum geht, war angesichts der Heftigkeit, mit der gestritten wurde, schon damals klar. Berührt ist vielmehr die Frage der Bekenntnisbindung jeder Kirche.

Der Anspruch, in einem kurzen Bekenntnis den eigenen Glauben zusammenfassend zum Ausdruck bringen zu können, ist hoch. Als solchen Text hatte Martin Luther das Apostolikum geschätzt. Die orthodoxe Kritik, dass wichtige Themen wie die Erbsünde und die Rechtfertigungslehre nicht darin vorkom-

---

[43] Vgl. Rössler, Schrempf, 45 f.

[44] Vgl. Weitbrecht/Daur, Weg und Aufgabe, 6.

[45] Vgl. Schrempf, Was unsereiner will, in: ders., Gesammelte Werke, Bd. 4, 332–346.

[46] Vgl. Schrempf, Was unsereiner will, in: ders., Gesammelte Werke, Bd. 4, 332.

[47] Barth, Apostolisches Glaubensbekenntnis, 562.

men, ist jedoch berechtigt. Doch wären diese Themen enthalten, käme – beziehungsweise kam ja auch – die nächste Kritik, ein anderer wichtiger Inhalt würde fehlen. Also trifft auch der Streit um den Inhalt nicht den Kern der Frage. Sie liegt eher darin, worin die Erkennbarkeit einer Kirche nach außen – und nach innen – besteht. Wodurch präsentiert sie sich als Kirche, was zeigt sie, um sagen zu können: dafür stehen wir? Diese Funktion hat ein Bekenntnis – und darin liegt auch seine große Bedeutung – seine Bedeutung im Zusammenhang der Taufe, insofern es bei der Taufe außer um die Vergebung auch um die Zugehörigkeit zu eben der Kirche geht, seine Bedeutung aber auch im interkonfessionellen Gespräch, in dem es um die Balance zwischen Annäherung und Abgrenzung geht.

Einigt sich eine Kirche auf ein Bekenntnis, wird die Kritik daran, das Ringen darum, sicher ständig weitergehen, genauso wie sich Auffassungen verändern, wie sich die Zeiten verändern, wie sich die Menschen verändern. Insofern wird es bleibend um die Fragen nach dem Verhältnis der einzelnen Amtspersonen zur Kirchenleitung gehen, darum, inwiefern mit dem Amt auch die Verpflichtung zu eben dem Bekenntnis gehört und wie weit der Bekenntniszwang reicht. Inwiefern ist der Einzelne getragen von allen und vom Gemeinsamen, beeinflusst aber auch das wieder, was als Gemeinsames angesehen wird? Inwiefern ist das Gemeinsame ständig weiter voranzubringende Aufgabe? Beides gilt, und genau deshalb bleiben auch die Frage nach dem Bekenntnis und die Infragestellung des Bekenntnisses ständig virulent. Wie viel Freiheit ist möglich?

Im Blick nun gerade auf das Apostolikum in der nun gängig gewordenen symbolischen Interpretation vermutlich viel – nur: wann kann das Bekenntnis dann seine Funktion, erkennbar zu machen, nicht mehr erfüllen, weil es beliebig wird? Dieser Frage muss sich die Kirche zu jeder Zeit neu stellen – das zeigen Menschen wie Christoph Schrempf und Vorgänge wie der Apostolikumsstreit.

Bibliographie

Quellen

Archivalien

Archiv des Evangelischen Stifts Tübingen (AEvST)
Ephoratsbestände: E 1, 338/1: Promotion Andler 1879–1883.
Repetentenkollegium: R 1, 15/2: Zeugnisbuch über die Predigtübungen.

Gedruckte Quellen

Christoph Schrempf, Akten zu meiner Entlassung aus dem Württembergischen Kirchendienst, in: ders., Gesammelte Werke, Bd. 1: Für die Kirche wider die Kirche, Stuttgart: Fr. Frommanns Verlag (H. Kurtz), 1930, 99–169.

Ders., Einleitung, in: ders., Gesammelte Werke, Bd. 1: Für die Kirche wider die Kirche, Stuttgart: Fr. Frommanns Verlag (H. Kurtz), 1930, VII–LXXI.

Ders., Was kann der Religionsunterricht zur Herstellung einer wirklichen „Einigkeit im Geiste" tun?, in: ders., Gesammelte Werke, Bd. 1: Für die Kirche wider die Kirche, Stuttgart: Fr. Frommanns Verlag (H. Kurtz), 1930, 73–97.

Ders., Was unsereiner will, ein Bekenntnis, kein Programm. Vortrag auf dem Weltkongreß für freies Christentum und religiösen Fortschritt, Berlin 1910, in: ders., Gesammelte Werke, Bd. 4: Über den Rubikon, Stuttgart: Fr. Frommanns Verlag (H. Kurtz), 1931, 332–346.

Ders., Der Ertrag meines Lebens – ein Vermächtnis (1918), in: ders., Gesammelte Werke, Bd. 16: Das Vermächtnis, hg. v. Otto Engel, Stuttgart: Fr. Frommanns Verlag (H. Kurtz), 1940, 1–158.

Sekundärliteratur

Hans-Martin Barth, Art. Apostolisches Glaubensbekenntnis II. Reformations- und Neuzeit, in: Theologische Realenzyklopädie 3, Berlin/New York: De Gruyter, 1978, 554–566.

Konrad Gottschick/Gerhard Schäfer (Hgg.), Lesebuch zur Geschichte der Evangelischen Landeskirche in Württemberg, Bd. 3: Große Hoffnungen – kleine Schritte im 19. Jahrhundert, Stuttgart: Quell, 1989.

Adolf Harnack, Antwort auf die Streitschrift D. Cremers: Zum Kampf um das Apostolikum (1892), in: ders., Reden und Aufsätze, Bd. 1, Gießen: Ricker'sche Verlagsbuchhandlung (Alfred Töpelmann), 1904, 265–298.

Ders., Das Apostolische Glaubensbekenntnis. Ein geschichtlicher Bericht nebst einer Einleitung und einem Nachwort (1892), in: ders., Reden und Aufsätze, Bd. 1, Gießen: Ricker'sche Verlagsbuchhandlung (Alfred Töpelmann), 1904, 219–264.

Georg Hoffmann, Art. Apostolikum II. Im Protestantismus, in: Religion in Geschichte und Gegenwart 1, 3. Auflage, Tübingen: Mohr Siebeck, 1957, 513–516.

Hans Holwein, Im Banne des Unbedingten. Christoph Schrempf zugeeignet, Stuttgart: Fr. Frommanns Verlag (H. Kurtz), 1930.

Gottfried Hornig, A. Harnacks Dogmenkritik, der Apostolikumsstreit und das Wesen des undogmatischen Christentums, in: Handbuch der Dogmen- und Theologiegeschichte, Bd. 3, hg. v. Carl Andresen, Göttingen: Vandenhoeck & Ruprecht, 1984, 210–216.

Ernst Rudolf Huber/Wolfgang Huber (Hgg.), Staat und Kirche im 19. und 20. Jahrhundert. Dokumente zur Geschichte des deutschen Staatskirchenrechts, Bd. 3, Berlin: Duncker und Humblot, 1983.

Andreas Rössler, Christoph Schrempf (1860–1944). Württembergischer Theologe, Kirchenrebell und Religionsphilosoph. Ein Leben in unerbittlicher Wahrhaftigkeit, Kleine Schriften des Vereins für württembergische Kirchengeschichte 7, Stuttgart: Verein für württembergische Kirchengeschichte, 2010.

Frederick Ercolo Vokes, Art. Apostolisches Glaubensbekenntnis I. Alte Kirche und Mittelalter, in: Theologische Realenzyklopädie 3, Berlin/New York: De Gruyter, 1978, 528–554.

Oskar Weitbrecht/Theodor Daur, Weg und Aufgabe eines Freien Protestantismus in der Evangelischen Kirche, Schriftenreihe Freies Christentum 46/47, Hanau: Verlag Deutscher Bund für Freies Christentum, 1962.

Die Übertragung des Tübinger Evangelischen Stifts in das Eigentum der württembergischen Landeskirche 1919–1928

Jürgen Kampmann

Als zum 1. April 1928 die staatliche Leitung des Tübinger Evangelischen Stifts in kirchliche Hände übertragen wurde, da schloss dies Überlegungen und Verhandlungen ab, die sich über anderthalb Jahrzehnte hingezogen, die allerdings auch durch markante Einschnitte in der allgemeinen Geschichte und ebenso der Geschichte des Staatskirchenrechts erhebliche Unterbrechungen erlebt hatten. Den ersten Einschnitt stellte der Erste Weltkrieg dar. Der Kriegsausbruch im August 1914 führte dazu, dass der Stiftsbetrieb vorerst zum Erliegen kam – das Stiftsgebäude musste als Kaserne dienen.[1] Zwar konnte die Arbeit mit den wenigen Studenten, die nicht zum Kriegsdienst eingezogen worden waren, doch noch fortgeführt werden – die Aufmerksamkeit im Stift richtete sich aber wesentlich darauf, die Kontakte zu den im Feld befindlichen Seminaristen nicht abreißen zu lassen – was sofort nachvollziehbar wird, wenn man auf die Angabe stößt, dass etwa im Sommersemester 1918 nur drei Studierende im Stift präsent waren.[2] Und wenn auch – was allerdings im November 1918 nicht absehbar war – das abrupte Ende des Summepiskopats der Landesherren aufgrund deren Abdankung jedenfalls in Württemberg schließlich einen äußerst glimpflichen, ja für die evangelische Landeskirche im Ergebnis sogar förderlichen Ausgang hinsichtlich des Verhältnisses zwischen ihr und dem Staat nahm, so stellte doch das revolutionäre Geschehen Ende 1918 einen weiteren massiven Einschnitt dar, der eine neue Formierung der herkömmlichen engen Rechtsbeziehungen erforderte, insbesondere auch im Bildungswesen. Dazu kam es schrittweise – zunächst staatskirchenrechtlich grundlegend durch die die Religionsgesellschaften betreffenden Artikel der Weimarer Reichsverfassung 1919, sodann durch die Formulierung einer Kirchenverfassung für die Evangelische Landeskirche in Württemberg 1920, und schließlich durch eine die Neuordnung verankernde staatliche württembergische Gesetzgebung 1924. Hinzu kam als weitere außer-

[1] Vgl. Hahn/Mayer, Das Evangelische Stift, 83.
[2] Vgl. Hahn/Mayer, Das Evangelische Stift, 83.

ordentliche ökonomische Belastung die in den Jahren 1922 und 1923 mehr und mehr galoppierende Inflation.

Mit Blick auf das Evangelische Stift in Tübingen konnte man in den 1920er Jahren hinsichtlich einer Neuordnung der für die dort geleistete Arbeit grundlegenden Rechtsverhältnisse an einige Vorüberlegungen anknüpfen, zu denen es unabhängig von den genannten äußeren Einschnitten schon von 1908 an gekommen war. Die seinerzeitigen Erwägungen und Weichenstellungen gehören daher als Vorgeschichte zu der hier in der Hauptsache darzustellenden Entwicklung.

1. Ansätze zu einer Neuausrichtung der Arbeit im Evangelischen Stift vor 1918

Bereits 1908 wurde in beiden Kammern des württembergischen Landtages erörtert, in welcher Weise die Verhältnisse in den niederen evangelisch-theologischen Seminaren in Maulbronn, Schöntal, Blaubeuren und Urach denen im sonstigen höheren Schulwesen des Landes angeglichen werden könnten.[3] Auch die Verhältnisse im Tübinger Stift waren in diesem Zusammenhang diskutiert worden. Dabei war grundlegend entschieden worden, den zu jener Zeit außerordentlich hohen Anteil der Stipendiatenplätze für Lehramtsstudierende zu senken. Schrittweise erfolgte das 1909, 1911 und 1912 – bis 1913 dann sogar angeordnet wurde, dass Seminaristen keine Erlaubnis für ein Lehramtsstudium erteilt werden solle.[4] Auf diese Weise sollte einem unter den damaligen demographischen Aspekten als steigend prognostizierten Bedarf an Pfarramtskandidaten Rechnung getragen werden. Zugleich stellte diese Maßnahme auch ein staatliches Votum dahingehend dar, dass für die Zukunft das Stift in Tübingen eben nicht der Philologen-, sondern der Theologenausbildung dienen sollte.

Das fügte sich in den allgemein in Württemberg zu Beginn des 20. Jahrhunderts zu beobachtenden Kurs, das landeskirchliche evangelische Kirchenwesen zu verselbständigen.[5] Das Konsistorium stellte in einer grundlegenden Ausarbeitung zur „Abgrenzung der staatlichen und kirchlichen Zuständigkeit" dem Ministerium des Kirchen- und Schulwesens 1913 mit Blick auf die Theologenausbildung zunächst den Status quo dar:

> Der Staat unterhält und leitet im Interesse der Kirche die der Vorbildung der evangelischen Geistlichen dienenden evangelisch-theologischen Seminare. Diese stehen unter unmittelbarer Leitung der staatlichen Oberschulbehörde für die höheren Schulen. Dieser kommt die Leitung und, soweit dies nicht durch die Staatsfinanzverwaltung ge-

[3] Vgl. Hahn/Mayer, Das Evangelische Stift, 80. Zur Geschichte der Seminare vor dem 20. Jahrhundert s. Ehmer, Klosterschulen.

[4] Vgl. Hahn/Mayer, Das Evangelische Stift, 82.

[5] Vgl. Hahn/Mayer, Das Evangelische Stift, 82.

schieht, auch die ökonomische Verwaltung der Seminare zu; auch die Visitation an den Anstalten geschieht durch die Ministerialabteilung, abgesehen von der Visitation des Religionsunterrichts, die durch ein Mitglied des Konsistoriums als kirchlichem Visitator vorgenommen wird [...] Das besondere Interesse der Kirche an diesen Anstalten, die der Vorbildung der künftigen Geistlichen dienen, kommt darin zum Ausdruck, dass ein Mitglied des Konsistoriums als dessen Vertreter zugleich Mitglied der Ministerialabteilung ist. Diesem ist in Angelegenheiten, bei welchen religiöse und kirchliche Beziehungen besonders in Frage kommen, das Korreferat übertragen [...] wie er auch zum Mitglied der Prüfungskommission für die Aufnahme in die niederen und das höhere Seminar bestellt ist. Weiterhin ist vorgesehen, dass vor Besetzung der Stellen der Seminarvorsteher und der Religionslehrer an den niederen theologischen Seminaren eine gutächtliche [!] Aeusserung des Konsistoriums eingeholt wird [...].[6]

Ausdrücklich versah man dies aber nun mit der Bemerkung, dass „nicht zu verkennen" sei, „dass die Unterstellung der evangelisch-theologischen Seminare einschliesslich des Stifts unter die Oberschulbehörde für die Mittelschulen dem Zweck dieser Anstalten nach der heutigen Auffassung über das Verhältnis von Kirche und Staat nicht mehr entspricht."[7] Ja, das Konsistorium stellte darüber hinaus in Aussicht, hierin eine Veränderung auch seinerseits betreiben zu wollen:

Wir müssen uns deshalb, falls nicht die Ausscheidung des Kirchenvermögens in absehbarer Zeit eine Aenderung darin mit sich bringt oder eine solche sich bei anderem Anlass K[öniglichem] Ministerium nahelegt, Anträge in der Richtung vorbehalten, dass die Leitung und Verwaltung der evangelisch-theologischen Seminare, vorbehältlich [!] näherer Regelung der staatlichen Aufsicht und der schultechnischen Aufsicht der Ministerialabteilung für die höheren Schulen über die niedern [!] Seminare, dem Konsistorium übertragen werden möchte.[8]

Dieser Zielsetzung diente auch eine Veränderung in der Leitungsstruktur des Stifts: Das Inspektorat – ein Dreiergremium zur Leitung des Stifts – wurde aufgehoben; an dessen Statt wurden fortan vom Ephorus des Stifts die Leitungsaufgaben im Wesentlichen allein wahrgenommen. Das bedeutete eine gewisse Entflechtung des Verhältnisses von Universität und Stift, andererseits trat aber auch ein Wissenschaftlicher Beirat ins Leben, in dem je ein Mitglied der Evangelisch-Theologischen wie der Philosophischen Fakultät dem Ephorus beigegeben waren.[9]

---

[6] Evangelisches Konsistorium an Ministerium des Kirchen- und Schulwesens, 10. November 1913 (Landeskirchliches Archiv Stuttgart [Abk. LKA], A 126 Nr. 959, Qu. 0001, 69).

[7] Evangelisches Konsistorium an Ministerium des Kirchen- und Schulwesens, 10. November 1913 (LKA, A 126 Nr. 959, Qu. 0001, 71).

[8] Evangelisches Konsistorium an Ministerium des Kirchen- und Schulwesens, 10. November 1913 (LKA, A 126 Nr. 959, Qu. 0001, 71). – Ausdrücklich wurde das am Schluss der Darlegungen noch einmal als Wunsch des Konsistoriums an das Ministerium formuliert; s. ebd., 95.

[9] Vgl. Hahn/Mayer, Das Evangelische Stift, 82.

Außerdem betrieb Friedrich Traub, der das Amt des Stiftsephorus 1910 übernahm (und unter anderem über Erfahrungen aus der Leitung des Seminars in Schöntal verfügte), eine neue Formulierung der Statuten des Seminars, die im Sommer 1911 als „Vorschriften für die Studierenden des evangelisch-theologischen Seminars in Tübingen" vorgelegt wurden.[10] Bei der Erstellung der dazu gehörigen Studienordnung wurde bewusst auch die Evangelisch-Theologische Fakultät mit einbezogen, um so das Lehrangebot der Fakultät und des Stifts für die Zukunft besser miteinander abstimmen zu können.[11]

1916 trat dann Prälat Johannes Merz im Kirchlichen Anzeiger für Württemberg 25 (1916) am 6. und 13. Juli mit ausführlichen Erwägungen zu einer Seminar- und Stiftsreform hervor;[12] dabei setzte er sich besonders für eine engere Verzahnung des Studiums in der Fakultät und im Stift ein.[13]

2. Erste Verhandlungen über die Übergabe des Evangelischen Stifts in kirchliche Verwaltung 1921

Das Evangelische Stift Tübingen hatte seit seiner Gründung eine im Rahmen der Landesherrschaft wahrgenommene Leitung erlebt, im 19. Jahrhundert dann eine unmittelbar ausgeübte staatliche Leitung unter den Bedingungen der absoluten, aber auch der konstitutionellen Monarchie.[14]

Auch das nach dem November 1918 demokratisch geordnete württembergische Staatswesen nahm sich der Aufgabe der Leitung des Stifts mit Sorgfalt an.[15] Nach Inkrafttreten der Weimarer Reichsverfassung vom 19. August 1919, die ausdrücklich festschrieb, dass keine Staatskirche bestehe, stellten aber sowohl das Evangelische Konsistorium am 23. Dezember 1919 als auch das Bischöfliche Ordinariat am 3. Dezember 1920 einen Antrag, ihnen die zur Ausbildung der Theologen dienenden jeweiligen Stifts- und Konviktsgebäude zu übertragen.[16] 1921 begannen dann im Rahmen der generell geführten Gespräche über die Trennung von Kirche und Staat in Württemberg auch Verhandlungen über die

---

[10] Hahn/Mayer, Das Evangelische Stift, 81. – Deren Überarbeitung 1913 brachte keine wesentlichen Veränderungen mit sich; s. ebd.

[11] Vgl. Hahn/Mayer, Das Evangelische Stift, 81. – Wesentliche Neugestaltung sollte das Stift auch durch umfangreiche Baumaßnahmen zur Renovierung und Erweiterung erfahren, die bereits seit 1907 immer wieder eingefordert worden waren, die aber erst in den Jahren von 1914 bis 1916 realisiert wurden; so ebd., 82. – S. dazu detailliert: Fritz/Schneiderhan, Baugeschichte, 54–63.

[12] Vgl. Merz, Seminar- und Stiftsreform; s. auch ders., Seminar- und Stiftsreform. Sonderdruck.

[13] Vgl. Merz, Seminar- und Stiftsreform. Sonderdruck, 9.

[14] Mit Hahn/Mayer, Das Evangelische Stift, 83.

[15] Vgl. Hahn/Mayer, Das Evangelische Stift, 84f.

[16] Zu entnehmen aus: Denkschrift „Die Uebergabe des Stifts und der Konvikte in die kirchliche Verwaltung", 6. Juni 1921 (LKA, A 31 Nr. 7, St. 6, 12f).

Übergabe des Evangelischen Stifts in landeskirchliche Regie und Hand.[17] Beteiligt waren daran staatlicherseits als Kultminister[18] Staatspräsident Dr. Johannes von Hieber und Regierungsdirektor Dr. Marquardt, seitens des Konsistoriums Oberkonsistorialrat Johannes Merz.[19] Damit hatte man ein dem evangelischen kirchlichen Anliegen wohlgesonnenes staatliches Gegenüber – und mit Johannes Merz,[20] der 1924 zum Kirchenpräsidenten gewählt wurde, verfügte man über einen Verhandlungspartner, der die Arbeit der Schulabteilung des Kultministeriums aus eigener Mitarbeit kannte.

Hinsichtlich der Ziele und Möglichkeiten der staatlichen Unterhändler erwies sich dann auch die parteipolitische Konstellation im württembergischen Landtag als nicht unerheblich. So hatte die SPD 1920 eine empfindliche Wahlniederlage erlitten, was sie bewog, aus der (bis dahin entsprechend der Weimarer Koalition gebildeten) Regierung auszuscheiden – so dass fortan ein bürgerliches Minderheitenkabinett regierte – gebildet aus Zentrum und der liberalen DDP.[21] Die Regierung führte Johannes von Hieber (DDP),[22] der unter anderem Repetent am Stift und Stadtpfarrer in Tuttlingen gewesen war, bevor er in den Staatsdienst am Karlsgymnasium Stuttgart eingetreten war und politische Ämter übernommen hatte.[23] Im Mai 1924 trat die von ihm geführte Minderheitsregierung nach dem Scheitern des Versuchs zu einer Verwaltungsreform der Oberämter jedoch zurück.[24] Reguläre Wahlen brachten dann eine Stärkung des rechten Flügels des politischen Spektrums mit sich;[25] nunmehr wurde der als reaktionär geltende Wilhelm Bazille von der Württembergischen Bürgerpartei (die mit der DNVP im Reich verbunden war) Staatspräsident und ebenfalls zugleich Kultminister.[26] Der seitens des Staates vertretene Kurs gegenüber der Evangelischen Landeskirche wurde deshalb aber nicht unfreundlicher.

Im Fokus der Verhandlungen zwischen Staat und Kirche standen zunächst hauptsächlich die niederen Seminare und eine den Gymnasien adäquate Ausge-

---

[17] Vgl. Hahn/Mayer, Das Evangelische Stift, 85. S. Württ. Ministerium des Kirchen- und Schulwesens an Evangelisches Konsistorium, 6. Juni 1921 (LKA, A 26 Nr. 1027, Qu. 68).

[18] Vgl. Weber, Geschichte, 45.

[19] So Leube, Stift, 636.

[20] Merz galt als Kompromisskandidat der beiden im Landeskirchentag vertretenen Gruppen; s. Weber, Geschichte, 44.

[21] So Schnabel, Geschichte, 117. – Von 1921 bis 1923 beteiligte sich die SPD zwar wieder an der Regierung, zog sich dann aber wieder zurück; zu den Hintergründen s. Weber, Geschichte, 76f, 251.

[22] Vgl. Raberg, Handbuch, 354–356.

[23] Vgl. Raberg, Handbuch, 355.

[24] Vgl. Weber, Geschichte, 78f.

[25] Vgl. Schnabel, Geschichte, 115.

[26] Vgl. Weber, Geschichte, 45. – Die Regierung wurde getragen von Bürgerpartei, Zentrum und Bauernbund; s. ebd., 251; vgl. Schnabel, Geschichte, 122. – Zum beruflichen und politischen Werdegang Bazilles (der evangelischer Konfession war) s. Raberg, Handbuch, 40f.

staltung des Unterrichts in diesen Einrichtungen. Staatlicherseits ging man mit der Zielsetzung in die Verhandlungen:

Die bisherige *Zweckbestimmung* des Stifts und der Seminare wäre im Fall einer Aenderung durch staatliche Ordnung zu sichern. Insbesondere wäre auch festzusetzen, dass die der Kirche zu überlassenden Gebäude nur der Aufnahme von Theologiestudierenden dienen dürfen. Für die Zöglinge des Stifts und der niederen Seminare ist grundsätzlich die württembergische Staatsangehörigkeit und für die des Stifts der Besuch der staatlichen Universität zu verlangen.[27]

Unter dem 6. Juni 1921 erstellte dann das Ministerium des Kirchen- und Schulwesens eine Denkschrift „Die Uebergabe des Stifts und der Konvikte in die kirchliche Verwaltung", in der zunächst knapp der geschichtliche Werdegang des „Stipendiums" seit der Zeit Herzog Christophs von Württemberg dargelegt wurde – unter besonderem Hinweis auf die 1806 erforderliche Erhöhung der Zahl der Stipendiaten durch den Erwerb Neuwürttembergs zur Deckung auch des dortigen Bedarfs an Pfarrern.[28] Angesichts einer aus der komplizierten historischen Entwicklung resultierenden Vielzahl ungeklärter Rechts- und Finanzierungsfragen und der ebenfalls noch ungelösten Frage, welche Bedeutung Artikel 137 und Artikel 138 der neuen Weimarer Reichsverfassung für die Frage der Übertragung der Seminare und des Stifts an die evangelische Landeskirche zukomme,[29] formulierte die Denkschrift das Ziel, dafür eine rechtlich bindende Regelung, die auch die förmliche Zustimmung der Kirchen finde, zu treffen.[30] Das betreffe insbesondere auch die dafür pauschaliert an die Kirchen zu zahlenden Leistungen:

Diese Zustimmung ist für die Dauer zu verlangen, da die Pauschalierung eine notwendige Voraussetzung der Uebergabe der Verwaltung ist, und die einmal vollzogene Uebergabe nie mehr rückgängig gemacht werden kann. Die Vereinbarung soll die staatliche Leistungspflicht nur nach oben begrenzen. Im übrigen muss offen bleiben, wieweit die staatliche Leistungspflicht geht, ihre Bestimmung ist der Zukunft vorzubehalten. Die vorgeschlagene Regelung darf somit nicht etwa dahin aufgefasst werden, dass sie eine Verpflichtung des Staats voraussetze, den ganzen Aufwand für diese Anstalten zu bestreiten. […] Die Obergrenze wäre daher so zu bestimmen, dass sie hinter dem tatsächlichen Aufwand dauernd zurückbleiben würde.[31]

[27] Ministerialabteilung für die höheren Schulen an Ministerium des Kirchen- und Schulwesens, 31. Mai 1921 (LKA, A 31 Nr. 7, Qu. 5, 10).
[28] Vgl. Ministerium Kirchen- und Schulwesen, Denkschrift, 6. Juni 1921 (LKA, A 31 Nr. 7, Qu. 6, 1–3).
[29] Vgl. Ministerium Kirchen- und Schulwesen, Denkschrift, 6. Juni 1921 (LKA, A 31 Nr. 7, Qu. 6, 6).
[30] Vgl. Ministerium Kirchen- und Schulwesen, Denkschrift, 6. Juni 1921 (LKA, A 31 Nr. 7, Qu. 6, 7).
[31] Ministerium Kirchen- und Schulwesen, Denkschrift, 6. Juni 1921 (LKA, A 31 Nr. 7, Qu. 6, 7f).

Eine „mässige Beteiligung" der Kirchen an dem finanziellen Aufwand entspreche „nur der Billigkeit".[32] Für die Gebäudeunterhaltung müssten die Kirchen aufkommen, ebenso für bauliche Erweiterungen und Verbesserungen.[33] Sicherzustellen sei aber, dass die Gebäude ohne staatliche Zustimmung keiner anderen Zweckbestimmung zugeführt werden könnten.[34] Bei der Beschränkung des Kreises der Stipendiaten auf Theologiestudierende (und nicht mehr Philologiestudierende!), die bereits vor Ausbruch des Krieges vorgenommen worden sei, müsse es verbleiben.[35] Als nicht generell dringlich stufte man die Übertragung der Liegenschaften ein, ließ dafür aber doch Zweckmäßigkeits- wie Billigkeitserwägungen gelten, zumal auch das Finanzministerium zumindest gegen die Übertragung des Evangelischen Stifts in Tübingen keine grundsätzlichen Bedenken angemeldet hatte.[36] Auch hier sei aber ein Genehmigungsvorbehalt vorzusehen bei einer etwaigen Verlegung der Einrichtung an einen anderen Ort.[37] Es sei zu beachten, dass durch

> das Gesetz über die Kirchen und sonstigen öffentlichen Religionsgesellschaften als öffentlichen Körperschaften trotz der Beseitigung staatskirchlicher Reste [ersteren] eine bevorzugte Stellung im Staat verbleiben wird, die sie von allen privaten Organisationen auch künftig grundsätzlich unterscheiden wird.[38]

Pragmatisch plädierte man daher dafür, sich auf die Klärung der Frage zu beschränken, unter welchen Bedingungen den Kirchen die Verwaltung der Anstalten übergeben werden könne.[39]

Diese Überlegungen teilte das Ministerium auch dem Konsistorium mit – und informierte es zugleich, dass es geneigt sei, das Tübinger Stift zum 1. April 1923 auf die Kirche zu übertragen, falls man bis dahin zu einer einvernehmlichen Regelung gelange; außerdem wurden baldige mündliche Verhandlungen angeregt.[40] In Vorschlag gebracht wurde auch, die Verhandlungen über die nie-

[32] Ministerium Kirchen- und Schulwesen, Denkschrift, 6. Juni 1921 (LKA, A 31 Nr. 7, Qu. 6, 8).

[33] Vgl. Ministerium Kirchen- und Schulwesen, Denkschrift, 6. Juni 1921 (LKA, A 31 Nr. 7, Qu. 6, 9).

[34] Vgl. Ministerium Kirchen- und Schulwesen, Denkschrift, 6. Juni 1921 (LKA, A 31 Nr. 7, Qu. 6, 9).

[35] Vgl. Ministerium Kirchen- und Schulwesen, Denkschrift, 6. Juni 1921 (LKA, A 31 Nr. 7, Qu. 6, 10).

[36] Vgl. Ministerium Kirchen- und Schulwesen, Denkschrift, 6. Juni 1921 (LKA, A 31 Nr. 7, Qu. 6, 12f).

[37] Vgl. Ministerium Kirchen- und Schulwesen, Denkschrift, 6. Juni 1921 (LKA, A 31 Nr. 7, Qu. 6, 13).

[38] Ministerium Kirchen- und Schulwesen, Denkschrift, 6. Juni 1921 (LKA, A 31 Nr. 7, Qu. 6, 13f).

[39] Vgl. Ministerium Kirchen- und Schulwesen, Denkschrift, 6. Juni 1921 (LKA, A 31 Nr. 7, Qu. 6, 14).

[40] So Ministerium des Kirchen- und Schulwesens an Evangelisches Konsistorium, 6. Juni 1921 (LKA, A 31 Nr. 7, Qu. 8).

deren Seminare zunächst zurückzustellen.[41] Das hielt das Konsistorium aber aus verschiedensten Gründen für nicht zweckmäßig – zumal dann nicht, wenn die katholischen Konvikte alsbald in katholische Verwaltung übergingen.[42] Und

> [e]ndlich den anderen Religionsgesellschaften gegenüber wird es für die evangelische Kirche wie für den Staat leicht zu Anständen führen, wenn der Staat fortfährt[,] in eigener Verwaltung der evangelischen Kirche ihre Diener in geschlossenen Internaten vorzubilden. Die Kirche erscheint leicht in diesem Stück als Staatskirche, der Staat als in zu enger Verbindung mit der evangelischen Kirche stehend.[43]

Außerdem hätten das Evangelische Stift und die niederen Seminare stets eine gemeinsame Verwaltung erlebt.[44] Die Überführung auch der Seminare in kirchliche Verwaltung entspreche nach Auffassung des Konsistoriums „der durch die Neuordnung des Verhältnisses zwischen Kirche und Staat zu erwartenden Lage, dem Bedürfnis der Kirche und der ursprünglichen Zweckbestimmung der Seminare."[45]

Bei den dann geführten mündlichen Verhandlungen spielten hauptsächlich finanzielle Gesichtspunkte eine Rolle. Eine vom Staat gebotene Pauschalsumme zur Bestreitung der Kosten wurde zwar kirchlicherseits nicht abgelehnt, aber – angesichts der inflationären Entwicklung dieser Jahre nur zu verständlich – es wurde auf einem Indexverfahren zur regelmäßigen Anpassung des Betrages bestanden, orientiert an der Entwicklung der staatlichen Gehälter oder auch an den Brot- und Fleischpreisen.[46]

In einem nächsten Schritt legte das Ministerium dann einen Entwurf über entsprechende auf die Seminare und Konvikte bezogene Paragraphen im geplanten Gesetz über die Kirchen vor.[47] Dieser fand im Allgemeinen Zustimmung des Konsistoriums, allerdings wünschte man ausdrücklich, dass Stift und Seminare zum gleichen Zeitpunkt übergeben würden.[48] Außerdem erstrebte

---

[41] So Ministerium des Kirchen- und Schulwesens an Evangelisches Konsistorium, 6. Juni 1921 (LKA, A 31 Nr. 7, Qu. 9).

[42] So Evangelisches Konsistorium an Ministerium des Kirchen- und Schulwesens, 5. Juli 1921 (LKA, A 31 Nr. 7, Qu. 11, bes. 4f).

[43] Evangelisches Konsistorium an Ministerium des Kirchen- und Schulwesens, 5. Juli 1921 (LKA, A 31 Nr. 7, Qu. 11, 5).

[44] Vgl. Evangelisches Konsistorium an Ministerium des Kirchen- und Schulwesens, 5. Juli 1921 (LKA, A 31 Nr. 7, Qu. 11, 5).

[45] Evangelisches Konsistorium an Ministerium des Kirchen- und Schulwesens, 5. Juli 1921 (LKA, A 31 Nr. 7, Qu. 11, 6).

[46] Vgl. Evangelisches Konsistorium, Aktenvermerk über eine Besprechung im Ministerium am 11. Juli 1921 (LKA, A 31 Nr. 7, Qu. 14, 1f).

[47] So Ministerium des Kirchen- und Schulwesens an Evangelisches Konsistorium, 30. Juli 1921 (LKA, A 31 Nr. 7, Qu. 17 und Qu. 16).

[48] So Evangelisches Konsistorium an Ministerium des Kirchen- und Schulwesens, 7. September 1921 (LKA, A 31 Nr. 7, Qu. 18, 2).

man eine genaue Klärung der mit den finanziellen Leistungen verbundenen Fragen vor einer endgültigen gesetzlichen Regelung.[49]

Durch Erlass vom 30. November 1921 wurde dann von der staatlichen Seite mitgeteilt, dass die Frage der Übertragung der evangelisch-theologischen Seminare kein Gegenstand des geplanten Gesetzes über die Kirchen werden solle und dass daher Verhandlungen darüber zunächst zurückgestellt werden sollten.[50] Mit einer solchen unbefristeten Vertagung der Fragen zeigte man sich aber im Konsistorium unzufrieden und wünschte, baldmöglichst Verhandlungen über eine Übergabe – die nach Inkrafttreten des Gesetzes über die Kirchen und einer Vereinbarung über die mit den Seminaren und dem Stift zusammenhängenden finanziellen Fragen erfolgen könnten – wieder aufzunehmen.[51] Die zunehmende Inflation ließ es indes aussichtslos erscheinen, über die wichtigen finanziellen Aspekte der Übertragung der Seminare eine Einigung zu erzielen, so dass die Beratungen im Herbst 1921 tatsächlich zurückgestellt wurden.[52]

Auch die Tübinger Evangelisch-Theologische Fakultät wurde im Rahmen der Verhandlungen zu den Sachverhalten gehört.[53] Bei deren Stellungnahmen ist aber zu berücksichtigen, dass es aus ihrer Sicht hierbei auch um ihren künftigen Status gegenüber der württembergischen Landeskirche ging. Denn zeitgleich kam es im Zuge der Berufung des Neutestamentlers Wilhelm Heitmüller – als eines Vertreters der religionsgeschichtlichen Schule – 1923 zu erheblichen, öffentlich wie kirchenöffentlich geführten Auseinandersetzungen darüber, ob und in welcher Weise es dem Konsistorium zukomme, auf Berufungen Einfluss zu nehmen.[54] Auch wenn es dem Konsistorium im konkreten Fall der Berufung Heitmüllers nicht gelang, sich gegen das Votum der Fakultät beim Kultministerium durchzusetzen, so blieb es ein Ziel des Konsistoriums, seinen Einfluss bei der Besetzung von Lehrstühlen der Evangelisch-Theologischen Fakultät zu konsolidieren, ja auszubauen. Dagegen setzte sich die Fakultät gegenüber dem Kultministerium aber nachdrücklich zur Wehr[55] – denn es dürfe auch unter der neuen synodalen Kirchenverfassung nicht der Eindruck entstehen, dass die Fakultät von der Kirchenleitung abhängig sei: Die Entscheidung über die Besetzung der theologischen Lehrstellen und über Fragen des theologischen wissen-

[49] Vgl. Evangelisches Konsistorium an Ministerium des Kirchen- und Schulwesens, 7. September 1921 (LKA, A 31 Nr. 7, Qu. 18, 5).

[50] So Ministerium des Kirchen- und Schulwesens an Evangelisches Konsistorium, 30. November 1921 (LKA, A 31 Nr. 7, Qu. 19). So auch zu entnehmen aus: Evangelisches Konsistorium an Ministerium des Kirchen- und Schulwesens, 17. Januar 1921 (LKA, A 31 Nr. 7, Qu. 20).

[51] Vgl. Evangelisches Konsistorium an Ministerium des Kirchen- und Schulwesens, 17. Januar 1921 (LKA, A 31 Nr. 7, Qu. 20).

[52] So Württ. Ministerium des Kirchen- und Schulwesens an Evangelisches Konsistorium, 20. Februar 1924 (LKA, A 126 Nr. 354I, Qu. 124).

[53] Vgl. Hahn/Mayer, Das Evangelische Stift, 85.

[54] S. dazu detailliert Rieger, Fakultät, 178–183. Zum Werdegang und Wirken Wilhelm Heitmüllers s. Lüdemann, Heitmüller, 1603.

[55] Vgl. Rieger, Fakultät, 184f.

schaftlichen Unterrichts bzw. die Entwicklung der Theologie dürfe nicht in Abhängigkeit von der Majorität eines dafür nicht zuständigen (Kirchen-)Parlaments geraten.[56] Dabei berief sich die Fakultät auf Art. 149 Abs. 3 WRV: „Die theologischen Fakultäten an den Hochschulen bleiben erhalten."[57]

3. Die (verzögerte) Fortführung der Verhandlungen von 1924 an

Im württembergischen „Gesetz über die Kirchen" vom 3. März 1924, das die Rechtsbeziehungen zwischen Staat und Kirchen grundlegend ordnete, wurde auch die Übergabe der evangelisch-theologischen Seminare an die Kirchen festgeschrieben:[58]

§ 73. (1) Die evangelisch-theologischen Seminare und die katholischen Konvikte werden durch Vereinbarung des Kultministeriums mit der Oberkirchenbehörde in die Leitung und Verwaltung der Oberkirchenbehörde überführt, soweit diese Anstalten der Erziehung und Verpflegung der Zöglinge und ihrer besonderen Vorbildung zum Kirchendienst dienen. [...]

(2) Soweit die niederen evangelischen Seminare für die allgemeine Vorbildung der künftigen Geistlichen bestimmt sind, werden ihre staatsrechtlichen Verhältnisse samt den Staatsleistungen im Einvernehmen mit der Oberkirchenbehörde durch Verordnung geregelt.

(3) Die entsprechenden Vereinbarungen und Verordnungen bedürfen der Zustimmung des Finanzministeriums, soweit sie die Staatsleistungen betreffen.[59]

Auf dem Boden dieser gesetzlichen Grundlage begann man nun erneut mit der Klärung der Details.[60] Der Landeskirchentag befasste sich mit der Thematik der noch nicht übertragenen, aber zu erwartenden Seminare dann schon im Rahmen seiner Haushaltsplanberatungen im November 1924,[61] nachdem der

---

[56] Vgl. Rieger, Fakultät, 185.

[57] Die Verfassung des Deutschen Reichs. Vom 11. August 1919, 52.

[58] Vgl. Hahn/Mayer, Das Evangelische Stift, 85.

[59] Regierungsblatt für Württemberg 1924, 93. S. auch Staatsgesetz über die Kirchen, 3. März 1924, 504.

[60] Das Kultministerium regte die Weiterführung der Verhandlungen im Juli 1924 an; s. Württ. Kultministerium an Evangelischer Oberkirchenrat (Abk. EOK), 16. Juli 1924 (LKA, A 126 Nr. 354[I], Qu. 153/154).

[61] S. Evangelische Landeskirchenversammlung, 26. November 1924, 2878, 2880–2931. – Die Beratungen in der Landeskirchenversammlung boten Gelegenheit zu einer intensiven Diskussion nicht nur über die Ausrichtung der in den Seminaren geleisteten Arbeit, sondern auch über das Verhältnis von Landeskirche und Evangelisch-Theologischer Fakultät in Tübingen zueinander. Der Mitteltaler Pfarrer Eugen Reiff plädierte für die Gruppe I in der Landeskirchenversammlung in einer ausführlichen Rede (vgl. ebd., 2892–2898) für eine Überwindung bestehender Abständigkeiten und die Entwicklung einer kontinuierlich gepflegten Zusammenarbeit: „Um Fühlung und womöglich Verständigung sollte es sich handeln, ich denke, ehe man durch Gutachten und ehe man sich durch Äußerungen irgendwie gebunden

Evangelische Oberkirchenrat mit Datum vom 11. September 1924 erneut einen Antrag an das Kultministerium gestellt hatte, die bestehenden fünf evangelisch-theologischen Seminare einschließlich der zugehörigen Gebäude und Grundstücke in seine Verwaltung übertragen zu bekommen.[62] Dezidiert forderte man, dass „die Staatsleistungen in einer Weise bemessen werden, dass der kirchliche Aufwand hieraus wird im allgemeinen bestritten werden können, die Pauschierung also nicht zu einer Entlastung der Staatskasse von bisher von ihr getragenem Aufwand benutzt werden soll."[63] Dass auf einer Sicherung der Wertbeständigkeit der Staatsleistung unbedingt Wert gelegt wurde, kann nach der gerade erst durchlebten Inflationszeit in keiner Weise erstaunen.[64] Große Mühe wurde denn dann auch aufgewendet, den tatsächlichen Finanzbedarf für die Seminare zu ermitteln.[65]

---

hat." (Zitat ebd., 2895). Er formulierte dies (ebd., 2897) aus der Perspektive heraus, „daß dort [in der Tübinger Evangelisch-Theologischen Fakultät] nicht bloß wissenschaftliches Rüstzeug dargereicht werde, sondern daß bei allem Recht der Reflexion das Zeugnis zum Recht kommt, daß der Professor zum Konfessor wird", mahnte zugleich aber auch: „Auch die Stellung der Gemeinde zu den Theologen und zur Theologie darf nicht bloß Kritik sein [...] und darf nicht bloß Seufzen sein, sondern muß Liebe sein und muß Glaube sein. [...] Das ist das Wirksame." Der Alttestamentler Paul Volz als Vertreter der Evangelisch-Theologischen Fakultät in der Landeskirchenversammlung legte mit Blick auf die an der Fakultät zu leistende Aufgabe in der Pfarrerbildung den Akzent auf die zu vermittelnde Erkenntnis (ebd., 2898–2905; Zitat ebd., 2899): „Was ist nun das Amt des Pfarrers? Worin unterscheidet er sich von den übrigen Gemeindegliedern? Nicht in der Frömmigkeit, das kann er unmöglich vor den anderen voraus haben, sondern in der *Erkenntnis*. Und das ist eben unsere Aufgabe, unsere jungen Zuhörer in der christlichen Erkenntnis durchzubilden." Für die an der Fakultät tätigen Professoren sei aber deren rechtliche Verankerung in der Universität unabdingbar (ebd., 2901): „Eben weil wir Pfarrer heranzubilden haben, die der Volkskirche angehören, die das gesamte öffentliche Leben verstehen und durchdringen sollen, die allen Schichten unseres Volkes gleicherweise dienen und sie für Gott und Christus anwerben möchten, müssen auch wir theologischen Lehrer innerhalb des Senats vollberechtigte Mitglieder sein, gewissermaßen als ein Stück unserer Kirche in diesem staatlichen Körper. Und solche vollberechtigten Mitglieder können wir nur sein, wenn wir ganz auf die gleiche Weise in diese Körperschaft eintreten und einberufen werden, wie sämtliche anderen Glieder der übrigen Fakultäten." Immer sei der Tübinger Fakultät auch zugute gehalten worden, dass sie die „verschiedenen Richtungen vereinigt" habe (ebd., 2904f): „Und das tut sie auch heute noch." Es sei aber ihr Bestreben, „*über* den Richtungen zu stehen. Wir bemühen uns, unsere jungen Leute von diesem Streit auch wissenschaftlich frei zu machen und sie auf die große Einheit hinzuweisen. [...] Menschen und Meinungen vergehen, Einer bleibt, daß [!] ist der Herr unserer Kirche." Mit Blick auf das Tübinger Stift unterstrich Volz (ebd., 2900): „Der Abg[eordnete] Groß hat mit Recht gesagt, auch das Stift sei in erster Linie Stätte wissenschaftlicher Bildung; dadurch ist es bisher berühmt gewesen und muß es künftighin berühmt bleiben. Aber eben das Stift hat die Inschrift: ‚scholae et vitae'. Also hier sollen die jungen Leute als *ganze* Menschen gefördert werden und auch als Menschen, denen der Geist der Kirche, der Geist Christi nahe gebracht wird."

62 Vgl. EOK an Kultministerium, 11. September 1924 (LKA, A 126 Nr. 354^I, Qu. 156, 1).

63 EOK an Kultministerium, 11. September 1924 (LKA, A 126 Nr. 354^I, Qu. 156, 2).

64 Vgl. EOK an Kultministerium, 11. September 1924 (LKA, A 126 Nr. 354^I, Qu. 156, 2f).

65 S. z.B. EOK an Kultministerium, 30. Dezember 1924 (LKA, A 126 Nr. 354^I, Qu. 169 und zu 169, 1–13).

Im Februar 1925 befasste sich sodann der württembergische Landtag mit den anstehenden Fragen.[66] Grundlegend für die weiteren Verhandlungen sollte sein, dass die Übertragung nur auf der Basis der Zweckbindung erfolgen könne, dass die Seminare weiterhin der Ausbildung der künftigen Pfarrerschaft dienten.[67] Eine – hier nicht weiter im Detail zu verfolgende – strittige Frage war die nach einer etwaigen organisatorischen Trennung der Internate von den niederen Seminarschulen – als Kompromiss schlug das Kultministerium vor, diese in öffentliche Stiftungsschulen in Rechtsform einer gemischten Stiftung öffentlichen Rechts umzuwandeln und den Vorstand der Stiftung aus Mitgliedern des Oberkirchenrats und der Ministerialabteilung für die höheren Schulen zu bilden.[68]

Zu einer mündlichen Verhandlung kam man dann am 6. März 1925 im Evangelischen Oberkirchenrat in Stuttgart zusammen.[69] Ministerialrat Robert Meyding[70] formulierte das staatliche Interesse, dass die *„theologisch wissenschaftliche Ausbildung der Stiftler auch künftig durch Lehrer der evangelisch-theologischen Fakultät der Landesuniversität erfolgen* solle"[71]. Kirchenpräsident Merz versicherte, es gehe nicht darum, am bestehenden Zustand etwas zu ändern, aber um die Klärung von Grenzfällen und um die Offenhaltung der Möglichkeit zu einem zweisemestrigen Studium an einer anderen deutschsprachigen Fakultät (in der Schweiz oder Österreich) sowie um die etwaige Gleichstellung der Theologischen Schule in Bethel mit dem Universitätsstudium.[72] Aus kirchlicher Sicht müsse sichergestellt werden, dass es auch künftig eine volle theologische Fakultät gebe – und nicht etwa nur religionsgeschichtliche Lehrstühle in der philosophischen.[73] Das sicherte Meyding zu. Vertraulich äußerte Merz dann auch noch das „dringliche Bedürfnis" zur Einrichtung einer außerordentlichen Professur für Praktische Theologie sowie einer weiteren für Apologetik und Weltanschauung.[74] Staatlicherseits brachte Meyding die Forderung nach der Aufnahmebedingung „württ[embergische] Staatsangehörigkeit durch Geburt" ein, denn die wesentlich aus staatlichen Mitteln finanzierten Stipendien müssten Württembergern vorbehalten werden – im Einzelfall könne das Ministerium davon dispensieren. Kirchlicherseits sah man das als eine zu eng gefasste

[66] Zu entnehmen aus: Württ. Kultministerium an EOK, 5. Februar 1925 (LKA, A 126 Nr. 354^I, Qu. 188).

[67] Vgl. Württ. Kultministerium an EOK, 4. März 1925 (LKA, A 126 Nr. 354^I, Qu. 192, 1f).

[68] Vgl. Württ. Kultministerium an EOK, 4. März 1925 (LKA, A 126 Nr. 354^I, Qu. 192, 2f).

[69] So Aktenvermerk Besprechung betr. Stift, 6. März 1925 (LKA, A 126 Nr. 354^I, Qu. 191, 1); als an den Verhandlungen Beteiligte sind vermerkt: Merz, Meyding, Müller und Schauffler.

[70] Robert Meyding war als Jurist bereits seit 1906 im Württembergischen Kultministerium tätig; er gilt auch als der „Baumeister" des staatlichen Gesetzes über die Kirchen von 1924; s. dazu Kieß, Kirche und Schule, 66.

[71] Aktenvermerk Besprechung betr. Stift, 6. März 1925 (LKA, A 126 Nr. 354^I, Qu. 191, 1).

[72] Aktenvermerk Besprechung betr. Stift, 6. März 1925 (LKA, A 126 Nr. 354^I, Qu. 191, 1).

[73] Vgl. Aktenvermerk Besprechung betr. Stift, 6. März 1925 (LKA, A 126 Nr. 354^I, Qu. 191, 1f).

[74] Aktenvermerk Besprechung betr. Stift, 6. März 1925 (LKA, A 126 Nr. 354^I, Qu. 191, 2).

Regelung an – mit Blick auf die Söhne von Missionaren, von vorübergehend im österreichischen Kirchendienst tätigen württembergischen Pfarrern, von Auslandsdeutschen und von besonders begabten Nichtwürttembergern.[75] Staatlicherseits beharrte man jedoch auf einem Vorzug der Landeskinder, solange genügend geeignete heimische Anwärter vorhanden seien.[76] Weiterer wichtiger Gegenstand des Gesprächs war die Verbindung der Stelle des Ephorus des Stifts mit der Fakultät.[77] Dass ein Mitglied der Fakultät das Amt des Ephorus im Nebenamt wahrnehmen solle, wurde kirchlicherseits zwar als Möglichkeit gesehen, sollte aber nicht verbindlich oder als Normalfall festgeschrieben werden. Eine Annäherung der divergierenden Standpunkte konnte auch in der Frage der Amtsdauer des Ephorats – die nach kirchlicher Auffassung nicht zwingend mit der der Professur deckungsgleich sein sollte – nicht erreicht werden.[78] Ebenso kam man in der Frage, ob eine Habilitation der Repetenten – die die Fakultät 1921 gefordert hatte – zwingend erforderlich sei, nicht zueinander;[79] Meyding forderte, dass jedenfalls nur solche Personen zu Repetenten bestellt werden sollten, die von der Fakultät als geeignet anerkannt seien.[80] Hinsichtlich der Mitwirkung der Fakultät bei der 1. theologischen Dienstprüfung räumte Merz ein, es solle bei Tübingen als Prüfungsort und bei der Abnahme der Prüfungen durch die Mitglieder der Fakultät verbleiben; den Vorsitz im Prüfungsausschuss solle aber ein kirchlicher Kommissar führen – in Analogie zu dem Verfahren bei der 1. juristischen Dienstprüfung. Vorteilhaft sei auch die jedesmalige Bestellung der Prüfer für die einzelnen Prüfungen.[81] Aber es gehe an sich nicht an, die Frage der Übergabe des Evangelischen Stiftes überhaupt mit der Frage der Prüfungen zu verknüpfen. Das wiederum wurde von Meyding mit dem Argument bestritten, dass das Gros der Theologen im Stift studiere „und eine Unterscheidung zwischen Stiftlern und Stadtburschen nicht zweckmässig sei"; daher sei auch die Frage der Prüfungen in die Vereinbarung aufzunehmen.[82]

Die Verhandlungen wurden dann schriftlich und mündlich fortgesetzt.[83]

---

75 Vgl. Aktenvermerk Besprechung betr. Stift, 6. März 1925 (LKA, A 126 Nr. 354^{I}, Qu. 191, 2f).

76 Vgl. Aktenvermerk Besprechung betr. Stift, 6. März 1925 (LKA, A 126 Nr. 354^{I}, Qu. 191, 3).

77 Vgl. Aktenvermerk Besprechung betr. Stift, 6. März 1925 (LKA, A 126 Nr. 354^{I}, Qu. 191, 3–5).

78 Vgl. Aktenvermerk Besprechung betr. Stift, 6. März 1925 (LKA, A 126 Nr. 354^{I}, Qu. 191, 4f).

79 Vgl. Aktenvermerk Besprechung betr. Stift, 6. März 1925 (LKA, A 126 Nr. 354^{I}, Qu. 191, 5).

80 Vgl. Aktenvermerk Besprechung betr. Stift, 6. März 1925 (LKA, A 126 Nr. 354^{I}, Qu. 191, 6).

81 Vgl. Aktenvermerk Besprechung betr. Stift, 6. März 1925 (LKA, A 126 Nr. 354^{I}, Qu. 191, 7).

82 Aktenvermerk Besprechung betr. Stift, 6. März 1925 (LKA, A 126 Nr. 354^{I}, Qu. 191, 8).

83 S. Aktenvermerk „Uebergabe des Stifts in Tübingen in die Leitung und Verwaltung der Oberkirchenbehörde", 8. April 1925 (LKA, A 126 Nr. 354^{I}, Qu. 191a); das Dokument wurde

Am 6. Juni 1925 kam es zu einer internen weiteren Beratung, an der seitens der Fakultät als Dekan Wilhelm Heitmüller, für das Ministerium Ministerialrat Robert Meyding, für die Universität Staatsrat Max von Rümelin, für das Stift Ephorus Prof. Friedrich Traub sowie Prof. Holz teilnahmen.[84] Meyding berichtete über die seit 1921 geführten Verhandlungen, die für Staat und Fakultät kein sehr günstiges Ergebnis erwarten ließen. In der Frage der Bestellung des Ephorus wolle man deshalb nun vorschlagen, dass der Ephorus in der Regel Mitglied der Fakultät sei; andernfalls solle der Fakultät ein Einspruchsrecht zukommen. Seitens der Fakultätsmitglieder plädierte man dafür, das Amt des Ephorus nicht widerruflich, sondern auf die Dauer der Ausübung des Hauptamts zu vergeben.[85] Hinsichtlich der Repetenten solle man dem Verlangen des Oberkirchenrats entgegentreten, einige der Repetenten zu Mitgliedern des Prüfungsausschusses zu bestellen, damit es nicht zwei Klassen von Repetenten gebe.[86] Auch hinsichtlich der Studienordnung wolle die Kirchenbehörde keine Bindungen eingehen. Meyding erwog sogar die Aufnahme eines Passus in die Vereinbarung, der die Schaffung einer freien Professur ausschloss. Bei der Besetzung des Prüfungsausschusses solle es beim Status quo verbleiben, wie auch Tübingen als Prüfungsort beibehalten werden solle. Das solle die Fakultät nach Möglichkeit beschließen – in diesem Punkte könne aber auch nachgegeben werden.[87]

Kirchlicherseits zeigte man sich aber wenig geneigt, in den strittigen Sachfragen nachzugeben, ja man hielt ausdrücklich fest, man werde „etwaigen Versuchen, die rechtlichen Vorbehalte uns durch finanzielle Zugeständnisse erkaufen zu lassen, entgegentreten."[88]

Ohne raschen Fortschritt, ja zäh schleppten sich die Verhandlungen weiter.[89] Aufgrund der geführten Vorverhandlungen legte das Kultministerium am 22. April 1926 endlich einen Entwurf einer Vereinbarung über das Stift in Tübingen vor,[90] der allerdings noch keine Angaben zu den künftigen Staatsleistungen enthielt.[91] Hinsichtlich der Verwaltungsangelegenheiten sah der Entwurf vor:

---

aber erst am 15. Mai 1925 von Kirchenpräsident Merz Ministerialrat Meyding übergeben; so handschriftliche Notiz ebd.

[84] S. Aktenvermerk, 6. Juni 1925 (Archiv des Evangelischen Stifts Tübingen [Abk. AEvST], E 2, 372/2).

[85] Vgl. Aktenvermerk, 6. Juni 1925 (AEvST, E 2, 372/2).

[86] Vgl. Aktenvermerk, 6. Juni 1925 (AEvST, E 2, 372/2).

[87] Vgl. Aktenvermerk, 6. Juni 1925 (AEvST, E 2, 372/2). – Von der Fakultät wurde außerdem noch eine Äußerung dazu gewünscht, wie sie sich zur Theologischen Schule in Bethel stelle.

[88] Aktenvermerk „Zur Stiftsfrage", 9. September 1925 (LKA, A 126 Nr. 354^{I}, Qu. 224, 14f).

[89] Vgl. Aktenvermerk [über Besprechungen am 30. November 1925 und 2. Dezember 1925], 8. Dezember 1925 (LKA, A 126 Nr. 354^{I}, Qu. 228); EOK an Kultministerium, 18. Januar 1926 (LKA, A 126 Nr. 354^{II}, Qu. 3).

[90] So Württ. Kultministerium (Bälz). Stuttgart, 22. April 1926 (AEvST E 2, 372/2).

[91] Vgl. Entwurf einer Vereinbarung über das Stift in Tübingen, 22. April 1926 (AEvST, E 2, 372/2).

§ 1. Die Leitung und Verwaltung der Anstalt geht unter den folgenden Bedingungen an den Evangelischen Oberkirchenrat über.

§ 2. 1.) Zum Ephorus des Stifts bestellt der Oberkirchenrat ein Mitglied der evang.-theol. Fakultät, falls nicht im einzelnen Bestellungsfall besondere Umstände entgegenstehen. Im letzteren Fall holt der Oberkirchenrat vor der Ernennung des Ephorus einen Vorschlag der Fakultät ein.

2.) Mitgliedern der Fakultät wird das Nebenamt des Ephorus für die Dauer des staatlichen Hauptamts übertragen. Das Nebenamt endigt jedoch mit Vollendung des 65. Lebensjahrs, wenn nicht der Oberkirchenrat eine Verlängerung beschließt.

3.) Der Oberkirchenrat beruft ein Mitglied der Fakultät als Beirat für die wissenschaftliche Leitung des Stifts.

4.) Zu Repetenten bestellt der Oberkirchenrat nur solche Personen, die von dem in § 6 bezeichneten Prüfungsausschuß als geeignet anerkannt sind.

5.) Der Ephorus und die Repetenten des Stifts müssen die deutsche Reichsangehörigkeit, das Reifezeugnis einer deutschen Vollanstalt oder einer nach § 3 Abs. 1 gleichwertigen Anstalt und ein mindestens 3jähriges Studium an einer staatlichen Universität des Deutschen Reichs nachweisen.

§ 3. 1.) Der Oberkirchenrat wird in das Stift nur Studierende der evang.-theol. Fakultät aufnehmen, die die württembergische Staatsangehörigkeit durch Geburt erworben haben und das Reifezeugnis einer deutschen Vollanstalt oder einer andern Anstalt besitzen, die von der Unterrichtsverwaltung als gleichwertig anerkannt ist.

2.) Söhne von Reichsbeamten, die über ein Jahrzehnt im Reichsdienst innerhalb Württembergs zugebracht haben, kann der Oberkirchenrat von der Bestimmung über die Staatangehörigkeit befreien. Dem Oberkirchenrat bleibt vorbehalten, in besonderen Fällen das Kultministerium um die Befreiung von der Bestimmung über die Staatsangehörigkeit zu ersuchen.

3.) Der Oberkirchenrat wird die Aufnahme in das Stift nicht von dem Besuch eines niederen Seminars abhängig machen.

4.) Der Oberkirchenrat hört die evang[elisch]-theol[ologische] Fakultät über die Grundsätze, die er für die Aufnahme der Studierenden in das Stift aufstellt.

§ 4. 1.) Die Studierenden des Stifts unterstehen den allgemeinen Vorschriften der Universität, soweit nicht die Unterrichtsverwaltung etwas anderes bestimmt.

2.) Zu Unterrichtsbeiträgen für bedürftige Studierende des Stifts werden staatliche Mittel bereit gestellt. Ihre Höhe bestimmt der jeweilige Staatshaushaltsplan.

3.) Über die Ferienordnung u[nd] grundsätzliche Bestimmungen der Hausordnung hört der Oberkirchenrat die evang[elisch]-theol[ogische] Fakultät.

4.) Im Fall des Berufswechsels gelten für die Kostenersatzpflicht die §§ __ der Vereinbarung über die niederen evang[elisch]-theologischen Seminare.

§ 5. 1.) Der Oberkirchenrat regelt die Studienordnung des Stifts (§ __ Abs. 1. der Übergangsbestimmungen) im Einvernehmen mit der evang.-theol. Fakultät. Vor Änderungen, die die philosophische Fakultät berühren, hört der Oberkirchenrat auch die Fakultät.

2.) Der Oberkirchenrat wird in der Studienordnung darauf achten, daß die wissenschaftliche Ausbildung der Studierenden des Stifts den Lehrern der Universität ohne andere Ausnahmen vorbehalten bleibt, als sie durch die bisherigen Einrichtungen des Stifts gegeben sind.

3.) Die Semesterberichte der Repetenten werden dem zum wissenschaftlichen Beirat des Stifts bestellten Mitglied der Fakultät zur Einsichtnahme mitgeteilt.

§ 6. 1.) Die erste evangelisch-theologische Dienstprüfung wird am Sitz der Universität durch einen Prüfungsausschuß vorgenommen, der aus den Mitgliedern der evang[elisch]-theol[ogischen] Fakultät neben Vertretern des Oberkirchenrats gebildet wird. Der Ephorus des Stifts gehört dem Prüfungsausschuß an, auch wenn er nicht Mitglied der Fakultät ist. Den Vorsitz führt ein Vertreter des Oberkirchenrats.

2.) Der Oberkirchenrat erläßt die Bestimmungen über die Prüfungsfächer im Einvernehmen mit der Fakultät, die sonstigen Bestimmungen der Prüfungsordnung nach Anhörung des Prüfungsausschusses.[92]

Seitens der Fakultät nahm man dazu am 10. Mai 1926 Stellung – und wünschte, dass der Oberkirchenrat für den Fall, dass er eine Persönlichkeit zum Ephorus bestellen wolle, die nicht von der Fakultät vorgeschlagen sei, die Fakultät dazu nochmals hören müsse.[93] Auch die Begrenzung des Nebenamtes des Ephorus auf die Vollendung des 65. Lebensjahres wünschte man gestrichen zu sehen, weil das zu peinlichen Situationen führen könne, wenn jemand sein Nebenamt als Ephorus verliere, aber im Hauptamt weiter an der Fakultät tätig sei. Auch mit einem etwaigen Nachfolger könne das zu Schwierigkeiten führen. Ausdrückliche Zustimmung fanden die vorgesehenen Regelungen für die Berufung der Repetenten und zur Durchführung der 1. theologischen Dienstprüfung. Die Semesterberichte der Repetenten sollten in deren wissenschaftlichem Abschnitt allen Mitgliedern der Fakultät zugehen. Hinsichtlich der praktischen Durchführung der Dienstprüfungen wurde auf die Schwierigkeit verwiesen, vom fernen Stuttgart aus einen Prüfungsplan für die mündlichen Prüfungen aufzustellen.[94]

Detailfragen besonders hinsichtlich der Kosten beherrschten fortan mehr und mehr das Feld. Um zum Beispiel die laufenden Aufwendungen für die Beköstigung der Stiftler angemessen ermitteln zu können, gab der Oberkirchenrat ein Gutachten beim Reichsgesundheitsamt in Berlin in Auftrag,[95] nachdem zuvor umfangreiche Vorschläge zur Bemessung der staatlichen Pauschleistungen strittig diskutiert worden waren.[96]

Am 26. Oktober 1926 kam es dann erneut zu einer ausführlichen Besprechung über die Vereinbarung über das Stift, an der kirchlicherseits Kirchenprä-

---

[92] Entwurf einer Vereinbarung über das Stift in Tübingen, 22. April 1926 (AEvST, E 2, 372/2).

[93] Vgl. Evangelisch-Theologische Fakultät Tübingen an Kultministerium, 10. Mai 1926 (AEvST, E 2, 372/2).

[94] Vgl. Evangelisch-Theologische Fakultät Tübingen an Kultministerium, 10. Mai 1926 (AEvST, E 2, 372/2).

[95] Vgl. EOK an Regierungsrat Dr. Rieß beim Reichsgesundheitsamt, 17. September 1926 (LKA, A 126 Nr. 354^{II}, Qu. 39/1).

[96] S. Württ. Kultministerium an EOK, 5. August 1926 (LKA, A 126 Nr. 354^{II}, Qu. 29 mit Qu. 29/2–4).

sident Merz, die Oberkirchenräte Dr. Müller und Dr. Schauffler sowie Kirchenrat Frohnmayer und staatlicherseits Ministerialrat Dr. Meyding teilnahmen.[97] Erörtert wurde eine Vielzahl von Einzelfragen. Wieder ging es um die Höhe der staatlicherseits aufzubringenden Leistungen. Hier war insbesondere strittig, inwiefern über einen Zeitraum von 20 Jahren hinaus staatlicherseits auch für Neuwürttemberg Leistungen zu erbringen seien; kirchlicherseits zeigte man sich dazu bereit, auf eine schiedsgerichtliche Klärung der Frage zu verzichten – unter Inkaufnahme einer generell abgesenkten Staatsleistung.[98] Hinsichtlich der den Studierenden gewährten Unterrichtsbeiträge wurde staatlicherseits festgehalten, dass diese eine widerrufliche Leistung darstellten, dass man diese aber auch weiterhin gewähren wolle.[99] Für das weitere Verfahren wurde mündlich vereinbart, dass man nun kirchlicherseits dahin wirken werde, dass der Landeskirchentag der Vereinbarung zustimme – oder diese im Ganzen ablehne.[100] Offensichtlich fürchtete man neue Auseinandersetzungen um Details der Vereinbarung. Erstaunlicherweise wurde auch die Frage angesprochen, was mit dem Stift geschehen könne, falls in Tübingen keine evangelisch-theologische Fakultät mehr bestehe.[101] Ministerialreferent Meyding meinte, dass dann das vor Inkrafttreten der Vereinbarung geltende Recht wieder anzuwenden sei. Auch ein Aspekt der konfessionellen Parität mit der katholischen Kirche wurde hier in die Überlegungen einbezogen:

In diesem Zusammenhang wird mitgeteilt, auf katholischer Seite sei es das Fundament der vorgeschlagenen Regelung, daß der Staat sich finanziell nur solange binde, als die katholischen Theologen an der Universität ausgebildet werden. Schon mit Rücksicht auf diese Regelung bei der katholischen Kirche wäre es nicht möglich, daß der Staat sich der evang. Kirche gegenüber für den Fall der Aufhebung der evang[elisch]-theol[ologischen] Fakultät zu bestimmten Leistungen jetzt verpflichten würde.[102]

Von der beiderseitigen Verunsicherung darüber, in welcher Weise die Staatsleistungen an die Kirche in Zukunft einmal endgültig abgelöst werden könnten, zeugen auch die weiteren Erwägungen: Kirchlicherseits entwarf man das Szenario, dass „die Ablösung der Staatsleistungen in Beziehung auf das Stift zwar in loyaler Weise vollzogen, aber die Ablösung im Übrigen radikal durchgeführt werden könnte", was indes Ministerialrat Meyding eine nicht begründete Befürchtung zu sein schien; er seinerseits machte im Gegenzug dazu geltend, „[d]er Staat müsse sich dagegen sichern, daß wenn die Ablösung der Staatsleistungen in absehbarer Zeit erfolge, und dabei die Fortsetzung der in dem Vertrag festgesetzten Staatsleistungen festgelegt werde, auch die in Abschnitt I und III

[97] Vgl. Undatiertes Protokoll (masch. Durchschlag) (LKA, A 126 Nr. 355, Qu. 309, 1).
[98] Vgl. Undatiertes Protokoll (masch. Durchschlag) (LKA, A 126 Nr. 355, Qu. 309, 1f).
[99] Vgl. Undatiertes Protokoll (masch. Durchschlag) (LKA, A 126 Nr. 355, Qu. 309, 1f).
[100] Vgl. Undatiertes Protokoll (masch. Durchschlag) (LKA, A 126 Nr. 355, Qu. 309, 4).
[101] Vgl. Undatiertes Protokoll (masch. Durchschlag) (LKA, A 126 Nr. 355, Qu. 309, 4).
[102] Undatiertes Protokoll (masch. Durchschlag) (LKA, A 126 Nr. 355, Qu. 309, 4).

des Vertrags angegebenen Vorbehalte nicht hinfällig werden."[103] So zog man in Erwägung, der Vereinbarung noch eine generelle Klausel für den Fall einer grundlegenden Veränderung im Verhältnis von Staat und Kirche beizugeben – etwa mit Blick darauf, dass „der Charakter der evang.-theol. Fakultät sich grundlegend ändern würde, so daß sie nicht mehr der Heranbildung für den Kirchendienst dienen würde".[104] Im Hintergrund stand hier offenbar, dass die katholische Kirche in Verhandlungen mit dem württembergischen Staat darauf abgehoben hatte, dass es ihr freistehe, ihre Geistlichen an kirchlichen Seminaren, nicht aber an staatlichen Gymnasien und Universitäten ausbilden zu lassen.[105] Jedenfalls wurde staatlicherseits kein Zweifel daran gelassen, dass man zu finanziellen Leistungen nur so lange bereit sei, als der Oberkirchenrat an der Ausbildung der Geistlichen an der staatlichen Universität festhalte: „Der Oberkirchenrat könnte aber von der Fakultät abgehen[,] und damit würde dann auch die organisatorische Bindung entfallen."[106] Außerdem wurde staatlicherseits angedeutet, dass man dort davon ausgehe, dass nicht allein für das Stift, sondern zusammen damit auch für die niederen Seminare eine Vereinbarung erstrebt werde.[107]

Da parallel auch über die Bedingungen der Übergabe der niederen Seminare intensive Detailverhandlungen geführt wurden, kam man in Sachen der Vereinbarung über das Evangelische Stift in Tübingen während des Jahres 1927 allerdings kaum voran.[108] Nicht zuletzt die Bemessung des Wertes der Grundstücke und Gebäude wie auch der laufenden Aufwendungen für die Bauunterhaltung bedurfte langwieriger Begutachtung und Unterhandlung.[109]

So zogen sich die Schriftwechsel über die Vereinbarung für das Tübinger Stift bis in den März 1928 hin[110] – obwohl man doch zunächst mit einem viel früheren Übergabetermin gerechnet hatte – zunächst schon zum 1. April 1925! In Erwartung dessen hatte das Kultministerium auch schon (auf Druck des Finanzministeriums) davon abgesehen, eine an sich anstehende Beförderung des Hausmeisters Sauer des Evangelischen Stifts in eine höhere Besoldungsstufe zu

---

[103] Undatiertes Protokoll (masch. Durchschlag) (LKA, A 126 Nr. 355, Qu. 309, 5).

[104] Undatiertes Protokoll (masch. Durchschlag) (LKA, A 126 Nr. 355, Qu. 309, 5).

[105] Vgl. Undatiertes Protokoll (masch. Durchschlag) (LKA, A 126 Nr. 355, Qu. 309, 6).

[106] Undatiertes Protokoll (masch. Durchschlag) (LKA, A 126 Nr. 355, Qu. 309, 6).

[107] Vgl. Undatiertes Protokoll (masch. Durchschlag) (LKA, A 126 Nr. 355, Qu. 309, 7).

[108] S. Württ. Kultministerium an EOK, 25. Mai 1927 (LKA, A 126 Nr. 354^{III}, Qu. 94). S. EOK an Württ. Kultministerium, 30. Juni 1927 (LKA, A 126 Nr. 354^{III}, Qu. 99/3). S. EOK an Württ. Kultministerium, 7. September 1927 (LKA, A 126 Nr. 354^{III}, Qu. 114). S. Aktenvermerk „Staatsleistungen für das Stift und die niederen Seminare" [über Verhandlungen am 19. und 23. September 1927], 24. September 1927 (LKA, A 126 Nr. 354^{III}, Qu. 135).

[109] S. z.B. Württ. Finanzministerium an Württ. Kultministerium, 3. Dezember 1927 (LKA, A 126 Nr. 354^{III}, Qu. 122).

[110] S. EOK an Württ. Kultministerium, 15. Februar 1928 (LKA, A 126 Nr. 354^{III}, Qu. 148). Vgl. auch insgesamt Hahn/Mayer, Das Evangelische Stift, 85.

vollziehen.[111] Die Bitte, die Differenz zwischen beiden Besoldungsstufen aus kirchlichen Mitteln aufzubringen, wurde indes vom Konsistorium als „aus taktischen Gründen" erfolgt durchschaut und umgehend zurückgewiesen.[112] Der Vorgang belegt, dass bei den Verhandlungen auch durchaus taktiert wurde. Schließlich gab es im Herbst 1927 eine erneute Verzögerung, weil nicht klar war, in welcher Weise die Beamtenbesoldung staatlich neu geregelt werden würde – und welche Auswirkung das auf die Pauschzahlung haben werde.[113]

4. Die Unterzeichnung der Vereinbarungen am 5. März 1928

Nachdem hierin aber Klarheit herrschte, drängte der Evangelische Oberkirchenrat von Mitte Februar 1928 an auf Unterzeichnung der Vereinbarungen – nachdem der Ständige Ausschuss des Landeskirchentages darüber informiert worden war und sich für die Vorlage des Entwurfes und die Beschlussfassung durch den Landeskirchentag ausgesprochen hatte.[114] So kam es am 5. März 1928 zur Unterzeichnung der Vereinbarungen über das Evangelische Stift und über die niederen Seminare seitens des Evangelischen Oberkirchenrats und des Kultministeriums.[115]

Die Vereinbarung ordnete einerseits die Verwaltung des Stifts, andererseits bestimmte sie die bleibenden Staatsleistungen für das Stift.[116] Festgeschrieben wurde, dass der Kreis der Empfänger des Stipendiums auch für die Zukunft begrenzt blieb auf württembergische Staatsangehörige per Geburt.[117] Der Evangelisch-Theologischen Fakultät mit der Philosophischen Fakultät wuchs durch die Vereinbarung die Funktion zu, dafür zu sorgen, dass das Stift nicht einer exklusiv kirchlichen Regie unterstellt werde – auch wenn § 1 der Vereinbarung lautete: „Die Leitung und Verwaltung geht am 1. April 1928 an den Evangelischen Oberkirchenrat über."[118] Doch ging die Vereinbarung von dem Normalfall aus, dass das Amt des Ephorus von einem Mitglied der Fakultät im Nebenamt wahrgenommen werde. Auch für die Besetzung der Repetentenstellen verblieb es bei der Mitsprache der Fakultät, wie auch bei der Einrichtung des Wissenschaftlichen Beirats. Bedeutsam für die Zukunft wurde auch, dass die

---

[111] So Ministerialabteilung für die höheren Schulen an OKR Schaufler, 25. Juni 1925 (LKA, A 126 Nr. 335, Qu. 276/1).

[112] So Konsistorium an ORR Gaupp (Ministerialabteilung für die höheren Schulen), 26. Juni 1925 (LKA, A 126 Nr. 335, Qu. 276/2).

[113] So 1. Evangelischer Landeskirchentag, 12. März 1928, 379.

[114] S. EOK an Württ. Kultministerium, 18. Februar 1927 (LKA, A 126 Nr. 354[III], Qu. 148, 15).

[115] Vgl. Schmidt, Tübinger Stift.

[116] Vgl. Hahn/Mayer, Das Evangelische Stift, 86.

[117] Vgl. Leube, Stift, 636.

[118] Hahn/Mayer, Das Evangelische Stift, 86.

Durchführung der 1. theologischen Dienstprüfung an der „Schnittstelle Stift" zwischen Kirche und Universität bzw. Fakultät angesiedelt wurde.[119] Finanziell wurde eine – an die allgemeine Entwicklung der Kosten anzupassende – Staatsleistung in Höhe von pauschal 145.000 Reichsmark festgesetzt, außerdem wurde für Bedürftige ein weiterer Zuschuss zu den akademischen Unterrichtskosten in Höhe von 4.000 RM aus staatlichen Mitteln zur Verfügung gestellt. Ausdrücklich festgehalten war auch, dass die Liegenschaft, das Inventar und die Akten des Stifts als Eigentum auf die Landeskirche übergingen, diese fortan aber für deren Unterhaltung finanziell einstehen musste.[120] Die am Stift tätigen Beamten – Musikdirektor Gölz und die beiden Hausverwalter Sauer und Schick wurden mit Wirkung zum 1. April 1928 zur Übernahme in den Kirchendienst aus dem Staatsdienst entlassen.[121]

Schon im Vorfeld war seitens des Kultministeriums den Mitgliedern der Evangelisch-Theologischen Fakultät die nach dem Beamtengesetz erforderliche Genehmigung zum Eintritt in den Prüfungsausschuss für die 1. theologische Dienstprüfung allgemein erteilt worden; die Prüfungsvergütungen mussten fortan aus den kirchlich zu vereinnahmenden Prüfungsgebühren gezahlt werden.[122] Andererseits bedurften die Repetenten künftig einer durch die Fakultät zu erteilenden Ermächtigung, um Vorlesungen zu halten – denn der seit dem 21. Dezember 1833 bestehende Erlass, demzufolge sie „vermöge ihrer Amtsstellung zur Haltung von Vorlesungen über einzelne zu ihrem Belieben stehende Fächer der philosophischen und theologischen Fakultät berechtigt sind, soweit es unbeschadet ihres Hauptberufs geschehen kann", erlosch mit dem Inkrafttreten der Vereinbarung über das Stift.[123] Das dennoch ausnahmsweise der Fakultät zur Erteilung dieser Ermächtigung zugesprochene Recht[124] wurde allerdings nur widerruflich erteilt.[125]

---

[119] Hahn/Mayer, Das Evangelische Stift, 86.

[120] Vgl. Leube, Stift, 637.

[121] Vgl. Württ. Ministerium des Kirchen- und Schulwesens an EOK, 20. Juni 1928 (LKA, A 126 Nr. 354^{IV}, Qu. 249).

[122] Vgl. Württ. Kultministerium an das Akademische Rektoramt Tübingen, 5. März 1928 (LKA, A 126 Nr. 354^{IV}, Qu. 168/1).

[123] Württ. Kultministerium an das Akademische Rektoramt Tübingen, 5. März 1928 (LKA, A 126 Nr. 354^{IV}, Qu. 168/1). – Das Kultministerium hatte auf diese Wirkung bereits am 16. Dezember 1924 hingewiesen, nachdem die Problematik mündlich bereits im Zuge der 1921 geführten Verhandlungen angesprochen worden war; s. Württ. Kultministerium an EOK, 16. Dezember 1924 (LKA, A 126 Nr. 354^{I}, Qu. 170).

[124] Das Kultministerium hatte im Gegenzug ein staatliches Mitwirkungsrecht (der Fakultät) für die Besetzung der Repetentenstellen eingefordert (vgl. LKA, A 126 Nr. 354^{I}, Qu. 170) und dann auch durchgesetzt.

[125] Vgl. Württ. Kultministerium an das Akademische Rektoramt Tübingen, 5. März 1928 (LKA, A 126 Nr. 354^{IV}, Qu. 168/1).

Das Staatsministerium zeigte sich mit der Unterzeichnung der Vereinbarungen einverstanden, ohne dass noch einmal der Landtag damit befasst wurde. Außerdem stimmte es der Einrichtung der sogenannten Seminarstiftung zu.[126]

5. Die Beratung und Beschlussfassung über die Vereinbarungen durch den württembergischen Landeskirchentag 1928

Kirchlicherseits wurden die Vereinbarungen einer eigens für diesen Zweck auf den 12. und 13. März 1928 einberufenen Versammlung des Landeskirchentags vorgelegt; der mit der Beratung zuvor befasste Ausschuss für Recht und Wirtschaft hatte einmütig eine Empfehlung zu deren Annahme ausgesprochen.[127]

Im Vorfeld der Beratungen erfuhr auch eine breitere Öffentlichkeit von der geplanten Übergabe des Stifts und der niederen theologischen Seminare in kirchliche Hand. Eine entsprechende Veröffentlichung im Schwäbischen Merkur erfolgte auf Anregung des Kultministeriums, das sich zu diesem Zweck an den Tübinger Juristen Arthur Benno Schmidt[128] gewandt hatte.[129] Bevor dieser aber zur Feder griff, erbat er bei dem ihm gut bekannten Kirchenpräsidenten Merz eine Stellungnahme aus Sicht des Oberkirchenrats. Merz befand sich aber gerade auf Reisen, so dass vom Oberkirchenrat stellvertretend geantwortet wurde, dass das Zustandekommen der Vereinbarungen vom Oberkirchenrat insgesamt und besonders auch von Kirchenpräsident Merz persönlich stark gefördert worden sei. Das bei den Verhandlungen erstrebte Ziel habe gerade nicht in einer völligen Trennung von Staat und Kirche bestanden, sondern in der Etablierung einer Zusammenarbeit in neuer Form. Besonders sei es darum gegangen, den Zusammenhang zwischen dem Evangelischen Stift und der Universität in Tübingen zu wahren. In den vorliegenden Entwürfen sehe man dafür eine geeignete Grundlage.[130]

Schmidt wurde dann für seine Darstellung zum Thema fast eine dreiviertel Druckseite im Schwäbischen Merkur eingeräumt.[131] Darin gelangte er zu einer ausgesprochen anerkennenden Beurteilung:

Eine Prüfung der Sätze dieser Vereinbarung darf feststellen, daß sie unter Wahrung der wesentlichen Interessen der Vertragschließenden – des Staates wie der Kirche – eine *be-*

---

[126] Vgl. Württ. Kultministerium an das Akademische Rektoramt Tübingen, 5. März 1928 (LKA, A 126 Nr. 354^{IV}, Qu. 168/1).

[127] S. Verhandlungen des 1. Evangelischen Landeskirchentags in den Jahren 1925 bis 1931, 378, 386.

[128] Zum Werdegang s. Otto, Schmidt, 248–250.

[129] So Schmidt an Kirchenpräsident Merz, 26. Februar 1926 (LKA, A 126 Nr. 354^{IV}, Qu. 155a).

[130] Vgl. EOK an Arthur Schmidt, 28. Februar 1928 (LKA, A 126 Nr. 354^{IV}, St. 155b).

[131] Vgl. EOK an Arthur Schmidt, 28. Februar 1928 (LKA, A 126 Nr. 354^{IV}, St. 155b).

friedigende Neuordnung schaffen. Das Bemühen, trotz veränderter Verhältnisse das Bewährte zu erhalten, tritt deutlich hervor.[132]

Insbesondere lobte Schmidt, dass es gelungen sei, die Rechtsstellung der Evangelisch-Theologischen Fakultät der Landesuniversität zu sichern, besonders auch mit Blick auf die Durchführung der 1. theologischen Dienstprüfung. Und durch seine finanzielle Beihilfe für das Evangelische Stift gewährleiste der Staat „die Forterhaltung des mit der Geschichte der evang[elischen] Landeskirche und mit der Geschichte des Geisteslebens in Württemberg in besonderer Weise eng verbundenen Stifts."[133] Dabei seien auch die finanziellen Aspekte ausgewogen geregelt – so dass man nur wünschen könne, dass der württembergische Landeskirchentag der Vereinbarung zustimme.[134] Ebenso würdigte Schmidt die Bemühungen, die niederen theologischen Seminare als Bestandteile des öffentlichen Schulwesens zu erhalten. Die auch für die Zukunft weiterhin gemeinsame Leitung dieser „Seminarheime" werde durch die Rechtsform einer öffentlich-rechtlichen Stiftung mit Sitz in Stuttgart garantiert.[135] Es stecke, so Schmidt, in den Vereinbarungen „ein großes Maß an Umsicht und Ueberlegung."[136]

Als dann der Landeskirchentag wenige Tage später zusammentrat, herrschte also eine von vornherein positive Grundstimmung mit Blick auf die zur Beratung anstehenden Vereinbarungen. Nicht nur Kirchenpräsident Merz, sondern auch die beiden Berichterstatter Eugen Reiff[137] und Karl von Mayer[138] empfahlen den Synodalen unumwunden die Annahme der Vereinbarungen,[139] und auch in der anschließenden Aussprache zeichnete sich schnell eine breite Zustimmung ab.[140] Auch der Vertreter der Evangelisch-Theologischen Fakultät im Landeskirchentag, der Alttestamentler Paul Volz,[141] befürwortete die Vereinbarung über das Stift einschließlich der darin enthaltenen, die Fakultät berührenden Regelungen – und formulierte (offenkundig mit Blick auf manche im Landeskirchentag vorgetragene Bedenken):

Die evang[elisch]-theol[ologische] Fakultät ist nun also in manchen Punkten dieser Vereinbarung vom Staat als seine Beauftragte aufgestellt, und wir, die evang[elisch]-theol[ogische] Fakultät, haben uns dieses Berufes, Beauftragte des Staates zu sein, mit ehrlicher Pflichterfüllung ständig zu entledigen. Aber ich betone ebenso bestimmt, die

132 EOK an Arthur Schmidt, 28. Februar 1928 (LKA, A 126 Nr. 354^{IV}, St. 155b).
133 EOK an Arthur Schmidt, 28. Februar 1928 (LKA, A 126 Nr. 354^{IV}, St. 155b).
134 Vgl. EOK an Arthur Schmidt, 28. Februar 1928 (LKA, A 126 Nr. 354^{IV}, St. 155b).
135 EOK an Arthur Schmidt, 28. Februar 1928 (LKA, A 126 Nr. 354^{IV}, St. 155b).
136 EOK an Arthur Schmidt, 28. Februar 1928 (LKA, A 126 Nr. 354^{IV}, St. 155b).
137 S. Ehmer/Kammerer, Handbuch, 293.
138 S. Ehmer/Kammerer, Handbuch, 261.
139 S. Verhandlungen des 1. Evangelischen Landeskirchentags in den Jahren 1925 bis 1931, 379, 384, 386.
140 S. Verhandlungen des 1. Evangelischen Landeskirchentags in den Jahren 1925 bis 1931, 390, 394, 396, 398, 400f.
141 S. Ehmer/Kammerer, Handbuch, 365.

evang[elisch]-theol[ogische] Fakultät fühlt sich als Glied der evang[elischen] Kirche. Wir erziehen die jungen Leute für die Kirche, unser Gedeihen hängt aufs engste zusammen mit dem Gedeihen unserer Kirche, wir haben nichts anderes im tiefsten Grunde zu tun, als was die Kirche auch zu tun hat, Christum zu treiben und die Ehre Gottes zu verkündigen.[142]

Die im Einzelnen vorgetragenen, sachlich kaum Neues bringenden, sich auch häufig wiederholenden Argumente bedürfen nicht, hier noch einmal dargestellt zu werden.

Die einzige sich in der Beratung zu Wort meldende, ein Nein zu den Vereinbarungen ankündigende Stimme war die des Cannstatter Stadtpfarrers Reinhold Vollmer.[143] Seine grundlegenden Bedenken gegen die Vereinbarungen wurzelten letztlich in der Überzeugung, dass diese dem in der Weimarer Reichsverfassung grundgelegten Gedanken der Trennung von Kirche und Staat stracks zuwiderliefen; man dürfe aber bei einer rechtlich auf Dauer bindenden Vereinbarung nicht davon ausgehen, dass es bei dem gegenwärtig durchaus auskömmlichen Verhältnis von Kirche und Staat, Stift und Fakultät dauerhaft verbleiben werde: „Denn die Zukunft kann ganz andere Personen bringen."[144] Es müsse Freiheit der Kirche bleiben, die theologische Fakultät zu den Beratungen über die Fragen der Stiftsordnung, der Besetzung des Amtes des Stiftsephorus und der Stellen der Repetenten, der Prüfungsordnung und der Durchführung der Prüfungen zuzuziehen – oder aber auch darauf zu verzichten.[145] Durchzogen war Vollmers Argumentation durchweg von der Skepsis, dass in der Fakultät nicht im Sinne der Kirche gelehrt und gearbeitet werden könnte: „Unerträglich würde der Zustand, wenn der Staat zwar die Kirche zur Benützung seiner Fakultät zwänge, gleichzeitig aber eine christliche Theologie unmöglich machte. [...] Die Kirche muß sich ihre eigenen Arbeitsstätten für ihre Leitung sichern."[146]

Etwas vom Schwersten, woran die Kirche trägt, ist die Kluft, die weithin zwischen dem lebendigen Glauben der Gemeinde und den Anschauungen mancher Theologen sich auftut. Ich fürchte, dass die jetzige Ordnung diese Kluft eher erweitert, während sie verengert worden wäre, wenn die theologischen Anstalten wirklich in die Leitung der Kirche gekommen wären. Unser Herr Christus sagt: Mein Reich ist nicht von dieser Welt.[147]

---

142 Verhandlungen des 1. Evangelischen Landeskirchentags in den Jahren 1925 bis 1931, 392.

143 S. Ehmer/Kammerer, Handbuch, 364.

144 Verhandlungen des 1. Evangelischen Landeskirchentags in den Jahren 1925 bis 1931, 402.

145 Vgl. Verhandlungen des 1. Evangelischen Landeskirchentags in den Jahren 1925 bis 1931, 403.

146 Verhandlungen des 1. Evangelischen Landeskirchentags in den Jahren 1925 bis 1931, 404.

147 Verhandlungen des 1. Evangelischen Landeskirchentags in den Jahren 1925 bis 1931, 404.

Für eine solche Perspektive vermochte Vollmer aber keine nennenswerte Zustimmung im Landeskirchentag zu gewinnen – ihm wurde heftig widersprochen.[148] Kirchenpräsident Merz brachte es schließlich auf den Punkt:

> Wir stehen in der Volksgemeinschaft drin und können uns von ihr nicht isolieren. Wenn wir ein Salz der schwäbischen Erde sein sollen, so dürfen wir das auch nicht. Und dazu gehört notwendig auch die Verbindung mit den Organen, die von staatlicher Seite her die innere, geistige Ausrüstung und Ausbildung für unsere Jugend im weitesten Sinne und damit auch für unsere theologische Jugend bietet. Hierin eine Separation vorzunehmen, ist zu meiner großen inneren Freude nicht im Sinne dieses hohen Hauses.[149]

So wurden die Vereinbarungen schließlich mit großer Mehrheit angenommen; nur die Abgeordneten Gähr und Kühnle gaben zu Protokoll, dass sie nicht zuzustimmen vermöchten, weil sie „in manchen staatlichen Bindungen, die in den Vereinbarungen festgelegt sind, eine der Evangelischen Kirche nicht angemessene Aufsichtsbeschränkung" sähen.[150]

Aus der Diskussion des Landeskirchentages bleibt indes festzuhalten, dass es bei einigen Abgeordneten ein Unbehagen darüber gab, dass der Landeskirchentag nicht zu einem früheren, noch Verhandlungen über Details erlaubenden Zeitpunkt mit dem Inhalt der Vereinbarungen befasst worden war – und nun bloß vor die Wahl gestellt werde, sie in Gänze anzunehmen oder abzulehnen.[151] Auch erstaunt aus der Rückschau, dass es selbst von Fakultätsmitglied Paul Volz unwidersprochen blieb, dass die Beteiligung der Fakultät am Prüfungswesen durch den Prüfungsausschuss und damit deren möglicher Einfluss als letztlich belanglos klassifiziert wurde, dass nirgends festgelegt sei, aus wie vielen Mitgliedern der Prüfungsausschuss insgesamt zu bestehen habe, und dass es im Problemfall daher ohne weiteres möglich sei, die Zahl der kirchlichen Vertreter im Prüfungsausschuss beliebig zu erhöhen.[152]

---

[148] So von OKR Dr. Müller (vgl. Verhandlungen des 1. Evangelischen Landeskirchentags in den Jahren 1925 bis 1931, 405f), Berichterstatter Reiff (vgl. ebd., 406), dem Heilbronner Stadtpfarrer Hans Voelter (vgl. ebd., 406f), dem Ulmer Dekan Ludwig Vöhringer (vgl. ebd., 407f), dem Münsinger Dekan Eugen Seitz (vgl. ebd., 408f) und dem Nürtinger Stadtschultheiß Matthäus Baur (vgl. ebd., 410).

[149] Verhandlungen des 1. Evangelischen Landeskirchentags in den Jahren 1925 bis 1931, 411.

[150] Verhandlungen des 1. Evangelischen Landeskirchentags in den Jahren 1925 bis 1931, 413.

[151] So Vollmer (vgl. Verhandlungen des 1. Evangelischen Landeskirchentags in den Jahren 1925 bis 1931, 404), aber auch der Mitberichterstatter von Mayer (vgl. ebd., 406) und Seitz (vgl. ebd., 408); die Gegenargumente hatte Berichterstatter Reiff (vgl. ebd., 406) vorgetragen.

[152] So Berichterstatter Reiff (Verhandlungen des 1. Evangelischen Landeskirchentags in den Jahren 1925 bis 1931, 382): „Praktisch gesehen ist es so, daß der Oberkirchenrat mit im Prüfungsausschuß ist, daß er, wenn es angezeigt wäre, seine Mitglieder im Ausschuss beliebig verstärken kann, daß er es völlig in der Hand hat, wie er die 2. Prüfung und die weitere Vorbildung fürs Amt gestalten und welche Vorbedingungen für den Eintritt ins Amt er zur Geltung bringen will. Die Lebensinteressen der Kirche erscheinen damit genügend gewahrt."

Schließlich gewährt die Debatte noch einen Einblick in das mit Blick auf das Stift zutiefst schwäbische Selbstverständnis, wenn mit Blick auf die Besetzung des Amtes des Stiftsephorus geltend gemacht wurde: „Die Wissenschaftlichkeit weist zunächst an die Fakultät. Die Auswahl wird aber möglicherweise sehr klein sein. Die Nichtwürttemberger scheiden wohl aus.“[153]

Ohne Gegenstimmen fasste der Landeskirchentag noch die Entschließung, dass er zur württembergischen Staatsregierung das Vertrauen hege, bei etwaigem Abschluss einer Vereinbarung mit der katholischen Kirche, die kirchlichen Wünschen weiter entgegenkomme, auch die mit der evangelischen Landeskirche abgeschlossenen Vereinbarungen anzupassen.[154] Ein zur Übernahme der an den Seminaren tätigen Beamten aus dem Staatsdienst in den kirchlichen Dienst erforderliches Kirchengesetz wurde vom Landeskirchentag ohne Aussprache und ohne Gegenstimmen in beiden Lesungen angenommen.[155]

6. Die Umsetzung der Vereinbarung über das Tübinger Evangelische Stift

Nachdem der Landeskirchentag zugestimmt hatte – was der Evangelische Oberkirchenrat dem Kultministerium noch am Tag der Beschlussfassung, dem 13. März 1928, mitteilte[156] –, konnte die „Vereinbarung über das Stift in Tübingen“ wie geplant zum 1. April 1928 in Kraft treten.

Zuvor nahm die bis dahin zuständige Ministerialabteilung für die höheren Schulen von ihrer bisherigen Aufgabe mit einem Schreiben an das Ephorat Abschied: „Der weitberühmten Pflanzstätte des schwäbischen Geisteslebens selbst aber gibt die Ministerialabteilung ihre besten Wünsche auch für die neue Form ihres Daseins mit auf den Weg.“[157] Und dem Evangelischen Oberkirchenrat signalisierte sie:

> Auch unter den neuen Formen verständnisvoller und freundschaftlicher Zusammenarbeit mit dem Evangelischen Oberkirchenrat und der Evangelischen Seminarstiftung die Belange der Seminare nach Kräften zu fördern und zu deren gedeihlicher Weiterentwicklung beizutragen wird uns eine Freude und ein besonderes Anliegen sein.[158]

---

[153] So Berichterstatter Reiff; Verhandlungen des 1. Evangelischen Landeskirchentags in den Jahren 1925 bis 1931, 380. Vgl. auch Vollmer; ebd., 403.

[154] Vgl. Verhandlungen des 1. Evangelischen Landeskirchentags in den Jahren 1925 bis 1931, 413.

[155] Vgl. Verhandlungen des 1. Evangelischen Landeskirchentags in den Jahren 1925 bis 1931, 413f.

[156] EOK an Württ. Kultministerium, 13. März 1928 (LKA, A 126 Nr. 354^IV, Qu. 174).

[157] Ministerialabteilung für die höheren Schulen an Ephorat Ev.-theol. Seminar Tübingen, 31. März 1928 (AEvST, E 2, 372/2). Ohne Quellennachweis zitiert bei Hahn/Mayer, Das Evangelische Stift, 85.

[158] Ministerialabteilung für die höheren Schulen an EOK, 5. April 1928 (LKA, A 126 Nr. 354^IV, Qu. 222).

Für den Stiftsalltag brachte die Übergabe der Leitung an den Evangelischen Oberkirchenrat keine nennenswerte Veränderung mit sich – worüber sich Kirchenpräsident Merz in einem Schreiben an Ephorus Friedrich Traub ausdrücklich erfreut zeigte:

Ich danke Ihnen, dass auf Grund Ihrer Führung der Geschäfte sich die Überleitung in das neue Verhältnis ohne Bruch und wie ich annehmen möchte, für die Studierenden des Stifts fast unmerklich vollzieht. Des besonderen Vertrauens der Kirchenleitung brauche ich Sie nicht zu versichern, Sie wissen, daß es seit langem besteht.[159]

Ausdrücklich hatte der Evangelische Oberkirchenrat auch hinsichtlich der Verwaltung des Stifts bestimmt, dass „[a]lle noch gültigen Erlasse des Kultministeriums oder der Ministerialabteilung für die höheren Schulen [...] bis auf weiteres und solange in Kraft [bleiben], bis sie von dem Oberkirchenrat später etwa abgeändert oder aufgehoben werden."[160] Zudem wurden sämtliche Beamte und Angestellte des Stifts in den kirchlichen Dienst übernommen.[161]

Dies alles war also von großer Kontinuität geprägt.[162] Die im November 1928 erlassenen „Vorschriften für die Studierenden" bewegten sich ganz in den zuvor üblichen Bahnen;[163] nur die kurz nach dem Ersten Weltkrieg eingerichtete studentische Vertretung des sogenannten „Stiftsausschusses" wurde darin mit Stillschweigen übergangen – die Übergabe des Stiftes zur Leitung durch den Evangelischen Oberkirchenrat kann man also nicht als mit einem „Demokratisierungsschub" verbunden charakterisieren: Der Ephorus und zu seiner Unterstützung die Repetenten waren nach der Vorstellung des Oberkirchenrates zur Leitung des Stiftes berufen.[164]

Der Regelung durch einen besonderen Vertrag zwischen der Staatsfinanzverwaltung und dem Evangelischen Oberkirchenrat vorbehalten war die Übertragung des Grundeigentums am Stift.[165] Dieser Vertrag wurde am 20. Juli 1928 geschlossen und am 21. September 1928 vom Grundbuchamt vollzogen; unter dem gleichen Datum wurde auch die Auflassung beurkundet.[166] Für die Lan-

---

159 Württ. Evang. Landeskirche – Der Kirchenpräsident – an Prof. Traub, 27. März 1928 (AEvST, E 2, 372/2).

160 So Evangelischer Oberkirchenrat an Stiftsephorat Tübingen, 27. März 1928 (AEvST, E 2, 372/2, 1).

161 Vgl. Evangelischer Oberkirchenrat an Stiftsephorat Tübingen, 27. März 1928 (AEvST, E 2, 372/2, 2).

162 Die Frage, welche Flagge man nach der Übernahme des Stifts zeige, wurde offenbar doch nur dilatorisch behandelt. S. einen – allerdings zurückgestellten – Entwurf: EOK an Ephorat und Wirtschaftsführung des Stifts, 31. März 1928 (LKA, A 126 Nr. 354^{IV}, Qu. 221). Der EOK entschloss sich dann aber, zunächst nach dem bisherigen Usus der Beflaggung des Stifts zu fragen; s. EOK an Ephorat, 31. März 1928 (LKA, A 126 Nr. 354^{IV}, Qu. 221).

163 S. Vorschriften für die Studierenden des Stifts in Tübingen. Fassung von 1928.

164 Vgl. Hahn/Mayer, Das Evangelische Stift, 87.

165 So Schmidt, Stift, ohne Paginierung.

166 Vgl. Vereinbarung zwischen dem W[ürttembergischen] Fiskus, vertreten durch das Finanzministerium, Bauabteilung Stuttgart[,] und der Evang[elischen] Landeskirche, vertreten

deskirche war Oberrechnungsrat Balbach, der Wirtschaftsführer des Evangelischen Stifts, zur Abgabe der notwendigen Erklärungen vor dem Grundbuchamt seitens des Oberkirchenrats bevollmächtigt worden.[167] Offenkundig wollte man die Übertragung zügig zum Abschluss bringen und verzichtete deshalb auch auf die Durchführung einer Berichtigung von offensichtlichen kleineren Fehlern bei der Eintragung von Baulasten im Grundbuch, um so Verzögerungen zu vermeiden.[168] Das Finanzministerium stellte nach dem Vollzug der Eintragung im Grundbuch noch einmal ausdrücklich fest, dass damit der Eigentumsübergang vollzogen worden sei.[169] Die nicht unerheblichen Kosten der Übereignung – 1121,90 RM festgesetzt auf der Basis eines angenommenen Wertes der Grundstücke von 400.000 RM[170] – hatte zunächst die Landeskirche zu tragen;[171] diese wurden ihr aber (ebenso wie die durch die notwendigen Grundbucheintragungen entstehenden Kosten hinsichtlich der niederen Seminare in Blaubeuren, Urach, Schöntal und Maulbronn) vom württembergischen Justizministerium auf Antrag des Kultministeriums „auf dem Weg der Gnade nachgelassen"[172], nachdem der Oberkirchenrat darum gebeten hatte.[173] Zugesagt worden war dieses Verfahren mündlich bereits im Zuge der Verhandlungen über die Vereinbarungen.[174]

Das Mobiliar, die Bücherei und die anderen beweglichen Gegenstände wurden bald darauf am 5. Oktober 1928 übergeben[175] – allerdings wurden dabei nur Stichproben vorgenommen, ob denn die entsprechenden Verzeichnisse stimmten.[176] Bis dann das Amtsgrundbuch angelegt wurde, schrieb man den 20. Juni

---

durch den Evang[elischen] Oberkirchenrat in Stuttgart über den Eigentumsübergang an den Gebäuden und Grundstücken des Stifts in Tübingen, 20. Juli 1928 (AEvST, E 4, 20/5).

167 Vgl. EOK an Ephorat und Wirtschaftsführung des Evangelischen Stifts, 20. Juli 1928 (LKA, A 126 Nr. 354^IV, Qu. 255).

168 So Finanzministerium, Bauabteilung an EOK, 14. Juli 1928 (LKA, A 126 Nr. 354^IV, Qu. 254).

169 Übersandt wurden auch beglaubigte Auszüge aus dem Grundbuch von Tübingen, Heft L Nr. 113a; s. Finanzministerium, Bauabteilung an EOK, 5. November 1928 (LKA, A 126 Nr. 354^IV, Qu. 273).

170 So Wirtschaftsführung des Stifts an EOK, 15. Oktober 1928 (LKA, A 126 Nr. 354^IV, Qu. 265).

171 Vgl. Wirtschaftsführung des Stifts an EOK, 15. Oktober 1928 (LKA, A 126 Nr. 354^IV, Qu. 265, 3).

172 S. Württ[embergisches] Justizministerium an Amtsgerichte Tübingen, Blaubeuren, Urach, Maulbronn, Künzelsau, 23. November 1928 (LKA, A 126 Nr. 354^IV, Qu. 280).

173 Vgl. EOK an Württ[embergisches] Kultministerium, 17. Oktober 1928 (LKA, A 126 Nr. 354^IV, Qu. 265).

174 Vgl. EOK an Finanzministerium, Bauabteilung, 20. Juli 1928 (LKA, A 126 Nr. 354^IV, Qu. 255).

175 Vgl. Aktenvermerk. Evangelisch-theologisches Seminar Tübingen, 5. Oktober 1928 (AEvST, E 4, 20/5).

176 Vgl. Aktenvermerk. Evangelisch-theologisches Seminar Tübingen, 5. Oktober 1928 (AEvST, E 4, 20/5, 2).

1930,[177] und ebenso erst 1930 kam es aus Gründen der Verwaltungsvereinfachung zur Zusammenlegung einer Vielzahl von Seminarstiftungen.[178]

Große Kontinuität wahrte man auch bei der Unterhaltung des Stifts. Schon im Juli 1928 kam es zum Abschluss einer – zum Schluss eines jeden Kalenderjahres kündbaren – Vereinbarung zwischen dem Evangelischen Oberkirchenrat und dem Bezirksbauamt Tübingen über die Ausführung der baulichen Arbeiten am Stift.[179] Damit übertrug der Oberkirchenrat dem Bezirksbauamt mit Zustimmung der Bauabteilung des Finanzministeriums die gesamte bauliche Unterhaltung und Instandsetzung einschließlich der Planung und der Durchführung aller Veränderungen und Erweiterungen am Tübinger Evangelischen Stift einschließlich der Bauabrechnung. Bei größeren Bauvorhaben über 2.000 RM behielt sich der Oberkirchenrat allerdings die Vorlage eines Kostenvoranschlags und eine explizite Genehmigung vor. Als Vergütung für die Leistung des Bezirksbauamtes zahlte der Oberkirchenrat 8% der Abrechnungsbeträge aller Bauarbeiten. Für große Bauarbeiten über 50.000 RM blieb eine Sonderregelung vorbehalten.[180]

In der Kassenführung für das Stift trat keine Veränderung ein; der Oberkirchenrat genehmigte die Fortführung der Kasse des Stifts gemeinsam mit der Universitätskasse und der Kasse des Wilhelmsstifts am 17. Juli 1928.[181]

Auf diese Weise trug der württembergische Staat auch über das Ende des Summepiskopats hinaus der aus der Stiftung des Stipendiums im 16. Jahrhundert folgenden Verpflichtung Rechnung[182] – wie er sich auch später noch für das Evangelische Stift engagierte, sogar in der nationalsozialistischen Zeit, als die württembergische Staatsregierung aus Anlass der Feier des 400-jährigen Jubiläums des Stifts eine Festgabe in Höhe von 15.000 RM überreichte, die zur Renovierung der Stiftskapelle verwendet wurde.[183]

Dass es ohne gravierende Konflikte zu dieser Form der Neuordnung kam, war schon zeitgenössisch alles andere als selbstverständlich, es gewann aber besonders aus der Rückschau nach der Zeit des Nationalsozialismus noch an zusätzlichem Glanz. Robert Meyding hielt 1947 dazu noch einmal ausdrücklich fest:

---

[177] Vgl. Amtsgrundbuch des Ev[angelischen] Stifts in Tübingen. Angelegt im Jahre 1930, 20. Juni 1930 (AEvST, E 4, 20/6).

[178] Vollzogen am 16. Januar 1930. S. dazu den einschlägigen Schriftwechsel in AEvST, W 2, 33/1.

[179] Vgl. Vereinbarung zwischen dem Oberkirchenrat und dem Bezirksbauamt Tübingen über die Ausführung der baulichen Arbeiten am Stift durch das Bezirksbauamt Tübingen, 14. Juli 1928 (AEvST, E 3, 664/4).

[180] Vgl. Vereinbarung zwischen dem Oberkirchenrat und dem Bezirksbauamt Tübingen über die Ausführung der baulichen Arbeiten am Stift durch das Bezirksbauamt Tübingen, 14. Juli 1928 (AEvST, E 3, 664/4).

[181] Vgl. EOK an Evangelisches Stift Tübingen, 17. Juli 1928 (AEvST, E 3, 664/4).

[182] Vgl. Hahn/Mayer, Das Evangelische Stift, 85.

[183] So Leube, Stift, 647.

Ich selbst habe [...] schon wenige Monate nach Verabschiedung der Reichsverfassung von 1919 mit Rücksicht auf ihren Art[ikel] 137 die Übergabe der theologischen Erziehungsheime an die Kirchen beantragt und vorbereitet, aber im Einverständnis mit dem demokratischen Staatspräsidenten und Kultminister von Hieber den staatlichen Charakter der mit ihnen verbundenen Schulen und das Recht des Staats festgehalten, die Verhältnisse der Seminarschulen unabhängig von der Kirche durch staatliche Verordnung zu regeln. Der damalige Leiter der Kirchenabteilung im preuss[ischen] Kultministerium, Ministerialdirektor Trendelenburg, hat mir nach Abschluss der Stifts- und Seminarvereinbarungen bei einer Besprechung in München seine Verwunderung darüber ausgedrückt, dass die württ[embergische] Regierung das Stift in Tübingen als theologisches Erziehungsheim der Kirche übergeben habe. Nur der schwachen Stellung der damaligen Regierung als Minderheitenregierung ist es zuzuschreiben, dass der Landtag bei der Beratung des Gesetzes über die Kirchen auf Antrag des Abgeordneten Dr. Egelhaaf die Staatsverwaltung bei der Ordnung der Seminarschulen an die Zustimmung der Kirche gebunden hat.[184]

Die von ihm in dem Gesetz vorbereitete und in den Ordnungen vom März 1928 durchgeführte Organisation der staatlichen Seminarschulen habe ein Vertrauensverhältnis von Staat und Kirche vorausgesetzt.[185]

7. Ein Blick über die Zeit der Weimarer Republik hinaus

Sieht man von der nationalsozialistischen Zeit ab,[186] so ist die Wahrung von Rechtskontinuität ein Charakteristikum der Beziehungen zwischen Staat und Kirche in Württemberg bis auf den heutigen Tag.[187] Angesichts dessen wäre es geradezu eine Überraschung, wenn den Vereinbarungen vom 5. März 1928 nicht auch im heute geltenden Recht noch ihr Platz zukäme. Und so werden sie

---

184 Ministerialdirektor i.R. Meyding an LB Wurm, 10. März 1947 (LKA, A 126 Nr. 354, Qu. 96/1, 12f).

185 Vgl. Ministerialdirektor i.R. Meyding an LB Wurm, 10. März 1947 (LKA, A 126 Nr. 354, Qu. 96/1, 4).

186 Zu den Auseinandersetzungen um die niederen theologischen Seminare in den Jahren des Zweiten Weltkriegs s. Thierfelder, Kampf um die Evangelisch-theologischen Seminare.

187 Dieses Verhältnis hatte Kirchenpräsident von Merz schon 1924 so beschrieben (s. Evangelische Landeskirchenversammlung, 26. November 1924, 2915f): „Nun müssen wir uns ja darüber klar sein, daß die neue Ordnung des rechtlichen Verhältnisses zwischen Staat und Kirche keineswegs eine Trennung zwischen beiden bedeutet, sondern daß die organisierte Landeskirche als Körperschaft des öffentlichen Rechts ein Glied am Staatskörper ist, und zwar ein vom Staat selbst anerkanntes und, wie das Kirchengesetz von diesem Jahre es ja klar ausspricht, in mancher Hinsicht vom Staate privilegiertes. Es ist deshalb auch unter der neuen Verfassung Aufgabe des Staatsoberhauptes und der Regierung und damit auch des Kultusministers, *Fürsorge*, wie für andere öffentlich-rechtliche Körperschaften innerhalb des Staatsganzen, so auch für die Landeskirche zu üben." Merz hatte dabei allerdings auch die Konsequenz aus dieser kirchlichen (Selbst-)Verortung im Staatsganzen benannt (ebd., 2916): „Gerade uns als öffentlich-rechtlicher Körperschaft im Staatsganzen kann es nicht einfallen, die Rechte einer anderen öffentlich-rechtlichen Körperschaft im Staatsganzen in Zweifel zu ziehen oder anzutasten."

denn auch ausdrücklich im Schlussprotokoll zu dem zwischen der Badischen Evangelischen Landeskirche und der Württembergischen Evangelischen Landeskirche mit dem Land Baden-Württemberg geschlossenen Kirchenvertrag vom 17. Oktober 2007 erwähnt:

Zu Artikel 10 Abs. 1 und 2. Das Nähere ist gemäß § 73 des Württembergischen Gesetzes über die Kirchen vom 3. März 1924 und Artikel 9 der Verfassung des Landes Baden-Württemberg in der Vereinbarung zwischen dem Kultministerium und dem Evangelischen Oberkirchenrat über das Stift in Tübingen vom 5. März 1928, in der Vereinbarung zwischen dem Kultministerium und dem Evangelischen Oberkirchenrat über die niederen evangelisch-theologischen Seminare vom 5. März 1928, geändert durch Vereinbarungen vom 16. Januar 1946, 30. August 1949 und 12. September 1984, und in der Verordnung über die Schulen der niederen evangelisch-theologischen Seminare vom 5. März 1928 geregelt.[188]

Und Artikel 10 des Kirchenvertrages beschreibt ganz einfach die Wirklichkeit: „(1) Das Evangelische Stift in Tübingen und die niederen evangelisch-theologischen Seminare in Maulbronn und Blaubeuren bleiben bestehen. [...] (3) Die Höhe der Staatsleistungen und ihre Anpassung sind in Artikel 25 geregelt."[189]

All das wäre nicht denkbar, wenn nicht zuträfe, was expressis verbis als bleibendes gemeinsames Ziel von Staat und Kirche in Baden-Württemberg formuliert ist: „Das Land und die Kirchen sehen sich gemeinsam verpflichtet, im Rahmen ihrer jeweiligen Verantwortung dafür zu sorgen, dass auch in Zukunft eine ausreichende Zahl von Studierenden an den Evangelisch-Theologischen Fakultäten vorhanden sein wird."[190] Das besondere, im Vergleich zu anderen Ländern und Landeskirchen in Deutschland einmalige Verhältnis zwischen dem Land und der württembergischen Evangelischen Landeskirche konkretisiert sich an diesem Ort, dem Tübinger Evangelischen Stift, bis auf diesen Tag und bezieht auch die Evangelisch-Theologische Fakultät mit ein. Wenn man den geschichtlichen Werdegang durchmustert, kann man kaum umhin, Paul Volz zuzustimmen, der das Ganze 1928 als ein „Sondergut" bezeichnet hat, um das man in ganz Deutschland beneidet werde.[191]

---

188 S. Vertrag des Landes Baden-Württemberg mit der Evangelischen Landeskirche in Baden und mit der Evangelischen Landeskirche in Württemberg (Evangelischer Kirchenvertrag Baden-Württemberg; Abk. EvKiVBW); ebd., 624f: Schlussprotokoll zum Evangelischen Kirchenvertrag Baden-Württemberg vom 17. Oktober 2007, Zitat ebd., 625.

189 EvKiVBW; s. ebd., 619 (Art. 10).

190 EvKiVBW; ebd., 624f: Schlussprotokoll zum Evangelischen Kirchenvertrag Baden-Württemberg vom 17. Oktober 2007; zu Art. 3, Abs. 1 ebd., 624.

191 Verhandlungen des 1. Evangelischen Landeskirchentags in den Jahren 1925 bis 1931, 393.

Quellen

Auszug aus: 20. Sitzung des 1. Evangelischen Landeskirchentags. Montag, 12. März 1928.

Abgedruckt in: 1. Evangelischer Landeskirchentag. Stuttgart, Montag, 12. März 1928, nachmittags 3 Uhr. 20. Sitzung unter dem Vorsitz des Präsidenten des Landeskirchentags, Generalstaatsanwalt Röcker. S. 378f.

[/378] [...]

Kirchenpräsident D. Dr. von Merz: Meine Herren! Zum Beginn der Tagung, die einen für unsere Kirche hochwichtigen Gegenstand zu behandeln hat, heiße ich Sie herzlich willkommen und danke Ihnen, daß Sie, insbesondere die Herren Geistlichen, es möglich gemacht haben, in dieser geschäftsreichen Zeit zu der Tagung zu erscheinen.

Die Anstalten, die den Gegenstand der heutigen Verhandlung bilden, verdanken ihre Entstehung den württembergischen Herzögen der Reformationszeit und ihrer Fürsorge für die evangelische Sache. Durch sie wurde der Gedanke verwirklicht, Anstalten zur Heranbildung evangelischer Kirchendiener zu schaffen. Herzog Christoph hat das von seinem Vorgänger gegründete sog[enannte] Stipendium an der Universität Tübingen zu einer Einrichtung für evangelische Kirchendiener ausgebaut und als Ergänzung dieser Einrichtung die sog[enannten] Klosterschulen gegründet, die der Vorbildung der jungen Theologen in der Zeit vor Besuch der Universität dienen sollten. Zunächst haben 13 Klosterschulen für diesen Zweck bestanden, bis ihre Zahl im Laufe der Zeit auf vier sich vermindert hat. In der großen Kirchenordnung von 1559 hat Herzog Christoph für Stipendium und Klosterschulen eine eingehende, von so viel Liebe für die Sache zeugende Ordnung getroffen, die im wesentlichen auch in den folgenden Jahrhunderten in Geltung geblieben ist. Das Stipendium und die Klosterschulen unterstanden dem herzoglichen Kirchenrat und der besonderen Aufsicht des Herzogs selbst. Fundiert waren die Klosterschulen auf das ehemalige Mannsklostervermögen. Das Stipendium wurde teils aus Beiträgen der pia corpora des Landes, teils aus Einkünften des Gemeinen Kirchenkastens und später auch des Mannsklostervermögens unterhalten.

Eine grundlegende Neuordnung trat für diese Anstalten zu Beginn des 19. Jahrhunderts ein, als König Friedrich das Vermögen, das für den Unterhalt der Anstalten bestimmt war, zum Staatskammergut einzog und damit der Fortdauer einer gesonderten Verwaltung der kirchlichen Einrichtungen ein Ende machte. Damit kamen die Anstalten aus der bisherigen kirchlichen Leitung in die Leitung der staatlichen Schulleitung. Zwar war eine Verbindung der beiden staatlichen und kirchlichen Behörden insofern noch weiter gegeben, als in weitem Umfang eine Personalunion zwischen Studienrat und ev[angelischer] Oberkirchenbehörde bestand. Im Laufe der Zeit aber hörte auch diese Verbindung auf und blieb davon lediglich der Ueberrest bestehen, daß ein Delegierter des ev[angelischen] Konsistoriums bei der Ministerialabteilung für die Höheren Schulen bestellt war, der neben seiner Aufgabe auf dem Gebiete des ev[angelischen] Religionsunterrichts in Angelegenheiten des Stiftes und der Seminare ein Mitwirkungsrecht hatte.

Schon im Laufe des 19. Jahrhunderts ist wiederholt die Forderung erhoben worden, daß die Anstalten zur Heranbildung der ev[angelischen] Kirchendiener wieder in kirchliche Leitung übergehen sollen. Insbesondere die Bewegung der [18]48er Jahre hat diesen Wunsch im Zusammenhang mit dem Gedanken einer Neuordnung des ganzen Verhältnisses von Kirche und Staat wieder neu gefördert. Trotzdem blieb auch in den folgenden Jahrzehnten die von König Friedrich geschaffene Ordnung bestehen. Gedanken des

Kultministeriums, die im gegenwärtigen Jahrhundert eine Neuordnung ins Auge faßten, haben vor dem Kriege nicht zur Verwirklichung kommen können.

Erst die Neuordnung des Verhältnisses zwischen Kirche und Staat, wie sie im Jahre 1919 in den Verfassungen des Deutschen Reiches und des Volksstaates Württemberg festgelegt worden ist, hat auch diese Frage ihrer Lösung näher gebracht. Es war klar, daß nach Beseitigung der Staatskirche es den veränderten Verhältnissen nicht mehr entsprach, wenn Stift und Seminare wie bisher in staat-[/379]licher Verwaltung standen. So hat denn auch die Württ[embergische] verfassunggebende Landesversammlung im Jahre 1919 die Entschließung gefaßt, daß unter den kirchlichen Gebäuden und Grundstücken, die nach der Verfassung in das Eigentum der Kirchen übertragen werden sollen, auch die niederen und höheren Seminare und Konvikte inbegriffen seien. In dem Staatsgesetz über die Kirchen vom Jahr 1924 hat dieser Gedanke noch konkreteren Ausdruck gefunden, sofern darin bestimmt worden ist, daß die evang[elisch]-theologischen Seminare, soweit sie der Erziehung und Verpflegung der Zöglinge und ihrer besonderen Vorbildung zum Kirchendienst dienen, durch Vereinbarung des Kultministeriums mit der Oberkirchenbehörde in die Leitung und Verwaltung der Oberkirchenbehörde überführt werden sollen. Soweit die niederen ev[angelischen] Seminare der allgemeinen Vorbildung der künftigen Geistlichen dienen, wurde bestimmt, daß ihre staatsrechtlichen Verhältnisse samt den Staatsleistungen im Einvernehmen mit der Oberkirchenbehörde durch Verordnung geregelt werden sollen.

Auf Grund dieser Gesetzesbestimmungen und der Stellung, die die ev[angelische] Landeskirchenversammlung bei der Vorbereitung dieses Gesetzes eingenommen hat, wurden vom Jahre 1924 ab Verhandlungen zwischen Staat und Kirche wegen Neuordnung der Verhältnisse von Stift und Seminaren geführt. Die Verhandlungen waren nicht leicht. Nicht nur für die finanzielle Regelung bestanden erhebliche Schwierigkeiten, sofern man staatlicherseits davon ausging, daß beim Uebergang der Anstalten in kirchliche Leitung die Bestreitung des Aufwandes für die Anstalten im bisherigen Umfang durch den Staat nicht mehr möglich sei. Auch die Ordnung der Gebäudefrage bot nicht unerhebliche Hindernisse, insbesondere bei den Anstalten, bei denen der Gebäudekomplex nicht vollkommen den Zwecken der Seminare dient. Weiterhin war auch die organisatorische Seite der Frage nicht leicht zu ordnen. Beim Stift stand hier im Vordergrund der Gedanke, eine möglichst enge Verbindung zwischen Stift und Universität nebst Fakultät auch in der Vereinbarung rechtlich festzulegen. Bei den niederen Seminaren war besonders schwierig die Behandlung der Seminare als Internate und Erziehungsanstalten einerseits und als Schulen andererseits. Eine Scheidung der bisher einheitlichen Anstalten in zwei getrennte Institute war nicht möglich und nicht im Interesse der Sache. So gelangte man bei den Seminaren auf die in der jetzigen Vereinbarung vorgesehenen Lösung, daß zwischen Kirche und Staat eine besondere Rechtsperson mit ihrem Organ eingeschoben wird, die ein Bindeglied zwischen beiden bilden und eine einheitliche Leitung der gesamten Einrichtung erleichtern soll. Auch sonst sind noch eine Fülle von Einzelfragen hervorgetreten, über die eine Einigung nicht so rasch möglich war. Zum Schluß sind die Verhandlungen noch dadurch aufgehalten worden, daß im Hinblick auf die bevorstehende neue Gehaltsordnung sich ein Hinausschieben des Vertragsabschlusses bis zum Bekanntwerden der Besoldungsvorlage notwendig machte. Aus diesem Grunde war es erst möglich, die Verhandlungen gegen Ende des letzten Monats zum Abschluß zu bringen. Ich habe dies besonders auch aus dem Grund bedauert, weil dadurch für den Landeskirchentag nur eine kurze Zeit übrig blieb, sich mit dem Gegenstand zu befassen, und ich danke besonders dem Herrn Präsidenten des Landeskirchentags, wie auch dem Herrn Vorsitzenden des Rechts- und Wirtschaftsausschusses, daß sie dafür eingetreten sind, trotz der knappen Zeit die Behandlung des Gegenstandes im Ausschuß und Plenum des Landeskirchentages noch in diesem Monat zu ermöglichen.

Es steht nun bei dieser hohen Versammlung, ob der Landeskirchentag den vorgelegten Vereinbarungen seine Zustimmung zu erteilen in der Lage ist. Ist dies der Fall, so sollen auf den 1. April d[iesen] J[ahres] die Vereinbarungen in Kraft treten und damit ein alter kirchlicher Wunsch in der heute möglichen Form in Erfüllung gehen. [...]

Auszug aus: 21. Sitzung des 1. Evangelischen Landeskirchentags. Dienstag, 13. März 1928.

Abgedruckt in: 1. Evangelischer Landeskirchentag. Stuttgart, Dienstag, 13. März 1928, vormittags 9 Uhr. 21. Sitzung unter dem Vorsitz des Präsidenten des Landeskirchentags Generalstaatsanwalt Röcker. S. 406f.

[/406] [...]

Völter: Erlauben Sie eine kurze Antwort auf die Ausführungen des Herrn Abg[eordneten] Vollmer. Ich darf als alter Stiftler und als Pfarrer einiges sagen. Wir sind über das Ziel alle einig. Das Stift, die Stätte der Ausbildung unserer jungen Theologen, soll erhalten bleiben als geistige Größe, wo Evangelium und Wissenschaft sich die Hand reichen, sich durchdringen, und wo die theologische Jugend aufwächst im engsten Zusammenhang mit der geistigen Kultur unserer Zeit. Das hat bis jetzt die Bedeutung des Stiftes ausgemacht und darum hat auch das Stift seinerseits die Geschichte der württ[embergischen] Kirche und des württ[embergischen] Volkes auf das tiefste [!] beeinflußt. Nun[,] da wir am Beginn einer neuen Epoche stehen, handelt es sich darum, das Stift so aufzubauen, daß es seiner alten Tradition treu bleiben kann, und die Beziehungen des Stiftes zur Kirche und zur Universität so auszugestalten, wie es dem Wesen unserer Kirche entspricht, aber auch den Gesetzen wissenschaftlichen Ringens und der geistigen Freiheit. Diese Freiheit war immer die Luft, in der allein geistig auf das stärkste angefaßte junge Menschen wachsen können. Mit Drill und Schematismus, darauf wurde heute schon öfter hingewiesen, kann da gar nichts gemacht werden. Das Stift wird so sein[,] oder es wird nicht mehr sein. Und gerade dieser großen Aufgabe scheint mir die nun vorliegende Vereinbarung in glücklicher Weise gerecht zu werden, mögen auch einzelne Bindungen zu stark ausgefallen sein.

Nun aber sind Stimmen laut geworden und Bedenken, als ob der Fakultät zu viel Rechte zukommen und der Kirche zu wenig. Was ist darauf zu antworten? Einmal: grundlegend scheint mir nach wie vor § 5 Abs[atz] 2 zu sein, den auch der Herr Abg[eordnete] Volz deutlich unterstrichen hat, wonach die wissenschaftliche Ausbildung der Studierenden des Stifts wie bisher den Lehrern der Universität vorbehalten bleibt. Die Ausbildung erfolgt also auch künftig nicht in einem von der Welt des Geistes abgeschlossenen Seminar, sondern an der Stelle der Universität, im engsten Zusammenhang ihres Lebens. Das ist die grundlegende Tatsache. Im übrigen werden allerdings, und das muß ich dem Herrn Berichterstatter im Gegensatz zu dem Herrn Abg[ordneten] Volz zugeben, die Rechte der Fakultät erweitert. Das läßt sich gar nicht bestreiten. Sie hatte bisher die Befug-[/407]nis, einen Vertreter zum Landeskirchentag zu senden und die Prüfung abzuhalten im Benehmen mit dem Vertreter des Oberkirchenrats. Jetzt, wo die Kirche mehr oder weniger an Stelle der Ministerialabteilung tritt, fragt es sich, ob die Befugnisse von Kirche und Fakultät richtig abgewogen sind. Ich will nicht im einzelnen nochmals aufzählen, welche Befugnisse dem Oberkirchenrat zustehen bezüglich der Bestellung des Ephorus, des Beirats, der Ferienordnung, der Hausordnung und der Grundsätze für die Aufnahme in das Stift. Dagegen liegen Bedenken vor einmal bezüglich der Bestimmungen, wonach die Prüfung gehalten wird durch die Fakultät unter Beiziehung des Oberkirchenrats. Meines Erachtens wäre es einem Mißtrauensvotum gleichgekommen, wenn wir diese Tradition geändert hätten; im übrigen hat ja der Oberkirchenrat wesentlich mitzusprechen, sogar mehr als bisher. Dann die Bestimmung der Prüfungsfächer „im Einvernehmen" mit der Fakultät. Da muß ich sagen, wenn man das erste Recht gibt, dann folgt eigentlich das zweite daraus; beide hängen eng miteinander zusammen; und ebenso muß dann auch die Studienordnung geregelt werden „im Einvernehmen" mit der Fakultät. Gerade diese Lösung scheint mir dem Wesen des Stifts und der inneren Lage der Kirche wirklich zu entsprechen; ich kann die geltend gemachten Bedenken nicht teilen. *Die Vereinbarung wird der Stellung der Fakultät als Vertreterin des Staats und als Vertreterin der Wissenschaft gerecht.* Es ist richtig, daß die Fakultät auch jetzt noch staatlichen Charakter trägt wie früher. Darum haben wir ja in den Tagen der Neuordnung gekämpft. Und nun hat diese staatliche Fakultät als Ganzes neue Recht[e] bekommen gegenüber dem Stift. Das heißt aber doch nicht, daß der Staat jetzt berechtigt oder willens wäre, in die innere Entwicklung von Theologie und Kirche einzugreifen, wie es der Herr Abg[eordnete] Vollmer gefürchtet hat. Ja, früher hat er es getan, im letzten Jahrhundert, und bekanntlich war Württemberg das staatskirchlichste aller deutschen Länder. Jetzt liegen die Dinge doch ganz anders. Der Volksstaat kann es gar nicht wagen, sich in dieser Art dreinzumischen, er muß zurückhalten, wie er es auch bisher in Württemberg getan hat, und im übrigen erklärt er durch diese Neuordnung das Stift zu einem vollwertigen Glied der Universität und bekundet seinen Willen, daß der Pfarrer auch künftig herangebildet wird im lebendigen Zusammenhang mit der gesamten geistigen Kultur unseres Landes. Und wenn die Kirche jetzt Stift und Seminare übernimmt, so knüpfen wir damit zugleich an die alte württembergische Geschichte, die seinerzeit durch König Friedrich unterbrochen wurde; Stift und Seminare bleiben der Kirche wieder erhalten. Es kommt nur darauf an, daß in diesem Staat und in diesem württembergischen Volk etwas lebt vom Geist der alten Väter und der alten Geisteshelden. Wenn denn gesagt worden ist, der Staat von morgen, wer ist der? So gebe ich zur Antwort: Das sind wir und unsere Kinder; und sorgen wir, daß in ihnen die Kräfte stark sind, die einst Württemberg zum Vorland der Reformation im Süden gemacht haben. Dann werden wir allem zu begegnen wissen, was kommen mag; soweit Menschen überhaupt dazu imstande sind, soweit nicht Stürme losbrechen über uns, die alles Vergangene zu vernichten drohen.

Aber auch die Rechte der Fakultät als Trägerin der *Wissenschaft* scheinen mir richtig bestimmt zu sein. Wir drücken damit aus, die Fakultät als Glied der Universitas fühlt sich zugleich als Glied der Kirche. Wir ziehen sie mehr in unser Interesse und machen sie mehr verantwortlich für das kirchliche Leben. Damit stehen wir ganz auf dem Boden der Reformation gerade in den Zeiten der Trennung von Staat und Kirche. Die Kirche spricht damit aus, daß sie eine wissenschaftliche Theologie nicht nur zu ertragen vermag, sondern in ihr eine ihrer stärksten Stützen sieht. Darum[,] soll der wissenschaftliche Charakter des Stifts gewahrt bleiben, muß Prüfung und Studienordnung im Einvernehmen mit der Fakultät bestimmt werden. Gewiß können wir von uns aus weder allgemeine Geistesgeschichte noch Kirchengeschichte machen, auch nicht durch Studienordnungen; Gott geht seinen Weg über alle Theologien und Richtungen durch die Jahrhunderte hinweg; hier wirkt die Gesamtlage aufs tiefste mit. Nun hat sich im Lauf der Geschichte des Stiftes gezeigt, daß aus ihm die großen Geister des Schwabenlandes herausgewachsen sind. Ich erinnere nur an jenen bekannten Vers: „Der Schelling und der Hegel, der Schiller und der Hauff, das ist bei uns die Regel, das regt uns gar nicht auf." Gewiß stehen wir jetzt in kleineren Zeiten; aber wir hoffen, daß Stift und Seminare, die die Kirche und unserem Land mit die besten Söhne geschenkt haben, auch künftig ihre Bestimmung erfüllen mögen. Dazu den Boden zu bereiten, das ist der Sinn und die Aufgabe dieser neuen Ordnung, dem Evangelium zu Dienst und Gott zur Ehre. Darum stimmen wir ihr zu. [...] [/410]

Baur: Nur wenige Worte noch! Es ist von verschiedenen Seiten beanstandet worden, daß die Bindungen der Kirche an den Staat zu enge seien. Sie hätten erwartet, daß die Kirche mehr Freiheit habe. Das ist zu einem gewissen Teil richtig, denn der Staat ist es, der sich von der Kirche loslösen will. Der Staat will die Trennung von Kirche und Staat. Nun aber ist in den Vereinbarungen auf die seitherigen Verhältnisse Rücksicht zu nehmen gewesen. Das Staatsgesetz von 1924 sagt ausdrücklich, daß Stift und Seminare auf Grund einer Vereinbarung in die Leitung und Verwaltung der Kirche übergehen sollen. Daß also, wenn eine Vereinbarung abgeschlossen wird, die Vertreter des Staates in dieser Vereinbarung die Rechte des Staates soviel als möglich zu wahren versuchen werden, ist verständlich. Wir müssen zugeben: durch die beiden Vereinbarungen zieht sich wie ein roter Faden hindurch das, daß die Vertreter des Staates mit aller Entschiedenheit bemüht waren, soviel als möglich für den Staat zu behalten, und wir sehen bei genauer Durchsicht der Vereinbarungen, sowohl der Stifts- als auch der Seminarvereinbarung, daß unsere Unterhändler einen recht schweren Stand hatten, überall das für die Kirche zu bekommen, was nötig ist. Von verschiedenen Herren Vorrednern wurde gesagt, daß die Bindungen an die evang[elisch]-theol[ogische] Fakultät auch Bindungen an die staatliche Seite seien. Ich sehe das nicht so an; wenn auch die evang[elisch]-theol[gische] Fakultät eine staatliche Einrichtung ist, so ist sie doch auch zugleich die Vertretung der Kirche an der Universität. Die evang[elische] Landeskirche und die evang[elisch]-theologische Fakultät hängen so sehr zusammen, sind so sehr aufeinander angewiesen, daß man sich die eine ohne die andere nicht wohl denken kann. Und so habe ich das Vertrauen, daß das, was der Fakultät zugestanden ist, nicht ein Zugeständnis an den Staat ist, sondern an eine Freundin und Gehilfin der Kirche. Ich sehe die Fakultät mehr als Vertreterin der Kirche als des Staates an. [...]

Die ganze Arbeit der Vereinbarungen zeigt, wie sehr die Vertreter des Staates es verstanden haben, die Rechte des Staates zu wahren, und wie sehr andererseits die Vertreter der Oberkirchenbehörde sich bemühen mußten, all das für die Kirche zu erreichen, was nun erreicht ist. Es ist den Herren Unterhändlern mit Recht gedankt worden für die viele und große Mühe, die sie mit diesen Vereinbarungen gehabt haben. Auch ich schließe mich diesem Dank an, denn die Vereinbarungen zeigen, wie jede einzelne für die Kirche günstige Bestimmung den Vertretern des Staates abgerungen werden mußte. Ich bin aber der Meinung, wenn wir auch einzelne Punkte der Vereinbarungen nicht gerne sehen, daß doch diejenigen Bestimmungen, die unseren Wünschen entsprechen, weit überwiegen. Es ist erwünscht und an der Zeit, daß der Schwebezustand beseitigt wird. Die Zustimmung zu den Vereinbarungen kann zweifellos erteilt werden, ohne daß die Rechte und die Belange der Kirche verletzt werden. [...] [/411]

Kirchenpräsident: D. Dr. *v[on] Merz:* [...] Mir stand bei dem Abschluß der Verhandlungen, als ich im Namen des Oberkirchenrats und damit der Landeskirche nach dem Kirchengesetz die beiden Uebereinkommen unterzeichnete, das vor der Seele, daß durch die vorhergehende Unterzeichnung der beiden Schriftstücke der Staat sich endgültig gebunden hatte. Daß das für uns in mancher Hinsicht nicht bloß, wie vorhin der Ausdruck gebraucht wurde, ein Vorteil, sondern eine kirchenpolitische Notwendigkeit ist, davon bin ich allerdings überzeugt.

Und dann, zu den auf religiös-kirchlichem Gebiete liegenden Bedenken [...] möchte ich folgendes sagen: Ich halte die Ausführungen, die dagegen aus dem Hause heraus gemacht sind, für richtig. Wir stehen in der Volksgemeinschaft drin und können uns von ihr nicht isolieren. Wenn wir ein Salz der schwäbischen Erde sein sollen, so dürfen wir das auch nicht. Und dazu gehört notwendig auch die Verbindung mit den Organen, die von staatlicher Seite her die innere, geistige Ausrüstung und Ausbildung für unsere Jugend im weitesten Sinne und damit auch für unsere theologische Jugend bietet. Hierin eine Separation vorzunehmen, ist zu meiner großen inneren Freude nicht im Sinne dieses hohen Hauses.

Ich kann noch etwas anderes hinzufügen: Daß die Bindungen, von denen die Rede war, nicht zur Schlinge werden, in denen die Kirche sich fängt oder gefangen wird, das, meine Herren, ist von der Kirchenleitung eingehend erwogen und bedacht worden, und soweit ich auf Grund langjähriger amtlicher Erfahrung und gründlichen Durchdenkens der vorliegenden Materie seit 4 Jahren, ja man kann sagen seit 6 Jahren urteilen kann, bietet sich der Kirche in all den Fragen, die hier berührt worden sind, die Möglichkeit eines Auswegs, der sie nicht einem feindlich gesinnten Staat oder Regiment hilflos ausliefert. Ich muß mich mit dieser allgemeinen Erklärung zu diesem Punkte begnügen. Die Herren werden verstehen, warum ich nicht jetzt Einzelheiten daraus geben kann. Aber dies auszusprechen, war mir Bedürfnis, um Ihnen zu zeigen, daß die Kirchenleitung die Interessen der Kirche auch in diesem Stück nicht vergessen und nicht vernachlässigt hat. [...]

Ich danke aber auch der Fakultät, daß sie ihre Stellungnahme, soweit ich selber eine Erfahrung in der Sache habe, stets von dem Standpunkt aus genommen hat, daß sie in der Tat eine Aufgabe in der Kirche hat. Und es ist so. Durch die Fakultäten Deutschlands geht überall in diesem Augenblick, in dieser Zeitlage die Erkenntnis, daß sie wirklich für die Kirche arbeiten, nicht bloß neutral-objektiv wissenschaftliche Arbeit zu leisten haben, sondern an den Gemütern und Seelen der Studierenden eine Aufgabe haben, die direkt in den Dienst am Kirchenvolk hineinweist.

Bibliographie

Quellen

1. Evangelischer Landeskirchentag, Stuttgart, Montag den 12. März 1928, nachmittags 3 Uhr. 20. Sitzung, in: Verhandlungen des 1. Evangelischen Landeskirchentags in den Jahren 1925 bis 1931. Amtlich herausgegeben. Erster Protokoll-Band. Enthaltend [...], Stuttgart 1932, 377–387.

Aktenvermerk „Besprechung betr. Stift", Stuttgart, 6. März 1925, LKA, A 126 Nr. 354^{I}, Qu. 191.

Aktenvermerk „Uebergabe des Stifts in Tübingen in die Leitung und Verwaltung der Oberkirchenbehörde", o.O., 8. April 1925, LKA, A 126 Nr. 354^{I}, Qu. 191a.

Aktenvermerk, o.O., 6. Juni 1925, AEvST, E 2, 372/2.

Aktenvermerk „Zur Stiftsfrage", Stuttgart, 9. September 1925, LKA, A 126 Nr. 354^{I}, Qu. 224.

Aktenvermerk [über Besprechungen am 30. November 1925 und 2. Dezember 1925], Stuttgart, 8. Dezember 1925, LKA, A 126 Nr. 354^{I}, Qu. 228.

Aktenvermerk „Staatsleistungen für das Stift und die niederen Seminare" [über Verhandlungen am 19. und 23. September 1927, Stuttgart, 24. September 1927, LKA, A 126 Nr. 354^{III}, Qu. 135.

Aktenvermerk „Evangelisch-theologisches Seminar Tübingen", 5. Oktober 1928, AEvST, E 4, 20/5.

Amtsgrundbuch des Ev[angelischen] Stifts in Tübingen. Angelegt im Jahre 1930, Tübingen, 20. Juni 1930, AEvST, E 4, 20/6.

Beglaubigte Auszüge aus dem Grundbuch von Tübingen Heft L Nr. 113a; s. Finanzministerium, Bauabteilung an EOK (5. November 1928).

Finanzministerium, Bauabteilung an EOK, Stuttgart, 14. Juli 1928, LKA, A 126 Nr. 354^{IV}, Qu. 254.

Entwurf einer Vereinbarung über das Stift in Tübingen, o.O., ohne Datierung, Anlage zu: Württ[embergisches] Kultministerium (Bälz), Stuttgart, 22. April 1926, AEvST, E 2, 372/2.

Entwurf: EOK an Ephorat und Wirtschaftsführung des Stifts, S[tuttgart], 31. März 1928, LKA, A 126 Nr. 354^{IV}, Qu. 221.

Evangelisch-Theologische Fakultät Tübingen an Kultministerium, Tübingen, 10. Mai 1926, AEvST, E 2, 372/2.

Evangelische Landeskirchenversammlung. Stuttgart, Mittwoch, den 26. November 1924, vo[r]mittags 9 Uhr. 55. Sitzung, in: Verhandlungen der Evangelischen Landeskirchenversammlung in Württemberg in den Jahren 1919 bis 1924. Amtlich herausgegeben. Vierter Protokollband. Enthaltend die Protokolle 43–52 vom 27. Oktober bis 4. November 1924; die Protokolle 53–56 vom 24. bis 27. November 1924, Stuttgart 1924, 2878, 2880–2931.

EOK an Kultministerium, Stuttgart, 11. September 1924, LKA, A 126 Nr. 354^{I}, Qu. 156.

EOK (Merz) an Kultministerium, Stuttgart, 30. Dezember 1924, LKA, A 126 Nr. 354^{I}, Qu. 169 und zu 169, jeweils 1–13.

EOK an Kultministerium, Stuttgart, 18. Januar 1926, LKA, A 126 Nr. 354^{II}, Qu. 3.

EOK an Regierungsrat Dr. Rieß beim Reichsgesundheitsamt, Stuttgart, 17. September 1926, LKA, A 126 Nr. 354^{II}, Qu. 39/1.

EOK an Württ. Kultministerium, Stuttgart, 18. Februar 1927, LKA, A 126 Nr. 354^{III}, Qu. 148.

EOK an Württ. Kultministerium, Stuttgart, 30. Juni 1927, LKA, A 126 Nr. 354^{III}, Qu. 99/3.
EOK an Württ. Kultministerium, Stuttgart, 7. September 1927, LKA, A 126 Nr. 354^{III}, Qu. 114.
EOK an Württ. Kultministerium, Stuttgart, 15. Februar 1928, LKA, A 126 Nr. 354^{III}, Qu. 148.
EOK an Arthur Schmidt, B., 28. Februar 1928, LKA, A 126 Nr. 354^{IV}, St. 155b.
EOK an Württ. Kultministerium, B[...], 13. März 1928, LKA, A 126 Nr. 354^{IV}, Qu. 174.
EOK (Merz) an Stiftsephorat Tübingen, Stuttgart, 27. März 1928, AEvST, E 2, 372/2, 1.
EOK an Ephorat, S[tuttgart], 31. März 1928, LKA, A 126 Nr. 354^{IV}, Qu. 221.
EOK an Evangelisches Stift Tübingen, Stuttgart, 17. Juli 1928, AEvST, E 3, 664/4.
EOK an Ephorat und Wirtschaftsführung des Evangelischen Stifts, B[???], 20. Juli 1928, LKA, A 126 Nr. 354^{IV}, Qu. 255.
EOK an Finanzministerium, Bauabteilung, B[???], 20. Juli 1928, LKA, A 126 Nr. 354^{IV}, Qu. 255.
EOK an Württ. Kultministerium, Stuttgart, 17. Oktober 1928, LKA, A 126 Nr. 354^{IV}, Qu. 265.
Evangelisches Konsistorium, Aktenvermerk über eine Besprechung im Ministerium am 11. Juli 1921, Stuttgart, ohne Datierung, LKA, A 31 Nr. 7, Qu. 14.
Evangelisches Konsistorium (gez. Zeller) an Ministerium des Kirchen- und Schulwesens, Stuttgart, 10. November 1913, LKA, A 126 Nr. 959, Qu. 0001.
Evangelisches Konsistorium (gez. Zeller) an Ministerium des Kirchen- und Schulwesens, Stuttgart, 17. Januar 1921, LKA, A 31 Nr. 7, Qu. 20.
Evangelisches Konsistorium (gez. Zeller) an Ministerium des Kirchen- und Schulwesens, Stuttgart, 5. Juli 1921, LKA, A 31 Nr. 7, Qu. 11.
Evangelisches Konsistorium (gez. Zeller) an Ministerium des Kirchen- und Schulwesens, Stuttgart, 7. September 1921, LKA, A 31 Nr. 7, Qu. 18.
Evangelisches Konsistorium (OKR Schauffler) an Ministerialabteilung für die höheren Schulen (ORR Gaupp), Stuttgart, 26. Juni 1925, LKA, A 126 Nr. 335, Qu. 276/2.
[Johannes] Merz, Die Seminar- und Stiftsreform, in: Kirchlicher Anzeiger für Württemberg XXV (1916), Nr. 27, 6. Juli 1916, 209–211; Nr. 28, 13. Juli 1916, 217–219.
[Johannes] Merz, Die Seminar- und Stiftsreform. Sonderdruck aus: Kirchlicher Anzeiger für Württemberg, Ludwigsburg 1916.
Ministerialabteilung für die höheren Schulen (gez. Herzog) an Ministerium des Kirchen- und Schulwesens, Stuttgart, 31. Mai 1921, LKA, A 31 Nr. 7, St. 5.
Ministerialabteilung für die höheren Schulen (Oberregierungsrat Gaupp) an Konsistorium (OKR Schaufler), Stuttgart, 25. Juni 1925, LKA, A 126 Nr. 335, Qu. 276/1.
Ministerialabteilung für die höheren Schulen (Bracher) an Ephorat Ev.-theol. Seminar Tübingen, Stuttgart, 31. März 1928, AEvST, E 2, 372/2.
Ministerialabteilung für die höheren Schulen (Bracher) an EOK, Stuttgart, 5. April 1928, LKA, A 126 Nr. 354^{IV}, Qu. 222.
Ministerialdirektor i.R. Meyding an LB Wurm, Stuttgart, 10. März 1947, LKA, A 126 Nr. 354, Qu. 96/1.
Ministerium des Kirchen- und Schulwesens (gez. Hieber) an Evangelisches Konsistorium, Stuttgart, 6. Juni 1921, LKA, A 31 Nr. 7, Qu. 8.
Ministerium des Kirchen- und Schulwesens (gez. Hieber) an Evangelisches Konsistorium, Stuttgart, 6. Juni 1921, LKA, A 31 Nr. 7, Qu. 9.
Ministerium des Kirchen- und Schulwesens (gez. Hieber) an Evangelisches Konsistorium, Stuttgart, 30. Juli 1921, LKA, A 31 Nr. 7, Qu. 17 und Qu. 16.

Ministerium des Kirchen- und Schulwesens (gez. Hieber) an Evangelisches Konsistorium, Stuttgart, 30. November 1921, LKA, A 31 Nr. 7, Qu. 19.

Ministerium des Kirchen- und Schulwesens, Denkschrift „Die Uebergabe des Stifts und der Konvikte in die kirchliche Verwaltung", Stuttgart, 6. Juni 1921, LKA, A 31 Nr. 7, Qu. 6.

Regierungsblatt für Württemberg vom Jahr 1924. Stuttgart 1924.

[Arthur Benno] Schmidt an Kirchenpräsident Merz, Tübingen, 26. Februar 1926, LKA, A 126 Nr. 354^{IV}, Qu. 155a.

Arthur B[enno] Schmidt, Tübinger Stift und die niederen theolog. Seminare. Vereinbarungen zwischen Staat und Kirche. Schwäbischer Merkur Abendblatt 1928, Nr. 112, 7. März 1928, ohne Paginierung.

Staatsgesetz über die Kirchen. Vom 3. März 1924, in: Friedrich Giese/Johannes Hosemann (Hgg.), Die Verfassungen der Deutschen Evangelischen Landeskirchen. Unter Berücksichtigung der kirchlichen und staatlichen Ein- und Ausführungsgesetze, Bd. 1. Berlin 1927. [= Quellen des Deutschen Evangelischen Kirchenrechts 1], 484–509.

Undatiertes Protokoll (masch. Durchschlag), LKA, A 126 Nr. 355, Qu. 309.

Vereinbarung zwischen dem Oberkirchenrat und dem Bezirksbauamt Tübingen über die Ausführung der baulichen Arbeiten am Stift durch das Bezirksbauamt Tübingen, Stuttgart, 14. Juli 1928, AEvST, E 3, 664/4.

Vereinbarung zwischen dem W[ürttembergischen] Fiskus, vertreten durch das Finanzministerium, Bauabteilung Stuttgart[,] und der Evang[elischen] Landeskirche, vertreten durch den Evang[elischen] Oberkirchenrat in Stuttgart über den Eigentumsübergang an den Gebäuden und Grundstücken des Stifts in Tübingen, Stuttgart, 20. Juli 1928, AEvST, E 4, 20/5.

Die Verfassung des Deutschen Reichs. Vom 11. August 1919, o.O., o.J. [1919].

Verhandlungen des 1. Evangelischen Landeskirchentags in den Jahren 1925 bis 1931. Amtlich herausgegeben. 1. Protokoll-Band. Enthaltend [...], Stuttgart 1932.

Vertrag des Landes Baden-Württemberg mit der Evangelischen Landeskirche in Baden und mit der Evangelischen Landeskirche in Württemberg (Evangelischer Kirchenvertrag Baden-Württemberg – EvKiVBW), in: Amtsblatt der Evangelischen Landeskirche in Württemberg 62 (2007), Nr. 24, 31.12.2007, 616–625.

Vorschriften für die Studierenden des Stifts in Tübingen. Fassung von 1928. Erlaß des Ev. Oberkirchenrats vom 21. November 1928, Nr. A, 7753, Stuttgart, o.J. [1928].

Wirtschaftsführung des Stifts an EOK, Tübingen, 15. Oktober 1928, LKA, A 126 Nr. 354^{IV}, Qu. 265.

Württ[embergisches] Finanzministerium an Württ. Kultministerium, Stuttgart, 3. Dezember 1927, LKA, A 126 Nr. 354^{III}, Qu. 122.

Württ[embergisches] Justizministerium an Amtsgerichte Tübingen, Blaubeuren, Urach, Maulbronn, Künzelsau, Stuttgart, 23. November 1928, LKA, A 126 Nr. 354^{IV}, Qu. 280.

Württ. Kultministerium an EOK, Stuttgart, 16. Juli 1924, LKA, A 126 Nr. 354^{I}, Qu. 153/154.

Württ. Kultministerium (Bazille) an EOK, Stuttgart, 16. Dezember 1924, LKA, A 126 Nr. 354^{I}, Qu. 170.

Württ. Kultministerium an EOK, Stuttgart, 5. Februar 1925, LKA, A 126 Nr. 354^{I}, Qu. 188.

Württ. Kultministerium an EOK, Stuttgart, 4. März 1925, LKA, A 126 Nr. 354^{I}, Qu. 192.

Württ. Kultministerium (Bälz), Stuttgart, 22. April 1926, AEvST, E 2, 372/2.

Württ. Kultministerium an EOK, Stuttgart, 5. August 1926, LKA, A 126 Nr. 354^{II}, Qu. 29 mit Qu. 29/2–4.

Württ. Kultministerium an EOK, Stuttgart, 25. Mai 1927, LKA, A 126 Nr. 354^{III}, Qu. 94.

Württ. Kultministerium an das Akademische Rektoramt Tübingen, Stuttgart, 5. März 1928, LKA, A 126 Nr. 354^{IV}, Qu. 168/1.

Württ. Ministerium des Kirchen- und Schulwesens an Evangelisches Konsistorium, Stuttgart, 6. Juni 1921, LKA, A 26 Nr. 1027, Qu. 68.

Württ. Ministerium des Kirchen- und Schulwesens an Evangelisches Konsistorium, Stuttgart, 20. Februar 1924, LKA, A 126 Nr. 354^{I}, Qu. 124.

Württ. Ministerium des Kirchen- und Schulwesens an EOK, Stuttgart, 20. Juni 1928, LKA, A 126 Nr. 354^{IV}, Qu. 249.

Sekundärliteratur

Hermann Ehmer/Hansjörg Kammerer, Biographisches Handbuch der Württembergischen Landessynode (Landeskirchentag) mit Landeskirchenversammlung und Beirat der Kirchenleitung. 1869 bis zur Gegenwart. Im Auftrag des Vereins für württembergische Kirchengeschichte, Stuttgart: Scheufele, 2005.

Hermann Ehmer, Klosterschulen im Übergang. Entstehung und Ausbau der Evangelisch-theologischen Seminare, in: Blätter für württembergische Kirchengeschichte 107 (2007), 121–138.

F[riedrich] Fritz/A[dalbert] Schneiderhan, Baugeschichte des Tübinger Stifts, Stuttgart, o. J. [1919].

Joachim Hahn/Hans Mayer, Das Evangelische Stift in Tübingen. Geschichte und Gegenwart – Zwischen Weltgeist und Frömmigkeit, Stuttgart: Theiss, 1985.

Rudolf Kieß, Kirche und Schule in der Weimarer Republik, in: Württembergs Protestantismus in der Weimarer Republik, hg. v. Rainer Lächele/Jörg Thierfelder, Stuttgart: Calwer, 2003, 62–77.

Martin Leube, Das Tübinger Stift 1770–1950. Geschichte des Tübinger Stifts, Stuttgart: Steinkopf, 1954.

Gerd Lüdemann, Art. Heitmüller, Wilhelm, in: Religion in Geschichte und Gegenwart 3, 4. Aufl., Tübingen: Mohr Siebeck, 2000, 1603.

Martin Otto, Arthur Benno Schmidt, in: Württembergische Biographien, hg. v. Maria Magdalena Rückert, Bd. 2, Stuttgart: Kohlhammer, 2011, 248–250.

Frank Raberg (Bearb.), Biographisches Handbuch der württembergischen Landtagsabgeordneten 1815–1933. Im Auftrag der Kommission für geschichtliche Landeskunde in Baden-Württemberg, Stuttgart: Kohlhammer, 2001.

Reinhold Rieger, Die Tübinger evangelisch-theologische Fakultät während der Zeit der Weimarer Republik, in: Württembergs Protestantismus in der Weimarer Republik, hg. v. Rainer Lächele/Jörg Thierfelder, Stuttgart: Calwer, 2003, 174–186.

Thomas Schnabel, Geschichte von Baden und Württemberg 1900–1952, hg. v. Haus der Geschichte Baden-Württemberg, Stuttgart/Berlin/Köln: Kohlhammer, 2000.

Jörg Thierfelder, Der Kampf um die Evangelisch-theologischen Seminare in Württemberg 1941–1945, in: Blätter für württembergische Kirchengeschichte 92 (1992), 136–157.

Reinhard Weber, Kleine Geschichte der Länder Baden und Württemberg 1918–1945, Leinfelden-Echterdingen: DRW, 2008.

Karl Fezer und Theophil Wurm

Das Evangelische Stift zwischen 1930 und Mitte der 1950er Jahre

Siegfried Hermle

Für die Geschichte des Evangelischen Stifts waren von 1930 bis Mitte der 1950er Jahre zwei Personen von zentraler Bedeutung: Stiftsephorus Prof. Dr. Karl Fezer und Kirchenpräsident bzw. Landesbischof Theophil Wurm. Ich möchte zunächst in aller Kürze die Biographie dieser beiden Männer in Erinnerung rufen, um dann – mit besonderem Fokus auf Fezer – in sieben Abschnitten Brennpunkte der Stiftsgeschichte in jenen Jahren in den Blick zu nehmen. Dabei soll nach einleitenden Beobachtungen zu einem Ereignis aus dem Jahre 1931 in besonderer Weise das Jahr 1933 betrachtet werden, dann sind die Vorgänge um die versuchte Absetzung Wurms 1934, die Einführung eines Arierparagraphen für die Aufnahme in das Evangelische Stift 1935, die Ereignisse im Zusammenhang des Stiftsjubiläums 1936, die Entlassung eines Repetenten 1938 sowie der Einzug einer Marineärztlichen Akademie in das Stift 1941 darzustellen. Abschließend werden noch die Ereignisse in der Nachkriegszeit zu beleuchten sein, die zunächst eine Suspendierung Fezers brachten.

1. Kurzbiographien der Protagonisten

Theophil Wurm wurde am 7. Dezember 1868 in Basel als Sohn des am Basler Missionshaus lehrenden württembergischen Pfarrers Paul Wurm und dessen aus dem schweizerischen Chur stammender Ehefrau Luise Regula geboren.[1] Wurm besuchte die niedrigen Seminare in Maulbronn und Blaubeuren und studierte anschließend als Stadtstudent in Tübingen evangelische Theologie, da er den angestrebten Platz im Stift nicht erhalten hatte.[2] Wie schon sein Vater war er Mitglied der pietistisch-konservativ ausgerichteten, nicht schlagenden und auch nicht Farbe tragenden Verbindung Luginsland. Nachdem Wurm 1891 das 1. Theologische Examen bestanden hatte, wirkte er acht Jahre als Vikar auf

[1] Vgl. zu diesem biographischen Abriss: Wurm, Erinnerungen; Diephouse, Wurm.
[2] Vgl. Wurm, Erinnerungen, 19.

zahlreichen Stellen der Landeskirche, 1899 trat er in den Dienst der Inneren Mission und wurde 1901 Geschäftsführer der Evangelischen Gesellschaft in Stuttgart. 1913 übernahm er die Zweite Pfarrstelle in Ravensburg, 1920 wurde er Dekan in Reutlingen und 1927 Prälat von Heilbronn. 1929 wählte ihn der Landeskirchentag auf Vorschlag der konservativen Gruppe I – der Evangelisch Kirchlichen Vereinigung – zum Nachfolger des überraschend verstorbenen ersten Präsidenten der württembergischen Landeskirche Johannes Merz. Im Juni 1933 wurde Wurm vom ständigen Ausschuss des Landeskirchentages aufgefordert, die Amtsbezeichnung Landesbischof zu führen. Wurm war theologisch und politisch konservativ eingestellt; Letzteres zeigte sich in seiner Kandidatur für die deutschnationale Bürgerpartei, die er von 1918 bis 1920 in der verfassungsgebenden Landesversammlung vertrat. Dem konservativ-protestantischen Milieu blieb Wurm durch alle Umbrüche hindurch treu: Er achtete den Staat als von Gott gegebene Obrigkeit, sah in der „Familie die Keimzelle aller gesellschaftlichen Ordnung" und verstand die Volkskirche als „geistiges Bindeglied zwischen beiden"[3]. In enger Beziehung zu seiner pietistischen Tradition stand Wurms Engagement für eine breit angelegte Volksmission, durch die der Kirche entfremdete Menschen wieder zum Glauben und zur Kirche zurückgeführt werden sollten. Ferner war für Wurm kennzeichnend, dass er eine Offenheit für die soziale Frage an den Tag legte – dies zeigte sich beispielsweise daran, dass ihn 1893 eine Studienreise zu sozialen Einrichtungen in Deutschland und nach Berlin zu Adolf Stoecker führte.

Der am 14. April 1891 geborene Karl Fezer war Sohn eines Metzgermeisters und Gastwirts aus Geislingen.[4] Auch er besuchte die Seminare in Maulbronn und Blaubeuren, konnte dann jedoch als Stipendiat des Stifts in Tübingen Theologie studieren. Wie Wurm war Fezer Mitglied der Verbindung Luginsland, weshalb beide trotz des beträchtlichen Altersunterschieds von über 22 Jahren auch mit dem vertrauten „Du" zu kommunizieren pflegten. Nach seiner Vikarszeit wurde er – da er aus gesundheitlichen Gründen nicht zum Militärdienst eingezogen war – 1919 Repetent am Evangelischen Stift und Assistent am Praktisch-Theologischen Seminar in Tübingen. Doch bereits im selben Jahr wurde Fezer auf die Zweite Pfarrstelle an der Stuttgarter Rosenbergkirche ernannt und wiederum nach kurzer Zeit, 1922, übernahm er die Zweite Pfarrstelle an der Tübinger Eberhardskirche und lehrte zugleich am Praktisch-Theologischen Seminar. 1924 wurde Fezer bei Hermann Faber mit einer Dissertation: „Das Wort Gottes und die Predigt"[5] promoviert. 1926 wurde Fezer zum außerordentlichen Professor für Praktische Theologie ernannt und 1929 zum Frühprediger an der Tübinger Stiftskirche berufen. Um einen 1930 an ihn ergangenen Ruf nach Hei-

[3] Diephouse, Wurm, 15.

[4] Vgl. zu den folgenden Angaben Müller, Fezer; Siegele-Wenschkewitz, Die Evangelisch-Theologische Fakultät; Thierfelder, Fezer; ders., Auseinandersetzungen.

[5] Vgl. Fezer, Das Wort Gottes und die Predigt.

delberg abzuwehren, erhielt Fezer ein persönliches Ordinariat und wurde noch im selben Jahr als Nachfolger des seit 1910 amtierenden Friedrich Traub Ephorus des Evangelischen Stifts – eine Position, die er bis 1956 innehaben sollte. Fezer war ein Vertreter des positiv-kirchlichen Flügels der Landeskirche, weshalb ihn auch sein Bundesbruder Kirchenpräsident Wurm 1930 ausdrücklich gebeten hatte, in Tübingen zu bleiben – die Stelle des Ephorus mag bei diesen Verhandlungen mit in die Waagschale geworfen worden sein. 1931 wurde Fezer in den Landeskirchentag zugewählt; er schloss sich der konservativen Gruppe I an. Fezer hatte in seiner Promotionsschrift zwar einen „Dialog mit der Theologie Karl Barths“[6] geführt, aber er war kein Barthianer; nach Hans-Martin Müller habe Fezer die Ansicht vertreten, „es sei der Christenheit mehr geschenkt, als die Dialektische Theologie wahrhaben wolle“[7]. Fezers Ansehen als Universitätstheologe und Prediger war beachtlich. Die Vorlesung „Praktische Theologie“ beispielsweise fand im teilweise immer noch zu kleinen Audimax der Universität statt, seine Predigten hielt er in der zumeist übervollen Stiftskirche – überzeugend waren dabei seine konkrete Sprache, der eingängige Aufbau der Predigt, in der die intensive exegetisch-systematische Vorarbeit zu spüren war, sowie die Tatsache, dass Fezer außer dem Gesangbuch nichts mit auf die Kanzel nahm, von der aus zu seiner Zeit noch der ganze Gottesdienst stattfand: Predigt und Gebet hatte er memoriert.[8] Der Spitzname Fezers zeigt zugleich seine Autorität und die ihm entgegengebrachte Achtung: „Chef“ wurde er genannt!

Anzufügen ist noch, dass mit einer Vereinbarung zwischen dem Freien Volksstaat Württemberg und der Landeskirche über das Stift in Tübingen[9] nicht nur das Stift in den Besitz der Landeskirche übergegangen war, diese war ab dem 1. April 1928 auch Dienstvorgesetzte aller Mitarbeitenden im Stift – auch des Ephorus.[10] Der Einfluss der Fakultät war dadurch gesichert, dass sie regelmäßig das Amt des Ephorus besetzen sollte und dass dem Oberkirchenrat auferlegt war, ein Mitglied der Fakultät „als Beirat für die wissenschaftliche Leitung des Stifts“ zu berufen[11]. Das Leben im Haus erfuhr durch diese Veränderungen keine nachdrücklichen Einschnitte. Die Studierenden hatten im wissenschaftlichen Bereich weiterhin neben den Lehrveranstaltungen an der Fakultät Stiftsübungen zu besuchen sowie am Semesterende die obligatorischen Stiftsaufsätze zu verfassen und Stiftsprüfungen zu absolvieren.[12] Das gesellig-gesellschaftliche Leben war von Verbindungen geprägt: Beispielsweise trafen sich die Studierenden nach dem Mittagessen beim „Ständerling“ ihrer Ver-

[6] Mezger, Repetent, 251.
[7] Müller, Fezer, 256.
[8] Vgl. Mezger, Repetent, 251.
[9] Vgl. den Beitrag von Jürgen Kampmann in diesem Band.
[10] Vgl. Amtsblatt der Evangelischen Landeskirche, Bd. 23, Nr. 20, 164.
[11] Amtsblatt der Evangelischen Landeskirche, Bd. 23, Nr. 20, 164.
[12] Vgl. Hahn/Mayer, Das Evangelische Stift, 138 sowie 45.

bindung zu Gesprächen, Austausch von Informationen oder Gesang. Da sich auch die Zimmerzuweisung nach der Zugehörigkeit zu Verbindungen richtete, waren auch die nicht-korporierten Studierenden genötigt, sich zu organisieren: Sie bildeten die „Wildsavia". Neben einigen kleineren Gruppierungen waren im Stift vor allem die Normannen, der Wingolf und die Verbindung Luginsland präsent;[13] zudem gab es den Tübinger Bibelkreis.

2. 1931: Zweierlei Maß

Ein bezeichnendes Licht auf die politischen Optionen des am 27. Oktober 1930 zum Ephorus des Stifts eingesetzten Karl Fezer wie auch des seit 1929 amtierenden Kirchenpräsidenten Theophil Wurm geben zwei Vorfälle aus den Jahren 1931/32.

Der Stiftsstudierende Oskar Riegraf war glühender Nationalsozialist und trug auch im Stift regelmäßig die HJ-Uniform. Im Juni 1931 nahm er in der Nähe von Kirchheim/Teck an einer Sonnwendfeier teil und zog anschließend mit ca. 60 Hitlerjungen durch die Stadt. Da das württembergische Innenministerium im Mai 1931 alle politischen Aufzüge verboten hatte, wurde Riegraf zu drei Monaten Gefängnis verurteilt. Die vom Gericht in seiner Urteilsbegründung herausgestellte mögliche Behinderung im Fortkommen war freilich nicht gegeben. Fezer informierte Wurm über den Vorfall und bemerkte, dass, auch wenn ein angestrebtes Revisionsverfahren das Urteil bestätigte, „schlimme Folgen für die berufliche Laufbahn, soweit die Kirche darüber eine Entscheidung hat, nicht eintreten" sollten.[14] Als Riegraf dann im Juli 1932 in der Württembergischen Hochschulzeitschrift einen Artikel mit dem Titel „Rom" veröffentlichte, der massive Angriffe auf den Katholizismus enthielt, da sich dieser „mit dem ‚germanischen Sittlichkeits- und Moralgefühl' in keiner Weise vereinbaren"[15] lasse, führte dies zu einem handfesten Skandal, der selbst im Landtag Niederschlag fand. Auch in diesem Fall erhielt Riegraf Rückendeckung durch Stift und Landeskirche. Fezer berichtete nach Stuttgart, bei einem Gespräch mit Riegraf habe er den Eindruck gewonnen, der Studierende stehe „mit heißem Herzen in dem Ringen um die Freiheit des deutschen Volkes"[16]; der Artikel sei zwar, so stellte Fezer fest, „unreif", doch müsse in Rechnung gestellt werden, „wie von der Gegenseite der Kampf oft geführt wird." Auf eine Rüge wollte Fezer verzichten. Auch Kirchenpräsident Wurm äußerte sich in dieser Sache. In einem Schreiben an Fezer tadelte er nicht etwa Riegrafs Erguss, sondern die gehässige Berichterstattung über Riegrafs Artikel im Schwäbischen Volksblatt. Im Übri-

[13] Vgl. Hahn/Mayer, Das Evangelische Stift, 209–211.
[14] Nach: Lächele, Hitlerjugend, 162f.
[15] Lächele, Hitlerjugend, 163.
[16] Nach: Lächele, Hitlerjugend, 167; folgendes Zitat ebd., 168.

gen legte es Wurm seinem Bundesbruder Fezer anheim, Riegraf auf den Jahrgang 1919 der Zeitschrift „Hochland" zu verweisen, wo dieser „weiteres Material für die Gesinnung des waschechten Ultramontanismus [...] finden" könne. Wurm fügte hinzu: „Mein Name wird besser im Hintergrund bleiben."[17]

Fezer wie Wurm stellten sich demnach hinter einen nationalsozialistisch eingestellten Stiftler; sie stärkten ihm den Rücken und unterstützten ihn sogar noch bei seiner politischen Agitation. Anzumerken ist, dass sich Fezer auch weiter um Riegraf bemühte; als sich dieser mehrfach für die Übernahme von Diensten in der HJ beurlauben ließ, ermunterte er ihn immer wieder, sein Theologiestudium fortzusetzen. Doch es sollte ganz anders kommen: Riegraf war später führend an den Misshandlungen des Oberlenninger Pfarrers Julius von Jan beteiligt, trat dann aus der Kirche aus und war in den letzten Kriegstagen an einem Massaker in Meßstetten beteiligt: Eigenhändig erschoss er einen Mann, dem vorgeworfen wurde, eine weiße Flagge gehisst zu haben.[18]

Aufschlussreich ist das Verhalten Fezers gegenüber Riegraf, wenn man es in Beziehung setzt zum Schicksal Peter-Harro Levsens, der 1931 als Stiftler sein Studium aufnahm. Levsen gehörte dem Kommunistischen Kampfbund gegen den Faschismus an und trug dessen Abzeichen auch ganz offen an seiner Kleidung. Bei einer Auseinandersetzung mit Fezer verbot ihm dieser das Tragen dieses Abzeichens und meldete zugleich nach Stuttgart, dass der Student den Widerspruch seines Engagements für die Kommunistische Partei „mit dem theologischen Studium und mit der Zugehörigkeit zum Stiftsverband" nicht einsehen wolle[19]. Im September 1932 verließ Levsen das Stift und studierte im Folgenden Volkswirtschaft.

Ein Engagement für die Kommunistische Partei war demnach für Fezer für einen Theologiestudenten, einen Stiftler zumal, undenkbar, während er und die Kirchenleitung einen aggressiven und militanten Einsatz für die Sache des Nationalsozialismus durchaus unterstützten und die antikatholische Haltung des Betreffenden sogar noch beförderten.

3. 1933: Euphorie und Ernüchterung

Fezer wie Wurm waren deutschnational eingestellt und standen der Weimarer Republik distanziert gegenüber. Dem Nationalsozialismus jedoch begegneten sie zunächst mit allenfalls wohlwollender Distanz, war ihnen vieles an dieser Bewegung doch zu ungeordnet, zu eruptiv. Beruhigend war für beide, dass die nationalsozialistischen Minister im ersten Kabinett Hitlers keine Mehrheit hat-

---

[17] Lächele, Hitlerjugend, 166.
[18] Vgl. Lächele, Hitlerjugend, 173–178.
[19] Lächele, Hitlerjugend, 170.

ten und auch die Eindrücke des Tages von Potsdam taten ein Übriges, um Befürchtungen zu beschwichtigen. Hitlers Zusage in seiner Regierungserklärung am 23. März 1933, dass die „nationale Regierung [...] in den beiden christlichen Konfessionen wichtigste Faktoren der Erhaltung unseres Volkstums" sehe, denen man „in Schule und Erziehung [...] den ihnen zukommenden Einfluß einräumen und sicherstellen" werde[20], bestätigte die wachsende positive Erwartung. Ephorus wie Kirchenpräsident hofften, die Kirchen könnten am propagierten Aufbruch zu einer neuen Volksgemeinschaft partizipieren. Fezer wurde Anfang Mai Mitglied der NSDAP und entwickelte eine seltsam naive Verehrung für Hitler, die ihn sogar an die in evangelischen Kreisen verbreitete Geschichte glauben ließ, dass „der Retter Deutschlands [...] das Losungsbüchlein der Brüdergemeine auf dem Nachtkästchen liegen" habe[21].

Auch Wurm überwand seine distanzierte Skepsis nach den Ereignissen im März 1933 und erklärte am 19. April auf einer Versammlung des Württembergischen Pfarrvereins, an der im Übrigen auch Fezer als Vertreter der Fakultät teilnahm, dass die Kirche „auf das Wort des Reichskanzlers in seiner Rede bei der Reichstagseröffnung" vertraue[22]. Der Regierung gebühre „Dank für Rettung aus unmittelbar drohender schwerer Gefahr"[23] – Wurm war davon überzeugt, dass dem Marxismus in Deutschland in letzter Minute Einhalt geboten wurde. Manches, so führte Wurm weiter aus, was jetzt geschehe, erleichtere „den Dienst des Pfarrers: manche Tür steht weiter offen als früher."[24] Allerdings hob Wurm auch auf die deutlich unterschiedlichen Aufgaben von Kirche und Staat ab, wenn er betonte, dass dem „politischen Führer [...] religiöse Einrichtungen und Lehren seines Volkes immer unantastbar zu sein" hätten[25]. Obendrein stellte er mit deutlicher Kritik an von verschiedenen Seiten geforderten Veränderungen heraus, dass „die evangelische Kirche keine Ortskrankenkasse ist, die saniert werden müßte"[26].

Wurm blieb also den Entwicklungen gegenüber deutlich distanzierter als Fezer, zumal sich Letzterer ab Mai 1933 auch noch stark in der Glaubensbewegung Deutsche Christen zu engagieren begann. Ursache hierfür war seine Wahl durch einen außerordentlichen Theologischen Fakultätentag am 27. April zum „Vertrauensmann [...] in den zu lösenden Kirchenfragen"[27]. Diese Funktion machte seine Anwesenheit in Berlin erforderlich, wo er die Bekanntschaft mit dem von Hitler zu seinem Vertrauensmann in Kirchenfragen ernannten Kö-

[20] Hermle/Thierfelder, Herausgefordert, 91.
[21] Jetter, Vaterlandsliebe, 42.
[22] Schäfer, Dokumentation, Bd. 1, 328.
[23] Schäfer, Dokumentation, Bd. 1, 327.
[24] Ebd.
[25] Schäfer, Dokumentation, Bd. 1, 328.
[26] Ebd.
[27] Scholder, Die Kirchen, Bd. 1, 402f.

nigsberger Wehrkreispfarrer Ludwig Müller machte.[28] Fezer kam mit Müller in einen lebhaften Austausch und überzeugte ihn davon, dass die Richtlinien der Deutschen Christen von 1932[29] „in Widerspruch zum biblischen Evangelium von Jesus Christus stünden"[30], da z.B. das Rassenprinzip unchristlich sei oder auch die Brandmarkung der Judenmission sowie die pauschale Ablehnung des Pazifismus oder des „Geist[es] eines christlichen Weltbürgertums"[31]. Die von Joachim Hossenfelder repräsentierte Richtung der Deutschen Christen sei nicht mehrheitsfähig, daher müssten die Richtlinien der Glaubensbewegung komplett neu gefasst werden. Ganz im Sinne der von Wurm proklamierten „innere[n] Erneuerung des Volkslebens"[32] nahm Fezer im Folgenden entscheidenden Einfluss auf die Ausarbeitung der schließlich am 16. Mai verkündigten neuen Richtlinien der Glaubensbewegung.[33] Da Fezer die gemäßigt-volkskirchliche Richtung der Deutschen Christen gestärkt sah, trat er – zusammen mit seinen Tübinger Kollegen Gerhard Kittel, Artur Weiser und Hanns Rückert – nun dieser Bewegung auch bei. Engagiert unterstützte er im Folgenden Müller, in dem er „das personifizierte Ja des Staates zur Kirche" sah[34]. So war es – laut Wurms Lebenserinnerungen – mit auf Fezers Einflussnahme zurückzuführen, dass sich der württembergische Landesbischof bei der bereits Ende Mai vorgenommenen Nominierung des künftigen Reichsbischofs gegen den Kandidaten der Jungreformatorischen Bewegung, Friedrich von Bodelschwingh, und für Müller aussprach.[35] Müller nutzte seinerseits die Bekanntschaft mit Fezer, um Vorbehalte gegen seine Person zu zerstreuen. So berief er ihn am 29. Juni in jenen Ausschuss, der die neue Verfassung für die Deutsche Evangelische Kirche ausarbeiten sollte. Fezer sorgte dafür, dass Artikel 1, der den Bekenntnisstand der Deutschen Evangelischen Kirche festschrieb und auf den sich später die Bekennende Kirche maßgeblich beziehen sollte, dem § 1 der Württembergischen Kirchenverfassung nachgebildet wurde:

> Die unantastbare Grundlage der Deutschen Evangelischen Kirche ist das Evangelium von Jesus Christus, wie es uns in der Heiligen Schrift bezeugt und in den Bekenntnissen der Reformation neu ans Licht getreten ist. Hierdurch werden die Vollmachten, deren die Kirche für ihre Sendung bedarf, bestimmt und begrenzt.[36]

Nachdem die Reichsregierung am 14. Juli die Verfassung adaptiert und – rechtswidrig – für den 23. Juli Neuwahlen für alle kirchlichen Gremien angeordnet

[28] Vgl. Thierfelder, Fezer, 132f und Siegele-Wenschkewitz, Fakultät, 42f; zur Ernennung Müllers vgl. Hermle/Thierfelder, Herausgefordert, 34.

[29] Vgl. Hermle/Thierfelder, Herausgefordert, 47f.

[30] Siegele-Wenschkewitz, Fakultät, 43.

[31] Hermle/Thierfelder, Herausgefordert, 48.

[32] Schäfer, Dokumentation, Bd. 1, 366.

[33] Vgl. Hermle/Thierfelder, Herausgefordert, 94f.

[34] Siegele-Wenschkewitz, Fakultät, 45.

[35] Vgl. Wurm, Erinnerungen, 86.

[36] Hermle/Thierfelder, Herausgefordert, 104.

hatte, gehörte Fezer auch der „einstweiligen Leitung der Deutschen Evangelischen Kirche“ an, die bis zur Wahl eines Reichsbischofs die Geschicke der evangelischen Kirche leiten sollte[37].

Freilich kamen Fezer im Laufe des Sommers massive Zweifel an der Integrität Müllers; Müller schien sich Fezers mäßigenden Einflüssen zunehmend zu entziehen und sich wieder der radikalen Hossenfelder'schen Richtung – die Fezer versucht hatte zurückzudrängen – anzunähern. Trotz seiner Zweifel an Müller war es Fezer dann vorbehalten, diesen im Auftrag der provisorischen Kirchenleitung der Nationalsynode zur Wahl zum Reichsbischof zu präsentieren. Doch sein Vertrauen war erschüttert: Dies zeigt sich eindrücklich daran, dass er den an ihn am 15. Juli 1933 ergangenen Ruf an die Universität Berlin am 3. November ablehnte; zugleich zog er sich aus Müllers Beraterkreis zurück.[38]

Fezers endgültiger Bruch mit den Deutschen Christen wurde durch die Sportpalastkundgebung am 13. November eingeleitet, auf der Reinhold Krause unter anderem die „Befreiung vom Alten Testament mit seiner jüdischen Lohnmoral“ sowie den „Verzicht auf die ganze Sündenbock- und Minderwertigkeitstheologie des Rabbiners Paulus“ gefordert hatte[39]. Fezer versuchte daraufhin – zusammen mit seinem Kollegen Weiser – Hossenfelder in einem persönlichen Gespräch zum Rücktritt zu bewegen, damit „die Glaubensbewegung als eine volkskirchliche Bewegung erhalten bleibe zum Segen von Volk, Staat und Kirche“[40]. Zwar erwies sich eine Mitteilung, Fezer sei daraufhin aus der Glaubensbewegung ausgeschlossen worden, als Irrtum, doch gemeinsam mit seinen Tübinger Kollegen Weiser und Rückert vollzog er diesen Schritt aus eigenem Antrieb. Am 1. Dezember begründete er vor der Studierendenschaft im vollbesetzten Auditorium Maximum in Tübingen seinen Schritt.[41] Fezer war tief enttäuscht; seine Ausgleichsbemühungen waren gescheitert. Und dabei hatte er noch im Oktober Hossenfelder zu einem Treffen der Oxford-Gruppenbewegung nach England mitgenommen, um ihn von seinem radikalen Kurs abzubringen.[42]

Auch in Württemberg hatte sich die Lage verschärft. Der aufgrund einer Vermittlung Wurms ohne Wahlen durch Vereinbarung zwischen den beiden bislang im Landeskirchentag aktiven Gruppen und den Deutschen Christen gebil-

---

[37] Vgl. Thierfelder, Fezer, 135 f. Lediglich erwähnt sei, dass Fezer Ende Juli 1933 auch noch kommissarischer Reichsführer der Deutschen Christlichen Studentenvereinigung wurde; er sollte die Verhandlungen mit der Deutschen Studentenschaft wegen der Eingliederung der DCSV führen. Da bei den Verhandlungen ein – wenn auch zurückhaltend formulierter – Arierparagraph fixiert wurde, kam es zu Kritik an Fezer, die diesen veranlasste, auf Bitten Reinold von Thaddens Ende Dezember sein Mandat niederzulegen (vgl. ebd.).

[38] Vgl. Müller, Fezer, 258 und Schäfer, Dokumentation, Bd. 2, 697.

[39] Hermle/Thierfelder, Herausgefordert, 139.

[40] Schäfer, Dokumentation, Bd. 2, 929.

[41] Vgl. Siegele-Wenschkewitz, Fakultät, 50.

[42] Vgl. Thierfelder, Fezer, 137 und Gauger, Chronik, 106.

dete Landeskirchentag sollte laut einer Absprache Fezer zuwählen. Doch diese Zuwahl kam im September nicht zustande; ausgerechnet die Deutschen Christen hatten Fezer mit fadenscheiniger Begründung fallen lassen.[43] Als es am 20. September im Rahmen einer Versammlung der württembergischen Pfarrerschaft zu einer Abspaltung von den Deutschen Christen kam und eine Gruppe um Wilhelm Pressel – Sezession genannt – Kontakt zu den Kirchlich-theologischen Arbeitskreisen aufnahm, musste auch Fezer Farbe bekennen. Doch Fezer suchte zunächst ausgleichend tätig zu werden und nicht Position zu beziehen. Wie Pfarrer Gotthilf Weber – auch der gehörte der Sezession an – in einem Schreiben an Fezer vom 22. September klagte, sei durch dessen Taktieren der Eindruck entstanden, er stehe „auf Seite Rehms", des Leiters der württembergischen Deutschen Christen[44]. Die angemahnte Klärung erfolgte erst Anfang Oktober, als Weber in einem Rundbrief vermelden konnte, Fezer habe sich die sachlichen Anliegen der Sezession „voll und ganz zu den seinigen" gemacht[45]. Gleichwohl wurde Fezer zugetraut, zwischen den zerstrittenen Gruppen zu vermitteln. Doch bei einem mit Wissen und Unterstützung Wurms geführten Gespräch war keine Übereinkunft zu erzielen; die Fronten blieben verhärtet.[46]

Höchst aufschlussreich für das Verhältnis Fezers zu Wurm ist ein Brief, den Wurm am 20. Oktober 1933 an den in Berlin weilenden Fezer richtete. Wurm bat Fezer, sich für eine Klärung der Lage auf reichs- wie landeskirchlicher Ebene einzusetzen. Im Blick auf Württemberg bedeute dies, so Wurm: „Es geht um Rehm oder Wurm, um den Triumph brutaler politischer Methoden oder um die Durchsetzung der echten kirchlichen und nationalen Linie; Neutralität ist nicht mehr möglich."[47] Ausdrücklich warnte Wurm Fezer davor, seinen „gute[n] Name[n] als Aushängeschild" missbrauchen zu lassen[48]. Wurm flehte Fezer geradezu an, er möge als sein „Bundesgenosse und Mitarbeiter" mithelfen, „die württembergische Kirche gesund zu erhalten", da das „Ganze [...] von den Teilen aus" gesunden müsse. Man diene „heute dem Staat besser [...], wenn man unerschrocken den Leuten, die durch falsche Methoden das große Werk der Volkserneuerung gefährden, entgegentritt". Zugeständnisse bestärkten jene lediglich in ihrem Wahn. Er hoffe, so beschloss Wurm sein sehr persönliches Schreiben, dass Fezer bei den in Aussicht genommenen Besprechungen an seiner Seite stehe.

Wurm machte demnach Fezer unmissverständlich klar, dass Neutralität angesichts der angespannten Situation nicht mehr möglich sei – und: Wurm forderte Fezer nachdrücklich auf, sich eindeutig an seine Seite zu stellen, um sein

[43] Vgl. Schäfer, Dokumentation, Bd. 2, 358 und 368.
[44] Schäfer, Dokumentation, Bd. 2, 520.
[45] Schäfer, Dokumentation, Bd. 2, 576.
[46] Vgl. Schäfer, Dokumentation, Bd. 2, 632, 677 und 684.
[47] Schäfer, Dokumentation, Bd. 2, 642.
[48] Schäfer, Dokumentation, Bd. 2, 643.

Gewicht und Ansehen für eine Gesundung erst der württembergischen und dann – so hoffte Wurm – auch der Reichskirche geltend zu machen. Wurm gestand zu, dass er selbst bei der Aufstellung der Liste zur Kirchenwahl einen Fehler begangen habe, aber nun gelte es, Boden zurück zu gewinnen und dies treffe auch auf Fezer zu.

Durch seinen Bruch mit Müller, die Angriffe auf Hossenfelder, die Unterstützung der Sezession in Württemberg und den weitgehenden Rückzug aus Berlin zog Fezer die Konsequenzen. Im Folgenden stand er stets an der Seite Wurms und unterstützte den Landesbischof, wo immer dies nötig erschien. Von Mai bis Oktober 1933 war Fezer vor allem in Berlin aktiv – das Stift leitete damals Repetent Erich Eichele – doch er hatte seine Einflussmöglichkeiten bei Weitem überschätzt: Sein Engagement zugunsten einer volkskirchlich-volksmissionarischen Ausrichtung der Glaubensbewegung Deutsche Christen scheiterte; er musste die leidvolle Erfahrung machen, dass die in Berlin dominierende radikale Richtung nicht zurückgedrängt werden konnte.

Angemerkt sei, dass sich ab 1933 auch im Stift signifikante Änderungen ergaben: die Eintretenden hatten zunächst den Reichsarbeitsdienst zu absolvieren,[49] manche leiteten Dienst in der Studenten-SA[50] oder nahmen am regelmäßig durchgeführten Frühsport teil.[51] Zugleich trat die Bedeutung der Verbindungen, die ab 1933 sukzessive gleichgeschaltet wurden, zurück; doch wurden sie teilweise nach deren Verbot 1936 im Stift im Verborgenen weitergeführt.

4. 1934: Fezer an der Seite Wurms

Im Jahre 1934 gingen Fezers Aktivitäten auf Reichsebene weitgehend zurück – er konzentrierte sich im Wesentlichen auf Württemberg sowie auf Tübingen, war er doch am 11. September 1933 zum Rektor der Universität ernannt worden. Beispiele für seine nach wie vor vorhandenen überregionalen Aktivitäten sind seine Unterschrift unter ein am 24. Januar 1934 an Hitler gerichtetes Schreiben, in dem dieser aufgefordert wurde, einen Wandel in der evangelischen Kirche möglich zu machen; hierfür müsste eine im Gehorsam gegen Jesus Christus stehende Kirchenregierung geschaffen werden.[52] Fezer war zudem beim Empfang der Kirchenführer bei Hitler am 25. Januar 1934 anwesend und er begleitete Wurm auch zum sogenannten Führerempfang am 30. Oktober nach Berlin, doch spielte er bei den zuletzt genannten Ereignissen keine aktive Rolle mehr. Auch eine Einladung Müllers zur Mitwirkung in einem Mitte 1934 eingesetzten Ausschuss, der die Verfassung der Deutschen Evangelischen Kirche überarbei-

---

[49] Vgl. Elsässer, Fux, 46f und Riess, Student, 77.
[50] Vgl. Elsässer, Fux, 52 und Riess, Student, 77.
[51] Vgl. Riess, Student, 84.
[52] Vgl. Schäfer, Dokumentation, Bd. 2, 1052f.

ten sollte, schlug Fezer aus: Er hatte nach Rücksprache mit Wurm und in Abstimmung mit seinen Kollegen Paul Althaus, Werner Elert und Friedrich Gogarten dem Reichsbischof mitgeteilt, wegen dessen Rechtsbrüchen sei kein Vertrauen vorhanden; zunächst müsste ein solches durch Gespräche zwischen den Kirchenführern hergestellt werden.[53]

Wie schon angedeutet, blieb Fezer auch auf der Ebene der württembergischen Landeskirche präsent, allerdings deutlich weniger exponiert als noch im Jahr zuvor. Der am 31. Januar 1934 von den verschiedenen Gruppen der Landeskirche unterzeichnete „Dorotheen-Pakt“ trug Fezers Unterschrift und als Müller im April 1934 erstmals versuchte, die württembergische Landeskirche in die Reichskirche einzugliedern, war Fezer zur Unterstützung Wurms in Stuttgart. Er beteiligte sich an der entscheidenden Aussprache mit dem Rechtswalter der Deutschen Evangelischen Kirche, August Jäger, der den kirchlichen Notstand für Württemberg proklamierte.[54] Als dieser erste Eingliederungsversuch gescheitert war, suchte man in Württemberg nochmals die verfeindeten Gruppen zusammenzuführen. Doch selbst zwölf von Professoren der Tübinger Fakultät erarbeitete Thesen vermochten die angestrebte „Einheitsfront in Württemberg“ nicht zu befördern[55]. Dies mag vielleicht mit der These sieben zu erklären sein, in der es hieß: „Wir sehen in dem württembergischen Landesbischof D. Wurm den rechtmäßigen Bischof und Diener unserer Landeskirche und Bruder eines jeden unter uns“[56]. Wie sehr Fezers Ansehen zwischenzeitlich angeschlagen war, zeigt eine abfällige Notiz des zu den Deutschen Christen gehörenden Pfarrers Fritz Veigel, der in einem internen Papier hervorhob, Fezer sei „als Werkzeug zur Erreichung unserer Ziele schwer entbehrlich, [... jedoch] keineswegs als Führer“[57].

Auch beim zweiten Einbruch des Reichsbischofs in Württemberg stellte sich Fezer hinter seinen abgesetzten und mit Hausarrest belegten Bundesbruder. In einem Schreiben vom 15. September an den Landesbischof solidarisierten sich Fezer und seine Tübinger Kollegen mit Wurm und stärkten ihm dadurch maßgeblich den Rücken. Gegen ein dieser Aktion folgendes Verbot des Kultministeriums an die Fakultät, zu innenpolitischen Angelegenheiten Stellung zu beziehen, wehrten sich die Tübinger Professoren. Obwohl Fezer befürchten musste, sein Amt als Ephorus zu verlieren – sein Kollege Rückert hatte das Dekanatamt abgeben müssen – beteiligte sich Fezer an Bittgottesdiensten für Wurm. Als Wurm am 2. Oktober in Tübingen einen Gottesdienst hielt, fand anschließend ein Treffen im Stift statt. Fezer versicherte hierbei dem suspen-

[53] Vgl. hierzu die einschlägigen Schriftwechsel im Archiv des Evangelischen Stifts: E 2/3, 563,1 (privater Schriftwechsel von Professor Fezer 1933/1934).

[54] Vgl. Gauger, Chronik, 179 und Schäfer, Dokumentation, Bd. 3, 156f und 257.

[55] Schmidt, Bekenntnisse, Bd. 2, 74f.

[56] Schmidt, Bekenntnisse, Bd. 2, 74.

[57] Schäfer, Dokumentation, Bd. 3, 444.

dierten Landesbischof seine uneingeschränkte Solidarität. Dies geschah auf so nachdrückliche Weise, dass er dafür von den Studierenden ausdrücklich gelobt wurde.[58] Nachdem Hitler den Eingliederungsversuch des Reichsbischofs mit einem Empfang der Kirchenführer am 30. Oktober 1934 beendet hatte, suchte Fezer den württembergischen Reichsstatthalter Wilhelm Murr auf und bat ihn, die Wachen vom Dienstgebäude des Oberkirchenrates abzuziehen, damit die Kirchenbehörde wieder ungestört ihrer Arbeit nachgehen könne.[59]

Das Engagement für Wurm sollte freilich auch für Fezer nicht folgenlos bleiben. Obwohl er mit über 90% der Stimmen erneut zum Rektor der Universität gewählt worden war, ernannte Reichswissenschaftsminister Bernhard Rust auf Initiative des württembergischen Kultministers am 30. März 1935 den Klassischen Philologen Professor Friedrich Focke zum Rektor der Universität Tübingen. So gerne Fezer das Amt des Rektors weiter ausgeübt hätte, so war er doch auch erleichtert, die Verantwortung abgeben zu können. Dennoch beklagte er das zerstörte Vertrauen in eine Führung, die auf diese Weise agierte. Allerdings – wie bei so vielen anderen Menschen – litt die allgemeine Zustimmung zum „Dritten Reich" unter diesen Erfahrungen kaum und vor allem behielt Fezer sein fast unerschütterliches Vertrauen auf den „Führer". Noch 1938 soll er gegenüber den Repetenten geäußert haben: „Meine Herren, wer nicht sieht, daß der Führer uns von Gott gegeben ist, ist entweder dumm oder bösen Willens."[60]

5. 1935–1939: Kompromisse aus Sorge um das Stift

Es ist offensichtlich, dass Fezer in den folgenden Jahren alles daran setzte, „das Stift in enger Abstimmung mit der Landeskirche und vor allem mit Landesbischof Wurm zu leiten"[61]. Und Wurm war bestrebt, trotz aller Kritik am NS-Staat mit dessen Organen wenigstens einigermaßen geordnet zusammenzuarbeiten – dies freilich machte vielfältige Kompromisse unabdingbar. Doch Wurms lavierende Haltung, die vor allem auf den Erhalt der Institution Kirche und deren Arbeitsmöglichkeiten ausgerichtet war, rief auch innerhalb der Landeskirche zum Teil entschiedenen Protest hervor. Insbesondere die Kirchlich-theologische Sozietät um ihre Hauptprotagonisten Hermann Diem und Paul Schempp kritisierten Wurm und die Kirchenleitung zum Teil heftig – sie wollten die Landeskirche an der Seite der Zweiten Vorläufigen Kirchenleitung sehen und lehnten jeden Kompromiss entschieden ab; vor allem wollten sie keine pragmatischen Entscheidungen akzeptieren, die theologisch fragwürdig waren.

---

[58] Vgl. Thierfelder, Fezer, 142f.

[59] Vgl. Schäfer, Dokumentation, Bd. 3, 647.

[60] Nach: Thierfelder, Fezer, 144 – ebd., 143f auch die Vorgänge um die Ablösung als Rektor.

[61] Thierfelder, Fezer, 144.

Die nachfolgend zu berichtenden drei Ereignisse spiegeln diese Konfrontation: Landeskirche und Stift, Wurm und Fezer, suchten durch Zugeständnisse Konflikte mit dem Staat zu vermeiden, doch dieses Vorgehen stieß nicht nur auf Einspruch kirchlicher Kreise, auch Partei und Staat attackierten die Akteure.

Im Oktober 1934 wurde im Württembergischen Staatsanzeiger ein Hinweis veröffentlicht, demzufolge dem „Zulassungsgesuche“ für die niedrigen Seminare „neben den seitherigen Beilagen eine verschlossene Äußerung des Heimatpfarramts über die Eignung des Bewerbers und ein Nachweis über seine arische Abstammung anzuschließen“ seien[62]. Spannend an diesem Text war nicht allein, dass damit der Zugang für diese traditionsreichen kirchlichen Schulen so genannten nichtarischen Jugendlichen unmöglich gemacht wurde, sondern auch, dass nur im Staatsanzeiger der Hinweis auf die Beibringung eines „Ariernachweises“ aufgenommen war, während im Amtsblatt der Landeskirche diese Änderung erst 1936 mitgeteilt wurde.[63] Blieb diese, während einer schwierigen Phase der Landeskirche getroffene Verfügung – Wurm war beurlaubt, der Oberkirchenrat unterstand dem von Berlin entsandten Konsistorialpräsidenten Paul Walzer – unwidersprochen, so regte sich entschiedener Protest, als am 9. Dezember 1935 für das Evangelische Stift ein Arierparagraph verfügt wurde. Im Amtsblatt hieß es, dem Aufnahmegesuch sei unter anderem beizufügen: „Name, Beruf und Wohnsitz der Eltern unter Bestätigung der arischen Abstammung des Bewerbers“[64]. Diese Formulierung war Ergebnis einer Besprechung zwischen Vertretern des Oberkirchenrates und der Ministerialabteilung für die Höheren Schulen vom 12. November 1935. Obwohl der Versuch, in einer evangelischen Kirche einen „Arierparagraphen“ einzuführen, 1933 mit ein Anlass zur Bildung einer kirchlichen Opposition war – die Mitglieder des Pfarrernotbundes mussten unterschreiben, dass mit der Einführung eines solchen Paragraphen in der Kirche „eine Verletzung des Bekenntnisstandes“ gegeben sei[65] – war der württembergische Oberkirchenrat offensichtlich bereit, dem Kultministerium zuzugestehen, dass in der württembergischen Landeskirche kein Student mehr im Stift studieren konnte, der jüdische Wurzeln hatte. Von Fezer haben sich in den Unterlagen hierzu keine Äußerungen erhalten, wohl aber von zwei ehemaligen Stiftlern, Friedrich Elsässer und Gerhard Laible, die sich am 2. Januar 1936 in einem persönlichen Schreiben an Wurm wandten. Die zeitbedingte, fast „selbstverständliche“ Erweiterung des Anmeldegesuches habe den „sogenannte[n] Arierparagraph[en] in die ‚bekenntnisgebundene‘ württembergische Landeskirche grundsätzlich eingeführt.“[66] Die Autoren beschlossen ihr Schreiben mit der Feststellung: „Was für Gründe auch beim Evg. Oberkirchen-

[62] Nach: Hermle/Lächele, Die Evangelische Landeskirche, 181.
[63] Vgl. Amtsblatt der Evangelischen Landeskirche, Bd. 27, Nr. 35, 270.
[64] Amtsblatt der Evangelischen Landeskirche, Bd. 27, Nr. 17 vom 7.12.1935, 145.
[65] Hermle/Thierfelder, Herausgefordert, 129.
[66] Hermle/Lächele, Landeskirche, 189.

rat für die Hereinnahme des Arierparagraphen gesprochen haben mögen, die Schrift und das Bekenntnis der Väter sind es nicht gewesen [...]. Auch scheint es uns ungewöhnlich, daß eine Landeskirche, die sich als Ganzes unter die Synoden der Bekennenden Kirche gestellt hat, stillschweigend einen der Hauptprogrammpunkte der D.C. in die Bestimmungen über ihre Diener am Wort aufnimmt, ohne erst auch nur einer Landessynode einen solchen Vorschlag vorzulegen."[67] Auch Gerhard Elsässer, Bruder des oben genannten Friedrich, protestierte entschieden gegen die neuen Aufnahmebestimmungen: Er verwies Wurm darauf, „daß die Kirche nur dann der Welt und auch dem deutschen Volk den schuldigen *Liebes*dienst tut und *tun kann*, wenn sie *kompromißlos und koste es, was es wolle* bei der ganzen, ihr geschenkten und von ihr erkannten *Wahrheit* bleibt."[68] Im Antwortschreiben wies Wurm darauf hin, dass der Staat keinen Unterricht durch „nichtarische Lehrkräfte" akzeptiere, weshalb entsprechende Pfarrer „nicht als Religionslehrer verwendet werden" könnten[69]; zudem wäre das Studium an sich ja nicht ausgeschlossen. Von der Einführung des „Arierparagraphen" in der württembergischen Landeskirche könne daher keine Rede sein. Die theologische Dimension wurde von Wurm außer Acht gelassen, er antwortete rein pragmatisch mit Verweis auf die Zeitgegebenheiten. Ob freilich die Kirche nicht Mittel und Wege gehabt hätte, die staatliche Beschränkung zu umgehen, wird nicht bedacht. Auch Gotthilf Weber, der zwischenzeitlich bei der Vorläufigen Kirchenleitung in Berlin tätig war, wandte sich an Hermann Diem und brachte ihm gegenüber sein „Entsetzen" zum Ausdruck.[70] Im Auftrag von Niemöller richtete Weber an Diem die Anfrage, was man von Seiten der Sozietät zu tun gedenke und „was man sich in Württemberg eigentlich unter der Zugehörigkeit zur Bekennenden Kirche vorstellt"[71].

Dieser Vorgang zeigt, dass die württembergische Kirchenleitung um des Friedens mit dem NS-Regime willen bereit war, eine Maßnahme zu akzeptieren, die in der Bekennenden Kirche als bekenntniswidrig angesehen wurde – und diese dann sogar gegenüber ihren Kritikern zu verteidigen. Rücksicht auf die Bekennende Kirche – zumal dahlemitischer Prägung – nahm man in Stuttgart nicht. Das Einvernehmen mit den Staatsbehörden war vorrangig.

Dies zeigt auch das mit großem Aufwand im Sommersemester 1936 gefeierte 400-jährige Jubiläum des Evangelischen Stifts: Freunde des Stifts wurden gebeten, durch eine Jubiläumsspende den Um- bzw. Ausbau der Bibliothek zu einem würdigen Andachtsraum zu ermöglichen, und in einem feierlichen Festgottesdienst am 7. Juni beschwor Landesbischof Wurm in seiner Predigt die Weisheit, die ohne die Menschen entstanden, aber für sie bestimmt sei. Die „Erkenntnis

[67] Hermle/Lächele, Landeskirche, 190.
[68] Hermle/Lächele, Landeskirche, 194.
[69] Hermle/Lächele, Landeskirche, 192.
[70] Hermle/Lächele, Landeskirche, 195.
[71] Hermle/Lächele, Landeskirche, 196.

göttlicher Weisheit" werde befördert durch „gottgewirkte Geschichte, auch wenn sie überladen ist mit menschlichen Unzulänglichkeiten, Sünden und Torheiten"[72]. Am Hauptfesttag, dem 8. Juni, waren Vertreter des Staates, der Stadt, der Universität, der Kirche und anderer Fakultäten anwesend. Nach einer Gefallenengedenkfeier am Morgen, bei der Heeresoberpfarrer Ernst Schieber an die zahlreichen gefallenen Stiftler des Ersten Weltkrieges erinnerte, fand im Festsaal der Universität die zentrale Feier statt. Bei dieser überbrachte Ministerialdirektor Robert Meyding[73] die Grüße des Reichsstatthalters sowie des Kultministers, Rektor Focke hielt eine Rede in Latein und der Landesbischof gratulierte für die Landeskirche. Nach dem Dekan der Theologischen Fakultät, Professor Weiser, sprach noch Ephorus Fezer; er hob hervor, dass „das Geheimnis der Lebenskraft des Stifts" im „unerschöpflichen Brunnen des Volkstums" liege[74]. Abschließend verwies Fezer auf das Evangelium, es sei der „bleibende Grund, auf dem die Kirche steht, auch wenn sie die Wahrheitsfrage beantwortet [...]. Das ist der tiefste Grund der Lebenskraft des Stifts"[75]. Eine Veranstaltung mit einem Fackelzug zur Platanenallee beschloss den Tag.

Doch sowohl im Vorfeld wie auch im Nachgang zu dieser – auch in der überregionalen Presse bedachten – Jubelveranstaltung gab es Streit. Als Vertreter der evangelischen Kirche auf „Reichsebene" wurde durch Fezer nach Rücksprache mit Wurm nicht ein Mitglied der bekenntniskirchlichen Zweiten Vorläufigen Kirchenleitung [2. VKL] geladen, sondern der Vorsitzende des staatsnahen Reichskirchenausschusses. Dieser Ausschuss wurde jedoch von der „radikalen" Bekennenden Kirche und der Sozietät abgelehnt. Insbesondere der der Sozietät angehörende Repetent Wilhelm Link suchte Fezer in verschiedenen Gesprächen zu bewegen, auch einen Vertreter der 2. VKL einzuladen und als sich Fezer diesem Ansinnen verweigerte, wandten sich Link und andere Repetenten an Wurm. Nach einem Gespräch erklärte sich dieser mit einer Einladung an die 2. VKL einverstanden und es gelang der Sozietät, ein exponiertes Mitglied der bekenntniskirchlichen Kirchenleitung, den Berliner Hans Böhm, für eine Teilnahme an den Feierlichkeiten zu gewinnen. Er traf am 7. Juni in Tübingen ein, doch telefonisch beschied ihm Fezer, wegen der großen Rednerliste könne ihm kein Grußwort eingeräumt werden – auch vom Reichskirchenausschuss spreche niemand. Umso erstaunter war Böhm, als beim Festakt zwar der Reichskirchenausschuss begrüßt wurde, nicht aber die 2. VKL, und noch erstaunter war er, als Pfarrer Heinz Brunotte in Vertretung des Vorsitzenden des Reichskirchenausschusses auch noch das Wort nahm. Böhm verließ daraufhin die Veranstaltung und nahm am Festessen im Museum nicht mehr teil. Bereits auf dem Weg dorthin sprach Vikar Harald Diem Fezer auf den Fauxpas an, woraufhin

[72] Wurm, Dennoch Weisheit, 7; vgl. jetzt Schlenker, Im Dienst.
[73] Vgl. Kieß, Meyding, 47–60.
[74] Thierfelder, Fezer, 146.
[75] Ebd.

Fezer sein Bedauern äußerte und Böhm ein Gespräch anbot. Dieser zog es jedoch vor, umgehend nach Berlin zurückzufahren.

Nach Abschluss der Feierlichkeiten protestierte Hermann Diem beim Landesbischof, Harald Diem gab gegenüber Fezer nochmals seiner Enttäuschung Ausdruck und auch Böhm selbst wandte sich in einem scharfen Brief an Fezer: Bei den Ereignissen habe es sich nicht „um ein Versehen oder einen Fehler [ge-]handelt, sondern um ein durchaus bewußtes Handeln“[76]. In Fezers wie Wurms Verteidigungsschreiben wird deutlich, wie taktisch die Landeskirche in diesem Fall agierte. Wurm sah die Angelegenheit ausschließlich pragmatisch; er beschloss seinen Brief an Böhm mit dem Hinweis, er „halte es nicht für richtig, weder von der Wahrheit noch von der Liebe aus gesehen, wenn bei festlichen Anlässen, bei denen die Kirche vor anderen Faktoren wie Staat und Universität auftritt, innerkirchliche Differenzen zur Schau gestellt werden.“[77]

Nur erwähnt sei noch, dass sich Fezer auch von politischer Seite nach den Feiern heftigen Angriffen ausgesetzt sah. Das Stift wurde in einem Beitrag in der Zeitschrift „Die Bewegung“ als Hort der Reaktion gebrandmarkt. Zudem teilte das Kultministerium dem Ephorus mit, es habe „schärfstes Mißfallen hervorgerufen“, dass die Vertreter der NSDAP nicht angemessen begrüßt worden seien[78]. In letzterem Fall verwies Fezer darauf, er habe keine verbindliche Anmeldung seitens der Partei erhalten, in ersterer Sache suchte der Stiftsälteste in einem Schreiben an den Tübinger Studentenführer zu belegen, wie engagiert die Stiftler in der Bewegung seien.

Die Vorfälle im Umfeld des Stiftsjubiläums 1936 zeigen einmal mehr, wie Landeskirche und Stift bestrebt waren, Konflikten aus dem Weg zu gehen. Obwohl sich die Landeskirche selbst als Teil der Bekennenden Kirche verstand, war man zunächst nicht bereit, die vom NS-Staat verbotene bekenntniskirchliche Kirchenleitung zum Jubiläum einzuladen. Nachdem ein solcher Schritt jedoch aufgrund der Intervention einzelner Theologen unumgänglich schien, wurde eine Einladung zwar ausgesprochen, doch der Vertreter beim Festakt mit Schweigen übergangen. Die Brüskierung der Nichteinladung wurde vermieden, in Kauf nahm man jedoch den Affront, als der das Übergehen des Vertreters verstanden werden musste. Doch trotz dieses Kotaus vor dem Staat konnten sich weder Stift noch Landeskirche vor Angriffen seitens radikaler Nationalsozialisten sicher sein.

Ein weiterer Konflikt, der das Zusammenspiel zwischen Fezer und der Kirchenleitung deutlich werden lässt, ist der „Fall Rau“. Auch dieser Vorgang zeigt, dass Fezer und mit ihm die Landeskirche alles unternahm, um missliebige, der eigenen Linie nicht gemäße Personen zu maßregeln. Man fürchtete wohl, wenn

[76] Thierfelder, Fezer, 152.
[77] Thierfelder, Fezer, 153; vgl. insgesamt zu diesen Ereignissen ebd., 149–153.
[78] Thierfelder, Fezer, 147.

deren Aktivitäten in einer breiteren Öffentlichkeit bekannt würden, dass dann das Stift bzw. die Landeskirche selbst ins Fadenkreuz der antikirchlichen NS-Propaganda geraten könnte. Im zu berichtenden Fall handelt es sich um den Repetenten Werner Rau, der zu Beginn des Wintersemesters 1938/39 ans Stift versetzt worden war. Schon während seiner Vikariatszeit war sein Verhalten nationalsozialistischen Ortsgrößen ein Dorn im Auge und das NS-Hetzblatt „Flammenzeichen" brachte insgesamt fünf gehässige Artikel über Rau. Gemeinsam mit weiteren der Sozietät angehörenden Repetentenkollegen – Manfred Mezger und Helmut Lamparter wären hier zu nennen – machte Rau die von der 2. VKL angesichts der Ende September 1938 drohenden Kriegsgefahr herausgegebene Bittgottesdienst-Liturgie[79] im Stift bekannt. Zwar wurde das Gebet wegen des Münchner Abkommens obsolet, doch Fezer vermerkte in seinem Semesterbericht, dass das Vorgehen der Repetenten „in bezug auf die Lösung der erzieherischen Aufgaben im Stift hemmend" sei und die Aktion der Repetenten das Stift „politisch in eine Gefahr hineingebracht" habe[80]. Fezer führte weiter aus, ein Fakultätsmitglied habe die „Zurücknahme der beiden Repetenten von ihren exponierten Posten" zu bedenken gegeben und einige – wohl nationalsozialistisch eingestellte – Studenten hätten erwogen, aus dem Stift auszutreten. Obwohl Fezer nicht direkt die Abrufung verlangte, wurden Mezger und Rau umgehend per Erlass in Gemeinden versetzt. Während Mezger die Rücknahme des Erlasses bewirken konnte, schied Rau nach nur einem Semester aus dem Stift aus. Er wurde am 7. April 1939 zum Stadtpfarrerverweser in Oberndorf/Neckar ernannt, wo er bereits am 12. April aufzuziehen hatte. In einem persönlichen Gespräch mit Fezer eröffnete ihm dieser dann, sein Handeln habe eben Konsequenzen; dies sei „ein heilsames Beispiel" für ihn und „eine Warnung für andere", wie es Leuten gehen könne, „die sich dem Landesbischof nicht unterordnen"[81]. Dass die Landeskirche so entschlossen reagierte, ergibt sich wohl aus dem Unverständnis auch des Landesbischofs für diese Aktion der 2. VKL, von der er sich – allerdings auf Druck des Kirchenministers Hanns Kerrl – am 29. Oktober 1939 gemeinsam mit seinen Bischofskollegen aus Baden, Hannover und Bayern öffentlich distanziert hatte.[82]

Diese „Entfernung eines Unbequemen" zeigt eindrücklich, wie wenig Fezer bereit war, Andersdenkende in seinem Umfeld zu dulden. Er war weder mit Raus theologischer noch mit dessen kirchenpolitischer und politischer Linie einverstanden und sah in ihm letztlich eine Gefahr für das Stift. Da die Fürbittenliturgie als hochverräterischer Akt gebrandmarkt wurde,[83] musste jeder, der

---

[79] Vgl. Hermle/Thierfelder, Herausgefordert, 455–458.

[80] Thierfelder, Auseinandersetzungen, 283; vgl. auch ders., Fezer, 154, und vor allem auch Rau, Der Fall, 230–253.

[81] Rau, Der Fall, 243.

[82] Vgl. Hermle/Thierfelder, Herausgefordert, 461.

[83] Vgl. Hermle/Thierfelder, Herausgefordert, 458f.

sie verbreitete, in den Verdacht des Landesverrates geraten. Dieses Risiko wollte Fezer nicht auf sich – und auf das Stift – nehmen, er denunzierte daher die beteiligten Repetenten und die Landeskirche reagierte umgehend: Beide wurden abberufen. Dass es schließlich nur Rau traf, war wohl auf das beherzte Auftreten Mezgers bei der Kirchenbehörde sowie auf eine Intervention des Direktors des Musikinstituts Karl Leonhard bei Wurm persönlich zurückzuführen, während der eher ruhige Rau sich in sein Schicksal fügte.[84] Die Abberufung Raus führte zu Protesten seitens der Repetentenkollegen, doch ohne Erfolg. Es ist offensichtlich, dass es der Kirchenleitung und Fezer nicht angebracht erschien, „daß der theologische Nachwuchs von Männern ausgebildet wurde, die sich in offenen Widerspruch zur Anordnung der Kirchenleitung begeben hätten."[85]

6. Kriegszeit: Marineärztliche Akademie und wenige Theologen

Mit Kriegsbeginn ruhte zunächst der Studienbetrieb – zahlreiche Studierende wurden eingezogen, natürlich auch die überwiegende Zahl der Stiftler. Damit stand das Stift weitgehend leer; ab Oktober 1940 wurde das Hauptgebäude militärisch genutzt: Am 24. Oktober wurde eine Landesschützenkompanie stationiert, doch ab April 1941 änderte sich die Situation erneut. Werner Bauer, ein Tübinger, dessen Vater viele Jahre Stiftsarzt gewesen war, tat an der Marineärztlichen Akademie Kiel Dienst und schlug vor, die in Kiel durch Luftangriffe gefährdete Ausbildung der künftigen Ärzte an den Neckar zu verlegen.[86] Am 3. März 1941 traf Bauer in Tübingen ein, um mit dem Ephorus über die Möglichkeiten der Verlagerung der Akademie zu beraten. Fezer stimmte diesem Ersuchen gerne zu. Zum einen begrüßte er es, dass wieder Studierende im Hauptgebäude des Stifts lebten und zum anderen, dass eine militärische – und damit von der Partei weitgehend unabhängige – Nutzung des Stifts in Aussicht stand. Zwischen Stift und Marineärztlicher Akademie wurde ein Vertrag geschlossen, der die Nutzungsmodalitäten regelte und festhielt, dass das Gebäude spätestens ein Jahr nach Kriegsende wieder von der Kirche genutzt werden könne.[87] Durch diese Regelung war das Stift vor Beschlagnahmungen geschützt – im Gegensatz zu den niederen Seminaren, die im Sommer 1941 vom württembergischen Kultminister Christian Mergenthaler der Kirche entzogen und in „Heimschulen für bedürftige Kinder" umgewandelt wurden.[88]

---

[84] Vgl. Thierfelder, Auseinandersetzungen, 283, bes. Anm. 30.
[85] Thierfelder, Auseinandersetzungen, 284; vgl. auch Diem, Kirche, 40.
[86] Vgl. Bauer, Die Marineärztliche Akademie, 102–108.
[87] Vgl. Hahn/Mayer, Stift, 91.
[88] Vgl. Hermle, Brennpunkte, 281–289 (Zitat ebd., 285).

Ende April 1941 zogen nun 300 Studierende der Marineärztlichen Akademie nach Tübingen: ca. 150 Personen der 1. Kompanie fanden im Stift Unterkunft, die anderen im Wilhelmsstift oder in der Thiepval-Kaserne. Der Speisesaal des Stifts wurde weiter als solcher genutzt, während die Kapelle als Freizeitraum diente; im Innenhof fanden die Appelle statt. Zwischen den im Stift untergebrachten Medizin-Studierenden und den wenigen verbliebenen „Stiftlern" entwickelte sich nach anfänglicher Distanziertheit ein recht gutes Verhältnis. Beispielsweise wurden die Theologen zu Semesterabschlussfeiern auf das Schloss eingeladen. Konrad Volz, der als Schwerverwundeter 1941 zum Studium beurlaubt war, schreibt: Die Stiftler erschienen bei dieser Feier „in vollem, militärischem ‚Wichs' samt Lametta und Säbel" und wurden „natürlich von den Nur-Fähnrichen [der Akademie] mit allem gebührenden Respekt behandelt"[89].

Die wenigen verbliebenen Stiftler waren nicht zum Dienst Eingezogene, Gaststudenten aus dem Elsass sowie ab 1941 dann auch Fronturlauber oder – wie Volz – Schwerverletzte. Sie wohnten im Alten Ephorat und im Evangelischen Vereinshaus. Die Zahl dieser von Repetent Ulrich Kunz betreuten Studenten schwankte zwischen 17 im Sommersemester 1941 und 30 im darauf folgenden Wintersemester. Im Alten Ephorat war ein Lesesaal eingerichtet, in dem sonntagabends auch eine halbstündige Andacht gefeiert wurde. Fezer blieb während der gesamten Kriegszeit im Ephorat wohnen, doch scheint er sich nun auch persönlich um die wenigen Studierenden gekümmert zu haben. Er war es, der Informationen über die Ermordung von körperlich und geistig Behinderten sowie die Proteste von Landesbischof Wurm an die Studierenden weiterleitete.[90] In dieser Zeit wurde auch eine zunehmende Distanz Fezers zum Regime erkennbar. Als im Herbst 1944 der Volkssturm als letztes Aufgebot gebildet wurde, waren davon auch die Stiftler betroffen. Ein Versehrter, der Fezer in einem vertraulichen Gespräch mitgeteilt hatte, er könne den Eid auf Hitler nicht mehr leisten, wurde vom Ephorus beschworen: „Glauben Sie, daß dieses Regime es wert ist, deshalb ein Märtyrer zu werden?!"[91]. Sodann bemerkte Fezer noch, dass die Vereidigungen in Massen vorgenommen würden. „Sie haben ja die rechte Hand verloren, können sie also nicht heben [...]. Womöglich fällt das gar nicht auf unter so vielen". Allerdings wurden die die Studierenden umtreibenden Fragen nicht öffentlich thematisiert. Ein Studierender bemerkte, Fezer habe wöchentlich einen exegetischen Locus angeboten, doch blieb man während dieser Treffen ausschließlich fachwissenschaftlich orientiert; über die „bewegenden politischen Fragen wurde [...] nicht gesprochen."[92]

Der Ephorus des Stifts versuchte während des Krieges regelmäßig brieflich Kontakt zu den im Feld stehenden Stiftsangehörigen zu halten. In Rundbriefen

[89] Volz, Offizier, 110.
[90] Vgl. Thierfelder, Fezer, 115.
[91] Volz, Offizier, 113.
[92] Schmid, „Eine Insel des Friedens", 118.

informierte er über die Lage und die theologische Arbeit im Stift und sprach Mut und Hoffnung zu. So verlieh Fezer Ostern 1941 gegenüber den „Kameraden vom Tübinger Stift" seiner Gewissheit Ausdruck, „daß jeder von Ihnen, mitten in allem Lärm der Waffen und aller diesseitigen Sachlichkeit des Dienstes, nicht nur der Botschaft des Lebens dankbar sich erinnert, sondern aus ihr die Kraft gewinnt, den von ihm verlangten Dienst und das jeweils von der Stunde geforderte Opfer, und sei es das Schwerste, in freudiger Entschlossenheit zu bringen"[93].

In einem Rundbrief vom Oktober 1941 informierte Fezer über die Marineärztliche Akademie und das Zusammenleben mit diesen Studierenden, um dann „jene drei Töne" anzusprechen, „die in allem mitschwingen, was wir auch erleben und arbeiten"[94]. Zunächst: Deutschland stehe in einem ungeheuren Kampf, sodann beschäftige die Frage, wie „der Herr der Kirche die Kirche in unserem Volke, deren Raum immer enger wird, hindurchführen" werde und endlich beschäftige der „Schmerz um die Kameraden, von denen wir die Nachricht haben, daß sie ihr junges, hoffnungsvolles Leben als letzten Einsatz für uns gegeben haben". Im letzten Kriegsbrief, am 6. März 1945, schrieb der Ephorus, dass man dankbar gegen Gott sei, dass noch ein Semester geschenkt wurde, und er warf die Frage auf, ob denn überhaupt noch „Kraft zum Studieren" da sei angesichts dessen, was „draussen" geschehe[95]. Man müsse antworten: „Wohl ging's oft durch schwere Stunden hindurch, [...], aber gerade in solcher Notzeit lernen wir von Neuem, aus den Tiefen des Wortes Gottes zu schöpfen, von der Fülle seiner Gnade." Fezer informierte aber nicht nur die Stiftler über das Schicksal ihrer Mitpromotionalen, Freunde und Bekannten, er kondolierte auch Eltern von Stiftlern, wenn er vom Tod ihres Sohnes Nachricht erhielt.[96] Anzumerken bleibt, dass am Ende des Krieges 166 Studierende und vier Repetenten gefallen bzw. vermisst waren.[97]

Mit dem Einmarsch französischer Truppen in Tübingen am 19. April 1945 war in der Universitätsstadt die nationalsozialistische Herrschaft beendet; das Stift, das zuletzt auch als Lazarett gedient hatte, stand bis auf die wenigen Theologiestudierenden leer. Es wurde von der französischen Militärregierung zunächst beschlagnahmt, doch bereits am 19. Juni 1945 wurde diese Beschlagnahmung wieder aufgehoben.

---

[93] Fezer, Beiträge und Ansprachen, 321.
[94] Fezer, Beiträge und Ansprachen, 330.
[95] Nach: Hahn/Mayer, Stift, 92.
[96] Vgl. Fezer, Beiträge und Ansprachen, 325f.
[97] Vgl. Fezer, Beiträge und Ansprachen, 332–336.

7. 1945–1956: Konflikte um Fezer

Langsam stellten sich in Tübingen wieder Studierende ein, hatte die französische Militärregierung doch die Wiederaufnahme des Universitätsbetriebs für das Wintersemester in Aussicht gestellt. Das Stift konnte zum 1. Juli wieder eröffnen, und auch wenn die Anreise oft beschwerlich war – Tübingen lag in der französischen Zone und es bedurfte eines vom Pfarramt ausgestellten Zeugnisses sowie einer gestempelten Armbinde für die Einreise –, so gelangten doch noch während des Sommersemesters 20 bis 25 Personen in das Stift. Für diese Theologen wurde von Fezer und einigen Repetenten „eine Art Studienbetrieb“ organisiert[98]. Freilich war der Raummangel im Stift groß, da ab Oktober 1945 zunächst der fünfte Stock, dann aber auch Teile des vierten und sechsten durch die Landesdirektion für Wirtschaft belegt waren; erst ab 1950 sollte das ganze Stift wieder den Studierenden zur Verfügung stehen.[99] Aber die materiellen Schwierigkeiten – Mangel an Heizmaterial und Lebensmitteln – waren nur die eine Seite des Neuanfangs: In personeller Hinsicht war die Person des Ephorus umstritten – konnte er weiter als Professor wirken und das Amt des Ephorus versehen?

Am 3. Mai 1945 wurde Fezer zusammen mit seinem Kollegen Kittel wegen seiner Parteizugehörigkeit verhaftet, Fezer jedoch bereits am 8. Mai wieder entlassen.[100] Aufgrund dieser Ereignisse wurde in der Landeskirche lebhaft über die Ablösung Fezers spekuliert. Eine Reihe von Weggefährten und Schülern Fezers sah sich daraufhin veranlasst, bei der Kirchenleitung für Fezer zu intervenieren. Bereits am 29. Juni 1945 wandte sich Professor Adolph Köberle an Wurm und unterrichtete ihn von einem Gespräch, das er mit Fezer geführt hatte. Fezer habe erklärt, er wolle im Ephorat so lange bleiben, bis ihm „durch den Rektor oder den Kultminister erklärt“ werde, „dass er wegen seiner nationalsozialistischen Vergangenheit [...] an der kommenden neuen Universität nicht tragbar sei.“[101] Fezer erwarte, dass er im Stift belassen werde, wenn ihn die Universität trage. Köberle verwies den Landesbischof darauf, dass Fezer von der Kirchenleitung Unterstützung erhoffe, habe er doch der Universität Tübingen und der württembergischen Landeskirche die Treue gehalten und um seiner kirchlichen Haltung willen sein Rektorenamt verloren. Am 9. Juli richtete dann der seinerzeit einzige Repetent Willi Pfründer ein Schreiben an den Landesbischof: Die „klare und gründliche Führung des Hauses“ durch Fezer, zudem seine Offenheit für die Nöte der Studierenden und die Bereitschaft „mit seinem

[98] Simpfendörfer, Schleppende Entnazifizierung, 233.
[99] Vgl. Hahn/Mayer, Stift, 222.
[100] Vgl. Thierfelder, Auseinandersetzungen, 295 Anm. 39.
[101] Vgl. Schreiben Adolph Köberle an den Landesbischof, 29.6.1945 (Landeskirchliches Archiv Stuttgart [Abk. LKA], Stift IV, V).

Rat" beizustehen, zeichneten Fezer aus[102]. Pfründer bat darum, „daß die wttbg. Landeskirche alles daransetzen möge, Herrn Ephorus Fezer auf seinem bisherigen Posten zu belassen und ihn darin zu stärken nach allem Vermögen."[103] Bereits am darauf folgenden Tag erreichte Wurm ein Schreiben des Esslinger Dekans Johann Herrmann. Er hob hervor, Fezer sei „ein grundgediegener Theologe und eine sich stark einprägende Persönlichkeit von großem Ernst und einer christlichen Gesamthaltung, die den jungen Amtsbrüdern für die letzte Substanz ihres Amts das Entscheidende mitzugeben vermag."[104] Die Kirche solle für ihn heute einstehen, „wo sie das aus einer unverbrüchlichen Solidarität heraus und um der Sache willen, die sie vertritt, mit gutem Gewissen tun kann und tun muss."[105] Wurm richtete daraufhin noch am 10. Juli ein Schreiben an den Landesdirektor für Kultur, Kunst und Unterricht, Carlo Schmid, nahm Bezug auf ein schon stattgefunden habendes Gespräch, bei dem Fezer Thema war und gab Schmid Auszüge aus den Schreiben von Pfründer und Herrmann zur Kenntnis. Wurm führte weiter aus, Fezer habe „seine anfängliche unkritische Haltung und seine Übernahme des Rektorats dadurch wieder gutgemacht", „dass er durch seine ganze Haltung im Kirchenkampf für Mergenthaler untragbar geworden sei und deshalb auch das Rektorat wieder verloren habe."[106] Anschließend betonte Wurm „ausdrücklich", dass die Kirchenleitung „das Ausscheiden von Professor Fezer [...] sehr bedauern" würde[107]. Obwohl in diesem Schreiben eine vorsichtig distanzierte Haltung Wurms gegenüber Fezer zum Ausdruck kam, stellte sich der Landesbischof doch hinter Fezer. Viele Aktivitäten Fezers waren mit Wurm abgestimmt und erfolgten erst nach Rücksprache mit ihm. Auch hatte sich Fezer nach seinem Bruch mit den Deutschen Christen uneingeschränkt hinter Wurm gestellt und sich dadurch den Unmut des Kultministers zugezogen. Ohne Datum, aber erkennbar in der Phase der heißen Diskussion, ob Fezer Ephorus bleiben könne, erreichte die Kirchenleitung ein Schreiben von Schülerinnen und Schülern Fezers – unterschrieben hatte die Esslinger Vikarin Dr. Renate Ludwig –, in dem ausführlich Argumente für Fezers Verbleib im Amt dargelegt wurden. Grundsätzlich, so wurde eingangs betont, gelte, dass für die Diener der Kirche allein Gottes Wort „als verpflichtende Norm für Amt und Leben" gelten und dass die Kirche „nicht eine ‚fremde' Macht über die Tragbarkeit oder Untragbarkeit ihrer Diener entscheiden lassen" dürfe[108]. Angesichts der Tatsache, dass das Ephorat „ein besonderes kirchliches Vertrauens-

---

102 Schreiben Willi Pfründer an den Landesbischof, 9.7.1945 (LKA, Stift IV, V).

103 Ebd.

104 Schreiben Evangelisches Dekanatamt Esslingen an Landesbischof Wurm, 10.7.1945 (LKA, Stift IV, V).

105 Ebd.

106 Schreiben des Landesbischofs an den Landesdirektor, 10.7.1945 (LKA, Stift IV, V).

107 Ebd.

108 Schreiben „Um das Amt von Herrn Prof. D. Dr. Fezer – Tübingen. Eine Bitte seiner Schüler", ohne Datum (LKA, Stift IV, V).

amt" sei, gelte es zu prüfen, ob von geistlichen Gesichtspunkten aus das Vertrauen Fezer gegenüber hinfällig geworden sei. Eine Gefährdung könne – erstens – davon ausgehen, dass Fezer Parteigenosse gewesen sei, doch dies seien viele Pfarrer gewesen und in der Regel „aus sehr ehrenwerten Beweggründen". Außerdem sei ein Parteiaustritt „keinem mehr möglich" gewesen. Wäre Fezer als Parteigenosse für das Amt untragbar gewesen, hätte man „ihn sofort schon 1933 von seinem Amte entheben müssen". Der Umstand, dass nunmehr die Alliierten sein Vermögen wegen der Parteimitgliedschaft beschlagnahmt hätten, sei kein „*kirchlicher* Grund, ihm sein Amt zu nehmen". Auch der – zweite – Vorwurf, Fezer sei Mitglied der Deutschen Christen gewesen, könne für eine Absetzung nicht geltend gemacht werden. Er habe als Vertrauensmann der theologischen Fakultäten „einen legitimen kirchlichen Auftrag" wahrgenommen und sei mit der Hoffnung Mitglied bei den Deutschen Christen geworden, „man könnte von *innen* her die Bewegung [...] vielleicht bestimmen". Immerhin habe Fezer dann die neuen Richtlinien ermöglicht: Ohne Arierparagraph für die Kirche und mit der Aussage, das Alte Testament gehöre zur „unantastbare[n] Grundlage für die Verkündigung". Sofort nach der Sportpalastkundgebung habe Fezer Einspruch erhoben und habe in Berlin „die verantwortlichen Männer zur Rede" gestellt. Er sei infolgedessen ausgeschlossen worden und habe dies im Audimax in Tübingen bekanntgegeben. Dass Fezer daraufhin „nicht gleich mit fliegenden Fahnen in das Lager der Bekennenden Kirche überging", spreche „doch charakterlich nur *für ihn*". Zuletzt – drittens – werde ihm sein Rektorenamt vorgeworfen. Er habe dies „*auch* unter dem Eindruck des nationalen Optimismus" übernommen, doch dass er trotz Wiederwahl nicht erneut zum Rektor ernannt wurde, spreche für ihn. Fezer sei nach dem Jahr 1934 „nichts weiter gewesen als unser akademischer Lehrer und der Ephorus des Ev. Stiftes". Als Schüler bitte man die Kirchenleitung, im Fall von Fezer „wirklich [...] die geistlichen Gesichtspunkte zu bedenken und in Erwägung ziehen zu wollen und nicht die politischen Gesetze der Vergangenheit und der Gegenwart auf ihn anwenden zu wollen." Fezer habe „an seinem Orte für eine klare Linie und eine saubere Theologie gesorgt" und er habe „gerade durch die genaue Kenntnis der Irrlehre und *ihrer* Theologie [...] zu ihrer Bekämpfung und Überwindung Wesentliches beigetragen."[109] Dieses Schreiben mag Wurm für seine Intervention zugunsten Fezers bestärkt haben, zumal die Auseinandersetzung um Fezer noch nicht beendet war. Wie seine Kollegen Kittel, Faber und Weiser wurde auch Fezer durch ein Schreiben des Rektors vom 6. September 1945 von seinem Professorenamt suspendiert. Bereits am 12. September verteidigte sich Fezer dann in einem ausführlichen Schreiben und bat, die Suspendierung und die Beschlagnahmung seines Vermögens aufzuheben. Als Gründe für seinen Parteieintritt gab er an, dass ihm wichtige Punkte des Programms der

[109] Alle Zitate ebd.

NSDAP „der Unterstützung wert erschienen"[110]: „wirksame Behebung der damals immer furchtbarer werdenden Arbeitslosigkeit", die „Herstellung von Ordnung und Sauberkeit in der Verwaltung" und sicher nicht zuletzt die „Gewährung voller Möglichkeit an die beiden christlichen Kirchen, ihre Erziehungsarbeit am Volke ungehindert zu treiben." Im Blick auf die Deutschen Christen hob er hervor, er habe seinen Einfluss geltend gemacht, „daß bei den ‚Deutschen Christen' ein wirklich christlicher Kurs gesteuert werde" – unter anderem habe er „die Streichung des Arierparagraphen" erwirkt – und als er die „Unaufrichtigkeit der leitenden Männer" erkannt habe, habe er die Bewegung verlassen[111]. Zudem erinnerte Fezer an seinen Protest gegen die Übergriffe der Deutschen Christen auf die einzelnen Landeskirchen und dass er sich entschieden auf die „Seite der Landesbischöfe von Württemberg und Bayern und von Martin Niemöller" stellte[112]. Das Rektorenamt habe er erst nach Rücksprache mit dem württembergischen Landesbischof übernommen und seine Unterstützung Wurms habe dann dazu geführt, dass er dieses Amtes – obwohl mit überwältigender Mehrheit wiedergewählt – enthoben wurde. In der Partei sei er verblieben, da er hoffte, dass „noch irgend etwas gebessert werden könnte"; zudem sei ein Austritt „praktisch unmöglich gemacht" gewesen[113]. Vor allem aber verwies Fezer darauf, dass sein „Austritt schwere Gefahren für das Haus mit sich gebracht [hätte], dessen Leiter ich bin: für das Ev. theol. Stift."

Seine Suspendierung hatte Fezer auch dem Oberkirchenrat angezeigt und dort trafen in diesem Zusammenhang erneut Unterstützungsschreiben von Frau Ludwig ein, aber dieses Mal auch von Fezers Kollegen Karl Heim. Wurm wandte sich daraufhin am 12. September an die französische Militärregierung und sprach sich für die Aufhebung der Suspensionen der drei Tübinger Professoren aus. Offensichtlich mit Erfolg: Die Suspendierung wurde bereits Anfang Oktober 1945 zurückgenommen, so dass der Dekan die Fakultätsmitglieder einschließlich der „wiedereingestellten Kollegen Faber, Fezer und Weiser" auf einer Sitzung am 12. Oktober begrüßen und seiner Freude Ausdruck verleihen konnte, „daß die Fakultät nun wieder arbeitsfähig sei"[114]. Damit war für Fezer die Gefahr, sein Professorenamt zu verlieren, ausgestanden – im Gegensatz übrigens zu seinen Kollegen Faber und Weiser, die ab Mai 1946 für mehrere Jahre nicht mehr lehren durften.

Doch die Diskussion in der Kirche war noch nicht beendet:

1946 klagte die Sozietät den Ephorus in einer Broschüre über „Kirche und Entnazifizierung" an, im Frühjahr 1939 aus opportunistischen Gründen gefordert zu haben, einen Repetenten, „der als scharfer Gegner des Nationalsozialis-

---

[110] Nach: Fezer, Beiträge und Ansprachen, 301.
[111] Fezer, Beiträge und Ansprachen, 302.
[112] Fezer, Beiträge und Ansprachen, 303.
[113] Fezer, Beiträge und Ansprachen, 305.
[114] Nach: Thierfelder, Auseinandersetzungen, 287.

mus bekannt war, vom Stift wegzuversetzen" – und die Oberkirchenbehörde habe dies dann auch vollzogen[115]. Dies sei ein Vorgang, der „in der ganzen neueren Geschichte des Stiftes noch nie vorgekommen war". Auch der Religiöse Sozialist Gottfried Schenkel brachte Wurm gegenüber in einem Schreiben vom 2. September 1946 sein Unverständnis zum Ausdruck, „daß Professor D. Fezer den maßgebenden Einfluß auf die Ausbildung und Beurteilung der jungen Theologen behält, trotzdem er in der entscheidenden Spanne die Zeichen der Zeit völlig verkannt und in seinem Eintreten für die Wahl von Reichsbischof Müller die Unsicherheit seines Urteils über Menschen und Mächte gezeigt hat"[116]. Insbesondere monierte Schenkel, „daß es sich hier um die Glaubwürdigkeit der Sinnesänderung in der Kirche vor weiten Kreisen, die zu unsrer Kirche gehören wie vor politischen Kreisen, handelt".

Blieben diese Äußerungen 1946 noch ohne erkennbare Folgen, so brachte die Wahl Fezers zum Vertreter der Fakultät im Landeskirchentag 1947 insoweit eine neue Situation, als der Landesbruderrat sich nun genötigt sah, sein seit den Vorfällen im Jahr 1933 gestörtes Verhältnis zu Fezer zu klären. Ein Gespräch mit Fezer erbrachte eine Verständigung, über die Theodor Dipper die Vertrauensleute am 19. März 1948 unterrichtete. Der Weg Fezers in der Zeit des Nationalsozialismus habe, so Dipper einleitend, bei zahlreichen Pfarrern und Theologiestudierenden eine „Verirrung mitbestimmt"[117]. Zwar habe sich Fezer im November 1933 von den Deutschen Christen gelöst, aber es wurde doch „eine klare Bereinigung im Sinne der theol[ogischen] Erklärung von Barmen, eine gründliche theologische und kirchliche Absage an die Irrlehre der Deutschen Christen" in der Öffentlichkeit vermisst. Den „Amtsbrüdern" wurde eine Erklärung Fezers zur Kenntnis gegeben, die dieser bei einem theologischen Ferienkurs am 2. September 1947 in Bad Boll abgegeben hatte. Im Rahmen dieses Zusammentreffens mit Pfarrern hatte Fezer ausgeführt, dass es ihm „durch die Jahre [...] unter vielen Schmerzen immer aufs neue anschaulich geworden [sei], wie sehr gerade diejenigen Fehler, die wir im Beurteilen einer Lage, einer Bewegung, einer Person machen, zu Fehlern gehören, die wir nicht mehr reparieren können."[118] Man sei auf Vergebung angewiesen und im „Wissen um diese Vergebung tue [... er seine] Arbeit auf dem Katheder in Tübingen, im Stift und auch hier." Er stehe den Anwesenden „Rede und Antwort im gemeinsamen wie im persönlichen Gespräch." Es sei ein „Stück der königlichen Freiheit in Christus", die Möglichkeit zum Bekenntnis gegeben zu bekommen: „*erravi, peccavi* [ich habe geirrt, ich habe gesündigt], und zur Bitte: *indulge mihi, frater, per do-*

---

[115] Diem, Kirche, 40.

[116] Nach: Thierfelder, Auseinandersetzungen, 285.

[117] Rundschreiben der evangelischen Bekenntnisgemeinschaft Württemberg vom 19.3.1948, in: Fezer, Beiträge und Ansprachen, 307.

[118] Fezer, Beiträge und Ansprachen, 308.

minum nostrum Jesum Christum [Vergib mir, Bruder, durch unsern Herrn Jesus Christus]!«[119]

Diese Erklärung wurde wohl in einer breiteren Öffentlichkeit nicht bekannt; dies und die Tatsache, dass sich Fezer aufgrund seiner angeschlagenen Gesundheit immer mehr zurückzog sowie das immer noch nicht abgeschlossene Verfahren vor der Universitäts-Spruchkammer beflügelten 1950 Spekulationen um seine Ablösung als Ephorus. Über 30 Stiftsstudierende wandten sich an den seit 1948 amtierenden Landesbischof Martin Haug und baten um eine Neubesetzung des Ephorats. Fezer sei kaum anwesend, er zeige wenig Verständnis für die Studierenden und vor allem fehle das Vertrauen zu ihm. Das Kollegium des Oberkirchenrates nahm diese Anregung positiv auf, ein „Wechsel im Stiftsephorat [wurde] als dringend erwünscht" bezeichnet[120]. Am 9. Juni unterrichtete Haug Fezer in einem persönlichen Gespräch über die Entwicklung. Fezer gestand die „lähmende Mißstimmung" im Stift zu und führte sie auf seine Überlastung durch das Doppelamt zurück. Fezer regte an, die Stelle des Ephorus hauptamtlich zu besetzen und räumte einen Rückzug ein, soweit dieser „in Formen geschehe, die nicht kränkend sind". Man kam überein, die Sache bis zum Ende des Spruchkammerverfahrens ruhen zu lassen.

In diesem Verfahren hatte sich Wurm nochmals für Fezer eingesetzt und betont, Fezer habe sich „wie viele andere in jener Zeit über die wahren Absichten der Deutsch-Christlichen Bewegung und des Nationalsozialismus im Ganzen täuschen lassen" und gemeint, nun sei „eine ganz neue Epoche für die volksmissionarische Arbeit im deutschen Volk angebrochen"[121]. Er habe diesen Irrtum „aber bald völlig überwunden" und als „in Württemberg der Kirchenkampf ausbrach", sei Fezer „an der Seite der württ[embergischen] Kirchenleitung" gestanden. Die Spruchkammerverhandlung fand dann am 16. Juni 1950 statt und endete in einem Freispruch Fezers – „Entlastet unter Übernahme der Kosten durch die Staatskasse" –, doch der schriftliche Bescheid ließ auf sich warten[122].

Fezer hatte die Zeit genutzt und mit den Studierenden Gespräche geführt, deren Ergebnis „eine nahezu völlige Kapitulation der protestierenden Studenten" war; sie „gaben eine Art Ehrenerklärung für Fezer ab" und bezeichneten ihre Aktion als „Mißgriff"[123]. Auch die zu einer Aussprache beim Landesbischof geladenen Repetenten erklärten einen Rücktritt „nicht für opportun", zumal die Studierenden sie mit ihrer Aktion völlig überrascht hatten. Der Oberkirchenrat bekräftigte zwar seine ablehnende Haltung Fezer gegenüber, doch dieser erklärte nach Erhalt des Spruchkammerbescheids Ende Oktober, dass er

---

119 Fezer, Beiträge und Ansprachen, 309.
120 Nach: Thierfelder, Auseinandersetzungen, 290.
121 Schreiben Landesbischof i.R. Wurm an die Universitäts-Spruchkammer, 6.4.1950 (LKA, A 127).
122 Nach: Thierfelder, Auseinandersetzungen, 291.
123 Thierfelder, Auseinandersetzungen, 291.

nach Beratungen mit den Kollegen, den Repetenten und Stiftsstudierenden es „für richtig halte, ‚das Amt des Stifts- Ephorus weiterzuführen'". Zwar antwortete der Oberkirchenrat nochmals deutlich distanziert auf das Schreiben Fezers und auch ein klärendes Gespräch wurde am 21. Dezember geführt, doch eine Neubesetzung des Ephorenamtes war nicht mehr Gegenstand der Erörterungen. Erst zum 1. September 1956 trat dann Friedrich Lang das Amt des Ephorus an; Fezer wirkte noch – ab 1956 dann endlich als ordentlicher Professor – bis zum Sommersemester 1959 an der Fakultät. Wenige Monate später, am 13. Januar 1960, verstarb er nach kurzer Krankheit in Stuttgart.[124]

8. Resümee

Fezer und Wurm – diese beiden Männer, die zwar derselben Verbindung angehörten, aber doch wohl eher ein Respektsverhältnis zueinander pflegten als eine Freundschaft – waren für die Geschichte des Stifts von 1930 bis in die Nachkriegsjahre von entscheidender Bedeutung. Ihre wohl vergleichbare theologische Prägung und das bei beiden präsente Krisenbewusstsein ließ sie auf eine nachhaltige Verbesserung der Situation der Kirche in einem von den Nationalsozialisten regierten Deutschland hoffen, hatten es diese doch verstanden, sich als christlichen Werten verpflichtete und für kirchliche Anliegen offene Partei zu präsentieren. Während freilich Wurm bei aller Sympathie gegenüber den Nationalsozialisten – und für eine kurze Zeit auch gegenüber den Deutschen Christen – letztlich distanziert blieb, engagierte sich Fezer für seine Verhältnisse leidenschaftlich: Als Vertreter der evangelischen Fakultäten war er in Berlin bei allen die Evangelische Kirche betreffenden Ereignissen präsent. Plötzlich fand sich der aus kleinen Verhältnissen stammende Mann an den Schalthebeln der Macht wieder – zumindest schien es ihm gelungen, das theologisch wirre und der Irrlehre verdächtige Programm der Deutschen Christen umzuformen und diese kirchlich-volksmissionarisch auszurichten. Die Ernüchterung folgte jedoch bald: Fezer musste erkennen, dass sein Einfluss bei Weitem nicht ausreichte, die radikalen Kräfte in der deutsch-christlichen Bewegung auszuschalten. Vor allem musste er die Erfahrung machen, dass sich der von ihm unterstützte „Vertrauensmanns des Führers", Ludwig Müller, als eine oberflächliche, theologisch ungebildete und letztlich lediglich auf Machterwerb ausgerichtete Person erwies. Fezer vermochte es im Folgenden nicht, öffentlich für seine Fehler einzustehen, sondern er taktierte, bis er sich endlich in Württemberg für die Sezession erklärte. Allerdings schloss er sich nicht offen der Bekenntnisgemeinschaft an; ein solcher Schritt kam für Fezer nicht in Frage. Er orientierte sich im Folgenden konsequent an Wurm und beschränkte sich auf seine Lehrtätigkeit

[124] Vgl. Thierfelder, Auseinandersetzungen, 292 und Müller, Fezer, 254.

und sein Wirken in Tübingen. Wohl mit aus Sorge um den Bestand des Stifts enthielt er sich ab 1935 aller Maßnahmen, die irgendwie hätten geeignet sein können, die Aufmerksamkeit der Partei oder des Staates zu wecken. Dieses defensive Verhalten mag mit dafür ausschlaggebend gewesen sein, dass Fezers Position nach Kriegsende umstritten blieb. Trotz der zahlreichen Voten für ihn regten sich immer wieder Zweifel an seiner Integrität. Dies und der Umstand, dass sein in geschlossener Runde geäußertes, eher allgemein-zurückhaltendes Schuldeingeständnis letztlich nicht gehört und angenommen wurde, erklären die zunehmende Distanzierung des Oberkirchenrats von Fezer. Dass dabei auch persönliche Motive eine Rolle gespielt haben mögen, mag als weiterer Faktor in Rechnung zu stellen sein.

Trotz verhaltener Kritik stützte Wurm andererseits seinen Bundesbruder Fezer, so dass dieser nach 1945 im Amt bleiben konnte. Dass Wurms Verhältnis zu Fezer jedoch deutlich abkühlte, ist daran zu ersehen, dass er ihn in seinen 1956 publizierten Lebenserinnerungen nur zwei Mal in eher negativem Zusammenhang erwähnte: er habe auf das Urteil Fezers vertraut und für Müller gestimmt und Fezer sei beim Empfang bei Hitler im Januar 1934 anwesend gewesen.[125] Doch diese Distanzierung greift wohl zu kurz: Immerhin bediente sich Wurm Fezers, als dieser in Berlin eine zentrale Funktion innehatte, und er war an einer Unterstützung Fezers interessiert, als er 1934 mit Hausarrest belegt und als Landesbischof abgesetzt war. Ab 1935 jedoch agierte er im Blick auf das Stift und auf Fezer zurückhaltend: Auch dem Landesbischof war nun vor allem daran gelegen – beispielsweise beim Stiftsjubiläum 1936 –, dass das Stift keinen Schaden nehmen möge. Wurm pflegte daher eine vermittelnde, auf Kompromisse ausgerichtete Haltung, die freilich den auf Barmen eingeschworenen Theologen in der württembergischen Landeskirche als Verrat erschien.

Dass das Stift in der Hand der Landeskirche blieb und sich die Frage nach einer Enteignung – wie bei den Seminaren – erst gar nicht stellte, war letztlich dem glücklichen Umstand geschuldet, dass ein Tübinger Marinearzt das Stift als Ausweichstandort für die Marineärztliche Akademie vorschlug. Fezer erkannte die sich bietende Chance und war umgehend zur Unterzeichnung eines entsprechenden Vertrages bereit. Dadurch war nach Kriegsende ein fast nahtloser Übergang möglich: Das Stift wurde wieder zum Studienhaus der Landeskirche und diente damit weiterhin seiner seit 1536 festgeschriebenen Bestimmung.

[125] Vgl. Wurm, Erinnerungen, 86 und 89.

Bibliographie

Quellen

Archivalien

Archiv des Evangelischen Stifts Tübingen
Ephoratsbestände: E 2/3, 563,1: privater Schriftwechsel von Professor Fezer 1933/1934.

Landeskirchliches Archiv Stuttgart (LKA)
A 127.
Stift IV, V.

Gedruckte Quellen

Amtsblatt der Evangelischen Landeskirche in Württemberg, Bd. 23, Nr. 20 vom 30. März 1928.

Amtsblatt der Evangelischen Landeskirche in Württemberg, Bd. 27, Nr. 17 vom 7. Dezember 1935.

Amtsblatt der Evangelischen Landeskirche in Württemberg, Bd. 27, Nr. 35 vom 22. Dezember 1936.

Joachim Gauger, Chronik der Kirchenwirren, Gotthart-Briefe 138–145, [Elberfeld] 1937.

Gerhard Schäfer (Hg.), Dokumentation zum Kirchenkampf. Die Evangelische Landeskirche Württembergs und der Nationalsozialismus, Bd. 1: Um das politische Engagement der Kirche 1932–1933, Stuttgart: Calwer, 1971.

Ders. (Hg.), Dokumentation zum Kirchenkampf. Die Evangelische Landeskirche Württembergs und der Nationalsozialismus, Bd. 2: Um eine deutsche Reichskirche 1933, Stuttgart: Calwer, 1972.

Ders. (Hg.), Dokumentation zum Kirchenkampf. Die Evangelische Landeskirche Württembergs und der Nationalsozialismus, Bd. 3: Der Einbruch des Reichsbischofs 1934, Stuttgart: Calwer, 1974.

Kurt Dietrich Schmidt (Hg.), Die Bekenntnisse und grundsätzlichen Äußerungen zur Kirchenfrage, Bd. 2: Das Jahr 1934, Göttingen: Vandenhoeck & Ruprecht, 1935.

Theophil Wurm, Dennoch Weisheit. Festpredigt bei dem 400jährigen Jubiläum des Tübinger Stifts am Dreieinigkeitsfest, 7. Juli 1936 von Landesbischof D. Th. Wurm, Stuttgart: Quell, 1936.

Sekundärliteratur

Werner Bauer, Die Marineärztliche Akademie im Evangelischen Stift, in: Im Dienst an Volk und Kirche. Theologiestudium im Nationalsozialismus. Erinnerungen, Darstellungen, Dokumente und Reflexionen zum Tübinger Stift 1930 bis 1950, hg. v. Siegfried Hermle/Rainer Lächele/Albrecht Nuding, Stuttgart: Quell, 1988, 102–108.

Hermann Diem (Hg.), Kirche und Entnazifizierung. Denkschrift der Kirchlich-Theologischen Sozietät in Württemberg, Kirche für die Welt 5, Stuttgart: Kohlhammer, 1946.

David Diephouse, Theophil Wurm (1868–1973), in: Wir konnten uns nicht entziehen. 30 Porträts zu Kirche und Nationalsozialismus in Württemberg, hg. v. Rainer Lächele/Jörg Thierfelder, Stuttgart: Quell, 1998, 13–33.

Friedrich Elsässer, Fux, Auswärts, Kandidat. Aus den Lebenserinnerungen Friedrich Elsässers, in: Im Dienst an Volk und Kirche. Theologiestudium im Nationalsozialismus. Erinnerungen, Darstellungen, Dokumente und Reflexionen zum Tübinger Stift 1930 bis 1950, hg. v. Siegfried Hermle/Rainer Lächele/Albrecht Nuding, Stuttgart: Quell, 1988, 43–54.

Karl Fezer, Das Wort Gottes und die Predigt. Eine Weiterführung der prinzipiellen Homiletik auf Grund der Ergebnisse der neuen religionspsychologischen und systematischen Forschung, Stuttgart: Calwer, 1925.

Ders., Beiträge und Ansprachen, in: Im Dienst an Volk und Kirche. Theologiestudium im Nationalsozialismus. Erinnerungen, Darstellungen, Dokumente und Reflexionen zum Tübinger Stift 1930 bis 1950, hg. v. Siegfried Hermle/Rainer Lächele/Albrecht Nuding, Stuttgart: Quell, 1988, 276–336.

Joachim Hahn/Hans Mayer, Das Evangelische Stift in Tübingen. Geschichte und Gegenwart – Zwischen Weltgeist und Frömmigkeit, Stuttgart: Theiss, 1985.

Siegfried Hermle, Brennpunkte der Geschichte der evangelischen Seminare im 20. Jahrhundert, in: Blätter für württembergische Kirchengeschichte 110 (2010), 281–289.

Ders./Rainer Lächele, Die Evangelische Landeskirche in Württemberg und der „Arierparagraph“, in: Im Dienst an Volk und Kirche. Theologiestudium im Nationalsozialismus. Erinnerungen, Darstellungen, Dokumente und Reflexionen zum Tübinger Stift 1930 bis 1950, hg. v. Siegfried Hermle/Rainer Lächele/Albrecht Nuding, Stuttgart: Quell, 1988, 179–214.

Ders./Jörg Thierfelder (Hg.), Herausgefordert. Dokumente zur Geschichte der evangelischen Kirche in der Zeit des Nationalsozialismus, Stuttgart: Calwer, 2008.

Werner Jetter, Vaterlandsliebe. Eine Jugend in der Weimarer Republik, in: Im Dienst an Volk und Kirche. Theologiestudium im Nationalsozialismus. Erinnerungen, Darstellungen, Dokumente und Reflexionen zum Tübinger Stift 1930 bis 1950, hg. v. Siegfried Hermle/Rainer Lächele/Albrecht Nuding, Stuttgart: Quell, 1988, 16–42.

Rudolf Kieß, Robert Meyding (1876–1950), in: Wir konnten uns nicht entziehen. 30 Porträts zu Kirche und Nationalsozialismus in Württemberg, hg. v. Rainer Lächele/Jörg Thierfelder, Stuttgart: Quell, 1998, 47–60.

Rainer Lächele, Hitlerjugend und Kampfbund gegen den Faschismus. Politisches Engagement im Tübinger Stift am Ende der Weimarer Republik, in: Im Dienst an Volk und Kirche. Theologiestudium im Nationalsozialismus. Erinnerungen, Darstellungen, Dokumente und Reflexionen zum Tübinger Stift 1930 bis 1950, hg. v. Siegfried Hermle/Rainer Lächele/Albrecht Nuding, Stuttgart: Quell, 1988, 157–178.

Manfred Mezger, Repetent im Stift – Kontinuität und Widerspruch, in: In Wahrheit und Freiheit. 450 Jahre Evangelisches Stift in Tübingen, hg. v. Friedrich Hertel, Quellen und Forschungen zur württembergischen Kirchengeschichte 8, Stuttgart: Calwer, 1986, 241–255.

Hans-Martin Müller, Karl Fezer (1891–1960), in: Wir konnten uns nicht entziehen. 30 Porträts zu Kirche und Nationalsozialismus in Württemberg, hg. v. Rainer Lächele/Jörg Thierfelder, Stuttgart: Quell, 1998, 251–264.

Ulrich Rau, Der Fall Rau. Die Entfernung eines Unbekannten, in: Im Dienst an Volk und Kirche. Theologiestudium im Nationalsozialismus. Erinnerungen, Darstellungen, Dokumente und Reflexionen zum Tübinger Stift 1930 bis 1950, hg. v. Siegfried Hermle/Rainer Lächele/Albrecht Nuding, Stuttgart: Quell, 1988, 230–253.

Hermann Riess, Halb Student, halb Soldat, in: Im Dienst an Volk und Kirche. Theologiestudium im Nationalsozialismus. Erinnerungen, Darstellungen, Dokumente und Reflexionen zum Tübinger Stift 1930 bis 1950, hg. v. Siegfried Hermle/Rainer Lächele/Albrecht Nuding, Stuttgart: Quell, 1988, 73–85.

Lea Schlenker, Im Dienst an Volk und Kirche. Das Stiftsjubiläum 1936, in: Blätter für württembergische Kirchengeschichte 116 (2016), 341–374.

Friedrich Schmid, „Eine Insel des Friedens". Die Jahre 1943 bis 1945, in: Im Dienst an Volk und Kirche. Theologiestudium im Nationalsozialismus. Erinnerungen, Darstellungen, Dokumente und Reflexionen zum Tübinger Stift 1930 bis 1950, hg. v. Siegfried Hermle/Rainer Lächele/Albrecht Nuding, Stuttgart: Quell, 1988, 117–124.

Klaus Scholder, Die Kirchen und das Dritte Reich, Bd. 1: Vorgeschichte und Zeit der Illusionen 1918–1934, Berlin: Propyläen, 1977.

Leonore Siegele-Wenschkewitz, Die Evangelisch-Theologische Fakultät Tübingen in den Anfangsjahren des Dritten Reichs. I. Karl Fezer und die Deutschen Christen, in: Zeitschrift für Theologie und Kirche, Beiheft 4: Tübinger Theologie im 20. Jahrhundert, Tübingen: Mohr Siebeck, 1978, 34–52.

Werner Simpfendörfer, Schleppende Entnazifizierung, in: Tübingen 1945. Eine Chronik, hg. v. Hermann Werner, Beiträge zur Tübinger Geschichte 1, Stuttgart: Theiss, 1986, 232–234.

Jörg Thierfelder, Die Auseinandersetzungen um den Stiftsephorus Karl Fezer nach dem II. Weltkrieg, in: In Wahrheit und Freiheit. 450 Jahre Evangelisches Stift in Tübingen, hg. v. Friedrich Hertel, Quellen und Forschungen zur württembergischen Kirchengeschichte 8, Stuttgart: Calwer, 1986, 278–296.

Ders., Karl Fezer – Stiftsephorus in der Zeit des Nationalsozialismus, in: Im Dienst an Volk und Kirche. Theologiestudium im Nationalsozialismus. Erinnerungen, Darstellungen, Dokumente und Reflexionen zum Tübinger Stift 1930 bis 1950, hg. v. Siegfried Hermle/Rainer Lächele/Albrecht Nuding, Stuttgart: Quell, 1988, 126–156.

Konrad Volz, Als Offizier im Kolleg, in: Im Dienst an Volk und Kirche. Theologiestudium im Nationalsozialismus. Erinnerungen, Darstellungen, Dokumente und Reflexionen zum Tübinger Stift 1930 bis 1950, hg. v. Siegfried Hermle/Rainer Lächele/Albrecht Nuding, Stuttgart: Quell, 1988, 109–116.

Theophil Wurm, Erinnerungen aus meinem Leben. Ein Beitrag zur neuesten Kirchengeschichte, Stuttgart: Quell, 1963.

Die Entstehung der Stiftsordnung von 1974

Hans-Dieter Wille

1. Das Leben und die Ordnung

Die Geschichte des Stifts kann man auch als Geschichte seiner Ordnungen schreiben. Ordnungen sind freilich nur Rahmenbedingungen für das Leben einer Gemeinschaft. Ordnungen sollen zwar nach dem Willen derer, die sie erlassen haben, das Leben dieser Gemeinschaft gestalten und regulieren. Ob ihnen das aber immer gelingt, ja ob die Entstehung einer über Jahre umstrittenen, nicht nur in der kirchlichen Öffentlichkeit intensiv diskutierten Ordnung wie derjenigen von 1974 für das alltägliche Leben im Stift tatsächlich so bestimmend war, wie es aufgrund einer mehrere Ordner füllenden Dokumentenlage vermutet werden könnte, steht auf einem ganz anderen Blatt.

Es ist immerhin bemerkenswert, dass der für das Entstehen dieser Ordnung wesentlich mit verantwortliche Jurist, der damalige Oberkirchenrat Dr. Tompert, auf die Bemerkung von Stiftsstudierenden hin, dass durch eine von außen aufgezwungene Ordnung „nur ein verbogener Pfarrersnachwuchs erzeugt" werde, mit den Worten zitiert wird: „Wenn das Stift die Avantgarde der Landeskirche sein soll, dann nicht aufgrund einer Ordnung, sondern nur gegen eine Ordnung"[1]. So etwas aus dem Munde eines Oberkirchenrats zu hören, mag damals manche verblüfft haben.

Bei der Beschäftigung mit der Entstehungsgeschichte dieser Ordnung ist mir aber auch deutlich geworden: Die Befürchtung der Stiftler, dass gerade diese Ordnung eine Zusammenarbeit der verschiedenen Gruppen im Stift auf lange Zeit unmöglich machen würde, hat sich nicht bewahrheitet. Das Gegenteil ist der Fall. Dass diese Ordnung nach 1974 nicht zu den Zerreißproben führte, wie viele prophezeiten und wie man sie vorher immer wieder erlebt hatte, sagt etwas aus über die letztlich Frieden stiftende Qualität dieser Ordnung.

Man mag das – ganz im Sinne der Dialektik des Stiftlers Hegel – die „List der Vernunft" nennen, die sich am Ende allen Unkenrufen zum Trotz durchgesetzt hat.

Der im Vorfeld und in den Monaten nach ihrer Verabschiedung zum Teil heftige Widerstand gegen diese Ordnung – seitens der Stiftlerschaft, einiger Repe-

[1] Archiv des Evangelischen Stifts Tübingen (Abk. AEvST), E 3, 664,1.

tenten und vor allem der Fakultät – hatte sich in wenigen Semestern schnell gelegt. Andere Themen, vor allem die sich ankündigende, auch das Theologiestudium nachhaltig tangierende neue Studienordnung beherrschten zunehmend Studium und Stiftsalltag.

Was meine persönlichen Erfahrungen mit dieser Stiftsordnung bzw. ihrer Vorgängerin aus dem Jahr 1969 betrifft (ich war Stiftler von 1966 bis 1972, in der Stiftsvertretung, Stiftsältester und von 1975 bis 1978 Repetent), so rufen die Protokolle, Resolutionen und Berichte aus jener Zeit auch einige Verwunderung hervor. Denn die archivierten Texte und Verlautbarungen aus dem Stift und dann – in der Reaktion darauf – aus der Landessynode und dem Oberkirchenrat vermitteln mitunter den Eindruck, das Leben im Stift habe sich in diesen Jahren, bis diese Ordnung am 17. April 1974 endlich in Kraft treten konnte, fast ausschließlich um Ordnungsfragen gedreht.

Das war offenbar die Außenwahrnehmung des Stifts. Diese hatte sich im Jahre 1969 bereits dahingehend „zugespitzt", dass sich Rolf Scheffbuch in der Herbstsynode 1969 veranlasst sah, die Frage zu stellen, ob aus dem Tübinger Stift inzwischen „ein revolutionärer Kader"[2] geworden sei.

„Revolutionärer Kader" – im Nachhinein mag eine solche „Anfrage" für manchen „Alt-68er" ein willkommenes Zitat sein, um die eigene Studienzeit nachträglich als „revolutionär" zu heroisieren. Doch „jeder Mensch erfindet sich früher oder später eine Geschichte, die er für sein Leben hält."[3] So hätte vielleicht Max Frisch darauf geantwortet.

Eine Geschichtsschreibung, die sich vornehmlich auf Zeitzeugen beruft, muss sich dieses Problems immer bewusst sein.

Was die Entstehung der Ordnung von 1974 begleitet und die Kommunikation innerhalb des Stifts wie nach außen außerordentlich behindert hat, war also die Tatsache, dass die Außensicht des Stifts und die damit verbundenen Einschätzungen und Bewertungen und das eher in der Normalität einer stiftlerischen Existenz ablaufende, 1969 erstaunlicherweise immer noch von den Stiftsverbindungen bestimmte Leben im Stift immer mehr auseinandertraten.

Wir reden hier über die Entstehung einer Ordnung, die in den 38 Jahren ihres Bestehens nur ein einziges Mal novelliert werden musste. Das war 1995, als wegen Sparmaßnahmen der Umfang des Stipendiums von neun auf sieben Monate im Jahr verkürzt werden musste.

Mir ist jedenfalls keine andere kirchliche Ordnung bekannt – die Kirchenverfassung mit eingeschlossen –, die seit ihrem Inkrafttreten so wenige Veränderungen erfahren hat wie die Stiftsordnung von 1974.

---

[2] Protokollband II der 7. Landessynode, 974.
[3] Frisch, Name, 74.

2. Das Ende der Verbindungen und das Problem der Stiftsgemeinschaft

Mit entscheidend für die Notwendigkeit einer Neuordnung des Stiftslebens war neben der bereits erwähnten Studienreform das sich Ende der 60er Jahre abzeichnende allmähliche Verschwinden der Stiftsverbindungen.

Verbindungen, das Männerbündische zumal, waren für den überwiegenden Teil der Studierenden jener „Muff von tausend Jahren", der nun endgültig der Vergangenheit angehören sollte. Auch wenn Kultur und „Geist" der einzelnen Verbindungen sehr unterschiedlich ausgeprägt waren – ihr Einfluss auf die Kultur des Stifts begann Ende der 60er Jahre immer mehr nachzulassen. Einer Verbindung anzugehören entsprach – würden wir heute sagen – nicht mehr der political correctness eines „kritischen" Studenten.

Als ich im Wintersemester 1966/67 ins Stift eintrat, war es genau umgekehrt. Dass Stiftler, die keiner Verbindung angehören wollten, als „Wildsauen" tituliert wurden – so habe ich es noch in meinen ersten Semestern erlebt –, war für das damalige Verständnis des Zusammenlebens im Stift bezeichnend. Damit war – ohne dass dieses Etikett unbedingt abschätzig gemeint war – der von der Mehrheit der Stiftler zu respektierende Rahmen für die Gemeinschaftsstruktur im Stift abgesteckt. Der besondere Charakter der meisten Stiftsverbindungen war wohl auch darin begründet, dass aufgrund der „Zielsetzung und Ordnung des Stifts" „Mensur und Satisfaktion"[4] schon seit Jahren verboten waren und damit auch die Mitgliedschaft in einer schlagenden Verbindung.

Bis Anfang der 70er Jahre war die Präsenz der Verbindungen für die Kommunikation im Haus immer noch bemerkenswert. Dazu gehörte das Ritual, dass über die Vertreter der einzelnen Verbindungen die Zimmer im Stift verteilt wurden. Auf dem regelmäßig nach dem Mittagessen stattfindenden „Ständerling", wo man sich für eine halbe Stunde im Kreis seiner Verbindungsfreunde traf, wurden im Kreuzgang, am Brunnen oder auf der Altane im Innenhof immer noch Silcherlieder gesungen. Vierstimmig, versteht sich – wenn auch im immer kleiner werdenden Kreis.

Einer Verbindung anzugehören war bis dahin für viele Stiftler wesentlicher Teil ihres studentischen Selbstverständnisses. Neben einer das Zeitbudget eines „normalen" Stiftlers ziemlich in Anspruch nehmenden Geselligkeit – der Druck, mindestens einmal im Semester eine möglichst geistvolle, kabarettreife „Leistung" abzuliefern, war oft größer als der eines Stiftsexamens – waren die Verbindungen der ideale Ort, wo der Austausch mit älteren Kommilitonen oder mit einem zur gleichen Verbindung gehörenden Repetenten stattfand.

Hier, in der Gemeinschaft und im spezifischen Milieu einer Verbindung wurde man ins Theologiestudium eingeführt, hier haben die meisten so etwas wie

---

[4] Stiftsordnung 1960, § 15.

„begleitende Studienberatung" erfahren. Die Studienberatung oder das obligate Semesterabschlussgespräch beim zuständigen Repetenten wurden demgegenüber als relativ bedeutungslos und mehr als eine Pflichtübung empfunden.

Dass im Stift in jenen Jahren weiterhin eine geistreiche, mitunter auch zwanghafte Züge annehmende Verspottungskultur gepflegt wurde, die sich deutlich abhob von dem in den studentischen Versammlungen meist mit großem Ernst gepflegten, damals üblichen Politjargon, hatte auch mit den Stiftsverbindungen und ihrem oft provokativ ironisch-sarkastischen Kommunikationsstil zu tun. Bis Ende der 60er Jahre waren jedenfalls die meisten Stiftler vor allem durch „ihre" Verbindung sozial vernetzt und dort auch in ihrer „Sprachkultur" geprägt.

In der Zeit zwischen 1968 und 1972 ging beides in einer stiftsspezifischen „Gleichzeitigkeit des Ungleichzeitigen" nebeneinander her: eine zunehmende Politisierung der Stiftler, auch der korporierten Stiftler und ein das Stift immer noch bestimmendes Verbindungsleben.

Um die zum Teil aus ehemaligen Bibelkreisen heraus gewachsenen Verbindungen des Stifts für eine weitgehend politisch links orientierte Stiftlerschaft zu „retten", gab es Versuche, politische Themen und gesellschaftspolitisches Engagement mit den traditionellen korporativen Gemeinschaftsformen zu verbinden.

Es blieben lediglich Versuche, durchaus bemerkenswerte Versuche – mit freilich kurzfristigem Erfolg. Das Ende der Verbindungen im Stift war dadurch nicht mehr aufzuhalten.

Immerhin: Die noch existierenden Verbindungen, mittlerweile nur noch aus Studierenden höherer Semester bestehend, waren noch bis Anfang der 70er Jahre im Stift sichtbar und hörbar. Ab dem Sommersemester 1969 schloss sich keiner der Neueintretenden mehr einer Verbindung an.

Von einer Stiftsgemeinschaft war jedenfalls bis dahin nur in einem sehr uneigentlichen Sinn die Rede. Denn „Gemeinschaft" wurde bis dahin hauptsächlich nur innerhalb der jeweiligen Stiftsverbindung erlebt und gepflegt, mit einem relativ hohen Grad an Verbindlichkeit.

Das Thema „Gemeinschaft aller Stiftsstudierenden", die zudem „geistlich" gestaltet werden sollte, wurde erst mit dem allmählichen Verschwinden der Stiftsverbindungen virulent.

Schon im Sommersemester 1967 schreibt Ephorus Lang, diesen Prozess vorausahnend: „Die Entwicklung der letzten Semester läßt [...] die Frage aufbrechen, ob die Untergliederung der Stiftlerschaft nach Korporationen (Stiftskreise) nicht allmählich eine Revision verlangt, wenn die Zahl der Nichtkorporierten weiterhin zunimmt." Dabei ist nicht nur dem Ephorus klar, dass „eine Gemeinschaft von 130–140 Studenten [...] einer Untergliederung in kleinere überblickbare Gruppen" bedarf, wenn es „zu einem intensiven Zusammenleben kommen soll."[5]

[5] Landeskirchliches Archiv Stuttgart (Abk. LKA), A 226 Nr. 1052 (AZ 22.301), 226,1.

In der Stiftsordnung von 1960 ist im Blick auf diese sogenannte „Stiftsgemeinschaft“ lediglich festgehalten, dass das „Forum“ (die in der Regel wöchentliche, meist nach dem Mittagessen stattfindende Versammlung aller Stiftsstudierenden) Fragen „behandelt, welche die ganze Stiftsgemeinschaft betreffen“[6]. Und im III. Abschnitt „Allgemeine Rechte und Pflichten der Studierenden“ steht der lapidare Satz: „Die Stiftsgemeinschaft hält ihre regelmäßigen Andachten“[7].

Sonst wird „die Stiftsgemeinschaft“ vor allem unter dem Gesichtspunkt eines „geordneten Zusammenlebens“ gesehen, zu dem eben auch „regelmäßige Andachten“ gehören.

Für dieses „Zusammenleben [...] sorgt“ nach § 7 dieser alten Ordnung von 1960 „der Senior des Repetentenkollegiums [...] zusammen mit dem Hausinspektor und dem Stiftsältesten“.

Die Präambel der Ordnung von 1960 beschränkt sich diesbezüglich auf zwei Sätze, nämlich: „Das Evangelische Stift in Tübingen ist eine Bildungsstätte der Evangelischen Landeskirche in Württemberg. Einer ausgewählten Anzahl von Studierenden wird hier die Möglichkeit gemeinsamen Lebens und Arbeitens zur Vorbereitung auf den Dienst in der Württembergischen Landeskirche gegeben“[8].

Dagegen werden in der Präambel der Ordnung von 1974 ausführlich die Aufgabe und der Zweck des Stipendiums formuliert, mit einem deutlichen, nicht nur formal, sondern auch inhaltlich beschriebenen Anspruch. Aus der „Möglichkeit gemeinsamen Lebens und Arbeitens“, wie es in der Ordnung von 1960 noch vage hieß, ist ein klares „Soll“ geworden: „Das gemeinsame Studieren und das Zusammenleben von Lernenden und Lehrenden im Stift soll zu biblisch begründeter, in Begegnung und Auseinandersetzung mit dem Denken der Gegenwart verantworteter theologischer Bildung und geistlicher Lebensgestaltung helfen.“

Damit wird die Erwartung verknüpft, dass die Stiftsstudierenden „sich am gemeinsamen Studieren und Zusammenleben beteiligen und ihre Verantwortung in Universität, Kirche, Staat und Gesellschaft wahrnehmen.“[9] Zusammen mit den Lehrenden werden die Stiftsstudierenden jetzt unter die Aufgabe einer gemeinsam verantworteten Bildung und Lebensgestaltung gestellt, die durch die von ihnen erwartete „Verantwortung in Universität, Kirche, Staat und Gesellschaft“ über die Grenzen einer Stiftsgemeinschaft im engeren Sinn deutlich hinausgeht.

Dies ist ein ganz neuer gesellschaftspolitischer Akzent in der Aufgabenbeschreibung des Stifts.

---

[6] Stiftsordnung 1960, § 9.
[7] Stiftsordnung 1960, § 11.
[8] Stiftsordnung 1960.
[9] Stiftsordnung 1974, B.II.1.

So sehr gerade dieser Akzent von allen Gruppen des Hauses begrüßt wurde, so groß war die Befürchtung, mit dem Begriff „geistliche Lebensgestaltung" könnte ein zu hoher, nicht einlösbarer Anspruch verbunden sein und dem Stift „von außen", gemeint waren Oberkirchenrat und Landessynode, ein besonderer geistlicher Stil und ganz bestimmte Frömmigkeitsformen verordnet werden. Deswegen war dieser Passus in den Leitsätzen bis zuletzt äußerst umstritten.

Synodale haben aber gerade diesen Punkt einer „geistlichen Lebensgestaltung" immer wieder eingeklagt. Dass sich wegen dieser Sache Landesbischof Claß in den Jahren 1972 und 1973 selbst und mehrfach an Gesprächen im Stift beteiligt hat, in der Regel begleitet von drei Oberkirchenräten und drei Prälaten, zeigt den Stellenwert, den die Kirchenleitung gerade diesem Passus der neuen Stiftsordnung beigemessen hat.

Auf diesem Hintergrund ist ein Brief von Ephorus Lang interessant, den er zusammen mit dem damaligen Repetentenkollegium schon am 16. Juli 1965 (!) an den Oberkirchenrat geschrieben hat. Der Brief klingt außerordentlich dramatisch. Von einer „Verkümmerung des geistlichen Lebens" ist da die Rede. „Der regelmäßige Kirchgang" sei schon längst „keine Selbstverständlichkeit mehr. Zu den Sakramenten haben die meisten kein Verhältnis. Die Kritik an der Kirche ist vorwiegend negativ [...] Vor dem Pfarramt, dem Ziel des Studiums", hätten „die meisten Angst." Sie wüssten nicht, „ob und wie ihre Theologie [...] von der Gemeinde angenommen wird." Kein Wunder würden „die Seminarpredigten" nur „unter großen Qualen" entstehen. Immer häufiger würde nach dem „Sinn des Studiums" gefragt. Vielen sei „der Gegenstand der Theologie fragwürdig" geworden. An der Fakultät würde es nicht „gelingen, die Einheit von Denkakt und Lebensakt, von Wissenschaft und Verkündigung überzeugend darzustellen." „Wir haben den Eindruck", schreibt der Ephorus, „daß der Lehrbetrieb die Verantwortung der Theologie für die Kirche besser wahrnehmen müßte." Es könne sicher nicht darum gehen, „das Niveau der strengen Wissenschaft zu senken". Die Studenten seien aber „überfordert, wenn sie Ergebnisse der hoch spezialisierten Forschungen in den Einzeldisziplinen ohne genügend Hilfe ihrer Lehrer selber zusammenbringen müßten."

Auch die Landeskirche trage „zu den Spannungen bei, denen der Theologiestudent ausgesetzt" sei, indem „die Verantwortlichen den Konflikt zwischen kritischer Theologie und Gemeindefrömmigkeit verharmlosen und ihm ausweichen" würden. In seinen Fragen bleibe „der" Theologiestudent „oft allein"[10]. Man könnte an dieser Stelle die Frage stellen, ob und an welchen Punkten sich diese Wahrnehmung vor über 47 Jahren von der Wahrnehmung der gegenwärtigen studentischen Existenz im Allgemeinen und der stiftlerischen im Besonde-

[10] Brief des Ephorus Lang und des Repetentenkollegiums an den Oberkirchenrat vom 26.07.1965, AEvST, E 3, 664,5.

ren und der Wahrnehmung ihres Studiums im Stift und an der Fakultät unterscheidet.

Auf jeden Fall war das Thema „geistliche Lebensgestaltung", wie sie nach Vorschlag des Oberkirchenrats und vor allem auf Drängen der Synode in den Leitsätzen der neuen Stiftsordnung verankert werden sollte, in den Jahren vor dem Inkrafttreten der neuen Ordnung ein ständiges Streitthema bei den Treffen zwischen Oberkirchenrat und Stift.

Im Hintergrund stand dabei immer auch jenes Ereignis, das bis heute mit der Formulierung „Abschaffung des Tischgebets" in Erinnerung geblieben ist. In manchen, vor allem pietistisch geprägten Gemeinden ist es immer noch das Erste, was Gemeindeglieder mit dem Tübinger Stift verbinden. „Stift und Tischgebet" war jedenfalls über Jahre, und zwar landeskirchenweit, ein Thema. Der Anlass für diese Diskussion war durchaus nachvollziehbar: Für das Tischgebet wünschte man sich eine größere Konzentration und Ruhe. Diese wurde durch das häufige Zuspätkommen Einzelner immer wieder gestört. So wurde das Tischgebet nur noch als geistlose Pflichtübung empfunden.

Was in der Öffentlichkeit weitgehend unbeachtet blieb: Die Stiftler haben das Thema „Gebet" in Foren und Stiftsübungen ausführlich besprochen und theologisch reflektiert. Doch bis zu einer endgültigen Entscheidung über die künftige Form des Tischgebets sollte es „ausgesetzt" werden. Dieses Aussetzen war der Stein des Anstoßes.

Was als ernsthaftes theologisches Nachdenken über das Tischgebet gemeint war, wurde in der kirchlichen Öffentlichkeit als Willkür einer alle geistlichen und kirchlichen Formen und Traditionen missachtenden neuen Theologengeneration wahrgenommen.[11]

Eine zusätzliche Brisanz bekam die Auseinandersetzung um das geistliche Leben im Stift noch dadurch, dass sich seit dem Sommersemester 1971 eine Gruppe von Stiftlern zu regelmäßigen Andachten zusammenfand, die sich selbst ausdrücklich als „evangelikal" bezeichnete. Zu dieser Gruppe gehörte auch der spätere Leiter des Albrecht-Bengel-Hauses, Rolf Hille.

Der Synodale Dr. Maier, Hilles Vorgänger in der Leitung des Albrecht-Bengel-Hauses und späterer Landesbischof, sah sich deswegen veranlasst, in der Novembersynode 1973 für diese Gruppe einen besonderen, nämlich evangelikal geprägten Stiftsrepetenten zu fordern.

Der Oberkirchenrat lehnte diesen Antrag ab, weil er darin eine Spaltung der Stiftlerschaft und eine Gefährdung der Gemeinschaft im Haus sah.

Die Gründung des Albrecht-Bengel-Hauses (Ende 1969), durch das mit einem evangelikal-pietistischen Verständnis von „geistlicher Gemeinschaft" auch ein deutliches kirchenpolitisches Signal gesetzt werden sollte, bestimmte indi-

---

[11] Vgl. Drecoll, Jahr, 223–228.

rekt die Diskussion um das Thema „geistliche Gemeinschaft“ mit. Vor allem löste es Ängste von einer geistlichen „Fremdbestimmung“ aus.

Auch wenn das neue Studienhaus offiziell kein „Gegenstift“ sein sollte, so wurde faktisch durch dessen Gründung eine Parallelstruktur im Bereich der Theologenausbildung aufgebaut, eine Struktur, die bis heute z.B. bei der Besetzung von Pfarrstellen Wirkung zeigt. Allein die Frage, ob jemand im Stift oder im Bengelhaus studiert hat, ist nicht selten für Kirchengemeinderäte in bestimmten Gemeinden der württembergischen Landeskirche wahlentscheidend.

Das Albrecht-Bengel-Haus verstand sich als Antwort auf die sogenannte moderne, vor allem die historisch-kritische Theologie und auf eine die geistlichen Bedürfnisse der Gemeinde und den Anspruch von Verkündigung und Seelsorge angeblich missachtende Pfarrerschaft.[12] Dem Stift wurde offenbar nicht mehr zugetraut, dass dort Theologiestudenten mit ganz verschiedenen Frömmigkeitsprägungen ein Zuhause finden und während ihres Theologiestudiums gut begleitet werden. Jedenfalls hatte sich durch die Gründung des Albrecht-Bengel-Hauses die Auseinandersetzung um die neue Stiftsordnung verschärft.

Inzwischen ist aus einem Gegeneinander dieser beiden Studienhäuser, die damals auch für verschiedene, ja gegensätzliche Frömmigkeitsprofile standen, ein von gegenseitigem Respekt getragenes Miteinander geworden. Viele Studierende, die auch im Bengelhaus studieren könnten, haben im Stift ihre geistliche Heimat gefunden. Der Gegensatz von wissenschaftlich begründeter theologischer Erkenntnis und gelebter Frömmigkeit wird längst nicht mehr in einer solchen, die Studierenden existentiell berührenden Spannung erfahren, wie das am Ende der 60er Jahre bei vielen Studierenden der Fall war.

3. Auf der Suche nach der „Relevanz“ von Theologie

Weitgehend unbekannt ist die Tatsache, dass sich auch Vertreter der Fakultät in die Diskussion um die neue Stiftsordnung eingeschaltet haben. Für die Wahrnehmung der damaligen Lage durch die Evangelisch-theologische Fakultät sind die Reaktionen erhellend, die Ephorus Lang, gleichzeitig Lehrstuhlinhaber für Neues Testament, auf das oben zitierte Schreiben an den Oberkirchenrat erhielt. Lang hatte es damals als Kopie an alle Fakultätsangehörigen geschickt.

Von diesen Reaktionen scheint mir der Brief des Praktischen Theologen Uhsadel (vom 16.10.1965) besonders beachtenswert zu sein.

Wohl in Anlehnung an Dietrich Bonhoeffers *Gemeinsames Leben* (1939) schreibt er an Ephorus Lang: „Was dem Stift fehlt, scheint mir eine geistliche und seelsorgerliche Lebensform zu sein, in der alle gemeinsam leben und durch die die einzelnen mitgetragen sind“.

---

[12] Vgl. Drecoll, Jahr, 223–228.

Aus einem „Wohnheim" oder einer „Lehranstalt für Theologen" müsse „eine Lebensgemeinschaft junger Männer werden" (Die ersten Stiftlerinnen ziehen im Wintersemester 1968/69 nach der Verabschiedung des Theologinnengesetzes durch die Synode im Sommer 1968 ins Stift ein).

Diese „jungen Männer" sollten sich „als künftige Seelsorger der evangelischen Gemeinde verstehen und daher selber erst einmal miteinander Gemeinde" sein. Das sei aber nicht „von heute auf morgen" zu „machen" oder gar zu „erzwingen". Dies könne „nur in voller Freiheit im Laufe von Jahren wachsen. Wenn man sich im Stift dazu entschlösse, könnte es eine weiterführende Wegweisung für die sog[enannte] Reform des Theologiestudiums sein; denn diese Reform kann nicht eine Änderung des Studiengangs und der Stoffauswahl sein. Es bedarf der Reform des religiösen Lebens."[13] In einem sogenannten „Memorandum" (vom 25.11.1965) – von einem Stiftler wegen der signifikanten Zunahme von Studienabbrechern verfasst – wird diese offenbar dramatische Entwicklung zurückgeführt auf „das Empfinden und Bewusstsein eines fundamentalen Widerspruchs zwischen moderner Welterfahrung und dem von der Theologie zugemuteten Gedanken(!) an einen in der Welt handelnden, selbst über – und außerweltlichen Gott, der zwar nicht beweisbar sei, an dem man aber trotzdem glauben müsse." So werde der Glaube angesichts der „erdrückenden Übermacht der eigenen Erfahrung gegenüber der unerfahrbaren Gottesvorstellung" immer mehr „eine Absurdität, ein Anachronismus"[14]. Ende 1966 wird in einem Brief des Repetentenkollegiums dem Präsidenten der Landessynode, Landrat Oskar Klumpp, vorgetragen, wo von einem „zum Zerreißen gespannt[en]" Verhältnis zwischen Theologie und Gemeinde die Rede ist. Vielen Theologiestudenten falle es schwer, die „Ablösung" von einem „metaphysischen Gottesbild" und von einer von der Verbalinspiration bestimmten Bibelauslegung zu vollziehen. „Die Angst vor dem Pfarramt" rühre daher, dass die Studierenden „mit einem traditionellen Glauben konfrontiert werden, der ihrer Studienerfahrung scharf entgegensteht."[15]

Nach einer die Nachkriegsjahre weithin bestimmenden und in der Gesellschaft gut etablierten Volkskirchlichkeit erlebt jetzt diese Generation im Vorfeld der 68er-Unruhen die ersten spürbaren Risse in einer ihr bisher weitgehend als fraglos erschienenen kirchlichen und theologischen Tradition und damit Risse in ihrem eigenen theologischen und pastoralen Selbstverständnis.

„Wie können wir in dieser sich wandelnden Welt und einem fortschreitenden Säkularisierungsprozess noch überzeugend und glaubwürdig Christ und da besonders Theologe und Pfarrer sein?" Vor allem aber: „Wie können wir das so

---

[13] Brief des Praktischen Theologen Walter Uhsadel an Ephorus Lang vom 16.10.1965, AEvST, E 3, 665,1.

[14] „Memorandum" eines Stiftlers vom 25.11.1965, AEvST, E 3, 664,5.

[15] Brief des Repetentenkollegiums an Oskar Klumpp aus dem Jahr 1966, AEvST, E 3, 665,1.

sein, dass wir selbst von unserer Umwelt weiterhin als *moderne* Zeitgenossen angesehen und nicht in ein religiöses Hinterwäldlertum abgeschoben werden? Erscheint unsere Verkündigung gegenüber dem, was einen ‚modernen Menschen' umtreibt, überhaupt noch als ‚relevant'"?[16] Das „Memorandum" dieses Stiftlers von 1965 beschäftigt sich mit der Frage theologischer Glaubwürdigkeit und der damit verbundenen Angst vor der Irrelevanz von Theologie, Pfarramt und Kirche. So entsteht der Eindruck: Die heutigen Studierenden seien weniger von einer theologischen Existenzkrise als vielmehr von einer „Relevanzkrise" (Werner Jetter) erfasst.

Das an der Universität mit dem studentischen Protest demonstrativ vorgetragene, nicht selten auch zelebrierte Misstrauen gegenüber allen Formen institutioneller Macht und Autorität konnte auch an den Stiftsstudierenden nicht spurlos vorübergehen. Das allgemein empfundene wie auch ganz bewusst propagierte „Klima" einer Glaubwürdigkeitskrise von staatlicher Ordnung und einer bis dahin geltenden Familien- und „Beziehungsmoral" musste natürlich auch die Kirche und den eigenen Beruf betreffen, für den man ausgebildet wurde.

Die allgemeine Stimmungslage war nicht zuletzt bestimmt durch Vorgänge und Ereignisse wie die erst Mitte der 60er Jahre einsetzende Aufarbeitung der NS-Vergangenheit, durch die Notstandsgesetze und den so nicht erwarteten Protest dagegen, den Vietnamkrieg mit seinen schockierenden Bildern – viele sahen gerade diesen Krieg und die Kriegsführung der US-Amerikaner als Bankrott der vielbeschworenen westlichen Wertvorstellungen – und schließlich durch den Tod von Benno Ohnesorg. Es sind Stichworte, die in etwa das gesellschaftspolitische Umfeld umreißen, in dem die Stiftsordnung diskutiert wurde.

Denn auch bei dieser Ordnung ging es nach der Überzeugung der Stiftler um Macht und Moral und darum, wie Theologen vor dem Anspruch der Macht- und Moralkritik ihrer (modernen) Zeitgenossen, vor allem auch ihrer Kommilitonen an der Universität mit „ihrer Theologie" bestehen können.

Insofern ging es immer auch um mehr als nur um eine kirchliche Ordnung und deren umstrittene Formulierungen.

Mit angeregt durch Adornos *Es gibt kein richtiges Leben im falschen*, durch Marcuses Kritik der „repressiven Toleranz" und vor allem durch die auch von Theologiestudenten mitunter geradezu gierig aufgenommene Freud'sche Psychoanalyse entwickelte sich eine, auch die persönlichen Beziehungen nicht aussparende, misstrauisch und inquisitorisch beäugende „Hermeneutik des Verdachts". Es gab nichts, was nicht erst einmal grundsätzlich „hinterfragt" und „enttabuisiert" werden musste. Dieses „Hinterfragen" hatte Methode und war auch bei vielen Stiftlern internalisiert. Jedes auch durchaus ernst gemeinte Bemühen um eine vertrauensvolle Gesprächskultur, wie sie bei den Beratungen zur Stiftsordnung vor allem von Seiten des Oberkirchenrats immer wieder beschwo-

[16] „Memorandum" eines Stiftlers vom 25.11.1965, AEvST, E 3, 664,5.

ren wurde, erschien als das verdeckte Interesse einer auf den Erhalt bestehender „Herrschaftsverhältnisse" ausgerichteten Kirchenpolitik. Die Befürchtung, dass am Ende Oberkirchenrat und Synode über die Köpfe der Stiftler und ihre Anliegen hinweg entscheiden würden, war ständiges Thema im Stiftsforum. Dies führte schließlich zu der Frage, ob man angesichts solcher Perspektiven die Verhandlungen über die neue Stiftsordnung nicht besser boykottieren sollte.

Im Semesterbericht vom 8. August 1967 schreibt Ephorus Lang, nachdem er die Stiftsvertretung dafür gelobt hat, dass sie „ihre Aufgabe aktiv und umsichtig" wahrnehme: „In der ganzen Studentenschaft sind zur Zeit energische Bestrebungen spürbar, stärker in die *Mitverantwortung* des Universitätsbetriebs eingeschaltet zu werden. Bei extremen Gruppen (sc. an der Universität) sind hier revolutionäre Tendenzen unverkennbar. Wir versuchen im Stift die berechtigten Anliegen der Studienreform aufzugreifen und im Bereich unserer Arbeit möglichst bald zu verwirklichen. Außerdem wollen wir die allgemeinen Probleme der Studentenschaft in offener Aussprache mit den Stiftlern diskutieren"[17]. „Die Wellen der Auseinandersetzung an der Universität" – so heißt es im Semesterbericht ein halbes Jahr zuvor – „schlagen natürlich auch ins Stift herein, doch kann gesagt werden, daß sie hier im persönlichen überschaubaren Rahmen in einem gemilderten Ton und in sachlicher Offenheit geführt werden."[18]

Dieses spezielle Klima im Stift war nicht zuletzt der Person und Persönlichkeit von Ephorus Lang zu verdanken, der – im Wintersemester 1956/57 ins Amt gekommen – Konfrontationen bewusst vermied und stattdessen verständnisvoll und kooperativ die Anliegen der Stiftler aufnahm.

Gleichzeitig zeichnen sich durch die geplante Studienreform schon gravierende Konsequenzen für den Studienbetrieb und damit für die Aufgabe und das Selbstverständnis des Evangelischen Stifts am Horizont ab. Angesichts der vorgesehenen stärkeren Strukturierung des Studiums v.a. in den geisteswissenschaftlichen Fächern sieht sich der Fakultätentag schon im Wintersemester 1968/69 veranlasst, entsprechende Empfehlungen zu formulieren. Das Ziel war ein stärker reguliertes, von regelmäßigen Prüfungsleistungen unterbrochenes Studium, das mit der Zeit auch das Studienverhalten verändern sollte.

Inzwischen beschaftigen sich die Fakultäten damit, die unerfreulichen Nebenwirkungen dieses die gesamte Universitäts- und Studienkultur tangierenden Umstrukturierungsprozesses einigermaßen in Schach zu halten, eines Prozesses, der vor rund 40 Jahren begonnen hat und heute noch andauert.

In Folge dieser einschneidenden Studienreform muss sich nun auch der Studienbetrieb im Stift auf gravierende Veränderungen gefasst machen. Dazu gehört die Einführung eines Kolloquiums als Zwischenprüfung, für die bestimm-

---

[17] Semesterbericht des Ephorus Lang vom 8. August 1967, LKA, A 226 Nr. 1052 (AZ 20.301), 58,1.

[18] Zitiert nach: Hahn/Mayer, Das Evangelische Stift, 98.

te Scheine bzw. Zeugnisse vorgelegt werden mussten. Verlangt wird die verbindliche Beschreibung von Prüfungsanforderungen. Es wird ein drei- bis viersemestriges Aufbaustudium eingerichtet mit entsprechend zugeschnittenen einführenden Vorlesungs- und Seminarangeboten in den „klassischen" Disziplinen. Dazuhin wird eine Studienberatung verpflichtend.

Damit gehen Aufgaben und Funktionen, die bisher mit Semesterarbeiten und Loci-Prüfungen beim Stift angesiedelt waren, an die Fakultät über.

Die Beratungen dieser Reform, die nun im Stift beginnen, sollen helfen, angesichts der neu eingeforderten Zeugnisse durch die Fakultät Doppelungen im Stift zu vermeiden. Das war nicht möglich, ohne dass die bisher obligatorischen Stiftsprüfungen spürbar reduziert werden mussten.

Künftig entfallen die Einführungsübungen im Alten und im Neuen Testament. Im Hauptstudium entfallen diejenigen Stiftsübungen, die bisher einen – für mich selbst damals außerordentlich hilfreichen – Überblick in ausgewählten Bereichen der Dogmatik und der Ethik gegeben haben.

Diese Aufgabe soll nun die Fakultät übernehmen.

Verbleiben sollen im Stift – als Vorbereitung auf das Hauptstudium – die „Einführung in die Philosophie" (besonders in die Neuere Philosophie und Philosophie der Gegenwart) und „ein Überblick über die Diskussionslage der gegenwärtigen systematischen Theologie", verbunden mit dem Ziel, Exegese und Systematik miteinander zu verknüpfen.

Das Stift soll dafür eine „Einführung in die Probleme der kirchlichen Praxis" geben und – da jetzt im Wesentlichen prüfungsorientierter studiert werden soll – durch die Repetenten die Examenskandidaten beraten und betreuen.

Die Aufgabenverteilung von Stift und Fakultät wird durch diese „Reform" genau umgekehrt. War seither das Studium im Stift – im Gegensatz zu dem freien und unkontrollierten Verlauf an der Fakultät – von einem relativ strengen Curriculum bestimmt, das weit über das Grundstudium hinaus elementare Theologie und – so habe ich es erlebt – auch vorzügliche Einführungen in gegenwärtige theologische Kontroversen vermittelte, so sollen jetzt die Lehrveranstaltungen im Stift nach der Studienreform „der Ergänzung und Vertiefung des Lehrangebots des Fachbereichs" dienen. „In ihnen sollen vor allem die Koordinierung der einzelnen theologischen Disziplinen, die Auseinandersetzung mit anderen Wissenschaften und die auf die Praxis der Kirche bezogenen Probleme und Arbeitsformen behandelt und eingeübt werden."

So steht es jetzt in der Präambel der neuen und bis heute gültigen Stiftsordnung von 1974. Auch wenn es einem Ordinarius – als er zum ersten Mal diesen Leitsätzen begegnete – entfuhr: „Ich habe es nicht nötig, mich von Repetenten ‚vertiefen' zu lassen!" (damals im Stift ein geflügeltes Wort), so scheinen diese durch die Studienreform bedingten, in vielem zu bedauernden, aber letztlich unvermeidlichen neuen Rollen von Fakultät und Stift inzwischen allgemein akzeptiert worden zu sein.

Die Stiftsordnung von 1974 nimmt also auf, was sechs Jahre zuvor, also schon 1968, als Entwurf festgehalten wurde. Am 21. Februar 1968 in einem personell gewichtig besetzten Gespräch, an dem außer dem Ephorus und dem Studieninspektor Landesbischof Eichele, Prälat Hege und außerdem die Oberkirchenräte Ostmann, Weismann und Bofinger teilnahmen, war man sich darüber einig: Das Stift sieht sich weiterhin auf der Linie der Vereinbarung von 1928, wonach „die wissenschaftliche Ausbildung der Studierenden des Stifts wie bisher den Lehrern der Universität vorbehalten bleibt". „Doppelungen"[19] seien zu vermeiden. Andererseits „muß [...] die wissenschaftliche Dignität des Stifts [...] unbedingt gewährleistet bleiben" und dem „Trend zum bloßen Wohnheim"[20] entgegen gewirkt werden.

Das wird offensichtlich auch auf Grund diesbezüglicher Befürchtungen im Protokoll nicht ohne Pathos formuliert.

4. Die Stiftsordnung „auf Probe"

Mit der anstehenden Neukonzeption der Studienordnung waren freilich Grundsätze der geltenden Stiftsordnung berührt.

Mit provoziert durch die von den Studierenden geforderte paritätisch organisierte Universität sollte dieses Modell auch im Stift Schule machen.

In der neuen, vom Oberkirchenrat am 2. Juli 1969 per Erlass „probeweise in Kraft gesetzte[n]" Ordnung ist die Leitungsinstanz der Stiftsrat. Er setzt sich paritätisch, also gleichgewichtig, aus dem Ephorat, bestehend aus Ephorus und Studieninspektor, zwei Repetenten und zwei Vertretern der Stiftler zusammen. Es heißt nun: „Das Stift wird vom Stiftsrat geleitet. Er entscheidet über alle Angelegenheiten des Hauses"[21]. Die Leitung des Hauses, die in der Ordnung von 1960 allein dem Ephorus zukam,[22] wird nun von den drei Gruppen im Hause gemeinsam ausgeübt.

Es ist einigermaßen erstaunlich, dass dieser Vorschlag einer von den Stiftlern geforderten sogenannten Drittelparität in einem Entwurf – unter der Ägide von Ephorus Lang und Studieninspektor Martin Brecht – schon im Wintersemester 1968/69 formuliert wurde. Bemerkenswert ist, dass in diesem Entwurf den Stiftlern das von ihnen geforderte, in der Stiftsordnung von 1974 aber wieder zurückgenommene „imperative Mandat" zugestanden wird.

Die Probleme, die eine solche Selbstverwaltungsstruktur in einer sogenannten „nichtselbständigen" landeskirchlichen Einrichtung hervorruft, liegen auf der Hand. Diese Probleme haben das Stift, den Oberkirchenrat und die Synode,

[19] Stiftsvereinbarung von 1928, § 5 Abs. 2.
[20] LKA, A 226 Nr. 1052 (AZ 22.301), 62,2.
[21] Stiftsordnung auf Probe 1969, C.I.2.
[22] Vgl. Stiftsordnung 1960, § 6.

teilweise auch die Fakultät bis zur Verabschiedung der endgültigen Ordnung im April 1974 immer wieder intensiv beschäftigt.

Vor allem ging es um die Frage: Wie sind die Verantwortungsbereiche von Stiftsrat und Ephorus genauer zu bestimmen und voneinander abzugrenzen? In der Ordnung „auf Probe“ heißt es:

„Das Ephorat *vertritt* das Stift im Rechtsverkehr und gegenüber dem Oberkirchenrat. Es vollzieht die Beschlüsse des Stiftsrats und führt die laufenden Geschäfte der Verwaltung“[23]. Doch: Wie verhält sich die leitende Aufgabe des Stiftsrats zu dieser vertretenden und „die laufenden Geschäfte“ vollziehenden Funktion des Ephorats? Ist der Stiftsrat in seiner Gesamtheit (so die Meinung der Repetenten und Stiftler) Dienstvorgesetzter von Musikdirektor, Repetenten und des übrigen Personals im Haus oder übernimmt diese Rolle der Ephorus? Welche Rolle spielen Oberkirchenrat und Synode als die in der Gesamtverantwortung stehenden übergeordneten Institutionen? Vor allem: Wann und wie greifen sie ein bei strittigen Fragen?

Auf Seiten des Oberkirchenrats waren die Bedenken groß, ob diese Form einer vom Oberkirchenrat an das Stift übertragenen, sehr weitgehenden Selbstverwaltung noch von § 1 der Stiftsvereinbarung von 1928 gedeckt sei. Dort heißt es: „Die Leitung und Verwaltung der Anstalt geht [...] an den Ev[angelischen] Oberkirchenrat über.“ Könne es denn, so gibt Oberkirchenrat Tompert zu bedenken, der Oberkirchenrat gegenüber dem Staat verantworten, auf diese Weise das Stift „weitgehend aus der Hand“[24] zu geben?

Im Kern ging es darum: Wie sind die unterschiedlichen Zuständigkeiten zu beschreiben, dass die gesamtkirchliche Verantwortung, vertreten durch Oberkirchenrat und Synode, und die Eigenverantwortung des Stifts „vor Ort“ je zu ihrem Recht kommen, ohne sich im Streitfall gegenseitig zu blockieren?

Gegenüber diesen grundsätzlichen Fragen war intern die drängende Frage zu beantworten: Was geschieht, wenn diese drei Gruppen, die jeweils ein Vetorecht beanspruchen können, sich bei wichtigen Entscheidungen nicht einig werden: z.B. bei Fragen der Studienordnung, bei Aufnahme bzw. Entlassung von Stiftlern und vor allem bei den zunehmend brisanter werdenden Fragen der Hausordnung?

Für diesen Fall wurde der sogenannte „Erweiterte Stiftsrat“ eingerichtet. Eine Art „Appellationsinstanz“ und Schlichtungsgremium, bestehend aus den Mitgliedern des Stiftsrats und „je einem vom Ephorat und vom Repetentenkollegium benannten Synodalen und einem Vertrauensdozenten, der auf Vorschlag der Stiftsvertretung vom Forum (der Stiftsstudierenden) gewählt wird.“[25] Es war ein Akt kirchenpolitischer Weisheit und eine beruhigende Maßnahme, dass

[23] Stiftsordnung auf Probe 1969, C.II.2.
[24] LKA, A 226 Nr. 1052 (AZ 22.301), 13.
[25] Stiftsordnung auf Probe 1969, C.I.4.

der Oberkirchenrat die noch strittigen Fragen ausklammerte und sich zumindest zur probeweisen Einführung dieses Entwurfs einer neuen Stiftsordnung durchrang.

Dies geschah vor allem auch auf Betreiben von Oberkirchenrat Gottschick, der damals für das Stift zuständig war.

Großen Anteil am Zustandekommen dieses „Moratoriums" hatte Ephorus Lang, der im Oberkirchenrat und in der Synode großes Vertrauen genoss. Lang war während dieser Zeit Vertreter der Fakultät in der Synode und hatte 1968 durch seinen überzeugenden Vortrag zur biblischen Begründung der Frauenordination ganz entscheidend dazu beigetragen, dass dieses Gesetz mit einer breiten Mehrheit verabschiedet werden konnte.

5. Der weitere Prozess bis zur Neukonzeption 1974

Überschattet wurde der weitere Prozess von Ereignissen, die das Klima in der Landeskirche und das Verhältnis zwischen Stift und Synode nachhaltig beeinflussten. Dazu gehört vor allem die im Wintersemester 1968/69 vom Stiftsforum beschlossene und oben näher beschriebene Aussetzung des Tischgebets.[26] Die Reaktionen in der Landeskirche, vor allem in der Synode waren heftig. Die ohnedies gereizte Stimmungslage wurde noch verstärkt durch die Störung eines von Landesbischof Eichele verantworteten Gottesdienstes durch eine Gruppe von Stiftlern, die damit eine Diskussion über den „Fall Regula Rotschuh" erzwingen wollte.[27] Auf Grund eines Gesprächs im Oberkirchenrat über ihre Examenspredigt, die mit „nicht ausreichend" bewertet worden war, hatte die Stuttgarter Kirchenleitung beschlossen, Regula Rotschuh nicht in den Vikarsdienst der Landeskirche zu übernehmen. Begründet wurde die Nichtübernahme mit der von ihr selbst bestätigten Feststellung, dass sie das Evangelium als geistliche Autorität nicht anerkenne, sondern nur als politische und sozialtherapeutische Handlungsanweisung verstehen könne. Auch wenn nachweislich weder Forum noch Stiftsrat etwas von dieser Aktion wussten, wurde sie in der Öffentlichkeit dem Stift und den Stiftlern insgesamt zur Last gelegt. In diese Stimmungslage fügte sich dann eine Presseerklärung der Esslinger Vikarskonferenz (13.–16.10.1969), wo bewusst provokativ formuliert wurde: „Wir können die Bibel nicht von vornherein als normatives Wort Gottes betrachten. Sie hat und gewinnt ihre Autorität nur durch die jeweilige Überzeugungskraft in der konkreten Situation"[28]. Es waren Sätze, die in der reformatorischen Unterscheidung von geschriebenem Buchstaben und dem Glauben wirkenden

[26] Vgl. Kolb, Streit, 257–271.

[27] Vgl. Drecoll, Jahr, 213–218.

[28] Zitiert nach: Drecoll, Jahr, 220.

Wort des Evangeliums eigentlich als Kritik an einer biblizistischen Auslegung der Bibel gedacht waren, die dann aber vor allem in pietistischen Kreisen als grundsätzliche Infragestellung der Autorität der Heiligen Schrift verstanden wurden.

Schließlich sorgte wenige Wochen später die Abschaffung des sogenannten Damenparagraphen – es ging um eine Veränderung der Besuchsordnung – dafür, dass das Stift erneut in die Schlagzeilen kam, auch wenn für diesen Beschluss letztlich nicht das Stift, sondern der als Schlichter einberufene Erweiterte Stiftsrat, zu dem immerhin zwei Synodale und ein Fakultätsvertreter gehörten, verantwortlich war.

Der einstimmig, also mit den Stimmen der Synodalvertreter beschlossene (salomonische) Schlichtungsvorschlag, am 18. Februar 1970 formuliert, lautete folgendermaßen:

„Der Stiftsstudierende ist für seine Besucher und ihr Verhalten im Haus verantwortlich. Nach den Gegebenheiten des Stifts sind Übernachtungen im Allgemeinen nicht möglich." Dazu gibt es eine Anmerkung, die regelt, dass nach Anmeldung „auch freie Betten in den Schlafsälen benutzt werden" können. „Falls Bettwäsche nicht vorhanden ist, muß sie gegen eine Gebühr von DM 2,– bis vor dem Abendessen in der Küche ausgeliehen werden."[29]

Ephorus Lang stimmte dieser Formulierung vor allem deswegen zu, weil damit „jeder Stiftsstudierende auf seine konkrete Verantwortung gegenüber der Gemeinschaft [...] angesprochen werden"[30] konnte. Im Stift war die Kränkung spürbar, da nach Meinung der Stiftler im Oberkirchenrat und in der Synode weder das ihnen plausibel erscheinende theologische Argument gegen eine nicht mehr vertretbare Gebetspraxis noch eine „ehrliche" Besuchsordnung verstanden wurden.

Während der Oberkirchenrat weiterhin eine vermittelnde Rolle einnahm, veränderte sich das Klima in der Synode merklich zu Ungunsten des Stifts.

Ende 1968, als Ephorus Lang über die Öffnung des Stiftsgartens berichtet, so „daß auch die Stiftler Zugang haben"[31], wird das noch – wie das Protokoll festhält – wohlwollend mit Beifall bedacht. Auch ein Jahr später, am 11. November 1969, vermerkt das Protokoll „Heiterkeit und Beifall", nachdem der Ephorus die Synode darüber in Kenntnis gesetzt hat, dass in Folge der Frauenordination nun die ersten zwei Theologinnen im alten Ephorat, „in einem" – wie sich Lang ausdrückt – „besonderen Damentrakt wohnen". Aber schon einen Tag später äußert der Synodale Pfander, dass man „Dinge" über das Stift höre, „über die wir besorgt sind"[32]. Mehrere dieser „besorgten" Stimmen besonders aus den

[29] Protokoll der Sitzung des erweiterten Stiftsrates am 18. Februar 1970, AEvST, E 3, 662,2.

[30] LKA, A 226 Nr. 1052 (AZ 22.301), 40,2; vgl. Drecoll, Jahr, 222f.

[31] Protokollband II der 7. Landessynode, 536.

[32] Protokollband II der 7. Landessynode, 949.

Reihen des pietistischen Gesprächskreises – Drittelparität, Aufhebung der Loci-Obligation und v.a. der im Stift vermutete „revolutionäre Kader" waren dafür der Anlass – münden schließlich in einen Antrag, wonach wegen der „aufgetretenen Schwierigkeiten"[33] die Gespräche zwischen Stift und Oberkirchenrat künftig unter der Beteiligung von Synodalvertretern stattfinden sollten. Auch wenn der Haushalt des Stifts diesmal noch einstimmig verabschiedet wird, gibt es Stimmen, die eine Auflösung des Stifts und eine Rückgabe an den Staat nicht ausschließen wollen.[34]

Die Synode ist nun in Gestalt des von ihr wegen dieser „Besorgnisse" einberufenen Sonderausschusses für Ausbildungsfragen (unter dem Vorsitz des späteren Ausbildungsdezernenten Dr. Frik) unmittelbar an den Beratungen über die neue Stiftsordnung beteiligt.

Am 20. Juni 1972 beschließt die Synode, vor allem auf Druck der Mehrheit des pietistischen Gesprächskreises, dass der Oberkirchenrat „gebeten" wird, „unter Mitwirkung aller Beteiligten" eine „Neufassung" der Stifts- und Studienordnung bis zum Frühjahr 1973 vorzubereiten. In dieser Neufassung solle „insbesondere die Verantwortung der Kirche für die Ausbildung zum Pfarrdienst Berücksichtigung finden." Das Stift solle „als kirchliche Einrichtung" der „Förderung der Gemeinschaft von Studenten" dienen, wobei „das Bemühen der gesamten Arbeit im Stift auf die Herstellung von Beziehungen zwischen biblischer Fundierung, theologischer und humanwissenschaftlicher Bildung und geistlicher Lebensgestaltung"[35] zu richten sei.

Beschlossen wird dies gegen die Meinung des Oberkirchenrats und mit Gegenstimmen aus den beiden anderen Gesprächskreisen, die es – ganz im Interesse des Stifts – bei einer bloßen Korrektur der bereits bestehenden Ordnung „auf Probe" belassen wollten. Diese Minderheit in der Synode wollte an eine Ordnung anknüpfen, die sich mit und trotz der misstrauisch beäugten Drittelparität und einer in der kirchlichen Öffentlichkeit umstrittenen Hausordnung in den drei Jahren ihres Bestehens bewährt hatte. Vor allem wollte man einen langwierigen Grundsatzstreit vermeiden.

Der fand nun in meist ergebnislos verlaufenden Marathonsitzungen statt, mehrmals unter Beteiligung von Landesbischof Claß und einer großen Anzahl von Oberkirchenräten und Prälaten, ergänzt immer wieder durch Sitzungen mit dem Sonderausschuss der Synode.

Streitpunkte in diesen Gesprächen waren vor allem:

(1.) Die noch ungeklärte Leitungsstruktur, besonders die Entscheidungsbefugnis des Ephorus im Gegenüber zum Stiftsrat und zum Oberkirchenrat. Letztlich ging es um die Frage, ob die in der Probeordnung dem Stift zugestan-

---

[33] Protokollband II der 7. Landessynode, 974.
[34] Vgl. Protokollband II der 7. Landessynode, 975.
[35] Protokollband I der 8. Landessynode, 191.

dene weitgehende Selbstverwaltung grundsätzlich mit der Gesamtverantwortung von Oberkirchenrat und Synode vereinbar sei und, wenn ja, wo dann für das Stift als einer „unselbständigen Einrichtung" der Landeskirche die Grenzen einer solchen Selbstverwaltung zu ziehen seien.

(2.) Der Zweck des Stipendiums. Der Streitpunkt war: Sollte das Stift ausschließlich auf den Pfarrdienst vorbereiten, wie es Oberkirchenrat und Synode in den Leitsätzen verankert sehen wollten, oder auf den kirchlichen Dienst allgemein, wie von Stiftlern und Repetenten gefordert?

(3.) Die synodale und oberkirchenrätliche Erwartung an eine „geistliche Lebensgestaltung", was die Stiftler als Eingriff in die Freiheit ihres persönlichen Glaubens verstanden.

(4.) Die Obligation von Stiftsübungen im Blick auf die zusätzlichen Seminar- und Prüfungsleistungen, die durch die Studienreform vorgesehen waren. Vor allem der synodale Sonderausschuss hatte diese Obligation als Bedingung für das Stiftsstipendium immer wieder eingefordert.

(5.) Die Genehmigung bzw. grundsätzliche Freigabe des sog. Doppelstudiums.

Gerade diese sich über mehrere Semester hinziehende und heute kaum mehr nachvollziehbare Diskussion über das Doppelstudium war zum Symbol einer freien, nicht reglementierten Studienwahl geworden. Es war so etwas wie ein letztes Aufbäumen gegen die sich bereits abzeichnende neue universitäre Studienordnung. Realistisch gesehen konnte ein weiteres Fach – und zwar bis zum Examen – freilich nur von wenigen studiert werden.

Das Bedürfnis nach einem solchen Doppelstudium – es waren bezeichnenderweise die empirischen Wissenschaften wie Psychologie, Soziologie oder Politologie im Blick – war auch ein Symptom einer Generation von Studierenden, von denen viele die Tauglichkeit der Theologie für die kirchliche Praxis in Frage stellten und nun bei den sogenannten Humanwissenschaften Hilfestellung und Orientierung für ihren pfarramtlichen Dienst erhofften.[36]

Nicht zuletzt sorgte dann die angekündigte höhere Zahl der geforderten Seminar- und Prüfungsscheine mit dafür, dass sich das Thema des Doppelstudiums, über mehrere Semester hinweg mit großer Emotion diskutiert, schnell von selbst erledigte. Auch die Überzeugung der Stiftsstudierenden, dass Theologiestudierende nicht unbedingt auf den herkömmlichen Pfarrberuf festzulegen seien, wurde durch die Wirklichkeit mangelnder beruflicher Alternativen für Diplomtheologen bald eingeholt.

Eine Einigung in diesen oben genannten fünf Punkten kam im Grunde nicht zustande, auch wenn Ephorus Brecht – seit 1970 im Amt – den Stiftlern immer wieder plausibel zu machen versuchte, dass die grundsätzliche Zuständigkeit

[36] Vgl. hierzu besonders die Diskussionspapiere zum Thesenpapier „Zur Theologenausbildung im Evangelischen Stift Tübingen" von Ephorus Brecht, AEvST, R 2, 3/8.

von Oberkirchenrat und Synode als letzte Entscheidungsinstanzen nicht im Widerspruch zu einer weitgehenden Selbstverwaltung des Stifts stünde.[37] Das in der Pfarrerschaft bis heute weitgehend unaufgearbeitete Thema von Freiheit und kirchlicher Ordnung, von Eigenverantwortung bzw. Selbstbestimmung und einer von der Gemeinde delegierten Verantwortung und Leitung war im Grunde der eigentliche Gegenstand der Diskussion. Erst 14 Jahre später, im April 1986, hat sich die Landessynode auf einer Klausur in Waldshut unter Beteiligung der Fakultät genau mit diesem Thema beschäftigt.

Verstärkt durch den Boykott der Stiftsstudierenden im Stiftsrat wegen eines nicht genehmigten „Tripelstudiums" – auch solche Anträge gab es –, schien das Projekt „neue Stiftsordnung" ergebnislos zu enden.

Am 13. November 1973 kommt die Stiftsordnung in der Landessynode erneut zur Sprache. Der Synodale Dr. Maier wirft dem Oberkirchenrat „mangelnde Entschlussfreudigkeit"[38] vor, weil er – entgegen der terminlichen Vereinbarung für das Frühjahr 1973 – immer noch keine Neufassung der Stiftsordnung vorgelegt habe. Sätze wie: „Das Stift ist nicht eine Einrichtung der Stiftler und Repetenten, sondern eine Einrichtung der Landeskirche"[39], spiegeln etwas davon wider, in welch gereizter Stimmung diese Debatte verlief.

Doch es gab auch andere Stimmen wie die des späteren Tübinger Dekans Hermann. Die Stiftsordnung sollte so beschaffen sein, sagt er, dass die Studenten, „die künftigen Pfarrer, Mut dazu gewinnen, in ihrer Kirche zu arbeiten [...] Kommen sie in eine Kirche, die reglementiert, Druck ausübt und der sie sich eben fügen müssen, oder kommen sie in eine Kirche, die darum bemüht ist, sie aufzunehmen" und „ernst zu nehmen"[40]? Für Oberkirchenrat Dr. Tompert geht es „nicht um formale Zustimmung" des Stifts, „sondern um das Bemühen, so weit wie möglich um Einsicht zu werben, die Mehrheit der Beteiligten im Stift zu erreichen."[41] Oberkirchenrat Koller – Nachfolger von Konrad Gottschick – versucht, mit einer differenzierten Wahrnehmung die Synodalen zu beruhigen: „In der Regel machen wir alle gute Erfahrungen, wenn wir mit einzelnen Stiftlern oder mit kleinen Gruppen von Stiftlern im Gespräch sind. Schwierig wird es in der Regel [...], wenn das Stiftsforum als Ganzes, das heißt 40, 50, oder 100 Stiftler einem begegnen."[42]

Allerdings verhindern auch diese Voten nicht, dass es bei der Abstimmung über den Stiftshaushalt nur eine knappe Mehrheit von drei Stimmen gibt.

---

[37] Vgl. LKA, A 226 Nr. 1052 (AZ 22.301), 12,2.
[38] Protokollband I der 8. Landessynode, 583.
[39] Protokollband I der 8. Landessynode, 584.
[40] Protokollband I der 8. Landessynode, 585.
[41] Protokollband I der 8. Landessynode, 585.
[42] Protokollband I der 8. Landessynode, 585.

In den Folgemonaten bis zur Verabschiedung der neuen Ordnung werden innerhalb weniger Wochen insgesamt fünf Entwürfe angefertigt. Bei der Diskussion im Stift kommt es oft nur zur Wiederholung der bekannten Positionen.

Dass schließlich die Neufassung am 17. April 1974 gegen den Willen der Stiftler und Repetenten in einer gemeinsamen Sitzung von Oberkirchenrat und ständigem Ausschuss der Synode verabschiedet werden konnte, ist der Einführung eines neuen Gremiums, des Stiftskuratoriums, zu verdanken.

Auch wenn die Stiftler das Kuratorium als Fremdbestimmung und damit als Einschränkung der Selbständigkeit des Stifts und der Eigenverantwortlichkeit der Stiftsstudierenden ansahen und darum ablehnten, machte gerade die Einbeziehung eines Vertreters der Landessynode als Kuratoriumsmitglied und damit deren Mitverantwortung die Zustimmung der Synode zu diesem Entwurf erst möglich. Vergleichbar der Kirchengemeindeordnung, wo Pfarrer und Kirchengemeinderat gemeinsam die Gemeinde leiten, heißt es jetzt: „Die Leitung des Evang[elischen] Stifts liegt in den Händen des Kuratoriums, des Stiftsrats und des Ephorus."[43] Alle drei Institutionen nehmen in unterschiedlicher Funktion an der Leitung teil und sind damit gehalten, zusammenzuwirken. Durch das Kuratorium treten Oberkirchenrat und Synode nicht mehr als stiftsferne Instanzen auf, die genehmigen, ablehnen und Kontrolle ausüben. Sie sind jetzt durch deren Vertreter unmittelbar in die Verantwortung für das Stift eingebunden. Diese Vertreter haben zudem im Verhältnis zu ihren eigenen Gremien eine Art Brückenfunktion und können so vor Ort im Stift gewonnene Erfahrungen weitergeben und bei Spannungen zu einer möglichst vorurteilsfreien Analyse und Beurteilung beitragen.

Mein Eindruck aus den letzten Jahren ist der: Wurde im Stift anfangs die Einrichtung eines Kuratoriums eher als Einschränkung der Selbstverwaltung gesehen, so hat es in den Folgejahren den Raum zur Eigenverantwortung der Gremien im Stift eher erweitert. Der Oberkirchenrat hat dabei wesentliche Entscheidungsbefugnisse an das Kuratorium delegiert, unbeschadet seiner in der Stiftsvereinbarung von 1928 festgehaltenen grundsätzlichen Zuständigkeit, die sich vor allem auf die Verwaltung von Personal und Gebäuden erstreckt.

Der Oberkirchenrat hat dem Stift ausdrücklich zugesichert, die Beschlüsse des Kuratoriums, außer bei Formfehlern, grundsätzlich akzeptieren zu wollen.

Das Kuratorium entscheidet u. a. über die Studienordnung, über Dienstauftrag der Repetenten, über Aufnahme und Entlassung von Stiftsstudierenden (auf Vorschlag des Stiftsrats). Es wählt den Ephorus, den Studieninspektor, den Musikdirektor und die Repetenten. Das Kuratorium ist in der Nachfolge des Erweiterten Stiftsrats schlichtende Instanz „in [...] Fragen der Stiftsleitung auf Anrufung aus der Mitte des Stiftsrats"[44]. Das Kuratorium ist aber nicht nur ein

---

[43] Stiftsordnung 1974, C.I.1.
[44] Stiftsordnung 1974, C.II.3.f.

Organ kirchlicher Aufsicht, sondern wirkt konstruktiv mit, indem es im Sinne der Visitation „die Kirchenleitung und den Stiftsrat in allen Angelegenheiten des Stifts [...] berät."[45] Durch die Mitgliedschaft zweier Vertreter des Oberkirchenrats, je eines Vertreters aus Synode und Fachbereich, des Ephorus, eines Repetenten und zweier Stiftler sind alle für das Stift relevanten Gruppen und Institutionen vertreten.

Das Kuratorium erscheint zum einen als ein visitatorisches Gegenüber zum Stift, also als eine Art Aufsichtsorgan. Freilich kommt ihm diese Funktion nur in Teilen zu, da das Stift selbst mit den Vertretern der drei Gruppen an den Aufgaben des Kuratoriums beteiligt ist.

Das Kuratorium soll aber auch ein Forum sein, wo durch die Kommunikation mit den für das Stipendium relevanten Institutionen Spannungen bearbeitet und Misstrauen abgebaut werden können.

Dadurch dass die Kuratoriumssitzungen „in der Regel zweimal im Semester"[46] stattfinden, ist eine gute Wahrnehmung des Stiftsgeschehens möglich.

Bei den Leitsätzen haben sich die Vorstellungen von Oberkirchenrat und Synode, die zum Teil auch vom Ephorus und Teilen des Repetentenkollegiums mitgetragen wurden, durchgesetzt. Das Stift soll nicht nur zu „geistlicher Lebensgestaltung", sondern auch zu „biblisch begründeter, in Begegnung und Auseinandersetzung mit dem Denken der Gegenwart verantworteter theologischer Bildung verhelfen", wozu auch „die Auseinandersetzung mit anderen Wissenschaften" gehört. Geblieben ist der drittelparitätisch zusammengesetzte Stiftsrat, wobei der Ephorus deutlicher als in der Probeordnung von 1969 in seiner leitenden, repräsentativen Rolle gesehen wird. Er ist nun eindeutig Dienstvorgesetzter und führt zusammen mit einer von ihm beauftragten Person die Aufnahmegespräche durch. An Stelle des lapidaren Satzes von 1969: „Das Stift wird vom Stiftsrat geleitet"[47], wird dessen Leitungsaufgabe nun im Zusammenspiel mit den Zuständigkeiten der beiden anderen Leitungsorgane gesehen. Es heißt jetzt: „Der Stiftsrat entscheidet über alle Angelegenheiten des Hauses, die nicht zu den Aufgaben des Kuratoriums oder des Ephorus gehören"[48]. Insgesamt aber ist zu sagen: Das in der Probeordnung von 1969 intendierte hohe Maß an eigenständiger Verantwortung von Stift und Stiftsstudierenden ist entgegen der Befürchtungen im Vorfeld nicht in Frage gestellt.

Auch die Befürchtung, dass mit der Erwartung an eine „geistliche Lebensgestaltung", wie sie in den Leitsätzen verankert wurde, den Stiftsstudierenden bestimmte Frömmigkeitsformen übergestülpt werden könnten, hat sich nicht bestätigt.

---

[45] Stiftsordnung 1974, C.II.3.h.
[46] Stiftsordnung 1974, C.II.2.
[47] Stiftsordnung auf Probe 1969, C.I.1.
[48] Stiftsordnung 1974, C.III.3.

Natürlich ist ein Stipendium nicht nur mit Rechten, sondern auch mit bestimmten Pflichten verbunden. Die bis zuletzt umstrittene Frage der Notwendigkeit und des Umfangs von Stiftsprüfungen wird in der Ordnung so beantwortet, dass ganz allgemein formuliert wird, was von einem Stiftsstipendiaten selbstverständlich erwartet werden kann: „Die Stiftsstudierenden nehmen an der von den Repetenten angebotenen Studienberatung und an den wissenschaftlichen Veranstaltungen im Stift nach Maßgabe der Studienordnung teil."[49] Diese auch heute noch geltende Studienordnung des Stifts tritt drei Jahre nach der Einführung der Stiftsordnung in Kraft.

6. Reaktionen

Die Reaktionen auf die Verabschiedung der neuen Ordnung sind in ihrer Kritik zum Teil vernichtend. Stiftsstudierende und Repetenten drohen mit dem Boykott der Ordnung.

Ernst Müller vom Schwäbischen Tagblatt schreibt: „Die Stiftsordnung '74 hat mit den Freiheiten und Großzügigkeiten der Vergangenheit radikal Schluss gemacht."[50] In einem Leserbrief widerspricht Ephorus Brecht dieser Einschätzung, indem er auf die Mitverantwortung der Stiftsstudierenden in der Leitung des Stifts im Kuratorium verweist und darauf, dass das Kuratorium in seiner ersten Sitzung (am 26. Juni 1974) sich „ausdrücklich" bereit erklärt habe, Vorschläge des Stiftsrats „sehr ernst"[51] zu nehmen. Umstritten bleibt vor allem das Vetorecht des Ephorus im Stiftsrat, wobei oft übersehen wird, dass dieses Veto in gleicher Weise den Vertretern der Stiftler und der Repetenten zugestanden wird, verbunden mit der Möglichkeit, im nicht lösbaren Konfliktfall das Kuratorium anzurufen.[52] Auch die Fakultät meldet sich zu Wort. Der Dekan Prof. Moltmann überreicht dem Oberkirchenrat eine Darstellung der Rechtsproblematik der neuen Stiftsordnung, verfasst von Klaus Scholder, der im Blick auf § 5 der Stiftsvereinbarung von 1928 die Mitwirkungsrechte der Fakultät bei der Entstehung der Stiftsordnung eklatant verletzt sieht. Diese Darstellung kommt zu dem harschen Urteil: „So stellt die neue Stiftsordnung einen erheblichen Verstoß gegen Geist und Buchstaben der Stiftsvereinbarung von 1928 dar. Das gilt sowohl für das Verfahren wie für den Inhalt."[53] Gleichwohl erscheint es Klaus Scholder „nicht tunlich, daß die Fakultät auf eine Zurücknahme der Stifts-O[rdnung] besteht."[54]

---

[49] Stiftsordnung 1974, B.II.2.
[50] Schwäbisches Tagblatt vom 21.6.1974.
[51] Schwäbisches Tagblatt vom 24.6.1974.
[52] Vgl. Stiftsordnung 1974, C.III.4.
[53] LKA, A 226 Nr. 1052 (AZ 22.301), 21,3.
[54] LKA, A 226 Nr. 1052 (AZ 22.301), 21,5.

Demgegenüber versucht Oberkirchenrat Daur in einem internen Gutachten des Oberkirchenrats nachzuweisen, dass zum einen die Stiftsvereinbarung von 1928 gegenüber einer landeskirchlichen Verordnung, wie sie die Stiftsordnung von 1974 darstelle, kein „höherrangiges Recht“[55] enthält. Zum anderen betont er, dass sich die Mitwirkungsrechte der Fakultät nur auf einzelne Vorgänge und Bereiche des Stifts beschränkten, z.B. auf die Studienordnung, das Vorschlagsrecht bei der Wahl des Ephorus oder bei der Berufung von Repetenten. Bei Letzteren wird dies vor allem durch „ein nihil obstat im Blick auf deren wissenschaftliche Qualifikation“[56] begründet. Die Mitwirkungsrechte bezögen sich also nicht auf die Stiftsordnung insgesamt, wie in der Darstellung von Scholder eingefordert. Eine „Allzuständigkeit“ der Fakultät gegenüber dem Stift bestünde nicht.

Es kommt zu Gesprächen zwischen Fakultät und Oberkirchenrat, ohne dass in dieser Frage der Mitwirkungsrechte des Fachbereichs eine Einigung erzielt wird.

Auf Korrekturen an der neuen Stiftsordnung, die Scholder in seiner Darstellung noch einfordert, wird freilich verzichtet.

Was Ephorus Friedrich Hertel in einem Semesterbericht 1981 im Blick auf die guten Erfahrungen mit der 1977 verabschiedeten und jetzt noch in Kraft befindlichen Studienordnung für das Stift formuliert, kann auch – 38 Jahre danach – für die Stiftsordnung von 1974 gelten: Dass sie „kaum mehr ein großes Thema“ ist, „mag den verwundern, der ihre Entstehung miterlebt hat.“[57]

Bibliographie

Quellen

Archivalien

Archiv des Evangelischen Stifts Tübingen (AEvST)
E 3 (Ephorat 1945–1987)
655,5 Semesterbericht 1981.
664,1 (1972–1974) Stiftsordnung.
664,5 (1965–1970) Stiftsordnung, Handakten Brecht.
665,1 (1962–1968) Studienreform.
R 2 (Repetentenarchiv: Neubestand) 3/8 Dokumente Sommersemester 1972.

Landeskirchliches Archiv Stuttgart (LKA)
A 226 Nr. 1052 und Nr. 1053 (AZ 22.301).

Verhandlungen der 7. Evangelischen Landessynode in den Jahren 1966 bis 1971, Protokollbände I-III, Stuttgart o.J.

[55] LKA, A 226 Nr. 1052 (AZ 22.301), 22.
[56] LKA, A 226 Nr. 1052 (AZ 22.301), 22.
[57] Erfahrungen mit der Studienordnung des Evangelischen Stifts, AEvST, E 3, 655,5.

Verhandlungen der 8. Evangelischen Landessynode in den Jahren 1972 bis 1977, Protokollbände I u. II, Stuttgart o.J.

Ordnungen

Stiftsordnung von 1960 [z.B. AEvST, E 3, 664,4].
Stiftsordnung auf Probe von 1969 [z.B. AEvST, E 3, 664,4].
Stiftsordnung von 1974 [z.B. AEvST, E 3, 664,4].

(Stiftsvereinbarung) Vereinbarung über das Stift in Tübingen von 1928 [https://www.Kirchenrecht-ekwue.de/document/17218; 5.10.2017].

Sekundärliteratur

Volker Henning Drecoll, Das Jahr 1969 in Tübingen, in: Die evangelikale Bewegung in Württemberg und in Westfalen, hg. v. Siegfried Hermle/Jürgen Kampmann, Beiträge zur Westfälischen Kirchengeschichte 39, Bielefeld: Luther-Verlag, 2012, 207–256.
Max Frisch, Mein Name sei Gantenbein, Frankfurt am Main: Suhrkamp, 1964.
Joachim Hahn/Hans Mayer, Das Evangelische Stift in Tübingen. Geschichte und Gegenwart – Zwischen Weltgeist und Frömmigkeit, Stuttgart: Theiss, 1985.
Julia Kolb, Der Streit um das Tischgebet im Evangelischen Stift Tübingen in den Jahren 1968–1970, in: Die evangelikale Bewegung in Württemberg und in Westfalen, hg. v. Siegfried Hermle/Jürgen Kampmann, Beiträge zur Westfälischen Kirchengeschichte 39, Bielefeld: Luther-Verlag, 2012, 257–271.

I. Personenregister

II. Ortsregister

Colloquia historica et theologica

In der Reihe erscheinen Tagungs- oder Sammelbände, die in historischer Perspektive ein Thema behandeln, das für die historische Theologie und die Geschichtswissenschaft gleichermaßen von Interesse ist. Zur Darstellung kommt das Thema oder der Gegenstand des Bandes im Längsschnitt mehrerer Epochen, die sich von der Antike bis in die jüngste Gegenwart erstrecken können. Weil die Bände durchweg epochenübergreifend angelegt sind, werden sie nicht in einer Spezialreihe mit einem spezifischen Epochenschwerpunkt publiziert, sondern in den *Colloquia historica et theologica.*

ISSN: 2195-7053
Zitiervorschlag: CHT

Alle lieferbaren Bände finden Sie unter *www.mohr.de/cht*

Mohr Siebeck
www.mohr.de